江川年鉴

JIANG CHUAN YEARBOOK

2016

中共玉溪市江川区委
玉溪市江川区人民政府 主办
玉溪市江川区人民政府区志编纂委员会办公室 编

德宏民族出版社

江川年鉴编辑部

地　　址　云南省玉溪市江川区大街街道宁海路34号
邮　　编　652600
电　　话　（0877）8018536
E－mail　jcszb@163.com

编 辑 说 明

一、《江川年鉴》是具有政府公报性质的地方综合性年鉴。由中共玉溪市江川区委、玉溪市江川区人民政府主办，玉溪市江川区人民政府区志编纂委员会办公室承编。《江川年鉴》全面、系统、准确、翔实地记载江川区社会主义物质文明、政治文明和精神文明建设的历史进程，记述上一年度内的新发展、新成就、新情况和新问题。它具有资料、信息、史料等诸多功能，旨在为海内外有关机关、团体、学校、研究部门、企事业单位和社会各界人士研究及促进江川建设提供现实服务。

二、《江川年鉴》采用条目体，分类编辑法。2016年版全书设部类19个，即《特载》《大事记》《概况》《政治》《军事》《法制》《经济管理》《建设·环保》《工商企业》《农林·水利》《交通·邮电》《财政·税务》《金融·保险》《教育·气象·防震减灾》《文化·旅游·广电·体育·卫生》《社会》《人物》《统计资料》《附录》，信息量大，图文并茂，可读性强。

三、本年鉴所用稿件均由主办单位、区属各单位和中央、省、市驻江单位专人撰写，单位领导审核签章，编辑人员反复核对。本年鉴内容真实，体例规范，具有较高的使用价值。

四、本年鉴所用统计数据由各供稿单位主管业务部门提供并审核，但由于统计时间、口径不同等原因，反映国民经济和社会发展情况的个别数据在不同稿件中不尽一致，使用时请以玉溪市江川区统计局提供的《统计年鉴》为准。

五、本年鉴的编辑出版得到江川有关部门和驻江的省、市各有关单位的热情支持和积极协助，得到省、市以及各县区地方志部门的指导帮助，在此表示诚挚谢意。殷切希望各界人士提出改进意见，使《江川年鉴》常办常新，更好地为建设生态文明美丽江川服务。

撰稿人员名录

徐凡清　李立群　侯江艳　马吉云　郭世民　周　权　林　梅
靳　娜　溥翼迪　李佩佩　杨冬丽　周宝在　朱可欣　刘蓉芳
徐顺生　盛文芬　王　媛　郑文明　杨博翔　李　敏　汪丽娟
褚　荻　矣树芬　龚　萍　李拥军　杨花润　邓　珂　张文丽
夏雁丽　杨智强　鲁　熊　刘　娴　杨鑫磊　高　洁　侯国芬
廖增江　杨　茜　杨美艳　顾宝富　王青青　罗连辉　张树良
吴冬丽　原　野　李新玉　王汐羽　廖江平　黄　迪　林　辛
王玲芬　李雪莹　赵维明　李华英　覃智凡　闵曦予　李朋利
郑文红　杨红明　刘　波　杨　筠　王渝阳　李伟宏　张秀珍
王牙明　陈玉雯　李世文　黄华平　海　霞　侯　芳　靳嘉玲
李学辉　李　纯　刘　芳　陈花艳　罗留芝　周　愚　郑文娇
邓　琼　金　琳　吕玉红　张　薇　张艺云　徐　锴　闻　丽
魏佳佳　李金玲　周　兰　杨斯淳　周占明　杨　睿　孙艺月
石华伟　邢榕玲　史春丽　代志伟　黄　毅　张本林　张顺良
刘　瑾　刘　丽　李阳春　李林润　李　祥　杨绍龙　陈　玉
徐　洁　郭彦波　张文聪　史文杰　刘雪莲　马萍焕　陶江颉
周艳萍　杨　虎　黄　蓉　李明川　李江艳　普　彬　徐兴坤
侯彦昆　杨霜梅　赵海翠　刘登魁　余立言

县委书记马文龙作工作报告

县委副书记、代理县长王志华主持会议

分组讨论

分组讨论

2016年1月8日，中共江川县委十二届七次全体（扩大）会议召开　（王亚芬　摄）

县委副书记、代理县长王志华作政府工作报告

县人大常委会主任龚桂存作工作报告

分组讨论

依法选举

2016年1月19日，江川县第十五届人民代表大会第四次会议召开 （王亚芬 摄）

县政协主席罗跃岗作工作报告

政协委员视察工业园区

分组讨论

依法选举

2016年1月15日，中国人民政治协商会议江川县第八届委员会第四次会议召开 （王亚芬 摄）

2015年1月21日，国务院办公厅、民政部、财政部联合调研组到江川调研社会保障工作

2015年1月22日，国家发改委稽察组到江川县专项稽察档案馆建设情况　（王亚芬　摄）

2015年4月15日，民政部调研组到江川县调研撤县设区工作

2015年4月24日，中组部调研组到江川县九溪镇调研党务工作 （王亚芬 摄）

2015年4月21日，国家安监总局评估工作组到江川县调研职业病危害防治工作 （储晶 摄）

2015年5月7日，中国地震局副局长阴朝民（前右二）到江川县调研防震减灾工作 （王亚芬 摄）

2015年7月17日，科技部副部长张来武（中）到江川县考察国家观赏园艺工程技术研究中心建设工作
（县工信局　供稿）

2015年10月14日，环保部交叉督查组到江川县督查生态环保建设工作　（县环保局　供稿）

2015年7月3日，省委副书记钟勉（右二）到江川县前卫镇调研烤烟生产工作　（王亚芬　摄）

2015年7月9日，省委常委、省纪委书记张硕辅（右二）到江川调研纪检监察工作　（杨博翔　摄）

2015年4月2日，省人大常委会副主任王树芬（中）到江川县前卫镇调研乡镇人大工作　（前卫镇　供稿）

2015年12月3日，副省长张祖林（左）到江川县调研殡葬改革工作　（县民政局　供稿）

2015年5月13日，省安监局副局长白良（左二）到江川县调研安全生产工作　（储晶　摄）

2015年6月10日，省民政厅副厅长卢振义（右）到江川县调研民政工作　（王亚芬　摄）

2015年7月7日，省财政厅副厅长王卫昆（左二）到江川县雄关乡调研　（雄关乡　供稿）

2015年10月21日，省委政法委副书记乔汉荣（左）到江川县调研基层法治建设工作　（县司法局　供稿）

2015年3月6日，市委书记罗应光（前右二）到江川县安化彝族乡调研　（莫小伟　摄）

2015年3月17日，市委书记罗应光（中）到江川县调研殡葬改革工作　（县民政局　供稿）

2015年3月24日，市委副书记、市长饶南湖到江川县指导重点项目建设工作　（陈宽　摄）

2015年10月19日，市委副书记、市长饶南湖（右二）到江川县调研大鲫鱼河治理工作　（杨孟奇　摄）

2015年8月30日，市委副书记夏立洪（左二）到江川县看望慰问抗战老战士陈玉堂　（王亚芬　摄）

2015年7月14日，市委常委、政法委书记明正彬（前中）到江川县调研玉带河治理工作　（县委政法委　供稿）

2015年8月13日，市委常委、常务副市长陈勇（右三）到江川县调研空港项目选址工作 （王亚芬 摄）

2015年6月2日，市委常委、统战部部长方志鸣（中）到江川县路居镇小凹村调研“百村示范、千村整治”工程
（秦宇菲 摄）

2015年10月16日，市委常委、军分区政委金志达（中）到江川县路居镇红石岩山区视察道路交通建设工作（秦宇菲　摄）

2015年3月2日，市委常委、市纪委书记赵基（中）到江川县前卫镇调研基层纪检工作　（县纪委　供稿）

2015年3月17日，市政协主席黄宪庭（前右二）到江川一中调研教育工作　（杨孟奇　摄）

2015年12月23日，副市长左广（前右二）到江川县调研棚户区改造工作　（杨孟奇　摄）

炊事比武

群众性比武

女兵划舟

推选阅兵人员

欢送退伍老兵

军民联谊

（77216部队　供稿）

县领导与少年儿童欢度六一　（杨孟奇　摄）

教学技能比赛　（王亚芬　摄）

2015年7月8日，江川县成立青少年事务社会工作服务中心暨玉溪师范学院政治学院教育实习基地揭牌仪式
（王亚芬　摄）

捐资助学　（杨孟奇　摄）

学校安全宣传

读《共产党员小传》　（王亚芬　摄）

2015年2月27日，江川殡仪馆举行开馆仪式
（王亚芬　摄）

前卫镇公墓建设　（王亚芬　摄）

县政协委员视察江川殡仪馆　（县委宣传部　供稿）

2015年11月26日，市人大视察组到江川县视察农村公益性公墓建设情况　（杨孟奇　摄）

2015年2月16日，江川县殡葬改革动员会召开　（王亚芬　摄）

2015年3月20日，龙泉工业园区福胤钢构、欣宇机械等5个项目举行集中开工仪式

（工业园区管委会　供稿）

2015年7月3日，江川龙泉彩印包装有限公司、江川天一包装有限公司及云南凯思诺低温环境技术有限公司3家企业正式签约落户工业园区　（杨孟奇　摄）

2015年9月10日，龙泉工业园区举行电动车产业园框架协议签字仪式　（王亚芬　摄）

2015年10月21日，江川县九溪润特仓储中心项目投资协议正式签订　（杨孟奇　摄）

联塑厂房

省文物鉴定委员会专家进行馆藏文物级别认定（县文广体局　供稿）

2015年8月26日，江川县文化馆举行“玉溪滇剧”传承培训保护基地挂牌仪式　（县文化馆　供稿）

2015年2月9日，江川县召开创建中国楹联文化县动员会（王忠平 摄）

绘制文化墙

安化彝族民间音乐《一窝小雀》代表玉溪市参加云南省第九届民族民间歌舞乐展演喜获金奖和非物质文化遗产传承奖　（王亚芬　摄）

2015年8月27日，江川县举办"道德讲堂"主持人培训班　（杨孟奇　摄）

为民赠写春联　（王亚芬　摄）

文化下乡惠民文艺演出　（县文化馆　供稿）

法治文化建设禁毒专场演出　（县文广体局　供稿）

春节群众文艺演出　（王亚芬　摄）

科学防治病虫害

水稻病虫害防治

优化烟叶结构

小水窖建设

毡帽村新貌

2015年11月13日，玉溪市交通运输局农村客运工作会议在江川召开　（王亚芬　摄）

环境整治

义务植树

百村示范、千村整治工程规划征求意见
（王亚芬　摄）

2015年4月3日，江川县举行星云湖流域水环境综合治理工程暨沿湖生态产业发展示范区建设合作框架协议签字仪式　（陈宽　摄）

抚仙湖湖滨缓冲带建设效果图　（县抚管局　供稿）

九溪大河　（九溪镇　供稿）

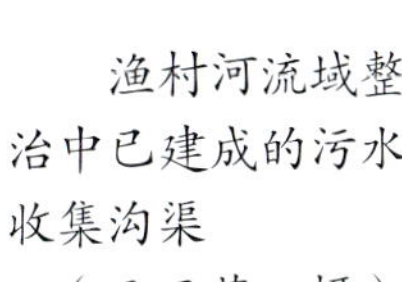

渔村河流域整治中已建成的污水收集沟渠
（王亚芬　摄）

第十一届开渔节暨高原湖泊水产品交易会

2015年12月25日，中国云南江川第十一届开渔节开幕

群众文艺演出

星云湖上捕鱼忙
（县文广体局　供稿）

第十一届开渔节暨高原湖泊水产品交易会

开渔仪式

鱼　市

铜器展评

鲜鱼美食宴

剪纸展　（王亚芬　摄）

2015年8月31日，滇中城市经济圈高速公路网建设项目开工仪式在江川县雄关乡举行　（县交通局　供稿）

2015年10月20日，国家林业局南方航空护林总站江川直升机场建设项目开工现场会在江川县江城镇举行
（曲雪琼　摄）

目　　录

特　载

大事记

概　况

政　治

军　事

法　制

经济管理

建设·环保

工商企业

交通・邮电

财政·税务

金融·保险

教育·气象·防震减灾

文化·旅游·广电·体育·卫生

妇幼保健 …………………………（295）

疾病预防控制 …………………………（303）

卫生监督 …………………………（306）

社　会

人　物

统计资料

附　录

特　　载

闯出一条跨越式发展的路子 为全面建成小康社会而努力奋斗

——在中共江川县委十二届七次全体（扩大）会议上的报告

马文龙

（2016年1月8日）

各位委员、同志们：

这次全会是在两个五年规划交替接续、全面建成小康社会进入决胜阶段的关键时刻召开的一次重要会议。会议的主要任务是，审议通过《中共江川县委关于制定国民经济和社会发展第十三个五年规划的建议（草案）》，总结2015年工作和“十二五”时期主要成就，科学谋划“十三五”发展，研究部署2016年任务，动员全县上下进一步解放思想，抢抓机遇，乘势而上，真抓实干，为全面建成小康社会不懈奋斗。

现在，我受县委常委会委托，向全委会报告工作，请予审议。

一、关于2015年工作和“十二五”时期的主要成就

刚刚过去的2015年，是“十二五”规划的收官之年。一年来，县委按照县第十二次党代会的部署和县委十二届五次全会确定的目标任务，牢牢把握经济社会发展主动权，主动适应经济发展新常态，妥善应对经济下行压力加大的严峻考验，全力做好稳增长、调结构、抓改革、建生态、惠民生、促和谐、强党建各项工作，推动全县经济社会继续保持良好的发展势头。

一是毫不动摇落实管党治党主体责任。“三严三实”和“忠诚干净担当”专题教育扎实开展，“三个行动计划”、在职党员到社区报到、共产党员户挂牌、党员积分制管理、软弱涣散基层党组织整顿等工作取得成效，“四级”党建联席会议试点、乡镇党代会年会和党建创新项目稳步推进，抓党建的主业意识、主责意识、最大政绩意识全面增强。从严落实《党政领导干部选拔任用条例》，通过领导干部讲坛、在线学习等平台培训干部3300余人次，调整交流干部143名，提拔使用干部36名，

晋升职级干部297名，清理超配科级干部43名、非领导干部233名，推荐产生科级后备干部125名。细化理清党风廉政建设党委主体责任和纪委监督责任，深入开展“六个严禁”、“为官不为”、乡镇干部“走读”专项整治，查处违纪违法案件17件17人、“四风”问题23起58人，全面从严治党取得明显成效。

二是全力以赴打牢跨越式发展的产业基础。建成各类水利工程2034件，流转农村土地2.6万亩，种植核桃3.5万亩，烤烟上等烟比例和均价全市第一，粮食、蔬菜、花卉、畜牧业等高原特色农业产业健康发展。龙泉园区基础设施不断完善，江城小微企业创业区规划编制完成，新天力机械制造等项目积极推进，磷化工等传统产业技改升级步伐加快，红砖企业、烟花爆竹行业整合实现突破，初步形成以园区为支撑、新兴产业与传统产业协调发展的新格局。渔村铜文化特色街区、小马沟—冯家湾退房还湖旧村改造、小凹特色旅游村、明星鱼洞3A级景区创建和碧云寺、界鱼石公园提档升级项目稳步实施，九溪润特仓储物流项目稳步推进，商贸流通保持繁荣活跃，第三产业对经济增长的拉动作用逐步增强。

三是坚定不移争当生态文明建设排头兵。切实抓好“两湖一库”保护治理，配合完成“三湖”生态保护水资源配置应急江川段工程和抚仙湖径流区统一托管工作，入湖河道综合整治、小流域水环境治理、重点村落污水治理、东风水库径流区水污染综合整治等工程扎实推进，被纳入国家重点生态功能区转移支付补助范围。扎实推进“森林江川”建设，植树造林80余万株。节能减排目标圆满完成。“仙湖卫士”行动计划全面实施，生态文明建设成效显著。

四是坚持不懈统筹城乡协调发展。县城控制性详细规划编制完成，上营社区棚户区改造顺利启动，街区整治扎实推进，江中路建成通车，县城内在功能、外在形象不断提升，撤县设区获国务院批准。江通高速、国道213线改造工程、国家林业局西南航空护林总站江川直升机场项目正式开工，澄川高速、环城路建设前期工作基本完成，天然气管道工程稳步推进，城乡交通等配套基础设施更加完善。人居环境综合整治、美丽乡镇、民族特色村寨、“百千工程”和农村危房改造、电网改造、公路通畅工程进展顺利，城乡面貌明显改观。

五是凝心聚力深化改革扩大开放。成立县委全面深化改革领导小组，农村产权、生态文明、文化教育卫生体制等领域改革稳步推进，年度机构改革任务顺利完成，农村土地承包经营权确权登记工作取得阶段性成果，殡葬改革实现火化率和公墓安葬率100%。实行“七位一体”重点工作责任制和投资项目并联审批工作制度，一批重点工作重大项目快速推进。雄关立交开工建设，融入滇中城市经济圈一体化发展各项工作积极开展。实施市外国内项目99项，到位省外国内资金46.04亿元，实际利用外资310万美元，实现进出口总额6100万美元，对外开放水平不断提高。

六是主动作为抓好全面依法治县开局之年各项工作。民主法治建设稳步推进，人大、政协围绕中心服务大局建净言、献良策、出实招的作用得到更好发挥，审判机关、检察机关依法独立行使审判权和监督权得到有力保障，人民武装和统战、民宗、群团、老干等组织在推动经济社会发展中做出积极贡献。全面依法治县开局良好，“六五”普法工作通过市级验收，“平安”创建工作不断深入，群众安全感明显增强，社会继续保持和谐稳定。

七是尽心尽力促进民生社会事业全面进步。保障和改善民生力度持续加大，全年民生支出11.13亿元。教育优先发展地位得到巩固。新农合参合率98.19%。宣传思想文化和科技体育事业健康发展，第十一届开渔节成功举办。培育“两个10万元”微型企业245户，新增城镇就业2217人。建成中心敬老院、居家服务养老中心8个。实施农村危房改造4600户。完成2014年保障性住房600套。全面打响脱贫开发攻坚战，扎实开展“挂包帮、转走访”工作，不断加大精准扶贫工作力度，减少贫困人口4112人。

经过努力，预计全县生产总值增长12%，地方财政收入增长6.4%，规模以上固定资产投资增长30%，社会消费品零售总额增长13.4%，城镇居民人均可支配收入增长10%，农村居民人均可支配收入增长11%。这里，我向全委会郑重报告，县委十二届五次全会确定的各项目标任务基本完成，使“十二五”规划胜利收官、划上圆满句号，为

"十三五"时期发展顺利开局和到2020年实现全面建成小康社会奋斗目标奠定了坚实基础。

回顾本届县委履职的五年，我们走过的道路极不平凡。五年来，在市委、市政府的坚强领导下，县委团结带领全县广大干部群众，高举中国特色社会主义伟大旗帜，以邓小平理论、"三个代表"重要思想、科学发展观为指导，全面贯彻党的十八大和十八届三中四中五中全会精神，深入落实习近平总书记系列重要讲话和考察云南重要讲话精神，紧紧围绕"环境优先、兴园强工、建设新城、做美生态"的发展思路，抢抓发展机遇，强化发展举措，加快建设富裕和谐美丽新江川，基本实现了"十二五"规划目标，奋力开创了各项事业发展新局面，在全面建成小康社会征途上迈出了坚实步伐。

五年来，我们最显著的成绩是综合实力得到新提升。地方生产总值由2010年的36.7亿元增加到2015年的72.7亿元，年均增长12%；地方财政收入由2.7亿元增加到6.3亿元，年均增长18.3%；社会消费品零售总额由9.9亿元增加到19.7亿元，年均增长14.4%；城镇居民人均可支配收入由16417元增加到28813元，年均增长11.9%；农村居民人均可支配收入增加到10296元，年均增长13.9%。五年累计完成规模以上固定资产投资142亿元，年均增长25.1%；实施招商引资项目310个，引进市外国内资金168.1亿元，年均增长32%，综合经济实力快速提升，实现了经济运行向新常态的平稳过渡。

五年来，我们最难得的突破是转型升级迈出新步伐。一二三产业增加值分别累计完成68.2亿元、78.18亿元、135.7亿元，分别是"十一五"时期的1.5倍、1.7倍、2.2倍，产业结构由2010年的27.6：25.3：47.1发展变化为2015年的21.5：32.6：45.9，经济结构更趋合理，发展质量明显提高。特别是我们与玉溪国家高新区合作开发龙泉工业园区，累计投入园区建设资金12亿元，收储土地5446亩，引进入园企业9户，实现了工业园区从无到有的历史性转变。

五年来，我们最突出的成就是生态建设取得新成效。"两湖"水污染综合防治"十二五"规划项目全面完工，东风水库径流区水污染综合整治工程深入推进，累计投入节能环保项目资金6.9亿元。扎实做好"四退三还"工作，全力推进"森林江川"建设，完成植树造林、封山育林、低效林改造21万亩，治理水土流失102平方公里。县城垃圾无害化处理率100%。万元生产总值能耗下降13%。实施了一系列绿色创建"细胞工程"，生态文明建设更加扎实，低碳发展能力明显增强。

五年来，我们最深切的感受是城乡建设展示新面貌。完成县城总体规划修编和11个专项规划编制，实施城市和交通基础设施建设项目55个，城区面积由4.5平方公里扩大到5.3平方公里，城镇化水平提高到40%，发展空间进一步拓展。城市管理不断加强，省级"甲级卫生县城"得到巩固，县城绿化覆盖率17.1%，人均公园绿地面积10.52平方米，城区路灯亮灯率保持在98%以上。建成各类新农村建设项目482个，行政村道路硬化率、自然村通车率均达100%，统筹城乡发展卓有成效。

五年来，我们最可喜的成效是社会事业跃上新台阶。累计民生资金支出44.85亿元，是"十一五"时期的2.4倍。"两基"成果得到巩固，高考上线人数和一本上线人数连续11年位居全市前列，被省政府评为"教育工作先进县"。新农合参合率持续保持在98%以上。城镇登记失业率控制在3.36%以内。社会保障体系不断完善，养老、医疗保险、城乡低保稳步提高，建成保障性住房22.7万平方米，实施农村危房改造及地震安居工程1.25万户。宣传、思想、文化、科技、档案、体育事业繁荣发展，统战、民宗、群团、双拥、老干等工作全面进步。荣获"全省平安先进县"，社会和谐稳定。

五年来，我们最明显的变化是党的建设开创新局面。县委常委会自身建设切实加强。党的群众路线教育实践活动、"三严三实"和"忠诚干净担当"专题教育、学习型党组织和基层服务型党组织建设成效显著。干部选拔任用、教育培训等机制不断完善，选派451名新农村建设指导员、116名大学生村官、255名党组织常务书记帮助基层发展。全面从严治党扎实推进，中央八项规定精神切实贯彻，"四风"积弊得到有效整治，干部作风持续好转。党风廉政建设党委主体责任和纪委监督责任全面落实，反腐败斗争保持高压态势，五年查处违纪违法案件73件73人，政治生态和社会风气明显净化。

各位委员、同志们，回顾过去的五年，我们共同经历奋斗的历程，感受创业的艰辛，分享成功的喜悦。成绩的取得，是市委、市政府坚强领导的结果，是县四套班子凝心聚力、团结奋斗的结果，是全县广大干部群众顽强拼搏、扎实苦干的结果。借此机会，我代表县委向全体与会同志，向所有为江川经济社会发展付出辛勤努力的广大党员干部群众和社会各界，表示崇高的敬意和衷心的感谢！

在充分肯定成绩的同时，我们也要清醒地认识到我县经济社会发展中存在的一些困难和问题，主要表现在三个方面：一是生态脆弱，环境容量小，县域经济发展与生态环境保护治理矛盾突出仍然是江川最大的县情；二是工业化、城镇化水平较低，特别是工业体量不大、生产性投资比重低仍然是江川最大的实际；三是发展不足、发展水平不高、发展环境不优，尤其是大项目、好项目储备不足、推进缓慢仍然是江川最大的问题。同时，新常态下部分党组织核心作用没有充分发挥，少数领导干部不作为、慢作为等作风问题依然存在。对这些问题，我们必须高度重视并认真解决。

二、关于“十三五”时期的形势分析和基本要求

今后五年，是我们一鼓作气向着第一个百年奋斗目标冲刺的决胜五年。到2020年全面建成小康社会是党中央的战略部署，是全县人民的共同期盼。提交本次会议审议的《中共江川县委关于制定国民经济和社会发展第十三个五年规划的建议（草案）》，科学描绘了今后五年我县的发展蓝图，贯穿了创新、协调、绿色、开放、共享发展的理念，是指导今后五年经济社会发展的行动纲领。全县各级各部门要把学习贯彻《建议》作为当前和今后一个时期的重要政治任务，切实把思想和行动统一到中央和省市县委的决策部署上来，抓好重点任务落实，着力突破难点问题，把《建议》确定的各项目标任务、工作要求落到实处。

今后五年，是江川加快跨越式发展的机遇叠加期。一方面，我们有着与周边地区共同的机遇特征：党的十八届三中四中五中全会关于全面深化改革、依法治国和一系列政策的系统部署，国家“一带一路”、“互联网+”、“中国制造2025”等重大发展战略以及新一轮西部大开发、主体功能区等重大决策部署的实施，云南加快推进滇中城市经济圈一体化发展和“五大基础网络”建设等重大决策，玉溪确立“三区一港”发展定位以及加快推进“六城同创”等各项部署，为我们在更大空间领域发展经济、调整结构、扩大开放提供了千载难逢的机遇。另一方面，我们有自己的独特机遇：“十二五”期间积累的一批重大项目，将在“十三五”期间转化为江川实现跨越式发展的机遇；撤县设区带来的城镇和基础设施建设迅速发展，将在“十三五”期间转化为突破瓶颈制约的机遇。综合看，全县跨越式发展的窗口已经打开，全面建成小康社会的基础已经具备，我们必须牢固树立强烈的机遇意识、大局意识、发展意识、开放意识，主动适应新形势，积极抢抓新机遇，努力增创新优势，更好带领广大干部群众全面建成小康社会，努力在新的起点上开创江川跨越式发展新局面。

今后五年，全县工作的指导思想是：高举中国特色社会主义伟大旗帜，以马克思列宁主义、毛泽东思想、邓小平理论、“三个代表”重要思想、科学发展观为指导，全面贯彻党的十八大和十八届三中四中五中全会精神，深入贯彻习近平总书记系列重要讲话和考察云南重要讲话精神，坚持“四个全面”战略布局，贯彻创新、协调、绿色、开放、共享五大发展理念，按照“创新引领、生态优先、兴园强工、城乡融合”的发展思路，统筹推进经济建设、政治建设、文化建设、社会建设、生态文明建设和党的建设，闯出一条跨越式发展的路子来，着力把江川建设成为全市重要的新型工业化聚集区、全省重要的休闲旅游度假区、滇中城市经济圈的产城融合发展样板区和辐射周边地区的现代物流中心，确保全面建成小康社会。建议到2020年，县内地方生产总值年均增长10%以上，规模以上固定资产投资年均增长20%以上，地方财政一般公共预算收入年均增长5%以上，社会消费品零售总额年均增长10%以上，城镇居民人均可支配收入年均增长10%以上，农村居民人均可支配收入年均增长11%以上，万元生产总值能耗与省市同步下降，城镇化水平不断提升，生态环境进一步改善，全面建成小

康社会。

实现“十三五”确定的各项目标任务，必须深入贯彻落实党的十八届五中全会、中央经济工作会议和省委九届十二次全会、省委经济工作会议以及市委四届七次全会精神，用新的发展理念对“十三五”发展进行谋篇布局，着力破解发展难题、厚植发展优势、增强发展动力，加快形成适应经济发展新常态的体制机制和发展方式，努力走创新、协调、绿色、开放、共享的路子。

——必须坚持创新发展，增强跨越式发展新动力。要抢抓“中国制造2025”机遇，狠抓龙泉园区规划布局、产业培育、基础建设、招商引资工作，完成龙泉园区实体化改革和“玉溪龙泉·北京顺义”产业园、江城小微企业创业区建设，引进实施一批农业产业化、高端装备制造、生物医药、新能源新材料等项目，加快磷化工、烟花爆竹、建筑建材、农产品加工、纸制品等传统产业转型升级，全力推动产业结构由中低端向中高端迈进。抢抓“互联网+”行动机遇，积极推进一二三产业与互联网深度融合，稳步推进电子商务、现代物流、网络金融等新市场新业态发展，促进互联网与政务信息、便民服务、城乡建设、医疗卫生教育和企业的结合，加快“数字城管”、“应急联动”等公共服务平台建设，构建“数字江川”、“智慧江川”基本框架。抢抓云南推进“五大基础网络”建设机遇，进一步完善路网、水网、能源保障网和信息网，着力实现天然气管网、通信光纤主干全覆盖，加快推进澄川、红江、江通高速和环城路建设，争取启动通用机场、轻轨交通等重大工程，为融入滇中城市经济圈一体化发展奠定坚实基础。抢抓全面深化改革机遇，加快政府职能转变，深入推进招商引资、行政审批、投融资、农村产权、生态文明、文化教育卫生体制和社会保障等领域改革，着力破解项目土地、资金、审批等瓶颈，不断释放改革红利。

——必须坚持协调发展，提升跨越式发展均衡性。要统筹全县布局与重点区域、产业与城镇、城镇与农村的关系，全力构建“三区一中心”区域发展新格局，促进新型工业化、信息化、城镇化、农业现代化和绿色化同步发展。统筹推进“六城同创”，牢固树立“产城融合、园城互动”理念，抓住撤县设区机遇，加快推进龙泉园区新城区规划建设，主动承接玉溪中心城区职业教育、科研、会展三个服务功能，积极引导金融保险、信息咨询、科技服务、商务会展等现代服务业向城镇集聚，继续推进棚户区改造、街区整治工作，稳步推进城市综合体等项目开发，加强城市精细化管理，加快实现与玉溪中心城区一体化发展。统筹城乡发展，围绕构建以大街为中心、其它乡镇为节点的城乡融合发展空间格局，按照做精城市、做美乡村的要求，深入实施美丽乡镇和美丽宜居乡村建设，逐步完善农村公共基础设施，努力实现基本公共服务常住人口全覆盖，构建以工促农、以城带乡、工农互惠、城乡一体的新型城乡关系。

——必须坚持绿色发展，打造跨越式发展新优势。要牢固树立“经济建设生态化、生态建设产业化”的理念，抓住昆玉红旅游文化产业经济带和抚仙湖—星云湖旅游改革与发展综合试验区机遇，突出高原水乡文化、古滇青铜文化特色，发展壮大青铜文化产业，积极推进星云湖湖滨湿地景观建设，大力推进星云湖周边红酒庄园等新兴业态发展，扶持打造一批以现代农业庄园和家庭农场等休闲农业、观光农业为重点的乡村旅游景点，力争建成李家山古墓群遗址考古公园，推动生态与产业深度融合、文化和旅游协同发展。牢固树立“以水为源、以绿为美”的理念，围绕消除星云湖劣V类水质的目标，继续强化生态修复、控源截污、产业结构调整、河道整治、调水补水、内源污染治理、循环水利用等各种治理措施，继续推进东风水库径流区综合整治，继续抓好“森林江川”建设，不断提升美丽江川幸福指数。牢固树立“人与自然和谐共处”的理念，认真落实主体功能区制度，加强生态文明制度建设，积极推进太阳能、天然气等绿色能源应用，加快建设一批生态乡镇和绿色社区、绿色学校，引导群众自觉关注生态、主动投身环保，全力推进绿色风尚形成。

——必须坚持开放发展，激发跨越式发展新活力。要围绕“一带一路”和滇中城市经济圈一体化发展布局，坚持对内对外开放并举、引资引技引智并重、引进来走出去联动，加强与滇中各地在产业建设、基础设施、生态环境、人才技术等重点领域合作，积极参与滇中经济圈、东南沿海发达地区产业转移，在拓展发展空间上实现新突破。切实加大招商引资力度，建立健全招商引资项目退出机制，创新招商引资体制机制和模式，加强专业化招商引资队伍建设，大力推进精准招商、产业链招商、以商招商，切实提高招商引资实效性，在招商引资工作上实现新突破。充分发挥好江川的区位优势，围绕建设辐射周边地区的现代物流中心目标，大力加强物流基础设施建设，千方百计引进大型物流龙头企业，推进工业园区与物流产业有机结合、文化旅游产业向商贸物流产业延伸、特色无公害农产品向物流中心集中，使物流产业成为新的经济增长点，在提升开放型经济发展水平上实现新突破。

——必须坚持共享发展，凝聚跨越式发展新合力。要着力实施脱贫攻坚工程，确保到2017年稳定实现全县贫困人口全部脱贫。着力推进民生社会事业发展，基本普及学前3年教育，全面普及高中教育，大力实施农村义务教育薄弱学校改造计划，加快实施学校标准化建设工程，推进义务教育均衡发展；加强公共文化服务标准化、均等化建设，深入实施文化惠民工程；认真落实“全面二孩”政策；逐步建立覆盖城乡的基本医疗卫生制度和现代医院管理制度，健全统筹城乡的社会养老保险制度，构建适度普惠型的社会福利体系，做好保障性住房运营管理和抗震安居工程建设，加强社保扩面提标工作，织牢织密城乡一体的社会保障安全网。着力实施创业促进就业工程和“城乡居民收入倍增计划”，完善创业扶持政策，推动大众创业、万众创新，持续增加城乡居民收入。着力加强全面依法治县工作，扎实推进严格执法、公正司法、全民守法，积极推进法治政府和民主政治建设，巩固“平安江川”创建成果，确保社会和谐稳定。

三、关于今年经济社会发展主要目标和重点任务

今年是“十三五”开局之年，做好今年工作对实现“十三五”跨越发展目标，同步全面建成小康社会具有十分重要的意义。今年全县经济社会发展的主要预期目标是：县内生产总值增长10%以上；规模以上固定资产投资增长20%以上；地方财政一般公共预算收入增长3%以上；社会消费品零售总额增长10%以上；城镇居民人均可支配收入增长10%以上；农村居民人均可支配收入增长11%以上。实现以上目标任务，必须全面推行“挂路线图、排时间表、追责任人、销任务号”的抓落实新机制，确保各项工作得到全面落实。“挂路线图”就是要围绕工作有谋划、有部署的要求，认真对照“十三五”规划和县委政府部署的重点工作，全面梳理各级各部门当前及今后一段时期的发展思路、工作举措、主攻方向、目标任务、难点问题，制定出抓落实的路线图、责任书，以“跳起来摘桃子”的精神，确定一个合理的、可持续的经济增长速度，设计一些抓得住、好推动、可衡量的工作抓手，谋划一批能引领和支撑未来发展的重大工程和项目，确保各项目标高点起步、高位推进、高效落实。“排时间表”就是要围绕工作有跟踪、有督查的要求，认真落实好挂钩联系制度和“七位一体”工作机制，继续实施“一个项目、一位领导、一套班子、一张时间表”的“四个一”帮办机制，进一步将目标任务落实到具体项目和各个环节，制订“作战图”，列出月度、季度、年度工作方案，确保各项指标分解到位、责任落实到位、措施推进到位、预警通报到位，切实做到任务明确、责任明确、进度明确、时限明确。“追责任人”就是要围绕工作有人抓、有人管的要求，对全县各项重要指标、重大项目、重点工作列出详细任务清单、责任清单、问题清单，按照盯人、盯事、盯结果并举的原则加强督查，重点查县委政府的决策和要求是否得到真正落实，重点看有没有顶着不办、拖着不干的人和事，让干部在“聚光灯”下干事，履职不缺位、尽责不懈怠。“销任务号”就是要围绕工作有结果、有效果的要求，加大责任追究力度，对慢作为、不作为和“懒政庸政怠政”的要谈话诫勉，对乱作为、贻误全局工作、造成不良影响的要坚决追究责任，对无视县委政府决策部署、顶着不办、拖着不干的要坚决严厉查处。同时，对那些真干实干、奋发有为的干部要大力表彰奖励，对那些攻坚克难、敢作敢当的干部要为其撑腰鼓劲，对那些品行端正、实绩突出的干部要及时提拔使用，激发干部干事创业的激情和动力，在全县营造“敬业有功、怠业必惩”的良好氛围。

按照这样的要求，奋力实现“十三五”开好局、起好步，必须扎实抓好六个方面的工作。

（一）全面打响园区经济战役，更大力度发展以工业为主导、三次产业协调发展的实体经济。江川跨越发展的关键在产业、核心在工业。必须牢固树立“工业强县、兴园强工”的理念，把园区作为推进产业转型升级的主阵地，加快龙泉园区和江城小微企业创业区水电路基础设施建设，全面启动“玉溪龙泉·北京顺义”产业园和“空港物流”项目建设，全力推进龙泉彩印、天一包装、特固扩建项目，确保新天力机械制造、福胤钢构、欣宇机械等项目建成投产，千方百计做大做强园区经济。启动双招全自动中药饮片生产线建设，推进雄关光伏发电项目，大力培育战略性新兴产业。抓好复烤二车间、红狮水泥、丰茂纸业等技改项目，力促烟花爆竹、红砖行业集团化、品牌化发展，持之以恒盘活做优工业经济存量。江川良好的生态文化资源是壮大实体经济的重要支撑，要科学安排文化旅游产业重大项目布局、开发和建设，启动星云湖沿湖生态产业示范区葡萄种植园及红酒庄园、李家山国家考古遗址公园和安化大山、董炳河生态休闲旅游项目建设，支持乡村旅游加快发展，努力促进文化旅游产业成为新的经济增长点。要按照“接二连三”的思路统筹推进高原特色农业建设，夯实农田水利基础设施，积极培育家庭农场、专业大户、农民专业合作社、农业产业化经营龙头企业等新型农业经营主体，大力发展一批以休闲农业、观光农业为重点的家庭农场和庄园经济，加快“四大示范区”和“五大基地”建设，不断提升粮油、烤烟、蔬菜、花卉、渔业、畜牧业发展水平。

（二）全面抢抓撤县设区机遇，更大力度促进城乡融合发展。撤县设区标志着江川在推进以人为本的城市化进程中迈出了关键一步。必须按照全面融入、主动对接、借势发展的要求，结合“六城同创”工作，进一步制定调整完善以土地利用规划为重点的各类规划，实现“多规合一”，促进与玉溪的规划共绘、交通共联、市场共构、环境共建、社会共享。全力优化城市空间布局，科学谋划撤县设区后的城市区域和产业发展布局，全面启动上营社区、江城社区棚户区改造和原公安局、原人社局、粮油加工厂、土产公司、宁海路南段片区开发建设，扎实推进廖家营片区城市综合体和绿竹小区、古滇国城二期等房地产项目，加快实施县城宁海路、宝凤路、文兴街街区整治工程，切实抓好道路交通等城市基础建设，继续加大城市美化、绿化、亮化和管理力度，努力把城市建设得更好、管理得更有序。围绕“城乡融合”的发展思路，加快“就地城镇化”进程，大力推进“百千工程”、美丽宜居乡村和美丽乡镇建设，坚决打好人居环境综合整治攻坚战，努力为广大群众创造更加舒适的生产生活环境。

（三）全面加强生态文明建设，更大力度建设美丽江川。生态是江川的特色、底色和本色。必须牢固树立“生态优先、生态立县”的观念，更加自觉地推动绿色发展、循环发展、低碳发展。以被列为国家重点生态功能区转移支付补助范围为契机，全面启动实施星云湖水污染综合防治“十三五”规划项目，加快推进星云湖污染底泥疏浚等重大项目，继续抓好主要入湖河流环境综合治理、东风水库径流区综合整治等重点工程，严格落实好河（段）长责任制，确保星云湖水质持续改善、东风水库径流区生态安全。深入实施天然林保护、石漠化综合治理、退耕还林等重点生态工程，推动“森林江川”建设取得新成效。大力推进生态文明建设，加大环境监察和执法力度，严格落实节能减排工作责任制，加快国家和省级生态乡镇创建步伐，为创建国家级生态县打牢基础。

（四）全面深化改革扩大开放，更大力度激发经济社会发展的动力和活力。改革开放是决定江川未来发展的关键一招。必须认真贯彻落实中央和省市委决策部署，把落实“十三五”规划与全面深化改革紧密结合起来，统筹推进各领域改革任务，努力在经济体制改革、教育医疗制度改革、公务用车改革、农村综合改革、司法体制改革、政府职能转变、党的群团改革、干部人事制度改革、供销社综合改革等重点领域和关键环节取得新成果，为经济社会发展提供强大动力。全面推行投资项目并联审批制度，积极推广应用PPP模式，引进社会资本参与棚户区改造等重大项目开发和建设，做好供给侧结构性改革工作，有效化解商品房库存量。认真落实好江川县招商引资项目管理办法和招商引资考核奖励办法，确保完成全年招商引资任务。全方位扩大对外开放，主动融入滇中城市经济圈“六个一体化”建设，扎实推进九溪润特等物流项目，加快发展电子商务、“互联网+”、物流快递等新的经济增长点，促进商贸流通发展。

（五）全面打好脱贫开发攻坚战，更大力度保障和改善民生。全面建成小康社会，短板是贫困地区和贫困群众。必须认真贯彻落实好中央和省市委扶贫开发工作会议精神，以精准扶贫和专项扶贫为重点，实施安化乡整乡推进扶贫工程，实现全县全年脱帽4个行政村、脱贫5500人的目标任务。着力推进“大众创业、万众创新”，大力鼓励就业创业。认真实施农村义务教育薄弱学校改造计划和学前教育三年行动计划，巩固“两基”成果，确保顺利通过国家义务教育基本均衡评估。继续深化县级公立医院综合改革，做好提高农村居民重大疾病医疗保障水平试点工作，确保全县新农合参合率稳定在98%以上。积极稳妥落实“全面二孩”生育政策。深入实施文化惠民工程，启动县体育场建设，丰富人民群众精神文化生活。完成年度农危房改造任务，实现城乡居民社会养老保险参保率98%以上，使发展成果更多更公平地惠及广大群众。

（六）全面加快依法治县进程，更大力度维护稳定增进和谐。全面推进依法治县，是我县全面建成小康社会的重要保证。必须坚持以法治江川建设为引领，统筹抓好依法执政、依法行政、公正司法、群众普法、社会治理各项工作，加快形成尚法守制、公平正义、诚信文明、安定有序的法治环境。加快建设法治政府，大力推行政府权力清单制度，做到法定职责必须为、法无授权不可为。加强法治工作队伍建设，支持法院、检察院依法独立行使职权、公正司法。强化法治宣传教育，深入推进“四五”依法治县，启动实施“七五”普法工作，进一步营造法治文化。引深“平安江川”建设，不断深化“大调解”工作格局，继续建立健全重大决策社会稳定风险评估机制，加大社会管理综合治理力度，加快高清监控网络建设，严厉打击各类违法犯罪活动，严格落实安全生产责任制，努力增加群众的安全感，维护安定和谐的良好局面。

四、坚持全面从严治党，激发和汇聚“十三五”发展的强大力量

做好2016年及“十三五”各项工作，关键在党。全县各级党组织要认真贯彻落实全面从严治党要求，充分发挥党的领导核心作用，不断提高科学执政、民主执政、依法执政能力，为全面建成小康社会提供坚强政治保障。

一要坚持党委统揽全局，着力提高领导经济社会发展的能力水平。全县各级党委要强化责任意识，牢固树立发展是硬道理的思想，加强对本地本单位经济社会发展工作的领导，完善党委研究经济社会发展战略、定期分析经济形势、研究重大方针政策的工作机制，及时研究解决经济社会发展的重大问题，使党委总揽全局、协调各方的领导核心作用更好地体现到经济社会发展各个领域。严格按照党内议事规则办事，定期听取人大、政府、政协工作报告，不断健全决策机制。切实提高各级党委把握和谋划经济社会发展大局的能力，全面增强党员干部适应和驾驭经济发展新常态、推动科学发展、做好群众工作和维护社会稳定的能力，更加注重培养选拔政治强、懂专业、善治理、敢担当、作风正的领导干部，更加注重干部的实践锻炼，促使各级领导干部成为领导经济社会发展的行家里手。

二要夯实党的基层基础，全面加强基层服务型党组织建设。全县各级党组织特别是党组织书记要牢记党建“主业”，自觉耕好“责任田”，树立大抓基层的鲜明导向，狠抓基层党建责任制落实，推进基层组织建设全面进步。要全面建强基层服务型党组织，扎实抓好“三个行动计划”、“四级”党建联席会议制度、软弱涣散基层党组织整顿转化、基层综合服务平台作用发挥等工作，切实用好党员积分制管理、农村党员户挂牌、美丽玉溪先锋行动和党员先锋岗等载体，不断加强党员教育管理和服务，继续抓好党组织书记、村级后备干部队伍建设和党员队伍建设，选派新一批新农村建设指导员和党组织第一书记服务基层、服务发展。充分理解信任、格外关心爱护基层干部，从队伍建设、服务平台、报酬待遇、经费保障等方面，推动资源下沉、力量下移，为更好发挥服务基层群众、连通党群干群、凝聚党心民心的主阵地主渠道作用创造良好条件。精心组织实施县乡村换届工作，严格落实《江川县村（社区）干部管理办法（试行）》等制度，严肃换届纪律，努力营造风清气正的换届环境，切

实把基层组织建设成带领人民群众坚定跟党走、全面建小康的坚强前哨和坚固堡垒。

三要树立正确用人导向，切实加强领导班子和干部队伍建设。严格贯彻落实“好干部”标准，按照“三严三实”和“忠诚干净担当”要求，抓好各级领导班子和干部队伍建设，加强“四类”干部和后备干部培养，做好超职数配备的领导职务和非领导职务清理工作。统筹抓好干部教育培训，继续开展“领导干部讲坛”和科级党员领导干部讲党课工作，全面推广“微型党课”，不断提高党员干部的理论水平和工作能力。着力深化干部人事制度改革，加大干部交流力度，探索建立干部“能上能下”的体制机制，合理使用各层次、各年龄段干部，激发干部队伍整体活力。切实加强对干部的监督管理，严格执行好干部日常监督制度。大力实施人才强县战略，统筹推进各类人才队伍建设。

四要全面履行两个责任，深入推进党风廉政建设责任制落实。严格执行《中国共产党廉洁自律准则》和《中国共产党纪律处分条例》等各项法规，全面落实“五个必须、五个决不允许”要求，坚决反对“七个有之”的行为和现象，始终把纪律和规矩挺在前面。继续深化党的群众路线教育实践活动、“三严三实”和“忠诚干净担当”专题教育成果，坚决执行中央八项规定精神和省市实施办法，继续抓好“为官不为”“六个严禁”专项整治，严格落实“三公”经费管理办法，旗帜鲜明地反对和惩治“四风”，加快推进作风建设形成新常态。认真落实党风廉政建设党委主体责任和纪委监督责任，把握运用监督执纪“四种形态”，进一步健全权力运行制约和监督体系，坚决查处违纪违法案件，始终保持正风肃纪的高压态势，努力形成不想腐、不能腐、不敢腐的有效机制，着力营造廉洁从政的良好环境。

五要加强民主政治建设，充分凝聚跨越式发展的强大合力。认真贯彻落实《中国共产党地方委员会工作条例》，继续完善县委全委会及其常委会议事规则和决策程序，建立健全党员领导干部民主生活会配套制度办法，努力提高科学决策、民主决策、依法决策水平。积极支持人大、政府、政协在县委统一领导下，依照法律和章程独立负责、协调一致地开展工作。认真落实中央和省市委关于统一战线和群团工作的重大部署，积极调动工商联、党外人士工作热情，充分发挥工青妇等人民团体联系和服务群众的作用，为经济社会发展凝聚强大合力。切实做好老干部工作。加强党管武装工作。加大舆论引导力度，凝聚更多正能量，充分调动全县人民参与和推动“十三五”发展的积极性、主动性和创造性，齐心协力为江川“十三五”经济社会发展作出贡献。

各位委员、同志们，决战号角已经吹响，光荣使命催人奋进。让我们在市委的坚强领导下，团结带领全县广大干部群众，振奋精神，砥砺前行，拼搏实干，闯出一条跨越式发展的路子来，共同夺取同步全面建成小康社会决胜阶段的伟大胜利！

政府工作报告

——在江川县第十五届人民代表大会第四次会议上

代理县长　王志华

（2016年1月19日）

各位代表：

我代表县人民政府向大会报告工作，请予审议。

一、“十二五”及2015年工作回顾

“十二五”是江川县国民经济和社会事业快速发展的重要时期。五年来，在市委、市政府和县委的坚强领导下，县人民政府坚持以邓小平理论、“三个代表”重要思想和科学发展观为指导，准确把握复杂多变的发展形势，主动适应经济社会发展新常态，积极应对经济下行压力加大和自然灾害等各种挑战，深入实施“生态立县、农业稳县、工业强县、旅游活县、文化兴县”发展战略，改革创新，锐意进取，圆满完成“十二五”既定的发展目标，撤县设区成功获批，全县经济社会呈现出平稳健康发展的良好态势。

五年来，综合实力在持续发展中显著增强。我们坚持调结构、转方式、培产业，累计完成地方生产总值294.5亿元，是“十一五”时期的1.8倍，年均增长12%；地方财政收入24.8亿元，是“十一五”时期的2.4倍，年均增长18.3%；规模以上固定资产投资142亿元，年均增长25.1%，其中：工业投资37.4亿元，年均增长7.9%。三次产业结构比从27.6：25.3：47.1调整为21.5：32.6：45.9，产业结构更加优化。

五年来，经济运行质量在产业发展中稳步提升。我们坚持抓工业促跨越，累计完成工业增加值78.18亿元，是“十一五”时期的1.7倍。工业园区从无到有，投入园区建设资金12亿元，收储土地5446亩，引进企业9户，实现园区总产值12亿元。工业企业发展壮大，争取工业企业发展资金8.7亿元，培育“两个10万元”微型企业295户，规模以上企业达35户，上市企业1户。传统产业提质增效，红砖产业整合完成，磷化工精细化发展取得成效。新兴工业产业从弱到强，生物制药、新能源、新材料等产业平稳起步，装备制造业结束了无规模企业的历史，总产值突破2亿元，是2010年末的8倍。

我们坚持抓三产添活力，累计完成第三产业增加值135.7亿元，是“十一五”时期的2.2倍。旅游产业加快发展，仙湖锦绣等重大旅游项目累计完成投资17.4亿元，实现旅游总收入50.8亿元。房地产业有序发展，龙旺湖城城市综合体和财富广场、星云铭城等房地产项目相继建成，销售各类商品房91万平方米。商贸流通繁荣活跃，新建、改造各类交易市场5个，新增大型超市4家、进出口企业5户，实现社会消费品零售总额76.94亿元、进出口总额4.2亿美元。金融业较快发展，农业发展银行、玉溪市商业银行、中国银行入驻江川。特色餐饮业持续发展，新增“云南特色美食名店”和“云南餐饮名店”18家。

我们坚持抓农业稳基础，累计完成农业增加值68.2亿元，是“十一五”时期的1.5倍。农业基础设施不断完善，累计投资6.63亿元，建成各类农田水利基础设施1万余件，实施中低产田（地）改造和

高标准农田建设16.6万亩，新增、改善灌溉面积10万亩。烤烟支柱地位进一步巩固，实现烟农总收入17.63亿元。农业产业结构逐步优化，新增核桃等经果林种植8.36万亩，中草药种植业逐步壮大，10个无公害农产品和绿色有机食品获得认证。农业产业化步伐加快，农产品加工企业达75户，发展农业专业合作社44个，流转农村土地承包经营权2.6万亩，新增农机（具）6300余台（套）。

五年来，基础设施在项目建设中持续完善。我们坚持抓机遇、强基础、谋长远，发展后劲逐步增强。交通网络更加完善，江通高速公路开工建设，修复各类道路99公里，建成市政道路17公里，实施道路亮化27公里，完成农村通畅公路里程166公里，通行政村道路硬化率、自然村通车率均达100%。能源结构更加优化，新建变电站2座，改造农村电网36.5公里。城乡供排水能力稳步提升，建成供水管网103公里，新建县城排水管网55公里。通信网络不断完善，3G、4G信号覆盖率和行政村宽带通网率均达100%。

五年来，生态环境在建管并举中改善提升。我们坚持深入推进生态文明建设，累计投资6.9亿元实施节能环保项目。“两湖一库”保护治理力度不断加大，27项“两湖”水污染综合防治“十二五”规划项目全面完工，建成湖滨缓冲带7600余亩，实施120个村落环境综合整治，完成九溪污水处理厂和董炳河小流域水土流失防治等10项工程建设。“森林江川”建设成效明显，实施植树造林、封山育林、低效林改造21万亩，治理水土流失102平方公里。“两污”治理能力不断提升，新建污水处理厂（站）5座，污水收集管网78.6公里，建成建子山生活垃圾处理场和4个集镇生活垃圾转运站。节能减排工作扎实开展，完成32个减排项目建设，关停24户落后产能企业，万元生产总值能耗下降13%。生态创建取得实效，申报省级生态乡镇3个，创建市级生态村（社区）29个。

五年来，城乡建设在统筹发展中加快推进。我们坚持统筹城乡发展，城乡面貌逐步改善。突出规划引领，完成县城总体规划修编和11个专项规划编制。城市建设提质扩容，完成县城5条主要街道街区整治，启动棚户区改造，县城建成区面积扩大到5.3平方公里。市政服务功能不断完善，新增绿化面积1160亩，城区路灯亮灯率达98%。城市经营管理得到加强，县城保洁、绿化管护成效显著，省级“甲级卫生县城”得到巩固。集镇建设稳步推进，江城、九溪被列为省级特色小镇，全面启动“百村示范·千村整治”和集中连片旧村改造，完成整村推进扶贫、“一事一议”财政奖补项目360个，实施农村危房改造及抗震安居工程1.25万户，48个美丽乡村建设成效显著。城乡环境综合整治深入开展，拆除临违建筑8.1万平方米，建成蔬菜交易市场6个。

五年来，公共服务在普惠民生中均衡发展。我们坚持抓统筹、促协调、惠民生，社会更加和谐进步，累计支出民生资金44.85亿元，是“十一五”时期的2.4倍。教育优先发展地位得到巩固，排除义务教育阶段学校所有D级危房，建成幼儿园11所，“三免一补”政策和营养改善计划惠及学生2.9万人，被省政府评为教育工作先进县。就业创业规模稳步扩大，发放各类创业贷款4.6亿元，扶持7900余人创业，新增城镇就业10565人，城镇登记失业率控制在3.36%以内。社会保障体系不断完善，建成保障性住房22.7万平方米，养老、医疗等五大保险实现全覆盖，城乡低保标准逐年提高，新建中心敬老院、居家养老服务中心21个。卫生事业稳步发展，县医院门诊综合楼等一批医疗服务设施建成投入使用，新（改）建村卫生所66个，累计报销新农合资金4.4亿元。科技文化体育事业不断发展，申请专利、实用新型技术189项，建成6个乡镇文化站，“三馆一站”免费开放，行政村体育设施覆盖率达90%以上。殡葬改革顺利推进，建成公墓15个，火化率、入公墓安葬率实现100%。

社会保持和谐稳定。普法和依法治县工作取得实效，严厉打击各类违法犯罪，社会管理综合治理扎实推进，各类社会矛盾有效化解，成功创建“平安先进县”。安全生产形势总体稳定，统计、气象、档案、双拥、外事、侨台、残疾人、妇女儿童、防震减灾、禁毒防艾等工作成效明显。

各位代表，刚刚过去的2015年，是“十二五”规划的收官之年。一年来，全县上下共同努力，圆满完成了县第十五届人大三次会议确定的目标任务。全年预计完成地方生产总值72.7亿元，增长12%；地方财政收入6.3亿元，增长6.4%；规模以上固定资产投资39.8亿元，增长30%；社会消费品零售总额19.7亿元，增长13.4%；城镇居民人均可支配收入28813元，增长10%；农村居民人均可支配收入10296元，增长11%。

（一）工业经济提质增效。龙泉园区建设加快推进，总规、详规通过省级审批，江滇路、龙腾路、江义街路基工程进展顺利，万利包装项目投入生产，新天力机械制造项目完成厂房建设，欣宇机械、福胤钢构全面开工，与北京顺义区达成“玉溪龙泉·北京顺义产业园”建设合作意向，腾达机械等4个投产项目运行正常，预计实现工业总产值7.39亿元，增长99.2%。传统产业整合升级步伐加快，昊源公司3条新型墙体材料生产线和绿竹集团3个技改项目建成投产，江磷集团、华盛纸制品厂等技改项目基本完工，与红狮集团签订利用黄磷尾气日产2000吨水泥项目合作协议。2015年，预计实现工业增加值21.3亿元，增长19.3%。

（二）第三产业平稳增长。旅游产业稳步发展，小马沟—冯家湾退房还湖旧村改造项目顺利推进，完成北山寺景区道路硬化和渔村铜文化特色街区建设，成功举办第十一届开渔节。商贸流通保持活跃，新增个体工商户、私营企业1600余户，自营进出口企业达27户，实现进出口总额6100万美元，引进省外国内资金46.04亿元；电子商务加快发展，九溪丫眯等企业实现网上销售3600万元；九溪润特仓储物流项目进展顺利。金融机构存贷款余额分别为99.06亿元和62.9亿元。2015年，预计完成第三产业增加值33.6亿元，增长9.5%。

（三）农业经济稳步发展。强农惠农富农政策全面落实，兑付各类农业综合补贴1284万元，成功争取全国小农水重点县项目，完成农村土地承包经营权确权登记29.26万亩。烤烟生产实现减量增收，完成烤烟收购1140万公斤，烟农总收入3.82亿元；蔬菜、花卉产业稳步发展，总产值达7.95亿元，增长11.5%；畜牧业健康发展，重大动物疫病防控扎实有效，总产值突破8亿元；持续开展增殖放流，渔业总产值增长7%；特色经济林产业加快发展，种植核桃3.5万亩。西南航空护林总站直升机场开工建设。2015年，预计实现农业增加值16.2亿元，增长6.5%。

（四）生态建设持续加强。成功纳入国家重点生态功能区转移支付范围。“两湖”保护治理工作深入开展，配合完成“三湖”生态保护水资源配置应急工程和抚仙湖径流区统一托管，牛摩河综合治理、玉带河清水产流机制修复工程全面完工；完成星云湖4条主要入湖河道小流域综合治理，环湖截污及水资源循环利用、底泥疏挖工程前期工作有序推进。东风水库径流区水污染综合整治持续开展，九溪河河道综合治理和董炳河小流域农村生活污染综合整治等工程取得成效。“两污”项目建设得到加强，新建星云湖北片区污水处理厂配套管网6公里，启动县污水处理厂提标改造和生活垃圾综合处理项目建设。节能减排工作扎实开展，完成翠峰水泥厂烟气脱销工程建设，淘汰凤凰山水泥厂10万吨机立窑生产线，江城种养结合循环农业示范项目通过验收。

（五）城乡面貌明显改善。城市建设扎实推进，完成县城控制性详细规划和上营社区棚户区改造规划编制，搬迁安置上营社区棚户区群众121户，拆除原木材交易市场老旧房屋。有效盘活国有闲置资产，清理县城低效利用土地65宗。配套基础设施不断完善，完成县城星云路、明珠路、振兴街街区整治和翠大线小白坡段路面大修，江中路建成通车，职教小区出口道路建设进展顺利，实施平安城市管理工程，主要路口实现交通信号灯全覆盖。小城镇建设加快推进，编制完成路居镇、前卫镇美丽乡镇建设实施方案，江城镇钟秀路、淮源路改造工程完工，集镇视频监控系统开工建设。农村生产生活条件进一步改善，启动城乡人居环境综合整治三年行动计划，41个重点村落环境综合整治工程完工，48个“百村示范·千村整治”项目方案通过评审，实施集中连片旧村改造2.7万平方米、农村危房改造4600户，完成22个村电网改造和71公里农村公路建设。

（六）民生保障扎实有力。累计支出民生资金11.13亿元，占地方公共财政预算支出的69.7%。全面实施“挂包帮、转走访”扶贫攻坚工作，完成3个整村推进项目建设，减少贫困人口4112名，启动安化扶贫整乡推进计划。“美丽100校园”暨校安工程基本完成，江川一中、二中排危新建工程开工建设，收并3所九年一贯制学校，实施教育系统绩效工资改革，将山区教师补助等纳入财政预算保

障。全力解决农村剩余劳动力等重点人群就业问题，新增城镇就业2217人。社会保障力度进一步加大，发行金融社保卡15.4万张，发放各类社保资金1.47亿元，建成中心敬老院、居家养老服务中心8个。公立医院改革顺利推进，县人民医院和中医医院实现药品零差率销售。殡葬改革补助政策有效落实。完成县文化馆、博物馆和文庙钟秀书院修缮改造。

（七）政府自身建设得到加强。深入开展“三严三实”和“忠诚干净担当”专题教育活动，大力整治“为官不为”，问责不作为、慢作为党员干部37人。严格执行中央八项规定，“三公”经费下降27.17%。完成新一轮政府机构改革，稳步推进事业单位分类改革。深化行政审批制度改革，清理削减行政审批项目3项，396项行政审批及管理服务事项纳入集中管理，开展“三证合一、一照一码”登记工作。全面推进依法行政，实现政府部门法律顾问全覆盖。强化权力约束，严格落实重大行政决策程序规定，坚持县人大、政协列席政府常务会议制度，自觉接受人大法律监督和政协民主监督，人大代表建议和政协委员提案办结率均达100%。坚持政务公开，强化审计监督，认真落实党风廉政建设“一岗双责”，查处违纪案件17件17人。

各位代表，“十二五”规划全面完成，为我县全面建成小康社会奠定了坚实基础。这是市委、市政府和县委坚强领导、科学决策的结果，是县人大依法监督、县政协民主监督的结果，是全县人民开拓进取、拼搏奋斗的结果。在此，我代表县人民政府向各位代表、全县广大干部群众、驻江部队和武警官兵，向工商联、无党派人士、各人民团体以及所有关心支持我县发展的老领导和社会各界人士，致以崇高的敬意和衷心的感谢！

各位代表，过去五年，我们不仅在应对挑战中实现了预期的发展目标，而且在复杂环境中积累了推动科学发展的宝贵经验。一是坚持科学发展，突出稳中有进的鲜明导向，奋发有为、迎难而进，加快全面小康建设进程。二是坚持改革开放，以深化改革突破体制束缚，以扩大开放争创发展优势，不断为经济社会发展注入新活力。三是坚持创新引领，以结构调整培育新的增长点，以园区建设抢占发展新高地，推动经济加快转型升级。四是坚持统筹兼顾，促进城乡统筹发展、区域协调发展、人与自然和谐发展，切实增强发展的全面性、协调性和可持续性。五是坚持民生优先，加强以改善民生为重点的社会建设，让人民群众共享改革发展成果。

在总结成绩的同时，我们也清醒地看到，江川经济社会发展中还存在一些不容回避的矛盾和必须破解的难题。一是经济总量不足，工业体量不大，产业结构不优，生产性投资比重低，重大项目推进缓慢。二是财政收入质量不高，税收增长乏力，偿债压力加大，收支矛盾突出。三是环境硬性约束指标更加强化，生态建设与经济发展矛盾突出。四是城镇化程度不高，城市建设管理滞后，现代服务业发展不快。五是少数部门存在不作为、慢作为现象，执行力不强，行政效率不高。这些问题，我们将在今后的工作中认真加以解决。

二、“十三五”奋斗目标及主要任务

各位代表，“十三五”时期是全面建成小康社会决胜阶段，全县经济社会发展的指导思想是：高举中国特色社会主义伟大旗帜，以马克思列宁主义、毛泽东思想、邓小平理论、“三个代表”重要思想、科学发展观为指导，全面贯彻党的十八大和十八届三中四中五中全会精神，深入贯彻习近平总书记系列重要讲话和考察云南重要讲话精神，坚持“四个全面”战略布局，贯彻创新、协调、绿色、开放、共享五大发展理念，按照“创新引领、生态优先、兴园强工、城乡融合”的发展思路，统筹推进经济建设、政治建设、文化建设、社会建设、生态文明建设，闯出一条跨越式发展的路子来，着力把江川建设成为全市重要的新型工业化聚集区、全省重要的休闲旅游度假区、滇中城市经济圈的产城融合发展样板区和辐射周边地区的现代物流中心，确保全面建成小康社会。

预期目标是：到2020年，地方生产总值年均增长10%以上，地方财政一般公共预算收入年均增长5%以上，规模以上固定资产投资年均增长20%以上，社会消费品零售总额年均增长10%以上，城镇居民人均可支配收入年均增长10%以上，农村居民人均可支配收入年均增长11%以上，城镇登记失业率控制在4%以内，万元生产总值能耗与省市同步下降。

实现上述目标，我们必须抓住国家实施“一带一路”、长江经济带、“互联网+”、“中国制造2025”等重大发展战略，云南加快推进滇中城市经济圈一体化发展、五大基础网络建设，玉溪确立“三区一港”发展定位和江川撤县设区等重大机遇，牢固树立创新发展理念，坚持培育发展动力，拓展发展空间，促进发展方式转变，提升发展质量；牢固树立协调发展理念，坚持区域协调、城乡协调，提升产业层次和城乡发展、城镇管理水平，不断增强发展的整体性；牢固树立绿色发展理念，坚持走环境友好型、资源节约型的绿色低碳循环发展之路，做好资源优势向产业优势转化的大文章，提升可持续发展能力；牢固树立开放发展理念，坚持互联互通、区域合作，充分发挥区位、交通等优势，促进市场资源合理配置，提升开放型经济发展水平；牢固树立共享发展理念，坚持以人为本，提升公共服务能力，推进物质文明和精神文明建设，让广大人民群众共享改革发展成果。

（一）加快推进项目建设

优化投资结构，强化项目储备，紧扣“三区一中心”发展定位，不断完善招商引资政策措施，加大生产性项目比重，重点引进和实施现代农业、高端装备制造、生物医药、新能源新材料、电子信息、现代物流等领域项目，进一步激活外源性动力，弥补产业缺链、断链环节，促进产业结构优化升级。建立招商引资项目退出机制，坚持重点工作和重大项目全程跟踪管理，及时协调解决项目在立项、审批、资金等方面存在的困难问题，清理淘汰不能按期开工的项目，提高招商引资实效性。到2020年，力争引进省外国内资金年均增长15%以上，利用外资年均增长10%以上。

（二）加快推进产业创新发展

推进工业转型升级，提升核心竞争力。坚持走新型工业化道路，提升工业在经济发展中的主导地位。加快工业园区建设，按照“一园多区”和“园中园”发展模式，完善园区基础设施，提升园区综合实力，奠定产城融合发展基础，到2020年，力争实现园区年产值150亿元。加快传统产业转型升级，巩固提升磷化工产业支柱地位，形成精细化、深加工产品体系，提高产品附加值；引导纸制品行业实施整合重组和技术升级，研究开发差异化产品，提高市场占有率；充分发挥集团优势，鼓励建筑建材、烟花爆竹行业做优做强，到2020年，力争传统产业实现产值80亿元，增加值25亿元。注重品牌培育，重点扶持拥有自主知识产权、核心竞争力强的龙头企业发展，打造具有城市名片效应的产业品牌。到2020年，力争实现工业总产值200亿元，工业增加值40亿元。

繁荣现代服务业，打造综合竞争新优势。统筹发展文化旅游产业，充分挖掘高原水乡文化和青铜文化，围绕星云湖湖滨缓冲带打造滨湖休闲景观群，规划发展星云湖周边新兴旅游业态，有序推进李家山古墓群遗址考古公园建设。配合推进抚仙湖周边重大旅游项目建设。支持乡村旅游发展，高起点规划实施旅游景区提档升级，策划开发精品旅游线路，构建高中低端有机互补的旅游市场格局，到2020年，力争实现旅游总收入30亿元。引导电子商务向商贸流通和传统服务业应用延伸，推广大数据、“互联网+”在各领域的应用。加快物流产业发展，打造九溪物流产业园。构建多层次、广覆盖的金融服务体系，规范发展保险、金融租赁、融资担保等非银行金融机构。提升对外贸易规模和质量，实现进出口总额1.5亿美元。

大力发展现代农业，促进农业提质增效。加大农田水利工程建设力度，围绕创建省级高原特色农业示范县目标，抓住全国小农水重点县建设机遇，以病险水库除险加固和中低产田（地）改造等为重点，力争水利化程度达90%。着力优化农业结构，在稳定粮食生产，巩固烤烟支柱地位的基础上，鼓励农业集约化经营，推进农业产业向特色经作、生态畜牧、淡水渔业、高效林业等多元化方向发展，提高农业综合生产能力。加快现代农业产业示范区建设，大力发展特色精品庄园和庭院经济，鼓励发展以核桃、中成药加工为重点的农产品精深加工业，支持现有农产品加工企业实施品牌战略。积极引进电子商务进入农业领域，创新农产品流通模式。到2020年，力争实现农业总产值33.5亿元。

（三）加快推进城乡协调发展

抓住撤县设区重大机遇，强化规划引领，完成各类规划修编，实现“多规合一”。严格规划审批执行，维护规划的法定性和权威性，实现规划的延续性。加强基础设施建设，加快推进澄川、红江、江通高速和环城路建设，加大电力设施、天然气管网建设力度，实施缺水地区供水管网建设，实现通信光纤主干全覆盖，为实现与玉溪中心城区同城发展打牢基础。按照“做精城区、做特集镇、做美乡村”的理念，深入开展“六城同创”工作，加快棚户区改造、街区整治和城市综合管廊建设步伐，稳步推进城市综合体等房地产项目开发，继续实施低效利用房屋开发，完善各类专业交易市场，提高城市精细化管理水平，提升城市品位。协调城乡一体化发展，加强集镇建设管理，建立县级财政支持乡镇实施集镇建设和村庄规划长效机制。采取统规联建、集中改造等方式，整合资金推进“百村示范·千村整治”、连片旧村改造、易地扶贫搬迁等项目建设，逐步完善农村公共基础设施。深入推进城乡人居环境综合整治三年行动计划，改善人居环境，打造美丽宜居乡村。

（四）加快推进生态文明建设

把生态建设放在更加重要的位置，以星云湖保护治理为重点，实施环湖截污、湖底清淤、水资源循环利用、河道综合治理等工程措施，强化公众宣传教育、产业结构调整等非工程措施，消除星云湖劣V类水质。配合做好抚仙湖保护各项工作，继续推进东风水库径流区综合整治。加大污水、垃圾收集处理设施建设力度，继续完善城乡垃圾收集处理体系，逐步封停不符合规范的垃圾填埋场，提高城镇污水集中处理率和生活垃圾无害化处理率。严格控制和治理工业污染，淘汰落后产能，深入推进非煤矿山转型升级，确保规模以上工业企业全部实现清洁生产。狠抓农业面源污染治理，大力发展循环经济，积极推广农业高效节水减排项目，稳步实施土壤污染防治。持续推进“森林江川”建设，以面山绿化为重点，大力开展植树造林、封山育林等工作，新增森林面积3万亩以上。

（五）加快推进社会和谐发展

坚持共享发展成果，着力增进人民福祉。继续落实各项免补政策，持续改善办学条件，加大学前教育投入，普及高中阶段教育，统筹推进义务教育均衡发展。继续扩大创业就业规模，多渠道增加居民收入。提高城乡居民社会保障覆盖率和保障水平，加快城乡养老服务和社会救助体系建设，做好保障性住房运营管理和农村危房改造及抗震安居工程建设，切实解决低收入人群最低生活保障和住房困难问题。以精准扶贫为着力点，加大扶贫攻坚力度，确保到2017年贫困人口全部脱贫。不断加强城乡公共卫生服务体系建设，支持中医事业发展，提高公立医院综合服务水平，促进公共卫生服务均等化。落实“全面二孩”政策。推进科技创新和人才培养，大力繁荣文化体育事业，满足群众多层次精神文化需求，持续提高人民生活质量。完善社会信用体系，推动诚信社会建设。强化社会管理综合治理，加强民族宗教工作，全面推进法治江川、平安江川建设，提高公共应急处置能力，保障人民生命财产安全。

三、2016年主要工作

2016年是实施“十三五”规划的开局之年，也是全面建成小康社会的关键一年。做好各项工作，意义重大。

今年的主要预期目标建议为：完成地方生产总值80亿元，增长10%；规模以上固定资产投资47.7亿元，增长20%；地方财政一般公共预算收入5.56亿元，增长3%；社会消费品零售总额21.7亿元，增长10%；城镇居民人均可支配收入31700元，增长10%；农村居民人均可支配收入11430元，增长11%；城镇登记失业率控制在4%以内；万元生产总值能耗与省市同步下降。

围绕上述目标，我们要尽快完成撤县设区各项工作，争取政策红利，扎扎实实稳增长、调结构、转动力、补短板、防风险、惠民生，重点做好以下九个方面的工作：

（一）在完善基础设施，加快城乡建设上展现新面貌

全面推进城乡建设，启动江川区各类规划修编，做好土地收储工作。加快推进上营社区棚户区改造，启动大街下营、大街社区棚户区改造和原公安局、原人社局、粮油加工厂、土产公司片区、宁海路南段片区开发建设。完成县城地下管线普查，实施宁海路、宝凤路、文兴街街区整治，启动星象路、玉泉路、景江路、仁和街城市综合管廊建设。强化城市经营管理理念，加强综合执法，严格执行

已出台的10个城市管理办法，完成星云路、明珠路户外广告牌和老街桥头市场清理整治，严厉整顿占道经营等行为。加大县城绿化、保洁力度，争创省级园林县城。加快集镇建设，启动江城社区棚户区改造，完成江城文化广场建设和江城社区低效利用房改造，支持2个乡镇实施集镇建设，10个行政村完成规划编制。全面实施城乡人居环境综合整治三年行动计划，加大江通、澄川公路沿线风貌整治力度，开展“厕所革命”，推进县城公厕规划布局建设，改善城乡环境面貌。

加大基础设施建设力度，加快推进江通、澄川高速公路建设和国道213线改造，完成职教小区出口道路和明珠路南段、抚仙路南段扩建，打通烟草小区北侧和浪广路北段道路，完成翠大线县城至渔村段、江城至翠峰段太阳能路灯安装。继续推进农村公路建设，完成大铁线气象站至路居甸头段、老玉江线路面修复及改扩建。启动县城标准化体育场建设，完成大街街道蔬菜交易市场和天然气加气母站建设。

（二）在扩大工业总量，提升发展水平上实现新跨越

加快新型工业化发展步伐，加大园区建设和对重点行业、企业的扶持力度，调动一切积极因素加快工业经济发展，进一步提升工业经济的整体实力，实现规模以上工业增加值12.8亿元，增长18%。

加快龙泉园区建设步伐，完成土地收储540亩，确保龙腾路、江滇路、江义街、6号路建成通车，龙泉大道、仙水大道绿化亮化工程全面完工，启动供排水设施、入园电力专线和龙滨路、江源路等5条道路建设。加快入园项目推进速度，启动“玉溪龙泉·北京顺义产业园”建设，确保新天力机械制造、福胤钢构、欣宇机械等项目建成投产，天一包装、龙泉彩印、天然气支线管道项目完成主体工程建设，实现园区固定资产投资7亿元，工业总产值10亿元。完善龙泉园区招商引资优惠政策，确保引进到位资金6亿元以上。

巩固提升传统产业，完成烟花爆竹行业深化整合，完成新型墙体材料认证和推广应用，确保江磷集团年产5000吨五氧化二磷和1000吨微胶囊化超细赤磷阻燃剂技改项目投入运行，鼓励纸制品等行业提档升级，启动复烤二车间、丰茂纸业等技改项目。完成17座非煤矿山改造升级和整合重组，倾力推进红狮集团实施县水泥厂利用黄磷尾气日产2000吨水泥项目建设。加快发展新兴产业，启动双招全自动中药饮片生产线和雄关农业科技大棚光伏发电项目建设。

完善民营经济扶持政策，加大中小微企业培育力度，启动江川工业园区江城小微创业区建设，力争年内引进3户以上企业入园发展。深入推进大众创业、万众创新，培育“两个10万元”微型企业170户。

（三）在繁荣第三产业，激发发展活力上增添新动力

抓住昆玉红旅游文化产业经济带建设的重大机遇，以现代服务业发展为重点，加快旅游基础设施建设，提高文化旅游产业发展水平，实现第三产业增加值37亿元，增长8%。

加快旅游项目建设步伐，启动星云湖沿湖生态产业示范区葡萄种植园及红酒庄园建设，完成北山寺国家森林公园申报前期工作。支持乡村旅游发展，实施安化大山、董炳河休闲旅游项目建设和北山寺—梁王山旅游线路规划。配合推进小马沟—冯家湾旧村改造、仙湖花海项目建设和仙湖锦绣项目复工。加快推进文化旅游产业融合发展，启动文庙整体修缮工作，积极申报李家山古墓群遗址考古公园建设项目。实现旅游总收入17.2亿元，增长16%。

规范发展房地产业，稳步推进廖家营片区城市综合体、绿竹小区、古滇国城二期等房地产项目开发，探索房屋拆迁补偿货币化安置与商品房去库存化有机结合模式，逐步减少存量商品房。引导商贸流通业发展，帮助企业申报进出口自营权，实现进出口总额7000万美元。加快推进九溪润特物流仓储中心项目建设，完成九溪镇、雄关乡农贸市场建设。

（四）在推动三农发展，实现农业增收上迈上新台阶

围绕农业增效、农民增收、农村繁荣，认真落实强农惠农富农政策，强化农业基础设施建设，加快转变农业发展方式，推进农业产业化发展，改善农村生产生活条件，实现农业总产值27

亿元，增长6.5%。

加强农业基础设施建设，投资1.2亿元，完成江城大平地等6座小（二）型病险水库除险加固，实施白河水库引水抗旱应急水源工程，启动小农水重点县项目建设。完成中低产田（地）改造2.5万亩，中低产林改造5000亩，实施周官、朱家庄、黄营3个片区高标准农田建设1.4万亩。开展第三次全国农业普查，推进农田水利改革，鼓励社会资本参与农田水利设施建设、运营和管理。

调整优化农业产业结构，健全烤烟绿色生态化发展机制，完成烤烟种植7.13万亩，烟叶收购987万公斤。稳定粮食种植面积，推进蔬菜、花卉发展，种植核桃2.5万亩，实现种植业总产值11.46亿元。规范发展生猪、家禽养殖，促进生态畜牧业发展，实现畜牧业总产值8.7亿元。抓好增殖放流和土著鱼资源保护开发利用，实现渔业产量增长1.73%。

加快农业产业化发展，继续做好龙头企业、农产品精深加工企业培育扶持工作，新增1户市级龙头企业，加快推进云南华克中药材庄园有限公司重楼种植基地建设。支持农民专业合作社发展，力争新增农民专业合作社2个、市级示范社1个。完成农村土地承包经营权确权登记颁证，加强农村土地流转管理服务。

持续推进农村发展，完成4个示范村、44个整治村及九溪河口移民新村项目建设，稳步推进前卫社区等集中连片旧村改造项目，打造江城清水沟磷矿搬迁安置点等美丽宜居乡村示范点。加大“挂包帮、转走访”工作力度，加快实施安化扶贫整乡推进项目，完成雄关白石岩等6个行政村和前卫李家边等5个自然村整村推进扶贫项目建设，实现5500名贫困人口脱贫。

（五）在加强保护治理，推进生态建设上凸显新成绩

按照“生态优先”的发展思路，突出星云湖保护治理，全面推进星云湖水污染综合防治“十三五”规划项目实施，启动星云湖底泥疏挖、环湖截污及水资源循环利用等重大项目建设，加快实施星云湖北岸再生水利用、大寨河水环境综合治理工程，对沿湖2公里范围内高污染作物进行布局调控。探索建立水葫芦打捞长效机制。配合做好抚仙湖径流区统一托管后续工作。强化东风水库径流区综合整治，加快推进九溪大河5.44公里河道综合治理工程，完成鸡窝等3个村污水收集管网建设。

加大污染防治力度，继续落实污染减排工作责任制，加强污水处理厂运营管理，完成县污水处理厂提标改造，新建北片区污水处理厂污水收集管网6公里，确保生活垃圾综合处理项目主体工程完工，建成2座垃圾转运站和建子山垃圾填埋场渗滤液处理站，完成前卫、江城垃圾填埋场封场。完善环境监测网络，完成县城空气环境自动监测站建设。

深入开展绿色江川行动，扎实推进“森林江川”建设，实施退耕还林、封山育林8.79万亩，治理水土流失面积12平方公里。以城镇面山、“两湖”径流区、村庄四旁为重点，大力推进城乡绿化。加快大街、江城国家级生态乡镇和九溪、前卫、安化省级生态乡镇创建步伐，为创建国家级生态县奠定基础。

严格执行环境保护法，加大环境监察执法力度，继续落实环保“三同时”制度，深入排查污染隐患，依法查处环境违法行为，确保不发生重大环境污染事件。

（六）在营造招商环境，增强发展后劲上彰显新活力

围绕国家产业政策及我县“十三五”发展规划，抢抓发达地区产业重新布局和调整的机遇，健全招商推介长效机制，科学编制、包装、储备和推出一批招商引资项目。提高招商引资针对性，以生产性项目引进为重点，突出高端招商，着力引进一批投资规模大、技术含量高、产业链条长的项目，形成与现有企业配套的产业集群。充分利用行业商会和现有企业的优势和影响力，探索中介招商、委托招商新途径，大力支持以商招商，鼓励社会力量参与招商，形成全民招商浓厚氛围。狠抓项目落地，严格执行招商引资项目管理办法，完善项目挂钩服务制度，继续实施“一个项目、一位领导、一套班子、一张时间表”的“四个一”帮办机制，确保项目引得进、落得下、见效快，确保完成招商引资目标任务。

（七）在抓好增收节支，强化保障能力上取得新突破

切实作好“生财、聚财、理财”三篇文章，加

快支柱产业发展和优势产业培育，积极争取上级财政资金支持，稳固财政增收基础。坚持依法治税，加强税收征管，强化非税收入管理，做到应收尽收。狠抓“节支、严管”工作，严格执行预算法，从严控制一般性支出，盘活存量资金，集中财力保障重点支出，提高财政资金使用效益。强化投融资支撑作用，加强银政、银企合作，提高金融服务水平，加大对中小企业、“三农”、重大项目建设等领域的支持力度。落实特惠金融政策，切实发挥金融服务扶贫作用。严格控制政府性债务规模，积极争取债务化解资金，逐步化解存量债务。发挥财政资金牵引作用，鼓励社会资金参与政府公益事业建设。

（八）在推进社会建设，保障改善民生上争取新进步

努力改善办学条件，做好美丽100校园行动计划暨校安工程收尾工作，完成江川一中、二中5.8万平方米校舍建设，新建5所公办幼儿园，加快推进薄弱学校改造工程，实现教育信息化建设全覆盖。提高“两基”水平，确保顺利通过国家义务教育基本均衡评估。做好就业再就业工作，继续实施“贷免扶补”，实现城镇新增就业2200人，城镇失业人员再就业600人，就业困难人员就业500人，转移培训农村劳动力2000人，培育新型职业农民200人。健全社会保障体系，规范城乡低保审批，实现城乡居民社会养老保险参保率98%以上，完成4443户农村危房改造。继续深化县级公立医院综合改革，做好提高农村居民重大疾病医疗保障水平试点工作，确保全县新农合参合率稳定在98%以上；完成县妇幼保健计划生育服务中心和2个村卫生室业务用房建设。巩固殡葬改革成果。

深入推进“四五”依法治县，启动“七五”普法工作。进一步深化“大调解”工作格局，坚持接访下访长效机制，畅通群众诉求渠道，做好矛盾纠纷排查调处。强化社会管理综合治理，严厉打击各类违法犯罪行为，启动新一轮禁毒防艾人民战争，巩固“平安先进县”创建成果。启动社会信用体系建设。继续开展安全生产“打非治违”专项行动，加强烟花爆竹、危险化学品、道路交通、食品药品、特种设备、矿山、消防等重点领域安全隐患排查治理，防范和减少重特大安全事故发生，确保社会和谐稳定。

（九）在加强自身建设，提高行政效能上体现新水平

严格坚持依法行政。认真落实深入推进依法行政加快法治政府建设的实施意见，完善法律顾问工作机制，严守重大行政决策程序，确保依法决策、科学决策、民主决策。全面梳理行政执法职权职责，加强和改进行政执法。完善权力运行监督机制，公示政府部门权责清单，监督权责清单落实，加强对政府规范性文件的调整和清理，全面推进政府职能法定化和事权规范化，坚决杜绝政府部门法外设权。完善重大事项向人大报告制度，继续坚持县人大、政协列席政府常务会议制度，加快政务信息平台建设，加大政务信息公开力度，自觉接受人大、政协、司法、社会监督。

着力提高政府效能。巩固“三严三实”和“忠诚干净担当”专题教育成果，推进落实反“四风”常态化和长效化。完善事中、事后监管体制机制，严格执行投资项目联审联批制度，加强行政审批项目监督管理，扩大电子政务和网上办事应用范围，积极推进政府购买服务，提高政府服务便利化水平。加强公务员培训，提升干部队伍推动发展、化解矛盾、维护稳定和领导经济工作专业化水平。健全督查问责机制和激励机制，全面推行“挂路线图、排时间表、追责任人、销任务号”的抓落实新机制，加强常态化行政效能监察，坚决整治“庸懒散混”，杜绝政令不畅、执行不力、协作不强和不敢担当的现象，确保政府及工作部门高效运转。

持续加强廉政建设。深入学习贯彻《中国共产党廉洁自律准则》和《中国共产党纪律处分条例》，认真落实党风廉政建设主体责任和监督责任，强化外部监督和政府内部权力约束，保障审计机关依法独立行使审计监督权，加强对重点部门和关键岗位行政权力的监督和廉政风险防控，把权力关进制度的笼子。坚决执行“八项规定”，严控“三公”经费支出，完成党政机关公务用车制度改革。持续加强政风行风专项治理，坚决查处违纪违法案件，以零容忍的态度严惩腐败，营造风清气正的干事创业环境。

各位代表，新目标赋予新使命，新起点开启新征程。让我们在县委的坚强领导下，以更严的作风、更实的举措，乘势而上、主动作为，再创跨越发展新辉煌！

大事记

编辑　余立言

江川县2015年大事记

1月

4日，江川县召开2015年消防安全委员会第一季度联席会议，总结前一阶段消防工作，安排部署下一步的火灾隐患清剿整治、冬季防火等工作。

5～6日，由绿色系列创建领导小组成员单位和省政府督导专家组成的核查组在县环保局、教育局陪同下，对江川县2003至2010年申报的县幼儿园、县职中等6所省级绿色学校进行核查。

5～6日，由江川县教育局牵头，县食品药品监督管理局、县公安局、县消防大队、县卫生局卫生监督局组成联合检查组对全县学校安全工作进行检查。

7日，市委第二考核组对江川县2014年度惩防体系建设暨党风廉政建设责任制等工作进行检查考核，县委书记马文龙代表县委向考核组汇报2014年度江川县惩防体系建设暨党风廉政建设责任制落实情况，并代表县委报告2014年干部选拔任用工作情况。

7日，江川县召开2015年预防道路交通事故工作第一季度联席会议，回顾和总结上年全县预防道路交通事故工作，并就2015年工作要点以及即将开展的春运道路交通安全工作进行安排部署。

7日，由市科技局牵头，会同市农业局、市经作站、市科技发展中心及行业有关专家组成验收组，对江川县承担的“江川县蓝莓科技示范园”建设项目进行验收。验收组一致认为江川县蓝莓科技示范园完成项目任务书规定的各项考核指标，同意通过验收。

7～8日，市委第二考核组在市纪委副书记普光照带领下，深入江川县对2014年惩治和预防腐败体系建设暨党风廉政建设责任制落实情况进行考核。

9日，市委“美丽家园行动”项目检查组到路居镇实地考察2013年“美丽家园行动”项目。

13日，江川县在县委党校举行2015年退役士兵培训结业典礼，59名完成培训的退役士兵学员参加结业典礼。

13日，江川县安化乡光山村民族团结示范村建设工作通过市级实地检查验收。

14日，中共江川县委十二届五次全体（扩大）会议召开。

14日，江川县召开2014年度土地变更调查与遥感监测工作会议。

15日，江川县召开2015年核桃种植工作推进会议，研究部署江川县核桃种植任务，推动全县核桃产业加快发展。

15日，市县检查组对大街街道“2014年度治理农业面源污染提高耕地持续生产能力”工作进行检查验收。

15日，省民政厅副厅长王建新率领省委、省政府新春慰问团到江川慰问退伍军人和驻江部队官兵。

16日，中共江川县纪委第十二届五次全体（扩大）会议召开。

16日，江川县召开殡葬改革现场推进会。

17日，2015千人环湖健康跑大型公益活动在江川举办，来自全省的户外爱好者参与AA百千米环星云湖健康跑大型公益活动。

21日，由国务院办公厅秘书三局会同民政部、财政部组成的联合调研组一行到江川县，就社会救助政策落实和“两节”期间困难群众基本生活保障工作进行实地调研。

22日，中国人民政治协商会议江川县第八届委员会第三次会议召开。

22日，国家发展改革委一行组成稽查组专项稽察江川县综合档案馆建设项目，县领导邓春元、李志刚陪同。

25日，江川县第十五届人民代表大会第三次会议召开。

27日，江川县召开2014年中央财政支持现代农业生产发展山地养鸡项目实施动员会。

27日，市、县总工会一行深入云南阳光食品有限公司、云南腾达机械制造有限公司等3家企业，对企业51名一线职工进行走访慰问。

30日，江川县召开殡葬改革工作推进会。

2月

2日，省住建厅督查组一行在市安监局陪同下到江川县督查春节“两会”期间安全生产工作。

5日，云南省高级人民法院副院长黄为华一行到江川县人民法院开展刑事审判工作调研。

9日，县委书记马文龙率慰问组看望慰问部份困难职工、农村特困户、残疾家庭和敬老院孤寡老人；县委副书记、县长钱兴率慰问组走访慰问困难职工、九溪镇建国前老党员及特困户；县委副书记、统战部部长石伟率慰问组对企业改制后的困难职工和政法系统干警进行春节慰问；县委副书记、新农村工作队总队长孔江率慰问组对企业困难职工和安化乡困难群众、老党员、孤寡老人进行春节慰问。

9日，江川县创建中国楹联文化县动员会召开。

11日，市委副书记夏立洪率队到江川县，看望慰问见义勇为的市民、困难企业退休职工、农民工代表以及驻江部队官兵。

11日，阿里巴巴农村电子商务中西部工作组在市商务局、市工信委、市农业局、团市委、市邮政公司等负责人陪同下，到江川考察农村电子商务。

12日，市教育局局长罗江云一行到江川进行2015年春节慰问教师活动，并对江川的学校建设进行巡视。

12日，江川县召开离退休老干部春节慰问座谈会，县级四套班子领导与住县城实职副处老干部们座谈，致以新春的美好祝愿。

16日，江川县召开领导干部大会，传达学习习近平总书记到云南考察时的重要讲话以及省市有关会议精神，研究部署江川县贯彻落实的意见。

16日，江川县召开殡葬改革动员大会。

16日，在2015年春节来临之际，江川县完成60.32万元优抚对象春节慰问金发放工作，通过银行个人账户发放到优抚对象手中。

16日，江川县召开党风廉政建设大会。

17日，县委常委、副县长李志刚带队，深入江川县辖区内烟花爆竹零售点进行安全检查。

19日，江川县公安局交警大队在江川辖区开展酒后驾驶违法行为专项整治行动。

25日，县四套班子领导就全县烤烟生产和护林防火工作进行调研。

3月

5日，江川县融入滇中城市经济圈一体化发展推进汇报会召开。

6日，中共江川县委政法工作会议召开。

6日，江川县召开2015年度民兵整组及兵役登记工作会议。

6日，省委第四巡回督导组到江川对“三严三实”和“忠诚干净担当”专题教育工作进行督导。

9日，江川县2015年鱼苗投放工作正式启动。向星云湖分批投放鱼苗，投放总数量达130吨，包括鲤鱼、鲢鳙鱼、鲫鱼3类鱼种。

9日，江川县召开2015年安全生产工作会议。

10日，江川县举办第九批新农村建设指导员培训班。

11日，江川县召开人大代表建议和政协委员提案交办会，214件建议、提案正式交付各承办单位办理。

11日，中共江川县委举行2015年理论中心组第一次集中学习。

11日，江川县举办“三严三实”和“忠诚干净担

当”专题教育党课。

17日，市政协主席黄宪庭到江川县第一中学对学校规划建设、教育教学、师资队伍建设管理等工作进行调研。

17日，市委书记罗应光一行到江川县调研殡葬改革工作。

19日，江川县举行2015年珠江流域星云湖大头鲤人工增殖放流活动，将3吨大规格大头鲤鱼种投放星云湖。

20日，市政协调研组到江川对新常态下江川烤烟生产工作进行专题调研。

23日，江川县召开2015年国土资源工作会。

24日，江川县召开2015年清明节防火工作安排部署会。

24日，市纪委调研组一行就“如何抓早、抓小推进党风廉政建设和反腐败斗争深入开展”及如何围绕“三转”推进县级纪检监察体制改革两个课题到江川进行调研。

24日，市委副书记、市长饶南湖率队到江川县召开现场办公会，研究指导江川重大项目推进工作，帮助解决项目推进过程中存在的问题和困难。

25日，江川县召开林业发展“十三五”规划评审会，邀请市、县相关部门领导和专家对《云南省江川县“十三五”林业发展规划（2016-2020）进行评审。

26日，江川县召开2015年党建工作会议。

26日，江川县召开传达学习市纪委四届五次全会精神暨领导干部警示大会。

28日，省、市总工会组成考核组对江川县和谐劳动关系构建与发展情况进行抽检考核。

30日，江川县召开2015年全县宣传思想工作会议。

31日，江川县召开2015年组织工作会议。

31日，江川县召开2015年卫生工作会议。

31日，省国资委一行4人在副县长普朝鹏陪同下，调研抚仙湖“十二五”项目建设情况。

4月

1日，抚仙湖进入封湖禁渔期，封湖禁渔时间为2015年4月1日中午12时至9月1日中午12时，共5个月。

2日，市政协副主席、周官河河长汪燕平到江川实地调研周官河综合治理工作。

2日，省人大常委会副主任王树芬一行到江川县调研乡镇人大主席团工作。

3日，江川县与绿世利华环境工程（北京）有限公司签订星云湖流域水环境综合治理工程暨沿湖生态产业发展示范区建设合作框架协议。

7日，省人大常委会副主任杨保健带队的《职业教育法》执法检查组一行深入江川职中开展执法检查工作。

8日，省工商局副局长李晗等一行，在市工商局、市公安消防支队相关负责人的陪同下，到江川督导消防安全工作，重点抽查烟花爆竹生产企业。

8日，中国人口福利基金会“创建幸福家庭生殖健康援助行动”云南玉溪江川捐赠义诊活动在江川县计划生育服务站举行，基金会向江川捐赠一批价值25万余元的医疗设备及医用药品，并现场开展女性生殖健康义诊活动。

8日，副市长李平到江川对护林防火、烤烟育苗和家禽养殖工作情况进行调研。

8日，江川县召开集中开展特种设备安全专项整治工作会议。

8日，江川县纪委举行办案安全培训会。

10日，江川县举行学习贯彻习总书记考察云南重要讲话精神宣讲报告会。

10日，玉溪高新区管委会、江川县人民政府与江川欣宇机械实业有限公司和云南福达钢构门业有限公司签订投资协议，2家企业正式入驻龙泉山工业园区。

14日，江川县召开2015年统战民宗工作会议。

14日，县政协主席罗跃岗调研云南江川宏斌绿色食品有限公司。

15日，省委第四巡回督导组组长盛云富率督导组一行到江川县就“三严三实”和“忠诚干净担当”专题教育开展，加快经济发展工作进行督查指导。

15日，民政部区划地名司司长柳拯一行到江川调研行政区划调整工作。

15日，市抚管局、市环保局、市公安局、市农业局等部门工作人员到江川督查抚仙湖封湖禁渔工作。

16～17日，江川县举办2015年上半年青铜文化产业培训班。

17日，市委书记罗应光率队到江川县前卫镇对烤烟生产工作进行调研。

21日，国家安监总局到江川县开展职业病危害防治评估工作。

22日，江川县组织开展规模以上企业节能管理和能源统计人员培训。

23日，江川县召开2015年一季度经济运行分析会。

27～30日，县人大常委会组成调查组，对全县食品安全工作情况进行专项调查。

28日，江川县在人才劳动力市场举办2015年首次公益招聘会。

28日，江川县举行2015年度旅游从业人员培训会，对县内旅游从业人员进行业务培训。

28日，省安监局局长杨亚林一行到江川对安全生产大检查长效机制管理系统试点工作开展情况进行督导检查。

28日，市委常委方志鸣到江川对江川县房地产发展、退田环湖、美丽乡村建设、县城街区整治等工作进行调研。

29日，江川县2014年度农业综合开发项目县级验收组对2014年度2个土地治理项目进行县级竣工验收。

29日，江川县抚仙湖一级保护区缓冲带建设工程管理局组织市、县相关部门对江川县实施的抚仙湖湖滨缓冲带“退田退房退塘”还湖一期工程收尾的6个标段进行预验收。该工程所有标段已全面完工，并完成预验收。

5月

4日，江川县县城社会主义核心价值观广场建设完成，县城怡心园广场安装宣传社会主义核心价值观和中华传统文化宣传牌20余块。

4日，江川县举办“适应新常态、谋求新发展”招商引资工作专题培训班。

4日，江川县首场文化下乡惠民文艺演出在大街街道上头营社区白龙潭村举行。

4～5日，县委统战部组成调研组，深入江川一中等五个党外知识分子联系点调研工作。

5日，县委副书记、县长钱兴率队对江川县城街区整治工作进行调研。

6日，省关工委主任张宝三到江川调研残疾少儿困难家庭“生产自救”情况。

6日，江川县首批创业促就业小额担保贷款开始发放。首批发放共扶持创业人员17人，发放金额123万元。

7日，中国地震局副局长阴朝民一行5人到江川县检查指导工作。

8日，江川县召开2015年督查工作会议。

8日，云南省环境保护厅到江川专题调研《云南省环境保护条例》修订工作。

12日，省科协第二检查组到江川对2014年度科普类项目实施及资金使用情况进行专项检查。市、县相关领导陪同检查。

13日，江川县召开2015年征兵工作领导小组第一次会议暨兵役登记工作推进会。

14日，玉溪市科普类项目申报管理培训班在江川举办。

15日，江川县召开防震减灾专题工作会议。

15日，江川县召开2015年民政暨老龄工作会。

16日，市委常委方志鸣，市委常委、副市长王学勤一行到江川对江川县2015年招商引资工作进行专题调研。

19日，江川县召开“仙湖卫士·群团行动”计划动员会，该行动计划正式启动。

19日，玉溪市新型职业农民培育项目管理培训班在江川县举办。

20日，省政府稳增长工作组一行深入玉溪高新区江川龙泉园区进行稳增长专题调研。

25日，江川县政府组织召开听证会，征求社会各界意见，进一步提高决策的科学化和精细化。

26日，市农业局到江川大头鱼原种站、玉溪市古生态抗浪鱼科研保护中心调研指导2015年江川县土著鱼类繁育工作。

27日，江川县与青岛昌盛日电太阳能科技有限公司签订《云南省江川县100MW光伏现代农业科技大棚电站项目投资合作协议》，光伏农业科技大棚这项兼顾太阳能发电和农业生产的新型、高效现代农业模式落户江川。

27日，江川县召开2015年“百村示范、千村整治”行动暨旧村改造项目推进会。

28日，江川县召开农村土地承包经营权确权登记颁证工作动员会暨业务培训会。

28日，江川县组织70余名退休干部参观考察江川县重大项目、重点工程推进情况。

28日，江川县召开全县地质灾害防治工作会议。

28～30日，江川县举办直属机关党工委第25期入党积极分子暨第一期发展对象培训班。

29日，江川县召开“六五”普法检查验收工作会，对下阶段工作作安排部署。

29日，江川县公安局交警大队组织开展“夏季平安出行”专项整治行动。

6月

1日，市政协秘书长张卫、县政协主席罗跃岗到九溪调研大鸡窝小组、马家庄小组两个“整治村”工作情况。

1日，县委书记马文龙对江川县教育教学工作进行调研，并到江城中心小学与少年儿童一起欢度六一，看望慰问残疾儿童、留守儿童。

1日，副市长孙云鹏到江川县开展稳增长督导工作。

2日，江川县召开城市道路车辆停放服务收费听证会。

2日，市委常委方志鸣、市旅发委一行到路居就小凹村“百村示范　千村整治”工作、小凹村旅游发展情况进行调研。

2日，县委书记马文龙及相关领导一行7人到县食药监局就机构改革工作进行深入调研。

3日，市人大调研组到江川对江川殡葬改革工作进展情况进行调研。

4～5日，受切变线和弱冷空气的共同影响，雄关乡普降暴雨，降雨量达100.9毫米。暴雨致使雄关1700余亩农作物不同程度受灾，其中烤烟受灾面积最大，达1000余亩。

4日，县委副书记、县长钱兴到北山寺调研。

4日，市旅游委执法支队、行业管理科组成检查组到江川检查旅行社市场，开展不合理低价和安全生产检查工作。

5日，由共青团云南省委、省环保厅联合主办，共青团玉溪市委、中共江川县委、江川县人民政府承办的“云南争当全国生态文明建设排头兵”青少年生态文明志愿行动启动仪式在江川县举行。

8日，县四套班子领导深入大街中学、江川一中2个高考考点进行高考巡视，看望广大考务工作人员。

8日，省民政厅副厅长卢振义一行在市民政局局长方建华、县委书记马文龙等领导陪同下，到江川烈士陵园就零散烈士墓抢救保护、烈士陵园提档升级改造工作进行调研。

9日，江川县举行珠江流域2015年星云湖大头鲤夏花人工增殖放流活动，大头鲤夏花鱼苗100万尾放流星云湖。

10日，江川县召开实施国家科技富民强县专项行动计划启动会，正式启动国家科技富民强县专项计划。

11日，江川县举办学习贯彻十八届四中全会精神全面推进依法治县专题研讨班。

11日，江川县农业局组织召开2015年云南省农产品产地初加工补助项目培训会议，江川县2015年完成建设100吨组装式冷藏库11座、50吨组装式冷藏库5座，兑付奖补资金142.5万元。

11日，省节能监察中心吴玉鲲一行5人对云南江磷集团股份有限公司进行节能监察。

15日，以“青春无悔，放飞梦想”为主题的玉溪市2015年大型禁毒公益晚会在江川举办。

16日，第3届中国—南亚博览会暨第23届中国昆明进出口商品交易会闭幕，江川县与青岛昌盛日电太阳能科技有限公司签订100MW光伏现代农业科技大棚及农业精深加工项目，项目一期投资5亿元人民币。江川县玉溪天丽食品有限公司共签约项目2个，内贸项目签约额1800万元人民币，外贸项目签约额104万美元。

16日，农工党玉溪市委一行11人到江川县大街街道伏家营社区小白坡村开展送医、送药、送图书活动。

17日，江川县召开第一批非公经济和社会组织党建指导员选派动员大会，江川县向46家非公企业和社会组织派驻22名党建工作指导员。

17日，副市长李平到江川对江川烤烟中耕管理情况进行调研。

18日，由江川县文明办、县关工委组织收集整理的《江川家训集》举行首发仪式。

23日，江川县2015年村（社区）干部培训班开班。

25日，江川县举办政协委员履职培训班。

25日，江川县在县城宝凤路开展以“心系安全、平安一生”为主题的农机安全使用暨渔业安全生产宣传活动。

26日，县人大领导率领部分人大代表对江川县烟花爆竹产业整合及“两湖”水污染综合防治十二五规划项目工程实施推进情况进行调研。

26日，江川县召开2015年新型职业农民培育工作会，培育200名新型职业农民。

30日，江川县楹联书法展在李家山青铜器博物馆开展。

30日，江川县召开纪念中国共产党成立94周年大会。

7月

2日，副市长孙云鹏到江川县开展稳增长督导工作。

2日，云南省安全科学用药及蓟马防控技术培训会在江川举行，来自全省各州市植保站相关负责人参加会议。

2日，省委全面深化改革工作第六督查组到江川就全面深化改革工作推进情况进行实地督查。

3日，玉溪高新区江川龙泉园区入园项目签约仪式在江川宾馆举行，江川龙泉彩印包装有限公司、云南江川天一包装有限公司、云南凯思诺低温环境技术有限公司入驻龙泉园区。

7日，市委政法委副书记李矿生率市政府丘北经验推广工作督查组，到江川督导检查上半年推丘工作。

8日，江川县首家青少年事务社会工作服务中心暨玉溪市师范学院政法学院教育实习基地在大街街道上头营社区举行揭牌仪式。

9日，省委常委、省纪委书记张硕辅到江川检查指导工作，市委书记罗应光，市委常委、市纪委书记赵基，县委书记马文龙，县委常委、县纪委书记李学祥等陪同调研。

10日，江川县召开以守法诚信为重点开展非公经济人士理想信念教育实践活动动员会议，研究部署江川县教育实践活动工作。

13日，县委书记马文龙，县委常委、组织部长林清，县委常委、县委办主任邓春元到前卫镇调研自燃式垃圾焚烧处理工作。

14日，市政协视察组到江川对城镇污水处理厂配套管网建设和运营管理工作情况进行视察。

14日，市委常委、政法委书记明正彬在县委常委、政法委书记陈琎寿陪同下到隔河村调研玉带河河道治理工作。

15日，江川县召开禁毒工作推进会。

16日，公安部反恐局副局长熊德生一行到江川，对江川县缉枪治爆工作进行督查。

17日，国家科技部副部长张来武一行到江川县九溪镇视察云南省农业科学院承担的国家园艺工程技术研究中心建设工作。

21日，前来参加第四届中国聂耳音乐（合唱）周的上海市委宣传部副部长陈东、上海戏剧学院党委书记楼巍、省委宣传部副部长何祖坤一行到江川参观李家山青铜器博物馆。市委常委、宣传部部长杨兴荣，县委副书记、统战部部长石伟，副县长周福荣陪同参观。

22日，省政府丘北经验推广工作督查组到江川督导检查上半年推丘工作。

22日，市政协调研组到江川对江川加快新型城镇化建设、促进城乡区域协调发展进行专题调研。

24日，江川县在江城客运站举行农村公交车开通仪式。

28日，中共江川县委工作会议召开。

28日，副市长杨洋率队到江川县看望慰问驻江部队官兵。

29日，江川县召开扶贫开发工作会议。

29日，江川县召开旅游产业发展大会。

30日，副市长李平到江川对江川县野生干巴菌人工扩繁项目实施情况进行调研。

31日，江川县召开2015年1%人口抽样调查综合试点摸底培训会，江川县全面启动2015年全国1%人口抽样调查综合试点工作。

31日，江川县人民政府职能转变和机构改革工作会议召开。

31日，江川县遭受大风、冰雹等灾害性强对流极端天气，致使安化、江城和雄关等地农作物不同程度受灾，部分田间机耕路被毁。

8月

4日，江川县召开“十三五”规划基本思路征求意见会。

4日，江川县召开失业保险基金稳岗工作会议。

9日，国家财政部政策研究室主任王卫星率调研组一行到江川县就全面深化财税体制改革进行专题调研。

11日，云南省非煤矿山转型升级专家组一行4人，在江川县安监局人员陪同下到云南江川天湖化工有限公司开展非煤矿山转型升级排查会诊工作。

14日，市关工委农村青年教育经验交流会在江川举行。

16～18日，省财政核查组一行对江川县2014年一事一议财政奖补项目进行考核验收。

21日，江川县召开2015年烤烟收购工作会。

24日，共青团江川县委举行善行圆梦资助贫困大学生捐资仪式，9家爱心企业和爱心组织对22名符合条件的优秀贫困大学新生，给予每人4000元至1万元的奖励资助金，让他们圆了大学梦。

25日，江川县召开2015年农村危房改造和地震安居工程建设工作会议。

25日，江川县文化馆被确定为“国家级非物质文化遗产——玉溪滇剧传承保护培训基地”，揭牌仪式在县文化馆举行。

26日，江川县依法开展清收原农村合作基金会借款领导小组清偿工作推进会。

27日，江川县召开扶贫攻坚“挂包帮”“转走访”工作动员会，要求各级各部门和全县领导干部到村到户精准扶贫。

27日，省防治艾滋病工作委员会督查组到江川县就防治艾滋病工作进行督查。

28日，县委常委、组织部部长林清，县人大常委会副主任、总工会主席陆富仙看望慰问困难职工，为困难职工子女送上助学金。

9月

1日，江川县召开拟申报李家山国家考古遗址公园推进会，讨论推进李家山遗址公园项目建设的相关工作。

1日，云南省2015年全国1%人口抽样调查综合试点启动仪式暨现场观摩会在江川举行，全省各州（市）人调办负责人、业务骨干现场观摩交流1%人口抽样调查入户登记工作。

1日，江川县召开2015年定兵工作会，确定应征入伍青年名单并部署征兵后续工作。

2日，县委副书记、县长钱兴一行对星云湖南北片区污水处理厂的建设和运行情况进行调研。

6日，云南省“六五”普法工作检查验收组第二小组到江川对江川“六五”普法工作进行检查验收。

7日，市政协主席黄宪庭一行到江川县安化乡就该乡如何精准扶贫，尽快脱贫进行专题调研。

8日，马来西亚、老挝、柬埔寨、缅甸、孟加拉5国驻昆总领事一行15人到江川李家山青铜器博物馆进行参观。

8日，市政协和县政协捐赠《四库全书》活动启动仪式在江川一中举行，捐赠价值60万元的文津阁《四库全书》全套，共1500册。

8日，市委常委、组织部部长黄晓春一行到江川开展稳增长专项纪律检查。

9日，江川县召开森林资源规划设计调查第一次会议暨动员会。

9日，江川县召开宣传思想文化工作座谈会，全面总结1～8月份工作，安排部署下一步工作任务。

9日，玉溪市工会会员卡业务协作签约仪式在江川县农村信用合作联社举行。市总工会与省农村信用社联合社玉溪办事处正式签约，联名发行“玉溪市工会会员卡”，以全面构建玉溪市服务职工工作体系，实现工会会员普惠制服务。

10日，江川龙泉园区电动车产业园项目框架协议签字仪式举行。

11日，江川县举行旅游产业发展总体规划（咨询稿）中期汇报会，听取规划编制单位关于规划编制有关情况的汇报和各方意见建议。

13日，县委书记马文龙，县委常委、宣传部部长龚桂存，县委常委、县委办主任邓春元一行到九溪镇大营社区龙窑视察传统土陶窑的生产情况。

14日，县委书记马文龙，县委副书记、县长钱兴，县委副书记、统战部部长石伟，县政协主席罗跃岗等一行深入烟叶收购站点对当前烤烟收购工作进行调研。

14～15日，县人大对江川县校舍安全工程暨美丽校园100行动计划实施情况进行调研。

15日，江川县召开2011年度保障性住房选房顺序号摇号现场会，全县454户无房户或困难群众通过公平透明的电脑摇号方式，分配到住房并确定自己选房的顺序号。

15日，县安监局联合县国土资源局召开路域环境专项整治源头治理工作会议，安排路域环境专项整治源头治理工作。

18日，江川县召开“四班子”工作联席会，专题研究九溪润特仓储中心项目相关工作。

18日，国家人力资源和社会保障部职业技能鉴定中心副主任、中国就业促进会秘书长李春晖一行到江川县调研职业技能开发工作。县委常委、宣传部部长龚桂存陪同调研。

23日，市政协调研组到江川对美丽乡村建设进行专题调研。

23日，云南腾达机械制造有限公司与台湾睿至科技有限公司举行签约仪式，共同成立台湾技术研发中心。

24日，江川县召开星云路振兴街实施单向通行方案（草案）听证会，针对县城星云路中段和振兴街实施单向通行缓解交通拥堵听取社会各界的意见、建议。

24日，中央国家机关团工委云南调研团一行到江川进行调研。

29日，江川县委副书记、县长钱兴为首批企业颁发“三证合一，一照一码”营业执照。

30日，江川县举行烈士纪念日活动。

10月

8日，县委副书记、统战部部长石伟深入江城镇4户贫困户家中开展“挂包帮”“转走访”工作。

13日，2015年度玉溪市山区民族教育促进会红塔集团全市中小学优秀教师表彰会在江川召开，表彰奖励长期耕耘在山区民族地区的50名优秀教师。

14日，江川县启动位于牛摩村抚仙湖人工沙滩的生态恢复工作。

14日，环保部交叉督查组到江川进行工作督查。

15日，江川县召开2015年农村危房改造及抗震安居工程建设推进会，通报全县农村危房改造及抗震安居工程的相关情况，安排部署下一阶段的工作任务。

15日，江川县召开第二次全国地名普查动员培训会议。

16日，中国工艺美术协会副会长王志杰、副秘书长马云到江川，就江川铜产业发展情况进行调研。省工艺美术协会会长张化中陪同调研。

19日，市委副书记、市长饶南湖到江川县路居镇调研抚仙湖大鲫鱼河治理情况。

20日，国家林业局南方航空护林总站江川直升机场建设项目开工现场会在江川县江城镇牛摩村举行。

20日，市总工会检查组一行4人到江川县，深入县人民医院工会、玉溪丫眯绿色休闲食品有限公司工会等4个基层工会进行抽检验收。

21日，省政法委常务副书记乔汉荣到江川对基层法治建设及治保、调解、联防等工作进行调研。

21日，县政府与九溪润特仓储物流有限公司正式签订江川县九溪润特仓储中心项目投资协议，双方合作进入实质性阶段。

22日，市三湖督导组组长张玲率市人大及相关单位领导一行，对江川县抚仙湖村落污染控制工程的污水收集及处理、土壤净化槽运行等情况进行调研指导。

24日，玉溪市古滇国文化研究会会员大会暨第十次学术讨论会在江川举行。

26日，市政协全体干部职工到江川县安化彝族乡开展“挂包帮”“走转访”遍访活动。

27日，市政协副主席、周官河河长汪燕平到江川实地调研周官河综合治理工作。

28日，江川县水库坝塘、窖（池）蓄水量达4590.77万立方米，超额完成市下达的蓄水目标任务。

30日，江川县召开推行政府部门权力清单制度工作动员暨培训会。

11月

4日，农业部农业环境质量监督检验测试中心（济南）抽样组到江川县进行农产品质量安全例行监测抽样。

4日，县人大常委会组织部分人大代表、相关领导视察县人民法院和县人民检察院，就县法院庭审工作及“两院”在依法治县建设工作中发挥职能作用情况进行视察，履行人大监督职能。

6日，江川县政府专职消防队暨派出所消防警组建设推进会在江城镇召开。

6日，江川县召开2016年部门预算编制工作会，会议通报全县1至10月份财政运行的总体情况，对下一步财政工作的重点进行具体安排。

9日，市纪委常委、副书记普光照带队到江川调研纪检监察机关服务企业稳增长促跨越工作，县委常委、县纪委书记李学祥陪同调研。

10日，县委副书记、县新农村建设工作队总队长孔江率调研组深入九溪镇矣文村，就当前开展的扶贫攻坚“转走访”第一轮遍访工作情况、驻村帮扶工作队工作开展情况等进行调研。

10日，江川县召开反腐败协调小组联席会议，传达学习相关文件精神，研究加强反腐败协调工作的有关制度，部署下一步工作任务。

11～13日，江川县举办第十二届老年人体育运动会。

11日，玉溪军分区司令员冯潜，市委常委、玉溪军分区政委金志达等深入玉溪军分区扶贫联系点江川县路居镇红石岩村开展扶贫参建活动，解决该村建设发展的实际困难。

17日，江川县第三届农民工书画篆刻作品展在县文化馆正式开展，60余幅书画和篆刻作品均来自本地农民和书画爱好者。

19日，江川县召开义务教育基本均衡市级督导复评汇报会，向市政府复评组汇报江川县推进义务教育基本均衡的各项工作情况。

19日，省督导组一行到江川开展危险化学品安全生产督查工作。

20日，江川县召开义务教育基本均衡市级督导复评反馈会。

23日，市人大调研组到江川对2013年以来江川县检察机关履行法律监督职能工作基本情况进行调研。

25日，县委、县政府召开抚仙湖径流区实行统一托管工作动员会，贯彻落实全市抚仙湖径流区实行统一托管工作动员会精神。

26日，市人大视察组到江川对江川公益性公墓建设情况进行视察。

12月

1日，市政协组织部分市政协委员，邀请民主党派和市政府相关领导，到江川大街中学对教育信息化建设发展情况进行专题视察。

2日，江川县召开党的十八届五中全会精神宣讲报告会。

2日，《江川县旅游产业发展规划》通过省、市、县三级专家评审。

3日，国务院以国函【2015】208号《国务院关于同意云南省调整玉溪市部份行政区划的批复》，同意撤销江川县，设立玉溪市江川区，原江川县的行政区域为江川区的行政区域。江川撤县设区后，原行政区域范围、隶属关系和政府驻地保持不变，行政区划由原来的“云南省江川县”调整为“玉溪市江川区”，撤销建制县，设立城市建制区。

3日，副省长张祖林率领全省殡葬改革工作考察团到江川县考察殡葬改革工作。

3日，江川县召开2016年森林防火工作会议。

3日，江川县召开2016年核桃种植工作暨业务培训会。

7日，江川县召开2015年度惩防体系建设暨党建党风廉政建设责任制考核工作动员会。

7日，江川县召开农村危房改造及抗震安居工程建设推进暨专题培训会，明确将于12月底前农村危房改造及抗震安居工程建设的竣工率要达到100%。

7日，江川县召开组织工作会，总结回顾党的十八大以来全县组织工作情况，安排部署当前和下一步工作任务。

11日，市防震减灾局专家组一行对江川县防震减灾局应急指挥平台技术系统建设项目进行验收。

15日，江川县召开村组干部任期和离任经济责任审计工作会议，对村组干部任期和离任经济责任审计工作进行安排和部署。

18日，江川县召开领导干部大会，通报市委关于江川县政府主要领导同志调整变动的决定。

21日，市委考核组对江川县2015年度党建党风廉政建设责任制工作进行检查考核，县委书记马文龙代表县委向考核组汇报2015年度江川县党风廉政建设责任制落实情况，代表县委报告2015年干部选拔任用工作情况。

23日，副市长左广到江川县对城乡人居环境综合整治情况、棚户区改造工作等进行调研。

25日，江川县在前卫镇三家村龚河头举行开渔仪式。

28日，市绩效考核组到江川县对园区2015年招商引资任务完成情况进行检查考核。

30日，江川县召开“四班子”工作联席会，研究讨论《江川县国民经济和社会发展第十三个五年规划纲要》。

31日，江川县召开2015年财政结算工作会，总结一年来财税、金融所取得的成绩，安排部署明年工作任务。

31日，江川县召开抚仙湖径流区统一托管移交工作会议。

（徐凡清）

概　况

编辑　余立言

江川县

【自然概貌】　江川县地处云南省中部，位于东经102°35′~102°55′和北纬24°12′~24°32′之间。东接华宁，南连通海，西与红塔区交界，北同晋宁、澄江两县毗邻。县城大街街道位于县境中部，县政府驻地距云南省人民政府驻地106.05千米、距玉溪市人民政府驻地25.4千米。县境由湖泊、盆地、中低山组成。江川县境东西最大横距31.9千米，南北最大纵距33.7千米，县域面积850平方千米（折合127.5万亩）。在总面积中，山区、半山区占71.67%，平坝占15.96%，湖泊占12.37%。整个地势为四周高、中部低，西部九溪略向玉溪倾斜。境内最高峰谷堆山海拔2648米，最低点九溪河口村海拔1690米。境内主要河流有16条，河道总长184.8千米，属珠江流域西江水系，最大洪水流量315立方米/秒，多数为季节性河流。县境中部有高原断陷湖泊星云湖，辖有抚仙湖三分之一水面。星云湖总面积34.7平方千米，最大水深10米，平均水深7米，容水量1.84亿立方米，正常水位海拔1722米，属富营养型湖泊，十分适合鱼类生长，被誉为“天然养鱼塘”。抚仙湖总面积212平方千米，其中江川辖水面68.94平方千米，占水面总面积的32.5%。

2015年平均气温为17.2℃，比历年同期偏高1.3℃，比2014年同期偏低0.1℃，属偏高年份。年极端最高气温为32.7℃（5月18日）；年极端最低气温为-0.7℃（1月14日）。全年日照时数为2330.8小时，比历年同期偏少58.6小时（-3%），比2014年同期偏少262.1小时（-11%），属略偏少年份。年降水量1032.7毫米，比历年同期偏多183.9毫米（22%），比2014年同期偏多221.7毫米（27%），是1999年（1999年雨量1038.0毫米）之后年降雨量最多的一年。

【行政区划】　2015年，全县辖大街街道和江城、前卫、九溪、路居4个镇及安化（彝族乡）、雄关2个乡。共有村（居）委会73个，其中村民委员会53个，社区居委会20个；村（居）民小组464个，其中村民小组299个，居民小组165个。全县自然村349个。

（徐凡清）

【人口、民族】　2015年末，全县常住人口28.6万人，其中：城镇人口11.24万人，城镇化率39.3%。按公安户籍人口统计的年末总人口为278408人，比2014年增长0.3%。其中：乡村人口171046人，城镇人口107362人。全年出生人口2947人，死亡人口1782人，人口自然增长率为4.19‰。在总人口中，汉族人口258158人，占总人口的92.7%；少数民族人口20250人，占总人口的7.3%。

【综合经济指标】　2015年，全县完成地方生产总值724863万元，比2014年增长12.5%。其中：第一产业增加值150998万元，增长6.5%，对GDP增长的贡献率为11.66%；第二产业增加值235068万元，增长19.7%，对GDP增长的贡献率为52.57%；第三产业增加值338797万元，增长10%，对GDP增长的贡献率为

35.77%。人均地方生产总值25371元，比2014年增加2330元，增长12.1%。三次产业结构由2014年的22.0：31.6：46.4发展变化为2015年的20.83：32.43：46.74，其中：第一产业比重比2014年下降1.2个百分点；第二产业比重提高0.8个百分点；第三产业比重提高0.3个百分点。2015年全县非公经济增加值410835万元，比2014年增加39852万元，增长13.6%；非公经济增加值占GDP的比重为56.7%，比2014年提高0.1个百分点。

【农业】 2015年，全县实现农林牧渔业总产值251951万元，比2014年增长4.2%。其中：种植业总产值143667万元，增长4.7%；林业产值4294万元，增长4.8%；牧业产值86916万元，增长2.7%；渔业产值10174万元，增长7.7%；农林牧渔服务业产值6900万元，增长7.9%。

农作物总播种面积370769亩，比2014年增加4757亩，增长1.3%。其中：粮食播种面积90161亩，增加3843亩，增长4.5%。油料播种面积37573亩，减少27亩，下降0.07%。烤烟栽种面积80736亩，减少12389亩，下降13.3%。

全县收购烟叶1140万千克，其中：上等烟839万千克，占73.66%，比2014年上升2.6个百分点；收购单价为32.3元/千克，提高3.8元/千克；收购金额为36816万元，增加4313万元，增长13.3%。

全年完成人工造林2.71万亩，核桃移植1.2万亩，防护林0.4万亩（旱冬瓜、杉木），封山育林0.2万亩，森林抚育0.5万亩。共育林木种木苗2850亩，可供苗木405万株，义务植树60.45万株，零星植树60.45万株，全县森林覆盖率40.66%。

全县肉蛋奶总产量45670吨，比2014年增长2.5%，其中：肉类总产量31086吨，下降0.4%。年内出栏肥猪30.6万头，增长6.6%；全年出售营销仔猪84.6万头，下降14.4%；年末生猪存栏25万头，下降2.8%。其中：能繁殖母猪4.2万头，下降1.4%。

全县水产品产量4237吨，比2014年增加131吨，增长3.2%，其中：星云湖2258吨，增加128吨，增长6%；抚仙湖534吨，增加3吨，增长0.6%。

【工业和建筑业】 2015年，工业总产值完成776391万元，比2014年增长20.3%，其中：规模以上工业产值454007万元，增长23.0%；规模以下工业产值322384万元，增长19.5%。

工业增加值201626万元，增长18.5%，拉动GDP增长5.4个百分点，对GDP的贡献率为43.7%。其中：规模以上工业增加值116009万元，增长23%。

全县全社会建筑业增加值34655万元，增长28.2%。资质以上建筑业15户，完成建筑业总产值69016万元，增长27.7%。

【固定资产投资】 2015年，全县500万元以上固定资产投资400694万元，比2014年增加94265万元，增长30.8%。其中：工业投资完成75990万元，增加418万元，增长0.6%。房地产开发投资48149万元，减少11968万元，下降19.9%。

【交通运输和邮电业】 2015年，交通运输、仓储及邮政业增加值13417万元，比2014年增加644万元，增长4.6%，增速比2014年回落0.7个百分点。公路建设成效明显，客货运输发展平稳。年末全县公路总里程达902.424千米，其中：一级公路15.07千米，二级公路54.156千米，三级公路198.987千米，四级公路594.216千米，等外公路23.995千米。年末全县拥有载货汽车9393辆，载客汽车134辆。

全年邮电业务总量24680万元，其中：邮政业务总量768万元；电信业务总量2685万元；移动业务总量18481万元；联通业务总量2746万元。全县电话普及率75.3部/百人，年末固定电话用户9764户，其中：住宅电话6132户。移动电话205205户。互联网用户35389户。

【贸易、住宿、餐饮业和消费物价】 2015年，全县社会消费品零售总额完成197254万元，比2014年增长13.5%。按销售单位所在地统计，城镇消费品零售额170565万元，增长13.5%；乡村消费品零售额26689万元，增长13.4%。按消费形态分，餐饮收入37690万元，增长22.8%；商品零售159564万元，增长11.5%。

全年销售营业额合计301410万元，比2014年增长19.3%，其中：批发业销售额41178万元，增长25.0%；零售业销售额177558万元，增长18.0%；住宿业营业额15902万元，增长10.0%；餐饮业营业额66772万元，增长22.0%。

居民消费价格比2014年累计上涨1.2%，商品零售价格上涨0.4%，农业生产资料价格上涨1.1%。

【对外经济和旅游】 2015年，江川县招商引资项目共实施99个，其中：续建项目27个，新建项目72个。年内实际利用县外国内资金536330万元，比2014年减少28625万元，下降5.07%，其中：市外国内资金526600万元，减少38355万元，下降6.79%；省外资金460400万元，增加79985万元，增长21.03%。利用外资2080.5万元人民币，为外资企业境内人民币投资（约合331.8万美元）。

全县共接待游客309.6261万人次，比2014年增加39.352万人次，增长14.56%。旅游总收入达到148183.9万元，增加20565.65万元，增长16.11%。

【财政、金融和保险业】 2015年，财政总收入93865万元，比2014年增加5469万元，增长6.2%。地方财政收入63425万元，增加3794万元，增长6.4%。地方财政支出168566万元，增加3097万元，增长1.9%。其中：公共财政预算支出159789万元，增加4175万元，增长2.7%。

年末，全县金融机构各项存款余额990607万元，比2014年增长4.4%，其中：住户储蓄存款余额675719万元，增长11.8%。各项贷款余额629974万元，增长2.4%，存贷比为63.6%，比2014年下降1.2个百分点。

【教育、科技、文化、体育和卫生】 2015年，全县有公办学校74所，其中：乡镇中心小学12所，村完小44所，一贯制学校1所，教学点2个，乡镇中学11所，普通高中2所，职中1所，县幼儿园1所。另有教师进修学校1所，青少年学生校外活动中心1个。有教学班1083个，其中：幼儿学前班199个，小学525个，初中243个，普通高中84个，职业高中32个；全县在校学生42128人，其中：在园（班）幼儿7041人，小学16855人，初中12005人，普通高中4787人，职业高中1440人。小学毛入学率106.7%，小学学龄儿童入学率99.98%，辍学率0.05%，毕业率99.72%，小学毕业生升学率98.44%，年巩固率99.56%，新招一年级新生受过一年学前教育99.96%，学前幼儿毛入园（班）率87.16%，15周岁初等教育完成率99.86%。初中毛入学率124.65%，初中毕业率99.86%，初中辍学率1.2%，年巩固率98.59%，17周岁初级中等教育完成率98.9%。教职工2757人，其中：正式教职工2466人，临时教职工291人（临时工113人，临时聘任教师48人，保安130人）；专任教师合格率高中达99.7%、初中达100%、小学达99.43%。

全年共向国家、省、市推荐申报科技项目和科普专项共35个，其中：国家级科技项目1个，省级科技项目10个，市级科技项目15个，县级科技项目0个，国家级科普项目3个，省级科普项目2个，市级科普项目4个。申报成功的国家、省、市各类科技项目17项，其中：国家级1个，省级7个，市级9个，县级0个；科普专项获得立项的7个，其中：国家级1个，省级2个，市级4个。全年申请专利58件，其中：申请发明专利13件，实用新型12件，外观设计33件；专利授权量21件，发明专利3件、实用新型专利14件、外观设计专利4件。

继续保持“全国文化先进县”的称号。年末全县共有大小文艺队587个，全年举行文艺调演汇演26次；组织文艺活动146次；现有文化厅室46个，全年共举办展览43期，举办各种培训班97期。

截至2015年，全县共成立体育协会组织10个，累计举办活动50余场，参加活动人数达10万人次。全县6个乡镇、1个街道均成立全民健身领导小组，6个乡镇、1个街道挂牌成立“全民健身指导站”，晨晚训练点41个。拥有社会体育指导员301人，其中：国家级6人，一级2人，二级112人，三级181人。2015年举办县级体育比赛活动7次，组织基层体育比赛活动8次，全县体育人口达30%。举办全民健身活动7次，人数0.7万人次；年末全县拥有体育场地222个，体育系统拥有体育场地9个，年内开放使用7万人次；举办培训班6期，参加培训180人次。竞训体育有省传统游泳项目1个点，在训运动员24人；市传统训练项目（田径、柔道、自行车）3个点，在训运动员45人；县训练项目（篮球、武术）1个点，在训运动员42人。

2015年末，共有卫生机构167个，其中县级医院2个、其它医院2个、卫生院7个，妇幼保健院1个，疾病预防控制中心1个，卫生监督机构1个。卫生技术人员1456人，其中执业医师和执业助理医师615人，注册护士714人，其他127人。医院和卫生院床位716张。乡镇卫生院7个，床位239张（核定床位），卫生技术人员178人。村级卫生室71个（下发过医疗机构许可证的），乡村医生235人。全县有238469人参加了新型

农村合作医疗，参合率98.19%。

【就业和社会保障】 2015年，共开发就业岗位506个，新增就业2217人，下岗失业人员再就业623人，城镇登记失业率3.18%。

年末，全县共有406户企业10000人参加养老保险统筹，全年共发放养老金6994万元；有381户7316人参加失业保险统筹；有14114人参加医疗保险统筹，支付医疗保险金4496.38万元；参加农村养老保险4314.78人，支付农村养老保险金4314.78万元；参加工伤保险统筹企业426户9633人；参加生育保险统筹企业260户3811人。

全年对城市低保受益户2650户2990人发放低保金1147.91万元。对农村低保受益户6733户7328人发放低保金1351.97万元，对农村五保户545户598人发放定期生活救助294.09万元。年末共有优抚对象3058人，全年共对3151人发放各类补助金1382.97万元；兑现义务兵家属优待金268人201万元。

【能源消耗和安全生产】 2015年，单位GDP能耗1.0943吨标准煤/万元，下降1.5%，其中：规模以上工业单位增加值能耗2.7822吨标准煤/万元，下降1.9%。

全社会用电量8.58亿千瓦时，同比上升14.86%。分产业看，第一产业用电量0.12亿千瓦时，同比上升0.2%；第二产业用电量7.16亿千瓦时，同比上升16.39%；第三产业用电量0.43亿千瓦时，同比上升9.49%；城乡居民生活用电量0.87亿千瓦时，增长8%。

2015年，江川县共发生各类安全生产事故1417起，比2014年增加179起，增长14.46%；死亡人数46人，比2014年增加5人，上升12.20%；直接经济损失372.25万元，增加129.71万元，增长53.48%。其中：工矿商贸企业事故3起，死亡人数2人，直接经济损失167万元；道路交通事故1352起，死亡人数44人，直接经济损失95.11万元；火灾事故62起，死亡0人，直接经济损失110.14万元。

【人民生活】 2015年，城镇居民家庭人均可支配收入28509元，比2014年增加2315元，增长8.8%。农村居民人均可支配收入10214元，增加940元，增长10.1%。

（统计局）

大街街道

【行政区划・人口】 大街街道办事处位于江川县境南部，是江川县城所在地，东与路居镇、雄关乡相邻，南与通海县纳古镇、四街镇接壤，西南与九溪镇毗连，西北接前卫镇，北濒临星云湖。境内最高海拔老尖山2277米，最低海拔星云湖湖面1722米，街道办事处位于浪广路北段，海拔1730米。

大街街道办事处辖上营、下营、大街、三街、早街、上头营、大庄、河咀、朱家庄、伏家营、海浒、大营、浪广13个社区居民委员会，小白坡、土官田2个村民委员会、124个村（居）民小组（116个社区居民小组，8个村民小组），68个自然村。总国土面积97.074平方千米。

2015年末，实有耕地18865亩，属高稳产基本农田。其中：田13104亩、地5761亩，农业人口人均占有耕地0.37亩。

2015年末，全街道辖区内总户数30719户，总人口80661人，其中：男40493人，占总人口的50.2%；女40168人，占总人口的49.8%。农业人口50343人，占总人口的62.41%；非农业人口30318人，占总人口的37.59%。大街街道15个村（社区居）委会总户数22912户，总人口65841人，其中：男32312人，占总人口的50.92%；女33529人，占总人口的49.08%；农业人口50343人，占总人口76.46%，非农业人口15498人，占总人口的23.54%；农村从业人员39069人，从事第一产业18993人，占农村从业人员的48.61%。人口自然增长率1.23‰，比上年减2.4‰。辖区内人口密度为831人/平方千米。

【领导干部名录】

党工委书记 靳永春

副 书 记 谭 波（2015.11离任）

宋 磊(2015.11任)

张雨敏（2015.9离任，挂职）

邢小刚（2015.9任，挂职）

张新荣

纪委书记 付 纲

人大工委主任 李忠兴（2015.11离任）

办事处主任 胡正鸿

副 主 任 李竹贵

张正鸿

王丕娅(2015.11任)

陈国华

【经　济】　2015年农村社会总产值（现价）639405万元，比上年增23.4%。工农业总产值（现价）542823万元，比上年增16.6%，其中：工业总产值501752万元，比上年增17.8%；农、林、牧、渔、服务业总产值41071万元，比上年增3.8%。农村经济总收入402600万元，比上年增30147万元，增8.09%。其中：农业收入38008万元，比上年增3248万元，占总收入的9.44%；林业收入481万元，比上年增6万元，占总收入的0.12%；牧业收入20574万元，比上年增3150万元，占总收入的5.11%；渔业收入4430万元，比上年增1069万元，占总收入的1.1%；工业收入131461万元，比上年增6290万元，占总收入的32.65%；建筑业收入95199万元，比上年减913万元，占总收入的23.65%，运输业收入66021万元，比上年增6978万元，占总收入的16.4%；商业服务业收入39179万元，比上年增7613万元，占总收入的9.73%；其他收入7247万元，比上年增2706万元，占总收入的1.8%。农民人均所得10640元，比上年增629元，增6.28%。二三产业从业人数20076人，占农村从业人数的51.39%，比上年增5.45%。

【农　业】　农作物播种面积50327亩，复种指数267%。粮食播种面积15322亩，粮食总产量754.24万千克，比上年增4.45%。其中：水稻栽种面积6220亩，单产647千克/亩；包谷播种面积3652亩，单产604千克/亩；小麦播种面积2379亩，单产260千克/亩；蚕豆播种面积1755亩，单产151千克/亩；农民人均产粮150千克；油料播种面积9190亩，总产149.38万千克，比上年增1.08%；烤烟种植面积8335亩，交售量128万千克，交售收入4325.87万元，平均单价33.8元/千克；中、上等烟占96.92%，其中：上等烟占77.67%，比上年增4.9个百分点。农业人口人均烤烟收入859元，比上年增5.53%。

年末，生猪存栏39971头，比上年减19.12%；出栏肥猪84512头，比上年增7.51%；大牲畜存栏555头，比上年增减26.2%，其中：黄牛存栏406头，水牛存栏82头，马存栏53匹，驴存栏8匹，山羊存栏2722只，出栏2358只；生产营销商品仔猪18.02万头，比上年减12.47%；全年肉产量达915.5万千克。家禽出栏89.05万只，比上年增8.74%；湖泊面积3平方千米，水产品产量235.81吨，比上年增3.88%。

年内全街道森林总占地面积7.54万亩，森林覆盖率41.96%。果园面积3109亩，水果产量76.14万千克，比上年增6.83%。全年投入农田水利建设资金1148.75万元，完成各类水利工程457件，其中：小水窖435口、沟渠9条、机耕路3条、更新改造泵站3座，新建水池1个，人畜饮水工程2件，和4件防洪应急工程的建设。海浒片区高标准农田建设项目，工程已经全部完工。

年内，农、林、牧、渔、服务业实现总产值（现价）41071万元，其中：农业14463万元，占35.21%；林业572万元，占1.39%；牧业23422万元，占57.03%，渔业651万元，占1.59%；农林牧渔服务业1963万元，占4.78%。

【企　业】　年末，全街道有企业和个体工商户4178户，比上年增0.17%；从业人员27044人，比上年增0.33%；企业营业收入648203万元，比上年增23.71%。利税41502万元，比上年增1.12%。其中：私营企业162户11961人，收入445969万元，比上年增17.58%；利税26945万元，比上年增28.38%。个体企业4016户15083人，收入202234万元，比上年增39.77%；利税14557万元，比上年增325.77%；规模以上工业企业17户完成总产值280492万元。

年内完成工业投资项目14个，其中：技改项目6个，新建项目4个，扩建项目4个。

街道规模企业已发展成为以磷化工、纸制品、建筑建材、农产品加工等为主导的多个产业和多个行业。

【村镇建设·环境保护】　2015年组织“百村示范、千村整治行动”项目库申报，共申报示范村1个，整治村6个。办理辖区内农村住房规划许可证14户。农村危房改造拆除重建指标1000户，录入率和开工率按要求完成100%。

积极推进生态环保工程建设和生态文明建设，以“3·5”学雷锋活动日、“6·5”世界环境日和重大节假日等为契机，积极组织安排各村（社区）党员、干部、广大群众、学生等进行集中清理和环境卫生大扫除，累计出动人员2060人次，出动装载机等车辆180辆次，清扫街道、巷道493条（69598米），清理河道沟渠168条（40280米），打扫公厕200个，清运垃圾21600吨。通过会议、广播、板报、张贴标

语、悬挂横幅、进村入户等有效方式进行全方位宣传发动。在各村（社区）主要街道及公共场所刷写永久性环保宣传标语10条以上，制作悬挂警示牌6块，刷写墙体标语226条，禁止乱倒垃圾和爱护环境卫生条幅200多条。落实保洁、清运、督查考核、经费管理、资金筹措等五项制度，强化保洁员、清运员、社区卫生监督员责任，确保各项城乡垃圾综合整治管理制度正常运行。对五条入湖河道进行清淤清理整治，共出动人员1460人次，装载机1台，出动车辆48辆次，清理河道总长17680米，清除淤泥、沙土沙石，杂草、红白垃圾35000方。星云湖流域大街河综合治理工程（上头营标段、土官田标段），工程投资1300万元，主要建成18个生态公厕，211口沤肥池，污水净化池5个，铺设截污管网2198.1米。

【社会事业】 科　技　全街道有农村专业技术协会8个，会员312人。其中：养猪协会5个，种烟协会3个。年内刊出黑板报、科普宣传栏20期。街道科协举办技术培训讲座4期，培训人数522人；举办实用技术培训班4期，培训人数556人。发放各种科技资料2000余份，赠送科普书籍600册。农技围绕农业生产确定的目标和任务，不断举办蔬菜种植、农药安全使用知识、测土配方、平衡施肥技术、养猪知识和烤烟栽培、烘烤等一系列技术的培训，发放测土配方施肥技术问答资料3000份；发放施肥建议卡22000张，发放《水稻蝇蛆防治明白卡》1100份。每村配有一名科普宣传员。

教　育　年末，街道辖区村级有幼儿园11个，教职工136人，适龄儿童入园1745人，学前班10个，学生379人。小学11所，教职工301人，在校学生5528人，入学率、毕业率、升学率均为100%；中学3所，教职工266人，在校学生3653人，毕业率100%，升学率87.37%。小学教师文化程度，大专以上271人，中专18人，高中3人，共计292人，初中教师文化程度大专以上255人。

文化·体育　全街道有社区电影院1个，观众席970个座位；戏台2个，其中露天戏台1个；街道文化站1个，藏书7100册；农家书屋14个，为14个村（社区）农家书屋共补充图书1186册。每年做好县城春节街头传统文艺活动表演，2015年组织大营社区“云深书院”举办庆新春书画展等文体活动。举办大街街道禁毒防艾反邪教专题文艺晚会和文化下乡惠民演出。全年党职校培训入党积极分子40人。在伏家营社区举办文艺培训班，有5个居民小组的文艺骨干共100余人参加培训。

卫　生　2015年末，全街道有中心卫生院1所，医务人员36人，其中：专业技术人员31人；工勤人员5人。病床50张。村、社区卫生所14所，医务人员65人，病床70张。2015年内出生553人，出生率6.87‰；死亡454人，死亡率5.64‰；人口自然增长率1.23‰，计划生育率84%。加强和改进流动人口计划生育管理与服务体系建设，推进流动人口全员信息统计，建立完善统计台帐，掌握流动人口婚、孕、育情况，进行跟踪管理。农村新型合作医疗参合人数57263人，参合率98.5%，年补偿13.9万人次，补偿金额2204.98万元（其中门诊补偿13.3万人次，补偿金额282.20万元，住院补偿6334人，补偿金额1922.78万元）。

民　政　年内，街道纳入居民最低生活保障2739户，3122人发放低保金794.25万元。全年对73位五保老人发放五保户生活费19.42万元，春节慰问8700元。补助入新农合医保81户，81人，4860元。全年来共计发放救济粮食2.98万千克，救济衣物7套，被子24床。建国前老党员补贴1户，450元；春节慰问特困户240户，4.8万元；伤残民工补助金2户，2700元；小乡干部43户，7.47万元；精减定救54户，8.09万元。临时救助、医疗救助168户，12.8万元。共对872名优抚对象发放优待抚恤金401.17万元。其中：三属抚恤金7人，7.41万元；在职伤残金57人，68.62万元；在乡伤残金11人，14.31万元；复退军人补助金43人，28.46万元；义务兵家属优待金97人，44.1万元；带病回乡退伍15户，6.04万元；春节慰问优抚对象822人，16.44万元。两参人员511人，174.6万元。出国民工补助54人，4.72万元；第一季度民兵民工补助55人，9420元；农村籍退役士兵60岁补助166人，14.3万元。双重身份补差6人，4.3万元。烈士子女补助2人，4020元。优抚对象八一慰问812人，16.24万元；优抚对象医疗救助19户，2.42万元。街道共有孤儿7名，发入孤儿补助金3.83万元。全年共办理结婚登记356对、离婚登记116对、登记合格率达100%。补领《结婚证》323对，出具《无婚姻登记记录证明》558人。完成2009年至

2011年婚姻档案补录工作。大力推进殡葬改革，积极倡导绿色墓葬，自2015年3月1日实行火葬以来未出现一起装棺土葬现象，确保“三个百分之百”完成。

劳动保障　办理《失业证》证明人数630人。组织家政服务培训2个班95人，计算机培训117人。办理“贷免扶补”55人，发放贷款275万元。新参保新型农村养老保险和城镇居民养老保险353人，缴费率97.75%。办理60周岁以上人员死亡退保309人，每人发放安葬补助费600元，合计18.54万元。60周岁以上领取待遇人员10840人，发放待遇养老金3072.115万元。在与江川县农业银行签订“代扣代缴”的基础上，办理城镇居民基本医疗保险参保至年底共计12240人。

进一步规范用人单位用工管理行为，切实履行劳动保障监察职责。劳动保障所对全街道10家红砖厂、纸制品厂15家、彩印包装厂5家、非煤矿山5家进行40次日常巡察。对全街道165家事业单位、企业、个体经济组织进行网上执法年审、对年审合格的用人单位发放劳动保障执法年审审验证。

老龄工作　年末，全街道有老年协会14个，班子成员120人，村（居）委会老年活动室13个，村民小组活动中心75个，建立家庭道德评议委员会14个。80岁以上老人有1222人（其中80～89岁有1088人，90～99岁有132人，100岁以上有2人），全年发放80岁以上无退休金老年人健康补助80.45万元。春节期间选拔12支文艺队到老戏台上公演，从老历正月初一到初六演出文艺节目200余个，观看人数近万人；组建老年门球队7支46人，地掷球对6支26人，泰迪球队9支97人，初七、初八、初九进行比赛。正在建和建好的居家养老服务中心6个，建设完工正在使用的2个，主体工程完工4个。老年活动中心建好正在使用6个，正在建的有4个。全街道有离退休干部180人，职工227人。

【精神文明建设】　开展“文艺培训班”“道德讲堂”活动，提高居民文明程度。开展环湖文明走廊创建活动。以宣传改进农村生活习惯为切入点，强化农村环境综合整治，以特色民居建设为突破口，改善农村环境、完善基础设施美化家园。

【法制建设】　围绕社会和谐稳定抓普法，围绕中心保增长、保民生、保发展、保稳定、保生态，深入开展法制宣传教育与法治实践相结合，在促进学法、用法上求实效。全街道有司法所1个，15个人民调解委员会（1个街道人民调解委员会、14个村社区人民调解委员会）。2015年开展大型法制宣传活动5次，展出图片5期225幅，印发材料6期4860份，接受咨询315人次；进行法制宣讲12次，听众652人；广播宣传140次，听众137149人；学校上法制课2次，听众650人次，骨干培训6期，参训人员156人，组织法制文艺演出1场15个节目，播放法制影视专题片2场4部，黑板宣传180块180期，悬挂张贴普法标语大标38幅、小标325幅。共调处各类纠纷290件，其中司法所调处12件，村（居）调委会调处278件，调处成功率达到97%。司法所有社区矫正人员76人，共接受社区矫正人员25人，解除矫正28人，接收刑满释放人员并安置帮教35人，帮教率达95%以上。对在矫社区矫正人员坚持每两个月每家人走访一次，做好日常档案记录和管理教育工作，对于社区矫正人员严格落实请假制度、汇报制度，做到不脱管，不漏管，并积极协调有关部门落实刑释解教人员和社区服刑人员低保、困难救济等措施，切实解决他们生产生活等方面的实际困难，防止重新违法犯罪。

进一步巩固和扩大“平安大街”建设成果，创建省级“平安先进街道”。把综治维稳工作纳入街道综合目标考核范围，将责任层层分解到村（社区），使村（社区）干部和相关责任人有压力、有责任，并与14个村（社区）和各企业学校及相关综治维稳成员单位签订年度社会治安综合治理维护稳定目标责任书。街道推进网格化社会管理服务工作，共开展网格员业务知识培训3期。全年完成各级信访58件，回复58件，回复率100%。接待群众来信来访67件159人，做到件件有记录，事事有结果，件件有答复。

【国土管理】　2015年，大街街道坚持依法管地，节约用地，构建经济社会和谐发展的方针，建立耕地保护共同责任制度，全面履行保护资源、保障发展、维护权益、服务社会职能，加强农村集体土地管理。加大土地执法监察力度，全年辖区内土地巡查43次，严肃查处土地违法案件68宗，面积12066.69平方米，已按各村（居）委会村规民约拆除44

宗，面积2860平方米。出动97人次巡查督促检查8个石场、1个砂场、2个砖场的安全生产，对非法开采进行查处，发现安全事故隐患及时整改。办理发放农村集体土地使用证30本，发证总面积3376.56平方米。依法办理设施农用地4宗，面积8500平方米。完成城区范围内的低效闲置土地统计工作，共计65宗，面积47786平方米。

【财经管理】 根据农村财务管理的实际情况，从各个方面加大监控力度，克服人为的乱支乱花现象，对村组财务收支情况及时公布，让群众及时了解集体财务状况，减少农村财务热难点问题，促进农村社会的和谐稳定。大街街道农经中心对村组财务收支共结对账657次/组，账务处理657次/组。全街道村组民主理财小组共对村组集体收支情况进行657次/组民主监督理财。中心对村组财务收支共公开749次/组，其中张榜公开657次/组，会议公开92次/组。开启意见箱267次/组，收集群众意见7条，经疏理无财务管理意见。向村组反馈意见0次。

严格按照《大街街道建设工程管理办法》，凡村组建设项目工程按照公平、公正、公开的原则进行招投标；年内招投标委员会招投标工程项目177个，验收竣工工程建设项目85个。

【“创业致富贷款”助力基层党员群众增收致富】 为切实做好“基层党员带领群众致富创业贷款”工作，大街街道在2015年共为15个村（社区）73名党员群众发放“创业致富贷款”526万元。

街道动员各基层党组织，利用广播、标语、手机等方式和渠道，从申请人条件、贷款用途、流程、年限、利率、还款方式和贴息方式等进行宣传，提高知晓率和覆盖面，为基层党员群众通晓政策，打通融资渠道。街道重点推荐“三培养”对象，把具有带头致富和带领群众致富能力的党员或入党积极分子，作为推荐对象，力求“创业致富贷款”在“三培三带”有所作为，起示范带头作用，为基层党员群众创业致富搭桥铺路。街道在2015年“创业致富贷款”工作中，树立“助力”理念，着力党员群众增收致富，重视党员带动力量，大街街道发放党员带领群众创业致富贷款覆盖批发和零售业、建筑业、纺织业、服务业、交通运输业畜牧业、农业等行业，预计带动党员群众创业致富172人。

（李立群）

江城镇

【行政区划·人口】 江城镇地处江川北部，位于东经102°48′、北纬24°25′之间。东临全国第二大深水湖抚仙湖，南临星云湖、距县城18千米，西与玉溪市红塔区、昆明市晋宁县六街乡、晋城镇接壤，北距省会昆明市80千米。辖区面积222.67平方千米，全境地势西北高、东南低，最高海拔2648米，最低海拔1720米，东西最大横距19千米，南北最大纵距15千米。境内主要河流有牛摩河、东西大河、学河、周德营大河、大龙潭河、玉带河等，有西河一库、西河二库、茶尔山水库、大龙潭水库等水库8座，坝塘103座，矿藏主要有磷矿、白云岩、石灰石、石英砂及少量铁、锰、硅矿。镇政府所在地振兴街13号，驻地海拔1733米。

全镇辖江城1个社区居民委员会和左卫、大地、孤山、黄营、陈家湾、白家营、云岩、温泉、侯家沟、龙街、西河、海门、三百亩、明星、牛摩、尹旗、翠峰、桐关、祁家营19个村民委员会，6个居民小组、126个村民小组，119个自然村。

2015年末，总耕地面积36946亩，其中田25622亩，地11324亩（其中水浇地2757亩），农业人口人均耕地面积0.67亩。总人口71729人，其中男36130人，女35599人；农业人口55186人，非农业人口16543人。总户数25820户。少数民族人口1396人，占总人口的1.95%，其中彝族806人，占总人口的1.12%；哈尼族252人，占总人口的0.35%；傣族74人，占总人口的0.1%；白族58人，占总人口的0.08%。农村劳动力48490人，其中从事第二、三产业的11604人，占总劳动力的23.93%。人口自然增长率4.44‰。人口密度322人/平方千米。

【领导干部名录】

党委书记　李忠海

副 书 记　郭　峰

　　　　　李志高

　　　　　周宏斌

　　　　　杨跃辉（2015.2任，2015.9离任，挂职）

　　　　　张雨敏（2015.9任，挂职）

纪委书记　李任民

人大主席　李江润（2015.11离任）
镇　　长　郭　峰
副 镇 长　刘世培
　　　　　洪家彬
　　　　　马江艳
　　　　　朱　俊
　　　　　杨　坤（挂职）

【经　济】　工农业总产值完成138290万元，比上年增7.8%，其中工业总产值73002万元，比上年增8.98%；农业总产值35961万元，比上年增4.89%。农村经济总收入406414万元，比上年增10.78%，其中农业收入72145万元，林业收入568万元，牧业收入23954万元，渔业收入7194万元，工业收入98295万元，建筑业收入58920万元，交通运输业收入68802万元，商业饮食业收入49716万元，社会服务业收入19588万元，其他收入7232万元；农民人均可支配收入11589元，比上年增14.3%。地方生产总值164069万元，比上年增11%，其中第一产业39412万元，增7.1%；第二产业32067万元，增18.2%；第三产业92590万元，增10%。全镇财政收入3802.11万元，比上年增3.77%；财政支出3324.34万元，比上年增30.54%。年末，各项存款余额142124.14万元，比上年增9.5%；人均储蓄存款余额19814元，比上年增26.86%。

【农　业】　全年农作物播种面积85260亩，复种指数230.7%。粮食播种面积31541亩，总产1517.6万千克，比上年减2%，其中：水稻种植面积11330亩，单产655千克/亩；玉米种植面积7018亩，单产589千克/亩；小麦种植面积3483亩，单产250千克/亩；蚕豆种植面积2958亩，“干豆”单产177千克/亩，“青豆”单产430千克/亩；农民人均产粮275千克。油料播种面积8540亩，总产175.54万千克，比上年增7.87%。烤烟种植面积9800亩，其中田烟4520亩，地烟5280亩，总产150万千克；交售烟叶147万千克，上等烟比例达69.42%，均价30.98元，烟农直接收入4553.69万元，比上年减293.33万元。蔬菜种植面积32734亩，总产6182.54万千克，比上年增11.49%，产值达10193万元，增7.86%。花卉种植面积2234亩，生产兰花30.89万盆；鲜切花57842万枝，花卉产值13106万元，增9.44%。种植蓝莓214.7亩，种植核桃9597亩。

年末，生猪存栏6.86万头（其中能繁母猪7652头），比上年减1.58%；肥猪出栏8.92万头，比上年增0.79%；大牲畜存栏1745头，比上年减41.5%，其中牛存栏1579头，出栏822头；羊存栏4952只，出栏5761只；家禽存栏46.2万只，家禽出栏94万只。全年肉产量9695吨，肉蛋奶总产16580吨；水产品产量344吨，与上年持平。实现畜牧业产值31400万元，增18%。发放良种补助31.05万元，农资综合补助125.8万元。

全年水利建设投入1394.98万元，完成2014年烟叶生产基础设施建设、左卫村委会下麦地排灌沟、侯家沟村蔡家坡排洪沟、孤山村大沙咀抽水站改造、孤山村委会片区水土流失综合治理、上西河村民小组农田水利渠道、云岩西山一组水池改造、云岩村云岩寺一组水源点保护、龙街村内桃园一组抽水站、江城至二中老路西侧南段沟防渗加固、陈家湾大塘子涵洞漏水灌浆等工程；启动大地村西大沟建设、温泉村松园片区水土流失综合治理、陈家湾村人畜饮水、明星小河坝水库的除险加固、温泉片区高标准农田建设示范等工程。新建蓄水池8个，抽水泵站2座，新修沟渠918.5米，新增灌溉面积267亩，改善灌溉面积2943亩，铺设管道5816米。

2015年，完成农林牧渔业总产值（现价）65288万元，其中：农业35961万元，占55.08%；林业530万元，占0.81%；牧业24940万元，占38.2%；渔业2665万元，占4.08%；农林牧渔服务业1192万元，占1.83%。

【企　业】　2015年，有个体经营户、私营企业3266户，比上年减5户，其中私营企业81户，从业人员8944人，比上年减1.4%；企业营业总收入149816万元，比上年增1.36%；利润总额16583万元，比上年增17.1%；上交税金7461万元，比上年增36.55%。其中：私营企业从业人员2516人，收入71993万元，利润总额9594万元，上交税金7027万元；个体经营户从业人员6428人，收入77823万元，利润总额6989万元，上交税金434万元。全年实现现价总产值155921万元，其中农林牧业10157万元，工业73002万元，建筑业2987万元，交通运输仓储业15014万元，批发零售业44718万元，住宿及餐饮业6015万元。

全年完成工业企业固定资产投资1.3亿元，实施工业技改项目3个。

【旅游业】 年内完成北山寺旅游景区道路硬化工程，碧云寺公园完成游路、观景台等部分设施提档升级改造；全面启动界鱼石公园提档升级一期工程。新增“云南特色美食名店”4家。招商引资5.78亿元，增长12.4%。接待游客184.1万人次，实现旅游业总收入11.4亿元，增长12.8%。

【村镇建设】 实施“百村示范、千村整治”、“一事一议”、水库移民等项目99个，海门村入围第一批“中国传统村落”。改造农村危房1016户，温泉庄科、海门隔河、明星等旧村改造稳步推进。启动江城社区棚户区改造项目，改造低效用房7400平方米，完成西门牌坊重建；整治南北大街、振兴街两个街区，铺设道路2.2万平方米、人行道仿青石板8246平方米，安装太阳能灯105盏。启动白家营国防公路建设，完成黄营村文明路改造、浑水塘村道路建设。

【社会事业】 科 技 开展各种作物栽培技术、病虫害防治等农业科技培训，累计培训6次，1850人，发放培训材料2600份。培训测土配方知识300多人，发放《测土配方施肥技术问答》8000份，发放测土配方施肥建议卡8000份。在原江城片和龙街片完成水稻同田对比试验2组，马铃署有机肥无机肥同田对比试验2组，花椰菜同田对比试验1组，花椰菜正规小区试验2组，水稻测土配方施肥样板5000亩，花椰菜测土配方施肥样板3000亩，跟踪1个国家级、2个省级肥力监测点肥料效应并完成相应的同田对比试验3组。发放《水稻病虫害综合防治明白卡》1600余份，防治稻瘟病、稻飞虱面积9259亩。

教 育 投资1200多万元，实施侯家沟小学、云岩小学、牛摩小学、明星小学、左卫小学等29个中小学校舍安全新建、改建项目。年末，有党职校1所；中学3所，教学班58个，教职工228人，在校学生2985人，初中入学率100%，巩固率99%；中心小学3所、村完小13所，教职工382人，教学班129个，在校学生4002人，小学入学率100%。有幼儿园6所，教职工61人，在校学生936人（含部分学前班人数），学前教育适龄儿童入园入班率达100%。表彰奖励2014～2015年度优秀教师27名，先进教育工作者6名。

文 化 开展春节系列文化活动，组织21个文艺方阵队、1000多人的龙灯、狮灯、腰鼓队，举行大型街头游园活动。举办第二届广场舞比赛。开展图书下乡活动。县图书馆和新华书店为江城镇20个农家书屋送来价值4万元的科技、文化、少儿、医学等各类图书1800余册。围绕“江川县创建中国楹联文化县”工作目标，成立江城镇诗词楹联、书画协会。投资13万元，完成星云村农村文化广场建设。

体 育 推进“七彩云南全民健身基础设施工程”项目实施，2015年共为江城钟玉园、龙街文化站、李家营、大营盘等10个村组配置健身器材60件，篮球架6副，乒乓球桌5张，价值20万元。投资8万元，建成人工草坪门球场2块。

老龄工作 全年共发放80周岁无退休金老人保健补助金106万元，6502人次；发放有退休金高龄老人保健补助金10万元，587人次。年末，全镇有60岁以上老年人12118人，80周岁以上有1633人，90岁以上有191人，100周岁以上3人。新建村级老年人活动场所15个，总投资达565万元。投资140万元完成龙街、温泉海溪2个居家养老服务中心建设。启动海门村、祁家营村农村幸福院建设。

卫 生 2015年投资300余万元新建江城中心卫生院业务用房，面积1436平方米。年末，有卫生院1个，病床总数100张，全院职工77人，其中：卫生技术人员70人，其他专业技术人员1人，工人6人；初级资格30人，中级资格31人，高级技工6人，副高2人。村级卫生所20个，医务人员62人。年内出生612人，出生率8.35‰；死亡294人，死亡率4.10‰。已婚育龄妇女13142人，综合落实节育措施人群12131人。全年组织群众64640人参加新型农村合作医疗，参合率达97.06%；共221586人次享受新农合减免补偿，受益面达340.73%，共补偿医疗金2562.77万元。

民 政 全年共发放各种优抚、救济补助经费512.5万元，救济粮41000千克。落实五包供养经费127人，32.31万元。2015年，将翠峰、龙街、江城3所敬老院的29名五保供养人员合并到江城敬老院集中供养，启动龙街敬老院改扩建工程。依法办理婚姻登记582对，离婚登记180对；补发婚姻登记392对；出具无婚姻登记证明800份。开出“一站式”服务卡747张。

殡葬改革　完成1个镇级和10个村级公益性公墓及配套设施建设。自3月1日实施火化以来，火化率、公墓安葬率均达100%。对287人实施火化补助，经费124.4万元。

残疾人工作　年末，全镇共有残疾人1870人，残疾人家庭435户，441名残疾人享受农村低保。开展走访慰问残疾人困难户70户，发放慰问金额2.3万元，发放轮椅39辆，补助1870人残疾人新型农村合作医疗资金22.44万元，补助7户残疾人家庭每户5000元实施危房改造；康复救助80人，5.6万元。补助13名残疾人家庭考取大中专院校学生3.6万元。发放残疾人机动车燃油补贴52人，13520元。为120名农村残疾人提供实用技术培训。

妇联工作　2015年，发放“贷免扶补”资金36户，288万元。各级妇联共组织理论学习40期3200人次。组织镇村妇女召开座谈会21次820人次。深入开展“四送一创”活动。慰问江城、龙街、翠峰中心小学贫困、留守、残疾学生52名，为镇机关14岁以下未成年人办理200元的购书卡104张。接待妇女信访案件4件次，其中家庭暴力3件，家庭纠纷1件，处理率达100%。

工会工作　全镇有工会委员会26个，工会联合会2个，各企业建会率达90%以上，企业工会会员人数1295人，其中女会员517人。在基层工会开展社会主义核心价值观、中国梦企业梦宣传。在企业开展技能竞赛、“安康杯竞赛”活动。有147人参加第十二期职工互助医疗，其中在职职工117人，退休人员30人，共收互助金11960元；为在档困难职工39人办理普惠卡；看望生病住院职工12人。组织4位离退休职工参加疗休养，组织镇机关153名职工到玉溪市体检中心体检。

社会保障　年内参加新型城乡居民养老保险46306人，参保金额667万余元，其中个人缴费533万元，各级财政补助134万元，缴费率达96.31%，参保率97.21%；及时足额发放基础养老金11261人，发放金额1047万余元；发放丧葬补助金583人，金额73万元；办理被征地农民养老保险参保缴费386人，金额193万元。组织296人参加职业技能和创业培训。共办理《就业失业登记证》643人，对申领社会保险补贴80人进行认证，发放“贷免扶补”贷款20人，金额100万元。启动金融社保卡发放工作。

国土资源管理　加大对农村违法土地清理，清理违法占地54宗，保护土地资源2302.9平方米。调处群众来信来访及县国土资源局转办案件8件。发放农村集体土地使用证34本，其中初始登记18本、变更登记16本。编制《江城镇2015年地质灾害防治预案》《江城镇2015年地质灾害应急预案》，在5个村委会8个村民小组建立重要地质灾害监测点9处。发放地质灾害工作明白卡32份，避险明白卡159份。农村土地承包经营权确权8.2万亩。

生态环境保护　开展城乡人居环境综合整治，全镇共聘请环卫保洁员239名，垃圾清运人员63名，环境监督员20名，对辖区内农村环境卫生实施日常保洁工作，并采取定期与不定期方式对农村环境卫生整治效果进行检查考核12次，共清扫清运各种垃圾25600吨，重点村落垃圾收集处置率达95%以上。聘请管护人员38名，对主要入湖河道进行管护，组织人员1980人，开展河道专项整治活动12次，清理河道30.9千米，出动垃圾车410辆，清运河道垃圾3600吨，主要入湖河流沿岸垃圾收集清运率达95%以上，制定各主要入湖河道环境综合整治实施方案、河道管理考核方案。玉带河清水产流机制修复、星云湖北岸连片农村环境综合整治、三百亩村重点村落环境综合整治等项目竣工。完成东西大河、牛摩河流域环境综合治理工程，主要入湖河道环境不断改善。新建北片区污水处理厂配套管网6千米。实施封山育林1.9万亩，建设水土保持林845亩。建设生态农业示范区300亩，建成畜禽污染源治理环保减排和种养结合循环养殖示范项目3个。

法制建设　全年共开展各类法制宣传活动20次，发放各类普法材料5000余份、宣传手册200余册，板报宣传213期，展板85块，广播宣传368次，开展法律咨询232人次，张贴宣传标语4350幅。制定政府权力清单和责任清单，界定行政职权97项，责任事项458项，追责情形453项。调解行政纠纷案件786件，办复人大代表建议46件、政协委员提案2件。

【精神文明建设】　举办全镇道德讲堂1期、村级道德讲堂4期、企业道德讲堂1期，受益群众达2000余人，引导广大公民感知传统文化，弘扬传统美德，知荣辱、守规范，争做合格公民。打造徐家头、大地、胡家湾培养和

践行社会主义核心价值观试点，进一步巩固提升胡家湾村市级文明示范村创建成果。

【纪律检查工作】 开展严禁领导干部收送“红包”专项整治工作，共1个单位和25名领导干部签订严禁领导干部收送“红包”承诺书。严肃查办各类违法违纪案件。2015年镇纪委共受理司法移送和群众反映信访举报件13件，对4名农村党员给予开除党籍处分，7名村、组干部给予问责处理。2015年共发督查通报14期。对10余名镇村干部进行通报处理。参与工程建设项目招投标监督和管理50余件，签订工程廉政合同50余份。

【干部队伍建设】 制定和实施2015年干部轮训方案，开展10个专题培训班，全镇1300多人次镇村组干部参加培训学习。坚持选好、用好、管好村组干部，增补村党总支副书记2名、村工作人员7名，调整监督委员会主任1名、小组干部12名。开展“守纪律、讲规矩”专题教育活动。

【党员规范化管理】 2015年全镇2705户农村党员户完成挂牌亮身份工作，并签订共产党员户承诺书公开承诺事项20多项。继续推行党员积分管理、年终民主评议相结合的考核管理方式，严格处置不合格党员，对4名违法违纪党员给予开除党籍处分。2015年共发展党员46名，其中：女党员15人，35岁以下党员16人，大专以上学历10人。

【“三个行动计划”】 全力实施“三个行动计划”。组建21支“仙湖卫士”共产党员先锋队，710名基层党员开展主题服务活动160余次，海门村党总支荣获市级“仙湖卫士”流动红旗，全县“仙湖卫士——小手拉大手”行动计划在江城镇童话幼儿园启动。实施强基惠农合作股份项目13个，11个“空壳村”和2个“薄弱村”实现集体经济收益35.78万元，完成“空壳村”集体经济收入零突破、“薄弱村”经济实力有所增强的目标。按照“八有”建设目标，整合资金106万元。完成24个村（居）民小组党员活动室规范化建设。

【中国共产党江城镇第三届代表大会第三次会议】 2015年1月19日，召开中国共产党江城镇第三节代表大会第三次会议，审议通过党委工作报告、纪委工作报告，收到党代表提案20件。

【江城镇第三届人民代表大会第三次会议】 2015年1月20日至21日，召开江城镇第三届人民代表大会第三次会议，审议通过政府工作报告、人大主席团工作报告。

【庆祝建党94周年大会】 2015年7月1日，举行庆祝中国共产党成立94周年大会，纪念中国共产党成立94周年，表彰先进党总支5个、先进党支部21个、优秀党务工作者18名、优秀共产党员79名。

【“挂包帮”“转走访”扶贫攻坚】 江城镇共有3个贫困行政村、14个贫困自然村，有贫困户1103户。2015年，全面开展扶贫攻坚“挂包帮、转走访”工作，为287户贫困户制定脱贫措施，为贫困村组协调项目12个，争取资金101.4万元，指导产业发展1140亩。2015年脱贫213户587人。

（侯江艳）

前卫镇

【行政区划·人口】 前卫镇位于江川县境腹地，东临星云湖，西与九溪镇、安化乡接壤，南与江川县城大街镇为邻，北与江城镇相连。全镇辖杨家咀、业家山、渔村、庄子、石河、后卫、周官、赵官、小街、柏池古10个村民委员会和前卫社区居民委员会，51个自然村，70个村民小组。镇域总面积88.9平方千米，东西最大横距14.25千米，南北最大纵距12.75千米。最高海拔2139.4米，最低1724米，镇政府驻地海拔1730米。人口密度每平方千米551人。境内主要河流有前卫大河、周官河、小街河等，有石河水库等水库14座，坝塘68座。风光秀丽、具有民间传奇色彩的台山书院、七星塔、回头山坐落于星云湖西岸，镇政府东、北面。

2015年末，全镇总户数18842户，总人口48960人，其中：男24498人，女24462人。农业人口41657人，占总人口的85.1%。农村从业人员30290人，其中从事二、三产业9433人，占从业人员的31.1%。年内出生人口434人，出生率为08.86‰；死亡271人，死亡率为5.53‰；人口自然增长率为2.06‰。

【领导干部名录】

党委书记　刘绍宏（2015.12离任）
副书记　莽嘉慧
　　　　陈宝林
　　　　花德财
　　　　李　谨（挂职）
　　　　邹　宁（挂职）
纪委书记　郭　伟
人大主席　李江辉
镇　长　莽嘉慧
副镇长　李万雄
　　　　花云芬
　　　　郭锦洋
　　　　孟　斌

【经　济】　全年完成地方生产总值9.63亿元，增长12.5%；规模以上工业增加值2.05亿元，增长20.4%；规模以上固定资产投资4.59亿元，增长28.6%。农民人均纯收入达10822元，增加1091元，增长11.2%；信用社存、贷款余额分别为5.78亿元、2.66亿元，分别增加0.94亿元、0.41亿元，增长19.42%、18.22%。

农　业　围绕农民增收，着力推进结构调整，巩固提升优势产业和特色产业，实现丰产丰收。完成农业总产值46237万元，增加1981万元，增长4.48%。收购烟叶197万千克，均价33.82元/千克，农民收入6663.38万元，实现均价全县第一。蔬菜产业不断发展，白花、青花常年交售不断，洋芋、胡萝卜、芫荽等种植规模扩大，农业产值达28900万元，增加760万元，增长2.7%。巩固和发展林下资源有偿转让承包成果，拓宽林业增收渠道，林业产值达525万元，减少134万元，减20.33%。鼓励发展畜牧业、渔业产业，产值分别达14622万元、895万元。

工　业　实现工业总产值115221万元，增长15.2%。其中，规模以上工业实现产值84172万元，增长23.6%；增加值完成20464万元，增长20.4%。工业固定资产投资总额达25457万元，增长28.6%。引进项目8个，招商引资完成25387万元，同比增长113.91%。龙泉工业园区征地工作有序推进，实施315.38亩的项目用地收储征地工作。做好工业经济发展的布局规划，加快工业经济的规模化和集群化发展，引导企业项目逐步转移集中发展，企业核心竞争力逐步增强，工业潜能不断释放。抓好年内11个重点工作重大项目建设。

第三产业　以打造“白药故里·水乡前卫”品牌为引领，依据《前卫镇乡村旅游发展规划》，依托出流改道工程、退田还湖和“十里长堤”等沿湖生态旅游景观，发挥回头山、七星塔等传统节庆效应，推动第三产业持续健康发展。全年实现第三产业增加值37531万元，增加4393万元，增长12%。围绕铜文化产业“一园一村一街区”建设目标，初步完成“渔村铜文化特色街区”和“新河咀文化惠民示范村”建设工作，挖掘传统民间铜器工艺文化内涵，传承发扬铜器工业手艺，借助外力推动独具特色的工艺制品产业发展，提升铜文化产业对经济社会发展贡献率。注重提升特色餐饮业综合实力，鲜鱼庄、浪广人家、炊香园等餐饮店影响日益扩大。

【生态建设】　以建设“湖滨生态镇”为目标，继续开展城乡垃圾综合整治，巩固湖滨生态修复成果。投入43万元，扎实开展人居环境综合整治三年行动计划，环境卫生明显改善；深入落实河（段）长责任制，农村环境卫生整治、入湖河道管理工作进入常态化；成功申报省级生态乡镇，完成11个市级生态村（社区）创建；污水处理设施建设工程有序推进，自燃式垃圾焚烧处理示范项目作用发挥充分，生活垃圾实现减量化；投入45.2万元，强化护林防火工作，消除火灾隐患；聘请24名护林员对国家级和省级公益林进行管护；完成云南省森林资源二类调查、林地变更调查、“十三五”林木采伐限额编制等工作。

【基础设施建设】　投资750万元完成星云湖南岸中水回用工程建设；投资425万元完成2014年巩固退耕还林基本口粮田建设；投资222万元完成底母坝、大山河水库除险加固，启动跨大山、人民坝等水库坝塘除险加固前期工作；投资134万元完成桃溪、上庄子、三家村人畜饮水改造，完成柏池古、杨家河、三石河安全饮水提档升级前期工作；投资71.4万元建设“彩虹水窖”170口；投资59万元完成杨家咀抽水站、小井坝站改造；投资36万元完成杨家咀地质灾害治理；杨家咀中低产田改造项目申报成功。大力实施“百村示范、千村整治”及旧村改造，投资30万元完成6个“整治村”的规划编制，柏池古村24户旧村改造项目的前期摸底及建设规划工作有序推进，投资170万元完成下大石咀省级重点村建设。

【精神文明建设】 着力推进社会主义核心价值观建设，播出社会主义核心价值观公益广告50余次；表彰20名“身边好人”，为干部群众提供鲜活榜样；抓好未成年人思想道德教育，筑牢青少年健康成长的思想防线；围绕“生产发展、生活宽裕、乡风文明、村容整洁、管理民主”的要求，创建后卫新河咀、石河团山村两个县级文明村，着力深化农村精神文明建设。

【社会事业】 文化、教育、医疗、社会保障等社会事业的投入力度持续加大，群众生活水平稳步提高，出行、就医、就学、安居条件有效改善。

文 化 协调多方力量，狠抓各村民间文艺团体和业余文艺队伍建设；免费开放图书室、电子阅览室等基础设施；文化事务中心业务用房修缮改造完成；成功举办首届广场舞比赛；组织文艺演出活动55场次，为群众表演文艺节目900多个，观众累计达18600人次。文化服务和推动发展的功能逐步显现。

教 育 坚持教育优先战略，大力改善办学条件和育人环境，教育教学质量不断提高，高中升学率达84.5%；“两基”成果得到巩固，辍学率控制在0.5%以内；认真落实省教育厅关于减轻中小学生负担的要求，严格执行省教厅减负工作“八不准”，全面减轻中小学生学习、心理和经济负担，促进学生快乐健康全面。

卫 生 完成卫生院升级改造，医疗服务基础设施不断完善，圆满完成基本公共卫生和基本医疗服务任务。全力推进新型农村合作医疗工作健康、稳步、持续发展。设立新农合公示栏，将参合农民住院医疗费用的补偿情况以及新农合有关政策、监督举报电话、群众意见与反馈等内容进行严格公示，每月公示一次。2015年收取新型农村参合费402.56万元，参合人数44729人，参合率达97.92%，补偿住院、门诊119840人次、1814.4万元。

民 政 发放60周岁以上死亡人员201人丧葬补贴12.06万元；发放救济粮18975千克、救济金24.63万元；发放城镇、农村低保资金447.4万元；发放80周岁以上无退休金老人长寿补助金3750人次59.87万元；有五保供养人数59人，敬老院2所，床位48张，入住对象20人，工作人员4人；院外五保供养对象39人，按国家规定每人每季发给生活费612元，共发放生活费9.55万元；有重点优抚对象578人，发放生活补助212.5万元；年内办理结婚登记257对，离婚登记81对，补办结婚证224对，补办离婚证2对，出具无婚姻登记记录证明321人。

劳动保障 2015年新农保参保人数为31895人，新增238人，其中五保人数43人，残疾人员5人；60周岁以上死亡人员285人，共发放丧葬补贴费用171000元；积极解决就业问题，首次开办青铜器工艺品加工技能培训班，培训53人，并获得民族民间工艺初级工资格证书；建立失业保险与促进就业联动机制，新增城镇就业人员250人，城镇失业再就业人员50人；社会保障力度不断加大，发放首批金融社保卡29540张，发放60岁以上养老金补助7861人、743.433万元；“贷免扶补”及小额贷款发放工作全面落实。

惠民政策 兑现奖优免补计生惠民政策，发放独生子女保健费、教育奖学金、新农合医保补助金等各种奖补经费32.69万元；兑付农作物良种补贴16.85万元，农资综合直补71.2万元；办理能繁母猪保险1474户、4150头，为养殖户办理死亡赔付88头，挽回经济损失8.8万元；完成2015年900户农村危房改造任务的入户调查、房屋鉴定及信息录入工作；受理并初步审核保障性住房（公共租赁住房）151户；办理遗体火化补助174人、188.7万元。

计划生育 认真落实“奖优免补”政策，强化计生政策宣传和行政执法，完善计生信息系统建设，开展出生缺陷干预，推进流动人口基本公共服务均等化工作。加强对育龄妇女的监管，计划生育率达90.1%，人口自然增长率为2.06‰，切实提高生育质量，稳定低生育水平。

国土管理 加强执法监察工作，严肃查处国土资源违法案件。年内共制止违法占地29户，面积3212.4平方米，拆除12户面积1082平方米；组织赵官村委会进一步完善征地后续工作，实施征地265.38亩；完成云南省玉溪市江川德兆环保科技有限公司的50亩用地项目的征地动工工作，积极推动江川县龙泉山生态工业园区发展；严格报批农村宅基地，积极开展迁村并点及建设用地城增村减试点工作，规范集体建设用地流转。

综治维稳 全年共受理矛盾纠纷178件，调解成功178件，调解率达100%；坚持领导干部大接访大下访制度，接待群众来信来访24件、80余人，信访回复率达100%；加强特殊人群管理，对35名社区矫正人员进行帮教；强化禁毒工作，引导群众树立“珍爱生命，拒绝毒品”观念意识，加强对257名吸毒人员管理；发挥“社会管理网格化”、“6995语音公众服务”平台作用，筑牢维稳前沿阵地，提高社会管理水平；加大对各村、学校、幼儿园及周边安全隐患排查整治工作。

法制建设　开展平安法治前卫创建，强化维稳责任，细化措施办法，努力解决影响发展、稳定的根源性、基础性问题，创新社会管理，保持大局持续稳定和谐。深入开展“六五”普法和“四五”依法治镇工作；充分利用综治维稳宣传月、“3·15”消费者权益保护日、宪法宣传日等活动，大力开展法治宣传，群众知法、守法、用法意识明显增强；认真贯彻落实《安全生产党政同责暂行规定》，建立安全生产大检查制度、党政班子专题研究安全生产例会制度，集中整治非法私做烟花爆竹、道路交通、消防、食品药品安全隐患，坚决杜绝重特大安全生产事故。

【王树芬到前卫调研镇人大主席团工作】　2015年4月2日，省人大常委会副主任王树芬一行到前卫镇调研乡镇人大主席团工作。

王树芬一行实地查看前卫镇人大主席团工作开展和人大代表活动情况，对前卫镇人大主席团的工作给予肯定，并提出要求：充分发挥基层人大对政府的监督职能，积极履职尽责，及时反映群众提出的热点、焦点和难点问题；进一步强化人大意识，切实增强从事人大工作的责任感和使命感；加强人大机关自身建设，切实履行好宪法和法律赋予的各项职责；积极主动作为，努力探索做好人大工作的新途径新方法。

【前卫镇率先启动土地确权登记颁证工作】　6月10日，前卫镇农村土地承包经营权确权登记颁证工作动员暨培训会召开，标志着前卫镇农村土地确权登记颁证工作在全县率先启动。

前卫镇制定出台《前卫镇农村土地承包经营权确权登记颁证工作实施方案》，成立镇农村土地承包经营权确权登记颁证工作领导小组，负责协调处理确权登记颁证工作中的重大问题。6～12月，前卫镇在全镇开展农村土地承包经营权确权登记颁证工作，年底前全面完成11个村、社区的土地承包经营权确权登记颁证。

（马吉云）

安化彝族乡

【行政区划·人口】　安化彝族乡地处县境西北部，距县城24千米，东接前卫镇，南连九溪镇，西与红塔区小石桥乡接壤，北与江城镇毗邻。全境地势西北高，东南低，地形北窄南宽呈“人”字形，东西最长距离17.2千米，南北最宽距离12千米，最高海拔2294.2米，最低海拔1782米。属中亚热带半湿润高原季风气候，冬无严寒，夏无酷暑，干湿季节分明，年平均气温14.9℃，有“天然温室”美称。乡政府所在地安化彝族乡安化大营一组8号。

乡域面积95.6平方千米，共辖安化、新庄、旱谷田、董炳、光山5个村（居）委会，26个自然村，28个村民小组。2015年末耕地总面积9156亩，其中田4932亩，地4224亩（水浇地1628亩）。农业人均耕地面积1.03亩。

2015年末，全乡辖区内人口总户数3273户，总人口9416人，其中：男4875人，女4541人；农业户2265户，农业人口6769人；少数民族人口9013人（其中彝族8925人、哈尼族63人、壮族2人、拉祜族5人、苗族5人、傣族3人、藏族3人、傈僳族1人、其他族6人），少数民族人口占总人口的95.7%，是江川县唯一的一个山区民族乡。农村从业人员5846人。人口自然增长率为5.52‰。人口密度98人/平方千米。

【领导干部名录】

党委书记　陆云波
副 书 记　李永华
　　周留明（2015.7任）
　　王艳兰（2015.7离任）
　　沐德能（2015.9任，挂职）
　　陈　顺（2015.9离任，挂职）
　　李伟明
纪委书记　李江辉
人大主席　雷永彪
乡　　长　李永华
副 乡 长　王彬生
　　段雄伟
　　平绍宏

【经　济】　2015年完成乡内生产总值32435万元，同比增加2058

万元，增长8%。其中：第一产业完成12780万元，同比增加639万元，增长7.7%；第二产业完成4638万元，同比减少84万元，增长4.1%；第三产业完成15017万元，同比增加1503万元，增长9.9%。年末，农村社会总产值（现价）20703万元，比上年增8.3%，其中：工业总产值6049万元，比上年增长3.8%；农业总产值14654万元，比上年增长4.3%。农村经济总收入17620万元，比上年增加277万元。其中：农业收14023万元，比上年增长0.05%，占总收入的79.6%；林业收入46万元，比上年增长6万元，占总收入的0.26%；牧业收入605万元，比上年增长8万元，占总收入的3.4%；渔业收入26万元，比上年减少2万元，占总收入的0.15%；工业收入1435万元，比上年增加195万元，占总收入的8.1%；建筑业收入432万元，比上年增加47万元，占总收入的2.5%；交通运输业收入472万元，比上年增加26万元，占总收入的2.7%；商业服务业收入188万元，比上年增加27万元，占总收入的1.1%；社会服务业收入10万元，占总收入的0.06%；其它收入383万元，比上年增加61万元，占总收入的2.2%。农民人均纯收入8554元，比上年增加634元，增8%。二三产业从业人数939人，占农村从业人数的16.1%，比上年增4.8%。地方财政收入完成1345万元，同比增加117万元，增9.5%。年末，农村信用社各项存款余额7830万元，比上年增加936万元，增长13.6%。

农 业 2015年，农作物播种面积3161公顷。复种指数361%。粮食播种面积11100亩，粮食总产量533.7万千克。其中：玉米播种面积6500亩，单产618千克/亩；小麦播种面积1500亩，单产260千克/亩；农民人均产粮567千克。蔬菜种植面积17120亩，总产2923.4万千克，实现产值7055万元。油料播种面积5000亩，单产252千克/亩。烤烟种植面积14200亩，总产190万千克，交售量190万千克，均价为32.02元，实现交售收入6084万元，比上年增加503万元，增长9%，上等烟比例达71.09%。2015年末，生猪存栏6140头；肥猪出栏7939头。大牲畜存栏1576头，其中，牛存栏1145头，出栏343头；羊存栏1742只，出栏293只。家禽出栏42096只，禽蛋产量49.8吨。全年肉产量781吨。实现畜牧业产值2550万元，比上年增加26万元，增长1.03%。水产品产量132吨。

企 业 2015年，有个体私营企业2户，其中：私营企业2户，企业营业总收入5468万元；税利137万元；营业收入上百万元的企业有1户。

村镇建设 拨款60.05万元完成农村危房改造51户（拆旧建新51户）。

【社会事业】 科 技 坚持科技为经济建设服务的指导思想，狠抓科技知识的普及和科技成果的转化，2015年举办各种培训班11期，培训人数达3500余人次。

教 育 始终优先发展教育事业，投资200多万元完成光山幼儿园建设并扩大招生覆盖范围，启动安化中心幼儿园建设，幼儿入学率得到显著提高。年末，有中心小学1所，村完小2所，教学班24个，教职工60人，在校学生625人，毕业率达100%，升学率达100%；表彰先进教育工作者10人。

文 化 有文化站1个，藏书2100余册，业余文艺宣传队23个。增加5个村（居）委会的农家书屋物资配备，平均每个书屋拥有藏书1613册。积极开展群众性文化活动，民族文化不断传承，群众性文化活动不断活跃，优秀文艺作品不断涌现，一批有代表性的民族特色节目获得云南省第九届民族民间歌舞乐展演金奖和非物质文化传承奖；参与云南歌手唱江川和开渔节演出。

卫 生 医药卫生体制改革顺利推进，县医院医生直接坐诊卫生院成为新常态，实现县乡一体化管理，基层医疗卫生服务水平进一步提高。2015年全乡参合人数8841人，参合金额106.1万元，参合率99.12%，住院、正常分娩及门诊减免补助218人，报销金额816109.79元。全乡有卫生院1个，村卫生所5个，卫生室1个，卫生院卫生技术人员11人（其中执业医师6人、注册护士2人，其他人员3名），卫生所医务人员11人，病床总数12张。住院业务实现零突破，2015年收住病人9人。加强健康档案管理，全乡现有纸质档案9391份，电子档案8676份。卓有成效做好健康宣传教育工作，全年更换宣传栏99次、开展咨询活动9次、举办健康知识讲座30期、发放宣传材料17810份。加强人口与计划生育工作，签订《目标管理责任书》，做到目标明、责任清，有效降低无防范措施的人流率、引产率，2015年全乡人口出生率9.66‰，出生人口政策生育率90.12%，人口自然增长率为5.52‰。

民　政　以帮助困难群众、弱势群体为主，加强民政、残联和老龄工作，切实落实惠民政策。2015年发放救济大米49吨救助1200户，发放民政救济金5.5万元救济困难群众150户，发放85名优抚对象补助费35.5万元，发放463名城镇、农村低保保障金96.2万元，发放高龄老人保健费690人108100元。资助残疾人大米200袋，现金2万元，危房改造2户1万余元。发放惠民扶持贷款190万元，补助创业能手32人。兑付粮种补贴2484户13.7万元。兑付农机补贴103户8.2万元。

劳动保障　大力推进城乡统筹，促进社会保障制度更加公平，提升干部职工和人民群众生活幸福感。2015年，安化乡63人参加职工医疗互助，参合率94%。全面启动新型农村养老保险工作，圆满完成县下达目标任务。城乡居民社会养老保险缴费率95.83%，发放低保、新农合、城乡居民社会养老保险资金96.2万元，基本实现新型农村和城镇居民社会养老保险全覆盖。

法制建设　深入推进“平安安化”建设，加强法制教育，深入“六五”普法工作，不断增强干部群众的法律意识和法制观念，坚持依法行政，积极推进依法治乡战略。综合运用接访、人民调解和网格化平台等多种方式化解社会矛盾，及时化解各类矛盾纠纷63起。全面开展综合性安全生产大检查和隐患排查、打非治违等专项整治活动33次，年内道路交通安全工作实现“零死亡”。专门召开综治工作会议，依法对吸毒人员和各种违法犯罪活动进行专项治理打击，“平安安化”建设取得实效，刑事案件发案率下降5%，行政案件下降3%，全年无群体性事件、无重特大安全事故发生。

基础设施建设　面对制约安化发展的瓶颈和短板，逐一梳理，想尽办法，积极争取项目和资金，基础设施建设日趋完善。针对安化群众出行难的交通困境，多方协调，加快推进道路建设。投资190万元完成香小路、光山至李家营道路硬化5.41千米，投资1000万元实施好阿斗村至香柏甸及早谷田至烂泥箐公路建设，切实解决群众出行难问题；针对安化人畜饮水危机的水利困境，多方筹措资金，加强水利设施建设，投资110万元建设光山片区高标准农田水利工程，完成田房下坝除险加固项目工程设计，早谷田、大石洞河两个小组人饮工程完成投入使用，540多人的人畜饮水安全得到保障，积极申报安化彝族乡马上冲大竹箐坝、小甸拉嘎坝、塔冲田房下坝除险加固项目立项；针对群众加油不方便、变压器容量不够用的问题，完成加油站审批，协调电力公司进行变压器扩容立项；同时，“百村示范、千村整治”工程顺利推进，完成全乡五个整治村村庄规划编制，并通过评审；投资280多万元完成烂泥箐、香柏甸片区土地开发综合治理；整合“一事一议”财政奖补项目和整村扶贫推进项目资金138.1万元对5个村（居）民小组活动场所进行建设。

生态建设　面对日益凸显的环境压力，坚持生态立乡、环境优先，切实抓好生态建设。东风水库径流区董炳河小流域董炳大营农村生活污染环境综合治理工程主体工程完工；民族文化广场一期河道驳岸、广场和游道铺筑工程竣工验收；旧村等5个“百村示范、千村整治”项目抓紧推进。抓好董炳河保洁工作，确保东风水库饮水安全；人居环境综合整治和河（段）长责任制工作有效开展，全乡河道、村庄“脏、乱、差”现象明显改善。“森林安化”深入推进，完成节能灶、退耕还林太阳能补助项目，受益农户1700户；完成5000亩森林抚育和5700亩核桃种植任务；森林防火责任制较好落实，全乡全年未发生一起森林火灾，森林覆盖率达62.9%，生态环境进一步改善。全乡5个村（社区）全部创建成市级生态文明村，全乡荣获第十批省级生态文明乡镇命名。

【核桃产业】　全乡有森林面积81350亩，森林覆盖率62.9%。加大核桃种植技术培训和管护力度，大力发展核桃产业，完成推广种植核桃5743亩。至2015年底，累计种植核桃16300亩，建立核桃示范基地3个。

【整乡扶贫推进】　安化彝族乡于2014年被确定为“国家级贫困乡”，针对安化贫困落后的面貌，乡党委、政府在争取到贫困乡建设的基础上，积极主动推进各项前期工作，协调市县近20个部门召开会议加以研究支持推进，编制《安化乡扶贫开发整乡推进项目实施方案》，聘请云南农业大学经济管理学院结合安化乡实际编制《江川县安化彝族乡整乡推进精准脱贫实施方案》，2015年12月通过省、市评审，两个方案的编制为项目的实施奠定坚实基础。同时，为确实转变贫困面貌，安化乡以“挂包帮、转走访”工作为契机，实施整乡扶贫推进项目，全面推进交通道路、水利电力、特色产业、人居环境和生态建设等基础设施建设，争取早日同步实现全面脱贫致富。

（郭世民　周　权）

九溪镇

【行政区划·人口】　九溪镇位于县境西南部，东与大街街道相连，南与通海县毗邻，西与红塔区接壤，北与前卫镇交界，镇政府距玉溪市政府所在地10千米，距县城12千米。镇政府驻地海拔1705米。

全镇辖马家庄、六十亩、阳山庄、大村、大营、中营、鸡窝、喜乐庄、矣文9个村（社区）（其中阳山庄、矣文为彝族村委会），26个自然村，28个村（居）民小组，镇域总面积113.6平方千米。

2015年末，实有耕地面积15666亩，其中田9453亩，地6213亩，稳产高效基本农田14245亩，农业人口人均占有耕地0.68亩。

2015年末，总户数10141户，总人口数27088人，其中男13590人，女13498人；城镇人口4097人，占总人口的15.1%，乡村人口22991人，占总人口的84.9%。少数民族人口3307人，占总人口的12%。农村劳动力人口数19612人，从业人员数16832人。人口自然增长率为4.98‰。

【领导干部名录】

党委书记　蒋　文

副 书 记　何　眉

　　　　　刘海洪

　　　　　徐　强

　　　　　彭雁宇（挂职）

纪委书记　张　鑫

人大主席　杨进荣

镇　　长　何　眉

副 镇 长　刘　勇（2015.11离任）

　　　　　龚艳美

　　　　　王　坤（2015.11任）

　　　　　杨晓胤

　　　　　任　行（挂职）

【经　济】　2015年，完成镇内生产总值51026万元，比上年增长12%。其中：第一产业完成15029万元，同比增7.4%；第二产业完成11314万元，同比增18.9%；第三产业完成24683万元，同比增11.7%。一、二、三产业占GDP的比重调整为29.5：22.2：48.3。全社会规模以上固定资产投资完成37246万元，增长342.6%。农村经济总收入完成84244万元，同比增7.2%。农民人均纯收入10374元，增长7%。金融机构存款余额56135.7万元、贷款余额11063.24万元，人均储蓄存款余额20729.6元，比上年增5.8%。

农　业　大力推广农业科技，以农业增效、农村发展、农民增收为核心，加快农业产业结构调整步伐。全年完成农业总产值15479万元，增长5.3%。完成烤烟移栽面积9600亩，收购烟叶120万千克，实现烟农收入3976.3万元，上等烟比例、均价居全县第三。调整农业产业结构，大力推广特色蔬果种植，完成草莓种植700亩、蔬菜种植13686亩，预计实现产值4912万元，增长7.8%；推广水稻、玉米良种1万千克；推广梨园套种玉米、水稻套种大豆间作套种技术；发展百合、玫瑰等特色花卉产业，种植花卉1092亩，预计实现产值5013万元，增长2.7%。顺利开展农村土地承包经营权确权登记颁证工作。狠抓“绿色通道”和特色经济林建设，种植四季杨9800株、滇朴830株、红叶石楠600株和核桃特色经济林2192亩，预计实现产值1527.9万元，增长1.7%。

年末，生猪存栏33074头，比上年增1.9%，出栏肥猪26830头，比上年增1.5%，销售仔猪182347头，比上年增2.2%，大牲畜存栏808头，出栏236头；山绵羊存栏3466只，出栏2511只。全年肉产量达349.1吨，家禽出栏6.8万只。禽蛋产量156吨，水产品产量20万千克。

2015年，农、林、牧、渔业实现总产值27853万元，其中农业实现产值15479万元，占55.6%；林业实现产值1528万元，占5.5%；牧业实现产值9450万元，占33.9%；渔业实现产值440万元，占1.6%；农林牧渔服务业956万元，占3.4%。

企　业　完成工业总产值13280万元；工业固定资产投资4626万元，增长6.9%；规模以上工业总产值11900.8万元，增长24.7%；规模以上工业增加值2701万元，增长20.47%；完成利润总额683.7万元，增长32.3%；上交税金218.7万元，增长36.9%。完成招商引资项目7个，到位资金10676万元，完成全年目标任务8000万元的133.45%。完成投资2026万元的丫眯技改项目，实现网上销售3600万元；投资3000万元的惠茂纸业新建年产5000吨纸制品加工及包装生产线；投资3400万元建成滇湖渔具年产11万条渔网生产线。

第三产业　积极创建生态美食名镇，巩固发挥3家“中华餐饮名店”和“云南餐饮名店”影响作用，积极发挥餐饮业在“稳增长、惠民生”中的重要作用，实现餐饮业收入1855万元。淘汰落后产能，盘活闲置土地资源，积极推进九溪润特仓储中心项目前期工作。

【生态保护治理】　坚持工程性措施与非工程性措施、日常管护与集中整治相结合，深入开展农村环境综合整治，着力推进投资1.02亿元的九溪河小流域水污染综合整治工程，建成并投入运行九溪镇生活垃圾收运设施项目，积极争取实施九溪河河道综合治理项目、集镇生态建设项目。

延伸环保宣传触角，造大环保宣传声势，提高全民参与的环境综合整治的自觉性和积极性。严格落实城乡人居环境综合整治三年行动计划，配备保洁员90名、河道管护员9名，强化日常管护工作职责。坚持定期不定期开展集中整治行动，全年共组织15次、参与人员2500人次，清理河道、沟渠23.9公里，清运垃圾39吨。发挥大营、六十亩等9个市级生态村示范带动作用，推进省级生态镇创建工作。

【城乡建设】　完成九特农业庄园项目和鑫隆润丰现代农业生态旅游休闲观光园项目；完成集镇仁里路、明珠路、六十亩至凹子路段太阳能路灯安装工程和九放路、龙老路等6条乡村公路养护工程；完成农村危房改造和抗震安居工程600户建设任务，发放贴息贷款282户1700万元。组织实施4个财政奖补“一事一议”项目和鸡窝、放马沟2个村人畜饮水管网改造工程；全力推进河口村“美丽家园·小康库区”移民新村建设项目、九溪农贸市场搬迁建设项目、九溪镇污水处理厂管网完善工程、3个水库坝塘除险加固工程、九溪河山洪沟防洪整治工程。

【社会事业】　教　育　全镇有小学9所，在校学生1693人，教职工115人；中学1所，在校学生1179人，教职工75人，学龄前儿童、小学、中学入学率100%；小学、中学毕业率100%。推动义务教育均衡发展，全面落实“三免一补”政策，深入实施农村义务教育阶段学生营养改善计划。

文化·体育　群众文化活动蓬勃开展，文化惠民工程大力实施。全镇有文化站1个，文艺队27支、文艺队员540名。顺利推进文化站舞台改扩建工程，挖掘民间民族文化资源，创作文艺精品2个，举办文艺演出160场次，开展音乐、摄影、书画等培训11次。全年农家书屋服务群众6100余人次，其中镇农家书屋共借阅图书1300册，读者1500人次。图书馆借阅达600册次，读者达800人次，观展、读报人次达2250人。宣传黑板报3期、橱窗3期。文化资源信息共享工程450人次，农村网络培训3期，参与棋牌活动2300人次。早晨练操人数2000人次，晚上广场舞参与人数7500人次。

医疗·卫生　大力发展卫生事业，优化医疗卫生设施。全镇有卫生院1所，村级卫生所9个，医护人员28人，病床30张。全镇新农合参合人数24952人，筹资299.4万元，参合率达99.8%，门诊、住院补偿减免1261.8万元，城乡居民基本医疗保障水平显著提高。完成“和美家庭”项目创建，评选出“和美家庭”示范户20户，全镇计划生育率为79.22%。

民　政　年内，发放各类民政事业经费245.17万元，涉及1660户1857人；拨付五保老人生活补助费15.41万元；发放大米28100千克，涉及620户682人；核准纳入城镇低保281户300人（其中残疾人78人），全镇城镇居民人均月最低保障标准为317元；农村低保930户1001人（其中残疾人195人），全镇农村居民人均月最低保障标准为143元。组织慰问特困户15户、五保户66人、优抚对象293人，慰问金额6.44万元。发放临时救助4.18万元，发放贫困优抚对象提供医疗救助3.31万元。全年共办理结婚登记199对，离婚登记58对，补办结婚证122对，补发离婚证3对，婚姻登记合格率100%。总投资200万元的镇敬老院改扩建工程接近尾声。

殡葬改革工作　加大殡葬改革宣传力度，使全体镇村组干部和广大群众对殡葬改革工作有了全新认识。协调推进公墓审批和建设，满足近10年的安葬需求。实现火化率、公墓入葬率两个100%，共兑付遗体火化补助经费38万元。

惠农补助　完成中稻、玉米、

小麦、油菜良种补贴23.55万元；共推广微耕机196台160760元；农资综合直补资金48.54万元；生态移民补助157人9.42万元；死亡能繁母猪52头，赔付5.2万元。

防灾救灾体系 完善自然灾害、防汛抗旱、森林防火、地质灾害、地震等应急预案，建立防灾减灾的长效机制。加强宣传教育，营造浓厚的防灾减灾氛围。组织镇村干部开展地震、地质、山洪灾害应急救援演练，提升防灾减灾的综合能力和水平。

法治维稳 坚持依法治镇，深入实施“六五”普法，积极推进平安先进镇建设。从源头上预防和化解突出各类矛盾纠纷181件，调解率100%，使群众反映的合理诉求和实际困难得到解决。加强接边地区联防联调，落实社会管理综合治理工作任务。严格执行安全生产“党政同责”“一岗双责”，加强安全监管，深入开展安全生产大检查，做到100%覆盖检查、100%整改落实。完成武装部规范化达标，参军11人，兵役登记率78%。

【中共九溪镇第十届代表大会第三次会议】 2015年1月19日，中共九溪镇第十届代表大会第三次会议召开。镇党委书记蒋文受中共九溪镇第十届委员会委托，作题为《坚定信心 迎难而上 奋力开创富裕和谐美丽九溪建设新局面》的工作报告。报告指出，2014年九溪镇党委紧紧围绕镇党代会年初确定的工作目标任务，团结带领全体党员和广大干部群众，解放思想、坚定信心，改革创新、奋力拼搏，全镇经济、整治、文化、社会、生态文明建设和党的建设取得新成效。报告明确2015年九溪镇将坚定实施“生态立镇、农业稳镇、服务业兴镇、文化和镇”四大战略，全面推进依法治镇、依法执政、依法行政，以生态城镇建设为重点，统筹推进“五位一体”建设，着力打造“农业科技示范观光区、特色美食名镇、宜居生态小镇和现代综合服务型城镇”4张名片，奋力开创富裕和谐美丽九溪建设新局面。

【九溪镇第十届人民代表大会第三次会议】 2015年1月20日至21日，九溪镇召开第十届人民代表大会第三次会议。会议审议并通过何眉代表九溪镇第十届人民政府所作的工作报告和杨进荣代表九溪镇人大主席团所作的工作报告。会议指出，2014年九溪镇紧紧围绕建设富裕和谐美丽九溪的目标，着力转方式、调结构、促改革、惠民生，立足新形势，把握新机遇，谋求新发展，完成年初既定的各项目标任务。会议确定，九溪镇2015年要围绕群众增收、产业转型升级、生态城镇创建、民生福祉提高、政府职能转变等领域努力建设富裕和谐美丽九溪。

（林 梅 靳 娜）

路居镇

【行政区划·人口】 路居镇位于江川县城东北部，距县城15千米，东西最大横距12.86千米，南北最大纵距15.78千米。全境地形从东南至西北狭长，北接抚仙湖，西连星云湖，一镇跨两湖，地势南部高，北部低，境内最高点海拔2636.2米，最低为抚仙湖，海拔1721米，平坝地区海拔在1723—1786米之间，相对高差63米。面积108平方千米，辖兰田、螺蛳铺、石岩哨、上坝、小凹、红石岩6个村委会和中坝、下坝两个社区居委会，42个自然村，39个村民小组17个居民小组。镇政府所在地路居镇中坝社区居委会甸心村70号附13号。

2015年，全镇总人口29286人，其中，男14812人，女14474人；少数民族人口491人，占总人口的1.6%。人口自然增长率0.5‰。农村劳动力19339人，其中，从事第二、三产业的5082人，占总劳动力的26.27%。

【领导干部名录】

党委书记 普学化（2015.7离任）
张培龙（2015.11任）
副 书 记 杨 诚
业洪卫
李云峰（挂职）
纪委书记 龚雪刚（2015.7离任）
黄锁柱（2015.11任）
人大主席 刘锦红
镇 长 张培龙
副 镇 长 李 岩
呈 全
王 波

【经 济】 主要经济指标 2015年完成地方生产总值61438万元，比上年增12.2%。其中，第一产业17470万元，增幅4.9%；第二产业15570万元，增幅20.3%；第三产业28398万元，增幅12%；农村居民可支配收入10742元，增长15%。年末，全镇各项存款余额49587.8万元，比上年减16.9%；人均储蓄存款余额13090元，比上年增11.1%。

农　业　2015年年末，完成粮经作物总播种面积5.5万亩，复种指数达222%，全年粮食总产2890吨，比上年增9.3%，其中：水稻200亩，单产700千克/亩；玉米5500亩，单产500千克/亩。油料种植741亩，比上年增339%。

2015年，路居镇种植烤烟10200亩，烤烟品种统一移栽K326，纯度达100%。收购烟叶153万千克，上等烟比例64.28%，均价30.37元，收购金额4647万元。

年末，生猪存栏24696头，比上年减18%；肥猪出栏26123头，比上年增67%。大牲畜存栏994头，比上年减20.9%。山羊存栏4859只，比上年减26.2%。家禽存栏328565羽，出栏261470羽。

企　业　2015年有个私企业404个，比上年增12个；从业人员2781人，比上年增11%；企业总收入24003万元，比上年增45%；实现税利2598万元，比上年增137%。上交税金441万元，劳动者报酬1646万元；规模以上企业1户。

第三产业　小凹特色旅游村建设进展顺利，规划评审进入评审修编阶段。积极协调推进仙湖锦绣项目，确保项目区社会稳定，组织力量清理项目区内张营村400亩集体预留土地私自复耕部分，并实施整理工程。积极做好水、电等配套保障工作，启动棋盘山变电站建设，完成征地14.8亩，施工道路建成，主体工程开工建设。项目建设用水列入路居镇自来水管网，并完成供水能力测算，项目区内两条群众灌溉、防洪沟渠畅通、改道，完成设计、预算及施工方案编制，并送达龙湖集团会商。探索开发红石岩山区特色旅游资源，高山体育运动休闲营地项目取得进展。

【社会事业】　教　育　2015年全镇有初级中学1所，在校中学生1235人，教职工99人；小学8所（村完小7所），在校学生1803人，教职工135人。学龄儿童入学率99.81%，毕业率100%；初中生毕业率97%。2015年，路居镇争取资金264万元，建设中心幼儿园。

文化·体育　全镇有文化站1个（藏书4217册），村级文化活动室4个，群众文艺队43支。积极承办文化、科技、卫生三下乡活动；组织36支文艺队开展春节民俗文化展演；成功举办群众文体项目比赛、廉政书画展、职工摄影展等活动；开办民族歌舞、楹联创作培训班4期，培训学员457人次。年初投资25万元完成文化站古典舞台装修和彩绘工程。增加安装体育健身器材4套、篮球架2套。

卫　生　全镇有卫生机构10个（即卫生院1个、卫生所9个），镇卫生院有医务人员12人，各村（社区）卫生所有乡村医生30人。新农合参合26886人，参合率达98.3%，全年报销医疗基金8.35万人次421万元。积极做好计生优质服务、出生缺陷干预和流动人口管理工作，计划生育率达85%。

社会保障　办理新型农村社会养老保险19445人，新增255人，续费率92%，征地农民养老保险办理102人，新型农村合作医疗保险参合率达98.3%，报销医疗基金10.3万人次434.4万元。发放优抚对象生活补助28万元，救灾救济困难群众1500户，发放救济款360万元、大米15吨、被服50套，坚持动态管理低保，做到应保尽保，及时足额发放最低生活保障金841户（891人）126万元。开展就业技能培训2期120人，转移农村富余劳动力308人。

惠民政策　全年兑付惠农补贴8609户次54.6万元；退耕还林补贴2027户次72.4万元；农村危房改造补贴600户741万元；发放创业扶持资金45万元；落实“两个10万元”微型企业培育工程政策，共扶持企业1户。

国土管理　加大土地执法监查力度，持续开展农村土地清理整治，全年依法拆除各类违法建筑76宗10975.8平方米、制止违法占地40宗19922.6平方米。

综治维稳　深入开展依法治镇及“六五”普法，完善网格化服务管理体系，大力整治社会治安突出问题，严厉打击各类违法犯罪。镇党委书记与各村（社区）党总支书记、成员单位签订《路居镇2015年度社管综治目标责任书》《路居镇防范和处理邪教目标责任书》，层层分解任务，落实责任。每月召开两次维稳形势研判会，两会、两节前重点开展矛盾纠纷排查化解工作，确保“零”上访。坚持关口前置，重心下移，多方位疏通信访渠道。坚持落实“四包一”责任制。坚持信访调处联席会议制度。坚持开展平安林区创建工作。坚持开展安全生产专项检查。坚持开展抓好反邪教工作。坚持“超前化解”工作机制，下好先手棋，打好主动战，用法治思维和法治方式化解社会矛盾，排查受理矛盾纠纷442件，调解

431件，调解成功率达97.5%。至年底全镇共受理行政案件247起，查处184起；治安案件受理163起，查处100起；刑事案件立案118起，破案55起。对全镇内的刑释解救人员登记造册，帮教率达100%，安置率达95%。

生态建设 路居镇坚持把生态建设放在突出位置，主要入湖河道无垃圾堆积，无泥沙淤积，无漂浮物聚集，最大限度削减和控制入湖污染物负荷，不断改善和提高入湖河道水环境质量，确保抚仙湖Ⅰ类水质得到有效保护，星云湖水质恶化趋势得到有效遏制。争取资金30万元，完成燃灯寺、席草田2个水库退出养殖。启动抚仙湖近面山禁止放牧和径流区控制畜禽规模养殖污染治理工作。整合仙湖卫士和志愿者力量，加大抚仙湖沿岸环保巡查和宣传力度，污染行为明显减少。完成《抚仙湖流域水污染综合防治“十二五”规划两年行动计划实施方案》中涉及路居镇的工程建设任务。积极争取工程性治理项目，在小凹、红石岩、兰田、螺蛳铺、石岩哨5个村实施农村环境连片整治工程，建成污水处理系统14套，污水收集率达90%，修复道路2千米，新建公厕10座、垃圾收集房5间。封山育林1.67万亩、公益林管护3.23万亩，投入资金31万元，加强护林防火工作，有效保护森林资源。实施螺蛳铺河小流域水环境综合治理，拆除治理区域构筑物730平方米，清理河道600米，清运淤泥2400立方米。筹措资金43万元建成“一水两污”治理工程螺蛳铺垃圾中转站及污水处理厂排水沟渠。继续开展农村环境综合整治，完善路锦保洁公司管理规定和考核办法，加大环卫设备投入，新增垃圾斗60个、垃圾清运车2辆。完成7个村（社区）市级生态村申报工作，省级生态文明乡镇创建工作有序开展。稳步推进石漠化综合治理，小凹河、大白石头河流域、老虎山片区治理工程进展顺利。坚决遏制露天秸秆焚烧造成的大气污染，积极推行农村能源替代，全面推行煤炭烘烤烟叶，抓好沼气合作社运行管理，不断提高沼气使用率。

2015年，路居镇在抚仙湖径流区面山区域实施8219亩核桃树种植项目（石漠化治理3941亩，市县项目4278亩），完成市县项目4278亩土地的挖塘工作，完成移栽。

【仙湖锦绣项目推进】 项目一期修建性详细规划通过市规委会审查，取得《建筑工程规划许可证》和《建筑工程施工许可证》。300亩的湖滨公园全面完工并向社会开放，完成山上样板房建设装修工程。年内主体工程尚未动工。2015年完成投资1.1721亿元，累计投资9.9375亿元。

【小凹特色旅游村项目建设】 小凹示范村规划进入评审修编阶段；《路居小凹民俗客栈建设扶持标准及实施办法》编制完成初稿；旅游村建设的旅游厕所、游路、门禁、观景台和休憩设施项目设计因小凹美丽乡村规划审批原因而未能开展。

【江川县争当“仙湖卫士”行动计划在小凹启动】 2015年3月25日，江川县争当“仙湖卫士、生态文明卫士”行动计划在路居镇小凹村举行启动仪式，来自全县各乡镇（街道）、县直属有关部门160余人参加。县委书记马文龙，县委副书记、县长钱兴向各乡镇（街道）、县直属机关单位授予“星抚卫士”“生态文明卫士”流动红旗和共产党员先锋队旗，市委专题教育第三巡回督导组副组长吕田兴出席启动仪式，县委常委、组织部部长林清主持。县委副书记、统战部部长石伟指出，各级各部门要严格按照《开展争当“仙湖卫士”行动计划》的各项目标要求，想实策、用实招，出实力、用真劲，深化入湖河道“三长”制，建立“三湖”保护治理“五包”责任制，组建爱湖护湖党员先锋队，开展“四带头四争当”活动，推行保护母亲湖主题服务活动等。

【农村环境综合整治专项行动】 为深入推进路居镇环境综合整治工作，加快美丽路居建设步伐，经镇党委、政府研究制定《路居镇开展农村环境卫生整洁行动实施方案》，并于12月20日上午8：30开展路居镇农村环境卫生整洁行动。清洁行动参加人员1364人，其中市级部门10人，县级部门人员210人，镇干部86人，大学生村官5人，村组干部218人，志愿者及群众835人。出动垃圾车辆87辆，清理垃圾267吨。清理范围主要是辖区内8个村委会，包括：公路27千米，沟渠38.5千米，村庄道路52千米，湖滩沿线13.8千米。

【路居镇第十届人民代表大会第三次会议召开】 2015年1月

19～20日，路居镇召开第十届人民代表大会第三次会议。会议审议并通过镇长张培龙代表路居镇人民政府所作的《路居镇人民政府工作报告》和镇人大主席所作的《路居镇人大主席团工作报告》，听取议案审查委员会主任委员所作关于本次会议代表所提议案处理意见的报告，完成大会的各项任务。会议指出，2015年路居镇要认真贯彻落实党的十八大、十八届三中四中全会和习近平总书记系列重要讲话精神，按照市委四届五次全会和县委十二届五次全会的要求和部署，坚持以提高经济发展质量和效益为中心，主动适应经济发展新常态，把转方式调结构放到更加重要的位置，以“两湖”环境保护和生态建设为重点工作，以美丽家园和基础设施建设为重要抓手，进一步保障和改善民生，全力维护社会稳定，全面推进政治、经济、文化、社会、生态文明建设，奋力建设富裕和谐美丽新路居。

【路居镇托管】 2015年12月25日，抚仙湖径流区实行统一托管，路居镇整建制托管（兰田、螺蛳铺、石岩哨3个村委会由大街街道托管，孤山、牛摩、明星、三百亩、海门的隔河一组、二组及胡家湾小组由路居镇托管）。12月31日，路居镇与大街街道、江城镇分别签订《大街街道托管路居镇部分区域党务行政经济社会事务移交协议书》《路居镇托管江城镇部分区域党务行政经济社会事务移交协议书》。

（溥翼迪）

雄关乡

【行政区划·人口】 雄关乡位于江川县东部，东与华宁县接壤，南与通海县毗邻，西连江川县大街街道，北接江川县路居镇。乡政府驻地雄关社区上营村12号，距江川县城14千米。

全乡辖雄关、窑房、上营、下营、白石岩5个村（居）委会，23个自然村，26个村民小组，是典型的山区乡，总面积63.7平方千米，地形倾斜狭长，从东北到西南呈长方形，东北部山梁隆起较高，中间有两个山间小平坝，东北部与西南部地形变化较大，主要山脉有马鞍山、老尖山、马大山、大学山等。江华高等级公路由西向东穿境而过，甸雄公路横贯南北。全乡最大纵距15.4千米，东西最大横距8.2千米。海拔最高点马鞍山2509.8米，最低点马鞍子桥1832.8米，乡政府驻地海拔1844米。

2015年末，全乡共有耕地面积8677亩，其中：田4586亩，地4091亩，稳定高产基本农田8739亩，农业人口人均占有耕地0.74亩。年末总户数3823户，总人口11243人，其中：男5775人，女5468人；少数民族人口296人，主要有彝、哈尼、傣族等，占总人口的2.6%。年内出生人口为98人，人口自然增长率4.6‰。

【领导干部名录】

党委书记 李德坤

副书记 龚瑞中
　　　　王志伟

纪委书记 龚美伶

人大主席 解若云

乡长 岳东芬

副乡长 李文鹏
　　　　赵红磊
　　　　陈江伟

【经济】 主要经济指标 2015年，全乡地方生产总值完成32642万元，比2014年增长8.1%。其中：第一产业11944万元，增长8.3%；第二产业6556万元，增长12.4%；第三产业14142万元，增长10.1%。

固定资产投资完成15294万元，增长103.03%。年末，信用社各项存款余额达16952.46万元，增长30.2%；各项贷款余额达7912.97万元，增长44.8%。

农业 2015年农林牧渔业总产值完成20210万元，同比增长4.8%。其中农业总产值13109万元，增长4%；林业总产值246万元，增长1%；牧业总产值6162万元，增长7.1%；渔业总产值325万元，增长6.9%；农林牧渔业服务业总产值402万元，增长5.8%；发放第二批农作物良种补贴20000元，受益农户2946户。

全年农作物总播种面积39819亩。粮食作物播种面积4354亩，单产359.417千米，总产量达1464吨；蔬菜播种面积18388亩，总产量达570200吨。

2015年烤烟育苗100%为K326，共移栽烤烟13700亩，其中田烟4000亩，地烟9700亩，收购烤烟205万千克，上等烟比例78.06%，均价达32.03元，共计兑付烟农6566.15万元。

完成生猪存栏数15081头，出栏数14782头，同比增长1.3%，能繁母猪存栏2513头，全年肉产量1247.9吨。大牲畜存栏878头，出栏348头，其中：牛存栏数800

头，出栏数269头；羊存栏数1678头，出栏数934头。家禽出栏数193082只，禽肉产量382吨，禽蛋产量2321吨。

2015年止，共种植核桃6586亩，分别为上营村委会1007亩、窑房村委会1230亩、白石岩村委会880亩，下营村委会907亩，雄关社区2562亩。退耕还林验收工作4048.03亩，兑付资金419628.75元。在象山公墓进行绿化造林工作，共栽植塔柏、香樟、洒金柏等3000多株。

投资56.5万元，修复水毁道路10余处，对病险的沟底坝、白石岩小坝、小营坝、关大箐坝作了重点管护；投资368万元实施窑房高标准农田项目；投资130万元完成麦冲农村饮水安全工程项目；完成156口彩虹水窖，300口爱心水窖建设；投资432.6万元的基本口粮田项目。

企　业　2015年有个私企业359个，比上年增长6个，从业人员866人，比上年增0.1%，企业总收入19571万元，比上年增长2.9%；全年为6户小微企业争取扶持资金18万元；规模以上工业：增加值完成2470万元，完成年初计划的71%；产品销售收入9600万元，完成年初计划的101%；利税总额326万元，完成年初计划的82%；工业投资完成560万元，完成年初计划的5.6%；引进红心猕猴桃示范基地项目和农业科技大棚光伏发电项目，招商引资完成8334万元。

商业贸易　2015年批发业零售额70万元，比上年增长6.1%；住宿业零售额10万元，比上年下降9.1%；餐饮业零售额148万元，比上年增长3.5%。

村镇建设　2015年完成下营村委会毡帽村、上营村委会陈居头村、小营村，雄关居委会六组，白石岩村委会小田村美丽家园建设项目，受益农户达700多户，受益村民2000余人，推进"百千工程"实施；启动上营、陈居头、雷居头、麻栗湾、中营五个自然村的旧村改造工作；乡级公墓724个墓穴、附属配套设施建设完成；完成400台退耕还林太阳能安装。

交通·邮政　交运仓储和邮政业从业人员305人。5个行政村全部通水泥路，有乡村公路21条，里程40.062千米，其中乡道19条32.420千米，村道2条7.642千米。完成甸雄路、下爬路、沟底路、雄大路、新窑路养护清理工作，全年共清理桥梁、涵洞51处，清理水沟21.4千米，清铲路肩36千米；完成病害路面自治及小修保养道路11条，共15.4千米。完成147.87亩土地的征地工作，举行滇中城市经济圈高速公路网建设项目开工仪式；下爬路、雄大路立项修建，白石岩、水箐农村公交正式营运，改善了交通基础设施建设。

【社会事业】　**科　技**　2015年全乡有科普协会3个，会员210人，农村科技示范户50户。全年举办科技培训23期，受益5300人。完成两组玉米和两组萝卜测土配方施肥田间对比试验；完成29个测土配方土样取样、填表、录入工作，发放施肥建议卡2000多份；生猪W苗免疫29134头，免疫率115%，猪瘟29205头，免疫率115%，生猪高蓝耳免疫29288头，免疫率115.4%；2015年，共检疫肥猪662头，检疫合格率达100%；组织养殖户进行养殖技术、疫病防治培训，其中培训养殖规模户35户，散养户338户，培训人员762人。

教　育　全乡有初级中学1所，2015年雄关中学有教职工43人，小学3所，教职工63人，幼儿园（学前班）4个；学龄前儿童、小学、中学入学率100%，小学、中学毕业率100%；完成中小学校安工程建设，改善办学条件；联合学校做好未成年人思想道德教育、爱国主义、集体主义和社会主义教育活动，通过演讲比赛、征文比赛、黑板报等形式，抓好未成年人思想道德建设。

文化·体育　全乡有综合文化站1个，业余文艺队22个。投资23600元，在乡综合文化站内制作安装文化宣传专栏6块，制度、标志、标识15块；投资6732.5元，在乡综合文化站内安装26.93米的楼梯护栏；安装健身器材4套，乒乓球台3套，篮球架4套，申报"七彩云南全民健身基础设施工程"储备项目3个；综合文化站添置图书115册，为5个农家书屋增加涉及种养殖、创业等各方面图书共计500余册；举办多场文艺汇演、专场演出、送戏进村（组）、书画展等活动；开展文艺队培训，上营文艺之家文艺协会列为2015年省文化企业发展创新项目。

卫　生　2015年有乡属卫生院1个，医务人员10人；村级卫生所5个，乡村医生12人；个体药房1个。新型农村合作医疗参合10513人，参合率98.3%，门诊及住院补偿25614人378.15万元。2015年全乡"幸福和美家庭"建成率达100%，评比"幸福和美家庭”示范户50户；兑现2014年度独生子女义务教育奖学金和升学一次性奖励金，其中兑现义务教育奖学金7560元，一次性升学奖励金5000元；2015年度符合条件申报升学一次性奖学金的独生子女3人，审批3人；全年符合奖励扶助对象的39人，共发放养老生活补助金34800元。

民　政　2015年共支出各项民政经费1797668元，其中春节慰问154户，共计27500元；慰问1户烈士家属，24192元；复员、退伍军人生活补助费131384元；两参人员补助50户，共216000元；补助民工3人，4320元；退役士兵老年生活补助27人，28620元；义务兵优待金67500元；孤儿补助32832元；五保补助45户，47人，115056元。精简退职老弱残职工救济2人，4032元；临时救助36人，18000元；优抚对象及城乡困难群众参合补助47600元。全年办理结婚登记74对，离婚登记15对，补办结婚证104对，出具未婚证明30人，婚姻登记合格率100%。建成墓穴768个，其中双墓穴638个，单墓穴130个及相关配套设施管理房、停车场、焚烧炉、墓区道路建设等；自3月1日起全乡全面实行火化以来共火化32人，骨灰进公墓安葬32人，实现两个百分之百，兑付火化补助13000元。2015年新参加城乡居民社会养老保险38人，5239人续缴2015年城乡居民社会养老保险金，缴费率达95%。残疾人就业培训实名制录入43人，其中个体就业16人。

老龄工作　2015年底，60岁以上老年人1410人，老年人占总人口的13%，其中80周岁以上205人，有老年人协会5个，老年人协会分会遍布26个村民小组，协会会员1300余人；创建敬老先进村1个，老年活动室6个，在建下营村委会居家养老项目，总投资60多万元。

精神文明建设　制作3块宣传牌，24条宣传标语，宣传社会主义核心价值观内容，举办3期道德讲堂，其中乡机关1期，白石岩1期，企业1期，通过“身边人讲身边事、身边人讲自己事、身边人教身边人”的形式，学习身边看得见、学得到的平民英雄和凡人善举，宣扬助人为乐、见义勇为、诚实守信和敬业奉献的道德品质，推荐最美基层干部郭文林、爱岗敬业模范邱名贵、孝老爱亲模范王雁参加县道德模范评选；以节日为契机组织春节系列文体活动、“三五”学雷锋志愿服务活动、“六一”快乐儿童节、“12·1”禁毒防艾宣传活动等主题活动；建立学习型党建图书柜，在柜图书50余种，200多本；建立读书学习专栏，用于连载刊登权威观点文章，学习时事政治和国家政策，专栏共刊登各类文章14篇。

法制建设　“六五”普法工作顺利通过验收。以法律“十进”活动为宣传载体，把相关法律送进千家万户，全年共开展法制宣讲31次，听众1630人次；广播宣传54次，听众17500人次；法律咨询36次36人，黑板宣传6块60期，印发宣传资料12期2660份，张贴普法大标语50条、小标语165条。全年共受理各类矛盾纠纷57件，调解57件，调解成功57件，涉及金额25万元，并及时全额兑清，成功率100%。开展安全检查21次，全年未发生重特大安全事故。抓牢护林防火工作，从严查禁火源，坚决消除森林火灾隐患，全年未发生重大森林火灾。

【中国共产党雄关乡第十届代表大会第二次会议】　2015年1月19～20日，中国共产党雄关乡第十届代表大会第二次会议召开。会议指出，2014年雄关乡稳步实施“生态立乡、农业稳乡、工业强乡”的发展战略，以深入开展党的群众路线教育实践活动为动力，全乡继续保持经济发展稳中有升、人居生态环境不断优化、人民生活水平明显改善、社会和谐稳定、党的建设不断强化的良好局面。会议确定雄关乡2015年工作的总体思路，听取和审议李德坤代表中共雄关乡委员会所作的的工作报告和《雄关乡2014年党费收缴、管理和使用情况报告》。

【第十届人民代表大会第三次会议】　2015年1月20日，雄关乡第十届人民代表大会第三次会议在乡四楼会议室召开。会议审议通过《政府工作报告》和《人大主席团报告》。会议强调，新的一年，要深入贯彻党的十八大、十八届三中四中全会精神和习近平总书记系列重要讲话精神，按照省、市经济工作会议精神，坚持稳中求进的总基调，坚定不移地实施“生态立乡、农业稳乡、工业强乡”战略，全力以赴促增长，抢抓机遇调结构，真心实意惠民生，同心同德建和谐，奋力建设富裕和谐美丽新雄关。

【完成滇中城市经济圈高速公路网建设项目（雄关段）征地工作】　雄关乡党委、政府全力协调配合相关部门，划定征地范围，明确征地政策，深入群众做实工作，从7月30日至8月30日，完成江通高速（雄关段）的征地工作，确保全省滇中城市经济圈高速公路网建设项目开工仪式顺利举行，实现在时间紧、任务重的情况下，无差错、零上访，一次性签订征地协议目标。江通高速公路（雄关段），主线全长2.5千米，涉及雄关社区一、二、三组，共征用土地185户113.13亩，林地62.57亩，搬迁坟墓172冢。

【旧村改造工程】 2015年，先后启动上营、陈居头、雷居头、麻栗湾、中营5个自然村的旧村改造工作，破解“住房难”问题。至年底，完成拆除麻栗湾村51户旧房；上营旧村（上营、陈居头、雷居头）改造涉及农户205户，拆除老旧房屋96幢、畜圈17处、烤房21处共计134宗建筑约26155平方米，完成挡墙建设、土地平整、道路硬化，成立户主代表委员会并正常运行。

【推进殡葬改革】 2015年2月28日，雄关乡召开殡葬改革推进会，全力推进雄关乡殡葬改革。自2015年3月1日零时起，雄关乡全面推行火葬，凡在雄关乡行政区域内死亡人员，除尊重国家规定的回、维吾尔、哈萨克、柯尔克孜、乌孜别克、塔吉克、塔塔尔、撒拉、东乡和保安10个少数民族的丧葬习俗外，一律实行火化，逐步形成生态文明的丧葬新风。自全面实行火化以来共火化32人，骨灰进公墓安葬32人，实现两个百分之百，兑付火化补助13000元。

【“挂包帮”“转走访”工作】 开展精准扶贫，对条件符合的人员进行建档立卡贫困户认定，确立挂包帮关系，到帮户贫困户家中开展扶贫“转走访”工作，遍访347户建档立卡贫困户，制定帮扶计划，落实帮扶措施，发放400万小额到户贷款，投入产业扶贫资金800万元。

【红心猕猴桃科技示范基地】 2015年1月，引进红心猕猴桃科技示范基地项目。投资4240万元，7月完成第一期200亩猕猴桃示范基地建设，种植180亩2万余棵猕猴桃。

【高标准农田建设项目】 投资368万元实施窑房高标准农田项目，分为两个标段，建设内容为4.1千米机耕路，2.3千米沟渠、闸门、桥涵等水利设施，受益土地面积约3000亩，项目已完工验收。

【生态农业科技大棚光伏发电项目】 引进青岛昌盛日电科技有限公司“雄关乡生态农业科技大棚光伏发电项目”。项目位于雄关乡观音寺片区，涉及上营村委会6个村民小组、窑房村委会第5村民小组，下营村委会第3村民小组和小组集体土地1块，共3个村8个组和1个集体的土地约1045亩，425户农户。

【白石岩村获云南省卫生村荣誉称号】 2015年，在开展省级卫生村创建活动中，白石岩村委会在乡党委、政府的领导下，目标明确，措施落实，成效明显，云南省爱卫会在云爱卫发〔2015〕4号文件决定中，将雄关乡白石岩村委会评选为2015年云南省卫生村。

【公益性公墓建设完成】 2015年，雄关乡公益性公墓建成。分别是白石岩麒麟山公益性公墓和象山公益性公墓，建有墓穴768个，其中双墓穴638个，单墓穴130个，相关配套设施管理房、停车场、焚烧炉、墓区道路建设等均已建设完成。

（李佩佩）

政　治

编辑　余立言

中共江川县委

【中共江川县委第十二届委员会常委、书记、副书记、副调研员名录】

县委常委　马文龙
钱　兴(2015.12离任)
王志华(2015.12任)
石　伟
孔　江
李学祥
陈琎寿
林　清
龚桂存(女，2015.12离任)
张文彬
曾宪涛
邓春元
李志刚

县委书记　马文龙

县委副书记　钱　兴(2015.12离任)
王志华(2015.12任)
石　伟
孔　江

县委副调研员　张卫东(2015.12离任)
杨剑伟(2015.12离任)
郭正发(2015.12离任)

【中共江川县委各部、委、办、局正副职名录】

县委办公室

主　任　邓春元

副主任　陈乔华
赵　鹏

县委组织部

部　长　林　清

副部长　唐光华
吴正顶
袁万德(2015.11离任)
赵子良
范江应(2015.11任)

县委正科级组织员　唐光华

县委副科级组织员
马　蓉(女,2015.2离任)
邢小刚

县委宣传部

部　长　龚桂存(女,2015.12离任)

副部长　杨春文
刘　鸿

文产办

主　任　杨春文

县精神文明建设指导委员会办公室

主　任　王熙虹(女)

对外宣传办公室

主　任　李红有

县委统一战线工作部

部　长　石　伟

副部长　徐丽华(女)
宋家有(2015.7离任)
王忠明
罗汉江

民宗局

局　长　罗汉江

副局长　刘开华

县工商业联合会(商会)

党组书记　徐丽华(女)

主席(会长)
王　秀(女，2015.7离任)
戴朝红(2015.11任)

副主席(副会长)　金兴荣
翁　健

秘书长　翁　健

县委政法委员会

书　记　陈琎寿

副书记　祁宝川
王彦东
何小春

县维护稳定工作领导小组办公室

主　任　王彦东

县社会管理综合治理委员会办公室

主　任　何小春

副主任　宋　瑞

县委党校

校　长　石　伟

常务副校长　李卫东

副校长　黄志伟（2015.11离任）

江川县行政学校

校　长　普朝鹏

副校长　黄志伟（2015.11离任）

业居敏（女）

县机构编制委员会

主　任　钱　兴（2015.12离任）

王志华（2015.12任）

副主任　林　清

张文彬

县委机构编制办公室

主　任　吴正顶

副主任　张荣华

县委保密委员会

主　任　邓春元

副主任　赵　琦

陈乔华

龚　钲

叶　斌（2015.7离任）

杨建梁（2015.7任）

县保密局

局　长　叶　斌（2015.7离任）

杨建梁（2015.7任）

县委政策研究室

主　任　张润斌

县委机要局

局　长　李成祥

副局长　何旭升

县国家密码管理局

局　长　李成祥

副局长　何旭升

县委督查室

主　任　史　伟

县史志办

主　任　余立言

县档案局

局　长　郭绍昆

副局长　罗粉香（女，2015.11离任）

县委老干部局

局　长　袁万德（2015.11离任）

范江应（2015.11任）

副局长　龚绍辉

共青团江川县委

书　记　戴吉国

副书记　王　坤（2015.11离任）

沐　旭（2015.11任）

县妇女联合会

主　席　王学梅（女）

副主席　谢粉玲（女）

县总工会

主　席　陆富仙（女）

副主席　李　芬（女）

李春伟

县总工会女工委员会

主　任　李　芬（女）

县科学技术协会

主　席　韩振华

副主席　张彦龙

县关心下一代工作委员会

常务副主任　郭家义

副　主　任　顾宝富

办公室主任　王荣华

办公室副主任　汤江平

县红十字会

会　　长　杨军苹（女）

常务副会长　曾　春（女）

县文联

主　席　叶自林

副主席　王忠平

【中共江川县委直属基层党委正副书记名录】

中共江川县人民武装部委员会

第一书记　马文龙

书　　记　曾宪涛

副 书 记　何　麟

中共江川县直属机关工作委员会

书　记　杜正宁

副书记　罗培珍（女，2015.7离任）

王艳兰（女，2015.7任）

中共江川县工业商贸和科技信息委员会

书　记　韩　良（2015.11离任）

李天贵（2015.11任）

副书记　杨宏蕾（女，2015.7离任）

中共江川县教育局委员会

书　记　李梅琼（女）

副书记　李文平（2015.7离任）

中共江川县公安局委员会

书　记　牛旺林

中共江川工业园区工作委员会

书　记　杨兴华（2015.11离任）

韩　良（2015.11任）

副书记　张乘风（女）

中共江川县委老干部局委员会

书　记　郑吉来

中共江川县非公有制经济组织党工作委员会

书　记　赵子良

副书记　梁艳梅（女，2015.11离任）

李　敏（女，2015.11任）

中共江川县卫生局委员会（因机构改革合并）

书　记　朱弘如（女，2015.7离任）

副书记　范江应（2015.7.离任）

王　亮（2015.7.离任）

中共江川县卫生和计划生育局委员会

书　记　朱弘如（女，2015.7.任）

【县委发出的主要文件】

中共江川县委关于深入开展“三严三实”和“忠诚干净担当”专题教育的实施意见

中共江川县委关于印发《中共江川县委关于贯彻落实〈中共中央关于全面推进依法治国若干重大问题的决定〉的实施方案》的通知

中共江川县委关于印发《中共江川县委常委会2015年工作要点》的通知

中共江川县委关于贯彻落实市委“八要”的实施方案

中共江川县委关于印发《江川县关于落实党风廉政建设各级党组织主体责任、纪检组织监督责任的实施办法》的通知

中共江川县委江川县人民政府关于表彰2014年度第八批新农村建设工作队优秀个人和先进派出单位的决定

中共江川县委江川县人民政府关于进一步健全完善信访工作责任制的实施意见

中共江川县委关于表彰2014年度述廉评议先进领导班子和领导干部的决定

中共江川县委江川县人民政府关于表彰基层武装部规范化建设达标单位和先进个人的决定

中共江川县委江川县人民政府关于2015年继续实行重点工作重大项目推进责任制的通知

中共江川县委关于印发《关于深化平安江川建设实施方案》《关于实行县级领导分工负责联系“七位一体”重点工作的实施意见》的通知

中共江川县委江川县人民政府关于印发江川县农村土地承包经营权确权登记颁证工作实施方案的通知

中共江川县委印发《中共江川县委关于贯彻落实〈中共云南省委关于深入贯彻落实习近平总书记考察云南重要讲话精神闯出跨越式发展路子的决定〉的实施意见》的通知

中共江川县委江川县人民政府关于印发《江川县人民政府职能转变和机构改革实施意见》的通知

中共江川县委江川县人民政府关于大力培养发展社会组织加快推进现代社会组织体制建设的实施意见

中共江川县委关于表彰2013—2014年度党建工作先进单位的决定

中共江川县委关于在机构改革中调整县直党委（党组）设置的通知

中共江川县委江川县人民政府关于深入扎实推进扶贫攻坚的实施意见

中共江川县委《关于贯彻落实省委书记李纪恒在玉溪调研重要讲话精神的实施意见》的通知

中共江川县委关于印发《县委深化党的建设制度改革实施方案》的通知

中共江川县委印发《关于进一步加强少年儿童和少先队工作的实施意见》的通知

中共江川县委关于调整县委反腐败协调小组及其办公室组成人员的通知

中共江川县委江川县人民政府关于对杨花润等272名同志予以奖励的决定

中共江川县委江川县人民政府关于表彰统战民族工作先进集体和先进个人的决定

中共江川县委江川县人民政府关于印发《江川县关于加强和改进新形势下民族工作的实施意见》的通知

【县委办发出的主要文件】

中共江川县委办公室关于成立县委深入开展“三严三实”和“忠诚干净担当”专题教育领导小组的通知

中共江川县委办公室关于印发《江川县干部直接联系和服务群众制度》的通知

中共江川县委办公室印发《关于深化“四风”整治、巩固和拓展党的群众路线教育实践活动成果的实施意见》的通知

中共江川县委办公室江川县人民政府办公室关于进一步做好办公用房清理整改工作情况的报告

中共江川县委办公室江川县人民政府办公室关于印发江川县党政机关大型会议安全保卫规定的通知

中共江川县委办公室关于做好2015年度新农村建设指导员和行政村（社区）党组织常务书记选派工作的通知

中共江川县委办公室江川县人民政府办公室关于开展江川县2015年春节系列文体活动的通知

中共江川县委办公室江川县人民政府办公室关于表彰2014年度社会管理综合治理维护稳定工作先进集体和综治委成员单位的决定

中共江川县委办公室江川县人民政府办公室关于印发《江川县依法开展清收原农村合作基金会借款工作实施方案》的通知

中共江川县委办公室江川县人民政府办公室关于印发《江川县创建中国楹联文化县实施方案》的通知

中共江川县委办公室关于对县委十二届五次全会主要精神进行立项督查的通知

中共江川县委办公室江川县人民政府办公室关于进一步解决“三难”“四多”问题的通知

中共江川县委办公室江川县人民政府办公室关于印发《江川县加强作风建设问责办法》的通知

中共江川县委办公室关于下派

第九批新农村建设指导员的通知

中共江川县委办公室关于印发《中共江川县委中心组学习制度》的通知

中共江川县委办公室江川县人民政府办公室关于印发《江川县信访工作问责办法》的通知

中共江川县委办公室江川县人民政府办公室关于印发《江川县县属投融资公司人员管理办法》等4个管理办法的通知

中共江川县委办公室江川县人民政府办公室关于印发《江川县新农村建设工作队专项资金管理办法》的通知

中共江川县委办公室江川县人民政府办公室关于印发《江川县深入开展“六个严禁”专项整治工作实施方案》的通知

中共江川县委办公室江川县人民政府办公室关于印发《江川县深化司法体制改革和创新社会治理体制的实施意见》的通知

中共江川县委办公室江川县人民政府办公室关于印发《江川县国民经济和社会发展第十三个五年规划编制工作实施方案》的通知

中共江川县委办公室江川县人民政府办公室关于江川县主动融入滇中城市经济圈一体化发展协调领导小组的通知

中共江川县委办公室关于印发《开展争当“仙湖卫士”行动计划》等三个行动计划的通知

中共江川县委办公室关于印发《江川县服务型党组织综合平台项目建设工作方案》的通知

中共江川县委办公室江川县人民政府办公室关于成立云南李家山国家考古遗址公园建设项目领导小组的通知

中共江川县委办公室关于印发《江川县贯彻落实〈2014—2018年全国党员教育培训工作规划〉的实施办法》的通知

中共江川县委办公室关于印发《江川县“空壳村”集体经济增收全覆盖行动计划工作联席会议制度（试行）》的通知

中共江川县委办公室关于印发《江川县加强和改进优秀年轻干部培养选拔工作实施意见》的通知

中共江川县委办公室关于印发《江川县加强乡镇干部队伍建设的实施方案》的通知

中共江川县委办公室江川县人民政府办公室关于印发《参加玉溪市第四届“中国聂耳音乐（合唱）周”合唱大赛的工作方案》的通知

中共江川县委办公室江川县人民政府办公室关于进一步加强和规范在职干部职工疗（休）养工作的意见

中共江川县委办公室关于印发《“仙湖卫士·群团行动”计划》的通知

中共江川县委办公室江川县人民政府办公室关于印发《2015年江川县缉枪治爆专项行动工作方案》的通知

中共江川县委办公室江川县人民政府办公室关于成立星云湖流域水环境综合治理工程暨沿湖生态产业发展示范区建设项目领导小组的通知

中共江川县委办公室关于印发《关于在全县处级以上领导干部中开展“三严三实”和“忠诚干净担当”专题教育实施意见》的通知

中共江川县委办公室江川县人民政府办公室关于开展2015年“六·五”世界环境日系列活动的通知

中共江川县委办公室江川县人民政府办公室关于印发《江川县关于落实〈玉溪市构建与发展和谐劳动关系实施意见〉的工作方案》的通知

中共江川县委办公室江川县人民政府办公室印发《〈中共江川县委关于贯彻落实《中共云南省委关于深入贯彻落实习近平总书记考察云南重要讲话精神闯出跨越式发展路子的决定》的实施意见〉重点工作分工方案》的通知

中共江川县委办公室江川县人民政府办公室关于表彰2014年度流动人口基本公共服务均等化工作先进集体和先进个人的决定

中共江川县委办公室江川县人民政府办公室关于印发《江川县人民政府职能转变和机构改革工作方案》的通知

中共江川县委办公室江川县人民政府办公室关于印发《江川县大力培养发展社会组织加快推进现代社会组织体制建设重点任务分工方案》的通知

中共江川县委办公室江川县人民政府办公室关于印发《江川县2015年依法治县工作要点》的通知

中共江川县委办公室江川县人民政府办公室关于进一步推进安全生产责任体系建设的通知

中共江川县委办公室印发《关于在“三严三实”和“忠诚干净担当”专题教育中持续推进作风整治、深入治理“为官不为”问题的实施方案》的通知

中共江川县委办公室江川县人民政府办公室关于安排机关干

部年休假有关事项的通知

中共江川县委办公室江川县人民政府办公室关于印发江川县禁毒预防教育宣传工作方案的通知

中共江川县委办公室关于印发《江川县2015年党风廉政建设责任制考核实施办法》的通知

中共江川县委办公室江川县人民政府办公室关于成立农村扶贫开发攻坚领导小组的通知

中共江川县委办公室江川县人民政府办公室关于印发《江川县领导干部“转作风走基层析民情奔小康”遍访贫困村贫困户办法（试行）》的通知

中共江川县委办公室江川县人民政府办公室关于印发《关于进一步广泛动员社会各方面力量参与扶贫开发攻坚的实施意见》的通知

中共江川县委办公室江川县人民政府办公室关于建立完善扶贫攻坚县级领导联系乡镇（街道）和县属及中央、省、市驻江单位定点挂钩帮扶贫困村工作的通知

中共江川县委办公室江川县人民政府办公室关于成立红塔集团玉溪卷烟厂复烤二车间就地特色打叶复烤工艺局部技术改造项目协调领导小组的通知

中共江川县委办公室江川县人民政府办公室关于成立江川县农村危房改造和抗震安居工程建设领导小组的通知

中共江川县委办公室江川县人民政府办公室关于切实做好抗日战争胜利70周年暨两节期间综治维稳工作的通知

中共江川县委办公室江川县人民政府办公室关于成立江川县“六城同创”工作领导小组的通知

中共江川县委办公室江川县人民政府办公室关于做好庆祝2015年教师节有关工作的通知

中共江川县委办公室江川县人民政府办公室印发《关于进一步加强和改进信息工作的实施意见》的通知

中共江川县委办公室江川县人民政府办公室关于建立部门联合调研工作机制的通知

中共江川县委办公室江川县人民政府办公室关于印发《县级领导工作动态反馈制度（试行）》的通知

中共江川县委办公室江川县人民政府办公室印发《关于加强和改进新形势下档案工作的实施意见》的通知

中共江川县委办公室江川县人民政府办公室印发《〈关于贯彻落实省委书记李纪恒在玉溪调研重要讲话精神的实施意见〉重点工作分工方案》的通知

中共江川县委办公室江川县人民政府办公室关于印发《江川县2015年“百村示范千村整治”行动实施方案》的通知

中共江川县委办公室江川县委办公室关于印发《江川县建立公务员职务与职级并行制度的实施方案》的通知

中共江川县委办公室江川县人民政府关于印发《江川县贯彻落实市委书记罗应光在全市旅游产业发展大会上的主要讲话精神任务分解方案》的通知

中共江川县委办公室江川县人民政府办公室印发《关于进一步加强禁毒工作的实施意见》的通知

中共江川县委办公室关于认真学习宣传贯彻党的十八届五中全会精神的通知

中共江川县委办公室江川县人民政府办公室关于印发《江川县2015年乡镇（街道）目标任务综合考评办法》和《江川县2015年县属单位目标任务综合考评办法》的通知

中共江川县委办公室江川县人民政府办公室关于印发《江川县招商引资项目管理办法（试行）》的通知

中共江川县委办公室江川县人民政府办公室关于印发《江川县招商引资工作考核奖励办法（试行）》的通知

中共江川县委办公室关于开展2015年度惩治和预防腐败体系建设暨党建党风廉政建设责任制工作考核的通知

中共江川县委办公室关于印发《江川县2015年惩治和预防腐败体系建设暨党风廉政建设责任制检查考核内容及评分标准》的通知

中共江川县委办公室江川县人民政府办公室关于印发《江川县“三公”经费管理规定（暂行）》等3个管理办法的通知

中共江川县委办公室江川县人民政府办公室印发《江川县村（社区）干部管理办法（试行）》的通知

中共江川县委办公室江川县人民政府办公室关于印发《江川县撤县设区工作方案》的通知

（杨冬丽）

【重要会议】 2015年1月14日上午，中共江川县委十二届五次全体（扩大）会议召开。县委书记马文龙受常委会委托向大会作题为《适应新常态　把握新机遇　奋力开

创美丽江川建设新局面》工作报告。报告分三个部分：2014年主要工作回顾；适应新常态，促进新发展，全力开创各项工作新局面；干在实处、走在前列，凝聚推动江川跨越发展的强大力量。报告从七个方面总结2014年江川经济社会发展取得的突出成绩：经济实现持续稳步增长；产业结构调整更趋合理；城乡统筹发展扎实推进；生态文明建设成效明显；深化改革取得积极进展；民生社会事业健康发展；党的建设得到全面加强。从九个方面安排2015年的工作：坚定不移加强党对经济工作的领导；坚定不移推进产业转型升级；坚定不移建设美丽江川；坚定不移加快新型城镇化建设；坚定不移深化改革扩大开放；坚定不移上项目增投资；坚定不移推动文化事业繁荣发展；坚定不移加快依法治县进程；坚定不移促进群众福祉改善。马文龙就《中共江川县委关于贯彻落实<中共中央关于全面推进依法治国若干重大问题的决定>的实施方案（讨论稿）》起草情况作说明。县委副书记、县长钱兴主持会议。会议号召，全县广大干部群众，准确把握和适应新常态，解放思想、坚定信心，敢于担当、奋发有为，干在实处、走在前列，奋力推进富裕和谐美丽新江川建设。

1月16日，中共江川县纪委第十二届五次全体（扩大）会议召开，全面总结2014年党风廉政建设和反腐败工作，安排部署2015年工作。县委副书记、县长钱兴主持会议。县委常委、纪委书记李学祥代表县纪委常委会作《聚焦主业　忠诚履职　以改革创新精神深入推进党风廉政建设和反腐败斗争》的工作报告。会议明确2015年全县反腐倡廉工作的总体要求是：深入贯彻落实党的十八大、十八届四中全会和习近平总书记系列重要讲话精神，按照中纪委十八届四次五次全会、省委九届九次全会、市委四届五次全会和县委十二届五次全会部署要求，坚持党要管党、从严治党，全面履行党章和行政监察法赋予的职责，围绕中心，强化监督，严明纪律，坚决落实中央八项规定精神，持之以恒纠“四风”，加大案件查办力度，规范权力运行，着力构建不敢腐、不能腐、不想腐的有效机制，坚定不移转职能、转方式、转作风，加强纪检监察机关自身建设，为建设富裕和谐美丽新江川提供坚强政治纪律保证。全会要求，全县纪检监察机关要按照党章和行政监察法规定，聚焦主业主责，突出中心工作，坚定不移转职能、转方式、转作风，从五个方面继续抓好反腐倡廉工作：以党的十八届四中全会、中纪委十八届四次五次全会精神为指导，持之以恒落实反腐倡廉工作措施；以加强党的纪律为主题，持之以恒抓作风建设；以加强案件查办为主线，持之以恒惩治腐败；以强化对权力运行的制约监督为抓手，持之以恒强化廉洁从政；以铁的纪律为保障，持之以恒打造反腐倡廉铁军。会议对县委书记马文龙在江川县纪委十二届四次全体会议上的讲话和县纪委常委会工作报告进行讨论，审议通过《中共江川县第十二届纪律检查委员会第四次全体会议决议》。8名党政主要负责人进行述廉并回答现场提问。

1月21日，江川县深入开展“三严三实”和“忠诚干净担当”专题教育动员大会召开，县委书记马文龙对专题教育进行动员部署。马文龙强调，县委已制定江川县开展专题教育的《实施意见》，抓好这次专题教育要重点把握好五个方面要求：要认真开展学习，抓好思想建党这个根本；要认真查找问题，抓好自查自纠这个关键；要认真对照检查，抓好党性分析这个核心；要认真持续整改，抓好专项整治这个重点；要认真干事创业，突出转变作风这个主题。市委第三巡回督导组组长宋元刚强调，此次专题教育活动是党的群众路线教育实践活动的延展和深化，是持续推进作风建设的具体行动。加强对专题教育活动的巡回督导，是落实中央、省委、市委工作部署的需要，是推动解决突出问题的需要，是落实从严从实要求的需要，市委第三巡回督导组将按照市委的要求，认真履行指导、协调、检查、督促的职责，突出督导重点，增强工作的针对性，从严从实开展督导工作，推动专题教育有序健康开展。督导组将紧紧围绕江川县委开展好巡回督导工作，认真履行督导工作职责，以好的作风抓好督导，确保江川专题教育的各项任务落到实处。县委副书记、县长钱兴主持会议，并就贯彻落实此次会议精神提出具体要求。

2月16日上午，江川县召开殡葬改革动员大会。县委书记马文龙强调，全县各级领导干部务必迅速行动起来，全力以赴，攻坚克难，打好江川县殡葬改革攻坚战，为推进全县经济社会科学发展和社会和谐文明作出应有的贡献。会议就下一步要做好三个方面的工作进行安排部署：持续加大宣传力度，讲求实效，把有关政策规定向广大群众讲清、讲明、讲透，不断引导广大群众树立现代文明殡葬新观念，提高群众实行殡葬改革的自觉性。强化管理手段，依法推行火葬。要采取一切必要的行政措施，确保在规定时限内实行火化，让群众从中看出县委、政府全面推行殡葬改革工作的决心和力度。健全管理制度，根治丧葬陋习，查处违反殡葬管理规定的行为，杜绝乱埋乱葬和丧葬封建迷信活动，为殡葬改革工作扫清障碍。县委副书记、县长钱兴主持会议，并就如何贯彻落实好此次会议精神，抓好全县殡葬改革工作提出要求。副县长、县公安局局长牛旺林代表县政府与各乡镇、街道签订《江川县2015年殡葬改革工作目标管理责任书》。

2月16日上午，江川县召开领导干部大会，传达学习习近平总书记到云南考察时的重要讲话以及省市有关会议精神，研究部署江川县贯彻落实意见。县委书记马文龙在会上传达了习近平总书记在考察云南时的重要讲话精神，以及云南省领导干部大会和市委第94次常委（扩大）会议精神。马文龙指出，习近平总书记考察云南时的重要讲话，为全省做好各项工作指明了前进方向、提供了基本遵循。要把学习贯彻习近平总书记视察云南时的重要讲话精神作为全县当前和今后一个时期的首要政治任务，迅速掀起学习贯彻热潮。各级各部门要高度重视、精心组织，认真抓好学习贯彻。各级领导干部特别是主要负责同志要带头学习，先学一步、学深一步，切实把讲话精神学深学透。各级党组织要组织广大党员干部开展学习，讲求学习实效。要深刻理解领会习近平总书记视察云南时的重要讲话思想内涵和精神实质，使全县干部群众激发形成做好工作的强大精神动力。要把习近平总书记对云南工作的肯定鼓励，转化为履职尽责、做好各项工作的强大动力，使发展方向更加明确、信心更加坚定、拼搏精神更加高涨，在省委、市委的正确领导下，把各项工作做得更好。要把思想和行动统一到总书记对云南工作的总体要求上来，转化为奋发有为的强大动力，努力开创江川经济社会发展新局面。要把工作重点凝聚到总书记提出的“五个着力”上来，找准工作的突破口和切入点，真正把“五个着力”落实到行动上、体现在推动经济社会发展的政策措施当中。要贯彻总书记关于开展“三严三实”和“忠诚干净担当”专题教育的新要求，坚持高标准、严要求，确保专题教育达到预期效果。马文龙还对当前要重点抓好的各项工作进行了安排部署，要求认真抓好落实，推动江川干在实处、走在前列。县委副书记、县长钱兴主持会议。并就如何贯彻落实好此次会议精神提出要求。

2月16日，江川县召开全县党风廉政建设大会，贯彻落实中央和省、市、县委有关要求，总结部署全县党风廉政建设和反腐败工作，动员全县上下以踏石留印、抓铁有痕的严明纪律和优良作风，为建设富裕和谐美丽新江川提供坚强的政治保证。安排部署六项工作：严管干部不放松；高压惩腐不动摇；改进作风不止步；强化制度不漏项；执行纪律不变通；追究责任不手软。马文龙与县委常委、县人大党组、县政协党组签订江川县2015年党风廉政建设“一岗双责”责任书，代表县委与各乡镇（街道）、县直部门单位签订江川县2015年党风廉政建设主体责任责任书。县委副书记、县长钱兴主持会议。县委副书记、统战部部长石伟通报2014年度推进惩防体系建设暨党风廉政建设责任制检查考评结果。会议对优秀单位进行表彰。县委常委、县纪委书记李学祥传达学习中纪委十八届五次全会、省纪委九届六次全会以及全市党风廉政建设大会精神。

2月25日，江川县召开护林防火和烤烟生产调研会。马文龙要求全县各级各有关部门要继续以坚定的信心、饱满的热情、创新的举措，围绕既定目标，强化措施、强化保障、强化服务、强化责任，抓实抓好2015年烤烟生产的各项工作，确保全年目标任务圆满完成；要抓牢抓死时间节点，同时要突出宣传好“只育、只栽、只收”指定品种，抓好育苗品种纯度管控，坚决清除劣杂品种，确保完成育苗播种任务；县烟草公司等相关部门要进一步分析当前江川烤烟生产的形势，制定具有针对性和可操作性的办法，分解落实计划任务到每一户种烟农户，切实调动各级干部和烟农的积极性，烟草公司、烤烟领导小组、镇村组干部三支队伍要牢固树立全程服务、确保烟农

利益的思想，适应形势变化制定一套行之有效的措施，着力为2015年全县烤烟生产再获丰收做出新贡献。面对当前严峻的防火形势，马文龙要求全县各级各部门、各乡镇（街道）党政领导、分管负责人要认清当前防火工作面临的形势，明确肩负的职责，增强大局意识和政治意识，主动担当辖区范围内的管护问题、防护问题，抓好今冬明春森林防火工作；要坚决克服麻痹思想、侥幸心理和厌战情绪，进一步增强做好森林防火工作的责任感和紧迫感，切实把森林防火工作摆在突出位置，做到思想不松懈，工作不疏漏，行动不怠慢；要加强领导、落实责任，强化宣传、严管火源，围绕去冬今春森林防火目标任务，着力在森林防火责任制、全民防火宣传教育、严管严控火源等方面抓好落实，全力做好全县的护林防火工作。县委副书记、县长钱兴对做好江川县2015年的烤烟生产和护林防火工作作安排部署。副县长王波主持会议。各乡镇（街道）党政主要领导在会上就两项工作作表态发言。县林业局、烟草公司相关负责人在会上做汇报。

3月2日，江川县召开第八批新农村建设指导员总结表彰暨第九批指导员下派动员会。总结2014年工作，安排部署2015年工作。会议要求各级各部门要从统筹城乡发展的高度出发，加强组织领导，强化日常管理，严肃纪律要求，抓好考核激励，发挥后盾作用，强化宣传引导，进一步动员全社会力量关注、参与和支持新农村建设。第八批新农村建设指导员任期结束后，要把驻村工作实践中积累的经验、磨练的意志、锤炼的作风在今后的工作中发扬光大，力争取得新的更大的成绩。第九批新农村建设指导员要立足新起点、展现新风采、建立新功绩，以实际行动为建设富裕和谐美丽新江川作出积极贡献。县委副书记、县长钱兴主持会议。县委副书记、统战部部长石伟宣读第九批新农村建设指导员名单。县委副书记、新农村工作队总队长孔江宣读县委、县政府对第八批新农村建设指导员优秀个人、先进派出单位和优秀常务书记的表彰决定。

3月5日，江川县融入滇中城市经济圈一体化发展推进汇报会召开。县委书记马文龙指出，要着力推进“六个一体化”建设，加快融入滇中城市经济圈一体化发展。要求全县各级各部门一定要用滇中城市经济圈的大战略统一思想、坚定信心，以更加开阔的视野、更加务实的举措、更加昂扬的姿态抢抓机遇、乘势而上、主动作为，使融入接轨尽快进入实施操作阶段，力争早见成效。县委副书记、县长钱兴传达学习市滇中城市经济圈一体化发展推进汇报会会议精神。部分县级领导和部门汇报相关重点工作、重大项目推进情况；有关部门、各乡镇（街道）主要领导围绕融入滇中城市经济圈一体化发展，加快项目建设，作表态发言。

2015年3月6日，中共江川县委政法工作会议召开。县委书记马文龙作重要讲话。会议总结2014年工作，安排部署2015年工作：着力构建良好环境，服务发展大局；着力推进依法治县，建设法治江川；着力坚持法治引领，深化平安建设；着力加强作风建设，打造过硬队伍。马文龙，县委副书记、县长钱兴分别与各乡镇（街道）、各成员单位签订《2015年度江川县社会管理综合治理维护稳定目标》责任书。县委常委、政法委书记陈琎寿作题为《忠实履行职责使命，全力提高政法机关服务大局的水平》报告。副县长牛旺林主持会议，并就传达学习议精神做要求。会议还表彰了2014年度社会管理综合治理维护稳定先进单位。

3月10日，江川县举办第九批新农村建设指导员培训班。培训为期一天，重点讲授殡葬改革、土地经营权确权颁证、美丽乡村“百千工程”、烤烟生产等涉及江川农村改革、发展的重大部署和重点工作开展等内容。县新农队办有关人员，各乡镇、街道党（工）委党务副书记、组织委员，第九批新农村建设指导员及常务书记、各村（社区）大学生村官参加培训。县委副书记、新农村工作队总队长孔江作动员讲话。

3月11日，江川县举办“三严三实”和“忠诚干净担当”专题教育党课。县委书记马文龙为县、镇、村组三级干部讲授题为《贯彻落实习近平总书记视察云南时的重要讲话精神推动江川跨越发展》党课。党课首先传达学习习近平总书记视察云南时的重要讲话精神，之后从“江川发展的形势怎么看、我们应当怎么办”两个方面进行分析讲解。县长钱兴主持党课，要求全体听课人员认真学习领会此次专题党课内容和马书记的讲话精神，切实把思想和行动统一到“三严三实”和“忠诚干净担当”的要求上来，健全机制，细化各项工作目标，迅速行动，狠抓落实，把践行“三严三实”和“忠诚干净担当”与全县各项事业发展结合起来，全面推动江川跨越发展。

3月11日，中共江川县委举行2015年理论中心组第一次集中学习。县委书记马文龙强调，要牢记职责、不辱使命，按照中央和省、市委的战略部署和工作要求，精心谋划、奋力拼搏，努力开创江川改革发展新局面。并就贯彻落实好习近平总书记系列重要讲话精神，统一思想，抢抓机遇，积极主动融入滇中城市经济圈一体化建设，推动江川跨越发展，提出要求。一要以项目建设为抓手，加快融入滇中城市经济圈一体化发展步伐。要紧紧围绕“两湖一库”保护治理项目建设，做美生态环境；要紧紧围绕基础设施项目建设，夯实发展根基；要紧紧围绕产业发展项目建设，调优产业结构。二要以规划为引领，加大融入滇中城市经济圈一体化发展力度。在江川县全力融入滇中城市经济圈一体化发展进程中，必须要立足高起点，按照高标准，力求高质量，加快各类规划修编，增强规划的前瞻性、可行性、指导性和系统性，规划实施一批大项目、好项目，为推进江川经济社会发展奠定坚实的项目基础。要以“十三五”规划编制为契机，规划一批项目；要以重大项目储备包装为着力点，夯实规划支撑。三要以开展“三严三实”和“忠诚干净担当”专题教育为契机，不断提升融入滇中城市经济圈一体化发展软实力。全县各级领导干部尤其是县级领导干部，要以此次开展“三严三实”和“忠诚干净担当”专题教育为契机，紧紧围绕富裕和谐美丽新江川建设的奋斗目标，切实转变作风，牢固树立一切工作围绕经济转，经济工作围绕项目转，项目工作围绕引进转的思想意识，以项目为导向、以项目为抓手，以项目的建设检验干部作风的转变。要切实解放思想，更新观念，优化政务环境，提升效能，构建良好的社会环境，为项目建设保驾护航。会上，县领导石伟、张文彬、王波、普朝鹏结合自己分管联系工作，着眼江川实际找准工作着力点，进行中心发言。部分部门、乡镇（街道）主要负责人围绕学习主题，结合本单位工作职能进行讨论发言。

3月26日，江川县召开2015年党建工作会议。学习贯彻中央和省市委关于全面从严治党的新要求，研究部署2015年全县党建工作任务。县委书记马文龙作重要讲话，并与各党工委签订2015年度党建工作责任书。县委副书记、县长钱兴主持会议，对落实会议精神提出要求。

3月26日，江川县召开传达学习市纪委四届五次全会精神暨领导干部警示大会。县委副书记、统战部部长石伟主持会议。县委常委、纪委书记李学祥传达学习市纪委四届五次全会精神，对2015年的党风廉政建设和反腐败工作作安排部署。同时通报江川县两起党员干部违法违纪案件，并就全县的“小金库”治理工作提出要求。李学祥还与各乡镇（街道）纪委（纪工委）书记签订监督责任书。县检察院检察长资云坤在会上作题为《腐败的危害与“做官的风险”》预防职务犯罪的警示教育课。

3月27日，江川县召开招商引资暨固定资产投资推进会，动员全县各级各部门集中精力、集中要素、集中意志，以攻坚克难的勇气、团结奋进的精神、扎实有力的举措，全力推进招商引资和固定资产投资工作取得实效。县委书记马文龙作重要讲话。县委副书记、县长钱兴在会上通报江川县1–2月招商引资和固定资产投资情况，分析当前全县招商引资和固定资产投资工作中存在的问题，对下一步的工作进行安排。县委副书记、统战部部长石伟主持会议，并就如何贯彻落实好会议精神提出要求。

3月30日，江川县召开2015年全县宣传思想工作会议，贯彻落实市委宣传思想工作会精神，总结2014年工作，安排部署2015年任务。县委书记马文龙作重要讲话。县委常委、宣传部部长龚桂存传达学习市委宣传思想文化工作会议精神，总结2014年江川县宣传思想文化工作，对2015年工作进行安排部署。副县长周福荣主持会议，并就2015年全县宣传思想工作提出要求。

4月10日，江川县举行学习贯彻习近平总书记考察云南重要讲话精神宣讲报告会，邀请市委宣讲团成员、玉溪师院马克思主义学院院长罗伟教授作专题宣讲。罗伟教授以《学习习近平云南讲话精神》为题，从习近平总书记考察云南重要讲话的内容和意义、做好三方面的重点工作、抓好“五个着力”的重点任务和认真学习习总书记讲话精神，奋力推动云南跨越式发展四个方面作

阐述，解读重要讲话的思想内涵和精神实质。县委常委、宣传部部长龚桂存主持宣讲会。

4月14日，江川县召开2015年统战民宗工作会议，总结2014年统战（民族宗教）工作，安排部署2015年工作任务。县委副书记、统战部部长石伟与各乡镇（街道）签订《江川县统战、民宗系统2015年工作目标管理责任书》，并传达省、市统战部长会议精神。2015年，要重点抓好七个方面的工作：要用习近平总书记系列重要讲话和考察云南时重要讲话精神武装头脑、指导实践，为落实“四个全面”战略部署凝聚人心、增添力量；着力推动民族团结进步事业；以维护宗教和谐稳定为重点，着力抓好宗教工作；加强党外代表人士队伍建设；加强非公有制经济统战工作，促进非公有制经济健康发展和非公经济人士健康成长；深化港澳台和海外统战工作；加大调研和信息工作力度，推动调研信息工作上台阶。副县长李启红主持会议并传达全市侨务会议精神。

4月20日，江川县召开2015年烤烟移栽现场会。县委书记马文龙强调，要进一步强化领导、强化职责、强化措施、强化落实，扎扎实实抓好烤烟移栽工作，为全面完成2015年烤烟生产各项目标任务作出新贡献，推动全县烤烟生产再上台阶、再创新高。县委副书记、县长钱兴主持会议，并就贯彻落实当前烤烟生产工作提出要求。县烟草分公司领导对育苗管理、烤烟移栽等工作作安排和要求。全体与会人员还前往大街街道小白坡村委会虎马山现场观摩烤烟膜下小苗移栽过程，对移栽技术要领进行讲解说明，对移栽各个环节进行现场演示。在朱家庄社区廖家营村现场观摩田烟规范化移栽情况。

4月30日，中国共产党江川县第十二届委员会第六次全体（扩大）会议召开。会议的主要任务是，全面贯彻落实党的十八大、十八届三中四中全会、习近平总书记考察云南重要讲话和省委九届十次、市委四届六次全会精神，动员全县干部群众，解放思想、坚定信心，务实苦干、奋力拼搏，为建设富裕和谐美丽新江川而努力奋斗。县委书记马文龙向全会报告工作，并就江川县学习贯彻习近平总书记考察云南重要讲话精神情况、中共江川县委关于贯彻落实〈中共云南省委关于深入贯彻落实习近平总书记考察云南重要讲话精神闯出跨越式发展路子的决定〉的实施意见》起草情况、总体框架和主要内容作说明。全会审议通过《中共江川县委关于贯彻落实〈中共云南省委关于深入贯彻落实习近平总书记考察云南重要讲话精神闯出跨越式发展路子的决定〉的实施意见》和《中共江川县委十二届六次全体（扩大）会议决议》，讨论《关于贯彻〈中共江川县委关于贯彻落实《中共云南省委关于深入贯彻落实习近平总书记考察云南重要讲话精神闯出跨越式发展路子的决定》的实施意见〉重点工作分工方案》。马文龙安排部署当前要重点抓好的上项目增投资、春耕备耕、社会和谐稳定、基层党建等方面的工作。

5月8日，江川县召开2015年督查工作会议，总结2014年工作，安排部署下一阶段任务。会议要求各级各部门要努力完成好2015年的各项督查工作，为重点项目的加快推进开好局、起好步，推动江川经济社会发展再上一个新台阶。县委副书记、统战部部长石伟作讲话，并代表县委督查工作领导小组与各乡镇（街道）及部分重点单位签订2015年督查工作目标责任书。县委常委、纪委书记李学祥通报2014年全县督查工作考核情况，宣读2014年督查工作先进单位、先进个人名单，并进行表彰奖励。市委办调研员溥玲对江川2015年督查工作提出要求。县委常委、常务副县长张文彬主持会议。

5月22日，江川县“三严三实”和“忠诚干净担当”专题教育党课暨推进会召开。县委书记马文龙为党员干部讲专题党课，并对进一步推进全县专题教育活动进行安排部署：严格落实责任；切实强化学习教育；不折不扣抓好“关键动作”。县委副书记、县长钱兴主持会议。县委、县人大常委会、县政府、县政协领导班子成员，县级国家机关各部委办局，各人民团体和企事业单位主要负责人等在县主会场参加会议。各乡镇（街道）设分会场收听收看会议。

5月27日，江川县2015年“百村示范、千村整治”行动暨旧村改造项目推进会召开。县委书记马文龙强调，要进一步提高认识，增强加快推进项目建设的紧迫感、责任感和使命感，掀起示范村、整治村建设和旧村改造高潮，确保全县美丽乡村建设干在实处，走在全市前列。县委副书记、县长钱兴主持会议，就传达贯彻好会议精神，进一步做好“百村示范、千村整治”和旧村改造工作提出要求。县委副书记、统战部部长石伟对“百村示范、千村整治”行动作安排部署。县委常委、常务副县长张文彬对旧村改造工作作安排部署。与会人员实地调研雄关乡上营村委会旧村改造项目、江城镇庄科村旧村改造项目、九溪镇河口村旧村改造项目和九溪镇六十亩美丽家园项目。各乡镇（街道）设分会场，收听收看会议。

5月28日，江川县召开农村土地承包经营权确权登记颁证工作动员会暨业务培训会。县委书记马文龙要求，要坚定信心，落实工作责任，迅速开展行动，以高度的政治责任感和历史使命感做实做细工作，给农民“确实权、颁铁证”，高标准完成确权登记颁证工作任务。县委副书记、县长钱兴对江川县农村土地承包经营权确权登记颁证工作进行安排部署。县委副书记、统战部部长石伟主持会议。动员会后，玉溪市农业局调研员李晓国及中国电建集团昆明勘测设计研究院有限公司测绘地理信息分院高级工程师、国家注册测绘师郑江分别就农村土地承包经营权确权登记颁证相关政策法规、项目概况、各方职责、近期计划等，对江川县各乡镇（街道）分管领导、农经站全体干部、各村（社区）书记、主任、副主任、监委会主任、县新农村建设指导员、县农业局相关人员进行业务培训。

6月9日，江川县召开稳增长促发展专题会，会议贯彻落实中央、省市委关于稳增长的各项工作部署以及四届市委第107次常委（扩大）会议精神。县委书记马文龙强调，要清醒认识到当前工作形势的严峻性，时刻牢记六个“千万不能”，进一步增强工作的主动性，锁定目标不放松，攻坚克难不懈怠，为完成全年目标任务而努力奋斗。县委副书记、统战部部长石伟主持会议。县委副书记、新农村工作队总队长孔江参加会议。县委常委、纪委书记李学祥通报全县重大项目重点工作推进情况；县委常委、常务副县长张文彬通报当前全县经济运行情况，并就下一步工作作安排部署。

6月11日，江川县举办学习贯彻十八届四中全会精神全面推进依法治县专题研讨班，进一步统一思想，明确任务，提升能力，推动依法治县工作开创新局面。县委书记马文龙在开班仪式上作“强化责任　真抓实干　切实将依法治县各项工作落到实处”主题报告。县委副书记、统战部部长石伟主持开班仪式。县领导孔江、罗跃岗等出席开班仪式。全县实职副科级以上领导干部，各村（社区）党总支（支部）书记、村（居）委会主任参加学习。

6月26日，中共江川县委举行2015年理论中心组第二次集中学习。县委书记马文龙强调，全县各级各部门必须把严的意识、严的规矩、严的风气树起来，把实的作风、实的责任、实的措施立起来，坚定不移讲忠诚、锐意进取谋发展、真抓实干促小康、一以贯之守纪律、聚精会神抓落实，全力推进富裕和谐美丽新江川建设，创造出经得起实践、人民、历史检验的新业绩。县领导李学祥、林清、李志刚、周福荣结合自己分管联系工作，着眼江川实际找准工作着力点，进行中心发言。部分部门、乡镇（街道）主要负责人围绕学习主题，结合本单位工作职能进行讨论发言。

6月30日，江川县召开纪念中国共产党成立94周年大会。县委书记马文龙强调，全县各级党组织和广大党员干部一定要坚定信心、振奋精神，同心同德、聚力攻坚，干在实处、走在前列，确保圆满完成全年各项目标任务，以实实在在的工作业绩和发展成就为党旗增光添彩。县委副书记、县长钱兴主持会议。会议对全县2013至2014年度党建工作先进单位进行表彰。

7月10日，江川县召开以守法诚信为重点开展非公经济人士理想信念教育实践活动动员会议。会议贯彻落实全国、全省、全市教育实践活动视频会议精神，研究部署江川县教育实践活动工作。县委副书记、统战部部长石伟作动员讲话。宣布云南腾达机械制造公司、江川大头鱼饭店两家企业为江川县非公经济人士理想信念教育实践基地，并给两家企业授牌。举行“与法同行　诚实守信”宣誓签字仪式。

7月28日，中共江川县委工作会议召开。县委书记马文龙强调，全县各级各部门和广大党员干部要充分发挥表率作用，忠实践行“三严三实”和“忠诚干净担当”要求，进一步在全县上下形成你追我赶、争先进位的发展氛围，确保年初安排的工作任务件件有着落、事事见成效。县委副书记、县长钱兴主持会议，并传达学习市委中心组2015年第四次集中学习暨上半年经济运行分

析会、市委工作会、全市“六城同创”动员会精神。县委常委、纪委书记李学祥通报上半年各乡镇（街道）、部门主要经济指标完成情况。县委常委、常务副县长张文彬通报全县上半年经济运行情况。

7月28日，中共江川县委理论中心组举行2015年第三次集中学习。学习主题是：学习贯彻习近平总书记系列重要讲话精神以及考察云南重要讲话精神，学习贯彻省委书记李纪恒，省委副书记、省长陈豪，省委副书记钟勉到玉溪调研讲话精神，自觉践行“三严三实”和“忠诚干净担当”要求，突出严以修身，加强党性修养，坚定理想信念，筑牢“为官有为”思想基础，结合江川实际找准工作着力点，全力推进江川各项工作干在实处、走在前列。县领导孔江、陈琎寿、龚桂存、曾宪涛、邓春元、牛旺林、杨军苹作交流发言。

7月29日，江川县召开扶贫开发工作会议，总结近年来江川县扶贫开发工作取得的成绩，分析当前扶贫开发面临的形势，全面部署、广泛动员，举全县之力打赢扶贫攻坚战，为全面建成小康社会奠定坚实基础。马文龙要求：进一步统一思想认识，切实增强坚决打好扶贫开发攻坚战的责任感和紧迫感；进一步强化措施落实举措，着力实施好整乡整村推进、产业扶贫、“雨露计划”、金融扶贫、安居工程“五大专项扶贫”；进一步推进基础设施建设，突破贫困地区发展的“瓶颈”；进一步加强社会保障工作，不断提高基本公共服务水平；进一步加大社会扶贫力度，凝聚各方力量扶贫攻坚；进一步创新体制机制，增强扶贫攻坚的内生动力；进一步强化组织领导，为打好扶贫开发攻坚战提供坚强保障。县委副书记、县长钱兴主持会议，传达学习全省加快民营经济发展工作会议精神，并就贯彻落实江川县扶贫开发工作会议精神提出要求。

7月29日，江川县召开旅游产业发展大会。县委书记马文龙强调，全县上下要坚定信心，真抓实干，进一步彰显旅游资源优势，加快推动全县旅游产业发展再上新台阶，努力实现江川旅游业的大发展、大突破、大跨越，为实现跨越式发展奠定坚实基础。县委副书记、县长钱兴主持会议并对贯彻落实会议精神提出要求。副县长周福荣代表县人民政府与各乡镇（街道）及县属相关部门签订2015年江川县旅游产业发展工作目标责任书。

8月21日，江川县召开2015年烤烟收购工作会。县委书记马文龙强调，全县各级各有关部门要进一步提高认识，加强领导，精心组织，咬定收购目标不放松，坚定信心不松懈，克服消极畏难情绪，以更加扎实的作风打好烤烟收购工作硬仗，确保圆满完成全年的收购任务。县委副书记、县长钱兴主持会议，要求要抓好思想统一、会议传达、收购组织、统筹兼顾和指导督促五项工作，确保圆满完成2015年的烤烟收购工作任务。会议传达省市烟叶收购会议精神，并对上一阶段烤烟生产工作进行总结，提出下一阶段烤烟生产收购工作意见。

8月25日，江川县召开2015年农村危房改造和地震安居工程建设工作会议。县委书记马文龙要求，要迅速行动起来，以更加昂扬的斗志、更加饱满的热情、更加务实的作风，众志成城，全力冲刺，坚决打赢农村危房改造和抗震安居工程建设攻坚战。县委副书记、县长钱兴代表县政府与各乡镇（街道）签订2015年农村危房改造和抗震安居工程建设攻坚战目标责任书。县委常委、常务副县长张文彬主持会议。

8月27日，江川县召开扶贫攻坚“挂包帮”“转走访”工作动员会。县委书记马文龙要求，各级各部门和全县领导干部到村到户精准扶贫，以严和实的作风坚决打赢扶贫开发这场攻坚战。县委副书记、统战部部长石伟主持会议，县委常委、组织部部长林清宣读《中共江川县委办公室 江川县人民政府办公室关于建立完善扶贫攻坚县级领导联系贫困乡镇和县属及中央、省、市驻江单位定点挂钩帮扶贫困村工作的通知》。

8月28日，江川县举行2015年县委中心组第四次集中学习，学习贯彻习近平总书记系列重要讲话精神以及考察云南重要讲话精神，学习贯彻省委书记李纪恒和省委副书记、省长陈豪以及省委副书记钟勉到玉溪调研讲话精神，学习贯彻省委九届十一次全会和市委第110次常委扩大会议精神，突出严以律己，严守党的政治纪律和政治规矩，做政治上的“明白人”，自觉践行“三严三实”和“忠诚干净担当”要求，全力推进江川各项工作干在实处、走在前列。县委书记马文龙在动员讲话时要求，要高度重视、紧扣主题、严格纪律，确保圆满完成学习的各项任务。县领导石伟、罗跃岗、李学祥、林清、李志刚、王波、普朝鹏、杨本忠、陆富仙、杨生明等作交流发言。市委组织部领导作指导。

9月11日，江川县举行旅游产业发展总体规划（咨询稿）中期汇报会，听取规划编制单位关于规划编制有关情况的汇报和各方意见建议。县委副书记、统战部部长石伟要求，规划要进一步明晰思路、突出重点，认真梳理江川县旅游资源，通过整合分类等方式，对旅游资源进行区域划分，进一步精心打造提升现有旅游资源，挖掘一批特色旅游产品；要发挥江川生态环境和历史人文优势，在打造观光旅游目的地的同时，把景区建设与小城镇建设、美丽乡村建设、古滇文化等有机结合，把江川打造成疗养、养老休闲的旅游胜地；在交通网络布局上，要充分利用现有的交通路网，进一步加大改造提升力度。同时，要进一步提升规划的前瞻性、引领性、创新性和操作性，增强规划的深度和高度，高标准、高水平进一步修改完善规划，确保规划符合江川实际，引领江川发展。玉溪市旅游发展委员会副主任邓志刚，县领导龚桂存、李志刚、周福荣、刘跃宁、李绍华，县国土局、环保局、发改局、抚仙湖管理局等有关部门、单位以及七个乡镇（街道）主要负责人作交流发言。昆明意图旅游规划设计有限公司负责人汇报规划编制情况。

9月17日，江川县召开“四班子”工作联席会，专题研究落实党风廉政建设“两个责任”相关工作。县委书记马文龙主持会议，要求全县上下要以时不我待的紧迫感和责无旁贷的使命感，全面落实“两个责任”，争分夺秒、奋发进取、扎实工作，确保2015年各项目标任务全面完成，为推进全县经济社会又好又快发展作出应有的贡献。县委副书记、县长钱兴传达学习全省五大基础设施网络建设5年大会战暨滇中城市经济圈高速公路网建设动员大会、全省城乡规划工作会议精神，通报全县1—8月份经济运行情况、预测三季度和全年完成情况，并对做好有关工作进行安排部署。

9月29日，中共江川县委理论学习中心组举行第五次集中学习，开展“严以律己”专题学习交流和研讨。县委书记马文龙强调，要切实将“三严三实”专题教育聚集的热情，转化为推动工作的干劲和干事创业的动力，抢抓机遇、迎难而上，敢于担当、干在实处，圆满完成年初确定的各项目标任务。县委副书记、县长钱兴围绕学习主题作重点发言。县领导陈琎寿、张文彬等交流发言。

10月21日，江川县召开“九九”敬老节经济形势通报会。县委书记马文龙代表县委、县人大、县政府、县政协向与会老领导、老同志及全县的老年朋友们致以节日的问候和美好的祝愿，向所有关心、支持老干部工作的同志表示感谢。县委副书记、县长钱兴通报全县1-9月份经济社会发展情况。

11月5日，江川县召开领导干部大会，传达学习贯彻落实党的十八届五中全会精神。会议强调，要深刻理解和准确把握全会的精神实质，迅速在全县掀起学习宣传贯彻全会精神热潮，用全会精神指导实践、推动工作，不断开创江川经济社会发展的新局面。县委书记马文龙传达学习党的十八届五中全会精神和全市领导干部大会精神，并就如何贯彻落实好全会精神进行安排部署。县委副书记、县长钱兴主持会议。

11月13日，江川县召开会议，传达学习全省美丽宜居乡村建设工作现场推进会精神。县委书记马文龙强调，全县各级各部门要坚决摒弃“等、靠、要”思想，“快”字当头，“干”字为先，全力推进美丽宜居乡村建设，加快农村全面小康进程。县委副书记、县长钱兴全文传达学习全省美丽宜居乡村建设工作现场推进会精神，并就如何做好具体工作作安排。

11月17日，江川县召开扶贫开发“挂包帮”“转走访”工作第二次联席会议，总结交流前一阶段工作，分析存在问题，安排部署今后重点工作。县委副书记、统战部部长石伟说，全县扶贫攻坚“挂包帮”“转走访”工作启动以来，各级各部门按照省、市、县相关要求，高度重视“挂包帮”“转走访”工作，切实履行职责，驻村扶贫工作队全部组织到位并及时开展相关工作，“挂包帮”“转走访”工作取得明显成效。石伟强调，扎实开展“挂包帮”“转走访”工作，关键要在推动工作机制有效运转、更好地落实帮扶责任上下功夫，把各项重点工作抓具体、抓落实、抓出成效。各级各部门要进一步加强组织领导，加强督促检查，认真履职尽责，严格考

核问责，做到廉洁自律，为扶贫攻坚尽职尽责，以掀起江川县新一轮的扶贫攻坚热潮，确保扶贫对象早日脱贫致富。县委副书记、新农村工作队总队长孔江传达学习全市“挂包帮”“转走访”工作领导小组第二次联席会议精神。县委常委、县委办主任邓春元，副县长王波出席会议并对相关工作提出要求。会议还通报江川县前一阶段的“挂包帮”“转走访”工作开展情况，并就建档立卡、“回头看”工作进行业务指导。

11月25日上午，江川县召开抚仙湖径流区实行统一托管工作动员会，县委书记马文龙强调，各级各部门和广大干部群众要统一思想、提高认识，服从大局、步调一致，明确责任、落实措施，确保抚仙湖径流区实行统一托管工作圆满完成。马文龙强调，全县各级各部门和广大干部群众要统一思想、提高认识，服从大局、步调一致，明确责任、落实措施，全面推进抚仙湖径流区实行统一托管工作，确保克期完成各项工作任务；要充分认识抚仙湖径流区实行统一托管的重大意义，用高度统一的思想自觉做好统一托管工作；要加强领导，精心组织，广泛宣传动员，严肃各项纪律，依法规范工作程序，做到程序合法、步骤规范，推进平稳；要全力维护社会稳定，高度重视民生问题，认真做好事关百姓生活的各项工作。县委副书记、县长钱兴对抚仙湖径流区实行统一托管工作作安排部署，并要求各级各部门要按照县委、县政府的统一部署和要求，坚定信心、迎难而上，敢于担当、主动作为，全力推进统一托管各项工作任务落实，确保抚仙湖径流区实行统一托管工作于2015年12月31日前完成。县委副书记、统战部部长石伟主持会议。江城镇、路居镇主要领导和海门村委会、中坝社区主要负责人作表态发言。

12月2日，江川县召开党的十八届五中全会精神宣讲报告会。市委党的十八届五中全会精神宣讲团成员、县委书记马文龙在会上作宣讲报告。马文龙要求广大党员干部切实用全会精神统一思想，汇聚力量，推动全会精神在江川得到全面贯彻、深入落实、取得成效。马文龙从“党的十八届五中全会的主要精神”“以学习贯彻落实党的十八届五中全会精神为强大动力，科学谋划未来，奋力实现江川跨越式发展”“学习贯彻落实党的十八届五中全会精神，迫切需要加强党的领导，不断提升党建工作科学化水平”三个方面内容宣讲。县委副书记、县长钱兴主持宣讲报告会，并要求全县各级各部门尽快组织成立十八届五中全会精神宣讲团，把全会精神宣讲到村组农户、工矿企业，在全县掀起学习贯彻落实全会精神的高潮，用全会精神推动江川社会经济又好又快发展。

12月3日，江川县召开2016年森林防火工作会议。总结2015年及“十二五”期间的森林防火工作，安排部署2016年及今冬明春森林防火工作任务，动员全县上下扎实做好森林防火工作，确保森林资源和人民生命财产安全。县委副书记、统战部部长石伟讲话。副县长王波代表县人民政府与各乡镇（街道）签定《江川县2016年森林防火目标管理责任状》。

12月3日，江川县召开2016年核桃种植工作暨业务培训会。总结2015年核桃产业发展情况，安排部署2016年工作任务及今冬明春核桃种植前期准备工作。县委副书记、统战部部长石伟讲话。副县长王波代表县人民政府与各乡镇（街道）签定《江川县2016年核桃产业发展目标责任状》。

12月7日，江川县召开2015年度惩防体系建设暨党建党风廉政建设责任制考核工作动员会。县委书记马文龙强调，要强化考核责任担当，加强组织领导，扎实做好江川县2015年度惩防体系建设暨党建党风廉政建设责任制考核工作。县委副书记、县长钱兴主持会议。

2015年12月7日，江川县召开组织工作会，总结回顾党的十八大以来全县组织工作情况，安排部署当前和下一步工作任务。就抓好当前和今后一个时期的组织工作，马文龙强调，全县各级各部门要坚持从严落实党建责任，树立“抓党建是最大的政绩”政绩观，抓住“书记抓党建”牛鼻子，用好“党建述职评议考核”指挥棒，切实把全面从严治党责任落到实处。要坚持从严治吏，按照“三严三实”和“忠诚干净担当”的精神内涵，用“严”和“实”的标准选拔培养、教育引导、监督约束干部，建设一支忠诚干净担当的高素质干部队伍，切实把选好干部、用好干部、管好干部的要求落到实处。要坚持从严抓作风，树立作风建设抓常、抓细、抓长意识，决不允许出现“烂尾工程”，决不能让

“四风”问题反弹回潮，切实把作风建设新常态的要求落到实处。要坚持从严抓基层，把每一个党的基层组织都建设成为团结带领党员群众、完成党的中心任务和历史使命的坚强战斗堡垒，使每一名党员都成为党员意识强、“双带”能力强、作用发挥好的先锋模范，切实把抓好基层夯实基础的各项要求落到实处。县委副书记、统战部部长石伟主持会议。

12月15日，江川县召开村组干部任期和离任经济责任审计工作会议，对村组干部任期和离任经济责任审计工作进行安排和部署。县委常委、组织部部长林清要求，全县各相关部门要统一思想认识，明确工作意义，必须深刻认识到开展村干部经济责任审计是促进社会主义新农村建设，保障江川县经济社会持续、快速、协调、健康发展的必然要求，是促进干部廉洁勤政，从源头上预防和治理腐败的重要举措。要强化责任担当，按期完成审计。把“责任、忠诚、清廉、依法、独立、奉献”当做审计理念，把责任排在第一位。要严明工作纪律，营造良好氛围。不断提高审计能力和水平，自觉适应新形势，努力开拓、创新、发展，着力提升专业技能。要把握审计重点，及时查处问题。对一般违纪违规问题和严重违规违纪问题，定性要准。要加强监督，相互配合，保证工作质量。各有关部门要继续做好协调配合，做到各司其职，各尽其责，相互协作，形成整体合力，为实现全县的新发展、新跨越、做出新的更大的贡献。副县长王波主持会议，并就相关工作作要求。

12月15日，江川县举行《中国共产党廉洁自律准则》和《中国共产党纪律处分条例》宣讲报告会。县委常委、县委办主任邓春元主持会议。县委常委、纪委书记李学祥从全面从严治党的理论高度，紧密联系党的十八大以来中央加强党的建设，深入开展反腐败斗争取得的丰富实践成果，对新修订的《中国共产党廉洁自律准则》和《中国共产党纪律处分条例》修订的背景、实施的重大意义，主要内容以及理解和执行进行全面的解读。李学祥强调，《准则》和《条例》是各级党组织和全体党员的行为规范和指引。全县各级党组织要组织形式多样的学习宣传教育活动，进一步唤醒党员的党章意识、纪律意识、规矩意识和组织意识。要把《准则》和《条例》纳入党委中心组、党课、党校教育课程、党员学习规划中，集中一段时间加强学习教育。广大党员特别是党员领导干部要认真学习，逐字逐句研读，把党规党纪刻印在心上，真正内化于心、外化于行。各级党委（党组）要履行好全面从严治党的主体责任，切实抓好《准则》和《条例》的学习贯彻，把纪律立起来、严起来、执行到位，确保党纪落地生根，让铁规发力、禁令生威。各级纪检监察机关要全面履行监督执纪问责职责，加大对违纪行为的查处力度，加强日常监督和专项检查，从严从实执行新修订的《准则》和《条例》。

12月22日，江川县召开会议传达学习市委四届七次全会和罗应光书记讲话精神。县委书记马文龙强调：要准确把握全会精神实质，在当前及今后一个时期掀起学习热潮，结合江川实际全面贯彻落实会议精神，确保各项目标任务圆满完成。县委副书记王志华主持会议，并对如何学习贯彻好市委四届七次全会精神提出要求。同时，结合江川实际安排部署当前需要扎实推进的扶贫攻坚、棚户区改造、人居环境综合整治和岁末年初的安全生产等9项工作。

12月24日，江川县召开统战民族工作会议，全面总结近年来江川县统战民族工作取得的成绩，安排部署当前和今后一个时期的统战民族工作任务。县委书记马文龙强调，全县统一战线成员要高举爱国主义和社会主义伟大旗帜，立足新起点，把握新形势，顺应新期待，投身新实践，共同开创“十三五”发展的美好未来。县委副书记王志华主持会议并宣读《关于表彰全县统战民族工作先进个人和先进集体的决定》。县委副书记、统战部部长石伟作工作报告，并传达中央、省委统战工作会议和市委统战民族工作会议主要精神。

12月30日，江川县召开“四套班子”工作联席会，研究讨论《江川县国民经济和社会发展第十三个五年规划纲要》。县委书记马文龙主持会议。会议听取《江川县国民经济和社会发展第十三个五年规划纲要》编制组对《规划纲要》编制情况的说明，与会人员对《规划纲要》修改完善提出意见建议。会议研究讨论星云湖底泥疏浚项目相关事项，并就新一年领导干部个人情况报告工作作说明及要求。

12月31日，江川县召开抚仙湖径流区统一托管移交工作会议。贯彻落实全市托管工作移交工作会议精神，全力推进抚仙湖径流区统一托管工作，确保托管区域平稳顺利交接，为江川的跨越发展和全面建成小康社会作出新的更大贡献。县委副书记、统战部部长石伟指出，玉溪召开抚仙湖径流区统一托管移交工作会，标志着全市统一托管工作全面进入实质性移交阶段。全县上下要按照市委、市政府的工作部署，在县委、县政府的坚强领导下，以正确的政治态度、饱满的发展热情、严谨的工作作风，扎扎实实做好各项工作，尽快展现统一托管的成效。县委常委、常务副县长张文彬主持会议，要求各部门要进一步统一思想，树立稳定意识，确保统一托管移交各项工作任务落实到位。路居镇与大街街道办事处签署蓝田、螺蛳铺、石岩哨3个村委会托管协议，路居镇与江城镇签署三百亩、明星、牛魔、孤山村委会和海门村委会部分村民小组托管协议。

12月31日下午，江川县召开2015年财政结算工作会，总结一年来财税、金融所取得的成绩，安排部署明年工作任务。县委书记马文龙讲话。县委副书记、代理县长王志华肯定2015年全县财税金融工作取得的成绩，并就如何做好2016年财税金融工作提出要求。县财政局负责人通报2015年全县财政收支结算情况，分析当前财政形势，并就如何做好2016年财政工作提出要求。与会人员就如何做好2016年财税金融工作提出意见和建议。

（周宝在）

【县委常委会议】 2015年1月6日，县委书记马文龙主持召开十二届县委第54次常委会议。会议共11项议题：听取县委十二届五次全会筹备工作情况汇报；听取县十五届人大三次会议筹备工作情况汇报；听取县八届政协三次会议筹备工作情况汇报；听取县纪委十二届五次全会筹备工作情况汇报；研究《中共江川县委关于贯彻落实<中共中央关于全面推进依法治国若干重大问题的决定>的实施方案（送审稿）》；研究开展2015年春节文体系列活动有关问题；通报考核奖励相关工作；传达学习省、市领导对安全生产工作的批示精神，学习新《中华人民共和国安全生产法》，研究全县安全生产工作；研究江川县国民经济和社会发展第十三个五年规划编制工作实施方案；通报职教小区新建道路建设方案有关问题；通报增补储备粮差价相关问题。

会议听取并原则同意县委常委、县委办主任邓春元关于县委十二届五次全会筹备工作情况汇报，定于2015年1月14日在县城召开中共江川县委十二届五次全会；听取并原则同意县人大办主任潘兴发、县政府办主任赵琦关于县十五届人大三次会议筹备工作情况汇报；听取并原则同意县政协办主任王春华关于县八届政协三次会议筹备工作情况汇报；听取并原则同意县纪委办主任徐志伟关于县纪委十二届五次全会筹备工作情况汇报；听取并原则同意县委常委、政法委书记陈琎寿关于《中共江川县委关于贯彻落实<中共中央关于全面推进依法治国若干重大问题的决定>的实施方案（送审稿）》汇报，同意提交县委十二届五次全会审议；听取县委常委、宣传部部长龚桂存关于开展2015年春节文体系列活动汇报，原则同意县委宣传部送审的《2015年春节文体系列活动实施方案（送审稿）》；听取并原则同意县委常委、常务副县长张文彬关于考核奖励有关问题汇报；听取并原则同意县委常委、副县长李志刚关于全县安全生产工作汇报；听取并原则同意县发改局局长曲绍庭关于《江川县国民经济和社会发展第十三个五年规划编制工作实施方案（送审稿）》汇报；听取并原则同意县政府副县长普朝鹏关于职教小区新建道路建设方案汇报；听取并原则同意县粮食局局长范宝福关于增补储备粮差价有关问题汇报；通报烟花火炮行业整合情况和德兆垃圾处理项目推进实施情况。

1月13日，县委书记马文龙主持召开县委常委会议，会议共5项议题：研究县委十二届五次全会报告；研究县十五届人大三次会议报告；研究县八届政协三次会议报告；研究县纪委十二届五次全会报告；研究江川县2015年地方财政预算草案。

会议听取并原则同意县委常委、县委办主任邓春元关于《县委十二届五次全会报告（送审稿）》情况汇报；听取并原则同意县人大办主任潘兴发、县政府办主任赵琦关于《县人大常委会工作报告（送审稿）》和《县政府工作报告（送审稿）》情况汇报；听取并原则同意县政协办主任王春华关于《县政协常委会工作报告（送审稿）》和《提案工作情况的报告（送审稿）》情况汇报；听取并原则同意县纪委办主任徐志伟关于《县纪委十二届五次全会报告（送审稿）》情况报告；听取并原则同意县财政局局长李保平关于江川县2015年地方财政预算草案情况汇报。

1月14日，县委书记马文龙主持召开县委常委会议。听取各讨论组召集人关于中共江川县委十二届五次全会报告分组讨论情况汇报，讨论《中国共产党江川县第十二届委员会第五次全体会议决议（草案）》。

会议原则同意《中国共产党江川县第十二届委员会第五次全体会议决议（草案）》并提交第二次全体会议审议。听取并原则同意县委常委、组织部部长林清关于九溪河河道治理工程项目投资建设及回购工作汇报。

1月20日，县委书记马文龙主持召开县委常委会议，会议共3项议题：研究《关于成立县委深入开展“三严三实”和“忠诚干净担当”专题教育领导小组的通知（送审稿）》和《关于成立中共江川县委深入开展“三严三实”和“忠诚干净担当”专题教育领导小组办公室的通知（送审稿）》，以及《关于深入开展“三严三实”和“忠诚干净担当”专题教育的实施意见（送审稿）》；传达学习全国宣传部长会议精神；研究《中共江川县委常委会2015年工作要点（送审稿）》。

会议听取并原则同意县委常委、组织部部长林清关于《关于成立县委深入开展“三严三实”和“忠诚干净担当”专题教育领导小组的通知（送审稿）》和《关于成立中共江川县委深入开展“三严三实”和“忠诚干净担当”专题教育领导小组办公室的通知（送审稿）》，以及《关于深入开展“三严三实”和“忠诚干净担当”专题教育的实施意见（送审稿）》情况汇报；听取并原则同意县委常委、宣传部部长龚桂存传达关于宣传部长会议精神汇报；听取并原则同意县委常委、县委办主任邓春元关于《中共江川县委常委会2015年工作要点（送审稿）》情况汇报。

2月15日，县委书记马文龙主持召开县委常委会议。会议共12项议题：研究干部工作；研究新农村建设工作队相关工作；研究《中共江川县委中心组学习制度（送审稿）》；研究2015年主要经济指标任务分解有关工作；研究政府机构改革有关工作；研究《江川县贯彻落实市委“八要”实施方案（送审稿）》；研究2015年重点工作重大项目；研究《江川县2015年核桃种植实施方案》；研究《星云湖流域水污染防治“十二五”规划2015年实施方案》；通报2014年综合目标考核结果；通报2014年党风廉政建设考核结果；通报群众路线教育实践活动整改落实“回头看”情况。

会议听取并原则同意县委副书记、县新农队总队长孔江关于新农村建设工作队有关问题汇报；听取并原则同意县委常委、宣传部部长龚桂存关于《中共江川县委中心组学习制度（送审稿）》汇报；听取并原则同意县委常委、常务副县长张文彬关于2015年主要经济指标任务分解汇报；听取并原则同意县委常委、县委办主任邓春元关于《江川县贯彻落实市委“八要”实施方案（送审稿）》汇报；听取并原则同意县纪委副书记、县监察局局长张盛国关于2015年重点工作重大项目汇报；听取并原则同意县林业局局长李菊关于《江川县2015年核桃种植实施方案》汇报；听取并原则同意县环保局局长李华同关于《星云湖流域水污染防治“十二五”规划2015年实施方案》汇报；听取并原则同意县委常委、县委办主任邓春元关于2014年综合目标考核结果汇报；听取并原则同意县纪委副书记郭华关于2014年党风廉政建设考核结果汇报；听取并原则同意县委常委、组织部部长林清关于群众路线教育实践活动整改落实“回头看”情况汇报。

3月19日，县委书记马文龙主持召开县委常委会议。会议共16项议题：研究党管武装工作；传达全市统战部长会议精神；研究民族团结示范区建设相关事宜；研究《关于调整江川县推进社会主义新农村建设领导小组的通知》；研究《江川县农村土地承包经营权确权登记颁证工作方案》；研究《关于调整充实县委依法治县领导小组、办公室和专项组组成人员的通知》；研究《开展争当“仙湖卫士”行动计划》《开展村（居）民小组党员活动室建设全覆盖行动计划》和《开展“空壳村”集体经济增收全覆盖行动计划》；研究《江川县服务型党组织综合平台项目建设工作方案》；研究进一步加强软弱涣散党组织整顿工作相关事宜；研究农村60岁以上困难党员关爱资金提高标准相关事宜；研究县级领导联系“七位一体”重点工作相关事宜；研究《江

川县2015年宣传思想文化工作要点》；研究2015年综合目标考评办法；研究2015年经济指标相关事宜；通报《关于玉溪市2014年领导干部个人有关事项随机抽查核实情况的通报》（玉组通〔2015〕5号）；通报江川一中扩建二期工程相关事宜。

会议听取并原则同意县委常委、县人武部政委曾宪涛关于党管武装工作情况汇报；听取并原则同意县委副书记、统战部部长石伟关于全市统战部长会议精神汇报；听取并原则同意县委副书记、统战部部长石伟关于民族团结示范区建设相关事宜汇报；听取并原则同意县委副书记、统战部部长石伟关于《关于调整江川县推进社会主义新农村建设领导小组的通知》汇报；听取并原则同意县农业局局长杨志伟关于《江川县农村土地承包经营权确权登记颁证工作方案》汇报；听取并原则同意县委常委、政法委书记陈琎寿关于《关于调整充实县委依法治县领导小组、办公室和专项组组成人员的通知》汇报；听取并原则同意县委常委、组织部部长林清关于《开展争当“仙湖卫士”行动计划（送审稿）》《开展村（居）民小组党员活动室建设全覆盖行动计划（送审稿）》《开展“空壳村”集体经济增收全覆盖行动计划（送审稿）》汇报；听取并原则同意县委常委、组织部部长林清关于《江川县服务型党组织综合平台项目建设工作方案》汇报；听取并原则同意县委常委、组织部部长林清《关于进一步加强软弱涣散基层党组织整顿工作的通知》（送审稿）汇报；听取并原则同意县委常委、组织部部长林清关于农村60岁以上困难党员关爱资金提高标准相关事宜汇报；听取并原则同意县委正科级组织员、组织部副部长唐光华关于《2015年县级领导联系“七位一体”重点工作项目表》汇报；听取并原则同意县委常委、宣传部部长龚桂存关于《江川县2015年宣传思想文化工作要点（送审稿）》汇报；听取并原则同意县委常委、县委办主任邓春元关于2015年综合目标考评办法有关问题汇报；听取并原则同意统计局局长胡宇翔关于2015年经济指标有关问题汇报；听取县委常委、组织部部长林清关于《关于玉溪市2014年领导干部个人有关事项报告随机抽查核实情况的通报》通报；听取县教育局局长郭自壮关于江川一中扩建二期工程相关情况通报。

4月10日，县委书记马文龙主持召开县委常委（扩大）会议。会议议题：传达省委九届十次全会精神，研究部署江川县贯彻意见；县委马文龙书记对相关工作作要求。

会议听取并原则同意县委常委、县委办主任邓春元关于省委九届十次全会会议精神传达学习及江川县贯彻意见汇报。县委书记马文龙对当前的森林防火、烤烟生产等几项重点工作作要求、部署。听取县委常委、宣传部部长龚桂存关于云南李家山国家考古遗址公园建设相关事宜汇报，听取副县长普朝鹏关于九龙晟景项目建设相关情况通报。

4月27日，县委书记马文龙主持召开县委常委会议。会议共6项议题：听取县委十二届六次全会筹备工作情况汇报；2.研究《中共江川县委关于贯彻落实〈中共云南省委关于深入贯彻落实习近平总书记考察云南重要讲话精神闯出跨越式发展路子的决定〉的实施意见（送审稿）》《中共江川县委关于贯彻落实〈中共云南省委关于深入贯彻落实习近平总书记考察云南重要讲话精神闯出跨越式发展路子的决定〉的实施意见重点工作分工方案（送审稿）》和县委书记马文龙在县委十二届六次全会第一次全体会议上题为《以习近平总书记考察云南重要讲话精神为引领　奋力建设富裕和谐美丽新江川》的讲话（送审稿）；研究学习贯彻十八届四中全会精神全面推进依法治县专题研讨班相关工作；研究《江川县加强和改进优秀年轻干部培养选拔工作实施意见（讨论稿）》；研究《江川县加强乡镇干部队伍建设的实施意见（讨论稿）》；研究《关于在职干部职工疗（休）养工作的意见（讨论稿）》；研究江川县参加聂耳音乐合唱周相关工作。

会议听取并原则同意县委常委、县委办主任邓春元关于县委十二届六次全会筹备工作情况汇报；听取并原则同意县委常委、县委办主任邓春元关于《实施意见（送审稿）》《分工方案（送审稿）》和县委书记马文龙在县委十二届六次全会第一次全体会议上的讲话起草情况汇报；听取并原则同意县委正科级组织员、组织部副部长唐光华《关于举办江川县领导干部学习贯彻十八届四中全会精神全面推进依法治县专题研讨班的方案（讨论稿）》汇报；听取并原则同意县委正科级组织员、组织部副部长唐光华关于《江川县加强和改进优秀年轻干部培养选拔工作实施意见（讨论稿）》汇报；听取并原则同意县委正科级组织员、组织部副部长唐光华关于《江川县加强乡镇干部队伍建设的实施意见（讨论稿）》汇报；听取并原则同意县人大常委会副主任、县总工会主席陆富仙《关于在职干部职工疗（休）养工作的意见（讨论稿）》汇报。听取县委常委、宣传部部长龚桂存关于江川县参加聂耳音乐合唱周汇报，同时还对县级领导深入挂钩联系乡镇，做好春耕备耕、烤烟中耕管理和护林防火等工作进行要求和部署。

4月30日，县委书记马文龙主持召开县委常委会议，听取县委常委、县委办主任邓春元及各讨论组召集人关于中共江川县委十二届六次全委（扩大）会议分组讨论情况汇报，讨论《中国共产党江川县第十二届委员会第六次全委（扩大）会议决议（草案）》。

会议原则同意《中国共产党江川县第十二届委员会第六次全委（扩大）会议决议（草案）》并提交第二次全体会议审议。

5月13日，受县委书记马文龙委托，县委副书记、县长钱兴主持召开县委常委（扩大）会议。专题传达学习省委李纪恒书记调研玉溪时的重要讲话精神，研究部署江川县贯彻落实意见。

5月28日，县委书记马文龙主持召开县委常委会议，会议共2项议题：研究政府机构改革工作；传达学习中央“三严三实”专题教育工作座谈会和省、市委专题教育党课暨推进会精神，研究部署江川县贯彻落实意见。

会议听取县委编办主任吴正顶关于政府机构改革有关事项情况汇报，并原则同意《江川县人民政府职能转变和机构改革实施意见》；听取县委组织部副部长、县“两类”组织党工委书记赵子良传达学习中央“三严三实”专题教育工作座谈会和省、市委专题教育党课暨推进会精神，原则同意《关于在县处级以上领导干部中开展“三严三实”和“忠诚干净担当”专题教育实施意见》。

7月15日，县委书记马文龙主持召开县委常委会议，会议共5项议题：研究关于推荐优秀村（社区）党组织书记工作；研究关于深入治理“为官不为”问题实施方案；研究关于在机构改革中调整县直有关单位党组织设置的方案；研究江川县纪委监察局内设机构调整方案；研究干部工作。

会议听取并原则同意县委组织部副部长、县“两类”组织党工委书记赵子良关于推荐优秀村（社区）党组织书记工作情况汇报；听取县委组织部副部长、县“两类”组织党工委书记赵子良关于持续推进作风整治，深入治理“为官不为”问题实施方案情况汇报，并原则同意《关于在“三严三实”和“忠诚干净担当”专题教育中持续推进作风整治、深入治理“为官不为”问题的实施方案（送审稿）》；听取并原则同意县委组织部副部长、县“两类”组织党工委书记赵子良关于在机构改革中调整县直有关单位党组织设置的情况汇报；听取县纪委副书记郭华关于江川县纪委监察局内设机构调整方案情况汇报，原则同意《江川县纪委监察局内设机构调整方案（送审稿）》。

8月25日，县委书记马文龙主持召开县委常委（扩大）会议，会议共5项议题：研究星云湖底泥疏浚工程有关工作；研究县水泥厂利用黄磷尾气建设日产2000吨新型干法水泥熟料生产线节能减排技改项目有关工作；研究扶贫攻坚“挂包帮”“转走访”有关工作；安排部署全县当前相关工作；传达学习省委九届十一次全会、市委第110次常委（扩大）会议精神及8月17日市委书记罗应光调研江川重要讲话精神，研究部署江川县初步贯彻落实意见。

会议听取并原则同意县环保局局长李华同关于星云湖底泥疏浚工程情况汇报；听取并原则同意县委常委、常务副县长张文彬关于县水泥厂利用黄磷尾气建设日产2000吨新型干法水泥熟料生产线节能减排技改项目情况汇报；听取县委副书记、统战部部长石伟关于扶贫攻坚“挂包帮”“转走访”工作情况汇报，并原则同意《关于深入扎实推进扶贫攻坚的实施意见》《关于成立农村扶贫开发攻坚领导小组的通知》《关于进一步广泛动员社会各方面力量参与扶贫开发攻坚的实施意见》《江川县领导干部“转作风走基层析民情奔小康”遍访贫困村贫困户办法（试行）》《县级领导联系乡镇（街道）和县属及中央、省、市驻江单位定点挂钩帮扶贫困村工作方案》；县委副书记、县长钱兴安排部署全县当前相关工作；县委书记马文龙传达学习省委九届十一次全会、市委第110次常委（扩大）会议精神及8月17日市委

书记罗应光调研江川重要讲话精神，研究部署江川县初步贯彻落实意见。

9月17日，县委书记马文龙主持召开县委常委会议，专题研究落实党风廉政建设“两个责任”相关工作。

会议原则同意县委书记马文龙提出的关于江川县贯彻落实党风廉政建设“两个责任”的意见。传达学习“中纪委对有关地区落实党风廉政建设‘两个责任’不到位问题的通报”，听取市委、市政府、市纪委就落实党风廉政“两个责任”以及部分指标完成情况全市排名靠后约谈江川县情况，研究对开展省级村庄规划示范村申报工作不力的有关单位给予处理的意见和融资工作有关事宜。

9月29日，县委书记马文龙主持召开县委常委会议，会议共20项议题：研究干部工作；研究县委班子专题教育问题清单情况；研究《江川县2015年“百村示范、千村整治”行动实施方案（送审稿）》；研究《县委深化党的建设制度改革实施方案》；研究《关于调整江川县对外宣传领导小组成员的通知》；研究建行置换政府一类债务资金1亿元相关工作；研究《关于贯彻落实省委书记李纪恒在玉溪调研重要讲话精神的实施意见（送审稿）》；研究《进一步加强禁毒工作的实施意见（送审稿）》；研究大街派出所搬迁修缮和雄关派出所迁建有关问题；研究“平安城市”视频监控系统二期建设有关问题；研究大气自动监测站建设相关问题；研究违纪干部处理问题；研究《关于进一步加强少年儿童和少先队工作的实施意见（送审稿）》；研究《江川县投资项目联审联批实施意见（送审稿）》；研究《江川县2015年招商引资工作考核奖励办法（送审稿）》和《江川县招商引资项目管理办法（送审稿）》；研究9至12月份经济指标任务分解相关工作；通报财政存量资金清理盘活有关情况；通报给予玉溪万利包装材料有限公司发展扶持资金相关情况；通报江川县教师绩效工资有关问题；通报江通高速公路建设开工点征地费用、青苗补偿及地上附着物补偿有关问题。

会议听取县委常委、组织部部长林清关于县委班子专题教育问题清单情况汇报；听取并原则同意县委副书记、统战部部长石伟关于《江川县2015年“百村示范、千村整治”行动实施方案（送审稿）》情况汇报；听取并原则同意县委组织部副部长、县“两类”组织党工委书记赵子良关于《县委深化党的建设制度改革实施方案》情况汇报；听取并原则同意县委常委、宣传部部长龚桂存关于《关于调整江川县对外宣传领导小组成员的通知》情况汇报；听取并原则同意县委常委、常务副县长张文彬关于建行置换政府一类债务资金1亿元有关问题情况汇报；听取并原则同意县委常委、县委办主任邓春元关于《关于贯彻落实省委书记李纪恒在玉溪调研重要讲话精神的实施意见（送审稿）》情况汇报；听取并原则同意副县长、县公安局局长牛旺林关于大街派出所搬迁修缮和雄关派出所迁建有关问题情况汇报；听取并原则同意副县长、县公安局局长牛旺林关于“平安城市”视频监控系统二期建设有关问题情况汇报；听取并原则同意县环保局局长李华同关于大气自动监测站建设有关问题情况汇报；听取并原则同意团县委书记戴吉国关于《关于进一步加强少年儿童和少先队工作的实施意见（送审稿）》情况汇报；听取并原则同意县发改局局长曲绍庭关于《江川县投资项目联审联批实施意见（送审稿）》情况汇报；听取并原则同意县招商合作局局长顾秋关于《江川县2015年招商引资工作考核奖励办法（讨论稿）》和《江川县招商引资项目管理办法（讨论稿）》情况汇报；听取并原则同意县政府办主任赵琦关于9月至12月份经济指标任务分解情况汇报；听取县财政局局长李保平关于财政存量资金清理盘活有关情况通报；听取县财政局局长李保平关于给予玉溪万利包装材料有限公司发展扶持资金相关情况通报；听取并原则同意县教育局局长郭自壮关于江川县教师绩效工资有关问题汇报；听取并原则同意县交通局局长胡禄金关于江通高速公路建设开工点征地费用、青苗补偿及地上附着物补偿有关问题情况汇报。

10月16日，县委书记马文龙主持召开县委常委会议，会议共11项议题：传达学习2015年市委中心组第六次理论学习活动会议精神，安排部署江川县贯彻落实意见；研究党风廉政建设工作；传达学习习近平总书记在文艺工作座谈会上的讲话精神；传达学习中共中央办公厅下发的《党委（党组）意识形态工作责任制实施办法》；通报市委组织部《关于省委组织部结合巡视对玉溪市选人用人工作检查情况反馈意见的整改通知》，研究江川县整改方案；研究《江川县建立公务员职务与职级并行制度的实施方案》；研究《江川县第二期产业转型升级培训班培训方案》；研究《江川县党政机关国内公务接待实施细则》《江川县"三公"经费管理规定（暂行）》、《江川县机关会议费管理暂行办法》《江川县县级机关培训费管理办法》；研究义务教育发展基本均衡达标保障经费有关问题；研究江城镇拍卖小宗地和原江城农贸市场地块补助有关问题；通报2015年1—3季度全县大额财政资金支出情况。

会议听取县委书记马文龙关于2015年市委中心组第六次理论学习活动会议精神的传达学习，安排部署江川县贯彻落实意见；听取县委常委、纪委书记李学祥关于《云南省贯彻落实〈关于在查办党员和国家工作人员涉嫌违纪违法犯罪案件中加强协作配合的意见〉实施细则》传达学习和关于县委反腐败协调小组联席会议筹备工作汇报；听取县委宣传部副部长、县文产办主任杨春文关于习近平总书记在文艺工作座谈会上的讲话精神传达学习；听取县委宣传部副部长、县文产办主任杨春文关于中共中央办公厅下发的《党委（党组）意识形态工作责任制实施办法》传达学习；听取县委正科级组织员、组织部副部长唐光华关于市委组织部《关于省委组织部结合巡视对玉溪市选人用人工作检查情况反馈意见的整改通知》通报，会议原则同意县委组织部提交的关于江川县选人用人工作存在问题的整改方案；听取县委正科级组织员、组织部副部长唐光华关于《江川县建立公务员职务与职级并行制度的实施方案》情况汇报，原则同意《江川县建立公务员职务与职级并行制度的实施方案》；听取并原则同意县委正科级组织员、组织部副部长唐光华关于《江川县第二期产业转型升级培训班培训方案》情况汇报；听取并原则同意县财政局局长李保平关于《江川县党政机关国内公务接待实施细则》《江川县"三公"经费管理规定（暂行）》《江川县机关会议费管理暂行办法》《江川县县级机关培训费管理办法》情况汇报；听取并原则同意县教育局党委书记李梅琼关于义务教育发展基本均衡达标保障经费情况汇报；听取并原则同意江城镇党委副书记、镇长郭峰关于江城镇拍卖小宗地和原江城农贸市场地块补助情况汇报；听取县财政局局长李保平关于2015年1—3季度全县大额财政资金支出情况汇报。听取县委副书记、统战部部长石伟关于玉溪高新区江川龙泉园区电动车产业园项目情况汇报。

2015年11月12日，县委书记马文龙主持召开县委常委会议，会议共7项议题：传达学习全省美丽宜居乡村建设工作现场推进会议精神；传达学习市委统战民族工作会议精神和《中国共产党统一战线工作条例（试行）》；传达学习市纪委四届六次全体会议和中央、省、市纪委干部监督工作会议精神，研究江川县《中国共产党廉洁自律准则》和《中国共产党纪律处分条例》学习宣传贯彻有关工作；研究《江川县2015年乡镇（街道）目标任务综合考评办法（送审稿）》《江川县2015年县属单位目标任务综合考评办法（送审稿）》和《2015年综合考评奖励方案》；研究职务与职级并行拟晋升人员；研究2014年度公务员考核确定为优秀等次人员嘉奖情况；研究干部工作。

会议听取县委副书记、县长钱兴关于全省美丽宜居乡村建设工作现场推进会议精神传达学习；听取县委副书记、统战部部长石伟关于市委统战民族工作会议精神和《中国共产党统一战线工作条例（试行）》传达学习；听取县委常委、纪委书记李学祥关于市纪委四届六次全体会议和中央、省、市纪委干部监督工作会议精神传达学习，原则同意《关于认真组织学习宣传贯彻〈中国共产党廉洁自律准则〉和〈中国共产党纪律处分条例〉的通知（送审稿）》；听取并原则同意县委常委、县委办主任邓春元关于《江川县2015年乡镇（街道）目标任务综合考评办法（送审稿）》《江川县2015年县属单位目标任务综合考评办法（送审稿）》和《2015年综合考评奖励方案》汇报；听取并原则同意县委正科级组织员、组织部副部长唐光华关于职务与职级并行拟晋升人员情况汇报；听取并原则同意县委正科级组织员、组织部副部长唐光华关于2014年度公务员考核确定为优秀等次人员嘉奖情况汇报。听取并原则同意县委常委、宣传部部长龚桂存关于第十一届开渔节筹备工作情况汇报。

11月25日，县委书记马文龙主持召开县委常委会议，会议共3项议题：研究抚仙湖径流区实

行统一托管工作有关问题；研究2015年财政预算调整方案有关问题；研究江川县2016年部门预算编制有关问题。

会议听取县委常委、县委办主任邓春元关于召开江川县抚仙湖径流区实行统一托管工作动员会汇报，原则同意《中共江川县委办公室　江川县人民政府办公室关于成立江川县抚仙湖径流区实行统一托管工作领导小组的通知》；听取并原则同意县财政局局长李保平关于《2015年全县财政预算调整方案》汇报；听取并原则同意县财政局局长李保平关于江川县2016年部门预算编制办法汇报。听取县委常委、宣传部部长龚桂存关于党的十八届五中全会精神宣讲工作情况汇报；听取并原则同意县纪委副书记、监察局局长郭华关于2015年惩防体系建设暨党建党风廉政建设考核工作情况汇报；听取县委常委、组织部部长林清关于县委领导班子“三严三实”和“忠诚干净担当”专题教育问题清单通报。

12月7日，县委书记马文龙主持召开县委常委会议，会议共10项议题：研究干部问题；研究召开县委统战民族工作会议有关工作；研究下拨大街、上营、下营、江城4个社区有关工作经费问题；研究群团工作；研究保密工作；研究县林业局“10・24”案件有关工作；通报2016年核桃种植扶持政策有关问题；通报九龙晟景项目整改工作情况；传达学习全市组织工作会议精神；通报组织生活会、专题民主生活会和党（工）委书记述职评议三项工作准备情况。

会议听取并原则同意县委副书记、统战部部长石伟关于召开县委统战民族工作会议情况汇报；听取并原则同意县委常委、县委组织部部长林清关于下拨大街、上营、下营、江城4个社区有关工作经费问题工作汇报；分别听取县人大常委会副主任、县总工会主席陆富仙，团县委书记戴吉国，县妇联主席王学梅关于群团工作汇报；分别听取县人大常委会党组副书记杨本忠、县政协党组书记罗跃岗关于县人大、县政协相关工作情况汇报；听取县保密局局长杨建梁关于保密工作汇报；听取县林业局局长杨涛关于县林业局“10・24”案件相关情况汇报；听取县林业局局长杨涛通报2016年核桃种植扶持政策有关问题汇报；听取县委常委、组织部部长林清关于全市组织工作会议精神传达学习；听取县委常委、组织部部长林清关于组织生活会、专题民主生活会和党（工）委书记述职评议三项工作准备情况通报。听取县委常委、副县长李志刚关于农危房改造工作汇报。

12月22日，县委书记马文龙主持召开县委常委会议，会议共15项议题：研究干部工作；研究乡镇党委届末考核工作；研究村组干部管理办法；研究德兆项目奖补资金相关问题；研究茶尔山水库、大街抽水站工作人员财政全额供养有关问题；研究星云湖水葫芦打捞工作经费有关问题；研究农村公路建设县级配套资金有关问题；研究调整增加县级储备粮轮换差价补贴有关问题；研究扶持中小企业发展补助资金有关问题；通报煤业集团有关问题；通报红砖企业整合资金补助有关问题；通报县管党政领导班子主要负责人向县纪委十二届六次全委（扩大）会、县纪委十二届七次全会述廉述责有关工作；通报“三严三实”专题民主生活会准备情况；通报党（工）委书记抓基层党建工作述职评议工作准备情况；通报江川县2015年9-12月大额及存量资金拨付情况。

会议听取并原则同意县委正科级组织员、组织部副部长唐光华关于乡镇党委届末考核工作汇报；听取并原则同意县委组织部副部长、县“两类”组织党工委书记赵子良关于村组干部管理办法汇报；听取并原则同意县委常委、副县长李志刚关于德兆项目奖补资金相关工作情况汇报；听取并原则同意县水利局局长杨杰关于茶尔山水库、大街抽水站工作人员财政全额供养有关问题汇报；听取并原则同意县星管局局长业东华关于星云湖水葫芦打捞工作经费汇报；听取并原则同意县交通运输局局长胡禄金关于农村公路建设县级配套资金有关情况汇报；听取并原则同意县发改局局长曲绍庭关于调整增加县级储备粮轮换差价补贴有关情况汇报；听取并原则同意县工信局局长钟镖关于扶持中小企业发展补助资金有关情况汇报；听取并原则同意县工信局局长钟镖关于煤业集团有关问题汇报；听取并原则同意县工信局局长钟镖关于红砖企业整合资金补助有关问题汇报；听取并原则同意县委常委、县纪委书记李学祥关于县管党政领导班子主要负责人向县纪委十二届六次全委（扩大）会、县纪委十二届七次全会述廉述责有关工作汇报；听取并原则同意县委组织部副部长、县“两类”组织党工委书记赵子良关于“三严三实”专题民主生活会准备情况汇报；听取并原则同意县委组织部副部长、县“两类”组织党工委书记赵子良关于党（工）委书记抓基层党建工作述职评议工作准备情况汇报；听取县委常委、常务副县长张文彬关于江川县2015年9-12月大额及存量资金拨付情况通报。听取县委常委、常务副县长张文彬关于2015年各项经济指标完成情况通报；书面通报全县安全生产工作情况。

（周宝在）

【重要通知、指示、决定】 2015年1月9日，县委办印发《〈关于深化“四风”整治、巩固和拓展党的群众路线教育实践活动成果的实施意见〉的通知》，从筑牢反“四风”改作风的思想基础、兑现整改落实的各项承诺、建立完善作风建设的长效机制、用好党内政治生活“四大法宝”、夯实党的执政基础、发挥领导带头作用、加强组织领导等方面就江川县深化“四风”整治、巩固和拓展党的群众路线教育实践活动成果提出实施意见。1月13日，县委办下发《关于印发〈江川县干部直接联系和服务群众制度〉的通知》，总结推广江川县实行干部直接联系群众制度经验，巩固拓展党的群众路线教育实践活动成果，促进干部直接联系和服务群众工作常态化长效化。1月20日，按照中央、省委和市委要求，县委决定，2015年重点在县级领导干部中深入开展“三严三实”和“忠诚干净担当”专题教育，下发《关于深入开展“三严三实”和“忠诚干净担当”专题教育的实施意见》。《意见》从认真开展学习教育、从严查找问题、从实进行党性分析、切实解决存在问题、持续深化专项整治五个方面对抓好专题教育活动进行安排部署。同日，县委办下发《关于成立县委深入开展“三严三实”和“忠诚干净担当”专题教育领导小组的通知》，《通知》为深入开展“三严三实”和“忠诚干净担当”专题教育，县委决定成立由县委书记马文龙担任组长的县委深入开展“三严三实”和“忠诚干净担当”专题教育领导小组，并下设领导小组办公室在县委组织部，由县委常委、组织部部长林清任办公室主任，全力推进专题教育活动。1月23日，县委办、县政府办下发《关于表彰2014年度社会管理综合治理维护稳定工作先进集体和综治委成员单位的决定》。县委、县政府决定对九溪镇、雄关乡、江城镇、“仙湖锦绣”项目历史遗案信访工作组、县610办等10家先进集体，县委办、县纪委监察局、县委组织部、县委宣传部、县政府办、县工信局、县公安局、县司法局、县水利局等20家先进综治委成员单位，安全生产专业性调解组织、“平安旅游”创建工作小组2家行业先进集体予以嘉奖。1月28日，县委办、县政府办下发《关于印发〈江川县创建中国楹联文化县实施方案〉的通知》。《通知》为进一步普及楹联知识，健全楹联文化研习组织，提高楹联创作、书写水平，扩大楹联应用领域，培育楹联文化产业，加快推进楹联文化县创建步伐，促进全县文化事业繁荣发展确定目标原则，分解工作任务及工作步骤，提出工作要求。

2月10日，为深入贯彻党的十八大、十八届三中四中全会和中纪委五次全会精神，进一步落实党组织主体责任和纪检组织监督责任，根据《中国共产党章程》《中国共产党党内监督条例(试行)》《关于实行党风廉政建设责任制的规定》等党内法规和《中共云南省委印发〈关于落实党风廉政建设主体责任的规定〉的通知》（云发〔2014〕12号）《中共玉溪市委印发〈关于落实党风廉政建设党委主体责任、纪委监督责任的实施意见〉的通知》（玉发〔2014〕37号），县委结合本县实际，制定下发《关于印发〈江川县关于落实党风廉政建设各级党组织主体责任、纪检组织监督责任的实施办法〉的通知》，从总体要求、党组织的主体责任及其责任分工、纪检组织的监督责任、工作保障措施等几个方面做出相关规定。2月10日，县委办、县政府办下发《关于进一步解决“三难”“四多”问题的通知》，《通知》要求各级各部门提高思想认识，切实增强责任感和紧迫感；强化工作措施，坚决解决“三难”问题；加大工作力度，坚决治理“四多”问题；加强监督检查，确保整治工作收到实效。进一步推动中央“八项规定”和省市关于改进工作作风密切联系群众实施办法的落实，加大作风转变力度，有效解决办事难、审批难、落地难“三难”问题和会议多、文件多、活动多、评比多“四多”问题。2月10日，县委办、县政府办下发《关于印发〈江川县加强作风建设问责办法〉的通知》到各级各部门，并要求抓好落实。2月26日，县委、县政府下发《关于表彰2014年度第八批新农村建设工作队优秀个人和先进派出单位决定》，县委、县政府决定对王亮等14名优秀指导员、县农业局等2个先进派出单位和赵连江等10名优秀常务书记予以表彰。2月26日，县委办下发《关于下派第九批新农村建设指导员的通知》，县委决定向全县72个（除浪广社区外）村（社区）下派第九批新农村建设指导员，并对驻村工作提出要求。

3月4日，县委、县政府下发《关于进一步健全完善信访工作责任制的实施意见》，《意见》根据国务院《信访条例》有关规定，结合江川实际制定实施，从落实信访工作责任制的目标任务，落实信访工作责任制的基本要求，建立健全信访工作机构，落实签订责任书、通报、考核和责任追究制度四个方面做出相关规定。

3月11日，县委办、县政府办下发《关于印发〈江川县深入开展“六个严禁”专项整治工作实施方案〉的通知》，确定整治范围、整治重点、方法步骤，提出落实主体责任、履行监督责任、依纪依法处理等工作要求。3月30日，县委、县政府下发《关于表彰基层武装部规范化建设达标单位和先进个人的决定》，为表彰先进，鼓舞斗志，激发干劲，巩固和转化基层武装部规范化达标建设成果，经县委、县政府研究，决定对大街街道武装部等7个达标单位和杨会政等11名先进个人进行表彰奖励。3月30日，县委办、县政府办下发《关于印发〈江川县国民经济和社会发展第十三个五年规划编制工作实施方案〉的通知》，《通知》对江川县国民经济和社会发展第十三个五年规划编制工作的指导思想、基本原则、规划体系、进度安排、组织领导作出部署，提出工作要求，安排江川县“十三五”规划编制专项经费150万元，纳入2015年县级财政预算，保障全县“十三五”规划编制工作圆满完成。

4月7日，县委办、县政府办下发《关于印发〈江川县服务型党组织综合平台项目建设工作方案〉的通知》，《通知》确定工作目标，明确党建资讯、党务管理、党员教育、政务服务、便民服务五大平台功能，对工作任务及项目作明确分工，提出立项申报（2015年1月1日-3月31日）、建设实施（2015年4月1日-7月31日）、运行维护（2015年8月1日-10月31日）、考核验收（2015年11月1日-12月31日）四个建设步骤，并对平台建设作了要求。

5月5日，县委办、县政府办下发《关于印发〈江川县加强乡镇干部队伍建设的实施方案〉的通知》，从坚持多措并举，大力拓宽乡镇干部来源渠道，不断优化队伍结构；改进队伍作风，完善服务机制，不断提升服务群众的能力和水平；加强管理监督，促进履职尽责，提高队伍执行力；树立基层导向，落实关心关怀措施，激发队伍活力四个方面对加强乡镇干部队伍建设工作进行任务分解。对强化责任落实、形成工作合力、抓好典型引领三方面提供组织保障进行任务分解，为江川与全市同步全面建成小康社会、全面深化改革、全面推进依法治县、全面从严治党打下坚实基础。5月18日，县委办、县政府办下发《关于印发〈“仙湖卫士·群团行动”计划〉的通知》，县委要求全县各级群团组织要站在建设美丽江川、争当全市生态文明建设排头兵的高度，充分认识实施“仙湖卫士·群团行动”计划的重要意义，按照“党建带工建、带团建、带妇建”要求，更好地发挥自身优势，以高度的政治责任感和历史使命感，主动参与“两湖”流域生态环境保护治理工作，为实现“确保抚仙湖保持Ⅰ类水质、星云湖率先消灭劣Ⅴ类水质、主要河流河道水质良好”目标作出新贡献，并提出工作措施和组织保障。

6月2日，县委办下发《关于印发〈关于在全县处级以上领导干部中开展“三严三实”和“忠诚干净担当”专题教育实施意见〉的通知》，县委要求切实增强组织开展好专题教育的思想自觉和行动自觉，牢牢抓住专题教育的重点对象，集中精力抓实专题教育“关键动作”，并对专题教育的组织领导作了进一步加强，要求全县处级以上领导干部把专题教育作为重大政治任务，坚持从严要求，强化问题导向，加强领导、精心组织，确保在深化“四风”整治、巩固和拓展党的群众路线教育实践活动成果上见实效，在守纪律讲规矩、营造良好政治生态上见实效，在真抓实干、推动改革发展稳定上见实效。6月12日，根据《中共云南省委 云南省人民政府关于省以下政府职能转变和机构改革的指导意见》（云发〔2014〕22号）及《中共玉溪市委办公室　玉溪市人民政府办公室关于印发〈江川县人民政府职能转变和机构改革方案〉的通知》（玉办发〔2015〕22号）精神，结合江川实际，县委、县政府下发《关于印发〈江川县人民政府职能转变和机构改革实施意见〉的通知》，从加快政府职能转变、深化政府机构改革、严格控制机构编制、抓好组织实施几方面提出实施意见。6月12日，县委办、县政府办下发《关于印发〈江川县人民政府职能转变和机构改革工作方案〉的通知》，县委、县政府按照精简统一效能原则，将在机构限额内规范机构设置，理顺权责关系，稳步推进大部门制改革，简政放权，减少行政审批，提高行政效能，完善体制机制，推进服务型政府建设作为主要工作任务。成立由林清任组长的人员调整及“三定”工作组、由张文彬任组长的资产清查处置组、由邓春元任组长的档案清交组三个工作组，确定第一阶段：调研、拟定、报批方案（2014年7月—2015年5月20日），第二阶段：宣传动员（2015年5月20日—2015年6月20日），第三阶段：“三定”工作（2015年6月20日—30日），第四阶段：总结验收（2015年6月30日前）的四个工作阶段。6月25日，为深入贯彻落实党的十八大精神，进一步加快推进社会建设和政府职能转变，加强和创新社会管理，推动社会组织管理制度改革，充分发挥社会组织在全面建成小康社会中的重要作用，加快富裕和谐美丽新江川建设步伐，县委、县政府就江川县大力培育发展社会组织、加快推进现代社会组织体制建设提出《关于大力培育发展社会组织加快推进现代社会组织体制建设的实施意见》，《意见》围绕总体要求、目标任务，重点工作，保障措施，组织领导四个方面做出安排部署。

7月15日，县委办、县政府办下发《关于印发〈江川县2015年依法治县工作要点〉的通知》，县委、县政府从加强依法执政、加强法律监督、推进依法行政、保证公正司法、繁荣法治文化、推动全民守法六个方面对依法治县工作作出要求。7月16日，县委办下发《印发〈关于在“三严三实”和“忠诚干净担当”专题教育中持续推进作风整治、深入治理“为官不为”问题的实施方案〉的通知》明确工作目标，明确治理对象、治理的主要内容，提出进行一次思想发动、开展一轮谈心谈话、组织一次自查自纠、进行一次集中调研督查、健全完善一套规章制度五项治理的方法措施，并对深入治理“为官不为”问题作出相关要求。

8月27日，为全面贯彻落实《中共云南省委关于贯彻落实习近平总书记考察云南重要讲话精神闯出跨越式发展路子的决定》（云发〔2015〕9号）和《中共云南省委　云南省人民政府关于举全省之力打好扶贫攻坚战的意见》（云发〔2015〕14号）精神，举全县之力打好扶贫攻坚战，确保实现市委市政府提出的“2015年强打基础、2017年消除贫困、2018年巩固提升，率先在全省全面建成小康社会”扶贫攻坚目标，结合江川扶贫开发实际，县委、县政府下发《关于深入扎实推进扶贫攻坚的实施意见》，《意见》从打好扶贫攻坚战的重大现实意义，打好扶贫攻坚战的总体要求，打好扶贫攻坚战的主要任务，打好扶贫攻坚战的保障措施四个方面做出安排部署。

9月1日，县委办、县政府办下发《关于成立江川县“六城同创”工作领导小组的通知》，成立由钱兴任组长的江川县“六城同创”工作领导小组，下设六个指挥部：由李志刚任指挥长的争创联合国人居环境奖暨国家节水型城市指挥部，由龚桂存任指挥长的创建全国文明城市指挥部，由普朝鹏任指挥长的创建国家环保模范城市指挥部，由李志刚任指挥长的创建国家生态园林城市指挥部，由李志刚任指挥长的创建国家智慧城市指挥部，由张文彬任指挥长的创建国家创新型试点城市指挥部。确保“六城同创”工作有序开展。

11月24日，县委办、县政府办下发《关于印发〈江川县招商引资项目管理办法（试行）〉的通知》，《办法》分为总则、项目的提出与推介、项目的准入与洽谈、项目的落地和签约、项目的推进和管理、项目的履约验收与政策兑现、项目清退七个章节，要求各级各部门认真遵照执行。11月27日，县委办下发《关于开展2015年度惩治和预防腐败体系建设暨党建党风廉政建设责任制工作考核的通知》，《通知》认真贯彻落实党建、党风廉政建设责任制相关规定，按照《江川县贯彻落实〈建立健全惩治和预防腐败体系2013—2017

年工作规划〉任务分解方案的通知》（江发〔2014〕26号）及《江川县党风廉政建设责任制考核办法》（江办发〔2014〕79号）和年初签订的《江川县2015年度党风廉政建设责任制责任书》《中共江川县委2015年度党建工作责任书》要求，从考核时间安排、考核单位及考核组人员安排、考核工作相关要求等方面，对2015年惩治和预防腐败体系建设暨党建党风廉政建设责任制工作考核相关事宜进行安排部署。

12月23日，县委、县政府下发《关于表彰统战民族工作先进集体和先进个人的决定》，对长期以来在统战民族工作中做出显著成绩的公安局等15个先进集体和付林华等15名先进个人给予表彰。12月28日，县委、县政府下发《关于印发〈江川县关于加强和改进新形势下民族工作的实施意见〉的通知》，《意见》从全面贯彻落实中央、省委、市委民族工作会议精神，增强做好民族工作的责任感；紧紧围绕江川县与全市同步率先全面建成小康社会目标，明确责任，加快民族乡村经济社会发展；深入开展民族团结进步示范创建，促进各民族融合发展；强化法治理念，推进民族工作法治化；加强党对民族工作的领导，确保各项工作任务落到实处四方面对民族工作做出部署安排并进行责任分解。

12月30日，县委办、县政府办下发《关于印发〈江川县撤县设区工作方案〉的通知》，成立以马文龙为政委、王志华为组长的撤县设区工作领导小组，领导小组下设办公室在县委办，并设15个工作小组，邓春元任办公室主任，以石伟为组长的综合协调工作组，以林清为组长的机构设置及干部人事工作组，以李学祥为组长的纪检监察系统撤县设区工作组，以石伟为组长的宣传报道工作组，以石伟为组长的政策研究工作组，以李志刚为组长的环境整治工作组，以曾宪涛为组长的县人武部撤县设区工作组，以陈琎寿为组长的社会稳定工作组，以普朝鹏为组长的安全生产及供电通讯保障工作组，以杨军苹为组长的医疗及食品卫生组，以张文彬同志为组长的后勤保障组，以石伟同志为组长的镇改街道组，以牛旺林为组长的证件证照更换组，以李学祥为组长的督查组。把撤县设区工作分为五个阶段：第一阶段（1月1日—1月15日）：成立撤县设区工作领导小组，制定和完善撤县设区相关工作方案，上报撤县设区有关事项的请示及方案，完成各项文字材料准备工作。第二阶段（1月16日—2月5日）：待市委批复同意后，各工作组上报机构变更、干部人事过渡等方面的请示，以及其他需要上级各职能部门明确的事项请示。第三阶段（2月6日—2月20日）：开展县属单位和部门的机构变更、干部人事过渡等方面的工作，准备撤县设区大会及授牌授印仪式工作；对各工作组的工作落实情况进行全面检查，对存在的问题提出意见，及时整改完善；待市委批复及相关人事任免批复后，县委、县人大、县政府、县政协、县纪委分别召开会议，研究通过撤销江川县设立玉溪市江川区的事项。第四阶段（2月下旬）：召开玉溪市江川县撤县设区暨江川区发展大会，举行区级机关授牌授印仪式。第五阶段（3月1日—3月10日）：总结，立卷归档。对撤县设区工作作相关要求。

（朱可欣）

【文秘工作】 2015年，县委办文秘工作紧紧围绕县委、县政府和县委办中心工作，紧贴领导思路，紧跟形势需要，在公文处理上严把“起草、审核、收发”三关，启用了江办发电、江办通文号，切实提高办公室公文的规范性、权威性。全年下发县委、县委办文件及会议纪要等各类文件140余份、江情通报33期，起草各类重要会议或重大活动讲话、汇报提纲等文稿50余篇；协调组织召开全县综合性会议及活动130余次；建立县级领导工作动态反馈制度，召开“五办”主任联系会议8次，为发挥县委的领导职能和县委办的综合协调、服务领导的中枢作用作出贡献。

（刘蓉芳）

【信息工作】 2015年，县委办信息股全体工作人员紧紧围绕县委中心工作，从加强信息工作规范化建设入手，积极汇报争取，建设“中共江川县委员会信息处理系统”，起草印发《关于进一步加强和改进信息工作的实施意见》（江办发〔2015〕76号），健全完善《中共江川县委办公室信息工作考核奖励办法（试行）》，筹备召开全县信息工作业务培训会，组织开展信息工作调研及调研报告撰写，建立信息约稿报送反馈机制，进一步提高信息编报效率和信息工作质量。在信息收集、选编和报送的过程中，克服“坐等信息”和“二传手”等传统作法，时刻注意区委决策活动动向，主动向领导了解各项工作的进展情况，主动掌握基层各项工作的部署、落实情况，为领导决策和推进工作提供适用对路的信息，对促进全区经济社会发展起到积极作用，信息工作“拳头”作用进一步发挥。一年来，共向市委办收集整理报送各类信息440余条，被采用127条，累计考核得分1230分，排名八县一区第四位，组织编报的意见建议类信息受到市委信息综合室肯定，部分还被转报省委办；组织编发《江川信息专报》10余期；赵鹏同志被市委办表彰为“玉溪市党委信息先进工作者”。

（周宝在）

政　研

【概　述】　2015年，县委政研室围绕省市农村工作会议的精神和要求，按照省市委农办的相关要求，紧紧围绕县委政府的中心工作，切实履行调查研究、新农村建设及改革办等工作职责，完成各项工作任务。

【专题调研】　县委政研室切实履行工作职责，以推进县域经济发展为目标，围绕县委中心工作和工作部署，就县委关注的产业结构调整、工业经济发展、环境保护及招商引资等方面的重大问题，通过集合型调研、专题调研或协同相关部门开展调查研究工作，为县委决策提供可靠依据和有参考价值的意见和建议。按照县委领导的要求，对全县招商引资、抚仙湖“四退三还”、扶贫开发、公厕建设管理、生猪定点屠宰监管等5个方面的工作进行调研，形成专题调研报告报送县委领导及相关部门，有效发挥参谋助手作用。同时，配合做好省市做好美丽乡村建设、农危房改造等方面的调研工作。

【新农村建设工作】　县新农办（县委政研室）按照省、市要求，以省级重点村、美丽家园行动、“百村示范、千村整治”工程项目建设为载体，统筹规划，强化工程项目管理，注重督促检查落实，实行项目资金专户管理，将资金转化为实实在在的项目，农村基础设施、村容村貌得到改善。2014年13个美丽家园行动项目共投入资金2848万元（其中：市级批复资金1620万元），完成硬化道路14条4442.63米，修建档墙4285立方米；配套建设环卫设施、建公厕5个218平方米；完成绿化5220平方米，安装路灯251盏；建设活动室5个1460平方米，兴建公共活动场地7个7429方米，配套文体活动设施3套，改善了项目村群众的生产条件和生活环境。组织实施“百村示范、千村整治”工程4个示范村44个整治村和2015年5个省级重点村。按照省市委农办要求，作好项目审报，召开全县百千工程推进会，配合市级完成4个示范村村庄规划和建设项目实施方案评审；组织完成44个整治村村庄规划和建设项目实施方案编制和专家评审，并报市级相关部门。将百千工程实施与旧村改造、农村危房改造和地震安居工程建设结合起来，宣传上级相关惠农补助政策，做好群众工作，雄关乡上营村委陈居头村、雷居头村、麻栗湾村，江城镇温泉村委会庄科村、明星村委会明星村，大街街道小河边村，九溪马家庄村等村旧村改造危房拆除工作取得成效。2015年度5个新农村省级重点建设村全部整合到“百千工程”整治村一并实施，制定下发重点村建设实施方案，5个项目村补助资金共225万元全部下达到相关乡镇（街道）。县新农办、县住建局对全县4个示范村、44个整治村进行调研，研究制定资金分配下达方案，下达资金5221.65万元，加强工程质量监督，加快推进工程项目建设，确保完成项目建设任务。

【县委改革办工作】　发挥县委改革办综合协调作用，形成领导小组统筹抓总，8个专项小组各司其职、各负其责，上下联动、左右协调的工作机制。制定出台《中共江川县委全面深化改革领导小组工作规则》《中共江川县委全面深化改革领导小组专项小组工作规则》《中共江川县委全面深化改革领导小组办公室工作细则》，落实《县委深化改革领导小组2014—2015年工作要点》，从应当做、能够做的事情做起，着力推进经济体制、民主法制领域、文化教育卫生体制、社会体制、生态文明体制、党的建设体制、纪律检查体制等方面和领域的改革，全县各项改革扎实稳步推进。按照市委改革办的要求，及时报送江川县深化改革试点经验总结、工作总结等材料，在省委改革办对玉溪市委改革工作进行督查，延伸至江川检查时给予一致好评。

【新农村建设工作队及指导员工作】 县委政研室认真履行新农队办工作职责，不定期深入农村基层，主动跟踪全县新农村建设指导员工作动态，切实做好指导和服务工作。2015年，江川县第九批新农村建设指导员共下派102人（其中省级下派1人、市级下派29人、县级选派72人），组成7支乡镇（街道）工作队，围绕县、乡、村中心工作分赴到72个村（社区）开展工作。

全县新农村建设工作队及指导员驻村后，遵守各项规章制度，依靠当地党组织和干部群众，坚持因地制宜、实事求是原则，开展各项工作。县新农队办分别与13个市级新农村建设指导员派出单位和62个县级新农村建设指导员单位签订《派出单位帮扶承诺书》，召开全县工作队长例会4次。制定出台“新农村建设工作队专项资金管理办法”，将省、市、县每年下拨的专项补助、工作经费加以整合，出资100万元，支持各乡镇竞争性实施10个新农村建设项目（每个补助10万元）。全县指导员共走访农户21464户，记录民情日记3164篇，撰写调研报告96篇，制定驻村年度工作计划83份，帮助村级组织制定和完善各项规章制度222项，制定驻村发展规划89个，向镇、村、组提出工作建议712条，被采纳459条；召开各种形式的群众会议223次，参与群众达24473人次，组织开展文艺演出34场次。共参与矛盾纠纷调解765起，有效解决矛盾纠纷548起；为驻村办好事实事300余件；结对贫困户301户，建立民情联系卡537份，直接联系农户236户；为驻村争取各类建设项目172个，争取各类物资（折合）和资金217万元。

（徐顺生）

督　查

【概　述】 一年来，督查工作紧紧围绕县委、县政府中心工作，求真务实，真督实查，开拓创新，狠抓自身建设，不断提升督查工作服务水平，全力促进县委、县政府各项决策的落实，全县督查工作得到全面加强。年末，县委督查室设决策督查股、专项查办股、综合考评股三个股室，有督查专职人员5人，设主任1名。

【完善督查机制】 一是实行督查工作与绩效考核相结合机制。制定并下发《江川县2015年度督促检查工作考评办法》及《江川县乡镇（街道）、部门督查工作目标责任书》及考核细则，在全县各乡镇（街道）及县直各重点单位实行督促检查工作目标责任管理制及绩效考核机制。同时，将督查考核结果融入全县的综合目标考评中。二是实行督查工作与纪委监察、组织工作联动机制。在督查中发现的问题相关单位未按要求及时整改的，由县委督查室建议纪委监察部门追究相关领导责任；在督查中发现在组织开展工作中措施有力、成效明显的干部，由县委督查室建议组织部门作为干部考察后备人选。三是实行督查室主任列席重要会议机制。明确规定县委督查室主任列席县委常委会、全委会、县委专题会、五办主任联席会等重要会议，确保督查重点工作不遗漏、不脱节，顺利推进工作落实。

【综合考核】 着力构建科学的目标任务综合考评办法和考评结果运用机制，充分发挥综合考评的导向和激励约束作用，推动各级不断提升工作绩效，促进全县经济社会发展再上新台阶。2015年，在《江川县2014年乡镇（街道）目标任务综合考评办法》和《江川县2014年县属单位目标任务综合考评办法》的基础上，结合市县年度目标任务相关要求修改完善形成《江川县2015年乡镇（街道）目标任务综合考评办法》和《江川县2015年县属单位目标任务综合考评办法》，并按相关要求严格做好全县综合考评相关工作。同时，将综合考评结果作为“敬业有功、怠业必惩”的依据之一，按《“敬业有功、怠业必惩”实施方案》的要求执行。并作为县委组织部、县财政局、县人社局领导干部考核、干部选拔任用、县财政公共预算支出的重要参考。

【决策督查】 为全面实现江川县2015年度经济社会发展目标，年初，县委督查工作领导小组办公室分别对市委、县委全会主要精神及时进行分解立项，及时下发《中共江川县委办公室关于对县委十二届五次全会主要精神进行立项督查的通知》，明确各级各部门2015年度的主要工作目标任务。并按通知要求，对全年各责任单位的重点工作开展定期督促检查，同时结合工作实际不定期开展专项督查，力促市县各项目标工作落实。在督查中，督查人员真督实查，注重发现典型，总结经验，及时向县委领导反馈存在的问题和困难。

【专项督查】 2015年以来，充分发挥大督查优势，整合县委督查室、县政府督查室、县纪委监察局及县委政法委、县环保局、县交通局、县国土局、县林业局、县水利局、县民政局、县烟草公司等部门督查力量，采取明察暗访、书面督查与实地督查相结合等形式，共同对护林防火、烤烟生产、殡葬改革、2014年美丽家园项目建设、县城街区整治、江中路建设、清收原农村合作基金会欠款、抚仙湖沿湖保护、县委“八要”等重点工作及县内147个重大项目进行多次专项督查。专项督查后，及时下发督查通报，将督查结果作为对各责任单位的年度综合目标考核重要依据。县纪委监察局多次联合县委督查室、社会特邀监察员对各单位作风建设进行专项督查，多次联合县委督查室、县政府督查室对会风建设进行督查。年内，县委督查工作领导小组办公室共拟发《督促检查事项办理通知单》16期，同时，针对专项督查中存在问题和工作建议拟发督查通报27期，有力促进县委县政府各项工作落实。

【督查结果利用】 一是及时总结，进行县内通报。在专项督查结束后，及时进行县内通报，反馈各乡镇（街道）、县级各部门贯彻落实上级党委重大决策和重要工作部署中存在的问题、实践探索并提出对策建议。2015年，共向全县各单位下发督查通报19期，有力促进全县各级各部门贯彻落实各项工作。二是把督查工作与县委中心工作相结合，督查结果融入县级各乡镇（街道）、县级各部门目标任务综合考评中。按照县对各乡镇（街道）、县级各部门目标任务综合考评的要求，真督实查，并把督查结果作为县级各乡镇（街道）、各部门单位年度目标任务平时考核的重要评分依据。

【批示督办】 高度重视所涉督查件、批示件办理工作，在接到上级批示件后，认真落实，第一时间办理，做到事事有着落，件件有回音，有批必查，有查必办，有办必果。做到态度明确，事实清楚，措施具体，确保反映的问题切实得到解决。在材料的梳理汇报中，严把事实关、文字关，确保报送质量。一是严格登记制度。做好督查批示件的编号、来文单位、文件名称、批示内容、批示时间、承办单位、签收人、签收日期、督办情况、督办日期、办理结果等登记。二是明确交办责任。在充分准确地领会领导批示的内容和精神上，根据文件内容和批示精神，对照部门职能和领导分工，准确地交办有关部门和领导，批示件及时复印并交办具体承办单位和承办人，同时原件存档备查。三是及时催办、督办。批示件交办后，及时或定期催办督办；对紧急和重要的批示件，随时检查办理进度，催促加快办理，保证领导批示得到切实贯彻落实。四是认真汇总办理结果。按期对领导批示件的办理情况进行汇总，并报作出批示的领导审阅。同时将批示的办理结果或落实情况汇总后呈报领导阅知，为领导部署下一步工作提供参考。年内，共上报《督查件落实情况》20件，办理市级领导批示件25件，办结率达100%。

【督查队伍建设】 按照《中共江川县委关于加强和改进党委督促检查工作的实施意见》（江发〔2013〕33号），明确要求全县各乡镇（街道）及职能多、任务重的县级部门要成立督查工作领导小组，设立专门督查机构，其他县级部门要配备督查科室，配备专（兼）职人员。年内，全县7个乡镇（街道）及26个重要部门均按要求成立督查工作领导小组，并设立专门督查机构。同时，各乡镇（街道）、部门基本设立督查室，有办公地点，并有一定工作经费，全县共备案专（兼）职督查人员60余名，备案单位33个。全县督查工作在组织领导及队伍建设上均得以健全和充实壮大，基层督查工作条件得以改善，为进一步做好全县督查工作提供了基本保障。

【信息调研】 提质保量，做好信息和调研工作。在做好日常督查工作的同时，注重对各项重点工作和重大项目进行督查调研，在全县各单位贯彻落实上级党委重大决策和重要工作部署中，对一些特点突出、措施有力、成效明显、经验典型的工作，县委督查室及时撰写编发《督查专报》上报市委督查室，撰写编发《督查工作信息》在县内进行交流，以确保信息畅通，推广典型。年内共撰写上报市委督查室《专项调研报告》6期、《督查专报》20

期，撰写编发《督查工作信息》12期在县内进行交流。

（盛文芬）

保　密

【概　述】 2015年，江川县保密工作围绕县委、政府中心工作，求真务实抓好“两识教育、三大管理、依法行政、保密技防、优化服务、提升素质”六个方面工作，积极发挥保密工作“保安全、保发展、保稳定、促和谐”作用，为江川经济社会又好又快发展作出贡献。

【强化基础抓教育】 2015年，江川县多形式开展保密教育，认真抓好新颁布的《保密法实施条例》及其配套法规的学习贯彻，充分利用广播、网络、微信等传媒手段，广泛开展保密教育。6～8月，与县总工会组织全县干部职工参加保密知识竞赛，提高全县干部职工保密知识水平；加强与县委党校沟通协作，抓好党校学员保密教育；利用入党积极分子培训班机会，开展保密培训，年内办班2期，上保密教育课时4节。

做好保密宣传月工作。重点抓好三个层面宣传工作：县保密委员会于2015年10月20日及时召开保密“三项”教育暨党课专题教育培训会，县委常委、县委办主任作专题讲座，安排部署当前及今后一段时期的保密工作；县保密局局长杨建梁通报2014年云南省泄密案情，播放警示教育片，各单位分管保密工作的领导及涉密人员200余人参加培训会。各单位开展保密法制宣讲教育培训60余次，其中县保密局到相关单位开展专题宣讲教育5次，特别是以强化涉密人员保密素质、规范涉密人员保密行为、增强涉密人员保密能力为目标，结合本单位实际，开展多种宣传教育活动，认真学习《保密法》等法律法规。充分运用好电视、网络等新闻媒体加强宣传工作，在县电视台连续一个星期滚动播放保密宣传标语2条，向全县各单位发放宣传册400余套。

【围绕核心抓管理】 2015年，进一步加强计算机及其网络保密自检自查及网络分类核查工作，切实加强对涉密文件管理和计算机及其网络的保密管理。同时做好各单位的网络分类核查工作，进一步深化网络分类核查，准确界定涉密网络、非涉密网络。

做好涉密文件、内部资料清销工作。5月5～6日，江川县国家保密局对2014年江川县涉密文件、内部资料进行集中统一销毁。销毁涉密文件、内部资料115000余份，未发现失泄密事件。

按照《玉溪市“六五”保密法制宣传教育检查验收标准》开展《江川县“六五”保密法制宣传教育规划》自检自查及痕迹资料收集装订工作，并于7月30日通过市级检查验收。

加强涉密人员及保密要害部门、部位保密管理。落实《党政领导干部保密工作责任制规定》，巩固“三书”签订成果，完成新任涉密人员的岗前保密审查和在岗责任书补签、续签工作，进一步强化涉密人员在岗、离岗和脱密期管理。按照涉密人员分类确定标准，全面展开县级机关涉密人员分类确定工作，根据《保密法》和《保密法实施条例》规定及市级文件要求，2015年6月，县保密委（局）进一步确定各单位的保密要害部门、要害部位，完善涉密人员信息，建立涉密人员动态管理数据库。

完成2014年保密普查数据。按照省、市要求，2015年6月，组织全县各单位保密专干完成2014年度保密普查数据，进一步筑牢保密网底建设。

积极指导档案数字化加工工作。根据档案管理升级达标要求相关管理办法，江川县多家单位开展档案信息化建设工作。为确保在档案录入过程中不失密、不泄密，3月，县国家保密局先后到县委办、县政府办、县纪委指导工作，并检查外包录入单位的相关资质、双方签订的合同等；县保密局还深入档案局进一步检查指导开展档案录入工作，并对开展档案数字化过程中的生产加工环节、生产加工设备以及生产加工场所的保密安全管理工作提出明确具体要求。

开展保密工作调研。为认真贯彻落实中央、省、市领导对保密工作的重要指示，切实转变作风，增强基层各级做好保密工作的责任感，发挥担当精神，2015年9月1～2日，县保密局、县保密委办领导一行分别深入雄关乡、路居镇、大街街道办事处、江城镇等5镇2乡开展保密专题调研。

切实加强对计算机及其网络保密检查，积极做好每个季度自检自查，并建立检查台账和按季上报制度。2015年，县保密局共对全县保密工作各块进行5次检查，检查涉密计算机12台，非涉密计算机53台，发出整改通知书4份，责令限期整改完善工作，消除一般泄密隐患15处。切实加强政府信息公开及有关出版物的保密审查、管理、月报工作，经过认真审查，确保涉密信息、敏感信息不上网，上网信息不涉密。审查出版物3部（辑）共210万字《江川文史资料》30万字、《江川年鉴》90万字、其他单位出版物90万字），努力做到防控结合，从源头上堵塞泄密漏洞。

【突出重点抓技防】 2015年，根据中保委和省、市关于“加强配备”精神，继续认真抓好各单位确定的涉密计算机保密技术设备的安装配备工作，确保“涉密不上网，上网不涉密”。积极督促各单位使用猎鹰保密检查工具开展工作，2015年全县共配置、使用猎鹰保密检查工作38套，比上年增长50%。继续抓好已安装“三合一”涉密计算机保密管理，继续推进已确定涉密计算机“三合一”安装，对涉密计算机实行台账管理。切实加强对党政机关、涉密单位涉密计算机及其网络的保密检查，排查泄密隐患和漏洞，有针对性地加强保密技术防范措施。

【围绕中心抓服务】 2015年，保密局组织人员分别于11月26、27日深入到阳光食品厂、宏斌酱菜厂、瑞文酒店、腾达机械制造有限公司、云南欣悦有限公司5家企业开展商业秘密保护培训及调研工作，参加培训人数共210人，发出调查问卷58份。

【坚持学习抓队伍】 建设一支高素质的保密法治人才队伍，不断提高保密干部队伍素质和法制化水平。按照“用好内力、借用外力、发挥合力”原则，切实加强全县各级各部门保密工作开展协调配合，建立覆盖全县保密工作联动机制。2015年，整合组织、人力、保密、行政学校多部门力量，做好保密全员保密培训工作。

2015年9月，江川县重新调整充实、健全了以县委常委、县委办主任邓春元为保密委主任，26个成员单位人员组成的县委保密委员会。同时县保密委、局指导全县各基层保密组织进行健全、调整，调整后的县基层保密领导小组共80个、653人组成（其中：设兼职保密员88人）。狠抓保密队伍干部思想、作风和业务素质的提升，努力建设一支适应新形势、新任务要求的保密干部队伍，为做好保密工作打下良好基础。

着力强基固本，提高保密干部素质。强化政治思想建设，以学习十八届四中、五中全会和习近平总书记系列重要讲话精神为引领，认真开展“三严三实”和“忠诚干净担当”专题教育，不断提高政治纪律、廉政纪律和保密纪律意识，坚持执行中央、省、市决策不折不扣、确保政令畅通。强化作风建设，认真执行中央八项规定，省委实施办法，坚持反对“四风”，深入调查研究，切实把建规矩、讲规矩、守规矩作为抓保密队伍建设“灵魂”，集中精力抓建设促发展。强化业务建设，严格依法行政，依法办事，不断提高依法保密和技术防范能力和水平。

（王　媛）

档　案

【概　述】 2015年，县档案局围绕《国家档案局关于加强和改进新形势下档案工作的实施意见》开展档案管理工作。加强对档案工作的领导，健全完善档案工作体制，强化档案依法监管，建立社会力量参与档案事务机制，强化经济领域档案管理，严格执行归档和档案移交制度，加强重大活动档案的收集，注重地方特色档案资料征集，推进民生档案科学管理。

【稽察项目】 2015年1月22日，国家发改委稽察组到江川对江川县综合档案馆建设项目进行稽察。稽察重点为：是否按标准建设；建设资金是否被挤占或挪用；是否产生一定的社会效益。经稽察组进行项目审查，发现存在问题，已产生社会效益。

【国际档案日宣传】 县档案局与县气象局协商，在2015年“6·9”国际档案日之际，利用气象电子屏幕滚动播放“档案——与您相伴。公民享有查阅档案和政府公开信息的权利，也有保护档案的义务，增强全社会档案意识”等宣传资讯。并到各乡镇、学校、医院、县级机关事业单位发放“档案管理违法违纪行为处分规定宣传材料”3000份。

【档案法制建设】 2015年7月，县档案局根据市档案局通知要求，在全县开展档案行政执法检查。首先由各单位进行自查，并根据各单位的自查情况进行抽

查。11月4日，市档案行政执法检查组到江川抽查大街社区、县医院、大街街道、住建局档案室，检查档案管理、归档整理及室藏档案情况。检查组在反馈意见时指出：江川县的档案管理工作领导重视，人们的档案意识不断增强，势头良好。

【机关档案工作】 2015年，县档案局为加快民生档案资源整合，充分发挥民生档案在维护人民群众切身利益方面的生根作用，积极主动到县委办等31家机关单位，开展归档文件整理工作，整理档案326盒。

【企事业单位档案工作】 2015年，县档案局围绕民生领域改革，做好民生档案工作，到医保中心、烟草公司、大街街道财政所等17家企事业单位，指导医保档案、企业管理档案、会计档案等业务档案的归档整理工作，归档214盒。

【农业农村档案工作】 2015年，县档案局为进一步推进档案工作向基层延伸、向群众延伸，抓好及民生档案资源建设工作，到6个乡镇开展农业农村档案工作，归档365盒。

【档案工作认定】 2015年，县档案局继续贯彻落实国家档案局的“三个体系”建设要求，进一步提高全县档案工作规范化管理水平，持续推进全县档案事业健康发展，继续在全县开展档案工作规范化管理示范单位认定工作。认定县人事劳动局、县就业局、县社保局、县医保中心等4家单位，烟草江川公司、江川供电公司等2家企业为档案工作规范化管理示范单位。

【档案接收】 2015年，县档案局为丰富馆藏，接收传统档案929卷121128页，简化档案73909件642229页。

【档案保护】 2015年，县档案局为保管和保护好馆藏档案，抢救馆藏档案350件，放置驱虫药4500袋。

【档案数字化建设】 2015年，县档案局在全县继续开展档案数字化建设，扫描档案763357页，数据容量1088GB，刻录光盘191张。

【档案利用】 2015年，共接待查阅利用者664人次，提供利用档案资料1413卷，复制档案1110页。接待查档率100%，查全率95%，满意率98%。

【爱国主义教育基地】 2015年，县档案局围绕历史文化、建设成就、重要工作等举办展览，并适时把展览推向社会，扩大宣传和影响。接待参观爱国主义教育基地人员1664人次。

2014年10月至2015年1月，江川县档案局利用新馆建成后设施设备的优势，与县科协合作举办移动科普教育活动，参加活动人员7916人次。

县档案馆充分运用档案及档案文化特有的元素和魅力，主动走出去，搞合作，引智借脑，吸引、借助社会资源。2015年9月，与县文化馆合作举办第二届“‘湖山墨韵’江川·玉溪师院书法篆刻作品联展”。12月，与县文联、县文化馆举办“‘渔歌墨韵’江川·通海书法作品联展”。观展人员1756人次。

（郑文明）

史 志

【概 述】 2015年，县史志办公室继续坚持“广征、博采、精编、严审”和“求实、创新、协作、奉献”工作方针，发挥史志工作“存史、资政、教化、育人”功能，争取领导支持，克服人少事多等重重困难，党史研究专项工作与地方志编修工作均取得新成绩。年内，按时按质完成《江川年鉴（2015）》《中共江川县委执政纪要（2014）》的稿件征集及编纂出版发行工作，《江川年鉴（2015）》于10月出书，2015年12月获玉溪市人民政府办公室颁发的“编撰时效一等奖”。

【《江川年鉴（2015）》编辑出版】 2015年10月，《江川年鉴（2015）》一书由德宏民族出版社公开出版发行。《江川年鉴（2015）》由中共江川县委、江川县人民政府主办，江川县史志办公室承编。年鉴主要反映江川县2015年各方面的信息，全书分特载、大事记、概况、政治、军事、法制、经济管理、建设·环保、工商企业、农林·水利、交通·邮电、财政·税务、金融·保险、教育·气象·防震减灾、文化·旅游·广电·体育·卫生、社会、人物、统计资料及附录19个部类，各部类下设分目，分目下设条目记述，全书约84万字。有彩版32页，分为重要会议、领导关怀、殡葬改革、工业发展、环境保护、教书育人、应急避难、文化惠民、关注民生、司法公正、第十届开渔节暨高原湖泊水产品交易会、经济作物、县城建设、重要活动14个板块。资料翔实准确，内容丰富，图文并茂，为各级领导、各机关部门及企事业单位制订政策和工作计划的重要依据、外界认识江川的重要窗口。

【《中共江川县委执政纪要（2014）》编纂出书】 2015年11月，经云南省新闻出版局批准，《中共江川县委执政纪要（2014）》付印出书。全书分领导关注（领导批示，国家、省、市领导到江川县视察调研）、重要活动（县委领导重要活动）、重要决策（重要讲话、重要会议、重要文件）、执政大事、执政综述、执政论坛、纪委工作、县委部门工作、群团工作、党委（党组）工作、乡镇党委（街道党工委）工作、县局党总支工作、先进典型、附录14个部类，各部类下设具体篇目记述，全书约50万字。有彩版26页，内容包括省市领导调研、检查，县委重要会议、县委常委执政活动等。

【年鉴、执政纪要业务培训】 2015年1月20日下午，江川县召开《2014中共江川县委执政纪要》暨2015年版《江川年鉴》撰稿人员业务培训会。各乡镇（街道），县直有关单位分管领导和编撰人员80余人参加培训，县史志办公室主任余立言作专题培训。培训围绕执政纪要和年鉴编写的要求，从执政纪要和年鉴的涵义、明确报送内容、拟定编写提纲、认真撰写稿件、规范稿件格式、执政纪要和年鉴稿件的区别等方面就如何撰写《中共江川县委执政纪要》和《江川年鉴》稿件进行讲解。并针对江川县近年编撰中存在的问题，结合编辑实例深入剖析，指出问题所在，提出修改意见。

【开展“党史讲坛”】 2015年8月19日，玉溪“党史讲坛”2015年第七期在江川县开讲。此次“党史讲坛”由市委党史研究室主办，江川县史志办公室承办，江川县史志办公室主任余立言及市委党史研究室王艺梅主讲。王艺梅以《剔除杂念　静心搞好党史工作》为题，从重学、重实、重德、重志、重则5个方面阐述如何做好党史工作，让新进入党史系统的干部职工有明确的努力方向。余立言以《历史不应被忘记》为题，从江川县早期党的革命活动，抗日战争时期江川县地下党领导的抗日救亡运动，建立革命据点、广泛开展革命斗争，原华宁所属的大街、路居、雄关等地区的革命斗争和建立江川护乡团和解放江川5个方面回顾江川县的党史，教育我们今天的幸福生活，是由前仆后继的无数的革命先烈们的鲜血和生命的代价换来，历史不应也不会被忘记，英雄永远活在我们心中。

【革命遗址修缮保护】 对雄关乡原华宁县第一个党支部旧址进行升级改造，努力打造为市级党史教育基地，与雄关乡雄关社区、雄关中心小学积极协商，听取各方面的意见，研究具体方案，明确专人，负责实施。与江城镇沟通协调，要求于年内完成江川县人民政府旧址修缮保护利用工作。于9月7日组织雄关乡、江城镇分管领导、革命遗址点负责人及县委办分管领导、史志办人员专程到易门孙兰英烈士纪念馆、峨山滇中地委旧址参观学习，并要求两乡镇成立领导班子，制定实施方案，明确修缮内容、完成的时间节点，专人负责，各司其职，于年内完成两个点的修缮保护工作。史志办按照时间节点，切实做好督促检查工作，争取修缮任务按时完成。

【专题资料征编研究】 2015年3月，开展并完成《抗日战争时期江川县人口伤亡和财产损失》党史专题资料征编上报。

【部门志指导】 指导全县各级各部门、乡镇、村依法修志，对县内编修志书的各部门、单位进行业务指导，严把政治观、史实观、文字观，确保出版志书质量。年内，对《江川统计年鉴》进行审阅把关；指导县总工会搜集、编纂《忠于职守　热忱服务——江川县总工会七年工作要略》一书。

【材料撰写报送】 年内，按照省、市地方志部门要求按时按质完成2015年版《云南年鉴》《云南小康年鉴》《玉溪年鉴》江川部分资料的撰写报送工作。同时，按照市委党史研究室要求按时按质完成《中共玉溪市委执政纪要》（2014）江川县资料的撰写上报。

（徐凡清）

纪检监察

【县纪委、监察局负责人名录】

纪委常委 李学祥
郭 华
胡 莎
龚雪刚
李文平
徐志伟
韩丽华

纪委书记 李学祥

副书记 郭 华
胡 莎
龚雪刚

监察局局长 郭 华

副局长 韩丽华
陶文红

【各室负责人】

办公室主任 徐志伟

干部室主任 刘 雪

案件监督管理室主任
陈小艳（2015.11任）

信访室主任 施永芬（2015.11任）

案审室主任 王 亮（2015.7任）

党风政风监督室主任
郭飞波（2015.7任）

宣教室主任 张丽梅

第一纪检监察室
李文平（2015.7任）

第二纪检监察室
杨军奎（2015.7任）

【各派出机构负责人名录】

派出第一纪工委

书 记 张竹会

副书记 李 琦

派出第二纪工委

书 记 付兴瑞

副书记、监察分局局长
周 丽（2015.7任）

派出第三纪工委

书 记 范文慧

副书记、监察分局局长
杨宏蕾（2015.7任）

派出第四纪工委

书 记 王书艳

副书记、监察分局局长 向俊臣

派出第五纪工委

书 记 华忠楷

副书记、监察分局局长
张燕琳（2015.7任）

【概 述】 2015年，中共江川县纪委紧紧围绕党中央、中纪委、省市纪委和县委的决策部署，在市纪委、县委的领导下，坚持“标本兼治、综合治理、惩防并举、注重预防”方针，以突出职能履行主业化、监督检查常态化、纪律审查规范化、队伍建设专业化为重点，把纪律和规矩挺在前面，聚焦监督执纪问责，旗帜鲜明反腐败，坚定不移抓作风，持之以恒刹“四风”，全县不敢腐的震摄作用开始发挥，不能腐、不想腐效应初步显现，风清政廉的政治生态逐步形成。

【监督检查】 对党中央国务院确定的路线、方针、政策和重大安排部署，各级全会、人代会精神贯彻落实情况进行督查，确保党员干部把思想行动统一到党中央的要求上来。下发《江川县纪检监察机关服务企业稳增长促跨越的实施方案》，围绕省政府27项稳增长政策、促进民营经济发展的19条措施和市委、市政府稳增长的20条措施及县委县政府促进民营经济发展、稳增长的各项措施落实开展督查，实行县纪委常委挂钩联系企业制度，全力服务企业稳增长。按照市委“八要”方案、县委政府《关于2015年继续实行重点工作重大项目推进责任制的通知》要求，落实县级领导“七位一体”、部门包村、干部联系群众等责任制，采取工作倒逼机制，不定时间、不定单位、不定人员，通过全面督查、专项督查、随机督查等形式，积极参与公益公墓建设、护林防火、安全生产、烤烟生产、国有闲置资产公开拍卖、农村基金会借款清缴、街区整治等147个重点工作重大项目督查。实施最严肃的服务承诺制度、最严格的限时办结制度、最严厉的问责制度，对不认真履行职责、不作为、慢作为、乱作为的行为严厉整治，发出督查通报37期，通报单位6个，提出整改意见建议45条，问责党员干部37人（其中村组干部问责28人，党政机关9人），工作性约谈干部59人，有效促进各项任务顺利推进。

【廉政教育】 不断完善党风廉政“大宣教”格局，强化社会主义核心价值观和廉洁从政意识宣传教育，积极弘扬修身、齐家、创业正能量。制定下发《江川县2015年党风廉政建设和反腐败宣传教育工作要点》《江川县反腐倡廉网络舆情应急处置预案》等文件，强化宣教工作的组织领导，明确工作任务、工作责任、工作措施。协助省市纪委拍摄《强化监督从严治党》《会管事的村监会》宣传教育片在省级电台播放。认真推进路居小凹村等3个县级廉政文化示范点创建，坚持“管建”并重，积极发挥新老廉政文化示范点引领作用。下发《关于认真组织观看〈作风建设永远在路上〉专题片的通知》和《关于认真组织观看反腐倡廉警示教育电影《人生不能重来》的通知》，干部职工2200余人、分17场次观看专题片，全县掀起反“四风”、强作风新热潮。下发《关于认真组织学习宣传贯彻〈习近平关于党风廉政建设和反腐败斗争论述摘编〉的通知》，实职副科级以上领导撰写心得体会文章453篇，单位“一把手”上反腐倡廉党课81次，参与3231人次。注重以“身边事教育身边人”，集中县乡村干部600余人，以剖析徐四清、冯超违纪违法案件为主要内容召开警示教育大会和预防职务犯罪教育课；组织40余名村组干部旁听县法院公开审理村干部冯艳红、冯云富、矣春芬职务侵占、贪污案；组织130余名副科级以上女干部深入省反腐倡廉警示教育基地参观学习，接受反腐倡廉警示教育。采取定任务学、以考促学等方式，全县干部职工学习廉政知识、党纪法规189次，部分干部主动撰写心得体会35篇，200人进行集体闭卷考试。

【党风廉政建设】 县委坚持把改革、发展、稳定、反腐败“四位一体”统筹谋划，紧抓党风廉政建设主体责任“牛鼻子”，以上率下，层层传导压力。召开党风廉政建设大会，统一思想认识，明确目标任务，签订主体责任和监督责任书。召开县委常委会13次研究部署反腐倡廉工作，县委常委及县人大县政协主要领导带队考核县乡党风廉政建设责任制工作。制定《江川县关于落实党风廉政建设各级党组织主体责任、纪检组织监督责任的实施办法》，明确“两个责任”清单和报告制度。县委书记带头讲廉政党课、亲自研究违纪违法案件查办工作。县级领导围绕落实主体责任和正风肃纪等情况主动约谈分管联系单位主要负责人、结合部门业务研究部署反腐倡廉工作，加强教育、提醒和督促。严格责任追究，年内对1名因履行主体责任不力的领导进行问责并全县通报。

【廉洁自律】 全面贯彻落实中央、省、市和县委关于领导干部廉洁自律的有关规定和各级纪委全会和政府廉政工作会议精神。严格执行领导干部外出报备请销假制度、办理婚丧喜庆事宜报备制度、离任监交制度、党风廉政建设约谈制度、“三重一大”集体决策制度，严把评先评优、考核、提拔任用等廉政鉴定关。全年，为集体和个人出具廉政意见1466份，领导干部外出报备1071人次，婚丧喜庆报备17人，离任监交80人，约谈干部83人。坚持落实《江川县加强党政“一把手”权力运行监督制约暂行办法》，健全完善“一把手”不直接分管人事、财务、工程和物资采购工作相关制度，促进各级各部门民主议事、科学决策、依法办事。

【作风建设】 严格落实党的政治纪律、组织纪律、财经纪律、人事纪律、工作纪律，控制会议数量，精减会议内容，严肃会议纪律，减少节日慰问和各类文件。下发《江川县“八要”方案》《江川县加强作风建设问责办法》加强监督管理。围绕“八项规定”精神和整治“四风”要求，以元旦、春节、清明、五一、中秋、国庆等重要节假日为抓手，给全县副科级以上领导干部发“廉政短信”，在重要时间节点发送廉政短信6194条，提醒党员干部时刻绷紧“廉洁自律”之弦，牢记廉政准则，守住清廉底线；采取明察暗访等方式，对上下班纪律、会风会纪、公务用车、应急值班制度、厉行节约等情况开展督查。2015年以来，共对“作风问题单位”和“问题人员”发出通报5件，警示约谈30人次，查处违规违纪干部5人。继续落实“三公”经费支出下降15%要求，严肃整治公款大吃大喝及送礼行为，严禁以各种名义用公款互相吃请和安排高消费娱乐活动，严禁借开会、调研、考察、检查等名义变相旅游。2015年，全县财政拨款开支的“三公”经费967.67万元，比上年同期的1328.73万元减少361.06万元，减少27.17%。

【案件查处】 始终保持惩治腐败的高压态势，严肃党纪政纪，以零容忍态度坚决惩治腐败。有效发挥反腐败协调小组作用，健全《联席会议制度》、《巡特警陪护人员工作制度》等7项制度，加强执纪执法机关协作配合，形成反腐败合力。一年来，突出纪严于法、纪在法前，把握运用好“四种形态”，咬耳扯袖、红脸出汗成为新常态，对9人进行谈话、函询；给予党纪轻处分和组织处理3人；给予党纪重处分和重大职务调整12人；开除党籍并移送司法机关6人。受理信访133件，转立案2件，办结率100%；开展领导干部线索清理排查“大起底”工作，清理问题线索14件，转立案2件，了结8件，有效消化存量。

【纠风治乱】 加强对重点区域和行业节能减排工作监督检查，督促节能减排工作责任制落实。以“三资”平台和民生资金监管平台为载体，加强对社会保障、教育医疗、保障性住房、征地拆迁、生态建设、强农惠民资金、扶贫资金、救灾救济资金以及政府专项资金管理使用的监督，严查薄弱环节，完善事前、事中、事后监督措施，对1.6亿民生资金实施有效监管。加大对社会关注度较高的招标采购监督，规范县乡招标采购程序，全年完成政府采购4567万元，节约资金670万元，节约率达12.8%。配合有关部门强化食品安全专项整治，强化药品市场监管，整治虚假违法广告，保障农民用药安全。督促落实教育“三免一补”政策，促进“美丽100校园”和校安工程建设，严查乱集资、乱收费行为。进一步加强医德医风建设，坚决纠正医药购销和医疗服务中的不正之风。积极参与党政事业单位人员招考和选调、退役士兵安置等工作，促进社会公平、诚信。

【自身建设】 从严管理，认真落实《关于进一步加强纪检监察干部队伍建设的意见》和《纪检监察干部监督工作暂行办法》，明确队伍建设目标。创新学习平台，开展形式多样比学赶超活动，参加全市“炼好五气、争当纪律卫士”演讲比赛获得个人二等奖。深化“三转”，积极贯彻落实纪律检查体制改革精神，实现“9+1”机构设置和委局机构行政编制不少于30名的改革目标要求，新增编制10名，调整新增内设室4个，保障委室人员力量向监督执纪一线倾斜。调强配优干部队伍，全年培养提拔干部5名，选调招考人员3名，交流干部8名。以问题为导向，以锤炼“五气”为重点，抓实“三严三实”和“忠诚干净担当”专题教育活动，干部队伍忠诚干净担当的精气神提升、干事创业激情增强。

（杨博翔）

组 织

【概 述】 2015年，县委组织部按照全国、全省、全市组织部长会议部署，紧紧围绕县委中心工作，认真抓好“三严三实”和“忠诚干净担当”专题教育，统筹推进干部队伍、人才队伍、党的基层组织和党员队伍建设，各项工作取得显著成效，为推进全县干在实处、走在前列提供了坚强的组织保证。

【“三严三实”和“忠诚干净担当”专题教育】 突出县级领导干部重点，扎实开展“三严三实”和“忠诚干净担当”专题教育，抓实专题学习、党课教育和专题研讨等关键环节，并把开展专题教育与落实市委“八要”有机结合，将“九个一”活动纳入县级领导细化日程，统筹兼顾，注重学干结合，真正把专题教育学习成效落实到推动具体工作中。同时，坚持立行立改，持续抓好教育实践活动整改落实“回头看”和“两方案一计划一清单”整改落实。着力抓好“六个严禁”和“为官不为”专项整治，并按照“四个排查”工作要求，列出不作为乱作为等损害群众利益的问题21个，通过实行问题销号管理方式，严格进行整改，推动全县党风政风持续好转。

【培养选拔好干部】 严格执行《条例》规定，坚持好干部标准和省委“三个用人”导向，严把“群众、廉政、程序、纪律、任职”“五关”，坚持干部档案“逢提必查”，个人有关事项报告“逢提必核”，廉政意见“逢提必听”，并将廉政意见征求范围扩大到检察院和审计局，真正把政治上靠得住、守纪律讲规矩、群众满意的干部选拔出来。一年来，共调整干部143人，其中提拔正科4人、副科32人，平职交流46人，机构改革留任、免职及其他61人。做好后备干部调整充实工作，推荐产生125名科级后备干部，其中专业技术人员17名。

【干部人事制度改革】 制定出台《江川县加强和改进年轻干部培养选拔工作实施意见》和《江川县加强乡镇干部队伍建设实施方案》，进一步加强年轻干部和乡镇干部队伍建设。坚持开展领导班子和领导干部分析研判，深入各乡镇（街道）和部分县直部门进行随机调研，与169名领导干部进行谈心谈话，了解领导班子及班子成员运行情况，听取对镇村两级换届工作的意见建议。认真做好职务与职级并行工作，严格标准程序，晋升干部297名。结合日常干部调整和职务与职级并行制度的实施，认真做好“三超两乱”整治工作，全年完成总任务数的84.6%。

【干部教育培训】 突出习近平总书记系列重要讲话和党的十八大，十八届四中、五中全会精神等重点内容，采取自主办班和调训相结合方式，加强干部能力素质培训。选派109名县镇村干部参加省、市委组织部举办的培训，圆满完成各种培训、调训任务。先后举办依法治县、党组织书记2期专题培训班，集中对570余名科级领导干部，300余名村组干部进行专题培训，组织领导干部和民营企业家共57人赴复旦大学开展第二期产业转型升级培训。全县444名参学干部在线学习完成率达100%。

【干部监督管理】 严格执行干部外出报告、离任交接、实绩登记等日常监督制度，委托县审计局对5个单位党政正职进行任期经济责任审计，262名领导干部向组织报告了外出事项。认真开展干部档案专项审核工作，做好因私出国（境）证照管理和科级干部个人有关事项报告工作，收集管理领导干部因私出国（境）证件95人105本，办理领导干部因私出国（境）8起，收集个人有关事项报告表413份，并按照10%比例，对39名科级领导干部的个人有关事项进行抽查核实，其中对报告不实的14名干部进行函询或组织谈话。抓好乡镇干部队伍作风建设，开展“走读”情况督查11次，下发通报6期。办理干部群众来信来访51件，其中市转交办6件。

【实施人才发展规划】 制定下发《江川县2015年人才工作要点》，进一步完善体制机制，明确江川县贯彻落实省市人才政策的具体措施和目标任务。加强重点产业、重点领域急需紧缺人才需求预测，加大产业发展实用型人才、专业技术人才、经营管理人才的引进力度。落实乡土人才政策，做好乡土人才的发掘、整理、归档工作。积极向省人社厅推荐一名乡土人才，破格由农民评为“云岭首席技师”，并聘请为县职中特色青铜班特邀教师，进一步引导乡土人才在青铜产业发展中发挥示范引领作用。

【规范人才队伍管理】 做好2015年度公务员招录和大学生村官选聘相关工作，招录普通公务员39名，大学村官定向考录3名，选调生3名，法检系统公务员3名，新选聘39名大学生到村任职。严格落实乡镇干部五年服务期限的工作要求，严格实行《江川县机关事业单位借调公职人员管理办法（试行）》，进一步规范公务员选调、县直部门抽调借调基层工作人员工作。

【直接联系和服务群众】 制定《江川县干部直接联系和服务群众制度》，下发1000余本领导干部随机调研工作笔记本及镇村组随机调研台账记录本，实行干部下基层双向登记和工作月报制度，规范干部直接联系和服务群众工作。继续选派92名新农村建设指导员和83名党组织第一书记驻村为基层和群众办实事解难题。全县各级领导干部深入基层走访群众6348人次，解决实际问题300余个，协调项目59个、资金1260余万元。

【“三个行动计划”】 实行“县级领导+联络员+主体责任人”工作推进机制，投入配套资金668万元，通过强基惠农股份合作经济、“仙湖卫士行动计划”、“仙湖卫士—群团行动”、“仙湖卫士—小手拉大手”计划、党员活动室规范化建设等活动载体，实行联席会议、情况月报、定期实地督查等制度，扎实推进村（居）民小组党员活动室建设全覆盖、“空壳村”集体经济增收全覆盖、“仙湖卫士”三个行动计划，强化党建引领作用。

【服务型基层党组织建设】 按照“一党组织一策”要求，通过8名县级党员领导干部带头挂钩联系软弱涣散村级党总支，集中整顿全县50个软弱涣散基层党组织。扩大党组织覆盖面，新建星安、吉利短途客运、粮食收储二支部3个“两类”组织党组织，实行“两类”组织党组织党建指导员制度，从机关事业单位下派党建指导员22名，进一步增强“两类”组织党组织党建工作。稳步推进“四级”党建联席会议、乡镇党代会年会、党建创新项目等工作。加快推进综合服务平台的建管用，投入建设资金212万元，建成83个站点，实现县、乡、村三级全覆盖，23项便民服务可直接在网上办理。

【党员队伍建设】 实行发展党

员预审、党员积分制管理、不合格党员处置“三项制度”，抓实主题服务月、无职党员设岗定责、在职党员进社区、农村党员户挂牌、党员先锋岗、党员示范窗口创建、党员亮牌评比“七个载体”，在全县范围内，对8000余户农村党员家庭进行挂牌，设置党员示范窗口40个、党员先锋岗251个，392名在职党员到19个村（社区）报到开展志愿服务，各级党员结合自身实际，积极发挥先锋模范作用。

【基层基础建设】 落实党建工作经费和党员教育培训经费，新增“两类”组织党组织党建工作经费19.95万元。加大阵地建设经费保障力度，按照市县财政1：1配套的要求，县级财政投入配套资金109万元，对64个村（居）民小组党员活动室进行新建和修缮。落实大街街道大街社区、上营社区、下营社区，江城镇江城社区服务群众专项工作经费20万元。加大党内关怀力度，调整提高农村困难党员关爱补助，60～69岁、70岁以上农村党员每人每月补贴从20元、30元提高至40元、50元。

【部门自身建设】 围绕“讲政治、重公道、业务精、作风好”目标以及打造一支“团结、紧张、严肃、活泼”的组工干部队伍要求，加强部门自身建设。一是建立完善“一日一读、一周一学、一月一讲”学习制度，通过个人自学、专题培训、组工讲坛、微型党课等形式，进一步加强组工干部日常学习管理。二是实行工作小结和计划通报机制，健全“部长一月一督办、股室一月一反馈、办公室一月一通报”督查机制，定期对各项工作办理时限、工作进展实时跟进，确保工作及时有效完成。三是印发《中共江川县委组织部规章制度》和《工作流程》，完善组织建设、干部人事、纪律作风等6大类34项制度和各项工作程序，用制度规范组工干部高效履职。

（李 敏）

老干部工作

【概 述】 2015年，江川县老干部工作以学习贯彻全国、全省老干部“双先”表彰大会精神为抓手，以落实老干部政治待遇和生活待遇为主线，以让组织放心和让老干部满意为目标，全面加强老干部党组织建设和思想政治建设，凝心聚力，真抓实干，按照《玉溪市2015年老干部工作目标管理责任制》，做好老干部管理服务工作。

2015年，全县老干部局负责管理老干部共1842人，其中离休干部34人，退休干部1808人，副县级以上105人（其中担任过县委、人大、政府、政协领导职务的21人）。成立老干部学习大组8个，学习小组80个；老干党支部79个，负责管理离退休党员1343人（其中老干局党委所属34个党支部有党员669名，农村45个党支部有党员674名）。

【召开座谈会听取老领导意见】 2015年1月8日，江川县人民政府召开离退休老领导座谈会，就《政府工作报告》听取老领导们的意见和建议。县政府班子全体成员参加会议。县委副书记、县长钱兴向老同志们通报2014年度各项经济指标和重点工作的完成情况，对“两湖”周边环境保护治理、县城规划建设及管理、烤烟生产、美丽乡村建设与绿化的关系、农贸市场建设、机关干部作风建设等群众关心的问题向老领导们说明下一步的工作思路和打算，听取老领导们对《政府工作报告》的意见和建议。

【贯彻落实全市老干部工作会议精神】 3月8日，召开老干部学习大小组长（党支部书记）和全体在职干部职工参加的会议，专题传达学习全市老干部工作会议精神。县委组织部副部长、老干部局局长袁万德就学习贯彻好全国全市老干部工作会议精神提出四条具体措施。一是把材料印发到全县老干部学习大小组（党支部），结合传达学习全国全省“双先”表彰会精神认真组织全体老干部老党员学习。二是召开局务会议及干部职工大会，研究老干部工作意见及重点工作目标任务的分解，修改完善《中共江川县委老干部局工作及管理制度》。三是进一步规范老干部学习大小组长（党支部书记）等骨干队伍的培训以及各支部平时的学习。四是着力抓好老干党支部及其班子作用的发挥。一方面要积极主动配合支持学习组长共同管理服务好老干部；另方面要带头引领广大老干部老党员积极支持江川的发展和改革，尤其要积极带头配合支持好殡葬改革工作。

【参观考察重点项目建设】 5月28日，县委组织部和老干部局组织全县副县级以上离退休老领导、老干部学习大小组长（党支部书记）110多人参观考察江川县2015年重点工作和重大项目推进情况。重点实地参观考察江川殡仪馆及公墓建设、星云路等城区改造现场施工情况、玉溪东片区暨“三湖”生态保护水资源配置工程、龙泉山工业园区新入园项目现场施工情况及依法治县基层网格化管理5个重大项目重点工作的推进情况。老干部撰写心得体会61篇，提出建议意见90多条，归纳整理后报县委、县政府。

【召开“九九”敬老节经济形势通报会】 10月21日（农历九月初九），在江川宾馆召开副县级以上老干部和老干部党支部书记、学习大组长等260多人参加的江川县“九九”敬老节经济形势通报会。市委老干部局副局长冯平，县委书记马文龙，县委副书记、县长钱兴等党政领导参加会议。县委常委、组织部部长、县老干部工作领导小组组长林清主持通报会，马文龙讲话。

马文龙书记代表县委、县人大、县政府、县政协向参加会议的各位老领导、老同志及全县老年朋友们致以节日的问候，并就今后的老干部工作提出两点要求。第一，要不遗余力、真情真意做好老干部工作。政治上要充分尊重老干部；生活上要切实照顾老干部；思想上要热情关心老干部；工作上要真诚信任老干部。第二，希望广大老干部、老同志能够围绕中心、服务大局，一如既往地关心支持县委、县政府工作。衷心希望大家当好参谋员、宣传员、教导员、联络员、监督员。钱兴向老干部们通报1～9月的经济社会发展情况和下一步要做好的各项主要工作。冯平对江川的老干部工作给予肯定。县委组织部副部长、老干部局局长袁万德汇报和安排全县老干部工作。

【春节慰问】 县委组织部和老干部局贯彻落实中央组织部和老干部局及省市委组织部和老干部局的指示精神，制发《关于开展2015年春节走访慰问生活困难党员、老党员、老干部的通知》。老干部局于1月3日召开局务会议和老干部大组长会议，专题研究和安排部署2015年元旦春节慰问老干部工作，对相对集中的分10个片区召开情况通报会、座谈会或慰问会，向老干部通报社会经济发展情况、老干部各项待遇的落实等情况；对居住在外县、零星分散、瘫痪在床、生病住院以及因天灾人祸、长期生病等原因造成特殊困难的老干部深入到医院或家中逐人走访看望，亲自送去慰问金和慰问品；对34位离休干部进行入户走访看望，送去慰问品；县委、人大、政府、政协等主要领导对所联系的原副县级以上老领导进行走访慰问；县委、政府专题召开担任过副县级以上领导职务的离退休老领导慰问会，向老领导们汇报2014年所做的主要工作及2015年的工作思路。整个走访慰问活动历时30天，做到不缺一户、不漏一人。共慰问2046人次，开支经费42万元。

【县委领导看望慰问离退休副县级以上老干部】 春节前夕，县委书记马文龙，副书记、县长钱兴等6位党政主要领导分成6个慰问组，深入到各家各户看望慰问谷家文（遗属）、赵鹏、赵少春、秦光辉等21位离退休副县级以上老干部，把慰问金亲自送到他们手中。马文龙、钱兴等领导每到一家都亲切地与老同志们屈膝谈心，询问他们的健康、家庭及生活状况，虚心听取他们对江川建设发展的意见和建议，向老同志致以诚挚的节日问候，祝愿老同志们新春快乐、幸福安康。

【市委政府慰问江川老领导】 2月5日，市委老干部局副局长冯平一行5人组成的慰问组代表市委、市政府到江川县慰问离退休老领导及特困老干部。慰问组在县委组织部副部长、老干部局局长袁万德陪同下，深入到正县级以上老领导及困难老干部家中进行看望慰问，并把慰问金亲自递到老干部手中。共看望慰问老领导4人、困难老干部10人。

【建党节慰问困难老干部党员】

“七一”建党节前夕，县委组织部副部长、老干局局长袁万德和党委书记郑吉来带领2个慰问组，带着慰问金和慰问品，深入家中看望慰问了50多名困难党员、离休干部和代管老干部。

【免费为老干部健康体检】 6～7月，利用2个月时间分别在江川县人民医院、玉溪民康医院和昆明五华区人民医院对全县老干部进行体检。1750多名老干部接受胸片、心电图、彩超、血检5个大项18个内容健康检查，共开支经费77万元。

【举办老干部党员网络宣传员培训班】 县委老干部局于10月13日举办全市基层首家首期老干部党员网络宣传员培训班。来自全县的老干部党员代表30余人参加培训。重点通过视频从理论上为老同志们详细讲解网络基本知识，如何在手机上安装、使用微信和易信、浏览网页新闻以及订阅共产党员易信、微信等基本操作方法。

【老年节活动】 江川县各级党政组织采取多种形式，组织全县1800多名老干部与全县42000多名老年人一道欢度第三个老年节。县委、县政府于10月21日在江川宾馆召开副县级以上老干部和老干部党支部书记（学习组长）260多人参加的江川第三个老年节经济形势通报会；县委老干部局对200名当年满70、80、90周岁的和因瘫痪等原因失能的、生病住院等特殊情况的老干部逐一入户入院慰问和看望；县老年大学合唱团与玉溪市老干部聂耳合唱团200多名演员于10月20日晚在江川影剧院举办以“重阳欢歌”为主题的联欢文艺演出；老干部活动中心举办麻将、象棋等棋牌比赛；各乡镇（街道）、单位分别以茶话会、座谈会、通报会和走访看望慰问等形式，向老干部们通报经济社会发展及各项工作推进情况，了解老干部们的家庭、健康等情况；村委会（社区）组织老干部与广大老年人一起以文艺演出、座谈欢歌等形式共同欢度自已的节日。

【老干部来信来访】 全年共接待老干部来信来访3件，均按政策规定给予满意答复，未出现任何越级上访现象。

【老干部党组织建设】 规范健全老干部党组织。根据老党员的组织隶属关系和居住情况，以单位（部门）（系统）和村委会（社区）为单位，以老干部学习小组为基础，成立老干党支部79个，负责管理1360多名老党员。老干党支部设置已达到全覆盖，没有一个老党员不在组织的管理之中；每个老干党支部班子统一设置为支部书记1人、支委2人。制定2015年老干局党委支部书记、支部委员培训计划。全年共培训4次，培训人数280多人次；切实抓好中心理论组学习。落实3万元党建工作经费，切实做好老干部党员党费的收缴和返还工作，保证老党员及党支部订阅学习资料、支部工作经费及组织党员开展活动和平时看望生病住院党员等的正常开展。各级各部门都尽力想法为老干党支部解决学习活动室，还为老同志们征订或提供学习资料，没有一个党支部无活动室。从平时的学习考勤、党员生病看望、好人好事及交纳党费到重大的参观考察、通报情况，参与会议等方面都建立健全了一套科学规范的服务管理制度。经县委常委会议研究决定，从2015年1月起，落实解决老干部党支部书记每人每月60元、支委每人每月30元的岗位补贴，并纳入县财政预算，由老干部局统一落实按季度发放。

【老干部活动中心建设】 一是在重大节日组织老同志开展麻将、桥牌等比赛，丰富老同志的文体活动。全年共举办各项比赛3次。二是把来学习活动的老年人的基本情况以及子女的联系方式等登记造册，输入微机管理，做到个人、家庭和中心三位一体，使老同志们得到更多地关爱和安全保护。三是对教室及活动室的设备设施做到常保养、常检查、常修理，确保活动的正常开展。开支经费6000多元。

【老年大学建设】 夯实教育教学服务与管理工作，服务好学员，管理好班级，维持教育教学正常秩序，切实巩固好老年大学市级示范校成果。完成了15个班580人次的结业工作，新招收13个班438名学员；编写2015年（总第9期）校刊；参加“江川县开渔节”文艺演出和市老年大学举办的“老干部书画摄影展暨庆祝玉溪市老年大学建校25周年书画摄影展”以及“关于开展纪念抗日战争胜利70周年”征稿征文参赛活动，与市聂耳和合唱团举办第三个老年节联欢活动。

【老干部工作调研】 集中3月至5月和11月4个月时间，分5个组深入到部分县直单位和7个乡镇（街道）以及多数老干党支部中进行调研，并针对调研中发现的困难和问题，召开专题研讨会、座谈会和走访的方式，认真听取各级各部门对当前我县老干部工作服务管理中的意见建议，切实解决了老干部工作中的新情况和新问题，共同探索新形势下做好老干部工作的新途径和新办法；专门制定《江川县离退休干部行政管理服务工作制度》。

【开展为党的事业增添正能量活动】 成立助困、助学基金。大街街道河咀社区老干部党支部37名老党员、老干部（职工）自发成立助困、助学基金，共捐资金9600元，圆了6位学生的大学梦。当好老年人的贴心人。三街社区老干党支部班子成员每周一至周五轮流值班，对他们进行心理疏导和慰藉。积极支持殡葬改革。建党节前夕，三街社区老干党支部组织了26名老党员捐款1560元，购买了树苗和盆景，亲自到本社区公墓开展植树绿化活动。旧州社区老干党支部组织全体老干部老党员积极主动参与社区党总支组织的到县殡仪馆和公墓开展植树绿化活动等。参与建设美丽家园活动。海浒社区老干部党支部（学习组）组织老干部、老党员、老职工20多人清理风水阁里的堆积的10多吨垃圾；上营社区老干部党支部（学习组）组织老干部（职工）清理老一中路800米沟内垃圾、杂草；大街社区老干党支部（学习组）组织老党员、老干部清扫农贸市场、永宁寺等处环境卫生；河咀社区老干党支部（学习组）坚持每月12日分三个组清扫陆家咀至河咀村公路两边垃圾，湖宾公园内外杂物垃圾等。

（汪丽娟）

宣　传

【概　述】 2015年，江川县宣传思想工作在“四个全面”引领下，贯彻落实习近平总书记到云南考察时的讲话精神，坚持围绕中心、服务大局，着力加强思想理论建设，提高舆论引导能力，培育和践行社会主义核心价值观，推动文化发展，提高宣传思想文化工作的科学化水平，为推进江川科学发展、和谐发展、跨越发展提供有力的思想保证、舆论支持、精神动力和文化条件。

【理论武装工作】 中心组理论学习。印发《江川县2015年党（工）委（党组）中心组理论学习安排意见》和《关于进一步完善县委中心组学习工作的意见》，修订完善《中共江川县委中心组学习制度》，安排关于“深入学习、深刻领会、全面贯彻习近平总书记在考察云南时的重要讲话精神“等10个专题的学习。

开展宣讲活动。以《学习习近平云南讲话精神》为题，为全县党员领导干部600余人进行宣讲；组成宣讲团，深入基层宣讲14场、受众4500余人；全县各包村单位把“三严三实”和“忠诚干净担当”专题教育与习近平考察云南重要讲话精神有机结合，为联系村（社区）党员、村组干部讲授党课，受众14000余人。

开展“三个一”读书活动和“读党报、强素质”活动。印发《2015年全县在职干部理论学习安排意见》，安排7个学习专题，组织征订《习近平治国理政》等学习教材5000多册，全县各级领导干部利用每周政治学习、党员活动日、干部在线学习等平台，并坚持每周上报学习情况；举办“三严三实”和“忠诚干净担当”专题党课及十八届四中全会精神全面推进依法治县专题研讨班，县委书记马文龙2次为全县干部职工进行专题培训，全县700多人参加学习研讨。全年共举办干部学习讲坛5期，讲授5个专题，受训科级以上干部3000多人次。

开展理论调研。上报《把舞台让给群众、让惠民更有意义》《思想引领、活动牵引、行为规范，大力培育和践行社会主义核心价值观》《颂彝寨传统，促经济社会发展》3个典型案例和《祭龙节》知识链接、向市社科联申报《“一路一湖”牵引江川经济跨越发展》课题。

【宣传舆论引导】 主题新闻宣传。围绕全面深化改革、全面依法治县、党的建设、产业转型升级、加快新型城镇化建设、招商引资、民生改善、殡葬改革等取得的新成果，做好主题宣传。在国家级媒体播出电视新闻1条、电视专题3个、国家通讯社通稿2篇，在省级以上媒体刊发原发新闻稿件30条、电视专题2个，在玉溪日报刊稿700余条（含县区版），系列电视专题报道《江川新变化》制作播出4期；江川电视台制播新闻节目962条，江川人民广播电台制播新闻节目127期4530条；江川新闻网共发布信息2316条，乡镇直通车共发布信息4549条，编发江川手机报89期，更多民生新闻得到关注。

舆论引导和管理。加强媒体可管可控制度建设，与县级媒体签订《新闻宣传责任书》；适时对舆论情况进行会商、分析、处置，共编报省市舆情信息98期，编发及报送县级领导《每周舆情》27期，召开联席会议3次，对84件涉及江川的网络舆情，及时通报到相关部门，并组织进行网络和媒体回应17次、记者采访13次，进行舆论引导；发挥好“三支队伍”作用，

在县委政府、7个乡镇（街道）和46个县属重点部门，设立新闻发言人、联络员各65人，指导县公安召开新闻发布会1次。

【精神文明建设工作】 社会主义核心价值观载体建设。共投入资金85.68万元，在全县开展以“中华传统美德、善行义举、节俭养德”等内容的社会主义核心价值观载体建设，建成以县城怡心园广场为重点的社会主义核心价值观宣传载体1562.5平方米，善行义举榜36块、上榜人数170人，最美人物发布21期、人数49人，好人好事宣传192期，制作宣传牌890块、宣传标语1333条，打造18个示范村（学校）。

“我们的节日”系列活动。组织好春节体育健身、歌舞表演、花灯歌会、书法棋艺、美术摄影等活动，春节组织600多人参加的18支文艺表演队在县城进行巡演；组织开展“三下乡”活动，展出展板113块，发资料43种、8600余份，赠春联900幅，义诊800余人次，发放价值5300元的药品；对玉溪好人及道德模范汪存焕、秦仙、王长林、马金会4人分别进行走访慰问。清明节前夕，组织开展“网上祭英烈”活动，共有2300多名中小学生在网上献花留言、签名。“六一”儿童节，为20名留守、“美德少年”发放价值2000余元的学习用品；组织各中小学校开展“纪念抗战胜利70周年——爱我中华”主题班队会、“品读抗战经典、抒写爱国豪情”读书活动，组织干部群众观看抗战题材的优秀电影、观看大阅兵等；在国家公祭日，组织干部、军警、学生等500多人举行祭奠烈士活动。

未成年人思想道德建设。开展“我们的家训—江川百姓重家风”征集活动，征集到家训及故事2100条（个），选取1200条（个）印刷出版3600册。开展“中华魂”（践行社会主义核心价值观凝聚中华正能量）读书活动，共发放“中华魂”读本2267册。组织传唱《爱国歌曲大家唱（100首）》，开展优秀童谣和“童心永向党”工作。发挥县城青少年宫和乡村学校少年宫作用，开办科目71个、76个班次、培训人数2205人。

“道德讲堂”活动。在全县相关单位及省市文明单位举办道德讲堂112期，听讲人数达24106人。评选推荐第四届玉溪市道德模范5名，其中：马金会被提名为助人为乐道德模范正式候选人，顾文渊被提名为见义勇为道德模范正式候选人，李玉荣被提名为诚实守信道德模范正式候选人。

文明单位、文明社区、文明村、文明小城镇创建。推荐上报省级文明单位10家、文明村5家，市级文明单位22家、文明村12家、文明社区1家、文明小城镇1家，评选出县文明单位31家、文明村29家。继续深化环湖文明走廊创建工作，7个试点村成效明显，达到“8个1”标准。

志愿服务活动。下发《江川县志愿服务2015年工作要点》，成立180支志愿队伍，先后开展“青春情暖行动”、“3·5”学雷锋志愿者服务行动、爱国卫生月清洁家园行动、清理入湖河道行动、文明交通劝导行动、无偿献血等志愿服务活动345次，参与志愿者共计3.88万人次。

【文化建设工作】 文化产业项目申报。共上报2015、2016年项目8个，拟争取资金721万元；动员云南龙华铜雕有限公司成功纳入规模以上企业，目前全县已有3家文化产业企业成功纳规；推荐云南省江川铜器工艺制品厂参加“云南文化企业30强”评选。

文化人才培养。推荐5人到云南省艺术学院参加省级特色文化产业培训班学习；积极配合县人社局成功将陆培兴申报评定为高级技师，并向省人社厅申报“云岭首席技师”，已获批并授牌；组织江川县铜器工艺协会50多名会员进行产业发展扶持政策、劳动合同关系等内容培训；抓好青铜文化特色班申报、筹备工作，获省教育厅批准，2015年秋季学期招收学生14人，正按教学计划进行授课；支持江川青铜技艺传承人杨攀林参加省级金属工艺大师评选，获省级金属工艺大师称号，2015年底江川县工艺大师已有4人。

铜器展会活动。5月10日，江川铜器在北京798成功展出，受到北京艺术家好评；补助1万元，支持云南龙华铜雕有限公司携带16件作品参加2015年迪拜国际家装展，参观1000多人次，有6家提出合作或购买商品预向；补助0.5万元，支持江川县三有铜器工艺制品厂参加贵州省首届文化产业博览会；组织13家企业先后参加玉溪市第二届文化产业博览会、第三届南博会暨第二十三届昆明国际交易会、创意云南2015文化产业博览会、《中国玉溪“哇家灯会”》等展会，实现销售额27.5万元、订货200多万元，在展会上选送21件作品参赛，获金奖2个、银奖1个、铜奖2个和优秀奖5个，4件雕刻作品被省博物馆收藏。

青铜文化产业发展规划建设。《江川县青铜文化产业发展规划（2015—2020）》编制出版；前卫镇渔村青铜文化特色街区整治，完成投资120多万元，安地下管网700多米，铺装青石板2100多平方米，外立面改造试点完成。完成《玉溪市发展铜文化产业三年行动计划》，已正式印发并组织实施。

【对外宣传工作】 按照遵循传播规律、正面宣传为主的思路，利用新兴媒体宣传好江川经济社会发展。新浪微博“云南江川”影响力逐步增强，粉丝8800余人，共发出微博66条，19.1万余人次阅读，平均每条有2900余人次阅读；由新华社提供平台和技术支撑的手机平台政务新媒体“云南通·江川县”于3月2日开通，已播发稿件336条；召开媒体协调会2次，向县外通报新闻采访线索；认真做好云南卫视《士兵突击》第四季《勇者奇兵》在江川孤山风景区拍摄的服务工作。

【干部队伍建设】 加强理想信念教育。要求全县宣传思想文化工作者加强马克思列宁主义、毛泽东思想、邓小平理论、科学发展观、习近平总书记系列重要讲话精神学习，树立坚定的政治信念，正确的世界观、人生观和价值观，弘扬崇高职业精神、恪守职业道德，做锤炼品格、苦练内功的模范。切实转变工作作风。以“忠诚、干净、担当”和“三严三实”教育实践活动为抓手，紧密结合“四风”问题进行整改，大力推进“走转改”落实，落实“挂、包、帮”要求，部班子及成员先后120多次深入基层一线调研，与干部群众同吃、同住、同劳动，真心实意为群众排忧解难。抓好“深入生活、扎根人民”主题实践活动。组织各文艺家协会会员沉到一线，走进群众，深入生活去采风，开展“写江川、拍江川、书江川、画江川”创作活动。以创建“中国楹联文化县”为契机，组织开展诗词楹联创作活动，共征集到来自全国各地633位作者的楹联作品2258件，最终入选作品400件，开始组织刊刻。《风华百岁、宜居江川》《滇国铜魂》（云南李家山古滇文物集萃）出版发行；《文化玉溪》江川卷、《江川书画作品选》编辑完成，准备印刷。组队参加第四届聂耳音乐国际合唱周，再获一等奖。

（褚　获）

统　战

【概　述】 2015年，县委统战部履行统战工作职能，贯彻落实中央、省委、市委统战工作会议精神和《中国共产党统一战线工作条例（试行）》，全面学习领会习近平总书记系列重要讲话精神和党中央关于统一战线工作的方针政策、决策部署，以经济统战工作和民族宗教工作为重点，以构建和谐的政党关系、民族关系、宗教关系、阶层关系和海内外同胞关系为目标，发挥优势，主动作为，不断开创统一战线工作新局面，获全市统一战线工作目标管理考核一等奖，全省信息直报点工作三等奖。

【光山民族团结示范村建设项目验收】 2015年1月13日，江川县安化彝族乡光山村民族团结示范村建设工作通过市级实地检查验收。民族团结示范村建设共涉及核桃种植、综合用房、活动场地、烤烟育苗场地、蔬菜交易市场、科技培训等8个建设项目，总投资60万元，其中省级补助30万元，自筹30万元。

【开展春节慰问活动】 2月4～6日，县委统战部组成慰问小组，对7户困难台属、3名困难起义投诚人员、9名宗教界代表人士开展走访慰问，共发放慰问金5700元。2月13日，市委统战部台办主任张庆春等一行，在县委副书记、统战部部长石伟陪同下，对江川县2名黄埔同学会员、3名黄埔同学遗孀、1名定居台胞、1户归侨、2名市级宗教团体负责人开展走访慰问，共发放慰问金3900元。

【全县统战民族宗教工作会议】 4月14日，江川县召开2015年统战（民宗）工作会议，传达省、市统战部长会议精神，总结回顾江川县2014年统战、民族宗教工作取得的成绩、经验以及存在的不足，安排部署2015年全县统战、民族宗教各项工作任务。县委副书记、统战部部长石伟，副县长李启红出席会议并讲话。石伟代表县委、县政府与7个乡镇（街道）签订《江川县统战、民宗系统2015年工作目标管理责任书》。

【民族民间信仰情况调查】 为进一步理清民族民间信仰类型、

存在问题及探索管理措施，推进民族宗教工作法治化，根据市民宗局《关于开展民族民间信仰情况调研的通知》要求，江川县民宗局于4～5月在全县开展民族民间信仰情况调查。全县共有民间信仰活动场所323个，其中：由佛教、道教衍生的信仰类型212个，多以小寺小庙等形式出现；由汉文化信仰传统衍生的信仰类型111个，多以土地庙、城隍庙、财神庙等信仰体系为主。

【民革云南省委到江川调研抗战遗址现状】 7月9日，中国国民党革命委员会云南省委员会“抗日战争在滇文物存遗现状与保护研究”课题调研组到江川调研江川县抗战遗址现状与保护利用情况。调研组在民革玉溪市委主委李少华等陪同下，深入抗日将军唐淮源故居、唐公祠，抗战纪念活动会遗址中山堂，江川县民团团部所在地遗址，民国江川县政府遗址，江川县防空哨所（文星阁）等地进行实地调研考察。

【举办非公经济人士培训班】 6月10日，县委统战部举办非公经济代表人士培训班，市委党校副教授胡伟作《以诚信为根本，以守法为支撑，打造企业发展百年基业》专题培训。各乡镇（街道）商会会长、秘书长，各行业商会会长、副会长、秘书长及规模以上企业法人代表等共100余人参加培训。

【开展宗教慈善周活动】 9月21～27日，县民宗局在全县宗教界开展“宗教慈善周”活动，共140余名宗教人士参加活动。开展关爱慈善活动19次，捐资49025元，帮助老弱病残人群443人。

【举办宗教事务管理培训班】 7月9日，县民宗局举办宗教事务管理培训班，县、乡（镇）宗教管理干部，宗教团体、宗教活动场所管理人员共83人参加培训，副县长牛旺林出席会议并作开班动员讲话。

省民宗委宗教三处处长王耿明、县委党校副校长黄志伟分别作《谈谈党的宗教工作方针》和《社会主义核心价值观与宗教信仰—凝聚当代中国价值的最大公约数》专题培训。

【建筑商会“光彩事业”助学金发放仪式】 8月24日，由县委统战部、县工商联联合开展的“光彩事业”捐资助学活动助学金发放仪式在县工商联会议室举行，县委副书记、统战部部长石伟出席仪式并作讲话。此次“光彩事业”捐资助学共有建筑商会的11名企业家捐赠，资助贫困大学生11名，发放助学金5.5万元。

【民族宗教矛盾纠纷排查调处】 县委统战部（民宗局）制定矛盾纠纷排查调处工作制度，并坚持每月一次的排查和形势研判，及时发现、调处民族地区和宗教领域矛盾纠纷。全年妥善处置民族地区矛盾纠纷1件（矣文村委会放马沟村与通海县河西镇曲陀关村委会河头小组逾界开发石材纠纷），妥善化解大街、左卫两个基督教活动点内部不团结矛盾纠纷2起。

【党外代表人士工作】 一是以坚持和发展中国特色社会主义为主题，以坚定政治信念、增进政治共识为引领，推进无党派人士学习党的十八大，十八届三中、四中全会和习近平总书记系列讲话精神。二是开展党外知识分子联络点走访调研，加强与各联点主要领导的沟通协调，及时调整配强配齐党外知识分子联系点负责人及联络员。三是全面贯彻落实《玉溪市关于加强和改进新形势下党外代表人士队伍建设的实施意见》，切实做好江川县党外代表人士培养、举荐和使用工作。全面落实中央、省委、市委关于党外代表人士在人大、政府、政协中安排比例和数量的规定，实现县人大、县政府、县政协领导班子按比例配备党外干部要求。及时做好市、县政协委员增补工作，推进协商民主政治建设。届中协商推荐增补市政协委员2名，协商推荐增补政协江川县第八届委员会委员7名；按照政协章程和政协委员管理办法规定，提请政协常委会撤销政协第八届委员资格1名（被追究刑事责任），免去政协第八届委员会常委、委员资格1名（因工作变动）。四是加强党外干部队伍建设，健全完善党外干部基础信息库。通过走访调查、单位推荐、党组织审核把关，建立完善54名党外后备干部、49名实职科级党外干部基础信息库。截至2015年9月，全县共有实职科级党外干部49人，其中：副处4人、正科9人，副科36人。

【非公经济领域统战工作】 一是深入非公有制企业中开展调

研，及时了解撑握经济新常态下非公有制经济发展存在的困难和问题，引导非公有制经济人士树立法治思维，解放思想、转变观念，提高市场竞争能力，促进企业转型升级。二是组织开展以守法诚信为重点的非公经济人士理想信念教育实践活动。制定下发《关于以守法诚信为重点深入开展非公经济人士理想信念教育实践活动的实施方案》，并于6月10日召开全县非公经济人士理想信念教育实践活动动员会，对理想信念教育实践活动进行安排部署。三是举办以“与法同行·诚实守信”为主题的“守法诚信”宣誓接力活动启动仪式，100余名民营企业家参与“守法诚信”承诺签名。四是举办非公经济代表人士培训班，教育引导非公经济人士诚信、守法。五是引导非公有制经济人士履行社会责任，弘扬光彩精神。全年组织非公经济人士捐资6.5万元，资助贫困家庭1户、贫困大学11名。六是继续建立完善县级领导、统战干部联系非公企业和非公经济人士制度，帮助企业解决企业发展中的实际困难和问题，不断提高民营企业参与市场竞争、实现科学发展的能力，促进企业转型升级。

【民族工作】 一是建立健全工作机制，合力推进示范区建设。通过调研，认真研究民族地区经济社会的发展现状和存在的问题，协助县委、政府制定出台《江川县推进民族团结进步边疆繁荣稳定示范区建设工作联席会议制度》和《江川县推进民族团结进步边疆繁荣稳定示范区建设联络员制度》，进一步健全完善组织协调、沟通联络、项目共建等工作机制。二是抓项目投入，推动少数民族地区发展。积极做好少数民族项目申报工作，全年争取上级补助资金61.5万元、县级财政配套资金48万元，完成少数民族乡镇、村组民族团结保障、村内公共设施建设等项目26个；加大对少数民族地区的政策倾斜力度和资金投入，全年在少数民族地区共有11个部门投入资金5000万元，完成土地整治、核桃产业、水利、交通、生态、村内公益等项目45个，促进少数民族地方发展。三是抓示范点建设。加强对罗合白民族特色村寨项目建设指导，投资254万元，完成文化广场、村内道路、民居特色改造、村庄亮化、民族团结示范户创建、产业培植等建设项目；与“美丽家园”项目整合，投资2053万元，完成安化大营民族文化广场主体工程、生态文明建设等系列项目建设；指导乡、村完成10户示范户创建工作，在增收致富、环境整治、民族文化传承、邻里和睦、孝老爱亲等方面作出示范。四是抓民族团结教育，促进民族关系和谐。开展民族团结教育“六进”活动、民族团结宣传月活动、“民族团结”主题教案设计评比活动，完成2015～2016学年民族团结教育教材征订工作，并按照“三有五落实”要求，把民族团结教育纳入中小学、党校、行政学校课程，使民族团结教育贯穿于整个中小学教育教学过程，营造和谐的民族团结氛围。五是丰富载体，促进民族文化繁荣。申报2015年民族文化保护项目《跳乐》，并开展收集整理工作；协助罗合白村、碧云寺成功举办彝族火把节、“三月三”庙会，进一步丰富少数民族群众和信教群众的节日活动。

【宗教工作】 一是加强政策法规宣传教育，促进宗教和谐。继续抓实在宗教活动场所开展爱国主义、法制宣传活动，制定活动实施方案，并根据宗教活动的特点，利用基督教教牧人员培训、圣诞节等宗教节日活动，在宗教活动场所开展有针对性的法制宣传教育。与县委政法委联合，在有条件的北山寺、早街等宗教活动场所安置法律知识宣传栏，开展法制宣传，进一步引导信教群众树立依法行使权利、依法表达利益诉求，自觉履行法定义务的法制意识。二是启动以“教风”为主题的和谐寺观教堂创建活动和在宗教界开展以“国法与教规的关系”为主题的宗教政策法规学习月活动。按照国家宗教事务局的要求，制定两个活动方案以及《江川县创建和谐寺观教堂考核细则》，编印下发宗教政策法规等学习资料，查找整改宗教活动场所安全管理方面存在的不足8项。三是依法规范宗教场所管理。进一步规范宗教活动审批，对宗教活动场所开展较大规模的宗教活动、培训等严格实行县、乡两级审批程序，进一步落实属地管理原则。认真开展宗教教职人员认定备案工作。2015年共上报5名基督教徒进行认定备案，其中：3名被市级宗教部门按列为传道员、2名被县民宗局备案为执事。完成宗教基础信息的采集、录入、审核、上报工作，并争取政法委支持，把5个基督教活动点

纳入网格化管理，形成宗教事务社会管理一体化格局。以宗教团体年审工作为契机，规范宗教活动场所管理，加强《宗教活动场所财务监督管理办法》落实和监督检查，规范宗教活动场所财务管理。改善宗教活动场所环境，加强宗教活动场所安全监管工作。通过调研，用部门业务工作经费，补助路居基督教活动点、碧云寺各1万元解决安全管理设施。积极上报碧云寺、北山寺、路居等宗教活动场所2015年修缮计划，并争取省、市统战部补助资金9万元、县政府补助资金25万元用于活动场所修缮以及地址灾害处置。通过设施改善、制度完善等，佛教协会等3个宗教团体通过民政局评估，达3A级。

【侨务对台工作】 一是加强与港澳侨台代表人士联系，进一步健全完善部门领导联系港澳侨台代表人士制度。通过走访调研、座谈，共确定港澳侨台代表人士重点联系对象12户（其中：侨眷5户、港属1户、定居台胞1人、台属5户），由部门干部职工结对联系。全年共开展走访、座谈3次，12户、31人次。二是开展慰问活动。为做好统战领域安定稳定工作，县委统战部于春节、国庆节等适时开展困难台属、困难侨眷、起义投诚人员走访慰问。三是开展对台工作基本情况调研。根据玉溪市人民政府台湾事务办公室《关于开展对台工作基本情况调查的通知》要求，江川县组成调研组，在全县七个乡镇（街道）开展对台工作基本情况调研，建立健全对台工作基础信息库。江川县共有去台人员78人，其中回乡定居4人（已故3人）；有台属212户，1676人；78名去台人员中，已故26人，尚健在52人。三是做好群众来信来访接待工作。全年共接待群众来访2件，其中：起义投诚人员要求落实解决伤残补助1件、要求落实起义投诚人员身份1件。通过走访调查、政策宣传以及向上级部门汇报等，2件群众来访得到解决。

【统战、民族团结、侨法宣传】 为扩大统一战线的社会影响，促进江川县民族团结、宗教和谐，营造全社会关心支持统战、民族宗教工作浓厚氛围，县委统战部以活动促宣传，不断提高统一战线工作影响力。全年组织参与开展民族团结宣传月、宗教政策法规学习月、和谐寺观创建、国际禁毒日、全国科普日等活动，发放《统一战线工作宣传资料》《民族团结宣传资料》《宗教政策及法律法规知识问答》《中华人民共和国归侨侨眷权益保护法》《涉侨政策、法律问答》等宣传资料9500余份，展出宣传展板83块。

【县委统战民族工作会议】 12月24日，江川县召开县委统战民族工作会议。会议强调，统战工作是全党的工作，是各级党组织必须做好的分内事，种好的责任田，要切实加强党对统一战线工作的领导，健全统战工作协调机制，支持统战部门加强自身建设，努力提高全县统战工作科学化水平。市委统战部副部长、侨联党组书记龙兰到会指导。县委书记马文龙，县委副书记、统战部部长石伟讲话。会上，对近年来涌现出来的15个统战民族工作先进集体和15名先进个人进行表彰。县委副书记、代理县长王志华主持会议。

【民族成份变更】 2015年依法办理民族成分变更73人，其中：汉族变更为彝族49人、哈尼族13人、傈僳族1人、回族2人、蒙古族1人、白族4人、布依族3人。

【信息和调研工作】 一是加大调研工作力度，完成上级部门下达的调研工作任务。全年在全县开展城市民族工作、民间信仰场所情况、宗教管理等方面走访调研，形成《江川县城市民族工作情况调查报告》《江川县基督教非政府开放聚会点活动情况调查报告》《江川县民族民间信仰情况调查报告》《新形势下做好基层宗教工作的几点思考》《江川县民族团结宗教和顺矛盾纠纷排查情况及形势分析研判》《江川县对台工作基本情况调研报告》等8篇调研报告上报上级相关部门。二是建立健全乡镇（街道）、党外干部活动组、党外知识分子联络点、宗教活动场所、工商联、统战干部信息工作网络，全年共上报各类信息75条，其中：省委统战部采用5条、市委统战部采用15条、市民宗局采用22条，荣获省委统战部县级部门信息工作三等奖。

（矣树芬）

机关工委

【概　述】 2015年，县直机关党工委以十八大精神和习近平总书记系列讲话精神为指导，全面贯彻落实党的十八大、十八届三中四中五中全会精神和省、市及县委十二届五次会议精神，在巩固党的群众路线教育实践活动成果的基础上，以开展“三严三实”和“忠诚干净担当”专题教育活动为契机，发挥党建示范点的辐射带动作用，全面加强县直属机关党的思想、组织、作风、制度和反腐倡廉建设，不断推动县直属机关党的建设上水平，为建设富裕和谐美丽新江川提供组织保证。

【党员先锋岗和党员示范窗口】 在机关和窗口单位深入开展“党员先锋岗”和“党员示范窗口”评比活动，设立党员先锋岗105个、党员示范窗口12个，设置公共意见箱，让群众对窗口服务质量进行评价，接受群众监督，提高服务水平。机关党工委制定出台“党员先锋岗”和“党员示范窗口”设置标准及考核办法，促进党员作用发挥。

【七一活动】 为庆祝中国共产党建党94周年，县直属机关党组织开展系列活动庆“七一”，回顾党的光辉历程，引导和激励机关党员干部牢记使命、奋发进取，坚定共产主义信念。一是开展讲党课活动。“七一”前夕，各机关党组织书记和主要领导以开展“三严三实”和“忠诚干净担当”专题教育党课为内容，以转变作风、做忠诚于党、服务于民为讲授重点，使专题教育与日常工作有机融合。党政领导干部在县直属机关党组织中讲党课49次，参加听课党员1520人。二是组织党员干部带头深入包村联系点、社区开展走访慰问和随机调研，了解经济社会发展情况，指导基层开展党建工作，与党员群众谈心交心，走访慰问160名困难党员、老党员，慰问资金总计32000元。三是组织新发展的11名预备党员在档案局爱国主义教育基地进行入党宣誓及对新党员进行革命传统教育活动。四是开展环境卫生整治活动。7月2日上午，组织党工委、团县委、工会、妇联党支部在职党员进社区开展环境卫生清洁活动，重点清理旧州河绿化带卫生死角问题。

【在职党员到社区】 为扎实推进“三严三实”和“忠诚干净担当”专题教育实践活动和基层服务型党组织建设，积极构建党员“工作在单位，活动在社区、奉献双岗位”新机制，促进服务群众常态化长效化。2015年度机关党工委所属47家党组织1046名在职党员进社区报到，联系群众1191户，提出意见建议296条，办实事271件，协调项目52个，协调资金821万元，开展志愿服务、公益活动119次。

【党建工作会议】 4月9日下午，县直属机关党工委在县农村信用联社召开2015年党建工作会议，参加会议的人员有县农村信用联社党委、各党（总）支部书记、党工委委员共53人。会议宣读《关于兑现2014年度县直属机关党工委党建信息网评调研文章考核结果的决定》，对2014年上报信息网评调研文章考核进行表彰奖励，现场与下属单位党组织负责人签订2015年县直属机关党工委党建工作责任书。农村信用联社、县人力资源和社会保障局2个党总支从不同角度介绍本单位开展党建工作的主要做法和经验。

【微党课】 为巩固党的群众路线教育实践活动成果，落实党要管党、从严治党要求，党工委充分发挥党课在党员教育管理的载体作用，不断创新党课教育形式，把推行“微党课”教育作为开展作风建设和党员核心价值观教育实践活动的一项重要工作内容，安排每名党员围绕主题上“微党课”，党支部书记对党课内容进行审核把关，亲自主持党课，带头上党课。

【三个行动计划】 进一步深化“美丽玉溪服务先锋”行动，充分发挥部门挂钩联系村（社区）作用和机关党员优势，帮助村（社区）建党员活动室5个，积极为集体经济“空壳村”和“薄弱村”想办法、出主意、找路子。在“仙湖卫士”行动计划中，围绕“确保抚仙湖稳定保持Ⅰ类水质，星云湖水质明显好转，主要入湖（入库）河流河道水质良好”目标，组织机关党员开展植树造林、河道治理、环境卫生整治等生态文明建设活动。共组织党员到下坝大白石头河开展植树造林2次，参加党员390人，植树3050棵。开展“仙湖卫士行动”计划，充分调动和发挥各级工会组织、团组织、妇联组织、少先队组织、青年志愿者组织在“两湖”流域生态环境保护治理工作中的作用，深入开展“环保知识进企业、进机关、进学校、进社区、进农村、进家庭”“六进”活动，强

化宣传引导，努力营造“保护母亲湖、人人共参与”氛围。

【党建示范点】 县直机关党工委在巩固市、县党建示范点的基础上，进一步扩大示范点创建范围，2015年从85个党支部中挑选具有一定代表性的11个党支部开展党建示范工程建设，投入2万元解决了10个党支部活动室建设的问题。

【发展党员工作】 为规范发展党员工作，保证发展党员质量，党工委制定入党积极分子、发展对象、预备党员培训计划，并逐一落实。4月27日，举办机关党务干部学习贯彻落实《中国共产党发展党员工作细则》，围绕发展党员工作具体操作流程及注意事项进行专题辅导。5月18日，党工委下发《中共江川县直属机关工委关于进一步规范发展党员工作手续的通知》，进一步规范发展党员工作手续和党员的档案资料收集。5月28～30日，在县委党校举办第25期入党积极分子暨第1期党员发展对象培训班，共培训学员34名（其中入党积极分子12名，党员发展对象22名），确保发展党员质量。2015年共发展新党员19名，其中女党员6名，占31.58%；35岁以下的10名，占52.63；大专以上文化的19名，占100%。审批预备党员转正16名。

【第25期入党积极分子暨第1期发展对象培训】 5月28日至30日，江川县直属机关党工委第25期入党积极分子暨第1期发展对象培训班在县委党校举办，22名发展对象和12名入党积极分子参加为期3天培训。县委党校副校长黄志伟，高级讲师龚正英、李拥军分别为学员授课辅导党章、合格党员的标准和要求、“四个全面”治国理政方略等相关知识。

【党务干部培训】 9月23～24日，机关工委举办党务干部培训班，邀请市委组织部宋成杰、县委党校李卫东和县委组织部杨东3人以“如何践行‘三严三实、忠诚干净担当’要求、如何做好机关党务工作和新的发展党员的程序和要求”等三个方面的内容作培训，共培训党务干部100名。

【党组织班子建设】 2015年新建党总支5个，党支部11个，对9个党支部进行改选、补选，撤销党总支1个，撤销党支部3个，共涉及班子成员44名。整建制转出的党支部1个，整建制转入的党总支1个。

【基层组织晋位升级】 党工委根据单位党组织自评申报和测评，客观公正地对机关党组织进行分类定级。在90个党组织中，定为先进的32个，占34.78%；定为一般的58个，占63.04%；定为后进的2个，占2.17%。根据后进支部存在的不足和问题，实行党工委委员联系制度，指导他们制定整改方案，并按规定时限抓好整改落实工作，确保整改提高，晋位升级工作落到实处。定为后进的2个党支部通过整改进入一般。

【信息网评工作】 为了落实好信息、网评报送工作制度，机关党工委严格按照《江川县直属机关党工委关于党建信息网评和调研报告考核管理办法（试行）》要求，经常深入到各基层党组织了解、指导工作，并发现好的工作经验和办法，收集整理上报信息44条，上报网评92篇，被采用71篇。

【指导党组织开好民主生活会】 一是严把严审民主生活会各个环节。根据县纪委和县委组织部联发《关于开展“三严三实”专题民主生活会的通知》，党工委认真从学习认识、征求意见、谈心交心、批评意见清单、对照检查材料内容格式规范、领导干部不严不实问题找得准不准、剖析问题对不对应和深不深入、整改措施明不明确等各个环节进行审核把关。审核后，由各单位党组织上报专题民主生活会的请示，党工委作出审批意见方可召开。二是从严督促指导民主生活会。党工委紧紧围绕专题民主生活会关键环节，重点工作，安排参加督促指导人员提前介入，了解联系单位党组织领导班子情况，会议准备工作，落实好规定动作，开出有质量、有份量的专题民主生活会。三是抓好整改落实确保取得实效。对专题民主生活会上查摆出来的问题，各单位党组织都研究制定整改落实方案，做到整改目标、内容、标准、时限“四明确”，确保整改进程、整改效果可查、可监督，逐项抓好整改落实，确保整改不折不扣、取得实效。

【党员专题组织生活和民主评议】 根据中央、省市县委的要求，党工委高度重视专题组织生活会和民主评议党员工作，制定下发《关于召开“三严三实”专题民主生活会、组织生活会和开展民主评议党员工作的补充通知》，要求各党组织以践行“三严三实”为主题的组织生活会和民主评议党员工作，从严把关。自12月21日以来，共有82个党支部召开“三严三实”组织生活会及民主评议党员工作，参加民主评议的党员1040名，评出好党员714名，一般党员336名，差党员0名。

【县直属机关关工委工作】 为使县直机关关工委工作取得实效，下发《关于转发〈江川县直属机关关工委2015年工作意见〉的通知》对关工委工作进行安排布置。抓好学习教育。在县直机关中组织开展党的十八届四中全会精神和践行社会主义核心价值观宣讲教育活动45场，参加人员1305人次。组织开展暑假夏令营活动。2015年，县直机关80多个单位组织2580人开展活动，共开支经费23200元。积极开展助学兴教活动。县直机关各单位向全县学校、大中专、中小学生投入助学兴教资金共计458690元（含捐物原值折算），其中资金421738元，捐物按原值折价36925元。共资助学生272人，其中玉溪市特殊教育学校22人，补助残疾人家庭人子女考取大中专学生41人、特困学生146人、送教上门12人、奖励青少年学生30人，其他21人。

（龚　萍）

“两类”组织党工委

【概　述】 江川县非公有制经济组织和社会组织党工委认真落实省、市关于非公领域党建工作要求，围绕创建基层服务型党组织目标，以扩大组织覆盖面为重点，以党员作用发挥为关键，以制度建设为保障，稳步推进非公有制经济组织和社会组织党组织党建工作。

【健全责任机制】 县“两类”党工委积极履行抓非公有制经济组织和社会组织党建工作主体责任，定期召开“两类”组织党建工作例会和联席会议，加强成员单位间的沟通协调，研究和部署“两类”组织党建工作，充分发挥成员单位作用，形成工作合力。

【“两类”组织党建指导员】 结合党建工作要求和“两类”组织需求，采取个人申请、单位推荐、双向对接、“两类”组织党工委决定方式，向36个“两类”党组织，选派22名党建指导员，通过实行县级领导+党（工）委委员+党建指导员“三责一体”的联系指导机制，由党建指导员定期与联系领导和党（工）委委员联系沟通，汇报派驻党组织工作开展情况，及时帮助分析、解决困难和问题，提升党建工作实效。

【突出问题导向】 强化工作分析研究，坚持问题导向，实地深入10余个“两类”组织，围绕党组织运行、党员管理、存在问题等方面开展调研，发放调查问卷60余份，进一步掌握组织运行和党员情况，摸清存在问题和薄弱环节，形成调研分析报告2篇，为推进“两类”组织党建工作奠定基础。

【夯实基层基础】 按照扩大党组织覆盖要求，针对江川县非公有制企业和社会组织情况，采取区域联建、挂靠组建、行业统建等方式，加大在规模以上企业、工业园区、专业合作社等组织中组建党组织力度，新建江川县星安公司、江川县吉利短途客运有限公司、粮食收储二支部3个党组织。在扩大覆盖面的基础上，进一步强化制度建设，要求已建的党组织建立健全“三会一课”、党员活动日、党员目标管理与民主评议党员等制度，将各项制度和工作内容规范上墙，确保党组织规范化运作。

【建强党员队伍】 根据企业生产经营的特点，注重开展市场经济理论、科技知识、经营管理知识等培训，组织领导干部和民营企业家53人赴复旦大学开展第二期产业转型升级培训，提升企业人才推动产业发展、促进转型升级能力。注重示范选树，打造江城童话幼儿园党建示范点，开展“仙湖卫士—小手拉大手”活动，社会组织党建工作影响力进一步提升。积极指导各党（工）委积极创新工作载体，在企业党员中开展承诺践诺、党员先锋岗、党员挂牌亮身份等活动，并结合企业实际，进一步细化“两类”组织党员积分管理办法，县直机关工委在下辖的星安公司党支部、吉利短途客运党支部等党组织中设置党员先锋岗，引导党员积极履职，发挥作用。

【强化工作保障】 认真落实“两类”组织党建工作经费，由市县两级按1∶1比例，分别补

助“两类”组织总支、支部4000元、2000元的党建工作经费，对“两类”组织党组织书记给予每月200元的岗位补贴，对“两类”组织党员每人每年给予100元的教育培训经费补助，优化“两类”组织党建工作环境。

（李 敏）

县委党校

【概 述】 2015年，中共江川县委党校、江川行政学校、江川社会主义学校充分发挥培训、轮训党员领导干部和学习、研究、宣传马列主义、毛泽东思想、邓小平理论、“三个代表”重要思想、科学发展观、习近平系列重要讲话精神的两个阵地作用和干部党性锻炼的熔炉作用，完成全年的干部教育和培训任务，努力提高全县党员干部的理论素养和知识水平。

【县委干教委第一次会议】 2015年4月9日下午，中共江川县委干部教育委员会第一次会议在江川县委党校召开。会议由县委常委、组织部长林清主持，县委副书记、县委党校校长石伟，县委常委、宣传部长龚桂存，县委常委、县委办主任邓春元出席会议，全体干教委成员参加会议。会议总结2014年江川县干部教育培训工作，讨论通过《江川县2015年干部教育培训计划》。

【举办江川县第九批新农村建设指导员培训班】 2015年3月10日，县委党校与县委组织部、县新农村建设工作队办公室共同配合，举办江川县第九批新农村建设指导员培训班。主要对江川县第九批新农村指导员及相关工作人员共计144人进行培训，培训内容包括美丽乡村建设、殡葬改革、烤烟生产、土地确权工作，县委党校常务副校长李卫东主持开班动员会。

【举办工会干部综合素质培训班】 4月14日至15日，“2015年江川县工会干部素质培训班”在县委党校举办，对全县基层工会的主要负责人170余人进行培训。培训内容涉及党的十八届四中全会精神、“四个全面”内容、反邪教反毒品防艾滋、工会工作、道德讲座等内容。县委党校常务副校长李卫东和副校长黄志伟分别以“中华传统美德与社会主义核心价值观”和“学习党的十八届四中全会精神，全面理解‘四个全面’治国理正方略”为题，为培训班学员进行授课。

【举办直属机关工委入党积极分子和发展对象培训班】 2015年5月，县委党校与县直属机关党工委配合，举办“江川县直属机关党工委第25期入党积极分子和第1期重点发展对象培训班”。培训班历时3天，对11名入党积极分子、22名发展对象进行培训。县委党校教师黄志伟、李拥军、龚正英分别以“全面理解‘四个全面’治国理正方略”“党章‘总纲’辅导”“如何做一名合格的共产党员”为培训班学员进行授课。培训班采取集中辅导、自学、分组讨论、撰写学习心得、考试方式进行。

【举办直属机关工委2015年党务干部培训班】 2015年9月23日至24日，县委党校与县直属机关工委联合举办“江川县直属机关工委2015年党务干部培训班”，直属机关工委所属支部书记、组织委员共100人参加培训。培训围绕“如何做好机关党务工作”、“新的发展党员程序和要求”等内容进行，县委党校常务副校长李卫东以“如何践行‘三严三实，忠诚干净担当’”为题为培训班学员进行授课。

【举办“学习贯彻十八届四中全会精神全面推进依法治县”专题研讨班】 2015年6月11日至12日，县委党校与县委办、县政府办、县委组织部配合，共同举办“江川县学习贯彻十八届四中全会精神全面推进依法治县专题研讨班”。研讨班历时两天，主要采取集中培训、分组讨论、交流发言方式进行。县委书记马文龙到会进行开班动员，并作《贯彻落实党的十八届四中全会精神，全面推进依法治县战略》主题报告。县委、县人大、县政府、县政协领导班子成员及全县副科级以上领导干部及村（社区）总支书记和主任共计597人参加学习研讨。

【举办2015年村（社区）干部培训班】 2015年6月23日至26日，县委党校配合县委组织部举办“2015年村（社区）干部培训班”，主要对全县72个村（社区）的总支书记、总支副书记、村（社区）主任、监委会主任、大学生村官共247人进行培训。主要采取集中学习培训、分组讨论、交流发言、实地考察学习方式进行。培训内容涉及习近平总书记考察云南重要讲话精神、习近平总书记十八大以来系列重要讲话精神、“四个全面”战略布局以及农村党风廉政建设、党建工作、村民委员会组织法、美丽乡村精神、高原特色农业发展、农村信访工作、农村土地政策及国土知识等。县委书记马文龙到会进行开班动员讲话，县委常委、组织部部长林清对培训班进行总结发言，县委党校常务副校长李卫东参与授课。

【举办非公经济、民族宗教人士培训班】 2015年7月9日至10日，江川县社会主义学校与县统战部配合举办“江川县非公经济、民族宗教人士培训班”。培训班对江川县非公经济人士代表和民族宗教人士共计100人进行培训，培训内容主要包括国家民族宗教政策和支持非公经济发展的政策、法规等，县社会主义学校教师黄志伟以《社会主义核心价值观与宗教信仰》为题为培训班进行授课。

【举办江川县工信局党委第2期入党积极分子第1期发展对象培训班】 2015年8月26日至28日，县工信局党委第2期入党积极分子暨第1期发展对象培训班在江川县委党校举办，对36名入党积极分子和发展对象进行培训。县委党校教师黄志伟、李拥军、龚正英分别以“全面理解‘四个全面’治国理正方略”“党章‘总纲’辅导”“如何做一名合格的共产党员”为培训班学员进行授课。此次培训班采取集中辅导、自学、分组讨论、撰写学习心得、考试方式进行。

【党课教育】 2015年，县委党校充分发挥职能作用，选派教师分别到安化彝族乡新庄村委会、大街街道下营社区、大街街道大街社区开展党课教育。为新庄村委会讲授党课3次，为下营社区讲授党课1次，为大街社区讲授党课1次，并组织全体党员与下营社区党员一起进行建党93周年庆祝活动。

按照江川县“三严三实、忠诚干净担当”专题教育活动领导小组办公室安排，常务副校长李卫东为县委党校教职工及县教育局机关干部、江川一中、江川二中、江川职中主要领导200多人进行专题党课教育。受县信用联社党委和人民银行江川支行邀请，分别为信用联社党员干部和江川县金融系统全体党员进行“三严三实、忠诚干净担当”专题党课教育。

【组织竞课赛】 2015年县委党校分别于2月、7月、11月组织进行《道德讲堂》、“四个全面”、“党的十八届五中全会精神”宣讲竞课赛。县委党校4名教师和3名领导分别参与试讲，11名教职工作为听众参与听讲，并对每一位教师和领导的讲课进行现场评价和打分。

【开办道德讲堂】 2015年，县委党校与县委宣传部、县总工会配合，继续组织开办“道德讲堂”。一年中，县委党校共组织教师到全县行政事业单位、乡镇（街道）、企业开办道德讲堂26场，参与听众2000多人次，在全县营造“讲道德、做好人、树新风”氛围，努力推进社会主义核心价值体系建设。

【开展党的十八届五中全会精神宣讲】 2015年，主要由县委党校教师和领导组成的中共江川县委党的十八届五中全会精神宣讲团，到县属单位和乡镇（街道）开展宣讲，共举办宣讲报告会10场，参与听众729人次。

【开展《中国共产党纪律处分条例》和《中国共产党廉洁自律准则》宣讲】 2015年12月，县委成立学习、宣传、贯彻《中国共产党纪律处分条例》和《中国共产党廉洁自律准则》宣讲团，县委党校教师作为宣讲团成员，共为县属单位举办宣讲报告会2场，参与听众100多人次。

【对外服务】 2015年以来，县委党校创新、完善各种服务体制，提高服务水平。全年共接待各种会议、培训、考试52期，5400多人次。

（李拥军）

江川县人大常委会

【江川县第十五届人大常委会主任、副主任、委员名录】

主　任　李东林（2015.2停职，2015.5终止）

副主任　杨本忠　刘跃宁　史云德　陆富仙

委　员　史云峰　坝有贵　李双全　李玉荣　李江辉　杨学敏　吴绍良　张江瑞　周红艳　周绍荣　洪　芬　徐丽华

龚贵生　潘兴发
张江景（2015.1选举）
雷永彪（2015.1选举）
李忠兴（2015.12辞职）
李江润（2015.12辞职）

【江川县人大常委会各委、室负责人名录】

办公室

主　任　潘兴发
副主任　杨花润
　　　　李明芬（2015.12离任）

法制和民族外事华侨工作委员会

主　任　周绍荣
副主任　张吉福

财政经济工作委员会

主　任　张江景
副主任　李绍德

教科文卫工作委员会

主　任　杨学敏
副主任　郑　霄（2015.7任）
　　　　葛茂蓉（2015.11离任）
　　　　李仕彬（2015.11离任）

选举联络工作委员会

主　任　张江瑞
副主任　雷启明

农业工作委员会

主　任　李双全
副主任　施文光

城建环保资源工作委员会

主　任　坝有贵
副主任　陆春光
　　　　张文辉（2015.11离任）

【概　述】　2015年，县人大常委会在中共江川县委领导下，认真落实县委决策部署和县十五届人大三次会议要求，依法履职，服务发展大局，推进依法治县进程，为富裕和谐美丽江川建设作出贡献。一年来，共召开常委会会议9次，听取和审议“一府两院”专项工作报告15项，开展执法检查3次，组织代表视察5次，组织重点调研6次，召开工作座谈会8次，作出决议决定4份，形成审议意见9份。

【县第十五届人民代表大会第三次会议】　江川县第十五届人民代表大会第三次会议于2015年1月24～27日在江川县城召开。171名县人大代表出席会议。县属各部委办局负责人，县人民法院、检察院负责人，各乡镇、街道有关领导，市直单位负责人，部分离退休老领导以及江川驻军首长等199人列席大会。

大会听取和审议县人民政府县长钱兴所作的《政府工作报告》；审查批准江川县2014年国民经济和社会发展计划执行情况及2015年国民经济和社会发展计划；审查批准江川县2014年地方财政预算执行情况和2015年地方财政预算；听取和审议县人大常委会主任李东林所作的《江川县人大常委会工作报告》；听取和审议县人民法院院长郑子云所作的《江川县人民法院工作报告》；听取和审议县人民检察院检察长资云坤所作的《江川县人民检察院工作报告》，并作出6个报告的决议。补选张江景、雷永彪为江川县人大常委会委员。

【县十五届人大常委会各次会议】　2015年1月12日，县十五届人大常委会举行第十八次会议，会议作出《江川县人民代表大会常务委员会关于召开江川县第十五届人民代表大会第三次会议的决定》，明确会议召开的时间、地点和会议议程（草案）；听取和审议江川县人大常委会工作报告起草说明，对人大常委会工作报告提出修改意见，确定由李东林代表常委会向人大三次会议报告工作；会议还确定参加人大三次会议列席人员名单；会议同意将草拟的江川县第十五届人民代表大会第三次会议主席团和秘书长名单草案、财政经济审查委员会名单草案、议案审查委员会名单草案、主席团常务主席名单草案、执行主席分组名单草案、副秘书长名单草案、会议日程草案、补选江川县人大常委会委员选举办法草案等提交十五届人大三次会议。

2015年3月30日，县十五届人大常委会举行第十九次会议，会议听取和审议县人民政府关于江川县小（一）型水库水质保护情况的报告；听取县人民政府关于江川县2015年重点工作重大项目推进计划报告；审议通过江川县人大常委会2015年工作要点草案；审议确认许可对江川县第十五届人民代表大会代表李东林采取强制措施；审议批准增加县人民法院人民陪审员名额63名。

2015年5月18日，县十五届人大常委会举行第二十次会议，根据表决结果，会议决定接受李东林辞去玉溪市第四届人民代表大会代表职务，报玉溪市人大常委会备案、公告；接受李东林辞去江川县第十五届人民代表大会代表职务。按照《中华人民共和国全国人民代表大会和地方各级人民代表大会选举法》第五十三条规定，李东林的江川县第十五届人大常委会主任职务终止。

2015年5月29日，县十五届人大常委会举行第二十一次会议，根据表决结果，会议决定任命曾春等79人为江川县人民法院人民陪审员，免去周明江川县人民法院立案庭副庭长职务；听取县人民政府《关于江川县人民政府职能转变和机构改革实施意见的说明》《江川县测土配方施肥及土壤改良情况报告》；听取和审议《县人民政府关于江川县生猪定点屠宰工作情况报告》《县人民政府关于江川县食品安全工作情况的报告》。

2015年7月30日，县十五届人大常委会举行第二十二次会议，根据表决结果，会议决定任命周瑜为县文化广电和体育局局长，罗玉华为县卫生和计划生育局局长，李红庭为县旅游发展局局长，李江华为县市场监督管理局局长，郭华为县监察局局长，郑霄为县人大常委会教科文卫工作委员会副主任，免去周瑜的县文化旅游广电和体育局局长职务，罗玉华的人口和计划生育局局长职务，范江应的江川县卫生局长职务，张盛国的江川县监察局局长职务，杨建梁的江川县食品药品监督管理局局长职务，赵剑的江川县人民法院审判员、审判委员会委员、副院长职务。听取县人民政府《关于江川县发展核桃产业工作情况的报告》《关于江川县抚仙湖近面山禁止放牧和径流区控制畜禽规模养殖污染治理情况的报告》；听取和审查县人民政府《关于江川县2015年上半年财政预算执行情况的报告》《关于江川县2015年上半年国民经济和社会发展计划执行情况的报告》，审查批准江川县2014年本级财政决算。

2015年9月29日，县十五届人大常委会举行第二十三次会议，根据表决结果，会议决定补选晏森、赵基为玉溪市第四届人民代表大会代表，补选结果报玉溪市人大常委会代表资格审查委员会。听取和审议县人民政府《关于江川县美丽100校园行动计划暨中小学校舍安全工程实施情况的报告》《关于江川县“六五”普法规划实施情况的报告》，听取了县人民政府《关于江川县棚户区改造工作情况的报告》《关于第十五届人民代表大会第三次会议代表建议办理情况的报告》，审议通过江川县人民政府《关于提请审议中国建设银行股份有限公司玉溪市分行承接政府债务有关问题的议案》。

2015年10月19日，县十五届人大常委会举行第二十四次会议，根据表决结果，会议决定接受葛勇辞去玉溪市第四届人民代表大会代表职务，并报玉溪市人大常委会备案、公告；补选钱兴为玉溪市第四届人民代表大会代表，补选结果报玉溪市人大常委会代表资格审查委员会。

2015年11月27日，县十五届人大常委会举行第二十五次会议，根据表决结果，会议决定任命李菊为县住房和城乡建设局局长、杨涛为县林业局局长、杨杰为县水利局局长、龚彦龙为县人民法院民事审判一庭庭长、汪鸿泳为县人民法院审判监督庭庭长、李应梁为县人民法院刑事审判二庭庭长、毕海峰为县人民法院江城法庭庭长；免去李菊县林业局局长职务、杨涛县水利局局长职务、杨杰县住房和城乡建设局局长职务，葛茂蓉和李仕彬县人大常委会教科文卫工作委员会副主任职务、张文辉县人大常委会城建环保资源工作委员会副主任职务、李忠兴县人大常委会大街街道工作委员会主任职务、龚彦龙县人民法院刑事审判二庭庭长职务、汪鸿泳县人民法院民事审判一庭庭长职务。听取县人民政府《关于江川县2015年重点工作重大项目推进情况报告》，听取和审议县人民政府《关于江川县贯彻实施〈中华人民共和国老年人权益保障法〉的报告》，审查批准《江川县人民政府关于2015年预算调整方案的报告》。

2015年12月24日，县十五届人大常委会举行第二十六次会议，根据表决结果，会议决定接受钱兴辞去县人民政府县长职务，李忠兴、李江润辞去县第十五届人大常委会委员职务；免去李明芬县人大常委会办公室副主任职务；任命业文洪为县人民法院审判员，王志华为县人民政府副县长、代理县长。会议对县人大常委会工作报告进行讨论，提出修改意见。

【监督工作】 常委会始终坚持职权法定原则，积极开展监督工作，保证宪法和法律法规的实施，推动县委重大决策的落实，推动社会和群众关切问题的解决，促进江川改革、发展、稳定。

经济工作监督。一是加强对预算和计划执行情况的监督，听取《江川县2014年度县本级财政预算执行情况和其他财政收支的审计监督工作报告》，审查县政府《关于江川县2015年上半年国民经济和社会发展计划执行情况的报告》《关于江川县2015年上半年财政预算执行情况的报

告》，审查批准《江川县2014县本级财政决算的报告》。二是听取县人民政府关于实施测土配方施肥改良土壤、发展核桃产业情况专项报告，使常委会组成人员进一步了解江川县土壤改良、核桃产业发展现状。三是关注重点工作和重大项目推进情况，年初听取县政府重点工作重大项目安排情况，年底组织部分县人大代表对2015重点工作和重大项目推进情况进行视察，专题听取县政府重点工作和重大项目完成情况的报告。

民生和社会事业监督。一是对全县生猪定点屠宰工作进行专项调查，听取和审议县政府关于生猪定点屠宰工作情况的报告，督促县政府打击私屠滥宰行为，保障人民群众吃上“安全肉”、“放心肉”。二是对食品安全工作进行专项调查，听取和审议县政府关于食品安全工作情况的报告，督促县政府加大监管力度，筑牢食品安全防线，确保人民群众“舌尖上的安全”。三是专题调研雄关中学、前卫中学、伏家营小学等10所中小学校安工程建设情况，听取和审议县政府关于美丽100校园行动计划暨中小学校舍安全工作实施情况的报告，建议县政府拓宽资金筹措渠道，解决工程实施中面临的困难和问题。四是全程参与全县中小学教师招考面试、事业单位招考笔试、中高考巡视、江川一中和大街中小学阳光分班等工作，切实做到在参与中监督，在监督中支持。五是抓住社会关切的禁毒问题，组织专项视察组，对江川县禁毒工作情况进行视察，推动禁毒工作深入开展。六是重视民族宗教工作。专题调研江川县民族团结进步示范点建设情况，督促县政府加大民族团结进步示范区建设力度，力争实现2020年全面建成民族团结进步示范区目标。深入部分宗教活动场所进行视察，听取宗教事务管理部门的工作情况报告，建议县政府强化监管力度，探索宗教活动场所管理新路子、新办法，推动宗教政策法规落实，促进宗教和顺、民族团结、社会和谐。

环保工作监督。一是视察抚仙湖近面山禁牧实施情况，听取了县政府关于抚仙湖近面山禁止放牧和径流区控制畜禽规模养殖污染治理情况的报告，促进抚仙湖保护与治理。二是对全县城市建设管理、环境治理、住房保障、危旧房改造、美丽家园建设等情况进行调研视察，专题听取县政府关于棚户区改造工作情况的报告。三是对“两湖”水污染综合防治十二五规划项目工程实施情况进行专项视察，推动“两湖”保护战略措施落实。四是对全县14座小（一）型水库水质保护情况进行调查，听取和审议县政府关于小（一）型水库水质保护情况的报告，建议县政府进一步理顺水库管理体制，严打排污排废行为，确保人民群众生产和生活用水安全。

司法工作监督。一是对江川县“六五”普法实施情况进行调查，听取和审议县政府关于实施法制宣传教育第六个五年普法规划工作情况的报告，推动法治江川建设。二是开展《老年人权益保障法》实施情况执法检查，听取县政府关于政府职能转变和机构改革方案说明，检查《中华人民共和国消防法》和《云南省消防条例》在江川县的实施情况。三是加强对“两院”监督，组织视察县人民法院案件庭审工作，就“两院”如何在依法治县中充分发挥职能作用进行座谈研讨，要求“两院”围绕“严格执法、公正司法、化解矛盾、维护稳定”目标，进一步加强审判管理，强化法律监督，维护公平正义，为推动江川县依法治县工作，构建和谐、平安江川创造良好法治环境。

【信访工作】 2015年，常委会共接待群众来访72批256人次，收到群众来信37件次，协调办理30件，办复率达81.08%。

【重大事项决定】 2015年，常委会作出关于批准江川县2014年县本级财政决算、2015年财政预算调整、建行玉溪市分行承接政府建设龙泉山工业园区土地开发债务、增加人民陪审员名额等相关决议决定4项，推动全县经济社会健康发展。

【人事任免】 2015年，县人大常委会共依法任免国家机关工作人员112人次（其中：任命95人次，免职11人次，接受辞职6人次），许可对2名县人大代表采取强制措施，依法补选3名市人大代表和2名县人大代表。

【代表工作】 一是为增强代表履职能力，2015年11月举办“内务司法监督、报告审查”专题培训班对第十五届县人大代表进行培训。二是启动代表活动阵地建设，积极争取和协调资金支持乡镇（街道）建立人大代表联络活动站。三是坚持和完善人大代表和公民列席常委会会议制度，2015年，常委会共邀请县人大代表和公民列席常委会会议18人次。四是先后组织代表300余人次对江川县民族示范村建设、宗教事务管理、禁毒工作、中小企业发展、江通高速公路建设、小马沟退房还湖旧村改造项目、龙泉山工业园区建设、文庙修缮、星云湖综合治理、江川一中和江川二中校舍建设进行专题调研和视察，为代表了解和掌握全县经济社会发展情况提供平台和条件。五是认真督办代表意见建议。2015年，共督办代表建议105件，办复率为100%。其办理的结果为：A类建议8件，占7.62%；B类建议39件，占37.14%；C类建议58件，占55.24%。代表对办理结果表示满意的90件，占85.71%；基本满意的14件，占13.33%；不满意的1件，占0.95%。

【完成交办任务】 一是积极参与重大项目建设。2015年，人大常委会领导继续担任重点工作、重大项目的指挥长、副指挥长或项目负责人，在星云湖4A级风景区建设、星云湖沿湖生态产业示范区建设、森林江川建设、棚户区改造、文庙修缮、县污水处理厂提标改造、县城街区整治、星云湖北片区污水处理厂管网建设、江中路和江通路小白坡段道路建设、"美丽校园"及校安工程建设、东风水库径流区流域综合治理项目、星云湖"十二五"水污染综合防治规划、殡葬改革、县殡仪馆及经营性公墓建设等重大项目重点工作的推进中尽心尽力、尽职尽责。二是努力完成省市人大交办任务。积极配合省市人大对湖泊保护治理、基层人大工作情况、星云湖"十二五"规划项目、殡葬改革工作进展情况、检察机关履行法律监督职能情况、《职业教育法》贯彻实施情况进行专题调研和执法检查，并针对江川县在以上工作推进中存在的问题，督促有关部门改进工作。三是派出1名委室副主任完成前卫镇后卫村委会的新农村建设指导工作。四是在参与专项工作中督办督查。抽派机关副科以上领导干部积极参与两湖水污染综合防治"十二五"规划、农村土地承包经营权确权登记颁证、2015年星云湖鱼苗投放、小型农田水利重点建设项目、抚仙湖旅游开发项目、水库防洪蓄水、龙泉生态工业园区建设、"四退三还"民房搬迁等专项工作的督导和检查。

（杨花润）

江川县人民政府

【县人民政府县长、副县长名录】

县　长　钱　兴（2015.12离任）
　　　　王志华（2015.12任）
副县长　张文彬
　　　　李志刚
　　　　牛旺林
　　　　王　波
　　　　杨军苹
　　　　普朝鹏
　　　　李启红（2015.7离任）
　　　　周福荣（挂职）

【县人民政府各局、办，各事业单位正副职名录】

政府办公室
主　任　赵　琦
副主任　赵　华
　　　　龚　钲
　　　　张　曦（2015.11离任）
　　　　周　新
　　　　晏　春（2015.11任）
政府督查室
主　任　李江华（2015.7离任）
　　　　张　曦（2015.11任）
法制办
主　任　邢长伟（2015.7任）
副主任　周留明（2015.7离任）
　　　　侯小青
人防办
副主任　周亚烜（2015.7撤职）
信访局
局　长　赵　华
副局长　侯丽梅
烟　办
主　任　廖永富
发展和改革局
局　长　曲绍庭
副局长　孙国华（2015.7任）
　　　　王九生
　　　　张丽琼
　　　　王文忠（2015.7任）
工业商贸和科技信息局
局　长　钟　镖
副局长　杨有平
　　　　张亚民
人力资源和社会保障局
局　长　吴正顶
副局长　朱艳林
　　　　杨梅芳
　　　　黄赛成
财政局
局　长　李保平
副局长　孔建文（2015.2离任）
　　　　李亚定
　　　　伏荣宽
　　　　李光耀
监察局
局　长　张盛国（2015.5离任）

郭　华（2015.7任）
副局长　陶文红
胡　莎（2015.7离任）
韩丽华（2015.8任）

审计局

局　长　张　宁
副局长　吴绍金
杨家祥

统计局

局　长　胡宇翔
副局长　陈留仙（2015.5退休）
雷吉林
陶有贵

住房和城乡建设局

局　长　杨　杰（2015.11离任）
李　菊（2015.11任）
副局长　周丽娟（2015.7离任）
李自平
宁　伟（2015.10离任）
杨仕鸿（2015.7任）
刘　勇（2015.11任）

交通运输局

局　长　胡禄金
副局长　黄太东（2015.11离任）
李汝林
胡建华

环境保护局

局　长　李华同
副局长　王　川
张春丽

国土资源局

局　长　顾绍勇
副局长　普云平
周元明（2015.11离任）
杨国华
张原萁（2015.12任）

土地储备中心

主　任　顾学华（2015.11离任）
李江润（2015.11任）
副主任　戴燕芬

政务服务管理局

局　长　张存美
副局长　陆　叶
李彦华

扶贫办

主　任　孙国华（2015.7离任）

防震减灾局

局　长　普秀英
副局长　郑忠党

文化旅游广电和体育局

局　长　周　瑜（2015.7离任）
副局长　官汝运（2015.7离任）
何　俊（2015.7离任）
徐　惠（2015.7离任）
廖增华（2015.7离任）
彭春云（2015.7离任）
陈　华（2015.7离任）

文化广电和体育局

局　长　周　瑜（2015.7任）
副局长　何　俊（2015.7任）
廖增华（2015.7任）
陈　华（2015.7任）

旅游发展局

局　长　李红庭（2015.7任）
副局长　徐　惠（2015.7任）
万立俊（2015.7任）

食品药品监督管理局

局　长　杨建梁（2014.9离任）
副局长　李艳华（2014.9离任）
岳文宝（2014.9离任）

市场监督管理局

局　长　李江华（2015.7任）
副局长　蔡小明（2015.7任）
张才顺（2015.7任）
张绍林（2015.7任）
李艳华（2015.7任）

农业局

局　长　杨志伟
副局长　曹春艳
罗　磊
李彦坤
刘来华

林业局

局　长　李　菊（2015.11离任）
杨　涛（2015.11任）
副局长　杨四代（2015.11离任）
郑光辉
邓树芬
周元明（2015.11任）

森林公安局

局　长　白志德（2015.12离任）
副局长　朱彦华
赵存贵

水利局

局　长　杨　涛（2015.11离任）
杨　杰（2015.11任）
副局长　普绍有
李江华
杨路有（2015.10撤职）

抚仙湖管理局

局　长　杨　岗
副局长　雷红杰

星云湖管理局

局　长　业东华
副局长　陈文东
花尚荣

安全生产监督管理局

局　长　马常有
副局长　赵雄伟
宋平华

教育局

局　长　郭自壮
副局长　钱鸿润

卫生局

局　长　范江应（2015.7离任）
副局长　龚有颖（2015.7离任）

人口和计划生育局

局　长　罗玉华（2015.7离任）
副局长　宋良艳（2015.7离任）
郑　霄（2015.7离任）

卫生和计划生育局

局　长　罗玉华（2015.7任）
副局长　龚有颖（2015.7任）
杨智然（2015.7任）

宋良艳（2015.7任）

公安局

局　长　牛旺林

政　委　张文红

副政委　业富贵

副局长　黄　良

李正春

胡尚辰

候　冬

陈国华

司法局

局　长　王奇志

副局长　刘清华

陈继文

民政局

局　长　李佳强

副局长　李思源

王兴堂（2015.7离任）

谭　波（2015.11任）

老龄委

副主任　杨霜梅

残疾人联合会

理 事 长　马宇飞

副理事长　杨小国

粮食局

局　长　范宝福（2014.11离任）

副局长　张才顺（2014.11离任）

王文忠（2014.11离任）

供销社

主　任　普万云

副主任　顾吉顺

张良昌

工业园区管委会

主　任　李天贵（2015.11离任）

杨兴华（2015.11任）

副主任　李彦林（2015.11离任）

万　超

招商合作局

局　长　顾　秋

副局长　李　坤

李必忠

城市管理综合行政执法局

局　长　戴朝红（2015.12离任）

副局长　陈　涛

陈仁贵

县人民医院

院　长　李有宏

副院长　王金聪

洪美英

付林华

（邓　珂）

【2015年县政府重要文件】

关于切实抓好2015年烤烟生产收购工作的通知

关于切实抓好2015年大春生产工作的意见

关于表彰驻江77216部队的决定

关于申报和建设抚仙湖国家湿地公园的意见

关于表彰2014年安全生产工作先进单位的决定

关于成立江川县信访事项复查复核委员会的通知

关于表彰见义勇为先进个人的决定

关于修改江川县划拨国有土地使用权交易补缴出让金金额标准的通知

关于明确2015年度县长副县长“一岗双责”安全生产责任的通知

关于促进非煤矿山转型升级的实施细则

关于印发江川县两户烟花爆竹生产企业关闭退出工作方案的通知

关于印发县级部门行政审批项目限时办结服务承诺的通知关于承接、取消和调整部分县级行政审批事项的决定

关于加快发展现代粮食流通产业实施意见的通知

关于在全县开展第三次全国农业普查的通知

【2015年县政府办重要文件】

关于2015年政府工作报告主要任务分解方案的通知

关于印发江川县第三轮全国艾滋病综合防治示范区工作实施方案的通知

关于印发江川县抚仙湖近面山禁止放牧和径流区控制畜禽规模养殖污染治理工作方案的通知

关于印发江川县2015年新型农村合作医疗实施方案的通知

关于印发江川县2015年核桃种植实施方案的通知

关于印发江川县机关事业单位“吃空饷”问题集中治理工作方案的通知

关于做好清理盘活财政存量资金工作的通知

关于明确2015年经济发展主要目标任务的通知

关于印发江川县环境安全隐患排查整治方案的通知

关于印发江川县2015年抚仙湖封湖禁渔工作实施方案的通知

关于开展江川县2015年全国1%人口抽样调查的通知

关于继续深入开展“打非治违”专项行动的通知

关于印发江川县涉农资金专项整治行动实施方案的通知

江川县2015年度地质灾害防治方案的通知

关于加强节水型社会建设的实施意见

关于印发2015年江川县食品安全工作要点的通知

关于印发江川县2015年度农村小额信贷扶持畜牧业发展实施

方案的通知

关于印发江川县2015年打击破坏林地资源违法犯罪专项整治行动方案的通知

关于印发江川县老楼危楼安全排查整治工作实施方案的通知

关于印发江川县2015年度主要污染物总量减排工作实施方案的通知

关于印发江川县2015年道路交通安全目标管理任务分解方案的通知

江川县关于扎实推进宽带乡村工程建设的通知

关于切实加强汛期安全生产工作的紧急通知

关于印发江川县全面开展安全生产大检查深化“打非治违”和专项整治工作实施方案的通知

关于印发江川县深入开展危险化学品和易燃易爆物品安全专项整治实施方案的通知

关于印发2015年烟叶收购专卖管理工作方案的通知

关于印发江川县2011年度公租房二期分配摇号配租实施方案的通知

关于印发江川县政府法律顾问管理办法等三个办法的通知

关于印发江川县水污染防治行动计划实施方案的通知

关于印发江川县2015年查处取缔无证无照经营专项整治工作实施方案的通知

关于进一步加强安全生产应急预案管理工作的通知

关于加强环境监管执法的实施意见

关于印发江川县深化国有粮食企业改革实施方案意见的通知

关于印发江川县推行政府部门权利清单制度工作实施方案的通知

关于调整义务兵家属优待金和立功受奖金额标准的通知

关于印发江川县2015年冬春火灾防控工作实施方案的通知

关于印发江川县2015年国家重点生态功能区县域生态环境质量考核工作实施方案的通知

关于印发江川县农村集体土地使用权确权登记发证工作实施意见的通知

关于印发《江川县投资项目联审联批实施意见》的通知

关于印发开展今冬明春安全生产大检查实施方案的通知

关于印发玉溪市创建国家环境保护模范城市江川县工作方案的通知

关于印发开展安全生产大检查回头看切实做好岁末年初安全生产工作实施方案的通知

关于印发江川县不动产统一登记工作实施方案的通知

关于印发江川县中长期动物疫病防治规划的通知

（张文丽　夏雁丽）

【2015年县政府重要会议】

江川县2015年第十五届人民政府第五次全体会议

江川县人民政府第三次廉政工作会

江川县2015年重大项目推进会

江川县2015年人大代表建议和政协委员提案交办会

江川县2015年语言文字工作评估汇报会

江川县2015年义务教育均衡发展评估工作会

江川县2015年森林防火工作会

江川县2015年烟叶收购工作会

江川县2015年环境保护暨湖泊保护治理工作会

江川县2015年农村土地承包经营权确权登记颁证工作动员会

江川县2015年1%人口抽样调查工作会

江川县2015年政府职能转变和机构改革工作会

江川县2015年安全生产工作会

江川县2015年易地扶贫搬迁工作会

江川县2015年“十三五”规划编制工作会

江川县2015年抚仙湖径流区统一托管工作会

江川县2015年财政资金清理工作会

江川县2015年农村危房改造及抗震安居工程建设工作会

江川县2015年抚仙湖径流区统一托管移交工作会

（杨智强）

【2015年政府主要工作情况】

全年完成地方生产总值72.5亿元，增长12.5%；地方财政收入6.3亿元，增长6.4%；规模以上固定资产投资40.1亿元，增长30.8%；社会消费品零售总额19.7亿元，增长13.5%；城镇居民人均可支配收入28509元，增长8.8%；农村居民人均可支配收入10214元，增长10.1%。

农　业　完成农业增加值15.1亿元，增长6.5%。强农惠农富农政策全面落实，兑付各类农业综合补贴1284万元，成功争取全国小农水重点县项目，完成农村土地承包经营权确权登记29.26万亩。烤烟生产实现减量增收，完成烤烟收购1140万千克，烟农总收入3.82亿元；蔬菜、花卉产业稳步发展，总产值达7.95亿元，增长

11.5%；畜牧业健康发展，重大动物疫病防控扎实有效，总产值突破8亿元；持续开展增殖放流，渔业总产值增长7%；特色经济林产业加快发展，种植核桃3.5万亩。西南航空护林总站直升机场开工建设。

工　业　完成工业增加值20.2亿元，增长18.5%。龙泉园区建设加快推进，总规、详规通过省级审批，江滇路、龙腾路、江义街路基工程进展顺利，万利包装项目投入生产，新天力机械制造项目完成厂房建设，欣宇机械、福胤钢构全面开工，与北京顺义区达成“玉溪龙泉·北京顺义产业园”建设合作意向，腾达机械等4个投产项目运行正常，预计实现工业总产值7.39亿元，增长99.2%。传统产业整合升级步伐加快，昊源公司3条新型墙体材料生产线和绿竹集团3个技改项目建成投产，江磷集团、华盛纸制品厂等技改项目基本完工，与红狮集团签订利用黄磷尾气日产2000吨水泥项目合作协议。

第三产业　完成第三产业增加值33.9亿元，增长10%。旅游产业稳步发展，小马沟—冯家湾退房还湖旧村改造项目顺利推进，完成北山寺景区道路硬化和渔村铜文化特色街区建设，成功举办第十一届开渔节。商贸流通保持活跃，新增个体工商户、私营企业1600余户，自营进出口企业达27户，实现进出口总额6100万美元，引进省外国内资金46.04亿元；电子商务加快发展，九溪丫眯等企业实现网上销售3600万元；九溪润特仓储物流项目进展顺利。金融机构存贷款余额分别为99.06亿元和62.9亿元。

生态建设　成功纳入国家重点生态功能区转移支付范围。“两湖”保护治理工作深入开展，配合完成“三湖”生态保护水资源配置应急工程和抚仙湖径流区统一托管，牛摩河综合治理、玉带河清水产流机制修复工程全面完工；完成星云湖4条主要入湖河道小流域综合治理，环湖截污及水资源循环利用、底泥疏挖工程前期工作有序推进。东风水库径流区水污染综合整治持续开展，九溪河河道综合治理和董炳河小流域农村生活污染综合整治等工程取得成效。“两污”项目建设得到加强，新建星云湖北片区污水处理厂配套管网6千米，启动县污水处理厂提标改造和生活垃圾综合处理项目建设。节能减排工作扎实开展，完成翠峰水泥厂烟气脱销工程建设，淘汰凤凰山水泥厂10万吨机立窑生产线，江城种养结合循环农业示范项目通过验收。

城乡建设　城市建设扎实推进，完成县城控制性详细规划和上营社区棚户区改造规划编制，搬迁安置上营社区棚户区群众121户，拆除原木材交易市场老旧房屋。有效盘活国有闲置资产，清理县城低效利用土地65宗。配套基础设施不断完善，完成县城星云路、明珠路、振兴街街区整治和翠大线小白坡段路面大修，江中路建成通车，职教小区出口道路建设进展顺利，实施平安城市管理工程，主要路口实现交通信号灯全覆盖。小城镇建设加快推进，编制完成路居镇、前卫镇美丽乡镇建设实施方案，江城镇钟秀路、淮源路改造工程完工，集镇视频监控系统开工建设。农村生产生活条件进一步改善，启动城乡人居环境综合整治三年行动计划，41个重点村落环境综合整治工程完工，48个“百村示范·千村整治”项目方案通过评审，实施集中连片旧村改造2.7万平方米、农村危房改造4600户，完成22个村电网改造和71千米农村公路建设。

民生保障　累计支出民生资金11.13亿元，占地方公共财政预算支出的69.7%。全面实施“挂包帮、转走访”扶贫攻坚工作，完成3个整村推进项目建设，减少贫困人口4112名，启动安化扶贫整乡推进计划。“美丽100校园”暨校安工程基本完成，江川一中、二中排危新建工程开工建设，收并3所九年一贯制学校，实施教育系统绩效工资改革，将山区教师补助等纳入财政预算保障。全力解决农村剩余劳动力等重点人群就业问题，新增城镇就业2217人。社会保障力度进一步加大，发行金融社保卡15.4万张，发放各类社保资金1.47亿元，建成中心敬老院、居家养老服务中心8个。公立医院改革顺利推进，县人民医院和中医医院实现药品零差率销售。殡葬改革补助政策有效落实。完成县文化馆、博物馆和文庙钟秀书院修缮改造。

社会管理综合治理扎实推进，“六五”普法深入实施，依法治县工作全面推进。接访下访和矛盾纠纷“大调解”机制不断完善，各类社会矛盾化解力度进一步加大。“平安先进县”创建、禁毒防艾工作不断深入，安全生产形势总体趋好。强化平安城市视频监控系统建设，严厉打击各类违法犯罪，社会保持和谐稳定。

（鲁　熊）

【建议和提案办理】 人大代表建议办理 共收到县人大代表建议105件，其中：财经类6件，占5.8%；基础设施建设类64件，占61%；资源环境类18件，占17.1%；党群政法类1件，占0.9%；社会事务类16件，占15.2%。105件代表建议均按规定办理答复完毕，办复率100%。从办理情况看：A类建议8件，占7.6%；B类建议39件，占37.2%；C类建议58件，占55.2%。从办理结果看：满意90件，占85.72%；基本满意14件，占13.33%；不满意1件，占0.95%。

政协委员提案办理 共收到县政协委员提案109件（委员提案77件，占70.6%；集体提案32件，占29.4%），其中：经济建设类75件，占68.8%；科教文卫体类20件，占18.3%；政法社会保障类14件，占12.9%。109件委员提案均按规定办理答复完毕，办复率100%。从办理情况看：A类提案46件，占42.2%；B类提案52件，占47.7%；C类提案11件，占10.1%。从办理结果看：满意94件，占86.2%；基本满意15件，占13.8%；综合满意率达100%。

（鲁 熊）

行政效能建设

【概 述】 围绕建设人民满意政府目标，深入推进作风效能建设，以效能提升优化发展环境，为各项既定发展目标顺利实现提供坚强保障。

【自身建设】 全面完成政府机构改革，规范政府机构设置，政府工作部门精简为23个，政府行政效能明显提升。深化行政审批制度改革，清理削减行政审批项目3项，396项行政审批及管理服务事项纳入集中管理，开展“三证合一、一照一码”登记工作，行政审批效率不断提高。审计力度进一步加大，审计项目102项，核减投资5514万元。完成公共资源交易项目114个，交易金额41381.19万元，节约资金1145.54万元。不断完善政务公开制度，拓宽公开领域，深化公开内容，全面推进政府预决算、部门预决算及“三公”经费预决算公开，累计公开政府信息3612条，通报重点工作274项、公示政府重大事项709项。认真贯彻落实中央八项规定，深入推进专项治理工作，严格预算编制、执行和调整，严格执行机关差旅费管理办法，深入推进公务用车制度改革，“三公”经费下降27.17%。切实加强作风建设，深入开展“三严三实”和“忠诚干净担当”专题教育活动，大力整治“为官不为”行为和损害群众利益问题，问责不作为、慢作为党员干部37人。加强惩治和预防腐败体系建设，落实党风廉政建设“一岗双责”，查处违纪案件17件17人。

【督查工作】 一是紧紧围绕重点工作、重大项目进行督查督办。将省人民政府2015年重点督查的20个重大建设项目和20项重要工作、市人民政府2015年重点督查的20项重要工作及十件惠民实事完成情况、县人民政府工作报告主要任务分解和全县131项重点工作、重大项目纳入重点督查督办范围，并逐一进行跟踪问效。二是以产业发展、民生建设等重大决策部署为重点，全力做好专项督查工作。采取书面督查、电话督查、现场督查等方式，重点对全县经济指标、烤烟生产、森林防火、城乡人居环境综合整治、安全生产等46项重要决策部署进行专项督查，全年共印发《江川督查专报》25期，对督查发现的问题及时责令相关单位进行整改，推进各项工作落实。三是继续强化省、市领导批示件督查督办。全年共接收省、市政府主要领导批示件66件，办结66件，办结率100%。

（刘 娴 杨智强）

法制工作

【领导机构建设】 成立全面推进依法行政工作领导小组，并根据人事变动情况对领导小组成员进行调整，各乡镇（街道）和各部门相应成立行政执法领导机构，形成机构健全、职责明确的行政执法工作格局。

【行政执法案卷评查】 县政府法制办下发《关于认真组织开展2015年行政执法案卷集中评查工作的通知》，召开县行政执法案卷评查工作领导小组会议，深入各行政执法单位开展案件评查工作。共抽查行政审批和行政执法案卷36件，优秀23件，合格11件，并下发《江川县2015年行政执法案卷评查情况通报》，督促全县各行政执法部门对存在问题进行整改。

【规范性文件管理】 县政府法制办对全县规范性文件进行清理和公告，共清理规范性文件33

件，年底江川县继续有效的规范性文件总数为33件。

【重大决策听证】 开展县城单行线通行方案等重大决策听证3项，组织开展并完成县城棚户区改造、县城街区整治、拆除抚仙湖周边违章建筑等社会稳定风险评估相关工作，确保县政府重大决策的科学化、民主化、规范化。

【行政复议规范化建设】 一年来，全县未收到行政复议申请。

【建立健全行政调解机制】 认真贯彻落实中央、省、市和县委关于行政调解工作的部署和要求，稳步推进行政调解工作，及时化解矛盾纠纷，维护社会和谐稳定。全县共受理调解案件2754件，调解成功2605件，调解成功率达94.5%。

【推行法律顾问全覆盖工作】 全县各乡镇（街道）、各部门应聘请法律顾问的单位共39家。截至2015年6月30日，全县顺利实现政府及其工作部门、各乡镇（街道）法律顾问全覆盖。

（杨鑫磊）

信访工作

【受理来信来访】 共受理群众来信77件，受理来访207件728人，与2014年相比，来信减少16件，下降21.1%；个人访207批728人次，批次下降84批753人次，批次和人次分别下降28.9%和50.8%；集体访28批438次，减少39批663人次，批次和人次分别下降50.2%和60.2%；全年办结率99%；处理市领导批示的重要案件4件，办结4件，办结率100%。

【矛盾纠纷排查】 一是矛盾纠纷排查到位。把矛盾纠纷排查作为维稳的基础性工作来抓，做到定期排查与专项排查相结合，确保矛盾纠纷底数清、情况明。2015年，共排查出重大矛盾纠纷27件，化解22件。二是问题解决到位。按照“属地管理、分级负责、谁主管、谁负责”原则，严格落实领导包案责任制，将化解责任逐级分解到县级领导、责任单位和责任人，逐一研究化解。三是稳控措施落实到位。对暂时不能化解的矛盾纠纷，按照“一对一”“五包一”要求，由包案领导和责任单位、责任人负责，做好思想疏导工作，落实稳控措施，确保小事不出村、大事不出镇、矛盾不上交。

【推进信访积案化解】 紧紧围绕“案结事了、息诉息访”工作目标，全力推动领导包案制，加大督办力度，因案施策化解积案，减少信访存量。全年共排查梳理出45件信访积案，全部成功化解。

【及时就地解决信访问题】 做好教育疏导工作。深入走访、了解群众真实想法，对可能出现的上访人员及时做好思想疏导工作，把矛盾和问题解决在萌芽状态。及时化解矛盾纠纷。对可能引发上访的矛盾和问题，按照点对点、人帮人的要求，落实责任人，认真研究、及时解决，避免引发上访。及时做好到市、赴省、进京非正常上访的劝返工作。

【督办和督查工作】 在信访案件查办过程中，始终坚持定包案领导、定责任单位、定办案负责人的“三定”原则，对已转交办信访案件实行跟踪督办，对疑难信访案件和非正常上访案件，组织召开联席会议，逐案进行研究，由责任单位最终形成处理意见，告知信访人并不定期对信访人进行回访。严格按照“属地管理”和“谁主管、谁负责”工作原则，及时把信访件交由有权处理信访问题的行政机关办理。2015年上级交办信件33件，市长热线交办39件，领导批示件5件，办结率100%，做到件件有落实，事事有回音。加大督查工作力度。组成3个督查工作组，对各乡镇、街道和各部门的信访维稳工作进行专项督查，确保工作落实到位。

【完善工作机制】 一是建立季度分析机制，研判信访工作规律，上报各类分析报告29期，为领导决策提供服务。二是建立书记县长接待日接访分析专报制度，上报专报17期，信访信息52件，预警信息37件，及时反映信访突出问题。三是规范专访接待制度，对群体性、规模性的信访案件实行专门的接待制度，及时开展情绪疏导和稳控。四是针对问题突出的项目，建立“零距离接待”制度。五是做好信息的收集、研判，对重点人群、重点人员强化沟通交流，切实掌握动态，注意信息收集分析运用，有效维护信访秩序。

（高　洁）

政协江川县委员会

【县政协主席、副主席、常委名录】

主　席　罗跃岗
副主席　杨生明（2015.10离任）
　　　　郭开明
　　　　杨吉英（女）
　　　　李绍华
常　委（按姓氏笔画排列）
　　　　王　秀（女）
　　　　王忠明
　　　　王春华（2015.1任）
　　　　石宝富
　　　　平雪刚
　　　　伏荣宽
　　　　刘云虹（女）
　　　　刘长生
　　　　李仙凤（女）
　　　　李红章
　　　　李佳强
　　　　李彦林
　　　　李程鹏
　　　　杨升东
　　　　杨晓春
　　　　张春茂
　　　　陈林柱
　　　　赵金会（女）
　　　　顾　秋
　　　　钱鸿润
　　　　徐丽萍
　　　　曹春艳（2015.1任）
　　　　释慧莲（2015.1任）
　　　　戴朝红

【县政协各委室机构负责人名录】

办公室
主　任　王春华
副主任　张晓春
　　　　侯国芬
提案联络委员会
主　任　陈林柱
副主任　潘兴江
经济委员会
主　任　白云波
副主任　李彦林（2015.11任）
科教文卫体委员会
主　任　杨明顺
副主任　孙绍明（2015.11离任）
　　　　彭春云（2015.7任）
人口资源环境委员会
主　任　马树良
副主任　付兴德
　　　　周丽娟（2015.7任）
民族宗教法制委员会
主　任　张传礼（2015.11离任）
　　　　李忠兴（2015.11任）
副主任　潘兴建
　　　　范宝福（2015.7任）
　　　　普金妹（2015.11离任）
文史委员会
主　任　张德厚（2015.11离任）
副主任　郭小平

【概　述】　2015年，县政协常委会贯彻执行中央和省委关于加强人民政协协商民主建设的实施意见，把握团结和民主两大主题，围绕中心、服务大局，履行政治协商、民主监督、参政议政职能，为建设富裕和谐美丽新江川作出应有贡献。

【政协江川县第八届委员会第三次会议】　政协江川县第八届委员会第三次会议于2015年1月21日至24日在县城举行。

会议审议通过主席罗跃岗所作的《政协江川县第八届委员会常务委员会工作报告》和副主席杨吉英所作的《政协江川县第八届委员会常务委员会关于八届二次会议以来提案工作情况的报告》；会议听取县长钱兴所作的《政府工作报告》说明，书面协商《政府工作报告》《江川县2014年国民经济和社会发展计划执行情况与2015年国民经济和社会发展计划（草案）的报告》《江川县2014年地方财政预算执行情况和2015年地方财政预算（草案）的报告》；书面协商《江川县人民法院工作报告》《江川县人民检察院工作报告》；补选产生政协江川县第八届委员会常务委员3名。

【常委会议】　2015年，政协江川县第八届委员会常务委员会举行第十次至第十六次常委会议。

1月13日，召开政协江川县八届十次常委会议。会议听取县委组织部关于补选3名政协常委的人事安排说明；审议八届三次全会召开事宜；审议通过《县政协常务委员会工作报告（草案）》《县政协常务委员会提案工作情况报告（草案）》；专题学习《中共中央关于加强协商民主建设的意见》；协商撤销委员资格1名。

1月22日，召开政协江川县八届十一次常委会议。会议听取县委常委、组织部部长林清就政协江川县第八届委员会常务委员候选人名单（草案）所作说明；审议通过《政协江川县第八届委员会常务委员候选人名单（草案）》《选举办法（草案）》《大会选举总监票人、监票人名单（草案）》。

1月23日，召开政协江川县八届十二次常委会议。县政协八届三次全会各讨论组第一召集人汇报政协常务委员会工作报告、提案工作报告审议情况，“一府两院”工作报告协商讨论情况，《政协江川县第八届委员会常务委员候选人名单（草案）》《选举办法（草案）》《大会选举总监票人、监票人名单（草案）》讨论情况；审议通过政协江川县第八届委员会常务委员正式候选人名单（草案）《大会选举总监票人、监票人名单（草案）》讨论情况；审议通过《政协江川县第八届委员会第三次会议决议（草案）》《政协江川县第八届委员会提案联络委员会关于八届三次会议提案审查情况的报告》，并决定提交大会审议通过。

6月5日，召开政协江川县八届十三次常委会议。会议专题协商《江川县人民政府职能转变和机构改革实施意见》。县人力资源和社会保障局局长吴正顶受县政府委托，就《江川县人民政府职能转变和机构改革实施意见》作说明；县委常委、政府副县长李志刚介绍政府职能转变和机构改革的工作过程；会议协商通过该实施意见，并由县政协办公室将协商意见以正式文件反馈至县政府及相关职能部门，供决策参考。

7月22日，召开政协江川县八届十四次常委会议。会议听取县农业局《关于土地流转工作情况的专项通报》、县工信局《关于规模以上工业企业发展工作情况的专项通报》、卫计局《关于艾滋病防治工作情况的专项通报》；审议通过《关于土地流转情况的调研报告》《关于规模以上工业企业发展情况的调研报告》《关于防治艾滋病工作情况的调研报告》；专题学习《关于加强人民政协协商民主建设的实施意见》。

11月12日，召开政协江川县八届十五次常委会议。会议听取县委常委、副县长李志刚代表县政府所作的《关于经济社会发展情况的通报》，县卫计局《关于村级卫生室建设管理工作的专项通报》，县司法局《关于社区矫正工作情况的专项通报》；审议通过《关于村级卫生所管理情况的视察报告》《关于社区矫正工作情况的调研报告》；听取县政协人口资源环境委员《关于星云湖水污染综合治理“十二五”规划2015年项目实施情况督办通报》；专题学习十八届五中全会精神。

11月27日，召开政协江川县八届十六次常委会议。会议听取县委常委、副县长李志刚代表县政府所作的提案办理情况通报；听取县工信局《关于红砖火炮产业整合工作情况专项通报》；审议通过《关于红砖火炮产业整合情况的视察报告》；传达学习了江川县抚仙湖径流区实行统一托管工作动员会精神。

【政治协商】 常委会坚持政治协商总要求，突出五条协商渠道，有序开展协商工作，助推县委、政府科学民主决策。

精心组织全会协商，促进协商成果转化。在八届三次全会期间，组织委员界别联组协商“一府两院”工作报告，讨论界别提案，视察殡葬改革工作，提出协商意见建议202条，提交提案109件。常委会认真研究报送工作，对具有代表性的29条协商意见分别向“一府两院”作反馈，其中涉及具体业务的16条协商意见由各专委会作对口反馈和督办；涉及卫生系统改革、养老产业、国有土地资源整合利用的3条协商意见，涉及法院报告的7条协商意见，由县政协分别函告县政府和县法院办理。

不断做实专题协商，全力助推改革发展。在全会闭会后，召开专题议政性常委会议，就《江川县人民政府职能转变和机构改革实施意见》进行协商，及时向县政府提出4条协商意见，助推政府职能转变和机构改革顺利实施。召开4次常委会议，分别就专委会提交的规模以上工业企业发展、红砖火炮产业整合、艾滋病防治工作等六个方面的调研视察报告，邀请政府职能部门共同协商审议，客观分析困难问题，共同寻求解决良策。

强化提案办理协商，激发委员履职热情。在提案征集、交办、督办等环节，加强与党委、政府及职能部门的沟通协商，提案工作成效明显。强化重点提案督办工作，积极向市政协争取经费20万元，并从县政协工作经费中挤出8.6万元，共28.6万元支持《关于打造北山寺旅游景点建议》办理落实，发挥重点提案督办的带动作用。首次制定提案办理考核办法，将承办单位提案办理工作纳入县委、政府年度综合目标考评。24个承办单位对109件提案认真研究办理，已经解决或采纳的提案达46件、占42.2%，办理结果满意的达94件、满意率86.2%。

深化委室对口协商，促进职能部门工作。按照委室联系部门制度，各委室对口参与县委、政府职能部门的相关会议及活动，

让协商贯穿于具体工作中。委室领导参加全面推进依法治县专题研讨班，从调研视察、专委会工作、机关管理等不同角度，与对口联系部门协商讨论，就政协如何在推进依法治县中发挥作用提出意见建议，并作大会交流发言；政协办依托“五办联席会议”平台，就2015年主要指标任务分解、市委“八要”方案的贯彻落实、招商引资等工作进行对口协商，为相关文件的起草提出意见建议。

积极参与决策协商，努力建净言出实招。主席会议成员参加县委全会工作报告、政府工作报告、“十三五”规划征求意见会，围绕事关经济社会发展的重大问题进行协商讨论；书面协商县纪委全会工作报告，提出意见建议。县政协领导列席县委常委会议、县政府常务会议及其他重要会议，在参与重大工作、重点项目、重要事项的决策中，充分发挥政协建净言、献良策的职能作用。

【民主监督】 常委会坚持民主监督的有效做法，突出三条监督途径，不断拓展监督工作，促进职能部门落实党政决策部署。

专委会深入一线督查，助推重点工作重大项目。按照县委统一安排，4名专委会领导参与政府性投资重大项目、产业性投资项目、重点工作、两湖保护、生态建设等督查工作。人资环委在上年视察农村土地确权登记发证工作的基础上，跟踪督促所提意见建议的落实；与市政协人资环委联合对星云湖综合治理17个项目的实施情况进行全程督办，向项目指挥部、相关部门和建设单位提出督办意见。

常委会听取工作通报，及时掌握重要县情政情。召开常委会议并邀请活动组长列席，先后6次听取县工信局、国土局、农业局、卫计局、司法局等专项工作情况介绍，专题听取县政府关于全县经济社会发展和提案办理的情况通报，为委员知情明政、履行职能创造条件。

委员开展经常性监督，促使民权民生保障到位。组织委员评议检察院出庭公诉工作，提出的意见建议得到采纳。组织驻乡镇委员列席乡镇人代会，参加领导班子民主测评、党政干部述职述责评议、城镇建设规划意见征询、农村义务教育学生营养改善计划检查；组织驻县城委员参加滇中引水工程环境影响评价、县城环境空气质量监测站点选址、职业教育改革、乡镇公墓验收、公租房摇号等工作的监督，强化职能部门服务意识，确保惠民利民政策落实。

【参政议政】 常委会坚持参政议政工作制度，突出两个着力点，主动参与县委、政府中心工作，助推经济社会全面发展。

依托专委会活动组，不断提高调研视察成效。专委会牵头与界别活动组、政府职能部门协作，采取实地查看、协商座谈等方式，围绕农村土地承包经营权流转、村级卫生所建设管理、土地规划执行等工作进行调研视察。委员活动组自主选题，采取联组调研、小组调研等方式，开展内容丰富的调研视察。文教组、医卫组联合对青铜文化产业发展进行调研；财贸组、安化组分别就税务工作、彝族文化传承保护进行调研视察；其他活动组选择“三湖”水资源配置应急工程、公益性公墓项目建设、翠大路亮化美化工程等民生课题进行调研视察。县政协按相关规定和程序，报送调研视察报告8个，提出意见建议34条，得到县委、县政府的重视和采纳；其他调研视察成果，也及时转化为工作信息、社情民意等转交相关部门作参考。

主动配合县委政府，同心协力抓办难事实事。按照县委安排、受政府委托，主席、副主席担任51项重点工作、重大项目的县级责任人，联系“七位一体”重点工作，做到重大活动到场、督办工作到岗、牵头落实到位。一是督促小马沟退房还湖旧村改造项目依法依规推进，完成第一批41户安置房建设；协助项目方调整完善规划，完成商业街区7幢建筑主体工程。二是助推火炮产业整合，3个火炮厂完成技改投产，小团山一统仓储开工建设，促使火炮产业走上集团化发展之路。三是深入安化古滇彝家酒业有限公司，支持3万元助推企业按时完成节能减排任务。四是助推完成村级公墓建设任务，为殡葬改革的顺利推进尽智出力。五是挂钩联系5个村（社区）的扶贫工作，组织机关干部结对帮扶37户贫困户，用办公经费5万元支持新庄村扶贫工作。六是联系指导6个“空壳村”，对强基惠农股份合作项目计划的制定和实施提供帮助，用办公经费5万元支持河咀社区增加股份资金。七是落实市县两级“河长责任制”，协调上级资金94万元，用于东西大河、周官河、旧州河、大庄河的治理和保洁，督促实施大庄河护栏工程，为当地师生及居民排除安全隐患。八是参与“百千工程”，积极推进村庄规划编制，助推旧村改造，协调资金35万元，支持九溪镇鸡窝村、马家庄村建设老年活动中心。

【统一战线】 常委会坚持统一战线工作条例，突出三项重点工作，筑牢爱国统一战线根基，促进和谐平安江川建设。

持续征编好文史资料，发挥团结资政育人作用。深入乡镇、县直单位挖掘文史资料线索，征编出版《江川文史资料》第二十八辑，并与全国120个县区政协进行文史资料交流，提升江川知名度。在县委的大力支持下，完成《新中国云南人才建设史料·玉溪卷》江川部分组稿14篇，再现建国以来江川各行各业的人才建设历程，为党委、政府做好人才工作发挥资政作用。

争做惠民利民便民事，彰显倾心倾力为民情。与市政协联合捐赠江川一中价值63万元的文津阁《四库全书》1500册，增加馆藏经典，推进传统文化进校园。引导政协参加单位、委员、企业积极开展捐资助学活动，筹资20万元资助新入学贫困大学生44人。鼓励经济界委员建功立业，杨艳春委员主动接纳前卫镇7个村集体资金入股腾达公司，承担起消除“空壳村”、壮大集体经济的社会责任；曹洪军委员免费提供18.5万元的萝卜种子，带动雄关乡、九溪镇山区农民增收致富；杨卓锦委员在十一届开渔节期间出资38万元举办“乾景杯”拿鱼大赛、彝家风俗长街宴，丰富节日文化，宣传推介江川。党群、医卫、安化等委员活动组利用活动经费，走访慰问失独家庭、农村留守儿童、麻风病院休养人员。政协机关落实干部直接联系群众制度，组织党员干部深入河咀社区结对联户、建卡联系群众30户，认领服务岗位20个，购买化肥发放困难种植户，慰问老党员、贫困户，参与人居环境综合整治。

多渠道开展沟通协调，增进社会各界团结和谐。参与信访工作，共接待来访人员37人次，协调处理信访件17件。参与维稳工作，关注清水沟磷矿项目区、小马沟旧村改造和砚山机场修路民工问题等矛盾纠纷的调处。支持宗教界委员参与基督教、佛教协会管理工作，依法依规开展活动，促进宗教和顺。协调支持资金4万元用于九溪放马沟村、安化围埂村基础设施建设，增进民族团结。召开社情民意恳谈会，及时反映人民群众心声，收集报送县委、政府社情民意动态9期18条。组织机关干部参加职工运动会，加强与市、县区政协的联谊交流。组织驻江川的市政协委员在市政协四届三次会议期间，围绕两湖生态补偿机制建立、北山寺宗教旅游风景区打造、取消玉江路收费站等提出联名提案11件，争取市级层面对江川发展给予支持。利用省、市政协到江川开展青铜文化产业、新常态下烤烟生产、新型城镇化建设等调研视察的契机，积极向上级反映实情、提出建议。

【自身建设】 常委会坚持提高协商能力，突出三个层面，不断提高履职制度化、程序化、规范化的水平。

重视思想理论武装，筑牢政协履职尽责基础。搭建政协常委会议专题学习、委员活动日学习、机关政治学习平台，组织政协委员、机关干部专题研讨、专题培训，全面学习领悟中央、省市县委各次全会精神。组织政协常委、活动组长专题学习中央和省委关于加强人民政协协商民主建设的实施意见，组织机关干部开展政协履职知识竞赛。举办委员履职培训班，邀请省政协专家就人民政协协商民主、反映社情民意信息、提案工作进行专题培训，提高了委员的政治鉴别能力和参政议政本领。

做好联络服务工作，保障委员规范有序履职。认真落实政协主席、副主席、委室主任联系政协活动组、委员制度，加强与界别委员的日常联系。注重提高委员在政协经常性工作中的参与率，全年委员参与政协例会、调研视察活动820人次，较上年有明显提高。召开三次政协活动组长会议，交流工作经验，提升活动组工作水平。坚持年终走访慰问委员活动，了解委员生活、工作情况，鼓励委员履行好政协工作、本职工作两项职责。按照县委部署，将乡镇政协活动组的工作纳入年度综合目标考评。各活动组把专题学习、调研视察、联络联谊、文史资料征集等融为一体，进一步丰富活动内容，提升活动成效。

扎实开展专题教育，不断推进机关自身建设。持之以恒抓作风，按照中央和省市县委要求，

扎实开展“三严三实”和“忠诚干净担当”专题教育，抓好各个环节的学习研讨、整改落实，着力解决领导干部“不严不实”的突出问题。认真学习贯彻《中国共产党廉洁自律准则》和《中国共产党纪律处分条例》，严格落实党风廉政建设责任制，健全并严格执行机关公文、财务、车辆、纪律、公务接待等管理制度，做好党支部、工会和新闻宣传工作，不断提高机关运行效率。协商增补委员6名，调入机关干部6名，政协队伍建设得到进一步加强。

（侯国芬）

人民团体

工　会

【概　述】 2015年，县总工会坚定不移地走中国特色社会主义工会发展道路，牢牢把握中国工人运动的时代主题，紧紧围绕“环境优先、兴园强工、建设新城、做美生态”思路，正确引领职工，不断汇聚正能量，推动经济发展，提高维权实效，服务职工需求，激发基层工会活力，提升履职水平，更加自觉地融入中心，服务大局，在加快建设富裕和谐美丽新江川中充分发挥工人阶级主力军作用。截至12月31日，全县共有工会组织263个，涵盖单位576个，其中：机关事业单位工会113个，涵盖单位127个；企业工会组织150个，涵盖企业449个；职工14759人，会员14488人。按照“三同时”原则，成立经审组织263个，女工组织136个，组建率达到应建工会经审组织和女工组织的100%。

【工会干部综合素质培训】 4月14日、15日，县总工会在县委党校举办工会干部综合素质培训班，各乡镇（街道）、机关、企事业单位的190名工会干部参加培训，内容包括党的十八届四中全会及习近平总书记系列重要讲话精神、反邪教反毒品、基层工会组织建设、全面理解”四个全面”治国理政方略、道德讲堂5个专题。提出四点要求：坚持不懈强化学习、提升素质，努力成为政治上靠得住、工作上有本事、作风上过得硬、职工信得过的工会干部；坚持不懈抓好基层、打牢基础，充分激发基层工会活力，发挥基层工会作用；坚持不懈发挥作用、做好服务，真正成为职工群众信赖的“娘家人”；坚持不懈改进作风、树好形象，努力成为职工群众的“贴心人”。

【云岭职工跨越先锋活动】 5月18日、19日，县总工会制定下发《江川县总工会关于进一步推进2015年“云岭职工跨越发展先锋活动”的通知》《2015年云岭职工跨越发展先锋活动和云岭职工人才工程综合考核评价实施办法》，将“一活动一工程”纳入重点工作目标责任书考核。工作目标是：争当建功立业先锋，促进经济社会发展；争当学习创新先锋，促进能力素质提高；争当遵规守德先锋，促进精神文明创建；争当维护稳定先锋，促进和谐江川建设。工作重点是：在“围绕中心、服务大局”上下功夫。围绕县委重大决策部署，以学习贯彻习近平总书记视察云南重要讲话精神为指导，围绕中心、服务大局，在加快建设富裕和谐美丽新江川中充分发挥好工人阶级主力军作用。在“突出重点、整体推进”上下功夫。2015年，按照促进江川经济平稳健康发展要求，在全面推进“四争四促”目标任务落实的同时，着力在“争当建功立业先锋，促进经济社会发展”上下功夫。特别要把推动非公企业开展活动作为重点，在推动非公企业组织建设，扩大活动在非公企业覆盖面上下功夫，在“以点带面、示范引领”上下功夫。围绕创好、创实、创精示范点，全年建立12个县级示范点。乡镇、街道8个（安化乡政府工会、云南红塔包装实业有限责任公司工会、云南联塑科技发展有限公司工会、江川县九溪蒋记菌子宴工会、玉溪天丽食品有限公司工会、云南卓一食品有限公司工会、江川县隆宇农产品贸易有限公司工会、江川翠峰鸿湖有色塑料包装有限公司工会）、县直单位4个（江川县人民医院工会、县公安局工会、县人民法院工会、景湖酒店公司工会）。

申报云南阳光食品有限公司工会、云南腾达机械制造有限公司工会、玉溪丫眯绿色休闲食品有限责任公司工会、县公安局工会、县人民医院工会为2014至2015年市级“一活动·一工程”工作示范点。

11月27日，江川县总工会一行4人深入云南腾达机械制造有限公司、云南阳光食品有限公司指导“一活动·一工程”工作，确保工作任务圆满完成。

【云岭职工素质建设工程】 2015年，发动各基层工会开展形式多样的技术培训、技能竞赛、名师带徒等活动。开展家政服务人员培训，联合县安监局举办2015年首期特种作业焊工安全资格取证培训班，取证65人，烟花爆竹特种作业培训取证34人。联合培训机构开展家政服务班2个，取证100人，联合人社局开展就业和职业培训班4个，取证151人。完成上级下达培训取证350人任务。

6月24日，由县总工会出资主办、江川县殊彤家政服务有限公司承办的以“拓展农民工技术技能，转移剩余劳动力”为主题的2015年家政服务培训班在大街街道三街村委会开班。共培训60名失地农民工，为期一个月的培训以社交礼仪、家居清洁、老（病）人日常护理、婴幼儿、孕产妇护理等护理知识为主，同时，增设“女性健康”知识讲座，提高妇女自我保健。培训邀请市公共保洁学校教师授课。培训结束，经考试合格后，由市人社局颁发国家认可的家政服务员初级资格证书。开班仪式上，县总工会副主席李春伟作动员讲话。

7月15日，由江川县总工会主办的2015年家政培训前卫镇赵官点培训班开班。

【百名工会干部深入千家企业联系万名职工活动】 1月27日，由玉溪市总工会调研员李树华带队，联合县总工会一行9人组成慰问组，深入云南阳光食品有限公司等3家企业，对企业的51名一线职工进行走访慰问，并送上慰问金共15300元。

1月28日，县人大常委会副主任、县总工会主席陆富仙一行4人到翠峰纸业开展“百千万”慰问活动，慰问职工10人，发放慰问金3000元；县总工会副主席李芬一行4人到县供排水公司开展“百千万”慰问活动，慰问职工10人，发放慰问金3000元。

【农民工服务】 深入贯彻落实各级党委政府及上级工会组织的文件及会议精神，协助解决农民工工作中存在的突出问题，进一步做好新形势下工会为农民工服务工作。先后制发《江川县总工会关于加强农民工服务工作的实施方案》《关于“农民工入会集中行动”的工作方案》，明确指导思想和工作原则，细化责任分工，落实工作职责。建筑、物流、餐饮、家庭等行业增长农民工会员15%，即在原有农民工会员数7576人的基础上增长至8712人，净增1136人，最大限度地把农民工组织到工会中来。

【困难帮扶】 2月9日，江川县总工会多方筹集资金，通过银行卡发放形式为568名困难职工发放救助金34.2万元。

通过随机走访调查落实，注销已脱困和不符合建档条件的职工档案211份。“一活动一工程”慰问联系企业和示范企业及其生产一线职工51名，发放慰问金1.53万元；开展女职工关爱行动和春风行动，为20名单亲女职工送去2万元的帮扶金；金秋助学活动为104人次在档及新增困难职工子女送去16.4万元的帮扶金；“中秋·国庆”送温暖救助低保户及患恶性肿瘤、血液病、精神病等大病的困难职工、覆盖慰问602人次，发放救助金30.59万元（含临时救助大病特困职工3人，发放救助金0.9万元）。全年共帮扶救助困难职工1367人次，发放帮扶送温暖资金85.92万元。联合县民政局下发通知，提高下岗困难职工建档和帮扶工作效率，建立困难职工信息资源共享机制，解决下岗无依托职工在申请困难补助中办理手续不全和难于落实困难情况的问题。

【劳模管理】 2015年1月28日，云南省总工会为江川县徐宝祥、罗汉斗二位全国劳模发放“劳模两金”（生活困难补助金、特殊困难帮扶金）共7.5万元，帮扶困难劳模。

1月29日，县人大常委会副主任、县总工会主席陆富仙一行5人，走访慰问江川县部分省、市级困难劳模，发放劳模慰问金5000元，赠送健康理疗仪7台。慰问分两种形式进行。一是对4名省部级、6名市级劳模进行每人500元的现金慰问；二是以退休的困难劳模及农民劳模为主，重点向年龄较大或体弱多病的7名省部级劳模赠送健康理疗仪。

4月21日，县总工会组织全县43名各级劳动模范进行免费体检。

5月5日，县总工会慰问劳模杨大中。

11月18日，县总工会为5名省（部）级困难劳模发放生活困难和特殊困难慰问金2.6万元。

【贷免扶补】 2015年，完成市总工会下达的20名贷免扶补任务，为1名大学生、1名下岗人员和18名农民工发放贷款100万元，

吸纳带动就业人员61人。

【职工医疗互助活动】 江川县第十一期职工医疗互助活动开展时间为2015年1月1日至12月31日，活动共有156家单位参加，比第十期增加5家单位；参加总人数10382人，比第十期增加378人，增3.78%，收取互助金844480元。第十一期职工医疗互助活动共收到上级预拨补助金792425元，实际发生补助1475人次，补助金额792425元，无结余。其中，3千元至1万元的补助人次为31人次，补助互助金171763元，1万元以上的补助人次为1人次，补助互助金26703元，单次补助互助金最高26703元。

第十二期参加单位156家，参加总人数为10787人，比第十一期增加405人，达到上年的103.9%。收取医疗互助金876820元，比第十一期增加36240元。收取的医疗互助金款项及时足额上交市总工会。

【职工法律援助】 2015年，县总工会与川和律师事务所2名律师签订法律顾问合同，使工会工作依法合规、有序推进，不断提升工会工作法治化建设。为维护职工权益畅通法律渠道，全年开展法律咨询总人数89人次，其中开展法律援助案件1件，涉及农民工数占1人；开展案件代理3件，涉及职工12人，其中农民工数占2人，涉及金额58.3万元。

【职工疗休养】 通过广泛调研，征询多部门意见，起草并由两办制发《中共江川县委办公室 江川县人民政府办公室关于进一步加强和规范在职干部职工疗（休）养工作的意见》，为进一步做好干部职工疗（休）养工作，保护劳动生产力，调动广大干部职工的工作积极性，保障干部职工的休息、休养和疗养的权利有了突破。县总工会建立全县行政事业单位在职职工台账，摸底2015-2019年职工参疗人员基本情况，为组织职工疗休养工作打下基础。各基层工会上报参加疗（休）养人员205名，经县总工会初审符合疗（休）养人员205名，确定行程和费用，并报县委领导审批。2015年，共组织118个单位198人，分五批次分别到云南省白鱼口工人疗养院、宁夏银川工人疗养院、河北省北戴河工人疗养院、福建厦门劳动模范疗养中心、广西桂林工人疗养院疗休养。投入经费137万元，其中县总工会承担疗养组织费用16.55万元。

【女职工工作】 3月5日，县人社局、县总工会、县妇联联合开展以“搭建供需平台 促进转移就业”为主题的“春风行动”，更好服务于有就业创业意愿的劳动者和有招聘需求的用人单位。通过发放《农民工进城务工安全指南》《云岭学子就业创业惠民政策》《大学生就业指南》等资料，帮助广大职工群众了解就业服务政策相关知识，提升劳动者转移就业创业能力及维护自身合法权益的能力。

3月8日，县总工会联合县妇联开展三八维权周宣传活动。

3月9日，县总工会联合县妇联举办“女性心理调适”知识讲座，县直各基层工会部分女职工、各乡镇企业工会女职工共600多人聆听讲座。

3月20日，县总工会组织20名特困单亲女职工召开座谈会，了解其培训需求和就业意向，发放慰问金2万元。现场为一名寻求特种岗位培训女职工联系培训单位。

4月8日，县总工会聘请专家到九溪镇、路居镇、卫生系统等基层工会开展女性权益保障及健康知识讲座。

（廖增江）

共青团

【召开各类会议】 2015年3月27日，共青团江川县委召开十七届2次常委（扩大）会议，安排部署近期重点工作。团县委书记、副书记和各基层团委书记参加会议。14个基层团委书记围绕各自实际、党政工作中心，汇报2015年拟开展的重点工作、特色工作和品牌工作。团县委副书记王坤就2015年扶持青年创业就业“贷免扶补”工作、“两个10万元工程”、“云岭邮青伴成长”创业支持计划和近期预防青少年违法犯罪工作作安排部署，团县委副书记沙蓉安排全县青少年社会事务工作和青年网络宣传工作。

6月1日上午，共青团江川县委召开第十七届委员会第3次常委会。团县委书记戴吉国主持会议，副书记沙蓉及14个基层团委书记出席会议。会议研究全面创新推进团员积分制管理、村（社区）团总支晋位升级工作和“一团一品”创新工程，重点安排部署“云南争当全国生态文明建设排头兵”青少年生态文明志愿行动启动仪式筹备工作。

6月26日，共青团江川县十七届二次全会暨少工委工作会议在江川宾馆召开，全县各基层团委书记、村（社区）团总支书记、县少工委委员共计120余人参加会议，团市委副书记、市青联专职副主席甘莉娅和县委常委、县委组织部长林清出席会议并讲话，对江川团县委工作给予肯定，寄予殷切期望，提出要求。团县委书记戴吉国代表团县委常委会和县少工委作《牢记根本任务　履行政治责任组织动员广大青少年在推动江川跨越式发展中发挥生力军作用》的工作报告。

6月26日下午，江川团县委组织各级团队组织和广大团队干部、团员青年参加青年马克思主义者培养工程培训班。开班仪式上，团县委书记戴吉国对培训班提出要求，强调青年马克思主义者培养工程的深刻意义，希望广大学员珍惜机会，认真学习，增强责任感和使命感，争做理想信念的标兵。

7月30日上午，共青团江川县委召开第十七届委员会第4次常委会。副书记王坤及14个基层团委书记参加会议。团县委书记戴吉国主持会议，对近期重点工作作安排部署。

【基层团组织建设】　科学制定完善《江川县团员积分制管理工作实施方案》，在全县基层团组织和团员中全面开展团员分层量化积分制考核管理工作，逐步探索建立以积分管理为抓手的团员管理新机制。2015年在村（社区）团总支、企业团总支（支部）、机关团总支等团组织中逐渐推广运用，形成九溪六十亩、江城侯家沟、大街上头营、县供电公司、县公安局等一批积分制管理成功典型。

科学制定《江川县村（社区）团总支晋位升级工作的实施意见》，采取百分制量化评分方式和“先进、一般、后进”三个分类定级标准，全县共评出“先进”等次村（社区）团总支24个，“一般”等次38个，“后进”等次10个。按照先进带后进、团县委和乡镇（街道）所有团干部联系帮扶“后进”团组织的方式，全力抓好“后进”团总支转化为“一般”和“先进”团总支工作。

科学完善《共青团江川县委基层团建示范点建设实施方案》和《共青团江川县委青年生态示范村建设方案》，2015年成功打造具有一定影响力的基层团建示范点9个、青年生态示范村8个。

着力加强团干部培训力度，先后于7月举办全县青年马克思主义者培养工程培训班和团干部团务知识培训班，并联合江川一中举办三期“团干部培训班”，培训650余人次，于9月初召开共青团江川县委“团干部如何健康成长”座谈会，25名团干部参加。

【志愿服务工作】　2015年，共青团江川县委坚持以活动为主线，坚定不移开展志愿服务活动，推动青年志愿服务工作在江川形成特色和品牌。在全县组建1支全县性的青年植树造林先锋队、7支护林防火宣传青年服务队、7支服务烤烟生产助农增收青年先锋队、9支入湖河道保护治理及城乡环境卫生综合整治青年突击队，在全县产业发展、生态建设中发挥重要作用。

1月25日，组织120余名团员青年开展活动，共计清理河道570米，清扫街道1200米，捡拾和清运垃圾7800千克，出动垃圾车3辆，发放河道保护、生态环保宣传单200份。

2月，组织团员青年3400人开展环境卫生整治行动，清理路面61700米，清理沟渠18570米，清除乱贴乱画小广告325张，清除卫生死角177处，出动车辆127辆，清运垃圾784.3吨，播放广播429次，张贴标语28张，出黑板报35期，发放宣传资料2160份。

3月16日，江川供电有限公司团支部组织20余名青年志愿者到九溪镇大营村委开展“点亮你点亮我”优质服务进农村活动，向村民们发放电力设施保护手册、安全用电扑克、宣传单等资料400余份，为村民提供用电咨询20余人次，还为用户进行供电设备、线路等安全隐患排查和维护。

在3月的“学雷锋全民志愿服务行动月”中，累计组织青年团员130余人，进行广播宣传21次，展出宣传展板77块，粘贴宣传海报20余张，出黑板报7期，开展法律咨询6次，发放避孕套1100盒、避孕药10盒、叶酸10盒、宣传布袋子150个，发放相关禁毒知识、防艾知识宣传资料11550份。

4月1日，组织中坝社区青年志愿者45人开展“美丽路居清洁乡村”整治活动，对村庄内过道危险、临时建筑物进行拆除，并对拆除的建筑垃圾进行清扫，共计清理危险墙体5处、过道堆积物10余处。

4月2日，组织志愿者30余名下村张贴海报60张，发放宣传单1200余份，为群众讲解防火知识。在各村进山要道口悬挂森林防火宣传横幅，设立森林防火警示牌。

4月28日，组织青年志愿者开展送化肥下乡进村活动，将化肥送到残疾人手中，共计送出价值为160元每包的史丹利复混肥25包，送出慰问资金4000元。

在第27个爱国卫生月期间，织青年团员和少先队员4968人次，出动车辆36辆次，清除垃圾265.2吨，清理污水沟8270米，清扫路面17509米，清除违章占道9处，清除乱贴乱画小广告715张，清除卫生死角288处，水井消毒3口，投放灭鼠毒饵90千克，投放灭蟑药18千克，药物灭蚊灭蝇810平方米。

5月20日，积极组织110余名青年团员参与老高坟公墓义务植树活动，共计栽种塔柏、洒金柏6000余株。

5月25日，组织青年团员600余人，清扫街道850余米，清理沟渠4200余米，清除卫生死角3处，出动挖机、装载机、车辆69台次，清运石堆、土堆1000余吨，清运生活垃圾61.9吨，搬运柴堆、杂物堆、草堆等40余吨，清理交通障碍物100余处，清除占道树木、竹子300余棵，平整场地2000多平方米。

“六一”儿童节期间，开展儿童节系列慰问活动，看望慰问留守儿童20人，送去价值2500余元的慰问金和学习用品。

6月5～6日，共青团江川县委围绕做好“仙湖卫士　青年先锋行动计划”，共组织150余名青年志愿者分别在抚仙湖东岸两个植树现场开展植绿护绿活动，共种植云南樱花100株、滇朴210株、青香树260株，打造2片青年生态林。

6月1～10日，组织青年志愿者60余人开展宣传《保护“两湖”从我做起倡议书》活动，发放倡议书2000余份，黑板报倡议10期，利用广播和公示栏宣传生态环保理念，共计广播宣传570次，公示栏张贴倡议书150余次。

7月，组织禁毒防艾青年志愿者，深入开展“禁毒防艾”宣传活动，发放安全宣传资料手册500余份，广播宣传5次，粘贴宣传标语20余份，接受群众咨询数百人次。

8月6～12日，积极组织先锋队、青年志愿者，共计120人次分组、分批、分点深入农户，开展烤烟生产志愿帮扶活动，共帮扶群众150余人。

“8·26抚仙湖保护日”之际，共青团江川县委联合玉溪市人民医院围绕做好“仙湖卫士·青年行动计划”，组织青年志愿者近200人在抚仙湖畔开展义务植树活动，共种植滇朴、青香树1700株，打造“青年生态林”。

9月，联合玉溪市师范学院和云南司法警官学院开展多次禁毒防艾宣传工作进进校园系列活动，组织全校寄宿生和教职工近11300人观看有关禁毒宣传教育的专题宣传片。

10月，联合县中医院在雄关乡开展敬老义诊活动，为286位老人进行义诊，免费发放药品300余份；开展走访慰问敬老院“青年志愿行”活动，组织团员青年50余人到敬老院，打扫敬老院内及周边卫生，并送去慰问品40份。

“10·26”期间，组织青年志愿者在人口密集的街道、集贸市场开展相关宣传活动，普及制毒、贩毒违法行为及毒品预防知识。活动共计张贴宣传海报20余张，展出宣传展板17块，播放广播10余次，发放相关宣传资料720余份，现场服务法律咨询50人次。

12月4日，组织普法志愿者队伍3支到大街、三街基督教堂开展“送法进教堂”法制讲座活动。普法志愿者队伍向教民分发普法知识读本和反邪教、禁毒法律知识宣传单286份。

【思想引领】 2015年4月，在全县团组织中广泛开展“我为团旗添光彩”团员意识主题教育活动，各基层团组织开展团章学习活动，特别是积极组织开展“微团课”，各基层团委为基层团员特别是团干部上“微团课”20次，重点开展“社会主义核心价值观进基层微团课”活动；积极组织开展团员亮身份活动，要求全体共产党员、共青团员，尤其是工作岗位与群众直接接触的党团员，必须佩戴党徽、团徽，以保证党团员在本职岗位上亮身份、树形象、创一流业绩要求落到实处。

7月，在全县团组织中广泛开展“高举红旗跟党走”主题教育活动，各基层团（工）委组织辖区内基层团组织开展一次以“读党史、学党章、重温入党誓词”为主要内容的主题主题团队日活动；各少先队组织通过讲故事、绘画、黑板报等形式，同青年团干和团员青年一起交流少年儿童对少先队的认识、对团的认识、对党的认识，加深青少年对“共产主义接班人”和“中国共产党的助手及后备军”的理解。

9月2日，组织团员青年100人前往江川县烈士陵园开展纪念抗日战争胜利70周年祭奠活动。

积极组织开展丰富多彩的青少年文化艺术活动，各学校在积极学习习近平总书记系列讲话精神基础上，努力推进培育和践行社会主义核心价值观、民族团结教育工作，陆续开展系列主题演讲活动、“红歌人人唱，经典代代传”红歌唱响校园歌唱比赛以及以“红领巾心向党”为主题庆祝等活动。“五四”期间举办第十届“爱我专业”演讲比赛，9月举办的第十届“红土地之歌”演讲比赛和12月举办“激扬青春，唱响江川”“移动杯”寻找江川最美好声音经典歌曲大赛，展现江川团员青年风采。

【关爱行动】 5月17日，走访慰问贫困残疾人70户，慰问金额25000元。实施“助行工程”，免费配备轮椅100辆；实施“助听工程”，筹资4.8万元，对10名贫困听力障碍者进行全免费佩戴；实施“助学工程”，在“六一”儿童节到来之际，筹资100800元对玉溪特校江川籍残疾学生和江城中心小学残疾学生进行慰问；实施“助耕工程”，组织动员全县460多名青年志愿者成立“助耕帮扶队”，帮助残疾人贫困户170户，挖田、挖地300多亩，栽烟、栽秧270多亩，送去化肥近20吨，帮助部分残疾人完成大春栽插。6月，到安化乡光山小学给学生们送去价值6000余元的学习用品，争取曼天雨集团玉溪分公司为光山小学的25名贫困学生捐赠5000元现金，组织22名志愿者到江城镇陈家湾小学与孩子们一起欢度“六一”，为学生们送去总计价值1万余元的消毒柜、烧水器、餐具、洗漱用品和各类体育用具学习用品等。7月2日，到土官田村开展“七一”建党节慰问活动，慰问老党员2名，困难党员1名，送出慰问金900元。8月7日，组织青年志愿者到江城镇翠峰村委会、桐关村委会、三百亩村委会和祁家营村委会慰问留守儿童，发放粮油共计16份。8月份，争取云南腾达机械制造有限公司等7位企业家及爱心组织江川巡山团汽摩俱乐部对我县19名贫困大学生每人资助4000元，3名特困大学生每人资助10800元，共捐资10.84万元。10月关爱“夕阳红”特别行动中，组织青年团员在雄关乡开展敬老义诊活动，为286位老人进行义诊，免费发放药品300余份，慰问40位困难、孤寡老人，每人送去一床毛毯。

【预防青少年违法犯罪工作】 2月，积极组织青年团员在学校、村落、人口聚集的农贸市场等场所开展禁毒宣传“流动课堂”活动，共计张贴海报20余张、广播宣传15次、法律咨询7次、入户宣传9户、发放宣传资料1500余份。

在3月的“学雷锋全民志愿服务行动月”中，团县委积极开展禁毒防艾宣传活动，累计组织青年团员130余人，进行广播宣传21次，展出宣传展板77块，粘贴宣传海报20余张，出黑板报7期，开展法律咨询6次，发放避孕套1100盒、避孕药10盒、叶酸10盒、宣传布袋子150个，发放相关禁毒知识、防艾知识宣传资料11550余份。

5月6日，团县委、雄关乡团委组织青年团员30余名在雄关乡开展法制宣传活动，在街道周边和农贸市场发放禁毒防艾宣传单1000份，张贴宣传画10份，播放《毒海深渊》专题片5次。

6月15日，联合市禁毒办、云南省第三强制隔离戒毒所举办“青春无悔，放飞梦想”2015大型禁毒公益晚会，《致命的诱惑》《缉毒英雄》《拯救灵魂的战役》等节目用形象生动方式传授禁毒知识。

6月26日，举办江川县禁毒工作专题培训班和防艾工作专题培训班，并制作禁毒和防艾光盘300份下发各级团组织，组织开展禁毒防艾宣传培训3500余人次。

7月4日，团县委、江城镇团委组织团干部、青年志愿者20余人到江城镇各中小学开展安全知识宣传活动，展出各类宣传展板40块，悬挂平安法治宣传、消防安全宣传、交通安全宣传、禁毒防艾宣传等标语16条，发出平安法治江城建设、消防、交通、反邪教、宪法、禁毒、防艾等法律法规和各类安全知识宣传单1600余份。

8月，联合玉溪市师范学院和云南司法警官学院开展多次禁毒防艾宣传工作，采取进村入户边发放宣传教育资料边讲解的形式进行宣传，累计入户宣传8户，向过往群众、青少年宣传100余人，发放宣传资料800余，发放印有艾滋病防治知识的小扇子500余把和防艾宣传资料2000余份。

8月，成立江川县首个青少年事务社会工作服务中心、玉溪师院政法学院教育实习基地，通过“专职团干部+专兼职社工+志愿

者”专兼职人才队伍，以社工督导及对口职业培训等形式，面向广大青少年，提供专业服务，以维护青少年合法权益，陪伴青少年健康成长。

在9月“禁毒防艾，共享和谐”活动中，开展禁毒防艾宣传进社区活动，组织青年团员85人到三街社区开展禁毒防艾知识宣传，通过黑板报、发传单、展板展示、口头宣传、组织社区居民观看宣传片等方式，使社区居民增强防毒、拒毒意识；开展禁毒防艾宣传进农村活动，在团员活动室、团组织宣传栏、人员聚集处开展宣传活动，共张贴标语70条，发放宣传资料3000份；开展禁毒防艾宣传进学校活动，大庄中心小学、后卫中心小学等学校利用升旗仪式时间，进行主题为“参与禁毒斗争，构建和谐社会”的国旗下的讲话，并组织学生刊出以禁毒防艾为主题的黑板报50余次。

12月4日，以国家宪法日为契机，组织开展法制宣传日活动。在街道范围内通过橱窗、黑板报、发放宣传资料、广播等形式向青少年开展以宪法、未成年人保护法、预防未成年人犯罪法等为主要内容的法制宣传教育活动，共发放宣传资料1000份，广播200次，展出黑板报14块，橱窗2块；组织普法志愿者队伍3支到大街、三街基督教堂开展“送法进教堂”法制讲座活动，普法志愿者队伍向教民分发普法知识读本和反邪教、禁毒法律知识宣传单286余份。

【青年创业就业工作】　依托县青年企业家协会和青年创业者协会，积极培育青年创业就业见习基地30家，扎实开展创业就业技能培训，实现新增青年就业1000余人。扎实开展农村青年创业致富“领头雁”培养工程计划和农村青年科技培训工程计划，累计开展农村青年科技培训32次，培育大街上头营青年香椿种植基地等一批青年创业典型，选树30余名农村青年致富带头人。扎实做好青年创业就业“贷免扶补”和微型企业培育“两个10万元工程”，完成30名“贷免扶补”审批、发放贷款工作，并实现大学生贷款占16.67%，扎实做好监催还贷工作，实现2009～2015年还款率99.68%；完成70户微型企业培育工程任务，扶持企业累计投入资金2467万元，从业人数402人，其中商贸流通9户，餐饮业10户，加工制造13户，服务贸易11户，文化产业3户，广告业2户，养殖业10户，种植业12户。积极开展农村青年电商培育工程，举行全县青年电商培训会，100名农村青年电商人才参加培训。

（杨　茜）

妇　联

【概　述】　2015年，县妇联坚定不移走中国特色社会主义群团发展道路，牢牢把握妇联的责任和使命，紧紧贴近妇女群众需求，团结动员全县广大妇女开拓创新、奋发有为，为建设富裕和谐美丽新江川贡献巾帼之力。

【城乡妇女实用技术培训】　3月23日，开展“贷免扶补”“两个10万元”微型企业培育扶持工程项目培训会，讲解项目扶持创业流程、申报程序、上报材料要求，让贷款惠及更多群众；在九溪、江城等乡镇组织开展家政服务、烤烟种植科技培训，提高妇女致富创收能力；大街街道妇联组织开展“妇女创业经验交流会”，通过创业成功妇女分享经验，培育更多致富带头女能手；组织1名农村女能手（雄关乡毕金林）参加云南省农村种养殖女能手骨干班，组织“两个10万元”微型企业带头人周琼参加省“巾帼创新业示范基地”负责人培训班学习；7月23日，邀请县政协党群组委员调研雄关乡葡萄种植产业，为扶持雄关乡葡萄种植发展献言建策。一年来，全县妇联组织共开展实用技术培训21期，培训妇女2445人次。

【扶持妇女创业就业】　积极向市妇联申报小额担保贷款、“贷免扶补”、“两个10万元”微型企业培育扶持工程项目。2015年共发放小额担保贷款320万元，贷款农户40户，惠及群众160余人；开展“两个10万元”微型企业培育扶持工程项目，通过实地勘察、组织会审，向25家微型企业发放扶持资金75万元；发放“贷免扶补”创业贷款1277万元，惠及创业妇女160人，带动就业360人。

【仙湖卫士·群团行动】　为积极响应县委开展争当“仙湖卫士”行动计划，在实现江川“生态立县，环境优先，保护两湖，秀美江川”目标中发挥妇联组织作用，县妇联创新“生态文明家庭”创建工作，积极开展“仙湖卫士·群团行动”活动。一是制定下发《江川县“仙湖卫士·群团行动”活动妇联实施方案》，对全县妇联组织开展行动进行安排部署。二是下拨沿湖村委会小凹、中坝13000余元制作“共建生态文明　打造美丽家园”和“打造坚强阵地　缔造温暖之家”展板上墙，制作“党建带妇建　巾帼展风采”展示栏，把两个村委会“妇女之家”打造成生态文明宣传活动、生态文明家庭典型的展示平台。三是出资11340元，为小凹村委会，罗合白、小柏坡村配备垃圾桶252只，实施“零户桶管”。四是充实完善全县各村原有“生态文明家庭”劝导队伍，将村组妇女干部、新农村指导员、常务书记、大学生村官纳入“生态文明”劝导队，同时在小凹村委会选取两名妇女担任常态化劝导监督员，由妇联每月每人给予50元劳务补助，共补助3年，补助金额3600元。五是扶持沿湖5支文艺队，每支给予2000～5000元经费补助，开展生态文明宣传文艺展示活动。

【生态文明家庭创建】　一是开展生态文明知识培训。在大街、九溪开展“美化新家园　村容整洁大行动”、“推进生态文明建设　共创美丽家园”培训，256名妇女参与；在路居镇中小学开展两场生态文明知识培训，共培训中小学生900多人，通过“小手拉大手”，带动家长参与抚仙湖保护。二是开展妇女“节能减排”环保知识宣传活动。借助“春风行动”、“三八”维权周开展环境保护、爱粮节粮、消费维权等宣传教育活动，发放“厉行节约　反对浪费”环保布袋子300只，环保倡议书1500多份。三是组织“巾帼志愿者”开展环境卫生整治。于“六五”世界环境日期间和每个季度在全县范围内组织“巾帼志愿者”开展环境卫生整治活动。一年来，全县各级妇联组织共组织巾帼志愿者、妇女群众1711人走上街头、进家入户开展法律知识宣传、环境卫生整治、植树等活动，发放环保宣传手册900余册、环保袋子1500个、平安家庭创建倡议书1600余份，回答群众咨询150余人次，植树65棵。四是在7个乡镇（街道）建立“生态文明家庭”示范点各1个，在小凹村委会评选出10户“生态文明家庭”示范户。五是开展“百村妇女争创秀美庭院”创建活动。通过开展庭院清洁活动、“邀你来我家”互查互促活动、挖掘典型示范等，以小家的整洁秀美促大家庭的整洁秀美。2015年全县共评选出2个市级“秀美庭院”示范村（九溪镇六十亩村、前卫镇小街张家边村），7个县级“秀美庭院”示范村。

【寻找最美家庭】　2月6日，江川县组织各乡镇（街道）妇联主席、大街街道社区妇联主席及部分家庭代表等收听收看全国寻找“最美家庭”活动专题电视电话会，依托城乡社区“妇女之家”，全力开展“最美家庭”活动，以“家庭”促进和谐，以好家风好家训促进乡风文明。据统计，全县参与寻找“最美家庭”活动达568人次，评选“最美家庭”21户，其中推荐市妇联19户，推荐省妇联1户（江城镇汪存焕家庭）。同时，江川县选取5户“最美家庭”和2户妇女创业典型进行拍摄，并在县电视台进行多次播放，在全县深入宣传新时期女性风采，宣传好家风、好家训、孝老爱亲等家庭美德，进一步营造弘扬中华民族家庭美德、树立良好家风氛围。“最美家庭”侯来仙等家庭宣传视频在玉溪电视台进行播出，在社会上引起较好反响。

【平安家庭创建】　县妇联积极推选“平安家庭”示范户，以典型示范促带动。大力宣传江城镇中渔村平安家庭创建典型，全县建立县级示范乡镇1个（大街街道）、县级示范村1个（九溪六十亩村），各乡镇（街道）建立示范村7个，示范户21户；同时各乡镇（街道）也积极创新创建方式，大街街道表彰28户“星级平安家庭”示范户，积极引导妇女群众培育社会主义核心价值观，为维护社会稳定添砖加瓦；九溪镇以“妇女之家”为平台，通过开展文艺宣传、示范户展示促进平安创建；前卫镇将“平安家庭”创建与妇女维权、综治维稳、“寻找前卫好人，实践美德大行动”等活动相结合，多管齐下，促进社会大平安。

【妇女信访维权】　充分用好妇联系统现有的信访接待室、12338妇女维权热线、信访维权站、维权信箱，明确各级职责分工，有专人负责接待来访人员、受理信访案件。与县司法局联合，于8月27日成立“江川县妇女儿童权益纠纷人民调解委员会”。1月20日，邀请县政协委员调研农村妇女产权现状，通过走访大街街道部分社区，召集具有代表性的妇

女座谈，选取10户农户实地查看土地使用证、房产证登记情况，通过政协委员提案，从根源上维护妇女权益。一年来，县妇联共接待来信来访来电案件32起，其中：家庭暴力案件20件；婚姻关系案件8件（包括外遇、离婚骚扰、分居等）；其他案件4件（邻里纠纷、赡养老人、子女落户等），案件处理率达100%。

【“三八”维权周及普法宣传工作】 3月5日，县妇联联合县司法局、县610办、县总工会、县禁毒委及县疾控中心等9家单位在县城明珠路开展“三八”维权周宣传活动，向妇女普及法律法规、政策知识。发放《中华人民共和国宪法》（节选）、法律援助宣传提纲、预防职务犯罪、反邪教宣传画及有关妇女权益保障等方面的宣传资料8150份；设立法律服务咨询台1个，邀请司法局法律援助中心律师免费为广大妇女群众开展法律咨询服务，接受咨询14人次；协调县司法局将《妇女权益保障法》、“男女平等基本国策”等进行录音，于“三八”维权周期间用司法宣传车在县城进行循环播放。围绕“建设法治江川·巾帼在行动——万家联动·送法到家”在3个“妇女之家”开展法律知识讲座和法治宣传活动，共覆盖群众396人；邀请县法院副院长张秋红在大街街道、安化乡举办维权法律知识讲座，236人参听讲座。

【庆祝“三八”国际劳动妇女节】 3月9日，邀请省委党校教授钱素华到江川县举办“女性心理调适”讲座，全县副科级以上女领导干部，乡镇（街道）、县直属机关企事业单位部分女干部，县非公企业部分女职工共600多人聆听讲座；3月11日，邀请省肿瘤医院主任医师魏向群为乡镇（街道）妇女干部、县直单位妇委会主任等共550人讲授宫颈癌防治知识。3月10日，组织全县副科级以上女领导干部，县妇联第十四届执委委员、女村党总支（支部）书记、女村委会主任共95人到玉溪市红塔区春和镇黄草坝村委会参观美丽乡村建设。3月4～8日，县妇联联合县老体协组织开展“庆三八”老年人运动会及文艺晚会，来自全县7个乡镇和县属机关共520多人参加比赛。

【“六一”儿童节活动】 县妇儿工委办高度重视，及早谋划，精心部署“六一”系列活动。5月29日，依托县幼儿园举办“庆六一　迎华诞”文艺演出，大中小班的小朋友们为大家带来17个演出节目；大庄小学举办“喜迎少代会、欢乐过六一”文艺演出和游园活动，772名少年儿童在校园欢度节日；县妇儿工委联合县教育局在全县范围内组织开展“少儿英语口语大赛”，让孩子们体验快乐、感受成功、自由成长。

【实施妇女儿童关爱行动】 对全县7户特困患病妇女进行慰问，给她们送去被子和慰问金；11月25日，协调红塔集团妇委会，救助江川县农村“两癌”患病妇女4人，救助金额21000元；救助信访贫困妇女4人，慰问金额1300元。一年来，全县共慰问困难妇女52人，慰问金额39700元。5月29日，县妇儿工委办看望慰问矣文学前班儿童135名，送去价值2000余元慰问品；联合县残联、县教育局等部门看望慰问玉溪特校江川籍残疾学生22名，慰问金额6600元；6月1日，县委书记马文龙深入江城中心小学、江城幼儿园、江城希望幼儿园和童话幼儿园开展“六一”儿童节慰问活动，代表县委、县政府为21名残疾儿童送上4200元慰问金，为20名留守、流动、困难、“美德少年”发放价值2000余元的书包，向3所幼儿园赠送价值8000余元的玩具。活动中，爱心企业还为江城中心小学赠送价值5000余元的体育用品。一年来，全县共慰问儿童3219人次，慰问金额77886元。

【实施妇女儿童“两纲规划”】 抓好妇女、儿童发展规划实施工作。积极发挥县妇儿工委办协调作用，加大与成员单位的联系，加强对“两纲规划”重点目标、难点问题的监测，注重对资料、图片台账的收集整理；印刷100本《江川县妇女儿童发展规划》（2011-2020年），发放到县妇儿工委成员单位和乡镇（街道）妇联；圆满完成“两纲规划”中期监测评估工作。9月30日，市妇儿工委组成的评估督导组一行5人，在市人社局副局长杨玉光组长带队下对江川县妇女儿童发展规划中期评估工作进行实地评估督导。

【女童保护和妇女健康】 积极培育江川县“女童志愿者讲师”队伍，并在安化彝族中心小学率先开展女童保护知识讲座。10月22日，玉溪市女童保护志愿者讲师、安化彝族中心小学教师黄梅为学校45名留守儿童讲解“爱护我们的身体”课程。重视女性健康，争取“两癌”免费筛查项目，在大街街道免费筛查妇女1500人；11月10～12日，“母亲健康快车”——德昌祥温暖半边天女性健康知识普及宣讲公益活动走进江川，在大街街道、前卫镇、安化乡开展讲座，惠及群众1000人，免费发放价值10万元的药品。

【妇女禁毒防艾宣教工作】 组织开展禁毒知识讲座，邀请县禁毒大队警官杨仕祥为乡镇（街道）村组妇女干部、禁毒志愿者、派出所民警等346人讲课；到安化乡开展禁毒帮教工作，购买价值约1000元的糕点，看望帮教4名吸毒人员；开展禁毒防艾创新项目，争取市级资金9000元在前卫镇开展“妇女群众禁毒防艾知识宣传培训”项目工作；发动乡镇（街道）妇联在文化广场和中小学开展禁毒宣传“流动课堂”活动，活动期间共展出禁毒教育展板115块，发放《禁毒宣传知识问答》、各种宣传资料4000余份，现场解答法律咨询136人次，刊出黑板报12期，张贴标语1860条；开展吸毒人员清理排查工作，全年共清理排查人员1120人，重点嫌疑人员检测474人，新清理排查出吸毒人员60余人。积极参与第三轮全国艾滋病综合防治示范区项目宣传培训工作，制定下发《江川县妇联全国艾滋病综合防治示范区工作实施方案》（江妇发〔2015〕8号），采取艾滋病防治知识专题培训与妇联组织各类培训结合，利用10至20分钟时间有针对性的对参会群众进行防艾知识培训方式，对妇女群众、农村成年人进行防艾知识培训，全年开展防艾培训20多期，培训群众2000余人，制作艾滋病防治知识宣传布袋子5000个。下拨5000元经费，依托大街街道妇联于10月23日在三街社区举行“大街街道禁毒防艾反邪教专题文艺晚会”，200名社区禁毒防艾文艺宣传者和禁毒志愿者倾情参演，1500余名观众观看演出，晚会还发放禁毒防艾、反邪教宣传资料1万余份，展出展板45块。

【“四送一创”项目】 继续在江城镇实施“四送一创”反邪教项目。联合县防范办，于春节前到江城镇和九溪镇走访8户女性邪教犯罪人员家庭，给她们送去被子、被套、慰问金等；下拨江城社区、龙街、牛摩、中渔村四个文艺队每队2000元资金，用于编排反邪教宣传文艺节目，年内开展文艺演出6场次，720余人观看演出；给予涉邪村委会信息员2000元的补助和工作经费3000元，加强对邪教人员的走访、帮教、信息反馈等工作；7月15日，邀请县委政法委副书记祁宝川到江城镇侯家沟村委会开展反邪教知识培训。

【杨丽萍到江川调研】 3月24日，市妇联主席杨丽萍、副主席郑丽英一行5人到江川县调研妇联工作，先后走访江川县育英幼儿园、前卫镇政府、江城镇侯家沟村委会中渔村、路居小凹村委会，对江川县儿童之家运作、平安家庭、生态文明家庭创建等工作开展情况进行了解。杨丽萍指出，今后妇联工作要做强阵地、县乡联动，让更多的妇女参与到妇联开展的各项工作中来；要坚持挖掘家庭示范户典型，并创新宣传展示载体，发挥典型户的辐射示范带动作用；要找准服务中心结合点，把妇女的教育培训等工作与当地的发展紧密结合，引导妇女发展种植业、养殖业、第三产业等。7月7日，市妇联主席杨丽萍、副主席高柳莎一行5人到江川调研妇女创业就业工作开展情况。参观雄关乡创业致富女能手张艺茹的葡萄基地，并对江川县2015年培育的“两个10万元”微型企业进行走访，参观幸福家园保洁公司并进行座谈。

【妇联组织自身建设】 3月3日，召开江川县妇联第十四届二次执委（扩大）会议。县妇联第十四届执委、部分机关企事业单位妇委会主任共46人参加会议。会议进一步统一妇女干部做好妇女工作的思想认识，号召全县广大妇女工作者在新的一年里要做实、做细、做好服务妇女、组织妇女、动员妇女的各项工作。深入开展“下基层、访妇情、办实事”工作，撰写《树立良好家教家风　提升家庭整体素质》《江川县贫困妇女儿童救助机制调研报告》《江川县妇联“两新”组织妇女组织建设情况》等调研报告6篇，对热难点问题和下一步解决措施进行专项研究。

【妇联宣传思想文化工作】 县妇联高度重视宣传思想工作及精神文明建设，出台《江川县妇联新闻宣传工作稿酬支付及奖励办法》，积极上报开展活动简讯及政治学习情况。全年单位共发布

各类宣传信息81期，被市级和相关媒体采用达38期以上；上报党建网评6期、支部信息15期；上报市妇联妇女思想动态4期；坚持每周上报政治学习情况，上报52期；每月上报党员学习活动情况，上报12期。以文艺宣传引领工作，扶持11支文艺队，下拨经费3.1万元，用于开展家风家教、生态文明、禁毒防艾等文艺宣传。将宣传思想工作与抓好党建、党风廉政工作相结合，利用周一例会及时组织学习中央、省市相关会议精神，学习十八届四中五中全会和习近平总书记系列重要讲话精神。同时注重邀请主流媒体对工作开展情况进行宣传报道，弘扬社会主义核心价值观。

【荣誉表彰】 2015年6月8日，县妇联副主席谢粉玲被县委办授予“2014年度流动人口基本公共服务均等化工作先进个人”。

（杨美艳）

关心下一代工作

【概　述】 2015年，江川县各级关工委贴近青少年实际，充分发挥“五老”独特优势，积极协调配合有关部门，大力宣讲党的十八届四中全会精神，大力开展“三大”教育、“四项”活动，努力开展“中华魂”讲书教育活动和创建“五好”关工委活动，优化家庭育人环境，推进未成年人思想道德建设；积极组织开展农村青年“讲政治、育新人，学科技、奔小康”活动，全面开展“老少共筑中国梦”活动，倾力做好宣传工作，在履行关心教育下一代职能、构建和谐江川方面发挥积极作用。2015年9月，江川县关工委被中国关心下一代工作委员会评为先进集体。

【关心下一代工作会议】 3月9日，全县关心下一代工作会议召开。各乡镇、县直机关、教育局、工信局关工委驻会老同志，农村青年教育示范村党总支书记、中小学德育主任等共86人参加会议。主要传达市关工委在元江县召开的年度工作会议精神，总结2014年县关工委工作，安排新一年工作任务。市关工委副主任白爱明、施美凤到会指导，副县长李启红主持会议，县委常委、组织部长、县关工委主管领导林清出席会议并讲话。林清要求全县各级关工委在做好常规性工作的同时，要突出五个重点：抓好十八届三中、四中全会精神的学习、宣传和贯彻落实；抓好学雷锋、心向党、讲品德、见行动教育活动；抓好“中华魂”读书会活动；抓好农村青年学科技、奔小康活动，为新农村建设做贡献；抓好创“五好”关工委活动，全面促进工作发展。

【创“五好”关工委推进会】 4月7日，县关工委召开乡镇街道和村社24人参加的创建市第三批“五好”关工委推进会。对创“五好”工作突出的桐关、大庄、周官、新庄、大营、麦冲等13个村社，县关工委给予经济支持，每村社拨给1000元合计1.3万元支持创建工作。

【开展“中华魂”读书活动】 4月23日，县关工委召开教育局关工委和江川二中，后卫、路居、九溪中学和龙街、后卫、伏家营、安化中心小学等8所中小学德育主任专题会议，安排部署“中华魂”读书活动任务，分发“中华魂”读本2267册。5月8日，县关工委在江川二中举行520多名学生参加的“中华魂”读书活动启动仪式。至10月底，8所学校活动结束。各校都写出总结，学生征文达2080篇，有7个学校35名选手参加演讲。表彰“中华魂”读书活动征文一等奖12名，二等奖24名，三等奖78名，优秀奖138名。

【禁毒现身说法警示教育报告会】 5月5日，由县关工委牵头，邀请云南省第三强制戒毒所领导、干警、学员一行8人，专程到大庄、后卫两所中学进行禁毒现身说法警示教育报告会，使1677名师生受到“珍爱生命、远离毒品”教育。

【张宝三到江川调研】 5月6日，云南省关心下一代工作委员会主任张宝三等4人，由市委常委方志敏，市关工委执行主任刘邦元，县委常委、组织部长林青，县关工委常务副主任郭家义等领导陪同，到前卫镇赵官村残疾少儿徐梦娇家走访调研。

【《江川家训集》出版】 5月28日，县关工委与县文明办合作，筹集1.5万元经费，编撰出版《江川家训集》一书，并举行首发式，向机关、学校、乡镇（村、组）赠阅2000册。

【未成年人司法项目工作】 5月30日，县关工委配合县委政法委开展未成年人司法项目工作。参与公安机关讯问案件64件98人；参与检察机关讯问案件36件87人；参与法院机关讯问案件32件56人；参与矫治、矫正案件73件146人；进行社会背景调查73人。

【彩虹行动】 6月4日，县乡关工委、教育局与江苏美业“彩虹工行动”老板联系，向雄关乡山区窑房小学捐赠价值2.3万元冰箱柜和文具等物品；给张雪容、刘志全两个贫困生各捐1000元助学金。两项共捐2.5万元。

【安化小学留守儿童之爱】 6月11日，县关工委协助安化彝族乡中心小学新建“留守儿童之家”开展活动，投资3.5万。八月中秋节，乡干部给每个留守儿童送一个月饼，乡司法所职工给特困留守儿童送7条毯子，移动公司送留守儿童之家一台新电脑。

【夏令营活动】 7月28日至29日，县关工委牵头，大街街道关工委协助，大街、大街上营、大街下营三个社区“两委”支持，组织242名中小学生、高中、大学生和“五老”人员到省第三强戒所参观戒毒学员生活区、毒品危害人类生活展馆和接受戒毒学员现身介绍涉毒害人害己害社会的警示教育。据统计全县参加各种夏令营活动青少年人数达18040人。

【文元红到侯家沟村调研】 8月25日，省关工委常务副主会文元红、处长张家禄一行3人，在市关工委副主任白爱明、市关工委社会组副组长杨凤荣、县关工委常务副主任等领导陪同下，到省、市、县关工委农村青年“学科技，奔小康”示范点侯家沟村考察调研。

【军训与集训】 9月1日，新学年开学，县关工委指导龙街中学举办为期一周时间少年军校，7个班380名学生参加军训。翠峰、雄关、职中等10所学校军训学生5809人。江城、前卫、伏家营等12所中心小学和村完小学进行为期3～4天的养成教育集训，集训少年学生2.39万人。

【救助贫困学生】 9月8日至11日，县关工委经过调研，严格把关审查，按省、市困难家庭未成年人专项规定范围，救助78名在校生，其中高中生12人，初中生34人，小学生32人，救助经费2.17万元。

【保护母亲湖实践活动】 10月26日，县关工委、县文明办、江城镇和龙街等中小学德育主任，在海门小学举行争当“仙湖小卫士”保护母亲湖实践活动启动仪式，252名师生、家长和干部参加沿湖环保工作，县关工委发放自已创作的《抚仙湖我的母亲湖》、《亲亲的母亲湖》歌碟150多盘。

【“五助”工作】 9至10月，全县各级关工委广泛开展捐资助学、助残、助孤、助医、助困工作，全县统计“五助”经费达68万余元，其中捐物799件，图书297册，助残13万元。

【孝亲敬老活动】 10月21日，九九重阳敬老节期间，县关工委与学校要求学生回家帮助父母做家务，洗衣、扫地，为长辈洗脚，写孝亲敬老征文，大街、江城、前卫、九溪等9个乡镇街道关工委参与表彰408位孝男孝女活动。

【召开乡镇机关关工委常务副主任会】 10月27日，县关工委常务副主任郭家义主持，召开乡镇、街道和机关关工委常务副主任等20余人参加的会议，学习贯彻中共中央总书记习近平关于做好关心下一代工作重要指示，国务院副总理刘延东在纪念中国关工委成立25周年暨表彰大会上的讲话和省委书记李纪恒、省长陈豪及市委书记罗应光、市长饶南湖对关工委工作的批示精神。会议要求各有关工委抓好关爱工作，积极主动完成全年关心下一代工作任务。

【市关工委到江川验收五好关工委】 11月26日至27日，市关工委副主任白爱明、施美凤和黄满德等4人组成验收组到江川验收村社创建“五好”关工委工作，县关工委常务副主任郭家义、顾宝富、汤江平等5人和相关乡镇街驻会老同志6人参加验收工作。先后到江城镇云岩、桐关，前卫镇周官、渔村，九溪镇大营，大街街道大庄等6个村社听取关工委创建“五好”工作情况汇报，检查硬件建设，翻阅档案资料，用“五好”条件对照衡量。验收组充分肯定江川县基层关工委创“五好”工作扎实，办公设施齐备，档案资料准备管理得当，一致同意上述6个村社为市第三批“五好”关工委。

【推动学雷锋活动常态化】 县关工委要求各学校定立制度，推

动“学雷锋精神，争当四好少年”活动常态化。读雷锋的书，讲雷锋的故事，做雷锋一样的青少年。据统计，当年全县学生做好事60083件。

【帮教工作】 全县关工委建立帮教小组71个，帮教员351人，其中老同志171人；帮教对象152人，其中未成年人131人。帮教后有转变139人，其中未成年人122人，占87.8%。

【农村青年培训】 2015年，县关工委健全完善乡村社区青年致富报告团8个105人，举办报告会108场，办培训班278期，参训41489人次，其中35岁以下青年31605人，占76.2%。

【学科技奔小康示范点】 2015年，县关工委侧重在侯家沟村、雄关社区、左卫村三个示范点开展工作，总结和推广他们调整产业结构、打造拳头产品、增收致富的经验，促进各级关工委在村社青年中重点开展学科技，奔小康，建设新农村活动。

【举办第23期家长学校】 本期家校办班317个，培训家长12587人，其中示范性家长学校4所，78个班，入学家长5368人，“三个一”家长学校70所，239个班，入学家长7219人。在办学中加强管理，提高质量。入学率、出勤率、巩固率、及格率都在99.4%以上。

【校外德育辅导员活动】 全县有校外辅导员264人，2015年帮助双差生378人、动员279名辍学生返校读书，帮教152个问题、失足青少年，成功率85%。

【宣传工作】 2015年6月，恢复创办江川县关心下一代工作委会《简报》，编发9期，信息27条。向县广播站、玉溪报专版和县委、县政府办报送信息各13条；向《星云》报送5篇文稿全被采用；向《中国火炬》《云岭春光》发信息和文章25篇，被采用7篇；向国家《词刊》《儿童音乐》发诗词5篇，被采用2篇；向《玉溪春晖》发稿40多篇，被采用35篇。

【法制教育活动】 2015年，县关工委开展法治教育进校园、进农村、进社区、进企业活动，向中小学生、农村和厂矿青年进行依法治国、治县、治校、治村、治厂教育400多场，受教育9万多人。

【养成教育】 2015年，县关工委、教育局关工委与学校共同抓紧青少年学生爱祖国、爱学习、爱劳动、爱护环境卫生和校园花木、不说脏话、团结友爱为内容的养成教育活动，要求师生遵纪守法，平时养成良好的生活习惯。同时进一步强化校园文化建设，各学校在教室走廊张贴名人名言名画。

【表彰先进学生】 2015年底，县关工委和县文明办对全县学生社会主义核心价值观教育征文评出一等奖4名，二等奖6名，三等奖39名；评出“中华魂”读书活动征文一等奖2名、二等奖6名，三等奖19名，两项共表彰奖励76人，颁发奖状奖品。

（顾宝富）

工商联

【概　述】 2015年，县工商联围绕全县经济社会发展大局，牢牢把握“核心是创新，关键是改革，本质是服务”基本思路，围绕创建学习型组织和服务型组织目标，抓住民营经济大发展和工商联工作空间不断扩大的大好机遇，紧扣促进非公有制经济健康发展和非公有制经济人士健康成长目标任务，创新工作，主动作为，切实履职尽责。

【组织建设】 县工商联始终重视行业商会的培育和发展，力求进一步发挥行业商会在建立和完善市场经济体制中的重要作用。2015年，县工商联成立江川县浙江商会筹备工作领导小组，对商会理事候选人单位进行走访调研，为成立江川第一个由省外非公经济人士组成的行业商会奠定基础。至年底，全县已有乡镇（街道）商会7个（包括路居镇商会），乡镇级商会2个（江城、九溪餐饮业商会），县级行业商会（协会）11个（红砖、火炮、运输、餐饮、创业、建筑、石材、药业、农资、纸制品、铜器），会员1250名（其中个人会员885名，企业会员345名，团体会员20名）。行业分布涉及建筑建材、烟花爆竹、农副产品加工、运输业、餐饮业、药品、农资等10多类行业。工商联认真建立健全会员数据库，并按期将会员情况统计上报。商会能按章程组织会员缴纳会费，并按有关规定定期通报会费收支使用情况和开展活动。

【调查研究和参政议政】 为进一步提高参政议政能力，县工商联一直将调查研究作为本单位的重点工作，始终围绕江川经济社会发展中的重大问题，深入开展调研。2015年，县工商联紧紧围绕县委、县政府的中心工作及经济社会发展中存在的热难点问题，拟定调研课题，采取下基层走访企业、召开座谈会、下发调查问卷等形式，在全县范围内认真开展调查研究。一是在国峰农资公司、大头鱼酒店、建工集团等企业开展民营企业社会责任调研，掌握江川县民营企业在履行对员工、消费者、环境、商业合作伙伴、社会等方面的社会责任及责任管理的数据信息。二是开展重点行业民营企业转型升级深度调研，为加快民营企业转型升级步伐，助推民营经济健康快速发展收集第一手资料。三是对江川县小微企业监测点企业开展商会建设专题监测工作，准确了解中小微企业对工商联商会的认识及对商会服务工作的现实需求，有针对性地协助上级工商联筹备好商会建设经验交流会，进一步扎实推进中国特色商会组织建设。四是开展商会建设状况调研，了解商会发展现状，为下一步支持商会建设打牢基础。

江川县工商联各行业商会会员中现有市人大代表2名，县人大代表9名，市政协委员5名，县政协委员23人。江川县“两会”期间，工商联会员县人大代表、县政协委员向县人大提出建议案5件，向县政协提交提案12件，提案、建议案涉及交通、教育、食品安全、环境保护、工业发展、农业、基础设施建设等方面，受到县级领导和相关部门重视，部分建议、提案得到落实。

【会　议】 2015年12月22日，县工商联（商会）召开八届三次执委（扩大）会。会议表决卸任县八届工商联执委5名、补选执委4名，选举产生县工商联主席1名。会议听取并审议通过县工商联主席戴朝红作的题为《围绕中心　求实创新　努力推进非公经济适应新常态实现新发展》的工作报告。

【民营企业感恩行动】 为鼓励和引导非公有制经济人士勇于承担社会责任，县工商联继续组织开展民营企业感恩行动。一是开展“云南红土情·光彩进万家”活动，2015年筹集资金1万元用于资助安化乡安化社区大营村的信访群众黄三狗。二是开展捐资助学活动。高考结束后，县工商联在广大非公经济代表人士中提出捐资助学倡议，并通过实地走访调研最终确定11名品学兼优的家庭困难学生，最终由江川县建筑商会的会员企业出资5.5万元，每名学生资助5000元。

【贷免扶补及“两个10万元”工作】 该项工作是省委、省政府积极应对金融危机，稳定就业局势，推进创业、促进就业，以实际行动“促发展，保民生，保稳定”的一项重要举措。2015年，江川县工商联共登记、培训创业人员154名，向农信社成功推荐创业项目100个，发放创业贷款资金500万元，吸呐带动新增就业人员270余人，创业人员中有大学生8人，妇女38人，他们大多从事一、三产业，主要集中在种植、养殖、农产品加工、建筑、零售批发、餐饮、交通运输等行业，他们成功创业并带动就业，为促进我县的经济发展和社会稳定起到积极的作用。“两个十万元”微型企业培育工程自2014年开始实行，2015年县工商联向上争取名额50户，发放扶持资金150万元，全部资金于12月21日发放到位。

【会员服务】 开展会员培训。一是组织各乡镇（街道）商会会长、秘书长，各行业商会会长、副会长、秘书长及部分非公经济代表人士等100余人参加江川县非公经济代表人士培训班，培训邀请市委党校副教授胡伟授课，围绕《以诚信为根本，以守法为支撑，打造企业发展百年基业》主题，通过“消失的企业家”警示教育，分析中国在守法和诚信方面存在的问题，重点讲解十八届四中全会精神，引申诚信经营是企业立足的基础，守法经营是一个企业立足的根本，如何以诚信为根本，以守法为支撑，打造企业发展百年基业。二是组织江川县铜器工艺商会会员40余人参加县委宣传部举办的青铜产业培训班，旨在改变江川青铜行业“小、散、弱”，产品知名度不高，影响力不大，企业管理者市场意识差等问题，为提高企业竞争力、产品开发水平、扩宽融资渠道，用好用活信贷政策打下坚实基础。三是积极参与组织全县32名非公经济人士赴上海复旦大学参加产业转型升级专题培训学习。培训通过课堂讲授和实地观

摩考察，为江川非公有制经济人士拓宽视野，放眼发展，增强信心，注入动力搭建平台，同时也为江川本土企业家创造一个相互交流、信息互通、资源共享平台。

加强企业宣传。根据中央把云南建设成为面向南亚、东南亚辐射中心的战略定位，积极组织各会员企业参加省、市举办的各类展会展销、学习考察等活动。在昆明举行的南亚博览会暨昆交会上，连续两年来江川部分企业的产品都深受广大客商青睐。企业参展的成功，对于推广和弘扬江川本土产品，宣传江川优秀企业品牌，起到积极推动作用。

开展商会建设。根据《江川县人民政府办公室关于印发2015年政府工作报告主要任务分解方案的通知》文件精神，将“加快发展特色餐饮，继续开展“云南餐饮名店”创建工作。支持发展以本地特色优势产业为主导的电子商务”作为江川县政府工作报告任务分解的重要工作来抓。一年来，县工商联多次组织餐饮商会会员活动，传达《玉溪市人民政府关于加快餐饮业发展实施意见》，根据“云南餐饮名店”和“中华餐饮名店”要求及江川餐饮行业实际，组织开展“云南特色美食名店”申报工作。2015年，江城镇鑫园农家院、江川叶小龙饭店、江川沙湾农家餐饮有限公司、江川自成饭店经云南省餐饮与美食协会评审，被授予“云南省特色美食名店”称号。截至2015年底，江川县共有“中华餐饮名店”5家，“云南餐饮名店”11家，“云南省特色美食名店”6家。

（王青青）

文 联

【概 述】 江川县文学艺术界联合会（简称县文联）是在中共江川县委领导下的一个群团组织，下辖9个协会14个艺术门类：作家协会（含民间文学协会）、戏剧曲艺家协会、音乐家协会、舞蹈家协会、书法家协会、美术家协会、摄影家协会、诗词楹联协会、演讲朗诵协会。2015年，县文联履行“联络、协调、服务、指导”工作职能，团结带领全县广大业余文艺工作者，坚持“为社会主义服务、为人民服务”方向，贯彻“百花齐放、百家争鸣”方针，积极投身于“以优秀的作品鼓舞人”创作实践。各文艺家协会以文艺创作为中心，围绕出作品、出人才积极开展文艺创作、展演活动。

截至年底，共编辑出版《星云》文艺季刊4期，发表各类文艺作品461篇（幅、首），计约67万字；组织12名书协会员参加“三下乡”开展为民书赠春联活动，现场书赠春联2000多副；21件作品入选纪念通海大地震45周年书画展；《中国民间故事丛书·云南玉溪·江川卷》出版发行，全书35.9万字，共收录作品166篇；召开创建中国楹联文化县动员大会；杨艳惠举办2015新春古筝音乐会；杨宝文、李跃翔获第二届“玉溪日报文学奖”；诗联协会为前卫镇杨家咀锁水阁创作诗联作品34首（副）；霸成杰、杨智坤、杨洪伟作品获云南省第二届青少年“吕合滇茅杯”书法大赛优秀奖；段克宁应邀到江川二中讲楹联创作课；县文联和5名个人受到市文联表彰；摄影家协会举办摄影创作研讨会；举办全国征联大赛活动，中国楹联学会专家从633位作者的2258副作品中评出400副优秀楹联作品；大街小学、路居镇分别邀请卢正顺讲授楹联创作课；创联办开展碧云寺楹联普查工作；作协、诗联协会举办“仙湖诗韵”采风创作活动；宁志光文元有到江川指导创联工作；江川23人加入中国楹联学会；创联办举办楹联书法展；戏剧曲艺家协会举办2015年小戏小品创作培训班；作协、诗联协会开展小说、诗联创作培训活动；举办首届爱妃玛莉杯“仙湖卫士”摄影大赛；宁志光文元有到孤山指导楹联悬挂规划工作；江城镇诗联书画协会成立；作家协会召开“关注艾滋病，珍爱生命，拥抱春天”创作讨论会；创联办召开诗联创作常识培训会；江川4件作品在2014年度抚仙湖文学联谊赛中获奖；27件书法美术作品入展玉溪市“交通安全杯”；马松波作品被中国篆刻艺术馆收藏；151件诗联、美术作品入选玉溪卷《诗词集成》、《楹联集成》和《百景图》；《百岁风华 宜居江川》出版；罗连辉、杨兰秀、刘金文作品在“国粹杯”、第七届“华鼎奖”、第十二届“天籁杯”全国诗词大赛中获奖；文艺送基层“爱心摄影”活动走进山村白石岩；作家协会和诗联协会举办散文创作培训活动；成立江川县演讲朗诵协会并召开第一次会员大会；罗连辉获2015年云南省文学类刊物优秀编辑奖。

【《星云》季刊】 编辑出版《星云》文艺季刊4期，发表小说、散文、诗歌、戏剧、书法、美术、摄影等各类文艺作品461篇（首、幅），约67万字。

【作品入选纪念通海大地震45周年书画展】 2015年1月5日，玉溪市纪念通海大地震45周年书画摄影展在市老年大学展厅展出，江川有20人的21件作品入选，其中杨洪伟等人的书法作品并获奖。

1月5日，在通海大地震45周年之际，玉溪市防震减灾局、市文联共同举办防震减灾书画摄影作品展。江川共有20人的21件书画作品入选该展，并有部分作品获奖。书法类：杨洪伟、李正德获二等奖，陈九憨获三等奖，王小明、霸存富、刘文康获优秀奖，李荣华、霸成杰、张恨水、杨汉英、陈华、杨海斌、李绍明、刘金文、韩天智、杨兰秀、陈九憨、李旭富、许洪智、李俊华入展；美术类：叶晓霞获三等奖。

【《中国民间故事丛书·云南玉溪·江川卷》出版发行】 1月初，《中国民间故事丛书·云南玉溪·江川卷》由知识产权出版社出版发行，全书35.9万字，共收录神话、传说、故事、笑话四个体裁的民间文学作品166篇。

【召开创建中国楹联文化县动员大会】 2月9日上午，县创建中国楹联文化县领导小组办公室在县委党校组织召开创建中国楹联文化县动员大会。参加会议的人员有各乡镇分管文化工作的领导及文化站站长、县创建领导小组成员、县创联办全体成员、县诗联协会、县老干部诗书画协会负责人等，计约40余人。

会议由副县长周福荣主持。会议有5个议程：一、由周福荣宣读《江川县创建中国楹联文化县工作领导小组的通知》，明确创建领导小组成员及相关责任单位，组长由县委常委、宣传部部长龚桂存担任；二、由县文联主席、县创建领导小组副组长叶自林宣读通报《江川县创建中国楹联文化县工作实施方案》，明确各阶段的工作任务及责任单位。三、县委常委、宣传部长，县创建工作领导小组组长龚桂存作《全面推进文化强县建设，努力打造中国楹联文化县》动员讲话。四、原玉溪市政协主席、省市两级楹联学会名誉会长文元有讲话。

【杨宝文、李跃翔获第二届“玉溪日报文学奖”】 2月16日获悉，县作家协会会员杨宝文、李跃翔的散文荣获第二届“玉溪日报文学奖”。

第二届“玉溪日报文学奖”共评出58件获奖作品，其中优秀学生作品新秀奖20名。县作家协会会员杨宝文的散文《金黄的麦香》获二等奖，李跃翔的散文《寄情浪广海》获优秀奖。

【江川二中举办楹联创作讲座】 3月19日下午，为进一步开展诗联文化进校园活动，县第二中学邀请玉溪师范学院中文系副教授段克宁到学校主讲楹联创作课，县诗词楹联协会组织7名会员到场聆听。

【县文联和5名个人受到市文联表彰】 4月2日下午，在玉溪市文联四届二次全委（扩大）会上，县文联和作家协会5位会员及作品受到市文联表彰。

在2010～2014年度玉溪市文艺工作先进集体和先进个人表彰奖励中，县文联被评为先进集体，罗连辉、陈海莺被评为先进个人；廖会芹的短篇小说《杨七十的日子》荣获由玉溪市文联、《玉溪》编辑部颁发的2014年度“玉溪文学奖”小说奖，张维的《张维的诗》荣获诗歌奖；汤秀琼的诗歌《致H·信》，在“中国梦”散文、诗歌大奖赛中荣获由玉溪市文联、市作家协会颁发的优秀奖。

【摄影家协会举办摄影创作研讨会】 4月19日下午，县摄影家协会举办春季摄影创作研讨会，市县相关单位、县文联机关及下属各文艺家协会部分代表及县摄影家协会会员共计66人参加会议。

与会人员围绕习近平总书记在全国文艺座谈会上所讲的“文艺不能在市场经济大潮中迷失方向”主题，阐述“为什么要摄影”“为谁摄影”“如何让照片会说话”等问题，并为江川摄影界指明摄影创作的方向：按照县委宣传部要求，牢牢把握“关注民生、服务大局、构建和谐”重点，来开展摄影创作；依托本县历史悠久、人杰地灵、湖光秀美、物阜民丰的人文自然景观，多角度全方位地开展摄影创作；立足家乡，坚持“以人民为中心”创作导向，创作出更多优秀摄影作品。

【举办全国征联大赛活动】 3月15日，江川县举办以“高原明珠·美丽江川”为主题的全国征联活动。本次活动由县创建“中国楹联文化县”领导小组办公室、县文联主办，中国楹联学会

云南联墨中心承办。要求应征作品须为作者自主创作，且未被其他征联者选用过。每人投稿不得超过5副，不得重复投稿。

截至2015年5月31日，共征集到来自全国各地633位作者的楹联作品2258件，通过中国楹联学会专家无记名评选，共有400件楹联作品入选。

【大街小学、路居镇分别举办楹联知识讲座】 为进一步开展诗联文化进校园、进乡镇活动，县大街小学、路居镇政府分别于4月13日和15日邀请江川一中退休教师卢正顺主讲楹联创作课，两个单位近200人聆听。卢正顺以“对联的规则”“对联创作简谈”为题，结合中国楹联学会颁布的《联律通则》的6条规定，向大家讲述对联创作的基本知识。

【创联办开展碧云寺楹联普查工作】 5月21日，县创联办组织人员到江川景区碧云寺进行楹联普查工作，共普查到楹联匾额74副（块）。

【宁志光文元有到江川指导创联工作】 5月29日下午，云南省楹联学会原会长、中国楹联学会会长助理宁志光，云南省楹联学会顾问文元有等领导到江川指导全国楹联文化县创建工作。

县文联主席、县创建领导小组副组长叶自林汇报江川自2015年初以来全县开展的工作：成立创建领导小组及办公室，经费纳入财政预算。诗联文化进校园、进乡镇工作正在逐渐开展，有序进行。大街小学、路居镇先后举办楹联创作培训班；江城镇在城镇规划建设中把楹联文化纳入其中，广泛征集楹联作品刊刻悬挂。诗联协会正在筹办《江川诗联》刊物，加强中国楹联学会会员发展工作。

宁志光、文元有对江川的创建推进工作表示满意，并提出建议和要求：重点打造孤山，完善界鱼石、碧云寺景区楹联；抓好大街小学、江川第二中学两个学校的楹联文化进校园工作；抓好一个楹联创作展示中心；加强诗联队伍建设，逐步壮大各级会员队伍；办好诗联刊物，出好楹联专集。

【创联办举办楹联书法展】 6月30日至7月12日，县创联办在云南李家山青铜器博物馆组织开展“江川县楹联书法展”，展出楹联书法作品61件。县委常委、宣传部部长龚桂存出席开展仪式并讲话，县人大常委会副主任刘跃宁、县政协副主席李绍华、副县长周福荣等领导及诗联书法协会会员共约百余人参加开展仪式。

【戏剧曲艺家协会举办2015年小戏小品创作培训班】 7月14～17日，戏剧曲艺家协会在文化馆举办小戏、小品创作培训班，30位分别来自全县社会各界的业余作者参加培训。

授课教师是赵天平和李志中，赵天平负责小戏创作方面的培训，围绕“花灯说唱渊源及表现形式，创作花灯说唱的要素，花灯小戏创作，云南戏曲音韵的应用”展开；李志中负责小品创作培训，围绕“小品的定义，小品的种类，怎用创作小品，小品格式和选材取材，小品创作中常见的问题”等方面展开。

【小说、诗词楹联创作培训活动】 7月23日，县作家协会、诗词楹联协会联合开展小说、诗词楹联创作培训活动，邀请玉溪师范学院文学院吴正荣、段克宁两位教授讲课，两个协会的42名骨干会员参加培训。

吴正荣以《小说，生命的一种活动与存在方式》为题，围绕“小说的认识与探讨、创作的基础阅读准备、创作思维”等进行讲解；段克宁以《我们向古典诗词学点什么》为题展开讲述古典诗词发展的脉络。

【举办首届爱妃玛莉杯“仙湖卫士”摄影大赛】 7月26日，首届爱妃玛莉杯“仙湖卫士”摄影大赛颁奖典礼在抚仙湖畔的凤凰谷影视文化园举行，县委书记马文龙等领导出席并为13名获奖者颁奖。

此次大赛由县文联和爱妃玛莉婚纱摄影联合举办，共征集到摄影作品300余副（组），经玉溪市摄影家协会评审，最终产生一等奖1名、二等奖2名、三等奖3名和优秀奖7名。

【江城镇诗联书画协会成立】 8月7日上午，江城镇举行“江城镇诗联书画协会”成立挂牌仪式。县文联主席叶自林、江城镇纪委书记李任明及该镇协会会员30余人参加挂牌仪式。

叶自林向江城镇诗联书画协会进行授牌；李任明向县文联对江城镇诗联书画协会成立给予的支持表示感谢；通过《江城镇诗联书画协会章程》。协会邀请江川一中退休教师卢正顺讲授楹联创作课。

【创联办召开诗联创作常识培训会】 9月11日，县创建中国楹联文化县办公室在县委党校召开诗联创作常识培训会，邀请中华诗词研究院副院长杨德云、省楹联学会理事李正平讲课。

江川一中、江川二中、大街中学、大街小学、江城镇诗词楹联学会，县老干部诗词协会、县诗词楹联协会等骨干会员、诗联创作爱好者64人参加培训会。李正平以“滇人善联”为题，向大家讲述云南楹联文化的历史和发展；杨德云向大家介绍诗词楹联创作的基本知识。

【27件书法美术作品入展玉溪市“交通安全杯”】 9月29日上午，玉溪市“文明交通安全行·平安和谐迎国庆”书法美术摄影展举行开展仪式。在此次展览中，县书法家协会有23人的作品入展，县美术家协会有4人的作品入展。其中，有5人获书法类等级奖：杨洪伟、杨智坤获二等奖，杨兰秀、陈九憨、李正德获三等奖。所有入展作品，被收录由玉溪市公安局交警支队、玉溪市道路交通安全协会编的《陌上春秋》（文明交通安全行，平安和谐迎国庆——摄影、书法、美术展作品集）一书中。

【马松波作品被中国篆刻艺术馆收藏】 9月，马松波的肖形印作品原石2方入选“中国篆刻艺术馆之中国肖形印艺术馆永久收藏、展示”，其中有1件被录入《中国肖形印艺术馆藏品选集》一书中。

【151件诗联、美术作品入选玉溪卷《诗词集成》、《楹联集成》和《百景图》】 10月下旬，《中华诗词集成·云南玉溪卷》、《中华楹联集成·云南玉溪卷》及《玉溪百景图》出版发行，江川共有32位作者的137件诗词、楹联作品入选《中华诗词集成·云南玉溪卷》、《中华楹联集成·云南玉溪卷》，11位作者的14件美术作品入选《玉溪百景图》。

【《百岁风华　宜居江川》出版】 11月初，受县民政局、老龄委的委托，由县文联组织采编的《百岁风华　宜居江川》一书编辑出版，书中记录了江川13位百岁老人的长寿秘诀。

【罗连辉、杨兰秀、刘金文作品在“国粹杯”全国诗词大赛中获奖】 “国粹杯”全国诗词大赛颁奖活动于10月21日上午在北京钓鱼台举行，江川诗词楹联协会罗连辉、杨兰秀、刘金文的作品分别荣获一等奖、二等奖和优秀奖。

此次评奖活动由“国粹杯”全国诗词大赛组委会和《诗词之友》杂志社主办，罗连辉荣获一等奖的作品是《抚仙湖感怀》：碧水孤舟入画裁，清歌丽影踏波来。愿得常此湖边坐，最喜秋风释我怀。杨兰秀荣获二等奖的作品是《孤山》：天边来客湖中落，恰似青螺镜里游。破浪乘风逐霞露，披星载月枕清流。刘金文荣获优秀奖的作品是《秋风》：秋风去何处？来去影无踪。只见庭前树，叶儿落匆匆。

【刘金文、罗连辉、杨兰秀作品获第七届“华鼎奖”全国诗词大赛金奖】 第七届“华鼎奖”全国诗词大赛获奖作者及作品于10月23日在北京揭晓并颁奖，江川诗词楹联协会刘金文、罗连辉、杨兰秀的诗歌作品均获金奖，并荣获“当代中华优秀诗人”荣誉称号。

此次大赛由《诗词百家》杂志社、华鼎奖诗词大赛组委会举办，经组委会评定，最终从4000多份来稿中，评出金奖20名，银奖、铜奖若干名，并编辑出版《第七届华鼎奖全国诗词大赛获奖作品集》，由中国文联出版社出版发行。刘金文、罗连辉、杨兰秀3人共有28首古风和绝句入选该书。

【罗连辉、刘金文作品荣获第十二届“天籁杯”中华诗词大赛金奖】 第十二届“天籁杯”中华诗词论坛暨大赛颁奖典礼于10月26日上午在国家会议中心举行，江川诗词楹联协会罗连辉、刘金文作品均获金奖。

罗连辉、刘金文获金奖的作品共计24首古风、绝句，该作品并被收录由中国文联出版社出版的《天籁之音XII·第十二届“天籁杯”中华诗词大赛优秀作品集》一书。

【文艺送基层“爱心摄影”活动走进山村白石岩】 10月31日，县文联结合自身工作特点，组织县摄影家协会部分会员走进联系村雄关白石岩，免费为80岁以上的老人拍肖像照和全家福。白石岩村委会80岁以上老人共有15位，分布在小田、沟底和白石岩3个自然村，摄影家们兵分三路，在村干部带领下深入各村，上门服务，分别为每位老人拍肖像照和全家福，最终挑选、冲印、装框28幅，送到相关老人家中。

【作家协会和诗联协会举办散文创作培训活动】 10月30日下午，县作家协会、诗词楹联协会联合在县委党校举办散文创作培训活动，邀请玉溪市作家协会名誉主席顾昱东授课，共有43名会员参加培训。

【县演讲朗诵协会成立并召开第一次会员大会】 11月15日，县演讲朗诵协会成立并召开第一次会员大会，大会讨论并通过《江川县演讲朗诵协会章程》，选举产生孔川波等7人为第一届理事会理事。

【罗连辉荣获2015年云南省文学类刊物优秀编辑奖】 11月24日，在文山州召开的“2015年滇东文学创作年会”上，县文联《星云》文艺季刊执行主编罗连辉荣获云南省文学类刊物优秀编辑奖。

（罗连辉）

科 协

【中国流动科技馆云南·玉溪巡展江川站活动】 2014年12月17日至2015年2月22日，由中国科协和云南省科协联合举办的“中国流动科技馆”云南·玉溪巡展活动在江川举办。在为期二个月的开馆期间，共有13643人次参观体验，日均参观329人次，其中，由学校统一组织参观1800人次，更多则由家长带孩子来参观体验。为使广大青少年在参观、体验活动时更好地发挥各自的想象力、创造力和动手能力，设置《中国科协流动科技馆》参观感言作品征集评选活动。共收集作品216篇，评出一等奖中学组2篇、小学组5篇，二等奖中学组5篇、小学组10篇，三等奖中学组10篇、小学组20篇，鼓励奖161篇。大街小学、大庄中心小学、翠峰中心小学、江城中学为科普活动优秀组织奖。

【科技、卫生、文化三下乡科普活动】 由县委宣传部牵头，县科协组织的科技文化卫生“三下乡”活动在路居镇举办。卫生部门为群众进行内科、外科、五官科、妇产科、儿科检查299人次，超声波、心电图检查36人次，测血糖、测血压318人次；免费发放价值5300余元的相关药品。科技部门展出各类科技展板113块，发放核桃、蔬菜、烤烟栽培技术，农技、种子、农药、食品安全，环境保护、防雷、防雹、防震减灾等科普宣传资料8600余册。文化部门书写春联900幅赠送给群众，路居镇组织各村民小组400多人观看文艺节目演出。

【“全国科普日”科普活动】 9月22日，县科协组织县农业局、林业局、工信局、计卫局、共青团、妇联、民宗局等12个部门到九溪镇开展以“万众创新、拥抱智慧生活”为主题的全国科普日宣传活动。活动以现场咨询、展示展板、发放宣传资料形式进行。共展出健康生活方式、烤烟病虫害防治、气象服务、沼气的安全使用等科普知识展板51块，发放计生用品200盒、环保袋、围裙600个，蔬菜、烤烟、花卉栽培、民族团结教育宣传等科普系列丛书宣传资料42种8000余份，现场咨询80余人次。

【科技活动周】 江川县紧扣“创新创业、科技惠民”主题，广泛开展科普宣传活动，各乡镇（街道）结合农时，以“科普惠烟农”为重点，以农业增效和烟农增收为目的，宣讲种植烤烟K326栽培科技知识、烟蚜茧蜂防治烟蚜（以虫制虫）生物防治技术共6场次，培训技术人员和烟农105人次，发放各种宣传资料1000余份。县疾控中心组织工作人员分3组，携带消杀药品对3个社区的住宅区、街道、暴露沟渠、厕所、垃圾坑展开药物消杀活动，共投放消杀药品消毒灵5000包和50瓶，消杀面积累计20万平方米。在大街农贸市场开展宣传活动，向群众宣传科学补碘知识，宣传主题是“科学补碘，重在生命最初1000天”。共发放宣传品100盒、宣传画、宣传单和折页800张。

【农业科技推广和技术培训】 紧紧围绕全县中心工作，共投入培训经费6.5万元，开展以农函大为重点的农业科技推广和技术培训，指导农民发展核桃产。科协系统举办培训班71个7231人，其中农函大招生1513人，农函大特色班6个613人。

【专题讲座】 7月29日，江川县利用云南省科协“百名专家科技下乡”进玉溪讲学活动契机，举办“如何破解县域经济与环境保护的矛盾”专题讲座。全县实职副科以上领导干部，发改、工信、环保等有关部门全体干部职工460余人参加讲座。省委党校生态经济学博士、副教授韩斌授课。

【青少年科普教育】 加强校园科普工作力度。宣传普及保护生态环境、节约资源能源、心理生理健康、安全避险、“珍爱生命、远离毒品”及“崇尚科学文明、反对愚昧迷信”等方面知识，增强青少年的科技意识；组织实施“江川县生物多样性调查成果科普展示”科普项目，建立江川县生物多样性保护科普教育数码资源库；进行生物多样性保护科普教育巡回展览，举办生物多样性保护教育专题讲座，通过发放生物多样性保护科普知识宣资料，进行流动生物多样性保护科普教育巡展或集中展示及教育。组织学生参加中国流动科技馆云南江川站巡展活动，并开展参观感言作品征集评选活动。收集作品216篇，评出一等奖中学组2篇、小学组5篇，二等奖中学组5篇、小学组10篇，三等奖中学组10篇、小学组20篇，鼓励奖161篇。大街小学、大庄中心小学、翠峰中心小学、江城中学为科普活动优秀组织奖。

【科普项目申报实施】 江川县实施省级科普项目1项：“抚仙湖面山石漠化地区杨梅生态高效栽培技术推广”项目经费15万元；省级科普惠农兴村计划1项：前卫镇杨家咀村委会5万元；全国科普惠农兴村计划项目2项，分别为江川远川养鸡专业技术协会和江川阳光辣椒产销专业技术协会，经费40万元，合计60万元奖补经费。申报2015年度科普类项目5项，立项3项，其中中国科协“基层科普行动计划”1项，云南省科普惠农计划项目1个，科普示范项目1项，争取上级资金45万元。同时做好2016～2018年云南省科普项目库入库推荐工作。邀请农业、林业、水产等专家对推荐拟进入“云南省科协科普项目库”的科普项目进行论证。本次参加论证项目8项，最终论证确定上报6项。实施县级科普项目8个，投入科普经费8万元。

【科普经费专项检查】 5月12日，省科协科普部部长肖云轩率省科协第二检查组到江川对2014年度科普类项目实施及资金使用情况进行专项检查。市科协副主席陈晓静、副县长李启红，县纪委第一纪工委、财政局领导参加检查。检查组听取市、县科协关于科普类项目实施及资金使用情况汇报，到阳光辣椒产销专业技术协会、江川东旭科普示范基地等项目点实地查看项目实施情况，查阅项目账目及培训资料以及业务档案台账，并与实施单位进行座谈。检查组做出四条反馈意见：项目内容按照计划实施。没有发现违反项目管理规定擅自变更项目实施内容的问题。项目资金按照规定使用。项目资金全部到位，资金使用符合相应项目资金的管理规定，做到专款专用，没有发现改变用途和截留挪用等问题。项目档案按照要求建立。江川县科协的项目档案符合《云南省科协关于规范和加强科普类项目实施业务档案管理工作的通知》的要求，齐全、规范、有序。项目管理基础工作扎实。

【学术交流】 12月5日，邀请省科协常委，省数学学会副理事长、秘书长，云南大学博士生导师、教授杨汉春和民盟云南省委委员、云南财经大学数学系主任、硕士生导师、教授马锐到江川一中、江川二中进行学术讲座。来自江川一中、前卫中学的60名教师和江川一中近200名学生，聆听杨汉春题为《数学思维方法》和马锐题为《数学的魅力》讲座。

（张树良）

红十字会

【概　述】 2015年，县红十会以践行“三救、三献”工作为主线，聚集贫困人群需求，着力提升人道服务水平、品牌创建水平、募捐筹资水平，加强干部队伍、志愿者队伍建设，在开展社会救助、筹资募捐、艾滋病预防宣传、群众性卫生救护培训、青少年关怀、老年人关爱等方面做了大量工作，较好发挥了政府人道领域助手作用。

【开展爱心帮扶宣传募捐活动】 5月8日是“世界红十字日”，为大力弘扬“人道、博爱、奉献”红十字精神，发挥党委、政府人道领域的助手作用，帮助江川县先天性心脏病、白血病儿童和患重大疾病、突发意外灾难等贫困人群提供人道救助，县红十字会组织14名志愿者，手捧《爱心捐款倡议书》，走上街头，向过往群众、县城主要商铺等开展爱心帮扶宣传募捐活动，动员广大群众共同参与到红十字事业来。活动结束后，共接收23家爱心单位、社会爱心人士捐款42035元。2015年，县红十字会共募集到定向和非定向各类善款76400元，其中定向捐款30000元，非定向捐款46400元。

【人道救助】 县红十字会积极募集善款，救助本辖区范围内因

病致贫、残疾困难、突发重大灾难家庭，为县域稳定和谐奠定良好基础。2015年，加强对白血病、癌症等重大疾病患者和突发灾难困难家庭给予人道救助和关怀，红十字会根据《江川县红十字会人道救助管理办法》，对符合救助条件的64户特困家庭重大疾病患者群众根据家庭情况发放1000元至2000元不等的救助金，共计发放76000元。为雄关、前卫、安化的6户突发火灾和突发意外事故家庭各给予5000元合计28000元的人道救助金；启动紧急救助程序3次，帮助8户急困群众及时发放救助金14000元。全年共计救助困难群众101人，发放救助金11万余元。

【开展健康保健和应急救护知识讲座】 2015年3月18日，县红十字会邀请到北京应急救护培训资深讲师马桂林教授，为江川县实职副科以上领导干部、部分学校、公安代表和红会全体志愿者300余人开展一期健康保健和应急救护知识讲座。马桂林教授号召大家主动前往县红十字会机构参加专业培训，发扬“人道、博爱、奉献”的红十字精神，保护人的生命和健康，做到人人学急救，急救为人人。副县长杨军苹主持讲坛。

【失能养老服务项目】 2015年，江川县中心敬老院居住有47位孤寡老人，为使老人们能舒适快乐地度过晚年生活，县红十字会积极向省红十字会争取到20万元的中央专项彩票公益金支持失能老人养老服务项目，为中心敬老院配备护理床、按摩椅、电动康复机、空调、电视等设备及社会福利中心1名护理人员和1名院长到北京培训的机会，提高老人们的基本生活照料、康复护理等服务工作质量。

【召开志愿者年度座谈会暨造血干细胞捐献宣传动员会】 2015年1月8日，县红十字会召开志愿者年度座谈会暨造血干细胞捐献宣传动员会。对县红十字会2014年志愿服务工作进行总结，交流探讨2015年志愿服务工作计划，对进一步做好志愿服务工作提出要求：现有的5支志愿服务队，要有针对性、有重点的开展以弘扬红十字精神为主的关爱老年人、关爱留守儿童、扶贫帮困、应急救护培训、社区服务等志愿服务活动，使红十字志愿服务活动在全县范围内更深入人心。红十字常务副会长曾春就造血干细胞捐献的相关知识对志愿者作宣传动员，鼓励他们积极加入到捐献造血干细胞的行列，为再造生命贡献一份力量。当天有11名红十字会志愿者加入到捐献造血干细胞志愿者中，签署捐献同意书，成功完成首次血样采集。截至年底，江川县红十字会志愿者中共有33名志愿者加入到捐献造血干细胞志愿者行列。

【“博爱送万家”活动】 2015年江川县红十字会“博爱送万家”活动，于2月初启动，陆续深入安化、大街、江城等乡镇（街道）的120户贫困户中开展走访慰问活动，为困难群众送去3800元慰问金及价值17500元毛毯、被子、糖果等慰问品。2015年县红十字会为雄关窑房小学争取到省红十字会的“博爱图书角”项目，雄关窑房小学免费获得价值17688.5元的爱心图书765册。

【志愿者服务活动】 县红十字会有注册志愿者286名，按照红十字会的服务领域组建宣传募捐、人文关怀、乡村志愿服务、捐献造血干细胞和应急救援、防艾宣传6支红十字志愿服务队伍。2015年，县红十字会组织志愿者先后开展看望慰问中心敬老院的老人、爱心帮扶宣传募捐活动、与山区儿童共庆六一、敬老节关爱老人等8次各种形式的公益服务活动，大力弘扬志愿精神，使红十字会志愿者成为良好社会风尚的倡导者，提升红十字会志愿服务品牌。

【关爱儿童】 6月3日，县红十字会组织22名志愿者到边远偏僻的江城镇陈家湾小学，与孩子们一起欢度“六一”儿童节。志愿者们与学生们一起参与趣味游园活动，学生们用游园活动得到的奖票从志愿者处兑换到各种糖果、文具用品。县红十字会还为学校和学生们购买消毒柜、烧水器和学生餐具，为住宿生每人购买一套洗漱用具等，总计价值1万余元。

积极做好中国红十字基金会“天使阳光基金”“小天使基金”申报工作，努力让先天性心脏病和白血病患儿得到救助。先后帮助苗皓晨、郭柳余等3名先心病儿童争取到中国红基会3万元救助和免费做手术的慧中慈善救助；救助9名重大疾病贫困学生，发放10000元救助金；走访慰问大街社区小白坡小学6名困难学生，为他们送去棉被。

【弘扬敬老爱老新风尚】 江川县红十字会坚持开展“关爱老年人”活动，旨在通过活动在社会上营造浓厚的敬老爱老风尚，弘扬爱老、敬老传统美德，让惠民惠农政策落在实处。2月6日，县红十字会组织人道关怀志愿服务队的23名志愿者前往江川县中心敬老院，看望慰问47位居住在敬老院的五保老人，为他们送去春节的祝福问候和价值2700元的慰问品。“九九敬老节”到来之际，县红十字会组织志愿者对前卫、江城、雄关三个乡镇的11个小组460位60岁以上老人开展送温暖活动，为老人们送去价值23000元的保暖床单。

【开展2015年“世界急救日”主题宣传活动】 2015年9月12日是第16个“世界急救日”，为发扬“人道、博爱、奉献”的红十字精神，深入推进红十字应急救护志愿服务进农村，让普通群众在短时间内能快速掌握急救技能，9月9日，县红十字会开展主题为“急救与老龄化人群”的世界急救日宣传活动，深入到前卫镇杨家咀村岳家营小组和大街小白坡村天井凹小组等开展公益性急救知识培训3期，为当地群众讲解高血压、心脑血病等老年常见病急救法、止血包扎的简易处理和心肺复苏等知识。

【开展预防艾滋病知识宣传教育】 江川县红十字会通过借助新学驾驶员和营运资格人员的“卫生应急救护培训”平台和“公益宣传培训”平台等力量，利用自身工作优势，将艾滋病防治工作引入到驾驶员人群中。从2015年5月来，县红十字会共开展防艾宣传教育20期，向3400名群众普及艾滋病防治知识，对546名群众进行问卷调查，发挥红十字会在防艾宣传方面的作用。

【救护技能培训】 江川县红十字会应急救援志愿服务队，2015年共有志愿者20名是县红十字会从众多志愿者中挑选出来，主要承担在自然灾害等公共事件突发时开展应急救援救工作。为提升红十字会应急救援服务队的救护技能，11月10日，县红十字会组织应急救援服务队的志愿者开展专业应急救护技能培训。县红十字会特邀有一定救护资质能力的师资人员，结合专业技术和救援经验，给全体队员开展一期救护知识和技能培训，重点就心肺复苏术、止血包扎、地震救援等相关知识进行讲解和模拟操作，让全体志愿者掌握基本的现场应急救护技能，为日后开展救援救护提供相应的专业知识和技术能力保证。

【备站市应急救护大赛】 为提高干部业务技能及团结协作能力，县红十字会于11月底组织全体干部职工和5名志愿者备战玉溪市红十字会应急护救护技能大赛。经过15天的艰苦训练，江川县红十字会在12月14日举行的玉溪市红十字应急救护技能大赛取得优异成绩，其中一名志愿者杨雪梅取得救护演讲比赛的三等奖，一名志愿者董亚萍取得现场急救技能操作（头顶部右侧大出血）比赛的二等奖，江川县红十字会荣获市红十字应急救护技能大赛优秀组织奖。

【宣传思想工作亮点】 以“五·八世界红十字日”、防震减灾日等节庆日为契机，在县城主要街道向过往行人、沿街商户以发放宣传资料等方式，广泛宣传《中华人民共和国红十字会法》《云南省红十字会条列》以及义务献血、捐献造血干细胞和预防艾滋病等公益事业方面的法律法规和红十字知识，共计发放宣传资料5000余份。

以打造“红十字知识”一条街为宣传手段，广泛宣传红十字公益知识。与团休会员单位县综合执法局联合，将宁海路中段至兴江路前段的18块户外宣传栏打造成红十字知识宣传阵地，广泛向群众宣传囊括“募捐、救护、三献、卫生防治”等全面的红十字知识，大力宣传“人道、博爱、奉献”的红十字精神，不断提高红十字会的社会影响力。

以红十字会网站、微信等新兴媒体为载体，广泛宣传红十字活动。由爱心宣传媒体万兴广告装饰公司为江川县红十字会专门打造的“江川红十字会”微信公众号为宣传载体，向公众实时宣传红会动态、急救知识、生活贴士等资讯，加大红十字活动、亮点宣传力度，全年通过网络及手机微信平台传播人道主义精神及红十字工作信息80余条，及时公布反馈募捐款物管理使用情况，保障捐赠者和社会公众的知情权和监督权，提升红十字会的社会公信力。

（吴冬丽）

军 事

编辑 余立言

江川县人民武装部

【领导名录】
政 委 曾宪涛
部 长 何 麟
副部长 杨会政（2015.7离任）
梁圣光（2015.7任）

【概 述】 2015年以来，县人武部党委深入学习贯彻习近平主席关于国防和军队建设重要论述以及古田政工会、军委改革工作会议精神，按照高举旗帜铸军魂、紧贴实战练打赢、整风整顿正秩序、依法治军保稳定、埋头苦干促发展的工作思路，积极献身强军实践，改进作风、投身改革、聚焦备战。在改革中创新，在创新中发展，江川县民兵队伍建设、征兵工作、军民融合发展等多项工作取得可喜成绩，人武部全面建设和国防后备力量建设科学发展，稳步推进。

【党委全体（扩大）会议】 2月2日，召开部党委全体（扩大）会议，各乡镇（街道）党工委书记、基层武装部部长、人武部全体干部职工参加会议。会议总结2014年工作，明确2015年要以“高举旗帜铸军魂、紧贴实战练打赢、整风整顿正秩序、依法治军保稳定、埋头苦干促发展”为工作思路，围绕政治工作时代主题，扎实抓好思想政治建设；围绕新形势下军事战略方针，切实提高战备训练水平；围绕贯彻整风整改基调，进一步抓好党委班子和干部队伍建设；围绕依法治军从严治军，下大力做好安全稳定工作；围绕提升综合保障水平，加大后勤和装备管理力度；围绕军民融合式发展路子，不断推进国防后备力量建设。

【中共江川县委议军会议暨县国防动员工作会议】 3月31日，中共江川县委召开议军会暨国防动员工作会议，县委、县政府、县人大、县政协四套班子领导、县国动委成员单位领导、人武部党委委员、各乡镇（街道）党（工）委书记、镇长（主任）、基层武装部部长出席会议。会议总结2014年度国防后备力量建设情况，提出2015年工作建议：紧紧围绕强军目标，紧跟改革强军步伐，按照“坚定理想信念拥护支持改革、瞄准强军目标提升战备能力、围绕深化改革加快军队转型、立足后备力量促进军民融合”的总体思路，坚决听党指挥，服从改革大局；狠抓体系建设，提升战备能力；巩固改革成果，加快队伍转型；发挥骨干作用，助推融合发展。

【“学习践行强军目标 做新一代革命军人”主题教育】 2015年，人武部根据总政、两级军区和军分区关于开展“学习践行强军目标，做新一代革命军人”主题教育活动的有关要求和统一部署，按照理论学习、专题辅导、查找解决问题三个步骤，区分“有灵魂是强军进程中官兵必备的政治信仰，要做到信念坚定、听党指挥”；“有本事是强军进程中官兵必备的核心能力，要做到素质过硬、能打胜仗”；“有血性是强军进程中官兵必备的精神特质，要做到英勇顽强、不怕牺牲”；“有品德是强军进程中官兵必备的道德情操，要做到情趣高尚、品行端正”4个专题，着眼“凝魂聚气、正本清源、革除积弊、激发动力”的基本要求，坚持抓思想灌输引领、抓查纠问题匡正、抓细化标准规范、抓身边典型感召、抓实践养成固化，全面开展主题教育活动，在新的起点上教育引导广大干部职工进一步坚定中国特色社会主义道路自信、理论自信、制度自信，增进对党中央、习主席的信赖和拥戴，凝聚践行强军目标、履行使命任务的意志力量。

【思想政治建设】 2015年，人武部党委坚持把学习贯彻党的十八届四、五中全会和习主席系列重要讲话精神作为首要政治任务来抓，着眼做好古田政工会下篇文章，扎实开展“学习践行强军目标、做新一代革命军人”主题教育活动，组织“新一代革命军人样子”大讨论，大力培育“有灵魂、有本事、有血性、有品德”的新一代革命军人。持续抓好彻底肃清郭伯雄、徐才厚案件恶劣影响，组织干部、职工和常驻分队民兵反复学习理解、深入讨论辨析，使大家充分认清郭伯雄、徐才厚严重违纪违法问题的恶劣影响、对党和军队事业的极大危害，坚定对中央反腐败决策部署的高度认同。进一步规范营区政治文化环境建设，推进政治工作战备库建设，参加清明祭奠和烈士公祭日活动，用先进军事文化熏陶人、教育人。

【党委班子建设】 2015年，人武部党委始终把党管武装作为政治原则坚守，作为政治责任履行，作为政治要求落实，县委、政府坚持以上率下，认真落实党管武装“七项制度”，并逐步建立健全国防教育机构，在全县形成关心支持国防建设的浓烈氛围。县委、县政府主要领导坚持到人武部现场办公，解决民兵训练场地建设、国防潜力数据调查、随军家属就业安置、基层武装工作绩效考核等工作中面临的实际问题，有力地推动人武部建设全面发展，全县支持国防后备力量建设的力度受到省市高度评价。仅2015年，新调整任用副团级干部2名、营级干部2名，并多次组织专武干部进行业务培训，专武干部队伍能力素质不断提高。人武部政工科干事作宗胜、后勤科科长蒋徐勇转业得到妥善安置，部分家庭困难干部职工得到救助，人武部干部职工安心本职工作，全面建设稳步推进。

【军事工作】 2015年，人武部按照“能打仗、打胜仗”要求，认真学习贯彻《战备工作条例》，及时修订完善各类战备预案，拓展延伸基层人武部规范化达标成果。3月，全体人武部干部参加分区组织的“二分之一干部集训”，重点对地形学、手工标图、沙盘堆制、射击等科目进行训练。6月，人武部组建民兵应急连，完成以政治教育、法规知识、队列、战术、实弹射击、警棍盾牌术、处置突发事件演练、森林防火知识学习为主要内容的应急民兵队伍军事训练任务，民兵累积参训人员84名、训练时间7天56小时。6月5日，县委常委、人武部政委曾宪涛带领人武部干部职工25人赴大街镇大营村组织100余人民兵分队进行抗洪抢险。12月，组织应急队伍和储备队伍80人完成民兵思想政治教育、法律法规知识、队列、战术、射击、警棍盾牌术、处置突发事件演练、防火、油料保障、双37高炮学习训练20天160小时训练，提高民兵队伍维护社会稳定、扑灭山火、抗震救灾等非军事行动的能力，确保一有任务能够收得拢、拉得出、顶得上、起作用，真正做到战时能应战、平时能应急，成为一支让上级党委、县委政府、人民群众满意的民兵应急队伍。

【财经领域突出问题自查自纠】 2015年，根据军分区统一部署，人武部按照“统一部署、按级负责，同步展开、全面覆盖，边查边改、纠建并举”的原则，集中3个月时间，围绕经费去向用途、经费支出凭证、内部接待场所、预算外经费和地方拨入经费等五个方面，采取查阅账目、核实信息、核查票据、统计分析等方法，对人武部2011～2014年的经济活动进行排查纠治，整改经济领域中五个方面的突出问题，以端正工作指导，排查问题隐患，纠治违法行为，保持和强化财经领域正风肃纪、从严管理的高压态势，形成财经领域依法管理、从严管理的新常态。

【营区建设】 2015年，人武部按照《“十二五”期间全国爱国卫生工作规划》，依据《创建“健康营院”实施办法》，开展创建“健康营院”活动，着力美化营区环境，完善住宿和公共卫生条件，注重优化健康环境，进行树木修剪、橱窗内容和口号标语更换，投入经费7万余元对干部职工宿舍门窗进行更换，提升了营院正规化水平，改善了干部职工住宿条件。

【安全管理】 2015年，人武部坚持“每季度一课”警示性法制教育并组织常态观看警示教育片，开展“条令学习月”活动，不定期组织防暴恐袭击训练演练，结合春节、五一、中秋、元旦等重大节日，加强督促战备值班制度落实，先后4次对武器弹药仓库、营门及周边进行安全隐患排查，更新指纹锁人员信息录入、增添新式军械密码柜，并于2月为各乡镇（街道）配发新式文件密码柜2个，确保人武部秩序正规安全稳定和乡镇（街道）文电办公安全统一。严格落实习主席、军委总部关于安全工作一系列指示要求和军区“9·28”、省军区“9·29”安全工作电视会议精神，根据军分区统一安排部署，区分思想发动、学习教育、问题研讨、隐患排查、总结评比五个步骤于11月10日至2016年2月18日广泛开展“百日安全竞赛活动”，先后接受上级安全工作组检查4次，本部自检8次，分别接受对武器弹药仓库、干部值班情况、后勤工作、酒精测试、办公保密等6个方面的检查，累积整改问题5个，确保人武部“百日安全竞赛”活动安全无事故和全年秩序正规、安全、稳定。

【信息保密】 2015年，坚持每季度开展保密教育，定期对涉密岗位人员进行政治考核，有计划地进行保密检查，及时清理清退各类涉密文件，定期清理办公室计算机内的涉密电子文档，落实移动存储介质实行集中管理和出入柜登记，强化家庭接入国际互联网的管理，杜绝个人电脑办公、互联网传送工作文件等，保证了涉官信息、载体的安全。全年累计清理上交红头文件200余份，清理销毁过期文件300余份，书籍、报纸300千克，并全程跟踪监督，确保完全化浆无任何残留。

【国防教育】 2015年，协调国动委成员单位，在全县范围深入开展“全民国防教育暨征兵工作宣传月”活动，协调气象局滚动播放宣传标语电子屏70余个，30余天，覆盖全县所有村委会，在公共场所张贴悬挂国防教育和征兵宣传标语300余幅，出动流动宣传车一辆，发放宣传单10000余份，现场解答群众对国防法规和征兵政策咨询100余人次。结合下乡调研、征兵、民兵训练等时机，先后由县委常委、人武部政委曾宪涛和全国民兵模范徐保祥在民兵训练基地多次开展国防教育，讲授国防兵器知识，进行军事基础训练，增强广大应征青年和民兵队伍的国防意识和爱国主义精神。

【八一军事日活动】 2015年8月1日，县人武部邀请历任人武部领导参加军事日活动，召开座谈会，交流人武部一年来国防工作开展情况，征求对人武部发展意见建议，为人武部发展建设建言献策。

【民兵整组】 5～6月，认真贯彻落实总参谋部《关于进一步搞好民兵组织整顿工作的意见》，按照《2015年度民兵编组任务》要求，没坚持建为战、编为用的原则，立足战时能应战、平时能应急的双重需求，紧紧围绕民兵担负的任务和动员预案，调整组织布局，改进编组方法，系统整合后备力量，圆满完成1120人基干民兵整组任务，编组应急队伍363人、支援队伍732人、储备队伍25人。

【征兵工作】 6～9月，坚决贯彻落实中央军委、国务院关于抓好征兵工作的系列指示要求，以网上兵役登记为平台，以全民国防教育为抓手，以全方位、多手段征兵宣传发动为切入点，以确保兵员质量为核心，按《成都军区征兵工作流程规范》要求，先后组织征兵宣传发动65天，完成网上兵役登记4481人，并依法区分应征、缓征和不征，对484名适龄青年进行初审初检，政审体检双合格131人，审批定兵124名。输送合格兵源男兵124名，女兵5名，其中大专以上文化35名，党员2名，有专业技术特长的94名，新兵综合素质较往年有显著提高，大学生比例同比提高20个百分点。

【参建参治】 6月15日，出动民兵125人执行工业园区参建参治任务，维持秩序。6月20日，出动民兵15人，对抚仙湖大沙咀段沿线1千米进行河道清理，共清理垃圾200千克。进行长达7月9日动用民兵30人，执行大街街道大庄社区土地乱占乱围清除任务，拆除大庄社区土地乱占乱围的违法违章建筑及围栏。

【双拥共建】 2015年，人武部分别于6月和12月，先后两次协调体育馆、大街中学和上头营学校及江城烟站，安排解决玉溪市支队、云南省武警总队和玉溪工兵团等单位野营拉练的住宿问题。积极组织对赴江川县拉练单位进行慰问，累积慰问水果200箱，矿泉水100件；7月30日，人武部选送排练节目“共圆中国梦”赴玉溪参加“八一”双拥晚会并获奖。

【扶贫帮困】 2015年，积极帮助扶贫联系点安化乡光山村委会为光山小学捐助更换椅子70张，为光山村委会捐助迷彩服23套。协调漫天雨公司为光山村委会光山小学贫困学生捐款5000元，发动人武部干部职工捐款6000元，春节前人武部主要领导慰问安化乡光山村委会贫困户10户，共计发放慰问金2400元，食用油10桶，大米10袋。

（原 野）

77216部队

【概 况】 2015年，团党委深入学习贯彻习近平主席系列重要讲话精神，坚决落实上级决策部署，按照“高举旗帜铸军魂，紧贴实战练打赢，依法落实促规范、改革创新求发展”的思路，科学领导和组织部队建设，圆满完成年度各项任务，团队全面建设稳步健康发展，连续13年保持安全稳定，被集团军表彰为“践行强军目标先进旅团级单位”和“依法治军从严治军先进单位”。

【思想政治建设】 坚持把学习贯彻习近平主席系列重要讲话精神作为首要政治任务和党委首位工程，扎实抓好党的十八届五中全会和军委改革工作会议精神的学习贯彻。广泛开展“月读一书、周写一文、日答一题”活动，促进基层理论学习普及深化。按照“团抓集中授课、营连抓补充辅导、班排抓讨论消化”的思路，分四个专题抓好“学习践行强军目标、做新一代革命军人”主题教育，党委常委为全团官兵辅导授课25场次。扎实开展形势政策、“四反”和军魂教育，以郭伯雄、徐才厚等案件为反面教材开展警示教育，确保部队高度集中统一和纯洁巩固。大力挖掘军事文化育人功能，组织“蛟龙杯”系列文体活动，突出野味战味兵味扎实抓好野战文化“五个一”建设。广泛开展“新一代革命军人样子”大讨论，组织参观“红军长征过丽江纪念馆”，使官兵在“潜教育”中受到熏陶感染。开展纪念抗日战争胜利暨世界反法西斯战争胜利70周年活动，在铭记历史、缅怀先烈中激发官兵献身强军实践的热情动力。加强政研和新闻报道工作，在中央级媒体上稿78篇，被集团军表彰为新闻宣传工作先进单位。

【军事训练】 认真贯彻习近平主席关于实战化军事训练要求，严格按纲施训、依法治训，从难从严摔打练就部队过硬本领。深化转化集团军分队战术组训法集训成果，抓好新规定新要求新标准的贯彻落实。建强三支省级应急力量，每月开展检验性演练。组织两期组训法集训，规范分队战术训练和军官编组作业的组训程序和方法路子。遵循先基础后专业、先要素后融合的施训规律，运用“考比拉”手段，以基本体能、基本技能为主，组织群众性比武竞赛，开展创破纪录活动，持续掀起练兵热潮。严密组织“三实”训练，95%以上的官兵达标。坚持在遂行大项任务、野外驻训中锤炼提升战斗力，6月初，部队赴丽江石鼓地区驻训，圆满完成专业技术、专业战术和部队演习等训练任务，参加集团军“云岭使命—2015·A”实兵演习，保障40旅、炮兵旅258台装备顺利渡江，实现三代重舟在大流速江河架桥通载的首次突破。1月、12月各组织一次徒步行军不少于300千米的冬季野营拉练，锻炼提高部队走、打、吃、住、藏、管、保能力；参加集团军“云岭运筹-2015”三级指挥所演习，提升首长机关谋划决策水平。上半年，接受原军区司令员带队对17个训练课目的集中考核，考风考纪正，成绩总体好。

【基层建设】 坚持以强军目标为统领，围绕“四个坚持扭住”细化贯彻落实措施。组织《纲要》培训暨基层干部理论轮训，理清按纲建连思路，搞清按纲建连内容，认清按纲建连标准。严格落实常委挂钩帮带、机关对口指导工作机制，组织3批30人次下连当兵和蹲连住班，深入开展“帮建支部、帮带干部、帮抓骨干”活动，总结的“四评”活动做法被原总政《组工情况》刊用。制定团《发展党员工作规范》，进一步明确发展党员的程

序和要求，全年发展党员92名。修改完善团《“双争”评比实施细则》，突出“一诺三评”开展创先争优活动，共表彰5个先进基层单位、4个先进党支部、452名优秀基层官兵、26名优秀党员和16名优秀党务工作者。完成党委机关为基层承诺的10件实事，推动大街家属院入住，建好用好管好军营互联网网吧，帮助官兵解决家属就业、子女入学入托和婚恋等问题，凝聚了军心士气。

【作风建设】 扎实开展党委机关“三严三实”专题教育整顿，在征集基层意见、机关组织生活会人人过关的基础上，5月初召开党委常委专题民主生活会，7名常委围绕“四个方面情况”，查找出4类32个问题，立言立行抓整改，全程接受官兵监督。结合“八个专项清理整治”，对梳理出的具体问题，逐一拉单列项，深入研究整改，修订完善团《关于加强基层风气建设的措施》，彻底肃清郭伯雄、徐才厚瘤毒影响。《关于进一步规范基层工作指导和管理秩序若干规定》出台后，党委机关排查清理45项规章制度，详细列出“废改并立”清单，其中合并措施规定17项、废止7项、修订19项、制定2项，基层排查摒弃“土政策”“土规定”17条，部队按大纲训、按纲要建、按条令管、按制度办的意识更加牢固。积极畅通民主渠道，落实党政事务公开，健全“一论坛”“一栏”“三箱”，充分保障官兵的知情权、参与权、建议权和监督权。持续开展纠治“庸懒散软”教育整顿活动，充分发挥纪委监督执纪职能，建立《纪检监督巡查小组工作日志》，常态化开展明察暗访。先后对4名不假外出、顶风违纪、管理不当的战士公开处理；对3名履职不好的干部进行问责。

【安全稳定工作】 区分机关、基层两个层次，以军区《100问》和集团军《界限读本》为基本教材，以法律常识学习、法条界限背记、法纪警示教育为重点，采取领读串讲、讨论辨析、以案释法、知识竞赛等多种形式，扎实开展“每月一课”警示性法治教育，扎实抓好网络社交平台失泄密隐患清查、“四反”工作专题教育整治、涉军网络有害信息清理专项行动，组织涉邪教人员摸排、枪爆物品清查、涉外证件清理，引导官兵掌握法律法规常识，认清违法犯罪后果，强化遵纪守法意识。每季度排查上报“个别人”情况，并指导基层采取谈心交心、三包一交等方式做好“个别人员”教育转化和管理控制工作，有效确保了“个别人员”不出问题。配合集团军保卫处开展以学习贯彻《反间谍法》为主题的“四反”巡回警示性法治教育。组织官兵及其亲属涉毒问题排查，开展禁毒法规宣传教育，增强官兵禁毒意识，确保部队政治安全。

【双拥共建】 2015年，部队贯彻落实改进作风要求，本着简朴热烈、务实高效的原则，广泛开展双拥共建活动。“春节”前夕，组织召开军地联谊座谈会，共叙军民鱼水情谊。参加军地联席会议，协调地方政府为部队解决官兵转业安置、军事训练场地建设、子女入学入托、随军家属就业等方面的实际困难。主动参与平安创建、和谐创建活动，驻训部队及时与驻训地乡镇派出所签订《军警协作协议》，开展军警联防联治。召开“三八”、“八一”军属座谈会，组织双拥文化交流，开展“八一”建军节双拥活动和“双拥在基层”书画摄影作品展活动，使广大官兵在潜移默化中增进了军民友谊。发动官兵积极参与新一轮双拥模范城（县）创建活动，进一步巩固和发展“心连心、同呼吸、共命运”的新型军政军民关系。部队赵继华、廖龙飞两个家庭被评为“情系国防好家庭”，田园家属被评为“好军嫂”，书画摄影作品展活动中有10名官兵获奖。

【解难帮困】 2015年，部队立足驻地实际和自身资源优势，就地就近，力所能及，做好扶贫帮困、助学兴教、医疗扶持和献爱心送温暖等工作。积极主动与驻地政府、村寨联系，力所能及地帮助驻地群众办好事实事，走访慰问驻地困难群众，清理整治驻训地周边村寨环境卫生，进一步加深和巩固了军政军民关系。“春节”前，由部队领导带队，到驻地雄关乡、小营村、红坡村，走访特困群众、孤寡老人和军烈属。组织部队领导参加“1+1”助学活动，向驻训地八一爱民学校赠送图书、学习用品，积极帮助解决贫困儿童就学问题。组织47名官兵为驻地企事业单位、普通高等学校和高级中、小学职工、师生军训。广泛开展“3.5学雷锋”便民活动，3月5日，组织了47人的“学雷锋”便民服务分队，区分两个小组到江川县城和敬老院组织开展义诊、理发、自行车修理、电器维修以及清扫街道等便民服务活动，共义诊146人，理发56人，修理自行车和电器20余次，清扫街道路面12000余平方米。

【美化环境】 开展“生态工程”活动，坚持“驻守一方、绿化一方、造福一方”。积极参加抚仙湖、星云湖等重点湖泊河道生态治理，搞好高原湖泊的水体保护，发动官兵参与植树造林、水上巡逻、打捞水葫芦等活动，在绿化、美化、净化环境中展示全团官兵崭新的精神风貌。12月14日至23日，团出动1000人，漕渡门桥40个、130型汽艇40部，机械车辆1000余台次，历时10天，协助江川县打捞星云湖水葫芦，共清理水葫芦面积约1200亩。大力倡导“厉行节约、节能减排”，广泛开展“国防林、双拥林”植树造林活动和生态营区创建活动，最大限度降低或避免军事活动对生态环境的影响，带动营区周边生态文明建设，以实际行动支持美丽玉溪建设。

（李新玉）

法　制

编辑　余立言

政　法

【概　述】 2015年，全县政法各部门在县委、县政府和上级政法部门的领导下，深入贯彻落实中央、省、市政法工作会议精神，认真执行县委《关于进一步加强政法工作的决定》，认真贯彻执行党的十八大，十八届三中、四中、五中全会精神，突出反恐、法治江川平安建设主线，深化重点工作，切实开展政法干警核心价值教育实践活动，进一步加强和改进政法工作，为推进新型工业化、城镇化和农业现代化，开创全县经济社会科学发展的新局面创造了更加和谐稳定的社会环境。

【全力参与全县经济社会发展】 县委政法委积极组织政法各部门，坚持把政法工作放在全县解放思想、改革创新的大局中谋划，全力助推改革、促进发展、推动跨越。政法部门投入大量人、财、物，承担起仙湖锦绣项目、清水沟磷矿搬迁、星云铭城房地产开发、工业园区建设、小马沟旧村改造等重大项目重点工程的信访维稳工作，成立专项信访工作组，把信访接待室搬到项目现场，贴近群众，开展信访维稳工作，就地解决信访问题。成为全市首个进项目、进村庄、进群众接访的信访接待室，为全县的社会经济发展发挥积极的保驾护航作用。

【推进平安法治江川建设】 2015年1月4日，全县综治维稳工作会议召开，县委常委、政法委书记陈琎寿及3名副书记、县信访局领导分别对春节及两会期间的综治维稳信访工作进行安排部署；3月4日，江川县2015年平安建设工作会议召开，县委常委、政法委书记陈琎寿，县社管综治办相关领导分别对迎接县级先进平安县创建、基层平安建设和19项行业平安建设、大调解、专业调解和县社管综治委专项组等工作进行安排部署；3月6日，县委政法工作会议和全县信访工作会议，县委书记马文龙，县委常委、政法委书记陈琎寿副县长牛脏林分别对2015年综治维稳、平安创建和信访工作进行安排部署，并层层签订工作目标责任书；4月15日，江川县2015年反恐怖工作会议召开，要求各级各部门全力做好反恐怖工作，切实维护社会稳定；5月29日，江川县“六·五”普法验收工作会议召开，要求相关部门认真查缺补漏，总结成经验成绩，确保全县“六·五”普法工作顺利通过市级检查验收。继续坚持重大矛盾纠纷党政领导包案化解机制，将工作纳入“七位一体”领导包案，推动解决了一批历史遗留问题。人均3元的综治工作经费年初纳入县级财政预算，并保障到位，确保了有钱办事。将社管综治工作纳入县委、县政府绩效考核范围，构建齐抓共管的大综治格局。

2015年县委政法委、县社管综治委起草并以县委、县政府的文件下发了《中共江川县委关于贯彻落实〈中共中央关于全面推进依法治国若干重大问题的决定〉的实施方案》《江川县深化司法体制改革和创新社会治理体制的实施意见》《关于深化平安江川建设实施方案》《关于调整充实县委依法治县领导小组、办公室和专项组组成人员的通知》《关于印发江川县2015年综治（平安建设）工作要点的通知》《中共江川县委政法工作会议任务分解方案》等文件，提出以争创全省先进平安县为工作目标，坚持系统治理、依法治理、综合治理、源头治理，全面深化平安江川建设，努力实现“居所更加安宁、生活更加安康、环境更加安全、群众更加安心、社会更加安宁”，结合江川县工作实际，提出36条具体实施办法。在工作推进中，进一步完善党委统一领导、政法委组织推动、部门协作配合、社会广泛参与的平安法治江川建设体制。以机制创新为动力，积极推进平安建设网络化、信息化、社会化，完善社会治安综合治理机制，广泛组织动员人民群众投身平安建设，着力提高人民群众安全感和满意度。

【矛盾纠纷排查化解】 全县各级各部门严格执行《江川县重大事项社会稳定风险评估办法》《江川县关于建立维护社会稳定预警工作机制的规定》和矛盾纠纷排查调处协调会议纪要月报制度，从源头上抓排查，从根本上抓预防，从基础上抓化解，努力预防和减少社会矛盾纠纷和重大群体性事件的发生。在落实矛盾纠纷排查调处协调会议纪要月报制度中，各级各部门按照县级每月、乡镇（街道）每半月、村（居）每周开展一次“拉网式”排查的要求，坚持“排查走在调处前，调处走在激化前”原则，认真做好矛盾纠纷预防和排查工作，立足及早发现、及时化解，最大限度地把问题解决在基层，努力实现“小事不出村，大事不出乡镇；矛盾不上交，不给上级添麻烦”的工作目标。2015年来全县共排查和受理矛盾纠纷3038件，调解成功2881件，调解成功率达95%。在信访维稳工作中始终坚持来访必接、有信必办，认真落实“书记、县长接待日”接访和约访、下访工作制度，做到件件有落实，事事有回音。2015年来共受理群众来信57件，网上来信71件，受理来访195件682人次，其中集体访29件441人，全年未出现因工作不到位、推诿塞责、处置不当而影响社会稳定的情况发生。

【重大事项社会稳定风险评估】 积极推行重大事项社会稳定风险评估工作，进一步完善重大事项社会稳定风险评估机制和预警机制。下发《关于进一步加强社会稳定风险评估工作的意见》认真贯彻落实。开展2项重大事项社会稳定风险评估工作，重大事项社会稳定风险评估工作取得实质性推动。制定《江川县群体性事件预防和处置办法》《江川县委处理信访突出问题及群体性事件联席会议组成人员和工作机构的通知》等文件，各单位、部门根据实际，制定相应的应急处置预案，推动全县应急处置机制的建立健全。加大督查调研工作力度。围绕江川县影响社会稳定的重点、难点问题，充分发挥督查调研工作在认识和破解难题、引领和促进工作上的积极作用，2015年6次组成督查组，开展督查调研，及时发现工作中的困难、问题，有针对性的提出意见建议，为党委、政府决策提供参考，推动问题解决。

【反邪教工作】 县防范办组织实施教育转化“三年决战”，精准打击防控，推进教育转化，加强宣传教育，强化基层基础，拓展涉外斗争，构建防范和处理邪教工作的新常态。以“预防为先、进攻为主、敌动能控、打则能胜”为要求，围绕全县经济社会发展目标的实现和各项工作任务的完成，突出反邪教工作在“先进平安县”创建中的重要作用，完善机制，夯实基础，提升能力，努力开创全县防范和处理邪教工作新局面；认真抓好反邪教警示教育宣传工作。通过多种形式的宣传、展板、挂图、开展法制教育培训、观看警示教育片等活动，加强警示教育宣传工作；加强情报信息研判，做好防控工作；扎实抓好信教人员的转化教育工作，集中力量、集中时间完成了市里交给的转化任务；继续扎实抓好“无邪教”创建巩固工作。

【社管综治基层基础工作】 县社管综治委相关成员单位密切协作，齐心协力推进平安江川建设。县社管综治委结合实际制定并印发《江川县2015年综治（平安建设）工作要点》，统筹推进全县基层和行业平安创建活动；认真指导规范县社管综治委各个专项组的工作，确保专项组机构健全，人员到位，工作有效。通过全县各级各部门的共同努力，江川县于3月28日顺利通过2014年度省级

先进平安县的检查考核工作，并获得“先进平安县”称号。

【深入推进第三轮“禁毒防艾人民战争”】 在节假日、赶集天加强禁毒宣传，重拳打击毒品违法犯罪，加大吸毒人员查处及收戒工作。整合打击力量，形成打击合力。采取打“整体战、联合战”的工作方法，整合全局警力，形成以禁毒、刑侦、派出所等警种为主力，法制、治安、监管部门为补充的全警参与禁毒的工作机制，对县城及周边地区的重点涉毒区域和场所，持续开展打击行动，形成强有力的震慑态势。派出所民警深入社区、村委会进行全面摸排，对在册吸毒可疑人员逐一进行核查，逐一尿检，收集涉毒线索，并结合走访活动，对社会面上的隐性和新滋生吸毒人员进行全面核查，从中发现涉毒线索，实施精准打击。强化清查力度，压缩吸贩空间。对辖区旅馆业、娱乐场所、洗浴场所、商务会所、出租房等重点部位进行全面清查，从中发现零星贩毒线索、发现吸毒人员。认真落实禁吸戒毒措施，本着“应收尽收”原则，将吸毒人员全员收戒，实现社会面上基本无失控吸毒人员的工作目标，萎缩毒品消费市场，净化社会风气。

【治安防控体系建设】 强化防控体系，改善治安状况。县公安局按照“空中有监控、地面有巡逻、出入有卡点、社区有联防、网络有导控”的思路，打造立体治安防控体系。充分发挥投资1600万余元建成的平安江川二期城市监控系统的作用，不断提高全天候实时不间断监控和处置问题的能力。牢固树立“警力有限，民力无穷”的理念，积极争取各级党委政府的支持，广泛发动单位、基层组织、人民群众积极参与治安防控，构建“县、镇、村”三级联防体系，促进治安防控工作社会化，有效遏制刑事案件发案势头。共组建各种巡逻组织75支，巡逻队员1161人，巡逻抓获现行142人（其中逮捕14人、治安拘留46人），破案130余起；排查化解矛盾纠纷470余起，预防群体性事件27起。抽调35名年轻民警成立反恐处突应急处置常备军。在主城区的青铜器博物馆、小花园组建处突单元2个（PTU），划定“135”巡防控制圈，建立公安、武警、辅警联合的武装巡逻机制，屯警街面、动中备勤、快速反应，全面提升应急处置能力。

【特殊人群专项组工作】 切实加强对矫正对象的日常监督管理工作，共接收社区矫正人员857人，累计解除615人，在册242人，投资90余万元完成江川县社区矫正及刑释人员劳动教育建设及社区矫正综合矫治场所和社区矫正、刑释人员帮教示范基地建设，年内对6名严重违反矫正规定和吸毒人员进行收监执行，对2名违规人员给予警告处分。切实做好刑释解教人员的安置帮教工作，对五年内接收在册的刑释解教人员1083人和2015年接收的239人，在规定时限内均进行有效帮教。切实加强艾滋病病毒感染者、艾滋病病人管理，至2014年底累计报告艾滋病病毒感染者、艾滋病病人365例。切实加强严重精神障碍患者肇事肇祸救助救治工作，制定下发《江川县社管综治委特殊人群专项组关于加强有肇事肇祸倾向精神病人防控工作的通知》，3次聘请玉溪市二院精神内科专家进行排查复核诊断、评估及药物治疗指导，共复核诊断严重精神障碍患者970例。

【预防青少年违法犯罪专项组和校园及周边社会治安工作】 积极向全县广大青少年开展自身安全、禁毒防艾、心理健康等各项宣传活动。县青少年司法项目办认真协调相关部门做好相关工作；县司法局切实加强违法青少年和不良行为青少年帮教工作，2015年来共帮教82次82人；团县委在全县组建7支普法宣传青年志愿者，登记在册团员青年348人。组建7支普法员队伍，登记在册少先队员260名。组建江川县青年志愿者协会、江川县青年企业家协会2个社会组织，两家组织围绕团县委重点工作、志愿服务、青年需求等开展活动，得到社会青年认可。

【流动人口基本公共服务“均等化”】 及时健全领导机构，配齐人员，按照500：1的要求，在原来使用7名流动人口协管人员的基础上增加到22人，落实工作经费28万元。强化基层基础工作，开展流动人口清理清查，做到情况明，底数清。推进“十项真情服务”，实现流动人口信息化管理；实施“五免费”和“两项活动”服务；就近就便安排流动人口子女入学入园（托），享受与户籍学生同等的“三免一补”政策；开展流动人口疾病监测、健康教育、预防接种、儿童及孕产妇保健、慢性病及重性精神疾病管理、职业病防治，减少主要健康危险因素等。以人口计生、城建、劳动保障三部门审验，派出所办理《居住证》，综治维稳信访中心组织协调，对流动人口进行信息采集录入、分类建档、提供各种需求及服务等工作；积极推行“以房管人”实有人口登记管理制度；对出租屋实行“两统一”，弥补管理失控，建立出租房屋“一户一档”的信息平台；对流动人口进行“两分类”管理，全面采集流动人口信息，建立管理人员“联工计酬”制度，调动工作积极性。整活力量，资源共享，对流动人口实行“一站式”服务、一证式管理。

【依法治县工作】 加强组织领导，完善组织体系。县委早部署早安排，在八县一区率先于年初制定下发《中共江川县委关于贯彻落实〈中共中央关于全面推进依法治国若干重大问题的决定〉的实施方案》，指导乡镇成立领导机构，调配人员组成依法治县办公室，完善6各专项组并有效开展工作。横向到边，纵向到底的领导体制基本建立起来，为全面推进依法治县工作提供有力的组织保障。加强制度建设，完善工作机制。认真组织好县委依法治县领导小组全体会议和工作座谈会，研定工作要点和工作规程。加大培训力度，提升人员素质。先后举办依法治县专题研讨班、依法治县基层基础建设培训班和对网格员开展业务及法治专题培训班。指导各单位制定实施细则，于10月编印《江川县依法治县材料汇编》。不断壮大法治宣传阵营，繁荣法治文化。2015年，我县已建成廉政文化法治广场1个（检察院）、法治宣传广场3个（前卫镇、路居镇、九溪镇六十亩村委会）、法治文化园1个（怡心园广场），在县城人员聚集场所，安装3块LED显示屏。7个乡镇（街道）依托司法所建立法律辅导站，72个村（社）均建立法律服务指示牌、农家书屋均设有“法律图书专柜”、均有法律宣传栏。

【创新“和谐”文化】 江川县综治维稳委充分认识和谐文化宣传的重大意义，精心组织挖掘，以“德为本、和为贵、礼为先、孝为大、义为重、仁为爱、法为据、节为制”等的理念，博古引今，提炼出历史和谐文化。同时，充分发掘县域人文文化，汲取当地乡土人文精华，用金汉鼎的育人之德、唐淮源的忠孝义勇、曲焕章的仁医仁术、鲁梓材的忠肝义胆提升出江川和谐文化，使历史文化与江川文化深度融合，把独具特色的经典案例、民间调解谚语、和谐温馨提示语、法制文艺戏剧、普法宣传民谣等地方文化收集整理，并进行包装，打造和提升了江川和谐文化。

【网格管理推进信息平台建设】 为认真贯彻落实市委、市政府关于在全市推行网格化社会管理服务的决策部署，江川县结合实际成立网格化社会管理服务工作领导小组，制定《关于实行网格化社会管理服务的实施意见》。于2013年开始实施风格社会服务管理工作，县财政每年投入工作经费50万元，至2015年底共建设1个县级中心、7个乡镇（街道）平台和10个村（社区）基层平台，在20个社区划分162个网格，在53个行政村划分299个网格，其它网格5个，覆盖率均为100%，共配备兼职网格员226名。

【6995语音公众平台建设】 为贯彻落实市社管综治办关于加强“6995”语音公众服务平台建设工作的要求，江川县在继续抓好风格化社会服务管理工作的基础上，积极采取措施推进“6995”语音公众服务平台建设工作。印发《江川县6995语音公众服务平台工作推进方案》、《关于江川县进一步推进6995语音公众信息平台建设工作的通知》等文件，要求各乡镇（街道）和相关部门切实推进平台建设工作；组织各乡镇（街道）基层网格员开展了相关业务培训；积极与联通、电信等网络运营商加强协调，不断提升服务质量，促进工作发展；在市社管综治办的帮助支持下，投资7万余元为各派出所采购平台建设设施。全县共完成联通、电信用户“6995”组网286组2885户，移动用户组网8833组88330户。

【政法宣传】 加强综治宣传，提高群众意识。全县各成员单位高度重视平安法治江川的宣传工作。认真开展综治维稳宣传月、秋季法制宣传活动。组织综治办、维稳办、610办、县法院、县检察院、县公安局、县司法局等部门大力开展法制宣传，共计发放法制宣传资料、反邪教宣传挂图50000余份；投资2万余元在县城主要公共场所悬挂综治维稳、

禁毒、反邪教和安全防范等知识的宣传横幅200余条；投资1.5万元与出租车公司签订一年期合同，在每辆出租车上滚动播放法制宣传内容；投资5万余元对以前设置在县内各主要道路旁的平安法治宣传牌进行安全隐患排查整改，并对全部宣传内容进行更换；各乡镇（街道）结合各自实际，分别组织开展形式多样的综治维稳宣传月、秋季法制宣传活动。认真抓好经常性法制宣传教育活动。制定《江川县关于深入学习贯彻落实党的十八届四中全会精神深入开展法治宣传教育的实施意见》下发全县执行；组织全县122个单位、5772人参加“六五”普法考试，经抽查合格率达100%；通过开展“法律六进”活动不断强化公众法制教育，共开展法制宣讲56次听众7790人，广播宣传1426次听众5168500人次，学校上课12次受教育师生4180人，培训骨干30期1022人，专业法宣传62天371人，开展法律咨询864次1319人，观看法制影视节目6部7场，展出图片40期1248幅，黑板宣传78块774期，印发材料77期22220份，张贴悬挂普法标语大标2504条，小标6665条。认真组织开展“三八”维权周法治宣传活动。县妇联、县公安局、610办、县司法局、县民政局、县工会、县人社局等部门整合资源，以“巾帼维权·送法到‘家’”为主题，大力宣传与妇女生产生活密切相关的《宪法》《妇女权益保障法》《禁毒法》《法律援助条例》、殡葬改革、劳动权益保障等法律法规知识，共发放有关妇女权益保障的宣传资料8150份，展出禁毒防艾宣传板12块，发放环保袋300只，接受法律咨询14人次，县司法局出动宣传车一辆，在县城主要街道反复播放《妇女权益保障法》及殡葬改革法律法规的录音。认真组织开展禁毒宣传活动。县禁毒委印发《江川县开展禁毒宣传“流动课堂”活动实施方案》，县司法局制定《关于开展2015年禁毒宣传“流动课堂”活动的通知》，结合“法律十进”专项活动，开展禁毒知识进机关、进乡村、进社区、进学校、进企业、进单位、进家庭、进景区、进民族聚居区域、进宗教活动场所等系列活动。期间共开展法制宣讲7次1028人，黑板宣传75块93期，广播宣传107次听众104300人，印发材料11期7100份，发放宣传环保袋300只、扇子300把，展出图片8期170幅，张贴标语961条，培训骨干6期383人，播放宣传片5部7场，开展咨询65次268人。

（王汐羽）

司法行政

【机构编制】 2015年全局编制数为38名（行政编制30名，事业编制8名），实有人数32名，其中行政人员29名（2015年10月因工作变动调出1人，2015年11月新招录1名公务人员），参公管理人员3名。

【概　述】 2015年，县司法局全面贯彻落实中央、省、市、县政法工作和省、市司法行政工作会议精神，按照“把握一条主线、坚持两手抓、推进三大建设、深化四项改革、提升五个能力”和“促进社会公平正义、增进人民福祉”的总要求，抢机遇、抓基础、促发展、创特色、求实效，全力推进司法行政各项工作全面开展，为“平安江川”、“法治江川”建设作出新的贡献。

【依法治县工作】 根据玉溪依法治市办的要求，对照2014年依法治市责任书的要求，逐一整理工作台账、资料和图片，报依法治市办，参加全市的集中检查考评。做好2014年依法治省延伸至江川县检查的准备工作。根据依法治市办要求，对照2014年依法治省工作检查项目，整理涉及普法工作台帐资料，做好迎接省对依法治市工作检查延伸到县的准备工作。根据中共玉溪市委宣传部、依法治市办、市司法局《关于深入学习贯彻落实党的十八届四中会会精神　深入开展法治宣传教育的实施意见》的通知精神，县委宣传部、依法治县办、县司法局联合印发《关于深入学习贯彻落实党的十八届四中会会精神　深入开展法治宣传教育的实施意见》的通知下发到各单位执行。根据省、市依法治县领导小组办公室的要求，重新调整江川县依法治县领导小组，由县委书记任组长，领导小组办公室设在县委政法委，由县委政法委书记任办公室主任，依法治县工作于2015年5月26日移交县委政法委负责。

【殡葬改革法制宣传】 为配合江川县殡葬改革工作的全面开展，县司法局采取进村入户、进人员聚集地、进民族聚居区域等方式，广泛开展殡葬改革法制宣传。期间共张贴《江川县人民政府关于依法推进殡葬改革公告》700张，发放《江川县殡葬改革告知书》11万份，殡葬改革宣传资料300份，知识问答11万份，画册6600份，挂历29000份。同时制作《殡葬管理条例》和《玉溪市殡葬管理办法》等录音，发至各司法所，组织各村（社区）利用广播进行反复宣传。

【护林防火法制宣传】 进入森林高火险期，县司法局与县林业局自3月开始，多形式、全方位开展《森林防火条例》宣传。期间，共出动宣传车8天16次，人员76人次，接受咨询150人次。

【“三八”妇女维权周宣传】 3月5日，县司法局与县属相关部门以“巾帼维权·送法到‘家’”为主题，开展《妇女权益保障法》《婚姻法》《禁毒法》等相关法律法规的宣传教育，活动中共发放宣传资料8150份，展出禁毒防艾宣传板12块，发放环保袋300只，接受法律咨询14人次。

【禁毒宣传教育】 为进一步提高全民抵御毒品的能力和意识，营造全社会关心、支持、参与禁毒工作的浓厚氛围，2015年，县司法局紧紧围绕突出主题思想、突出重点对象、突出重点内容、突出重点区域、突出专项整治，切实开展禁毒知识进机关、进乡村、进社区、进学校、进企业、进单位、进家庭、进景区、进民族聚居区域、进宗教活动场所等系列活动。期间共开展法制宣讲7次1028人，黑板宣传75块93期，广播宣传107次104300人，印发材料11期7100份，发放环保袋300只、扇子300把，展出图片8期170幅，张贴标语961条，培训骨干6期383人，播放宣传片5部7场，开展法律咨询268人次。

【抚仙湖禁渔期法治宣传】 在抚仙湖禁渔期到来之际，县司法局组织人员深入到抚仙湖沿岸村组，紧紧围绕《云南省抚仙湖保护条例》和《江川县关于2015年抚仙湖封湖禁渔的公告》，切实开展法制宣传教育。期间共发宣传资料1560份，解答相关法律和政策咨询123人次。

【烤烟育苗种植法治宣传】 县司法局以加强烟草种子管理、确保烟苗品种纯度为重点，以营造稳定有序的收购环境为目标，切实开展《烟草专卖法》《烟草种子管理办法》《合同法》《水法》《治安处罚法》《刑法》等法律法规宣传。同时认真抓好涉烟纠纷的排查调处工作，要求调解人员深入基层，深入第一线，及时排查调处各类涉烟矛盾纠纷。期间，共出动宣传车44天423人次，开展广播宣传912次，黑板宣传534期，调解烟农纠纷42件92人，防止群体性事件1件20人，解答法律咨询586人次，编印和发放材料3期17800份。

【组织“六五”普法统一考试】 4月24日，县司法局组织全县89个单位、7个乡镇（街道）、26所中小学5772名干部职工参加由全市组织的“六五”普法统一考试，考试采用统一命题、统一时间、统一地点、单位自行评分的方式进行。本次考试全县的参考率为100%，合格为100%。

【“六五”普法规划检查验收】 6月15～17日，江川县组成5个考评小组，采取集中查阅资料台账、座谈等方式，分别对全县7个乡镇（街道）和50余个部委办局、企事业单位、学校等落实“六五”普法规划工作进行检查验收。并于6月30日完成市考核组对江川县落实“六五”普法规划的检查验收。9月6日，江川县作为省对玉溪市落实“六五”普法规划检查验收延伸至县的一个点，完成省检查组对江川县检查考核。

【法治文化建设】 县司法局投资8万余元，在县城人员较为集中的怡心园广场开展法治文化园建设，制作30余块法制宣传展板，内容包括法律典故、以案释法、相关的法律、法规和条例等。并在全县7个乡镇（街道）设立一块法制宣传栏，作为基层法制宣传的主阵地；在抚仙湖景区设置法制宣传栏，开展送法进景区活动；在九溪镇六十亩村委会进行农村法治文化小广场建设。

【“12·4”国家宪法日宣传】 12月4日，县委宣传部、县司法局组织县法院、检察院、农业局、金融系统、电力公司等31家单位80人，在县城财富广场开展以“弘扬宪法精神，推动创新、协调、绿色、开放、共享发展”为主题的法制宣传咨询活动。共发放各类宣传资料16250份，宣传画册80余种，接受群众咨询59人次，展出展板45快。

【经常性法制宣传教育】 全县共开展法制宣讲56次7790人，学

校上课12次，培训骨干30期1022人次，专业法宣传62天371人次，帮教青少年82人次，开展法律咨询864次1319人，展出图片40期1248幅，印发材料77期22220份，张贴悬挂普法标语9169条。

【“大调解”工作】 一是完善人民调解员“一员多用”机制，江川县的72名村级调解员，全部为村（社区）的网格员，50名基层调解员被县法院聘为人民陪审员。二是通过与县法院、检察院、公安局建立的“诉调对接”、“检调对接”、“公调对接”工作机制，联合化解矛盾纠纷32件（其中与县法院联合化解诉调对接案件3件，与派出所联合化解公调对接重大矛盾纠纷29件）。

【民间纠纷调解】 全县共组织矛盾纠纷排查42次，各级调解组织化解各类矛盾纠纷1428件，调解成功1420件。防止民转刑10件30人，防止群体性上访8件68人，预防矛盾纠纷发生38件，矛盾纠纷涉及当事人3236人，涉及金额154.08万元。

【以案定补工作】 2015，全县以案定补案件1784案件（其中简易纠纷1075件、一般纠纷609件、重大纠纷100件），兑现金额133150元。

【安置帮教工作】 一是落实预放人员的信息核实、必接必送制度，做到刑释人员不脱管。县司法局通过刑释人员信息管理平台，核实预放人员相关信息，及时、准确、规范地做好即将刑满释放人员基本信息的录入上传工作，确保预防人员出监后不脱节，信息真实，衔接到位。2015年通过信息平台共核实预放人113人，与及其亲属一起到监所接领113人，对刑释解教人员做到无缝连接，及时帮教，无脱管、漏管发生。二是及时制定帮教方案，落实帮教责任人和帮教措施，一周内认真开展帮教工作。并将安置帮教工作延伸到村（社区），各司法所将刑释人员帮教任务安排落实到各调委会主任，由调委会主任进一步做好日常帮教监控工作。2015年，县司法局局对2015年接收的刑释解教人员人301人（其中解除矫正帮教对象142人，刑满释放人员159人）和五年内共在册的刑释人员1087人均进行帮教，帮教率达99%。

【社区矫正工作】 2015年止，全县累计接收社区矫正人员855人，累计解除577人，在册矫正258人。在加强对矫正对象的日常监督管理工作的基础上，一是与县公安局、法院、检察院建立健全社区矫正工作联动机制，加强法、检、公、司在社区矫正执法过程中的衔接配合，对2名外出到省外和1名省内的脱管人员实施抓捕，对6名严重违反矫正规定和吸毒人员进行收监执行，对2名违规人员给予警告处分，充分体现社区矫正工作的严肃性。二是做好拟假释、缓刑人员和暂予监外执行人员的调查评估工作。县司法局对拟宣告缓刑、裁定假释和继续暂予监外执行的社区服刑人员进行调查评估，为监狱、看守所、法院作出刑事决定、裁定、判决提供客观意见。全年共开展开展调查评估79人，其中拟假释70人、缓刑评估7人，暂予监外执行2人，被采纳64人。三是联合县法院、检察院、公安局、疾控中心以及玉溪监狱、云南省第三强戒所等部门，在示范基地利用一周的时间，开展了《司法审判及案例》《毒品知识》《艾滋病预防知识》《刑法》《治安处罚法》《社区矫正相关政策及规定》等8个专题的集中教育培训，共培训社区矫正人员248人。县司法局为让社区矫正人员感受“零距离”执法活动，经与相关部门协商，将一名因违反社区矫正规定，被收监执行的社区矫正人员押至示范基地，在集中教育培训会场办理收监执行手续，由县法院工作人员进行现场宣告，通过开展警示教育，最大限度地避免和减少社区矫正人员重新违法犯罪。

【基层法律服务】 2015年，全县4个法律服务所共办理诉讼代理42件，非诉讼事务13件，调解纠纷89件，为社会弱势群体提供法律援助78件。

【公证工作】 2015年，江川县公证处共办理各类民事经济公证280件，其中民事公证244件，经济公证36件，涉案标的达2460万元，解答群众公证法律咨询146次450人，为驻江川部队官兵、在江川务工人员、暂住人口提供公证法律服务6件。

【律师工作】 2015年，江川县川和律师事务所共办理各类法律事务117件，担任法律顾问28家，办理法律援助案件26件，涉及经济标的116万元，挽回经济损失97万元。

【法律援助】 2015年，江川县法律援助中心共办理各类法律援助案件263件，其中刑事案件131件，民事案件132件，受援人总数263人。

（廖江平）

公 安

【概 述】 2015年，县公安局党委按照“123456”的工作思路，强化“维稳反恐”核心工作，在公安机关执法公信力明显提升、人民安全感和满意度明显提升“两个明显提升”上出实招，在立体化防控体系建设上积极构建县、乡、村“三级防控圈”，不断深化公安改革，全力推进“四项建设”，强化“五个机制”建设和不断完善“六张网”建设，进一步加强和改进公安工作及队伍建设，奋力推进全县公安工作跨越发展，全力维护国家安全和社会稳定，为江川经济发展保驾护航。

【组织机构】 2015年，县公安局行政编制数245人，实有240人（男民警215人、女民警24人、男工勤人员1人），年内增加6人（新招录5人、调入5人、退休1人、调出3人）。机构编制数27个实有27个：指挥中心、政治工作办公室、警务保障室、纪检监察室、信访室、刑事侦查大队、治安管理大队、经济犯罪侦查大队、禁毒大队、国内安全保卫大队、出入境管理大队、网络安全保卫大队、警务督察大队、法制大队、交通警察大队、巡特警大队（2015年5月，由“巡逻警察大队”更名为巡特警大队，独立办公）、消防大队、看守所、拘留所、大街派出所、江城派出所、路居派出所、前卫派出所、九溪派出所、雄关派出所、安化派出所、孤山派出所（与江城派出所合署办公）。

【主要数据】 接处警 2015年，县公安局接处警11261起，处置10265起，出动警力30043人次。

刑事案件 2015年，县公安局立各类刑事案件1674起（其中刑侦类1617起、治安类15起、经济类28起、交通类14起），破676起，破案率40.4%；抓获各类犯罪嫌疑人271人，移送起诉322人（含上年末起诉人员），抓获逃犯31人；通过破案缴获摩托车26辆、电动自行车20辆，缴获赃款赃物折合人民币62.9万元。危害公共安全案件立29起破23起，其中，放火立2起破1起、非法制造买卖运输储存枪弹立4起破4起、交通肇事立14起破14起。侵犯财产案件立1527起破545起，破案率为35.7%。杀人案件立2起破2起。

经济案件 2015年，经侦部门受理各类经济案件31起，立案28起，破案21起。其中：合同诈骗立2起破1起、挪用资金立12起破10起、职务侵占立3起破2起、伪造假币立2起破2起、出售购买运输假币立6起破6起、非国家工作人员受贿立2起破0起、集资诈骗立1起破0起，挽回经济损失315.54万元。

毒品案件 2015年，禁毒大队、派出所破获毒品案件111起，其中零星贩毒案件70起，抓获嫌疑人101人，打掉贩毒团伙10个、零星贩毒网络4个、吸贩毒窝点2个，缴获毒品13.51千克（海洛因2.7千克、冰毒片剂10.81千克）、轿车4辆、摩托车1辆、手机39部、毒资3.52万元。3月19日，在毒情严重的大街、江城、路居、前卫四乡镇（街道）的派出所增设禁毒中队，增加禁毒民警31名。

行政案件 2015年，县公安局受理行政（治安）案件2837起（其中治安案件2727起），查处1819起，查处率64.2%；查处违法人员1033人，其中：拘留222人、罚款122人、警告30人、其他处理659人；罚没款7.52万元；收缴赌资5.55万元。

交通事故 2015年，全县发生交通事故1352起，死亡44人，受伤304人，损失95.1万元。

交通违法案件 2015年，交警部门受理交通违法案件16337起，查处16337起。

火灾事故 2015年，全县发生火灾事故37起，伤4人，烧毁房屋37间1.2万平方米，直接经济损失268.6万元。

拘押人员 2015年，县看守所关押各类犯罪嫌疑人388人，日均押量113人，其中关押死刑犯2人、重刑犯17人。拘留所收拘人员303人，日均在拘9人。

【户政工作】 2015年，治安大队做好实有人口动态更新维护，推进二代居民身份证登记指纹工作，办理二代居民身份证登记指纹15922证。办理迁入户口1080人，迁出1100人，办理居住证3955证。2015年底，全县在册出租房225户，流动人口4033人。

【收戒吸毒人员】 2015年，县禁毒委组织公安等成员单位及乡（镇、街道办）共清理排查重点年龄段人员13.32万余人，重点嫌疑人员检测2785人，清理排查在册吸毒人员1014人。查处吸毒人员242人，其中：强制隔离戒毒98人、社区戒毒93人、社区康复51人。

2015年，全县社区戒毒（社区康复）人员353人，其中社区戒毒241人、社区康复112人，安置戒毒康复人员就业300名，就业安置率85%。

【网络安全管理】 2015年，网安大队开展网上信息巡查、舆情引导、有害信息处置等重点工作。推进全县非经营性互联网上网服务场所落实安全保护技术措施，安装前端设备32套涵盖75家单位。收集、处置、上报各类有害信息3215条，查处网络赌博案事件4起、网吧违法经营案5起。

【信访接待】 2015年，公安局信访室接待群众来信来访76件次，其中，来访62件75人次、来信14件。初信初访36件次，重信重访40件次，分别占信访总量的47.37%和52.63%。来信14件，互联网转来4件，其他为省公安厅、市公安局、县信访局转送交办信件。来信来访中属于公安机关职权范围的，受理26件，办结26件，办结率100%，做到事事有回音、件件有答复。

【出入境管理】 2015年，出入境管理大队受理普通护照2844人次、护照加注107人次、遗失补发护照17人次；往来港澳通行证971人次、往来港澳签注2131人次；大陆居民往来台湾通行证474人次、加注483人次。管理常住江川的境外人员8名，其中越南籍2人、缅甸籍4人、老挝籍2人。开展清理整治“三非”境外人员工作，对全县中小旅社、娱乐场所、出租房、企事业单位、商铺、美容美发室、集贸市场、宗教等场所进行清理整治，查获“三非”人员2人次，办理非法居留案件1起。

【行业管理】 2015年，全县117家持证旅馆全部安装治安管理信息系统和二代证读卡器，上传旅馆住宿信息数据48万余条，查处旅馆违法违规经营43家次；全县18家持证收购业全部完成信息系统硬件的安装、调试和使用，录入上传信息655条；全县16家物流寄递行业落实实名登记、收寄验视制度，纳入特种行业备案管理。

【主要专项行动】 *“春雷行动”* 2015年1月1日至3月31日，县公安局根据公安部、省公安厅、市公安局部署，在“两节两会”期间，组织开展严厉打击“暴力恐怖”“黑拐枪”“盗抢骗”等突出刑事犯罪活动的“春雷行动”。行动中，立各类刑事案件385起，破案203起，同比立案数减少122起，下降23.6%，破案数增加16起，上升21.1%，破获现行命案3起、涉枪案件2起，缴获各类枪支3支。

“扫黄禁赌”专项行动 2015年，县公安局开展“扫黄禁赌”专项行动，治安大队、派出所采取公开清查和暗访检查等方式，有针对性的对辖区内的涉黄涉赌重点部位、重点行业、重点场所进行大清理大排查工作；治安大队建立值班组每周抽查3至5家宾馆旅店的循环查、反复查工作制度；办案部门积极查找线索，认真办理群众举报案件，严厉打击涉黄涉赌违法犯罪行为。行动中，出动警力1867人次，清查歌舞娱乐场所255间次、足疗店室167间次、美容美发店238间次、电子游戏室324家次、出租房屋685间次、桑拿洗浴场所47家次、茶室357家次、棋牌室215家次；查处涉赌案11起（其中立刑事案件1起、治安案件10起），查获涉案人员84人；查处容留他人卖淫案件1起、卖淫嫖娼案件2起，涉案人员5人。

“缉枪治爆”专项行动 2015年3月至12月，县公安局开展“缉枪治爆”专项行动，治安、派出所按照“打防结合、多管齐下，标本兼治、综合治理”原则，采取集中清查收缴、边界查控堵截、贩运渠道查缉、网上清理整治、重点地区整治、重点领域整治等“三查三治”措施开展工作。行动中，出动警力458人次、车辆286辆次；办理“涉枪涉爆”刑事案件3起、非法制造和运输危险物质案件3起、非法制造携带使用管制刀具案件1起；收缴炮弹1枚、气枪4支、射钉枪4支、仿真枪2支，各类子弹1559发、炸药38.2千克、雷管304枚、导火索1370米、管制刀具1418把；销毁“烟花亮珠”17.1吨、爆竹引线200箱（200万米）、礼花弹750件、黑火药600余千克、导火索1000余米、火雷管251枚等一批危爆物品，消除大批社会安全隐患。

"利剑行动" 2015年4月至12月，县公安局开展打击食品药品违法犯罪"利剑行动"。治安大队会同相关职能部门开展联合执法，坚持联席会议制度，协同作战。在重要节日节点，突出重点，对消费者投诉举报多、群众日常生活必需食品进行检查。加大对食品违法案件的查办力度，依法查处生产销售不符合食品安全标准、超过保质期、假冒伪劣食品以及虚假标注等违法行为。行动中，出动警力280余人次、车辆80余辆次，开展联合检查6次，检查食品加工企业91家次，农贸市场57次；破获销售假药案件8起，抓获涉案人员8人，捣毁销售假药窝点3个，扣押药品500余瓶，涉案金额3万余元。

【侦办伪造货币案】 2015年3月26日，经侦大队经缜密侦查，分别在昆明市呈贡县斗南镇小王家营村、官渡区六甲乡陈家村端掉伪造货币（人民币）窝点2个，侦破伪造货币案2起，抓获嫌疑人11名，缴获假币41.74万余元，收缴存储壹百元、伍十元、贰拾元、拾元币的电脑制版U盘和电脑制版手机；缴获电脑、喷墨打印机、切纸机等制假工具及一批原材料。两案被公安部立为督办案件。案件侦破后，县公安局分别受到公安部经济犯罪侦查局和省公安厅经济犯罪侦查总队贺电表扬。

【侦破伏家营中学命案】 2015年11月15日21：30时许，江川县伏家营中学发生一起命案，死1人伤2人。县局刑侦部门连夜开展工作，于16日抓获犯罪嫌疑人，成功破案。犯罪嫌疑人李某某（中学初中二年级学生），于11月4日晚向初中一年级学生沐某某借饭卡被拒，并辱骂沐俊涛，此后双方因此事分别邀约他人实施殴打。11月15日晚，双方再次发生殴打过程中，李某某用刀刺伤沐某某、王某某（伏家营中学初中学生）和廖某某（伏家营中学初中学生），沐某某在送至县医院抢救过程中因失血过多死亡。公安机关迅速侦破案件，同时配合教育部门做好善后处理、学校稳定工作，确保案件发生后，学校教学工作无中断，全县教学秩序平稳。

【禁毒宣传"六进"】 2015年，县禁毒委成员单位、各乡镇（街道）坚持日常宣传与重大节日宣传相结合，以集中教育、法律法规咨询、张贴标语横幅、图片巡回展、宣传车宣传、文艺演出、发放资料、志愿者行动、播放专题片和电子屏幕滚动等形式，开展禁毒宣传"六进"工作。全年开展禁毒宣传138场次、毒品知识讲座95场次、毒品预防知识培训班29个，张贴禁毒宣传标语3162条、《禁毒法》宣传72套432张，出黑板报327期，利用广播、电视、网络等媒介形式宣传2090余场条次，发放禁毒宣传资料55万余份、禁毒宣传手册10万余本，直接受教育群众达50万余人次。

【争创全国公安信访示范窗口单位】 2015年，县公安局按照公安部《深入开展公安信访"抓源头、打基础、强机制、促规范"活动方案》和《全国公安装备建设"十二五"规划重点项目建设任务书》要求，全力抓好公安信访"三项基础"工作，基本实现信访工作过程标准化、工作场所规范化、工作制度系统化、工作流程信息化。2015年，县公安局被省公安厅命名为"云南省公安信访示范窗口单位"，同时，被省公安厅推选参加"全国公安信访示范窗口单位"的评选。

【国际自行车赛安保】 2015年11月9日，2015年"七彩云南格兰芬多国际自行车节"玉溪站开始比赛，县公安局出动警力340余人次、警车60余辆，按照安保工作要求，精心组织，制定方案，明确责任，落实岗位。11月6日，召开专题会。比赛期间，局领导亲临现场指导赛事安保工作，参战民警履职到位，文明、规范执法，确保江川境内赛道及运动员安全，圆满完成安保工作任务。

【开渔节安保】 2015年，江川第十一届"开渔节"暨高原湖泊水产品交易会安保工作，县公安局出动警力1200余人次、车辆350余台次，确保"开渔节"期间无重大安全事故（案件）发生。此届"开渔节"，赛事（活动）点多、面广、时间长，治安情况复杂，安保任务重。节日前，县公安局组织人员对越野挑战赛、拿鱼赛、垂钓赛、羽毛球赛、经典歌曲赛、摄影赛，鲜鱼展、铜器展、剪纸展，美食宴、长街宴，群众文艺、音乐会，发布式、开幕式、开渔仪式等现场进行实地察勘、召开专门会议、制订安保方案、成立领导小组，设置8个工作组，采取定岗、定人、定时、定责，安保措施到位。节日中，

局领导亲临鱼文化广场、开渔仪式、水产品交易等现场及沿湖公路、主要交通要道等指挥安保工作；参战民警、武警、消防官兵、协勤人员认真履职，文明执勤执法，完成各项安保工作。

【领导调研】　2015年6月14日，副市长、市公安局长朱家伟在市政府副秘书长张少云，市公安局警令部主任娄勇强等陪同下，到江川县调研公安工作。查看新业务技术用房大楼、民警办公环境、警营文化建设情况。副县长、县公安局长牛旺林汇报江川公安工作，县委常委、县委办主任邓春元汇报江川县基本情况。朱家伟强调：要认真抓好“反恐维稳”和治安防控工作，要提高服务群众的能力和水平，要抓好党风廉政建设，要从严治警、从优待警。

2015年7月16日下午，公安部27局副局长熊德生到江川调研“反恐维稳和缉枪治爆”工作，省公安厅副厅长胡水旺，市委常委、政法委书记明正彬，副市长、市公安局长朱家伟，副县长、县公安局长牛旺林及相关部门领导陪同调研。熊德生等到江川县大庄烟花火炮厂现场查看安全设施建设、生产流程、原材料及成品储存、员工安全教育等情况，对安全生产和管理工作提出严格要求。听取江川“反恐维稳和缉枪治爆”工作情况汇报，肯定江川开展“反恐维稳和缉枪治爆”工作取得的成效，要求江川各级各部门要增强工作责任感、使命感和紧迫感，严格落实责任，清缴非法枪爆物品，严打“涉枪爆”犯罪行为，消除安全隐患，确保民众生命财产安全和社会大局稳定。

2015年9月18日下午，副省长、省公安厅厅长张太原率省公安厅警令部、治安总队一行6人，在副市长、市公安局长朱家伟陪同下到江川调研指导公安工作，副县长、县公安局长牛旺林参加调研。张太原深入大街派出所的办证窗口、办案区、值班室等场所，与民警、辅警交谈，了解民警的工作生活情况。到县公安局指挥中心大厅，检查接处警和视频指挥调度运行情况。听取牛旺林对江川公安工作、队伍建设和重点工作推进情况汇报，征求、采纳基层公安工作发展意见建议。张太原对江川县公安工作给予肯定；提出要求：加强队伍自身建设，确实抓好党风廉政建设，展示公安队伍良好的素质与形象，确保队伍零违纪；加强公安信息化建设，做到向科技要警力，向科技要战斗力；结合基层实际，敢于担当，大胆创新积极推动公安改革；扎实开展各项业务工作，创造良好的社会治安环境，更好地为江川经济社会发展服务。

2015年12月23日下午，县委书记马文龙，副书记、代理县长王志华到公安局调研开渔节安保工作。县委副书记石伟，县政协主席罗跃岗，县委常委、县委宣传部长龚桂存，县委常委、县武装部政委曾宪涛，副县长杨军苹、普朝鹏参与调研。公安局领导汇报道路交通管控措施及警力分布情况，社会面人员安排、隐患排查、应急处置等情况。马文龙等领导对公安机关开渔节安保准备工作和各项安保措施给予肯定，并提出希望和要求。

【看守所建设】　2015年，县公安局投入资金64万余元，建设县看守所，分别对收押大厅、单独关押室、AB门、监室摄像头、高压电网、红外线报警装置、指纹人脸人像识别采集系统等基础设施进行改扩建。

【警运会】　2015年12月28～30日，县公安局举办第十届警体运动会。以“铸警魂、强体魄、展风采、创辉煌”为主题，设篮球、乒乓球、羽毛球、拔河四个比赛项目，项目各取前三名共12个奖项，8个参赛联队，200余名民警参与比赛。巡特警代表队分别夺得篮球、拔河第一名，张文、莫伟林分别夺得羽毛球、乒乓球第一名。

【人事任免】　2015年，严格实行选人用人制度，选用作风好、能力强干部。抓好县公安局部门领导班子调整、配备工作。完善经常性干部考察制度，配合县委组织部任命正科级领导3名、副科级领导13名、免去副科级领导职务4名。任命股所级领导14名，平级调整股所级领导岗位4名，免股所级领导职务11名，调整民警岗位28名。

【外宣工作】　政治工作室将公安机关在打击犯罪、维护稳定、管理服务中取得的成效、经验、措施、先进人物等，通过国家省市县四级的电视、报刊、网络媒体进行对外宣传报道，树立江川公安良好形象，推动公安工作全面发展。2015年，江川公安新闻被采用608条，其中：国家级4条、省级256条、市级146条、县级192条。

【表彰奖励】 2015年，县公安局“8·30”“玉东三号”专案组被公安部记集体一等功，侦破“3·06”督办案件被省委办公厅通报表扬，侦破二起假币案分别被公安部经济犯罪侦查局和省公安厅经济犯罪侦查总队贺电表扬，被市委、市政府授予“第八届玉溪市文明单位”称号。交警大队被市委、市政府授予“第八届玉溪市文明单位”称号，治安大队被省公安厅表彰为“扫黄禁赌专项行动先进集体”。杨德华的《惠风和畅》作品入围全国公安交警书法美术作品展，杨仕祥的《如何开展社区戒毒社区康复》教案在全国社区戒毒社区康复优秀教案评比活动中被云南省禁毒委员会办公室评为云南省“优秀提名教案”，杨洋被省公安厅表彰为“扫黄禁赌专项行动先进个人”。

（黄　迪）

检　察

【领导名录】

检 察 长　资云坤

副检察长　平雪刚

　　　　　郑　翔

　　　　　钱　瑜

　　　　　李　新

【概　述】 2015年，江川县人民检察院全面落实中央政法工作会议和全国检察长座谈会议的部署要求，深入开展“三严三实”和“忠诚干净担当”专题教育，积极开展规范司法行为专项活动，切实转变司法作风，紧紧围绕江川经济发展、社会稳定大局，认真履行检察职能，公正文明司法，为法治江川、平安江川建设作出贡献。一年来，县检察院完成年初制定的各项工作目标，成功申报第十四批“省级精神文明单位”称号，荣获多项集体和个人荣誉。

【组织机构】 2015年，县检察院编制数47人。实有在职人员46人，年内挂职1人，招录1人。其中，男性31人，女性15人；检察人员41人，法警2人，党员31人。共设反贪污贿赂局、反渎职侵权局、公诉科、侦查监督科、职务犯罪预防科、民事行政检察科、控告申诉科、检察技术科、驻看守所检察室、办公室、政治处、纪检组、人民监督员办公室、环境资源保护检察科、法警队、案件管理办公室16个科、局、室。

【刑事检察】 准确把握党和人民对社会稳定的新要求、新期待，牢固树立平安理念，坚决打击影响人民群众安全感的严重刑事犯罪，维护江川社会大局稳定，经济平稳健康发展。批准逮捕各类犯罪嫌疑人164人，提起公诉304人。从严打击故意杀人、故意伤害等严重危害人民群众安全犯罪，提起公诉26人，切实增强群众安全感；从重打击侵犯人民群众人身、财产权益的“两抢一盗”、诈骗等犯罪，提起公诉107人，保障人民群众人身、财产安全；从快打击毒品犯罪，批准逮捕50人，巩固禁毒人民战争成果；依法打击破坏环境资源犯罪，提起公诉6人，保障生态江川建设。

【刑事诉讼监督】 立足检察机关宪法法律监督地位，充分发挥检察职能，履行法律监督主体责任，积极探索法律监督新途径、新措施、新办法，坚持敢于监督、善于监督，保障法律正确统一实施，切实维护司法公正，提升司法公信力。依法开展刑事立案监督，监督侦查机关立案1件1人，撤案3件3人；强化对侦查活动的监督，切实提升案件侦查质量。提前介入重大刑事案件侦查4件7人，向公安机关发出纠正违法通知书6份，退回公安机关补充侦查18件58人，纠正漏捕3人，追诉漏犯4人、漏罪2起；强化对刑事审判活动的监督，坚持落实检察长列席法院审判委员会、量刑建议、刑事判决裁定审查等制度，提出量刑建议178人次，向法院发出纠正违法通知1份，切实保障法律正确统一实施，促进审判活动公开公正。

【职务犯罪侦查】 坚决贯彻党中央、省、市、县委对反腐败斗争的重大决策部署，坚持整治和预防职务犯罪两手抓，为全面深化改革营造风清气正的社会环境。立案查办贪污贿赂、渎职侵权等职务犯罪案件10件17人，其中反贪立案8件15人，与上年相比件数减少27.27%，人数增加25%，反渎立案2件2人，与上年同期相比案件数及人数均下降33.33%。立办案件均为大案，涉案金额464.33万元，通过办案为国家挽回经济损失218.68万元。突出打击重点，从严查处发生在领导机关、领导干部中的职务犯罪，查办住建系统科级干部案件2人；依法查处发生在惠农扶贫领域损

害群众利益的职务犯罪，查办烟草系统系列贪污案件3件10人；加大行贿犯罪打击力度，查办行贿案件3件3人。规范侦查行为，规范职务犯罪案件线索及涉案财物管理工作，将所有线索录入统一业务软件应用系统集中管理、统一评估、重点督办，防止有案不查、选择性办案，对涉案财物查封、扣押、冻结、处理一律实行电子台账，全流程管理。坚持讯问职务犯罪嫌疑人全程同步录音录像、看审录分离等制度。规范指定居所监视居住等强制措施和侦查手段的使用，充分应用信息化技术侦查措施收集固定证据，坚决杜绝刑讯逼供等非法取证行为，保障犯罪嫌疑人合法权益，确保办案质量和效果。

【职务犯罪预防】 充分发挥预防检察作用，着力构建和完善惩防一体化机制，不断提升预防工作专业化和规范化水平，注重警示教育和专业预防有机结合，努力实现从源头上遏制犯罪。深入有关单位开展调查研究、警示宣传教育，形成预防调查报告4份，案例剖析报告4份，发出检察建议4份，帮助有关单位完善有关工作机制和制度，提升整体拒腐防变能力。积极开展“促进三农建设”专题预防工作，为全县乡镇领导干部、农村基层干部、涉农机关干部职工进行警示教育34次，受教育人数1800余人。积极参与信用体系建设，及时录入受贿犯罪信息5件5人，接受工程建设、政府采购招投标等行贿犯罪档案查询720次，其中1人因有行贿犯罪记录被取消投标资格，促进信用社会建设。推进江检廉德园警示教育规范化建设，制定规范化警示教育流程、规范化廉政承诺词等规范警示教育制度。2015年，省政法委常务副书记乔汉荣、市政法委书记明正彬、市检察院检察长张德勋、县委书记马文龙、政法委书记陈琎寿等有关领导及市县人大代表在内的70余人参观江检廉德园。坚持每年报送预防职务犯罪年度报告，为党委、政府决策提供参考，向县委报送的预防职务犯罪年度报告得到县委主要领导的重要批示。

【民事行政检察】 准确把握“四个全面”对民行工作的新要求，认真开展民事行政诉讼监督工作，深入推进民事、行政诉讼监督的同时，积极开展行政执法监督，稳步探索检察机关提起公益诉讼制度，办理民事行政检察案件36件。其中办理民事行政生效裁判、调解监督案件8件；办理民事行政执行监督案件7件，提出检察建议2份；办理行政执法监督、支持起诉、督促起诉、督促履行职责类案件14件，提出检察建议14份，发现移交职务犯罪线索2件2人。办理审判程序违法监督案件7件，提出检察建议7份。

【控告申诉检察】 深化创新控申维稳工作机制，畅通控告、申诉渠道，健全依法化解矛盾纠纷机制，引导和支持当事人坚持依法处理涉法涉诉信访问题工作机制。坚持检察长接待日、联合接访、下访等制度，办理各类信访案件44件，其中，举报类信访6件，控告类信访2件，申诉类信访18件，刑事申诉案件1件，司法救助2件，其他信访15件。检察长接待日接待27次，联合接访12次。主动延伸检察职能，积极参与社会矛盾化解，办理刑事被害人救助案件2件，发放救助金10000元，切实解决刑事被害人实际困难。

【刑事执行检察】 以驻所检察室更名为契机，进一步加强刑罚执行和监管活动监督，依法开展减刑、假释、暂予监外执行及社区矫正检察监督工作，对生效交付执行和刑罚变更执行实行“一案一审查”，全年审查生效判决案件74件221人，检查“三证”“三书”701份（其中判决书74份、裁定书5份、执行通知书145份、拘留证222份、逮捕证131份、释放证74份）。发现并纠正有错误法律文书11份，确保依法关押，凭证释放。通过驻所检察工作，依法维护监管秩序，保障监管安全，保证刑罚依法执行，切实发挥监所在刑事诉讼和刑罚执行中的监督制约作用。

【综治维稳工作】 积极参与社会管理综合治理工作，有力推进平安江川建设，深入乡镇督促指导综治维稳和禁毒工作，开展吸毒人员清理排查及对社会治安重点地区和突出问题的排查、整治等工作。以“综治维稳宣传月”、“举报宣传周”、“宪法宣传日”等活动为平台，深入社区、村组、学校及企业开展法治宣传，受教育人数3000余人，切实增强群众知法、守法意识。深入开展社区矫正工作，通过对宣告缓刑、暂予监外执行罪犯的监督回访、考察，发现刑罚执行活动违法向社区矫正办书面发出检察建议书5份、建议收监执行检察建议书8份，成功启动对8名脱管漏管或违规违法社区矫正对象进行收监执行程序。开展羁押必要审查，对4名患病或其他身体不宜关押的人员提出变更强制措施建议，均获采纳。坚持惩防结合，教育为主、惩罚为辅原则，加强未成年案件讯问、社会调查、帮教等工作，开展未成年人刑事案件社会调查41次，依法通知法律援助机构指派律师为34名未成年人提供辩护。加强未成年人犯罪原因调查分析，采取积极有效措施帮助失足未成年人改过自新，回归社会。

【案件管理】 2015年，江川县人民检察院案管办充分履行检察职能，利用检察机关统一业务应用系统，强化对案件办理全程管理、动态监督。受理案件273件，接收纸质卷宗569卷；监管涉案款物入库5680件，出库986件，涉案款入库188.38万元，出库56.96万元；接待辩护律师70人次；接收公安机关、人民法院有关法律文书411份；制作一审公诉案件电子卷宗7件9册。

【检务公开】 深化检务公开，推进阳光检察，自觉接受社会监督。利用互联网，依托统一业务应用系统，以案件信息公开系统为平台，向社会发布重要案件信息6条，公开案件程序性信息、法律文书2340条，以公开促公正。建立网上查询、电话查询、触摸屏自助查询和案管岗位查询相结合的多元化信息查询机制。通过利用“两微一端”，发布检察信息350条。

【人　事】 2015年，协助组织人事部门完成3名副科级领导干部的推荐、考察工作，1名副科级领导干部试用期满考核合格正式转正，新招录1名干警；副科以上领导干部总人数达24人，有力强化领导机构力量，促进检察工作稳步发展。

【检察文化建设】 加强检察宣传和理论调研，编发检察信息及简报127篇41期；4篇调研文章分获玉溪市检察院重点调研课题二等奖、三等奖；持续投资8000元完善江检廉德园建设，新增江检廉德园序、镌刻“人民之安宁乃最高之法律”等法彦的廉政文化石刻及有关指示标志牌30余块；2015年，县人民检察院全面贯彻落实《公民道德建设实施纲要》文件要求，结合检察工作主题，繁荣检察文化，荣获第十四批省级文明单位荣誉称号；开展《江川检察丛书（第三辑）》组织编写工作，已完成征稿、校稿等有关工作。

【荣誉表彰】 2015年，江川县人民检察院被省委、省政府表彰为省级文明单位；2015年9月，一名干警参加江川县第十届“红土地之歌”演讲大赛，荣获二等奖。2015年12月，一名干警参加第五届云南省检察机关侦查监督业务竞赛，荣获“全省侦查监督业务标兵”荣誉称号。

【县人大专题视察】 11月4日下午，县人大代表视察法院、检察院在依法治县建设工作中发挥作用座谈会在县人民检察院举行。县人大代表马文龙、钱兴、李学祥、林清、陈琎寿、邓春元等县级领导，县人大常委会委员组成人员、各乡镇党委书记等70余人参加座谈会。会议由县人大党组副书记、副主任杨本忠主持。县检察院党组书记、检察长资云坤向与会人员及领导汇报县检察院2015年依法治县相关工作情况，杨本忠、马文龙及各位与会人员听取汇报，对县检察院开展依法治县工作总体情况表示满意，并对今后工作提出意见和要求。

（林　辛）

审　判

【领导名录】

院　长　郑子云
副院长　毕金彪
　　　　潘文保
　　　　张秋红
　　　　赵　剑（2015.6离任，挂职）

【概　述】 2015年，县人民法院紧紧围绕“努力让人民群众在每一个司法案件中感受到公平正义”目标，狠抓执法办案，坚持司法为民、公正司法，忠实履行宪法和法律赋予职责，为江川经济社会持续健康发展提供有力司法服务和保障。共受理各类案件2685件，受理案件标的金额24160万元；审执结1645件，结案率为61.3%，结案标的金额10203万元。

【组织机构】 2015年，县法院共有各类工作人员59人（其中男40人，女19人；党员35人，团员8人；法官44人，书记员2人，法警8人，其他审判辅助人员4人；正、副院长4人、专职审判委员会委员2人，部门机构领导17人）。

至年末内设机构共16个，包括民事审判一庭、民事审判二庭、刑事审判一庭、刑事审判二庭、行政审判庭、审判监督庭、立案庭、环境资源保护审判庭和执行局9个审判业务机构及政治处、监察室（纪检组合署）、办公室、研究室、审判管理办公室、司法警察大队、执行指挥中心7个综合管理机构，有江城法庭1个派出法庭。

【民商事审判】 严格遵循无罪推定、证据裁判、疑罪从无、非法证据排除、人权保障、以庭审为中心等科学的刑事司法理念，不断提升刑事审判工作质效。受理刑事案件203件434人，审结168件362人，其中审结公诉案件144件304人，自诉案件24件58人。判处罪犯262人，其中判处5年以上有期徒刑31人，5年以下有期徒刑、拘役202人，单处罚金29人，并处罚金、没收财产167人。严惩侵犯人身财产等严重危害社会治安的犯罪，审结故意伤害、强奸、抢劫、盗窃等案件92件226人。严惩各类职务犯罪，促进反腐败斗争的深入开展，审结贪污贿赂案件6件14人，其中审结烟草系统工作人员侵吞、骗取公共财物的职务犯罪案件2件10人，2名被告人被判处10年以上有期徒刑。加大对生产、销售伪劣商品犯罪的打击力度，对销售不合格螺旋藻产品的2名被告人判处有期徒刑，并分别判处罚金25万元，没收违法所得14万元和全部不合格产品。严惩毒品犯罪，强化综合治理，始终保持对毒品犯罪的高压态势，审结贩卖、运输毒品案件34件63人。正确适用宽严相济刑事政策，对罪行较轻、确有悔改表现的未成年犯、初犯、偶犯，依法从轻、减轻或免予处罚，宣告缓刑86人。重视和加强未成年人犯罪案件审判工作，全面贯彻“教育、感化、挽救”方针，积极参加社区矫正工作，审结未成年人犯罪案件26件53人。自诉案件、附带民事诉讼案件坚持在合法、自愿前提下加强调解，积极引导被告人认罪悔改，促成28件案件达成调解协议，赔偿被害人经济损失323万元。

【刑事审判】 坚持依法保护产权、尊重契约自由、坚持平等保护、坚持权利义务责任统一、倡导诚实守信和坚持程序公正与实体公正相统一的原则，注重调判结合，有效化解矛盾纠纷。受理民商事案件2186件，审结1225件。高度重视传统美德、家庭道德教育，维护和谐稳定的婚姻家庭关系，保护妇女、儿童和老年人的合法权益，妥善审理婚姻家庭、继承案件277件；维护物的归属，发挥物的效用，保护权利人的物权，审结财产权属、财产损害、相邻纠纷等涉及物权案件19件；保护人身安全，维护受害人和劳动者合法权益，依法审理生命权、健康权和劳动争议等案件165件；维护金融秩序，规范借贷行为，依法审理金融借款、民间借贷纠纷案件128件；平等保护各类市场主体合法权益，促进公平交易，审理物业服务、商品房预售、买卖等合同纠纷案件71件；遵循司法规律，依法公正审理好财产保全异议、实现担保物权、租赁等新型、疑难、复杂案件19件；加强与交警、保险等部门沟通协调，审理机动车交通事故责任纠纷97件，促使责任人主动履行赔偿义务64件，给付赔偿金额600余万元，努力做到案结事了。促进诉调衔接工作，增强共同化解社会矛盾纠纷的实效，妥善处置群体性纠纷案件，防止矛盾激化。

【行政审判】 坚持优化司法环境、保护合法权益、化解行政争议、促进依法行政的原则，依法保障当事人诉权，监督、支持行政机关依法行政。受理并审结涉及工商、消防等部门的行政案件7件，审查计生、林业、市场监督等行政非诉案件34件。建立“诉前沟通、诉中协调、诉外疏导”的工作模式，通过走访座谈、司法建议等多种形式，规范行政行为，促进法治政府建设。

【执行工作】 强化执行措施，穷尽执行手段，依法制裁规避执行行为的被执行人，受理执行案件289件，执结245件，执结标的金额3324万元。健全完善执行联动机制，加强与公安、金融、房管、国土和市场监督等部门的协调联动，做好债务人的财产调查，向省高院报送银行存款查询400余件1800余人，查询、冻结存款金额300余万元；将逃避执行的321例失信被执行人信息纳入全国联网数据库，压缩其生活空间，20余名被执行人因失信被航空公司、金融机构拒之门外，5名被执行人主动到法院交纳执行款。对有履行能力而拒不履行生效裁判的被执行人依法采取拘留、罚款等强制措施，强制执行11件。注重思想疏导工作，加强与基层组织的沟通协调，促成执行和解18件。认真开展“转变执行作风、规范执行行为”专项执行活动，清理执结涉民生案件10件。首次运用淘宝网络进行司法拍卖，“零佣金”拍卖车辆、电脑、相机等物品，实现交易价格最大化。坚决维护国家利益，加大对职务犯罪等案件财产刑的执行力度，追缴财产230万元，依法上缴国库。

【司法公开】 积极搭建公开平台，扩大公开范围，健全公开机制。推进审判流程公开，同步录入案件信息，电子卷宗制作率达100%，方便查阅利用。推进裁判文书公开，遵循依法、及时、规范、真实的原则，分别在中国法院裁判文书网、云南法院司法信息网公布裁判文书435篇。开通法院官方微博、微信公众号、门户网站，建成户内户外LED显示屏，定期发布法院工作动态和审判信息，依法及时公开执法司法依据，回应群众诉求，构建开放、动态、透明、便民的阳光司法机制，提高司法公开的规范化水平。充分利用5个数字法庭，同步录音录像庭审案件549件，数字法庭使用率达79%。继续开展“阳光司法”工程，推进庭审公开。在“全民禁毒宣传月”活动中，邀请县职业中学学生50余人到法院旁听案件庭审，开展禁毒宣传教育。积极推进司法民主，促进司法公正，完成人民陪审员“倍增”计划，增选人民陪审员79名；重视人民陪审员参审工作，安排人民陪审员545人次参与审理案件363件。落实《人民检察院检察长列席人民法院审判委员会会议的实施意见》，邀请检察长列席审委会讨论案件2件。

【司法为民】 把群众满意作为第一检验标准，不断满足人民群众司法需求。按照“面向群众、面向基层、面向实际”原则，发挥好诉讼服务中心职能作用，完善配置诉讼服务所需设备，提供诉讼服务指南、诉讼文书样式；完善诉讼信息触摸查询系统，提供高效、便捷、人性化的信息查询平台，提升诉讼服务质量，彰显人性关怀。建立健全首问负责、服务承诺、文明接待制度。全面落实立案登记制，保障当事人诉权，共立案2685件，立案数量同比增加53.4%。加强立案调解工作，快捷处理纠纷，在立案阶段调解结案84件。积极推进涉诉信访法治化改革，完善终结退出机制，共接待处理群众来信来访1479件次。对诉讼不便的当事人开展巡回审判，及时就地化解矛盾。对经济确有困难的46件案件的当事人依法缓、减、免诉讼费25.7万元，对符合司法援助条件的刑事被告人指定辩护人30人次。在县委政法委支持下，大力开展司法救助，对生活困难的执行申请人给予司法救助金34万元。

【审判管理】 细化工作流程，进一步健全审判质效评估体系，加强对审判、执行的全程监督和科学考核。落实“案件质量评查管理规定”，开展案件常规评查和重点评查工作。利用审判管理系统的动态管理、流程跟踪功能，对办案流程实行全程、全面、无盲点监督。完善案件流程管理制度，突出审限控制、均衡结案和节点管理，定期通报案件运行态势，总结审判经验，克服薄弱环节，切实提高审判质效，2015年，江川法院审判质量综合指数排名居全市法院首位。

【队伍建设】 立足审判实际，加强队伍能力建设。通过岗位大练兵、裁判文书评比、培训学习、法官讲坛、案例研讨等多种方式完善能力提升机制，不断提升法官适用法律、驾驭庭审、调处纠纷、化解矛盾、依法裁判的履职办案能力，提升严格、公正、文明的司法水平，筑牢公正司法的根基。以“阳光司法”工程、案件庭审评查和裁判文书评查活动为载体开展岗位大练兵；加强法律文书释法说理，继续组织“优秀裁判文书”评比活动，评选优秀裁判文书12篇；组织法官140人次到国家法官学院、浙江大学、中国政法大学等参加业务培训；定期开展案例研讨和学习交流，以“法官教法官”的方式举办4期法官讲坛，组织开展《要件审判九步法》学习和运用实践活动；认真组织司法警察执法资格等级考试，实现以考促学、以考促练、以考促用，全面提升司法警察履职水平和执法能力。

【信息化建设】 不断满足办公办案需求，强力推进信息化及基础建设。全面推进信息化在审判执行、办公办案和监督管理等方面的应用。在县委、县政府支持下，顺利完成大法庭修缮及视频监控系统改造工程项目，建成5个高清数字法庭、两块公告彩屏和执行指挥中心、执行查控室。坚持对干警的统一培训和单

独指导，及时建章立制，内外网更新维护走上正轨，实现云南法院司法信息网江川法院子网站日更新。实现电子签章、数字审委会、OA办公、文书批注等系统及功能的全面应用，法院各项工作的科技化、信息化、规范化水平得到提升。

【法院文化建设】 全力打造“书香”法院，发挥先进文化引领作用。以“玉溪市图书馆江川法院图书流通点”的挂牌成立为契机，向干警开放图书资料室，组织开展“读书月”“读书心得共分享”演讲比赛和“弘扬抗战精神，共筑复兴梦想”读书竞赛等活动。组织学习邹碧华等法官楷模的先进典型事迹，提升干警使命感和尊荣感；组织参加烈士公祭，纪念、缅怀烈士丰功伟绩；组织青年干警座谈，弘扬五四精神，激励青年干警创先争优；开展宪法宣誓活动，引导干警恪守宪法原则，弘扬宪法精神；组织丰富多彩的工会活动，增强队伍凝聚力和战斗力，提升干警使命感和尊荣感。

【落实人民陪审员“倍增计划”】

为实现最高人民法院确立“两年内力争将全国法院人民陪审员数量达到20万左右，实现人民陪审员数量翻一番”基本目标，根据这一“倍增计划”和省、市法院的相关要求，县法院自2015年3月开始，认真组织实施，精心选任，提请任命79名人民陪审员，加上当前任期内的9名人民陪审员，至2015年底，江川县法院人民陪审员数量已经达到88名，超过江川县法院现有43名审判员两倍。新选任人民陪审员具有两个特点：人员构成体现突出基层群众主体地位要求。此次选任人员中来自基层普通群众的有52人，占新增选人员的66%，加上尚在任期内的9名基层普通群众，任命后的88名人民陪审员中来自基层普通群众的占69.3%，满足普通群众代表比例不低于新增人民陪审员的三分之二的要求。年龄梯次结构分布合理。新增人民陪审员中年龄在30岁以下的有4人，占5%；55岁以上的有5人，占6.3%；30岁至55岁的有70人；年龄最大的69岁，最小的27岁；平均年龄43.8岁。整体年龄相对较大符合人民陪审员选任案件中关于对生活阅历及社会经验的要求，能够广泛吸收和代表社情民意。学历层次上能兼顾普通群众。高中、中专以下学历的19人，占24%；其余60人为大专和本科学历，占76%。兼顾了吸收普通群众和社会各阶层人员结构比例的人民陪审改革方向，让农村地区有更多的人有机会担任人民陪审员。职业结构上有广泛的代表性。新选任的人民陪审员职业有公务员、教师、医生、退休工人、退伍军人、人民调解员、居委会和社区主任书记等，体现人民陪审员的广泛性和代表性。

【“玉溪市图书馆江川法院图书流通点”挂牌】 2015年3月23日，江川县法院举行“玉溪市图书馆江川法院图书流通点”挂牌仪式，法院党组书记、院长郑子云与玉溪市图书馆副馆长何流共同为“玉溪市图书馆江川法院图书流通点”揭牌。江川法院图书室作为江川法院文化建设的物质载体之一，于2014年年底改建，为充实图书资料，经与玉溪市图书馆协商，由玉溪市图书馆在图书资料方面给予支持帮助。挂牌仪式之前，玉溪市图书馆与江川县人民法院签订《玉溪市图书馆汽车图书流通协议书》，对图书流通管理作了约定，江川法院在3年内可以享用每季度一次的流通图书。挂牌仪式当天，玉溪市图书馆为江川法院带来流通图书379册，并附赠图书470册。

【“读书心得共分享”演讲比赛】

为着力推进学习型党组织、学习型法院建设；着力推进法院文化建设，增强法院队伍凝聚力和战斗力；着力推进法院精神文化建设，培育文明新风，为法院科学发展提供强大的精神动力和智力支持。9月6日下午，江川县人民法院组织开展2015年“爱读书、读好书、善读书”活动之读书心得共分享演讲比赛。“爱读书、读好书、善读书”活动自2015年5月初开始在全院开展，各部门共推荐报送读书心得稿20余篇，并最终确定10名选手与全院干警共同分享读书心得。此次演讲比赛与以往不同是分享比赛的成绩由“作品分”和“分享演讲比赛分”两部分组成，分值各占50%，心得共分享演讲比赛前，来自县级部门和人民陪审员组成的评委组预先对参赛选手的作品按照评分标准进行评分。心得分享比赛中，选手们结合工作、生活经历对自己读书所感、所思、所悟、所得和经验进行演讲，颁发荣誉证书前，主持人结合“弘扬抗战精神共筑复兴梦想”学习杯读书竞赛活动的要求，现场组织对“抗战”知识的有奖竞答。

江川法院2015年“爱读书、读好书、善读书”活动持续4个月，内容包括开放图书阅览室、开设一堂名师讲堂、读书征文并组织征文有奖评选、组织读书心得共享有奖比赛、开设赠书活动、在法院内网上设立读书活动专栏、开展美文共享等六个方面。

【《要件审判九步法》学习心得交流座谈会】 为深入推进《要件审判九步法》学习实践活动，把《要件审判九步法》学深、学透，达到活学活用的目的，10月8日至9日，县人民法院开展为期两天的《要件审判九步法》学习心得交流座谈会，全院民商审判法官参加座谈交流。心得交流是江川法院开展学习实践《要件审判九步法》评比活动的内容之一，评比活动由学习心得交流及审判实践案例评比两部分组成，分别占总分值的30%和70%，评委由院领导担任。交流座谈会上，民商事审判部门的16名法官结合审判实践和学习运用，将自己的学习心得作分享交流。

【人大专题调研在依法治县建设工作中发挥职能作用的情况】 为贯彻落实全面依法治国的要求，推动依法治县进程，11月4日，县人大常委会组织身份为县第十五届人大代表的有关县级领导（马文龙、钱兴、李学祥、记陈琎寿等）、部分人大代表及相关领导近80人对县法院庭审工作暨法院、检察院在依法治县建设工作中发挥职能作用的情况进行视察。

上午，视察组人员到江川法院审判大法庭旁听一起二被告人多次盗狗、价值达19000余元的盗窃案件的庭审。

下午，视察组人员在江川县检察院会议室对法、检两院在依法治县建设工作中发挥职能作用情况进行座谈。江川法院党组书记、院长郑子云汇报2015年1至10月案件审执情况，接着围绕在“科学立法、严格执法、公正司法、全民守法”的全面推进依法治国“新十六字方针”方面，法院职能作用的发挥作了汇报。县检察院检察长、县依法治县领导小组办公室主任分别作了工作汇报。县委书记马文龙以县人大代表的身份对到法院视察庭审谈了四点感受：一是法院队伍值得信赖。整个庭审体现了人民法院以诉讼为中心的司法改革，充分展示了法庭组成人员具有较高的执法办案能力和水平，综合素质全面。庭审中审判员、司法警察坐姿端正、精力集中、平等对待相关人员，行为举止干净利落、规范到位。审判法官具有较强的庭审驾驭能力，言语文明准确，当庭宣判中案情阐述清楚、逻辑清晰、法律分析透彻，判决结果令人信服，体现了较强的职业素养、执行操守和担当精神。透过庭审，折射出法院队伍在依法治县进程中做到了“严格执法”的促进者、“公正司法”的践行者、和“全民守法”的推动者的角色定位，是一支值得信赖的好队伍。二是庭审体现了人性关怀。庭审中对被告人不使用器械、允许其自由充分辩论和最后陈述，保障了被告人人权。三是庭审实现了真正意义上的公开。庭审证据的电子展示，让法庭组成人员、旁听人员对每个阶段的证据一目了然，庭审实现了真正意义上的公开、透明和高效，也说明了江川法院在信息化建设上的与时俱进和以人为本。四是案件具有较好的教育意义。该案案情虽是“偷鸡摸狗”的小案，但该案的公开审理告诉公民法律底线在任何时候都不可触碰，必须信仰法律、尊崇法律、敬畏法律，所以“小案”也具有较大的普法教育意义。最后，马文龙从县委书记的身份对法、检两院工作提出三点工作建议：依法治县工作必须加强领导。要真正负起领导责任，将依法治理工作实实在在地贯彻落实到工作的方方面面。人大必须切实强化监督。人大及其常委会、人大代表要发挥好监督职能作用，履行好法律赋予的职能。司法机关必须深化联动推进。公、检、法三机关要依法履职尽责，互相配合，联动推进，共同为江川社会经济发展创造稳定的社会环境和良好的投资环境。

【首例淘宝网司法拍卖实施】 12月，江川法院首例在玉溪市中级人民法院淘宝网司法拍卖网络平台上公开拍卖的车辆、电脑、相机等物全部拍卖成交，拍卖标的物资产评估鉴定价值754780元，拍卖成交总价款1004430元，总溢价率33%。2015年7月，冯某、刘某犯贪污等罪被判处罚金、没收财产一案进入执行程序，裁判文书确定依法予以没收冯某、刘某用违法所得购买的斯巴鲁傲虎越野车一辆、宝马X5越野车一辆、“MINI COOPER”轿车一辆、长安微型面包车一辆、苹果台式电脑两台、苹果笔记本电脑两台，佳能单反相机机身一台、佳能单反相机镜头一个、佳能照相机一台、佳能打印机一台、联想U盘一个。江川法院在执行案件过程中，依法律程序委托玉溪市中级人民法院司法技术处对上述物品进行评估、拍卖；并与玉溪市交通警察支队协调，对四辆车的发动机号码、车架号码拓印，查明车辆均无盗抢、套牌、违章等情况；同时由技术人员对电脑、相机、U盘里存储的个人资料予以删除，确保拍卖物品不存在影响拍卖及拍卖后过户手续办理的瑕疵。进入拍卖程序后，经两级法院在宣传栏张贴拍卖公告、淘宝网上公开宣传、工作时间接受电话咨询，公开展示看样等工作，为拍卖活动的成功完成奠定了良好基础。由于网络拍卖信息发布范围广，竞买人员多，竞买人匿名化在有效增加潜在竞买者的同时也有利于拍品的充分竞价，能实现零佣金和拍卖标的交易价格最大化。拍卖活动中最高记录达25671次围观、369人设置提醒、44人报名、105次竞价、20次延时拍卖。其中，苹果台式电脑一台，评估价为2000元，成交价为5300元，溢价率高达165%。

（王玲芬）

经济管理

编辑　余立言

发展和改革

【国民经济和社会发展计划执行情况】　面对复杂多变的宏观经济形势，在县委领导下，全县上下按照“科学发展、和谐发展、跨越发展”要求，紧紧围绕江川县“十二五”规划奋斗目标，按照县第十五届人民代表大会第三次会议批准的目标任务和工作思路，坚持“稳中求进”总基调，有效应对宏观经济下行压力和挑战，积极主动作为，狠抓工作推进，着力稳增长、调结构、兴产业、建生态、惠民生，国民经济和和社会发展继续保持稳中有进、稳中向好态势。

主要指标预计完成情况：全县现价生产总值完成724863万元，占年度计划的105.4%，增长12.5%；地方财政收入完成63425万元，占年度计划的102.3%，增长6.4%。规模以上固定资产投资完成400694万元，占年度计划的100.5%，增长30.8%。社会消费品零售总额完成197254万元，占年度计划的102.6%，增长13.5%。城镇居民人均可支配收入28509元，占年度计划的98.9%，增长8.8%。农村居民人均可支配收入10480元，占年度计划的97.5%，增长10.1%。

【“十三五”规划编制工作】　全面把握经济发展新常态，认真做好“十三五”规划编制工作，确保工作按计划、有步骤顺利开展。至2015年底，《江川县国民经济和社会发展第十三个五年规划纲要》和20个专项规划的编制工作已初步完成。“十三五”期间，共谋划项目184项，总投资356.9亿元。

【农业经济暨新农村建设】　全面落实强农惠农政策，积极推进农村专业合作经济组织发展和农村土地承包经营权确权登记、土地流转等工作，大力实施农业基础设施建设项目，夯实农业发展基础。全国小农水重点县项目、高标准农田建设项目积极推进，农村生产条件和生活环境不断改善。流转农村土地2.6万亩，建成各类水利工程2034件。2015年全县实现农林牧渔业总产值251951万元，比2014年增长4.2%。其中：种植业总产值143667万元，增长4.7%；林业产值4294万元，增长4.8%；牧业产值86916万元，增长2.7%；渔业产值10174万元，增长7.7%；农林牧渔服务业产值6900万元，增长7.9%。烤烟生产实现减产增效，收购烟叶1140万千克，收购单价为32.3元/千克，提高3.8元/千克；收购金额为36816万元，增长13.3%，上等烟839万千克，占73.66%，比2014年上升2.6个百分点，上等烟比例和均价全市第一。蔬菜、花卉、畜牧、渔业等特色优势产业继续保持较强增长态势，特色经济林产业加快发展，种植核桃3.5万亩。

【固定资产投资管理】　2015年以来，受沿湖重大项目推进缓慢及房地产开发投资持续下滑等因素影响，规模以上固定资产投资一度大幅回落。面对严峻形势，县委、政府采取有力措施，强化项目责任，狠抓项目落实，切实加大督查考核力度，集中精力攻坚重大项目重点工作，江通高速、国道213线改造工程、国家林业局西南航空护林总站江川直升机场项目、雄关立交等项目正式开工，澄川高速、环城路建设前期工作基本完成，天然气管道工程稳步推进，城乡交通等配套基础设施更加美善；龙泉园区基础设施不断完善，新天力机械制造等项目积极推进；磷化工等传统产业升级步伐加快，红砖企业、烟花爆竹行业整合取得突破，带动了规模以上固定资产投资快速增长。2015年全县500万元以上固定资产投资400694万元，比2014年增加94265万元，增长30.8%。

【工业经济】 新型工业化初见端倪，发展后劲不断增强。龙泉园区集聚效应初步显现。云南联塑、腾达机械等4个投产项目运行正常，万利包装项目建成投产，新天力机械制造项目稳步推进，欣宇机械、福胤钢构、天一包装开工建设，与北京顺义区达成“玉溪·顺义产业园”项目建设合作意向，预计实现工业产值6.8亿元，增长83.3%。传统产业转型升级步伐加快，昊源新型墙体材料生产线建成投产，江磷集团、华盛纸制品技改项目基本完工，烟花爆竹整合进展顺利。引进红狮集团投资12亿元，实施县水泥厂利用黄磷尾气日产2000吨水泥项目。

2015年工业总产值完成776391万元，比2014年增长16.5%，其中：规模以上工业产值454007万元，增长23.0%。工业增加值201626万元，增长18.5%，拉动GDP增长5.4个百分点，对GDP的贡献率为43.7%。

【新型城镇化建设】 积极主动融入“三湖”生态城市群和滇中城市经济圈一体化建设，围绕“建设新城”目标，加快县城扩容提质，完善城镇功能，提升城镇化水平。完成县城控制性详规和上营社区棚户区改造规划编制，搬迁安置上营社区121户。配套基础设施不断完善，星云路、明珠路、振兴街街区整治，翠大线小白坡路面大修工程全面完工，江中路建成通车，职教小区出口道路建设进展顺利，主要路口实现交通信号灯全覆盖。小城镇建设加快推进，江城镇南北大街、振兴街改造工程基本完工。美丽乡村建设不断深化，农村危房改造、农村公路通畅工程扎实推进，完成22个村农村电网改造、41个重点村落环境综合整治，农村生产生活条件进一步改善。

【财政金融】 财政收入规模不断扩大，增速放缓。2015年以来，受到国家经济下行压力增大和宏观调控政策力度持续加大，房地产市场低迷、营改增扩面、上年一次性税收及国家取消部份收费项目和上年一次性结转入库的影响等因素影响，2015年财政总收入93865万元，比2014年增加17275万元，增长22.6%。地方财政收入63425万元，增加3794万元，增长6.4%。地方财政支出168566万元，增加3097万元，增长1.9%。其中：公共财政预算支出159789万元，增加4175万元，增长2.7%。

【生态环境建设】 坚持环境优先，做美生态，不断加强“二湖一库”流域生态环境保护治理。成功纳入国家重点生态功能区转移支付补偿范围，星云湖东西大河、大街河、渔村河、螺蛳铺河小流域综合治理工程全面完工，环湖截污及水资源循环利用、底泥疏浚工程前期工作有序推进，九溪河河道综合治理、董炳河小流域农村生活污染综合整治工程加快推进，“两污”项目建设不断加强，配合完成“三湖”生态水资源配置应急江川段和抚仙湖径流区统一托管工作，“森林江川”建设扎实推进，植树造林80余万株，“仙湖卫士”行动全面实施，城乡生态环境进一步改善。

严格执行建设项目节能审批制度和环保“三同时”制度，绿色发展理念深入人心，节能减排工作取得实效，预计单位生产总值能耗下降1.2%。

【社会事业】 坚持把稳增长、促改革、调结构的聚焦点放在惠民生上，惠民实事稳步推进，人民生活持续改善，各项社会事业协调发展。全年累计重点民生支出11.3亿。大中型水库移民开发工作成效显著，投入资金1806万元，实施道路硬化、公房建设、人畜饮水工程等移民后扶项目13个；启动安化乡整乡推进扶贫计划，完成3个村推进项目建设，4112名贫困人口实现脱贫；实施农村危房改造4600户，建成保障性住房600套。新增城镇就业2217人。

各项社会事业协调发展。教育优先发展地位得到巩固，办学条件不断改善。江川一中、二中排危新建工程开工建设，完成教育系统绩效工资改革。卫生事业健康发展，医疗卫生体制改革不断深化，县乡医疗一体化工作有序推进。“文化兴县”战略稳步实施，文化产业发展活力明显增强，基层文化活动设施不断完善。成功举办第十一届开渔节，完成县文化馆、博物馆修缮改造。社会保障水平不断提高。发行首批金融社保卡，建成中心敬老院、居家养老服务中心8个。社管综治、禁毒防艾、安全生产、食品药品监管等工作全面推进。

【价格收费管理】　认真做好《收费许可证》2014年年审统计工作，从源头整治乱收费。根据《云南省收费年度审验管理办法》相关规定，按照上级业务主管部门要求，于2015年3月1日至5月30日对全县2014年度所有《行政事业性收费许可证》进行年度收费统计工作。2014年度的《收费许可证》审验工作，在有效时间内对全县59个行政事业性收费单位2014年度的收费情况进行全面统计工作，统计面达到100%。规范收费行为，清理不合理收费，及时变更和注销已取消的收费，发现并解决收费管理中存在的问题。共审查2014年核实的收费单位60个，核销1个（江川县红十字会），应年审收费单位59个，实际年审收费单位59个，年审率达100%。全县收费项目61大项，其中涉企收费27个，涉农及涉企收费3个，其他收费31个。年审金3765.2368万元。2014年收费额占财政收入（59631万元）的6.31%。2014年度，江川县共审验医疗卫生系统收费许可证10个，年审金额11327.47万元。

根据江川县涉农价格和收费管理实际，对全县主要涉农价格和收费进行重点检查和抽查。坚决贯彻执行资源环境价格政策。按照上级政策，严格控制价格调整项目；积极稳妥推进资源性产品价格和环保收费；按照国家成品油新的调价机制规定，贯彻执行并密切关注国家成品油价格调控及深化改革的相关政策措施，按照规定执行和宣传我县成品油价格；在当前严峻形势的情况下，充分发挥价费工作职能，积极贯彻执行农产品生产流通环节用电价格政策。及时转发省、市关于下达中小学教材零售价格及其他价格相关文件，为进一步规范义务教育阶段课本费及江川县其他价格收费相关政策的落实，充分发挥审核和管理作用。积极配合做好江川县公立医院价格综合改革工作，细化改革方案，在不增加病人负担的基础上，取消药品加成，合理提高医护人员技术劳务价值的医疗服务项目价格；认真贯彻执行国家、省进一步加强药品价格管理的要求，为进一步改善药品价格虚高的现象夯实基础。根据省市精神，多次征求意见，并核实数据，为制定玉溪市幼儿园收费标准打下基础。对江川县景点进行调研，为下一步提升全县总体品位打下基础。研究制定江川县县城街区机动车停车泊位收费方案，根据江川县重大决策听证制度要求，发布公告，进行听证，根据听证结果，制定出江川县县城街区机动车停车泊位收费方案，并由城管局具体实施。

【价格监督检查】　全面提升行政执法水平，行政执法工作开展扎实高效。严肃整治价格（收费）中的乱涨价、乱收费行为。积极开展价格监督检查、价格检查和预警工作，2015年，共检查企业事业单位累计42户，处理价格违法案件累计1件，调解价格争议累计1起。经济制裁金额222844.60元，其中：没收违法所得金额124090.60元，罚款98754元。处理价格违法案件累计1件。经济制裁金额222844.60元。

【价格认证】　依法做好价格鉴证工作。根据《云南省涉案财物价格鉴证管理条例》规定，遵循客观、公正、科学原则，依法对司法机关、行政机关和仲裁机构进行价格鉴证工作。2015年共进行价格鉴定87件，鉴定标的金额为146.11万元，刑事案件85件，标的金额144.42万元，行政案件1件，标的金额0.34万元；完成价格仲裁1件，金额1.35万元。

【粮食事务】　切实做好粮食收购许可证的审核年检工作，规范粮食收购行为。按照《粮食流通管理条例》和《粮食收购资格审核管理暂行办法》规定，于2015年2～3月，对全县持有《粮食收购许可证》的6户粮食收购户进行年审，年审合格率达100%。开展粮油收购检查，保护种粮油农民利益。在大小春粮油收购期间，出动执法人员30人次，车辆17台次，对所有从事粮油收购的经营户进行巡回检查，指导督促其严格执行国家粮油收购政策，保护种粮油农民利益。开展粮油库存质量检查，确保消费者吃上安全放心粮油。按照《玉溪市人

民政府关于增加粮食储备规模的通知》精神，县发改局积极向县委、县政府汇报，在原450万千克县级储备规模的基础上，再增加100万千克县级储备粮，现正进行原粮采购工作。在储备粮管理上，认真落实储备粮管理办法和相关制度，加强日常管理，严防勤查，确保储备粮储存安全，夯实稳定粮食市场的物质基础。2015年，先后组织粮油储存安全检查12次，对储粮安全隐患及时督促企业进行整改；加强库存粮食品质监控，对库存粮食定期进行抽样送检，送检样品7个，代表量900万斤，根据检验结果，确定当年170万千克（其中，稻谷120万千克、小麦50万千克）储备粮轮换任务，并督促承储企业选用优质品种进行轮换。加强社会粮食流通统计和粮情预警分析，为政府和上级粮食主管局宏观决策提供服务。对从事粮油销售加工的37户粮油经营户经营情况纳入日常统计。按照统计调查方法，对65户农村城镇居民户粮油生产、消费情况进行调查统计，完成全县2015年社会粮油供需平和调查工作。密切关注国内外粮油供求信息，及时向政府和有关部门提供粮油供求形势及价格变化趋势信息情况，为政府和上级粮食主管部门宏观决策提供依据。认真做好军粮、救灾救济粮供应，确保政策性粮食供应。积极与民政部门配合，及时组织救灾救济粮的加工和供应，并督促企业对加工出的救灾救济粮进行品质监测，加工供应救灾救济粮28万千克。

国有粮食企业经营成效明显。国有粮食企业粮油购销两旺，经营成效明显。两户国有粮食企业全年购进粮油1122万千克，比上年增161万千克。销售粮油969万千克，比上年增132万千克。全年粮油销售收入3766万元，比上年增221万元。经营实现利润73万元，比上年增19万元。

【大中型水库后期移民扶持工作】 加强移民直补资金和项目资金使用管理。累计核减移民人数85人，其中2015年核减4人，实有直补移民1804人。后期扶持资金按每人每年600元标准按季发放。当月核减人口次月起停止发放直补金。在所有项目实施过程中，没有出现挤占、挪用、截留移民资金和违纪违规现象。

扎实做好后期扶持项目建设工作。大中型水库移民后期扶持工程顺利进行，实施项目14个，计划总投资1670.1万元，其中移民专项投资1442.1万元，群众自筹228万元。完成道路建设9291米；建设农村公房4处，建筑面积18812平方米；人畜饮水工程2件，建设管道4360米；培训村民劳动技能，培训450人次。其中九溪移民新村建设投资1200万元，涉及村民方方面面，改善了当地村民生产生活条件，提高当地群众生活水平。在项目确定和建设中，积极整合资金，大力推进项目建设，按质按量完成年度移民后期扶持项目、库区基金项目和移民示范村建设任务。

【扶贫开发】 整村推进扶贫。安化社区第三居民小组、路居镇红石岩村委会米汤水小组、前卫镇业家山村委会李家边小组3个自然村通过省市扶贫办批准实施整村推进，项目建设顺利推进，扶贫项目建设总投资投入163.06万元，其中：省级财政120万元，市级财政25万元，地方财政整合11.5万元，自筹资金6.56万元。建设发展产业灌溉沟渠3150米，灌溉水窖15个，改善灌溉面积460亩，硬化道路5844平方米，硬化场地2750平方米，支砌挡墙708.5立方米，铺设引水管4320米，浇筑蓄水池各3个，挡墙117立方米，建标志牌3块。

信贷扶贫。发放到户小额信贷扶贫资金3000万元，贴息贷款扶贫资金150万元为符合扶贫贴息贷款的企业申报产业贴息扶贫项目贷款两个，贴息扶贫资金投入99万元。云南荣盛实业公司争取项目贴息贷款扶贫资金2500万元，贴息扶贫资金75万元，项目计划总投资8518万元，项目建成后将形成3万吨保鲜蔬菜收购的生产规模及能力。玉溪天丽食品有限公司争取项目贴息贷款扶贫资金800万元，贴息扶贫资金24万元，项目计划总投资3100万元，项目建成后将形成万亩有机蔬菜种植及深加工出口。

安居和培训扶贫。安居扶贫建设工作接近尾声，2015年在2个乡镇4个村（居）委会4个小组50户153人实施困难户安居房建设，困难户安居房建筑面积5970平方米，项目补助资金50万元。劳动力转移培训110人，投入资金11万元，让贫困群众学一技之长，勤劳致富。

（李雪莹）

统　计

【概　述】 2015年，县统计局

以提高统计能力、统计数据质量和政府统计公信力为核心，着力推进统计建设，注重统计事业的全面协调发展，发挥好统计信息、咨询、监督的职能作用，不断提高服务领导决策、服务科学发展、服务社会公众的能力和水平。科学分析、准确研判全县经济发展走势，针对当前宏观经济的运行情况，及时向县委、县政府预警全县经济信息和决策依据，为全县经济社会发展提供优质高效的统计服务。

【机构设置】 县统计局是全县统计和国民经济核算工作的政府职能部门。2015年，县统计局共有行政编制12名，机关工勤人员编制1名，其中，设局长1名，副局长2名。内设机构6个：办公室、综合统计股、工业能源投资股、服务业统计股、县域经济发展统计监测股、统计执法队。江川县地方统计调查队为县统计局所属财政全额拨款的事业单位，共有事业编制5名，设队长1名，由县统计局1名副局长兼任。2015年末，县统计局实有工作人员12人，其中：公务员11人，机关工勤人员1人；江川县地方统计调查队实有工作人员3人。

全县7个乡镇（街道）设统计工作站，为县统计局派出机构，核定事业编制17名，机构性质为财政全额拨款事业单位。县统计局大街统计工作站事业编制4名，县统计局江城统计工作站事业编制3名，县统计局前卫、九溪、路居、雄关、安化统计工作站事业编制各2名。2015年末，全县7个统计工作站实有工作人员17人，其中：县统计局大街工作人员4人、江城统计工作站工作人员3人，前卫、路居、九溪、雄关、安化统计工作站工作人员各2人。

【主要统计数据】 2015年全县地方生产总值完成724863万元，比上年增长12.5%。农林牧渔业总产值完成251951万元，增长4.2%。工业总产值完成776391万元，增长20.3%。2015年全县500万元以上固定资产投资完成400694万元，增长30.8%；城镇居民人均可支配收入28509元，增长8.8%；农村居民人均可支配收入10214元，增长10.1%；社会消费品零售总额197254万元，增长13.5%；居民消费价格指数（CPI）为101.2%，居民消费价格上涨1.2%。

综合。2015年全县完成地方生产总值724863万元，比上年增长12.5%。其中：第一产业增加值150998万元，增长6.5%；第二产业增加值235068万元，增长19.7%；第三产业增加值338797万元，增长10%。三产业结构由2014年的22.0：31.6：46.4发展变化为2015年的20.83：32.43：46.74，其中：第一产业比重比2014年下降1.2个百分点；第二产业比重提高0.8个百分点，第三产业比重提高0.3个百分点。

2015年全县非公经济增加值410835万元，比上年增加39852万元，增长13.6%；非公经济增加值占GDP的比重为56.7%，比上年提高0.1个百分点。

农业。2015年全县实现农林牧渔业总产值251951万元，比上年增长4.2%。其中：种植业总产值143667万元，增长4.7%；林业产值4294万元，增长4.8%；牧业产值86916万元，增长2.7%；渔业产值10174万元，增长7.7%；农林牧渔服务业产值6900万元，增长7.9%。

工业。2015年工业总产值完成776391万元，比上年增长20.3%，其中：规模以上工业产值454007万元，增长23.0%；规模以下工业产值322384万元，增长19.5%。工业增加值201626万元，增长18.5%。其中：规模以上工业增加值116009万元，增长23%。

建筑业。2015年全县全社会建筑业增加值34655万元，增长28.2%。资质以上建筑业15户，完成建筑业总产值69016万元，增长27.7%。

固定资产投资。2015年全县500万元以上固定资产投资400694万元，比上年增长30.8%。其中：工业投资完成75990万元，增长0.6%。房地产开发投资48149万元，下降19.9%。

贸易、住宿、餐饮业。2015年全县社会消费品零售总额完成197254万元，比上年增长13.5%。按销售单位所在地统计，城镇消费品零售额170565万元，增长13.5%；乡村消费品零售额26689万元，增长13.4%。按消费形态分，餐饮收入37690万元，增长22.8%；商品零售159564万元，增长11.5%。

2015年全县销售营业额合计301410万元，比上年增长19.3%，其中：批发业销售额41178万元，增长25.0%；零售业销售额177558万元，增长18.0%；住宿业营业额15902万元，增长10.0%；餐饮业营业额66772万元，增长22.0%。

城镇居民人均可支配收入、农村居民人均可支配收入。2015

年城镇居民家庭人均可支配收入28509元，比上年增加2315元，增长8.8%；2015年农村居民人均可支配收入10214元，比上年增加940元，增长10.1%。

居民消费价格指数（CPI）。2015年居民消费价格指数（CPI）101.2%，比上年累计上涨1.2%；商品零售价格指数上涨0.4%；农业生产资料价格指数上涨1.1%。

能源消耗。2015年单位GDP能耗1.0943吨标准煤/万元，下降1.5%，其中：规模以上工业单位增加值能耗2.7822吨标准煤/万元，下降1.9%。

【统计服务】 2015年，县统计局贯彻省、市统计工作要求，围绕县委、县政府中心工作，转变观念、树立优质服务理念、改进工作作风和工作方法，加强统计调研和分析研究，为县委、县政府科学决策提供重要决策依据。2015年，共撰写《江川统计》45期、《江川统计信息》45条，发布《2014年江川县国民经济和社会发展统计公报》，撰写《江川县2014年固定资产投资完成情况分析》《江川县2014年经济发展统计分析》《2014年江川县规模以上工业能源消费情况简析》《2014年江川县农业经济发展统计分析》《江川县2014年畜牧业生产生态持续发展》《新常态下江川县域经济发展》《江川县2015年1—9月固定资产运行情况分析》《2015年三季度规模工业经济运行分析》《江川县2015年1—9月居民消费价格指数运行情况分析》《江川县2015年1—9月经济运行分析》《江川县2015年1—9月房地产开发运行分析》《江川县三季度资质建筑业运行情况》《江川县2015年1—9月城镇居民人均可支配收支分析》《江川县2015年1—9月农村居民收支情况》《江川县2011—2020年儿童发展规划中期统计监测报告》《江川县第三次全国经济普查主要数据公报》《2015年江川县国民经济主要指标》等专项统计分析；搞好统计数据监测；做好季度、年度GDP核算，把反映全县经济发展和民生的主要数据如GDP、固定资产投资、社会消费品零售总额、农村居民人均可支配收入、城镇居民人均可支配收入、居民消费价格指数、节能降耗、财政金融等适时通过江川统计网及时向社会发布，为各级党委、政府和社会公众全面了解全县经济发展提供优质的统计服务。积极开展劳动力抽样调查、人口变动情况抽样调查、全县秋粮生产情况等专项调查，为党委政府及有关部门科学决策提供翔实的统计调查资料，充分发挥统计的参谋作用。

【统计信息化建设】 2015年，县统计局对政府信息公开高度重视，按照《云南省统计信息化“十二五”规划》要求，加快网络信息系统的升级改造，提升统计信息化水平；健全完善网络管理制度，强化技术防护，确保网络安全，为统计改革和企业联网直报工作提供技术支撑。按照国家、省、市统计局统一部署，抓好四大工程建设的落实，为全面开展联网直报和建设统一数据采集处理软件系统做好网络环境准备。进一步加强统计门户网站建设，积极推进网上政务公开，树立统计门户网站形象。加强网络安全管理，抓好统计资料灾难备份系统建设。重视统计信息化建设，加大培训力度，不断强化统计人员业务培训和统计职业道德教育，提高基层统计人员素质，努力打造一支政治强、作风硬、业务精的统计干部队伍。2015年，县统计局通过江川县统计局门户网站“政府信息公开”专栏主动公开统计分析、财务预决算公开、统计信息等47条。

【统计改革】 稳步推进固定资产投资统计制度改革。按照国家、省、市部署，扎实有序推进固定资产投资统计制度各项改革工作。

【统计执法】 进一步加强和改进统计工作，提高政府统计公信力，充分发挥统计在国情国力调查、指导国民经济和社会发展上的服务保障作用。严格贯彻落实《统计法》和《统计违法违纪行为处分规定》等，积极向社会各界开展宣传工作。2015年对80户“联网直报企业”、7个乡镇（街道）进行监督检查，加大统计执法工作力度，严肃查处统计违法案件。

【统计基层基础建设】 进一步夯实统计基层基础，提高统计数据质量，提升统计服务水平，加强推进统计基层基础建设工作。

乡镇（街道）统计机构建设。贯彻落实《玉溪市人民政府关于进一步加强和改进统计调查基层基础工作意见的通知》（玉政发〔2012〕178号），抓好乡镇（街道）统计站建设工作，确保统计源头数据质量。加强对基层统计业务的指导、考评，强化统计基层基础建设工作检查，推进基层统计工作标准化、规范化建设。

部门统计。切实加强与部门统计工作的合作，落实部门统计职责，强化协调配合，有效保证统计目标任务的完成。加强与经济、社会主管部门的协调与配合。指导推动部门加强内部统计机构建设，健全统计基础工作，规范使用统计标准，畅通统计资料报送渠道，进一步整合统计资源，增强工作合力，提高统计整体效率。

规范企业统计工作。建立部门和企业统计人员备案制，确保基层统计队伍的稳定性和连续性。指导、督促、帮助企业办理统计登记，设置统计人员，健全原始记录、统计台账和各项统计管理制度，规范统计资料填报、报送程序，确保源头数据质量。

企业纳规和纳限。切实抓好企业纳规和纳限工作。全县企业符合纳规和纳限条件的，全部纳入规模和限上统计，做到应统尽统。2015年全年纳规和纳限5户，其中：纳规3户，纳限2户。

管理和培训。深入部门、企业、调查户等指导业务、抓实业务培训工作、统计从业资格、统计职称考试考评等工作，提高基层统计人员的知识水平和工作能力，不断适应新常态统计形势发展的需要。2015年全县报名参加统计从业资格考试人员12人，参加统计职称考试人员3人。

【省级1%人口抽样调查试点】 切实做好云南省2015年全国1%人口抽样调查综合试点工作，从2015年7月开始，根据国家、省、市2015年全国1%抽样调查领导小组的统一部署和要求，县委、县政府高度重视，各级人调办上下同心，成员单位齐抓共管，通力配合，经过80名试点指导员和调查员入户反复逐一调查，圆满完成各项试点工作任务，达到预期目的，得到省人调办的高度评价，在全省多次进行经验交流。

【县1%人口抽样调查】 根据《国务院办公厅关于开展2015年全国1%人口抽样调查的通知》和《云南省人民政府办公厅关于认真开展2015年全省1%人口抽样调查的通知》要求，按照省、市具体工作部署，按照“统一领导、分工协作、共同参与”原则，精心组织江川县2015年全国1%人口抽样调查工作。成立领导小组，下设办公室，负责组织实施，高标准选任普查员，组织培训，严格要求管理，确保1%人口抽样调查工作顺利开展。举行江川县2015年全国1%人口抽样调查抽样框的整理培训工作、业务培训、小区地图的绘制等工作。2015年11月1日进入正式登记，1%人口抽样调查工作按序推进，11月15日登记工作完成，并上报各种抽样调查数据。

【百局千人进万企】 深入基层调查研究，了解真实情况，解决实际问题。根据《玉溪市统计局关于贯彻落实云南省统计局“百局千人进万企”调研活动的通知》精神要求，县统计局高度重视，认真落实，精心组织，对省抽中18户四上企业，于2015年5月27日开展“百局千人进万企”调研活动，收到实效，并撰写调研报告。

（赵维明）

审　计

【机构设置】 县审计局2015年底编制总数22名，其中：行政编制15名、事业编制6名、工勤编制1名。领导职数为局长1名，副局长2名。年末实有20人，其中：行政编制（公务员编制18人、工勤编制1人、事业编制1人。内设四股一室一中心：经济责任审计股、固定资产投资审计股、财政金融审计股、综合股、办公室、江川县投资审计中心。

【概　述】 2015年，县审计局全面贯彻落实省市审计工作会议精神，紧扣县委、县政府经济工作重心，以服务江川经济科学发展和谐发展跨越发展为审计工作第一要务，发挥审计“免疫系统功能”和建设性作用，履行审计监督职责，突出对重点领域、重点部门、重点资金的审计监督力度，努力提高新形势下审计监督能力和水平，按照“程序、规范、质量、文明”总要求，完成各项审计任务。截至12月底，完成审计项目102项，其中：固定资产投资审计89项、经济责任审计5项、预算审计3项、财务收支4项、专项资金1项。查出问题金额83534万元，处理处罚金额11189万元，其中：核减工程投资5514万元、收缴财政280万元、归还原资金渠道和调账处理5395万元。编撰审计信息或简报5篇；撰写理论文章4篇；编写审计方法及经验3篇。

【财政预算执行审计】 坚持以财政收支真实性为基础，以资金、资产、资源、项目为主线，不断深化财政预算执行审计内涵，从审计预算编制、批复、执行的程序和结果入手，加大对各预算单位审计力度，加强对部门承担的重大投资项目、重点专项资金管理、分配、使用及效益情况审计监督。全年完成江川县2013年度县本级预算执行情况及效益审计、县地税局2014年度税收征管情况联网审计及全省统一组织项目江川县林业局2013年~2014年预算执行情况审计。审计后，责成地方税务局追缴欠缴税款52.5万元；责成县林业局缴入财政65.5万元、归还原资金渠道7万元。责成县财政局完善预算报批手续5237万元、缴入财政专户纳入预算管理1139.3万元。同时，提出取消不符合规定的财政专户、改进农林水专项资金多头管理为归口管理的管理机制等意见建议，并得到财政部门采纳。

【固定资产投资审计】 及时跟进政府重点工作、继续扩大投资审计覆盖面，对县委、县政府安排的重点工作和项目及时做好事前、事中、事后审计监督，全力推进基础设施建设项目前置审计、跟踪审计、竣工决算审计能力和水平。截至12月底，完成投资建设项目89项，其中：决算审计29项、前置审计60项、审计核减工程投资5514万元。

工程决算审计。完成29项。累计核减工程投资389万元。存在的主要问题是：一是工程量不实，重复计价、部分主材价格偏高，定额子目套用错误等。县环保监测执法业务用房，送审结算1386.1万元、审定结算1324万元、审计核减62万元；江城镇上西河村环境整治工程，送审结算121.5万元、审定结算111.8万元、审计核减9.6万元；县文化馆功能房修缮及园地改造工程，送审结算179.6万元、审定结算173.5万元、审计核减6万元；县急救中心建设项目，送审结算91.4万元、审定结算87.6万元、审计核减3.8万元；县大摆村村落环境综合整治工程，送审结算78.1万元、审定结算75.1万元、审计核减3万元；县气象局探测环境保护项目，送审结算102.1万元、审定结算99.5万元、审计核减2.6万元。二是超批复、超概算投资20.9万元。县环保监测执法业务用房工程，超批复投资277.6万元，超批复总投资1046.4万元的26.5%；前卫镇前卫中学浴室工程，超批复投资20.9万元，超批复总投资50万元的41.7%。

前置审计。完成60项，核减投资5125万元。2014年保障性住房建设项目，送审招标控制价7564万元、审定招标控制价6806万元、核减758万元；县污水处理厂提标改造工程，送审招标控制价2409.9万元、审定招标控制价1807.3万元、核减602.6万元；江川县2013、2014年保障性住房配套开发项目主体及附属工程，送审招标控制价4353.4万元、审定招标控制价3972.8万元、核减380.6万元；星云湖东西大河环境综合整治工程，送审招标控制价3217.8万元、审定招标控制价2870.4万元、核减347.5万元；江川县2015年中度中央财政小型农田水利工程，送审招标控制价1975.5万元、审定招标控制价1651.7万元、核减323.8万元；江川县星云湖北片区农村环境综合整治工程，送审招标控制价908.9万元、审定招标控制价745.7万元、核减163.2万元；渔村河小流域水环境综合治理工程，送审招标控制价2107.9万元、审定招标控制价2012.6万元、核减95.3万元；江城镇南北大街街区综合整治项目，送审招标控制价689.4万元、审定招标控制价616.2万元、核减73.1万元；江川县仔猪批发市场片区城市综合体内五条电力线路搬迁项目，送审招标控制价1195.6万元、审定招标控制价1147.8万元、核减47.8万元；牛恋至六街至温泉国防公路改造工程（江川段）—二标段（K10+200~K12+880），送审招标控制价594.2万元、审定招标控制价548.3万元、核减45.9万元。

其他审计事项。围绕市县两级政府2015年20项重点工程建设项目和10件惠民实事的开工建设及有关专项资金的管理使用情况，适时进行跟进审计工作；及时跟进，加大对农村新型合作医疗资金筹集、管理和使用情况审计；抽调审计人员25人次，配合市级审计机关完成全省义务教育专项资金、棚户区改造、公立医院改革、科技文化创新体制、扶贫贷款贴息、金融支持实体经济政策落实情况等稳增长政策措施的跟踪审计。

【领导干部经济责任审计】 即：安化乡彝族乡乡长李永华、雄关乡乡长岳东芬、县城投公司董事长孔建文、县工商联主席王秀、县安监局局长马常有5个部门领导的任期经济责任审计。完成县工商联、县安监局、县城投公司董事长孔建文、安化乡彝族乡乡长李永华4个部门领导经济责任审计。审计查出问题金额8915.6万元、外理处罚137.4万元、收缴财政108.7万元、归还原资金渠道和调账处理4879.4万元。存在的主要问题是私存私放资金、挪用专款、违规报销费用、扩大开支范围、挪用代管利息、项目资金长期结余等。

【部门财务收支审计】 年初计划完成4项，实际完成4项。即：县住房和城乡建设局、县第一中学、县第二中学、县幼儿园财务收支审计。审计查出问题金额365.6万元、收缴财政39.3万元、调整账务和归还原资金渠道25.1万元。存在的主要问题是：隐瞒收入、以拨作支、坐支应当上缴的财政收入、扩大开支范围、私存私放资金、项目资金长期结余等。

【人员培训】 2015年，按照组织部门要求，组织科级领导1人参加“社会建设与社会事业改革科级干部研修班”学习；组织新进人员参加法律法规、审计业务流程、计算机辅助审计培训2人次；组织参加全省审计系统建设工程造价员培训班学习考试1人；组织科级公务员任职培训1人次；组织审计人员参加省市审计机关业务视频培训37人次；组织业务骨干交叉至新平县配合市级审计机关开展全省义务教育专项资金审计5人次。

（李华英）

市场监督管理

【概　述】 整合县食安办、县工商局、县质监局、食药局职责，组建县市场监督管理局。2015年7月，根据《中共江川县委、江川县人民政府关于印发〈江川县人民政府职能转变和机构改革实施意见〉的通知》和县政府办《关于印发江川县市场监督管理局主要职责内设机构和人员编制规定的通知》等文件精神，将县人民政府食品安全委员会办公室职责、县工商行政管理局职责、县质量技术监督局职责、县食品药品监督管理局职责整合，组建市场监督管理局，为县政府工作部门，正科级，加挂江川县人民政府食品安全委员会办公室牌子，行政编制80人（局机关编制32人，其中设书记1名、局长1名、副局长4名、行政执法大队大队长1名，7个管理所编制48名）、工勤编制4名、事业编制2名，共计86名，现有74人（行政人员68人、工勤人员4名、事业人员2名）。内设股室11个：党政办公室、政策法规股、行政审批股、特种设备安全监察股、质量计量标准监督管理股、食品生产流通监督管理股、综合协调应急与食品餐饮监督管理股、药品医疗器械保健食品化装品监督管理股、市场规范监督管理股、商标广告监督管理股、市场监督管理行政执法大队（副科级，编制8人，现有5人）和机关党总支。按乡镇（街道）行政区划设7个市场监督管理所，为县市场监督管理局派出机构，机构规格为副科级：大街管理所行政编制10名（现有行政人员8名），设所长1名、副所长1名；江城管理所行政编制10名（现有行政人员7名），设所长1名、副所长1名，前卫管理所行政编制6名（现有5名），设所长1名；九溪管理所行政编制6名（现有3名），设所长1名；路居管理所行政编制6名（现有3名），设所长1名；雄关管理所行政编制5名（现有5名），设所长1名；安化管理所行政编制5名（现有4名），设所长1名。

【法规工作】 一是认真做好普法依法治理工作，组织和落实业务学习制度，夯实依法行政基础，为法治单位建设创造良好的法制环境。按照县普法依法治理工作领导小组安排开展普法依法治理工作，制定《2015年普法及依法治理工作计划》《全面推进依法治县实施细则》，完成“六五”普法检查验收工作。按照工商、食药、质监机构和体制改革需要，按照国家行政审批制度和监管方式改革需要，即时编印《市场监督管理法律法规选编》发到各股室和派出机构组织学习。组织一次行政执法办案业务探讨和执法办案文书培训，一次《消费者权益保护法》和《企业信息公示暂行条例》等法律法规培训、一次“六五”普法知识考试。同法院、公安、检察院、法制办等部门衔接进行案件查办及市场监督管理法律法规的商讨和行政执法、行政司法两法工作的衔接和合作，就有关市场监督管理执法中的一些难点问题作探讨和研究。完成市场监督管理局行政执法职能职权主体资格的公示、市场监督管理局新版行政处罚文书的制作和修订。二是完善行政执法制度建设，做到监管与执法的统一、执法与服务的统一。根据执法目标责任考核方案及行政执法核审制度要求，制定下发依法行政工作计划、行政复议规范化建设实施方案、市场监督管理局行政处罚案件核审制度，对法治政府建设作任务分解，把法治单位建设提到全局议事日程上，同国家依法治国的方略接轨。从制度上规范行政执法行为，推行行政执法案件说理式文书的使用。三是认真、快速、合法的核审一般程序处罚案件。法制工作人员到各股、室、分局、工商所指导协助工作20天次，实施执法监督20天次，提前介入指导查办一般程序案件11起，组织讨论案件4起。并对2014年办理的行政处罚案卷47起及行政许可案卷3500余件的案卷进行评查，把评查结果上报县政府法制办，并向法制办上报3起行政处罚及行政许可案卷到省、市进行评查，评查结果均为优秀。截至10月30日，全局共办理一般程序案件49起，简易程序案件25起，核审案件罚没金额达20余万元，实际收缴到财务账上15.6839万元。

【企业注册】 截至2015年10月30日，全县共有企业1383户，其中国有集体企业241户、注册资本金67543万元。私营企业1142户，从业人员22733人、注册资本金429226万元。全县共有个体工商户11353户、从业人员30251人、资金数额98442万元。全县有农民专业合作社147户、成员总数1711人、出资总额12286万元。全县共有外商投资企业7户，其中企业法人有6户，分支机构1户。新办私营企业444户、注册资金45349万元、从业人员3439人。新办国有集体企业3户、从业人员35人。新办个体工商户1940户、资金数额25450万元、从业人员5317人。新办农民专业合作社23户、出资额4514万元、成员总数228人。

【企业监督管理】 一是鼓励个体工商户发展。对登记失业人员、残疾人、退役士兵以及毕业2年以内的普通高校毕业生，从事个体经营的，自其在市场监督管理部门首次注册登记免收登记注册类和证照类等有关行政事业性收费；允许一人申办多个个体工商户营业执照；允许已办理变更、注销登记的个体工商户使用原有名称。截至2015年10月30日止，新办证663家，换证177家，年检713家，迁入6家，迁出1家，变更246家，注销155家，查询289家，免费办理微型企业744家，在规定的时间内按时上报电子档案数据，保证电子档案扫描工作100%完成，资料齐全。严格按照《云南省组织机构代码档案管理办法》，做好原始档案的收集、存储、管理、切实做到纸质档案资料不会缺失，保证纸质档案的完整性。全年共办理私营企业变更登记73户、国营集体企业变更登记130户、私营企业注销登记34户、国营集体企业注销登记9户。个体工商户变更登记600户、个体工商户注销登记120户。二是扶持小微企发展和非公经济转型升级。按照《云南省微型企业创业扶持实施办法》和县政府分配给工商局75户的扶持任务要求，行政审批股及分局所采取多项举措推进小微企业创业扶持工作。2015年1～10月，共办理个体户转型升级299户（其中转型为有限公司22户，转型为个人独资企业277户）。三是做好餐饮、食品流通、药品许可受理、发证工作。截至2015年10月30日，新办餐饮许可证46户，延续、变更156户，新办食品流通许可通知书64户、变更133户、注销5户，新办药品许可证41户，医疗器械备案登记7户。四是组织开展企业信用信息年报公示工作。按照《企业信息公示暂行条例》和国家工商总局5部配套规章的规定及市局外资科对企业信用信息公示工作的安排部署和要求，结合本县实际制定工作方案、工作目标，定职责，抓落实，有条不紊地推进企业信用信息公示工作开展。截至2015年10月30日，全局完成企业年报公示：2013年度完成报送737户，完成率为94.03%；2014年度完成报送897户，完成率为94.32%；个体年报2014年度完成报送8240户（其中网上年报公示26户），完成率为84.15%；农民专业合作社年报已报送94户，完成率77.05%；即时信息公示完成率100%。五是“三证合一、一照一码”改革稳步推进。按照省工商局统一安排部署，县市场监督管理局精心组织，全力推进“三证合一、一照一码”登记制度改革，在9月29日实现“一照一码”营业执照发放。截至10月30日，全县共发放“一照一码”营业执照62户，其中新设立登记38户，变更登记24户。

【个私协会工作】 一是加强与

会员的沟通联系。落实“民营企业定点联系”制度，全年走访定点联系企业22户，听取企业意见建议19条，积极帮助他们解决生产经营中遇到的困难。二是抓好会员法律法规学习，协会组织会员法律法规培训一期，参加人员18人。三是协会和各分会加强对困难会员走访慰问工作。截至2015年10月30日，共计走访会员16户，上门慰问生病住院会员共16人/次。四是在个体经营者中开展遵法守信宣传教育活动，在全县各主要街道交通要道悬挂“爱国、敬业、诚信、友善”“诚信经营，不制假不售假”等宣传标语12条，在全县各乡镇主要街道发放法律法规宣传单800余份，把社会主义核心价值准则融入广大经营者的日常生产生活之中，成为企业文化的灵魂，发挥其引领风尚、规范行为的强大思想作用。五是认真开展“为民、利民、便民”光彩服务日活动。在全县各主要街道交通要道悬挂宣传标语5条和发放法律法规宣传手册200份，开展法律法规咨询活动2次，参与活动会员20人次，出动宣传车辆2辆次，接待消费者现场咨询100余人次。六是认真开展第三轮全国艾滋病综合防治示范区工作，利用企业、个体工商户信息公示等平台，加强对企业、个体工商户及从业人员艾滋病综合防治政策培训。利用广播、电视、报刊、微博、微信、宣传栏等多种形式，深入开展艾滋病、性病、丙肝防治知识宣传教育，共发放宣传资料1500多份。七是认真做好“贷免扶补”工作。2015年协会“贷免扶补”工作目标22户，完成22户（创业者已拿到创业资金），扶持自主创业人员22人，其中下岗失业人员9人、妇女12人，大学生1人，带动就业人员65人，贷款金额100万元。开展创业人员培训1期，培训人员18人次。建立、完善“1+3”跟踪服务机制，配备联络员18名，创业导师9名。建立高校毕业生见习基地建设1个，引导高校毕业生自谋职业、自主创业1人。为创业人员提供服务18次人。八是开展非公党建工作情况，围绕党建工作要求，开展宣传引导、建立组织、开展活动。为会员或企业提供服务29人次，开展宣传活动1次，参加人员20人次。

【食品安全监管】　截至2015年12月31日，江川县有生产企业21户持37个证、小作坊备案237户，流通企业持证1309户，餐饮企业持证843户。一是进一步理顺食品安全监管体制。2015年8月，由质监、工商、药监合并成立江川县市场监督管理局，立足“推进日常工作、狠抓重点工作、补充遗漏工作、逐步扩展边远工作，达到逐步提升企业层次”工作思路开展工作，确保全县食品安全。二是强化许可管理，严查无证经营。贯彻落实《行政许可法》《食品安全法》《行政处罚法》等相关法律法规规定，严格规范食品安全许可范围，对不符合办证条件的食品生产、流通及餐饮单位严把准入关，严厉查处无证经营、超期限经营和超范围等违法经营行为。三是加强日常监管，突出整治重点。在日常监管中，检查生产和餐饮单位食品加工场所的设施设备是否齐全、卫生，清洗、消毒、保洁是否符合要求，添加剂使用是否符合要求，食品安全管理制度是否建立、健全，专兼职食品安全管理人员配备是否到位，从业人员是否参加健康体检和培训，索证索票及登记是否落实，生产企业的出厂检验制度是否落实，生产、流通及餐饮库房摆放是否符合要求等。在此基础上，重点检查供货商资质、进销货台账、产品合格证、检验报告等，对采购的畜禽及其制品、食用油等重点品种专项抽查。四是做好节日等重大活动食品安全保障工作。加强中华民族传统节日及地方节日食品安全保障工作。按照上级要求，结合江川人民群众的过节习俗，确定不同监督重点，加大食品安全监督执法力度，保障春节及其它节日食品安全，为广大人民群众过上快乐祥和安全的节日提供条件。江川县市场监督管理局制订保障方案，开展事前全面监督检查，活动期间对每个接待单位指定2名以上监督员驻店全程监管，根据工作职责，对重点环节实行定人、定点、巡回监督检查的工作方式，实施全过程监督检查。完成江川县人大、政协“两会”、县委全会、纪委全会、县委全委（扩大）会、省烟草工作会、全国《学习与研究》杂志2015年工作会议、中高考等11个重大活动食品安全保障工作。五是注重食品安全知识培训，提高食品监督人员及从业人员的食品安全知识。组织对各乡镇市场监督管理所执法人员进行生产、流通、餐饮各环节日常监管业务培训及新食品安全法培训，请市食药局生产、流通、餐饮科老师到江川县为食品股、监督管理所执

法人员进行业务培训；加强对法人及从业人员的日常培训。在日常申请办理餐饮许可证及健康证的过程中对从业人员进行现场培训，要求他们在申请办证时掌握基本知识，通过答卷方式完成试卷后方可办证；上门集中培训，针对有的企业从业人员多，无法参加日常培训现状，采取主动上门集中培训和现场核查时现场整改培训等方式，以不断提高从业人员的食品安全意识和完善设施设备，使服务质量进一步提高、服务环境更加优良。2015年10月28日至30日，利用3天时间在九溪集中食品安全协管员培训，培训内容主要是小作坊、流通、餐饮环节的监管、承诺、经营户的主体责任等。六是按照目标责任书和上级文件精神、结合江川食品安全实际，落实专项整治。2015年的专项整治，除市政府下发的《201年玉溪市畜禽屠宰质量安全专项整治行动方案等5个方案的通知》中的5个专项整治中江川涉及3个（即《2015年玉溪市校园内外食品安全专项整治行动方案》《2015年玉溪市白酒质量安全专项整治行动方案》《2015年玉溪市规范“三小”经营行为专项整治行动方案》）外，县市场监督管理局根据国家、省、市市场监督管理局下发文件，还对桶装水、含铝添加剂、食用油、保健酒配制酒、糖果巧克力、休闲食品、月饼、米线及卷粉、肉及肉制品等进行各种专项整治。七是开展创建食品药品安全示范乡镇工作。2015年，江川县将九溪镇创建为食品药品安全示范乡镇，按照《玉溪市创建食品药品安全示范乡镇（街道）实施方案》要求开展创建工作，至年底各项工作基本完成，正在等待验收。八是按照市食药局文件精神，完成全部抽检工作。2015年主要完成餐饮单位的大米、米线、食醋和生产企业及小作坊的白酒、瓶（桶）装饮用水、月饼、鲜粮制品、果冻、豆制品、酱腌菜等产品的监督抽查，共抽取食品类样品74个样品，合格71个，不合格3个，合格率为95.9%。生产环节，抽取取证企业13个样品，合格13个，合格率100%。其中：白酒（散装）样品2个，合格样品2个，合格率为100%；瓶（桶装）饮用水样品1个，合格样品1个，合格率100%；月饼样品2个，合格2个，合格率为100%；酱腌菜样品2个，合格2个，合格率100%；豆制品样品2个，合格2个，合格率100%；调味品样品2个，合格2个，合格率100%；果冻样品1个，合格1个，合格率100%；蔬菜干制品样品1个，合格1个，合格率100%。流通环节，抽取样品21个，合格20个，合格率95%。对全县餐饮单位监督检查，重点抽检学校食堂、旅游景区和一些食品防范比较薄弱的高风险餐饮单位，共计抽检样品40个，合格38个，不合格2个，合格率为95%。不合格批次产品已立案查处。

【市场规范管理】 市场监管执法是市场监督管理部门的基本职责，注重突出重点，完善措施，全力营造良好市场环境。一是加大对农资市场监管，保护农民的合法利益。对农资经营继续实施市场主体准入、亮证照和挂牌经营、索证索票及进销货查验登记、属地片区责任和信用分类监管、强制退市、先行赔付、质量抽检监测等七方面八项制度和一书一卡及种子留样备查公示管理，建立“红盾护农”长效机制。以红盾护农和农村经纪人为重点，深入开展规范和整顿市场经济秩序工作。继续深入开展红盾护农“春季打假百日行动”和“肥料打假专项行动”等专项执法行动，适时开展农资市场专项检查，查处打击制售假冒伪劣农资产品的违法行为。共查处农资案件2件，已移交执法大队办理。在全县范围积极开展创建农资产品安全示范店活动，增强农资经营者质量意识，提升对农资商品质量安全的监管水平，切实保护农民合法权益。二是积极开展合同监管工作。为维护消费者合法权益，促进市场规范经营，提高合同监管执法水平，根据上级文件要求，结合县市场监督管理局实际开展利用合同格式条款侵害消费者合法权益专项整治工作。三是着力加强商品交易市场和网络市场监管。落实市场整体巡查制度，深入开展农村文明集市、诚信市场创建活动。组织对全县范围内集贸市场、商场、超市监管情况进行调查，按照省文明办、省局创建“省级农村文明集市”要求，对符合申报条件的江城集贸市场积极认真组织开展创建活动；按照市综治办、市工商局创建“市级平安市场”要求，对符合申报条件的江川乾景商业中心组织开展创建活动。对老街兴集贸市场、江川华联超市继续加强日常县级诚信市场监管，以提高对整顿规范市场秩序工作长期性、艰巨性、复杂性的认识，充分发挥主力军作用，把握监管重点，为建设公平竞争、规范有序的市场环境服务，做好县、市、省诚信市场创建工作。为促进网络交易平台健康发展，进一步规范网络交易平台经营行为，对全县网络交易平台发展开发部进行调查统计。对部分网络交易企业进行一次问卷调查，为省上出台相关政策提供基础调查数据。四是开展动产抵押登记工作，一年来共为15家企业登记，抵押物价值为14234.47万元，贷款52930万元。五是开展烟花爆竹专项整治工作。2015年春节期间，由工商牵头，安监、公安、消防、质监、大街街道办等联合执法监管，依据《烟花爆竹经营许可实施办法》《烟花爆竹安全与质量》规定对辖区市场内的烟花爆竹销售经营者进行清理和检查。严把烟花爆竹进货渠道；所有烟花爆竹经营者证照齐全才能经营；烟花爆竹市场不能集中经营，店与店距离必须相距50米以上；教育烟花爆竹经营者不得销售禁止销售的烟花爆竹产品；严查假冒伪劣产品和“三无”产品、违禁超标产品。七是组织乡镇市场监督管理所干部加强烟叶收购期间烟叶管理工作，积极参加卷烟市场专项行动。八是加强炸药等易燃易爆品管理整顿及物流寄递行业安全管理。为贯彻落实好中央、省综治办《关于贯彻中央领导同志重要指示精神加强炸药等易燃易爆品管理整顿及物流寄递行业安全管理的通知》精神，结合江川县实际，要求各市场监督管理所按照辖区管理原则，迅速组织对炸药等易燃易爆品管理及物流寄递行业安全管理开展大排查，重点对物流业、烟花爆竹、及食品药品加强排查。

【质量计量管理】 一是抓好质量监管，提升产品质量。严格市场准入制度，夯实质量监管工作基础。根据年初工作计划要求，严格工业产品生产许可证证后监管，按照江川县企业分类情况，对辖区的重要工业产品生产企业进行严格监管，确保辖区产品质量安全。完成辖区16家重要工业产品和食品相关产品的分类管理实地核查工作，确保产品从原材料入厂到产品出厂整个环节的质量保障，强化企业的产品质量意识，进一步强化企业质量安全主体责任。加强企业巡查，保障工业产品的监督抽查工作。共出动执法人员200余人次，检查企业80余家次，发现问题及时督促企业整改。重点对辖区的化肥、水泥、烟花爆竹产品进行监督抽查，共抽取工业产品样品43个送检，其中烟花爆竹样品16个，化肥样品7个，建材样品10个，其它产品10个，产品合格率比上年同期均有提高，完成年初的巡查、抽样计划目标和省、市级监督抽查任务。二是强化民生计量，切实做好计量及认证认可监管工作。紧扣“关注民生、计量惠民”主题，积极开展计量检定及宣传工作，提高全社会计量意识，营造政府重视、企业关注、百姓关心良好氛围。出动人员30人次、车辆12辆次，对辖区内12个小区开展民用三表计量检定检查，共检查电表3490只、水表3200只，检定率100%。对集贸市场、眼镜店、医院、加油站、超市建立群众监督机制，并制定“诚信计量承诺书”进行公示。积极开展日常检定巡查工作。全年共计检查企业18家，检定台秤64台。开展计量授权单位检查及能效标识检查。开展认证监管。制定江川县2015年食品农产品认证监管工作实施方案，建立企业认证台账。对辖区内4家11个认证证书企业进行检查。经检查4家企业产品销售环节中产品认证标识、认证证书的使用合法，不存在伪造、冒用、超期、超范围使用有机产品、绿色食品和无公害农产品认证标志、认证证书行为。三是开展检测机构、实验室专项检查，对全县2家机动车检测站及4家实验室进行专项检查，做到资质合法有效，确保检测公平公正。四是强化执法打假工作，规范市场经济秩序。全年共出动执法人员250多人次，出动执法车辆100余辆次，查办各类违法案件4起，所查办案件涉及质量、计量等。五是强化品牌建设，推进质量兴县工作。履行牵头部门职责，健全质量工作机制，推进质量兴县工作。2015年6月，经报请县政府批准，召开“江川县质量兴县工作推进会”，总结近两年来江川县的产品质量、环境质量、工程质量、服务质量等方面的工作情况，同时查找工作的不足，提出下一步“质量兴县”工作的目标和要点，为江川县的质量工作打下基础。结合“质量兴县”工作，继续深入开展质量兴企、质量兴品工作，制定《江川县质量技术监督局开展质量兴企活动工作要点》，成立工作领导小组，确定扶持企业名单，保障工作有效持续开展。突出品牌建设，打造竞争优势。对江川县的

优势产业烟花爆竹、危化品等生产企业加强监督检查力度，进一步推动企业自身建设，提升产品内在质量，继续挖掘企业潜力，完善培育体系，积极支持和引导企业，从而提升江川县产品的市场竞争力。同时，加强对辖区现有2个云南名牌产品的管理、指导工作，指导其它企业申报名牌产品工作。

【特种设备管理】 2015年，江川县登记在册的特种设备使用单位有106家，在用特种设备774台（锅炉93台、压力容器454台、压力管道3119米即12条、起重机械70台，厂内机动车41台、电梯60台），各类作业人员467人。一是加强领导，狠抓责任落实。制订《江川县质量技术监督局特种设备安全监管“一岗双责”责任制度》《江川县2015年特种设备监督检查和检验工作计划》《江川县质量技术监督局关于集中开展特种设备安全大检查行动的通知》等制度和措施，质监局及7个乡镇与县政府签订《江川县2015年特种设备安全生产目标责任书》，与特种设备使用单位续签《特种设备安全使用责任书》，并指导特种设备使用单位制定特种设备安全事故应急救援预案。二是强化教育培训，提高人员素质。重点抓好特种设备安全监察人员的培训、教育，采取以会代训、日常检查现场指导等形式开展特种设备法律法规、技术规范和日常监督管理方面的业务学习，提高特种设备安全监察人员的业务素质和工作水平。10月，组织23人参加的特种设备安全监察人员的工作业务培训。三是组织承办多次专项工作。5月，在小街小学组织开展“百城万校”安全乘坐电梯体验宣传活动。7月，开展全县涉氨制冷企业压力管道专项整治。9月，承办玉溪市电梯事故应急演练。10月，开展液化气瓶专项检查。四是加强监管，切实消除特种设备安全隐患。结合“安全大检查”“打非治违”等执法专项行动，共组织执法人员200余人次，检查特种设备使用单位70余家次，检查特种设备600余台次，排查安全隐患5起，下达特种设备安全监察指令书5份。加强同其他职能部门的协同工作，会同安监、消防、住建等有关部门，重点对辖区的涉氨制冷企业等重点单位、重点部位进行检查，发现隐患，及时整改。五是抓好开工告知和登记注册工作，规范行政许可。共办理开工告知59件，办理登记注册设备133台，清理录入特种设备数据500余台次。为下一步彻底摸清辖区特种设备底数打下基础。

【药械保化监管】 加大药品、医疗器械、保健食品、化妆品市场监管力度。2015年共出动执法人员248人次，出动执法车辆85车次，检查药品、医疗器械、保健食品、化妆品生产经营单位762户次，立案查处药械保化违法案件4起，罚没款共计14950元。受理投诉举报4起，处理4起，回复率100%。一是开展各种专项检查。加强中药材专业市场质量监管，组织执法人员在辖区内对中药材、中药饮片生产、经营、使用单位展开专项检查工作，重点加强对以次充好、参杂使假、染色增重等质量问题的监督检查，并加强对中药饮片的监督抽验工作，严厉查处制售假劣中药材、中药饮片违法犯罪行为。累计检查中药材、中药饮片生产、经营、使用单位23户次，出动执法人员60人次，出动执法车辆15车次，共抽验中药材、中药饮片15批次，未发现以次充好、参杂使假、染色增重等质量问题。开展安徽联谊药业有限公司胞磷胆碱钠注射液专项检查，江川县食品药品监督管理局组织执法人员对安徽联谊药业有限公司生产的不合格批次的胞磷胆碱钠注射液进行排查，经排查，江川县辖区内未发现涉药单位经营使用不合格批次的胞磷胆碱钠注射液。开展医疗器械“五整治”回头看专项检查，共出动执法车辆16车次，出动执法人员44人次，检查医疗器械产品经营企业33家次，医疗器械使用单位19家次，下发责令改正通知书7家，查处医疗器械违法案件1起，罚没款1万元。开展农村地区制售假劣药品违法犯罪行为专项行动。2015年9月9日，县市场监督管理局和县公安局联合执法中发现3起涉嫌销售假药案，经市食品药品监督管理局鉴定销售假药，情节严重，涉嫌犯罪。根据《中华人民共和国行政处罚法》第二十二条规定，移送县公安局处理。开展医疗器械经营企业日常监督检查。2015年4～11月，开展医疗器械经营企业日常监督检查，出动执法车辆10车次、执法人员33人次，检查医疗器械经营企业56户次。开展无菌和植入性医疗器械监督检查。出动执法车辆5车次、执法人员16人次，共检查避孕套、隐形眼镜医疗器械产品经营使用企业18家次。

二是做好行政许可及GSP认证工作。县市场监督管理局严把行政许可关，规范高效做好行政许可工作。2015年1～10月发放《药品经营许可证》40家（其中新办6家，换证34家），二类医疗器械经营企业备案7家、注销《医疗器械经营企业许可证》1家，有33家药品零售企业完成新版GSP认证工作，56家药品零售企业完成新版GSP材料申报工作。保健食品经营新备案4户，延期备案18户。

三是开展药械抽验工作。根据药品市场监管实际情况，制定药品抽验计划，遵循客观、公正、科学、合理原则，确定易出现不良反应品种、降价幅度较大的品种和同品种价格相差悬殊的低价品种、违法广告宣传的药品品种、近两年药品质量公告中公告的不合格品种等为抽验重点范围及重点品种，完成市局下达的76批跨年度药品监督性抽验、3批药品流通环节胶囊制剂药品专项抽验、医用脱脂棉、一次性使用输液器2批次医疗器械抽检任务。

四是做好药品不良反应监测工作。江川县不断完善监测网络和监测机制，加强监测人员培训，督促相关单位建立和执行《药械不良反应报告制度》，出台《药品不良反应和医疗器械不良事件监测报告奖励制度》，药械不良反应监测工作取得了显著成效。2015年，共上报药品不良反应139例，医疗不良事件41例。

【消协、消费者权益保护】 一是组织召开2015年“3·15国际消费者权益日”第四届第三次理事座谈会。二是组织县公安局、安监局等九个理事成员单位开展新消法、新权益、新责任及“携手共治、畅享消费”为主题的宣传咨询服务和执法活动。全县宣传咨询服务共设立4个现场宣传咨询服务活动点，发放宣传材料2万余份，挂宣传布标4幅，现场接待消费者咨询300余人次。三是组成8个市场检查执法小组，对家用电子电器、服装鞋帽、装饰装修材料、交通工具、有关服务领域等五大类商品和服务开展市场检查，抽检手机6组。四是加强集贸市场检查，整治短斤少两欺诈消费者的违法行为，加大对农资、农药等农资市场检查力度，对全县家用电子电器市场、服装鞋帽市场、装饰装修材料市场、农资市场、县城大街市场、老街兴市场的计量器、成品油市场、音像文化网吧市场、食品药品市场、卷烟市场进行专项执法检查。共出动执法车辆16辆次、人员73人次，检查各类经营户238户。执法检查中查获过期农药41瓶，非渠道卷烟案件1起，涉案卷烟4.4条。五是开展流通领域服装质量专项整治工作。对辖区内流通领域服装质量进行专项检查，共抽检6组。出动执法人员105人次，车辆40辆次，检查服装经营店铺453户。六是充分发挥12315消费者投诉举报网络作用，及时受理和依法处理消费者有关咨询、投诉、举报，切实保护消费者合法权益。2015年，共接到消费投诉45起，受理45起，成功调解45起，为消费者挽回经济损失44919元；电话咨询215起，举报10起。

【行政执法】 一是与公安局共同开展打击传销活动，加强对流动人口出租房屋、交易市场监管。同时继续深入开展无传销县创建活动。开展2015年打击传销创建无传销城市工作，紧紧围绕“平安云南”建设目标，严打严控，传销回流反弹趋势得到有效控制，社会面“拉人头”式聚集型传销基本清除，打击防范传销和创建无传销城市工作取得实效。有计划有组织开展2015年传销重点地区专项整治行动工作，全面排查整治传销问题突出的重点区域、重点部位和重点地段，对传销人员容易藏身落脚和传销团伙易于聚集活动的城乡结合部、城中村、居民小区、社区的出租房屋、宾馆旅店、网吧、学校及周边等重点场所，进行专项检查，加强社会治安排查整治，人民群众最关心的突出治安问题得到有效整治。出动执法人员100人次，执法车辆15台次，检查单位95户。在开展打击传销工作的同时，加大对直销的监管力度。对全县市场进行调查，全面掌握江川县直销市场的基本情况，坚持行政指导和教育督导相结合，行政指导与执法办案相结合，检查与宣传相结合原则开展工作。出动检查人员47人次，检查非服务网点店铺、经销商28户，规范市场经营行为。做好日常监管工作，坚持长期抓，反复抓，协调联动、严查严管，严打传销违法犯罪行为。高度关注辖区内的传销新情况，分析研究打击传销工作的问题、难题，与公安部门加强联系，交换打击传销工作信息，做到资源共享，相互促进，使工作落到实处。畅通举报投诉渠道，认真受理传销工作的投诉举报工作。加大宣传，发放宣传材料530份，发布警示提示18条，

营造全县防范打击传销的良好氛围。二是积极与文化、公安部门配合，共同开展“扫黄打非”活动。按照上级部门安排部署，开展2015“扫黄打非”专项行动。4月至9月开展“净网”专项行动，严厉打击网上淫秽、色情信息传播，对全县网点进行检查，有效净化网络环境。共出动执法人员20人次、车辆4台次，检查单位20户。4月至10月开展“清源2015”专项行动，严密封堵印制、销售、传播反动出版及信息的网站，对全县的网上代销反动出版物的网站、窝点一律落地查人，依法办理。共出动执法人员200人次、车辆50台次，检查单位254户。在春、秋季和“六一”国际儿童节前后开展“护苗2015”专项行动，深化打击有害和非法少儿出版物及信息的工作，加大日常监管，严厉打击违法犯罪活动，净化江川县文化市场环境。5月至11月开展“秋风2015”专项行动，加强对全县出版物市场监督管理工作。三是加强反走私综合治理工作。依据江川县经济发展的总体部署和要求，坚持和完善“联合缉私、统一处理、综合治理”的缉私体制，健全打击走私各项工作机制，以乡镇、街道和有关部门共同针对突出走私问题开展联合行动，共检查个体户700家次、超市100家次、冷库10家次、农贸市场20次，出动车辆120台次、人员210人次。抓住要害，突出重点，深化打击，坚决遏制走私高发态势，规范市场经济秩序，维护全县食品安全和社会稳定，为促进全县经济社会持续发展作出贡献。四是积极查办经济违法案件。截至10月30日，全局共办理案件74件，其中一般程序案件49起，简易程序案件25起，核审案件罚没金额20余万元，实际收缴到帐15.68万元。

【广告监督管理】 严把广告主体准入行为，广告战略实施稳步推进。做好对各类广告发布的受理审核登记，开展广告发展现状调研，建立相应台账，谋划本辖区广告发展战略，推进广告监测系统建设，开展虚假违法广告专项整治。截至年底，全县共有广告经营户21户（其中有限公司1户、个体工商户20户）。全年共受理审核发放户外广告登记证62户、广告备案登记71户。加大媒体广告监测和案件查处力度，规范广告市场秩序。

【商标监督管理】 一是指导辖区商标注册申请工作。2015年，江川县认真开展辖区商标注册申请工作，共指导办理商标注册申请13件，超额完成2015年12件的工作目标任务。二是积极推进玉溪市知名商标培育申报工作。2015年，江川县知名商标培育的对象是江川县大街镇百姓眼镜配戴中心的“百姓BAI XIN”商标及云南宏斌绿色食品有限公司的“宏斌”商标，通过努力，完成全年玉溪市知名商标申报2件的工作目标任务。三是完成著名商标申报工作。2015年以来，县市场监督管理局拓展思路，通过对全县商标品牌梯队企业进行梳理排查，将各项争创指标进行同行业比对，深入企业掌握第一手资料，了解掌握“红尊红”、“源天”及宁党柱的鞭炮、焰火图形等3件商标的使用情况，为企业提供咨询服务和建议，努力推动企业争创云南省著名商标，并帮助企业对申报材料进行初审，将初审后的材料进行制作装订，并在规定时间内将符合申报条件的3家商标的申报材料及时送达市局，超额完成云南省著名商标申报指标数。江川县的著名商标指标数为2件，2015年申报数3件，到期重新申报数3件。四是开展指导申请注册地理标志商标工作。2015年江川县为保护江川的知名品牌，搜集整理“江川大头鱼”象征性地理标志和重要商标资源，在以前申报商标的文字图案设计基础上，顺利通过国家商标局核审，并于6月获得地理标志证明商标注册证。五是指导中国驰名商标申请及认定工作。在企业积极争取以及江川县多方努力下，云南宏斌绿色食品有限公司的“宏斌Hopen”商标被国家工商总局商标局认定为中国驰名商标。五是认真开展商标管理工作，制定保护商标专项权专项行动工作实施方案。江川县按照上级要求，制定《2015年江川县工商系统保护商标专用权专项行动实施方案》，在全县范围内紧张有序地组织开展保护商标专用权执法检查活动。六是扶持奖励知名商标、著名商标。根据玉溪市《实施商标战略奖励办法》，结合江川县实际，对2014年江川县荣获玉溪市知名商标、云南省著名商标的8家企业进行奖励。

【计划财务工作】 2015年，县市场监督管理局按照“财务收支管理制度”和“财务管理制度”规定，在支出方面，坚持开源节流、量入为出原则，提高资金的使用效益，保障市场监督管理工作顺利进行。在行政性收费方面，执行项目及法规依据定位准确合法，严格执行“收支两条线”规定，所有行政性收费及罚没收入全额上缴县财政，做到应收尽收，应缴尽缴。

【信息化建设】 2015年，以提升运用水平为重点，加快推进信息化建设。2015年底，全局实现1人一台电脑，一个机构一台打印机，提高信息化硬件水平。加强信息化人员素质建设，配合市局开展网络商品交易监管信息平台试点建设，完善12315数据库和数据分析中心建设，开展食品和重点商品市场准入监管信息平台试点建设、完成非公有制经济组织党建数据录入。推进执法办案信息化应用，2015年所办案件录入计算机，实现资源共享。根据职责分工，明确一名信息员编写本局《简讯》上报市局和县委办、政府办，并积极向各类新闻媒体投稿，2015年共编写《简讯》30期107篇，被江川网采用11篇、江川政务采用4篇、市局采用19篇，省工商局政务信息采用6篇，云南经济日报采用2篇。

（章智凡）

安全生产监督管理

【概　述】 2015年，县安监局围绕县委、县政府中心工作，贯彻习近平、李克强等中央领导关于安全生产的一系列重要批示精神，进一步强化“红线”意识，围绕“健全完善安全生产责任体系，加大隐患整改治理力度，坚决遏制重特大安全事故，确保生命财产安全”工作目标任务，履行安全综合监管职责，加强对全县非煤矿山、烟花爆竹、危险化学品等重点企业监管，深入开展安全生产大检查、隐患排查治理、“打非治违”专项行动，确保全县安全生产形势持续稳定。

【安全生产指标控制情况】 2015年，全县工矿商贸及生产经营性道路交通事故发生6起，同比升50%；死亡5人，同比升25%；受伤0人，同比持平；直接经济损失167.93万元，同比上升138.20%。其中：工矿商贸企业发生事故3起，死亡2人，受伤0人，直接经济损失167万元；生产经营性道路交通事故发生3起，死亡3人，直接经济损失0.93万元。市政府下达江川县的安全生产控制指标5人，实际死亡5人，全县安全生产指标控制较好，全县安全生产形势稳定。

【安全生产责任体系】 根据全市安全生产工作会议精神，县政府于2015年3月9日上午召开全县安全生产工作会议。会议全面总结2014年全县安全生产工作情况，对做好2015年安全生产工作进行安排；县委常委、副县长李志刚代表县政府与13个部门、7个乡镇（街道）、1个工业园区、8户企业签订2015年安全生产目标责任状，明确各责任单位及工作职责，将责任落实到部门、乡镇（街道）和县工业园区管委会。同时，县长与8位副县长分别签订《2015年度“一岗双责”安全生产目标责任书》，明确县政府领导班子成员安全生产责任。

切实构建“党政同责、一岗双责、齐抓共管”安全生产责任体系。县委、县政府高位推动，出台《江川县安全生产党政同责暂行规定》《江川县县级有关部门安全监管职责暂行规定》《江川县人民政府关于明确县长副县长“一岗双责”安全生产责任的通知》，下发《江川县人民政府关于调整江川县安全生产委员会成员的通知》对县安委会成员单位作出调整。全县7个乡镇（街道）、1个工业园区也出台相关文件，落实乡镇（街道、园区）主要领导担任安委会主任，细化乡镇（街道）党政领导班子成员安全生产监管职责，划分各下属中心（站所）安全监管职能，明确承担安全监管职责机构，配备专职安全监管人员；72个村（居）委会（社区）也召开会议，按照要求明确村（居）委（社区）书记、主任为本行政区域安全生产第一责任人，明确其他村（居）委（社区）干部的安全生产职责。切实构建“党政同责、一岗双责、齐抓共管”的安全生产责任体系。

【隐患排查治理】 2015年，县安监局共对监管监察范围内的524户生产经营单位进行监督监察199户，474户次。其中，非煤矿山84户次，填写现场检查记录82份，查出隐患225条，整改222条，整改率为98.6%；工贸企业86户次，填写现场检查记录81份，查出隐患280条，整改278条，整改率为99.2%；危险化学品生产经营单位104户次，填写现场检查记录74份，查出隐患102条，整102条，整改率为100%；烟花爆竹生产企业167户次，填写检查记录

166份，查出隐患372条，整改372条，整改率为100%。对13起违法行为进行了立案处罚。

【联合执法】 按照省、市关于开展严厉打击非法违法生产经营建设行为专项行动及安全生产大检查的统一部署，县政府制定行动方案，成立领导小组，明确工作职责，各部门认真履职，密切协作，切实采取企业自检自查、部门全面检查、政府督查等方式，深入开展“打非治违”、安全大检查专项行动，依法严厉查处一批非法违法生产经营建设行为，有效整治消除一批事故隐患。2015年，共深入企业2201户次，查出安全隐患4390条，整改4056条，整改率92.4%；治理纠正违规违章行为1367起，经济处罚26.73万元，责令停产整顿21起；整治道路交通违规违章行为37130起，经济处罚751.36万元。对5项重大安全隐患分别上报市、县政府挂督办，并按照“五落实”要求，督促企业抓好整改工作，有效消除事故隐患，确保安全生产。

【安全生产大检查长效机制】 为探索和创新安全监管方式，强化落实安全生产“两个主体”责任，建立健全安全生产大检查长效机制，督促企业开展自检自查，上网填报安全隐患排查情况，通过网络科技力量达到安全检查监管目的，进一步提高安全监管效能。江川县列入安全生产大检查长效机制管理系统填报的共有116户企业，涵盖全县的非煤矿山、危险化学品、烟花爆竹、工矿商贸、建筑施工、道路交通、电力等行业领域。2015年以来，开展填报工作的企业共有114户，自查填报率98.28%；查出一般隐患662条，整改551条，整改率83.23%；其中安全监管部门监管范围内的82户（含停产暂不需填报企业6户）企业每月需要填报1次，已按要求进行填报，填报率达100%。

【非煤矿山专项整治】 以开展非煤矿山“三项监管”及转型升级工作为契机，对全县非煤矿山企业基本情况进行普查登记，制定下发《江川县非煤矿山转型升级实施方案》，计划全县28座非煤矿山通过转型升级后到2017年年底保留19座。组织28户非煤矿山主要负责人进行谈心对话。开展隐患排查整治工作，共检查企业84户次，查出安全隐患225条，整改222条，整改率98.6%；上报县政府挂牌督办重大安全隐患1起，已整改完成；对3起非法违法行为进行处罚，并罚款0.5万元。

【危化品企业专项整治】 制定下发《江川县安全生产监督管理局开展危险化学品和易燃易爆物品安全专项整治工作方案》，成立专项整治工作领导小组，对危险化学品企业进行安全检查104户次，查出安全隐患102条，整改102条，整改率100%；上报市政府挂牌督办重大安全隐患1起，已整改完成；查处非法违法行为1起，罚款3万元。督促68辆危货运输车辆安装紧急切断装置，按照一车一档要求规范档案管理。

【烟花爆竹生产企业专项整治】 按照省、市烟花爆竹安全生产攻坚要求，围绕将烟花爆竹企业压缩至8户以内目标，加大烟花爆竹行业整合力度，6户企业已达成深化整合协议，并完成生产布局调整，按期完成技改工作；其余7户企业全面关停；2户制定限期关闭退出方案。加大安全监管力度，严厉打击非法生产经营烟花爆竹行为。2015年以来，对烟花爆竹生产经营企业进行安全检查167户次，查出安全隐患372条，整改372条，整改率100%；查处非法违法行为6起，罚款13.9万元，处置销毁亮珠17.1吨、引火线200万米、黑火药600千克、礼花弹750件、超标电光炮710个、导火索1000余米、火雷管251枚。全县未发生烟花爆竹安全生产事故，实现烟花爆竹安全生产形势持续稳定。

【工贸企业专项整治】 根据省、市关于开展金属冶炼行业等四个专项整治工作要求，召开工贸行业安全生产业务培训会。对涉及金属冶炼、有限空间作业、涉氨制冷企业、粉尘爆炸企业进行全面摸底调查，分类建立安全监管台账。共检查工贸企业86户次，查出隐患280条，整改278条，整改率99.2%，上报县政府挂牌督办重大安全隐患1条，已整改完成。

【职业危害专项整治】 严格按照《建设项目职业卫生“三同时”监督管理暂行办法》等相关规定，受理建设项目职业卫生“三同时”项目申请4个，核发审核意见书4份，职业病现状评价报告书备案3份。共检查50户企业，查出问题54条，整改51条，整改率94.44%；查处非法违法行为1起，罚款1.02万元。

【查处安全生产事故】 2015年，共发生3起工矿商贸安全生产事故，造成2人死亡，每一起事故都严格按照相关要求，成立由县安监局牵头，县监察局、县公安局、县总工会等负有安全生产监督管理职责的相关部门和事故发生地人民政府（街道办事处）相关领导组成的事故联合调查组，并邀请县检察院派员参加，对事故开展全面调查，收集资料。在认真调查分析的基础上，查清事故原因，分清事故责任，提出处理意见和整改措施，写出调查报告，追究相关责任人责任。在事故处理过程中始终把查处事故背后的失职渎职行为和腐败问题列入事故调查的必备程序，严格按照“四不放过”原则深查细究。

【安全生产许可】 为从源头上防范和减少事故，按照规范审查、严格条件、明确程序、确保质量的总体要求，严格遵循“公平、公开、公正”原则，2015年，完成危险化学品建设项目备案2项，危险化学品经营许可证新办证28件、延期换证62件、注销50件；非煤矿山3户通过安全设施设计竣工验收，办理安全生产许可证延期换证9件、变更2件，新取证3件，注销2件；烟花爆竹生产企业3户经过改造，通过安全评价，取得安全生产许可证。

【应急救援】 2015年，江川县共举办5次应急救援演练，分别为玉溪市烟草公司江川县分公司高层建筑综合消防演练、江川供电有限公司办公大楼消防应急演练、云南天湖化工有限公司高处坠落事故应急救援演练、云南江磷集团股份有限公司尾气泄漏事故演练、云南省江川大庄星云湖畔烟花火炮厂火灾事故应急救援演练。在2014年应急救援物资普查基础上，2015年9～10月再次对本县行政区域的应急救援装备、应急物资进行补充核查。江川县现有29个单位有应急救援装备共413套（组），5个单位有应急救援物资共116套（组）。及时把《企业安全生产应急管理九条规定》宣传贯彻到有关企业，督促企业认真落实好安全生产应急管理第一责任，并督促应备案应急救援预案的81户企业备案应急预案92个。

【安全生产宣传教育】 以“加强安全法治、保障安全生产”为主题，深入开展安全生产月宣传活动，共发放多种样式的宣传资料10000余份，展出食品安全、交通安全、火灾安全等展板28块。9月7日，县安监局联合县司法局深入云南阳光食品有限公司开展“送法进企业”活动，向企业员工宣贯新《安全生产法》和安全生产知识，企业50多名员工参加培训讲座，共发放安全生产宣传资料50余份。督促非煤矿山、危险化学品、烟花爆竹等企业严格落实“三项岗位”人员持证培训和新上岗人员岗前培训。2015年，在市劳动保护科学技术学会支持下共培训（取证、复审）非煤矿山、危险化学品、烟花爆竹、其他工贸企业“三项岗位”人员473人，一般从业人员1456人。

（闵曦予）

国土资源

【概　述】 2015年，县国土资源管理工作按照2015年全县国土资源工作会议确定的各项工作目标，按照中央、省、市国土资源管理新论述、新要求，科学分析，因地制宜，突出特色，紧扣县委、县政府的经济社会发展目标，不断创新国土资源管理工作，努力做到保护资源更加尽职尽责，利用资源更加节约集约，维护群众权益更加尽心尽力，为促进全县经济社会发展提供坚实保障，谱写“美丽江川”新篇章作出新贡献。

【耕地保护和建设】 建立健全耕地保护责任制，坚持用途管制制度，加强耕地保护的制度化、规范化和日常化管理。严把非农建设项目用地审批中用地预审或规划审查环节，切实加强基本农田保护巡查，把违法占地行为消除在萌芽状态，确保耕地保护责任目标至2015年耕地保有量不得低于25.5万亩，基本农田保护面积不得低于21.288795万亩。积极开展江川县耕地质量等别年度更新评价、土地定级与基准地价更新测算工作，各项成果资料已通过上级部门审查备案，基准地价需更新的县城、集镇和片区初步成果完成，测算成果经省国土资源厅评审验收并经县政府批复批准实施。

【土地供应】 2015年1～10月，江川县共供应土地35宗，面积26.225687公顷，价款7633.2893万元。其中：以招拍挂协议方式

出让土地32宗，面积12.286487公顷，出让价款6802.19万元；土地用途城镇住宅用地26宗，商住用地1宗，公共设施用地1宗。以划拨方式供地3宗，面积13.9392公顷，价款831.0993万元。其中公共设施用地2宗，医卫慈善用地1宗。原划拨用地变更为协议出让5宗，面积0.8381公顷，价款121.69万元，土地用途为住宅用地4宗、工业用地1宗。

【土地征转】 进一步加强土地储备工作，推进储备土地前期开发整理。与三街六组签订工业园区（一期）三批次用地征地协议及林木补偿协议，补偿费用共计5206.4507万元；与江中路片区博源彩印厂、废品厂、废铁厂签订拆迁补偿协议，补偿费用共计155.6269万元；江中路片区城市综合体110KV、35KV、10KV等5条电力线路搬迁，项目总投资1345.18万元。签订工业园区低丘缓坡（一期）二批次用地中8家地上附着物补偿协议，补偿费用3112.5093万元；江通公路雄关段征地协议及附着物协议签订；晋江公路及110KV棋盘变电站征地重合面积工作对接，正开展晋江公路退让协议签订及110KV棋盘变电站征地工作。无偿收购江城镇人民政府国有建设用地1宗，面积7700平方米。做好2015年第一批次城镇建设用地报件组件工作，转用征收面积为47.7159公顷，其中农用地41.8139公顷（耕地15.2110公顷），建设用地5.7248公顷，未利用地0.1772公顷。2015年，审批临时用地3宗，面积10.2331公顷。备案设施农用地5宗，面积0.9117公顷。报县政府审批九溪镇鸡窝村、马家庄宅基地共78户，面积0.8560公顷。切实维护农民合法权益，规范征地程序，严格落实征地补偿标准。2015年1～10月，共兑付被征地农民集体征地费1519.7800万元，地上附着物兑付722.4402万元。

【土地利用管理】 严格执行《建设项目用地预审管理办法》，做好建设项目用地预审工作，2014年共预审建设项目2个，分别为南方航空护林总站江川直升机场暨南方森林航空消防训练基地建设项目和江川县前卫敬老院项目，面积10.4881公顷，其中耕地1.4954公顷。

【规划修编】 开展土地利用总体规划评估修改工作。组织开展江川县土地利用总体规划调整完善工作。该项工作在相关部门配合下完成资料收集，编制完成规划中期评估报告和资源环境承载力评价专题研究初稿。

【土地开发整理】 做好土地整治项目和补充耕地项目建设，完成安化乡新庄村土地整治、江川县九溪等2个乡镇鸡窝等6个村土地开发整理（补充耕地）项目，项目建设规模为515.76公顷，总投资1674.91万元，新增耕地128.95公顷。安化乡新庄村土地整治项目组织终验；组织实施九溪镇大营等4个村土地整治、路居镇红石岩等2个村土地整治（补充耕地）、江城镇陈家湾等7个村土地整治（补充耕地）项目。

【基本农田划定和高标准基本农田建设】 江川县按时按质推进基本农田划定工作，建立基本农田划定数据库。全县划定基本农田保护片块629个，面积共计15122.46公顷，于7月20日省厅组织验收。江川县根据相关整改意见，及时对该工作进行整改，并按要求按时提交相关成果资料。

【矿政管理】 健全和完善矿业权审批、管理的各项制度，补充完善江川县矿业权设置方案。执行《江川县矿业权设置方案》及《江川县矿产资源规划》，对新设置的江川县大街镇哨房村虎马山建筑用白云岩矿和江川县上头营砖瓦用页岩矿进行公开挂牌出让；完成2015年矿山储量动态测量工作计划编制，完成16家矿山开采利用现状实地测量工作，对2014年矿山储量动态测量作业单位进行考核；加强矿山地质环境保护；做好建设项目压覆矿产资源审批管理工作，完成建设项目矿压查询8件；妥善处理矿山开采中的各种矛盾纠纷，协调处理矛盾纠纷3件；开展江川县第三轮矿产资源规划编制前期工作，加强路域环境源头整治，完成矿山开发利用统计网上报送，年度矿业权年检网上报备，矿产资源补偿费征收网络直报工作；严厉打击矿产资源开发领域违法勘查开采行为；对采矿权到期矿山进行妥善处理，办理延续登记手续，收取价款（出让金）72万元。收缴矿山地质环境恢复治理保证金215.82万元。规范采矿权转让市场；并对临时申请开采普通建设用白云岩和粘土进行临时审批，共办理临时开采审批手续7件。配合做好江川县非煤矿山转型升级工作，采矿权到期预警，开展好矿山开采利用监督检查工作。

【地质灾害防治】 做好地质灾害防治工作。编制完成2015年地质灾害防治方案、应急预案。健全和完善江川县地质灾害汛期值班制度、地质灾害巡查制度、地质灾害应急调查制度、地质灾害险情通报及月报制度和地质灾害“三查”、“两卡”发放制度和监测人员管理制度，落实监测人员，建立手机短信平台，及时了解气象信息，牢牢把握地质灾害预防的主动权。建立地质灾害防治群测群防体系，“三表两卡一通知”全部发放到位，做好汛期前的巡查排查、监测工作。加强地质灾害防治宣传培训，发放宣传画720份并张贴得当，30块警示牌醒目，撤离路线明确，避险场所安全。开展地质灾害应急演练工作，增强村民避灾实战能力，提高广大群众的防灾避灾意识。开展地质灾害汛前、汛期核查、排查及巡查工作。汛期以来江川县共发生3起地质灾害，直接经济损失4.5万元，无人员伤亡。积极开展地质灾害治理与搬迁避让工作。共投资19万元对7个小型地质灾害点进行治理。重点对路居东大河特大型泥石流地质灾害治理项目前期工作、前卫镇杨家咀小学应急抢险治理工程、九溪镇六十亩地质灾害治理项目进行督促监管。大街水箐沟搬迁避让项目、蔡家庄搬迁避让项目及九溪小营搬迁项目进行监管，配合路居镇做好红石岩村委会米汤水村因地质灾害搬迁避让项目申报工作。

【执法监察】 开展土地、矿产动态巡查。2015年，共开展常态化巡查660次，重点巡查30余次，及时发现制止各种土地、矿产违法违规行为100余起。开展多部门联合执法，依法查处矿产资源违法行为。依法对辖区对非法盗采矿产资源违法行为进行查处与制止。截至10月，县国土资源局依法查处和制止13起违法开采矿产资源违法行为，共收缴罚没款7万元。做好土地批前踏勘与批后监管。严格落实土地审批前踏勘制度，先后对11个建设项目进行现场踏勘。加强土地批后监管，依托全国土地监测监管平台，建立项目用地批后监管联系单、项目用地监管台账、监管日志及项目开竣工监管情况跟踪表，对近3年来的65宗项目用地实行全程监管。开展2015年卫片执法工作。2015年下发图斑数据207个，面积1710.4亩，耕地面912.46亩。认定为新增建设用地图斑131个，面积795.3亩，耕地面积432.00亩；认定为非新增建设用地图斑76个。判定为违法用地图斑114宗，违法用地查处整改到位81宗，完善设施农用地手续3宗，拆除复耕的违法用地5宗，查处违法案件并结案25宗，申请法院强制执行13宗。对6人进行责任追究。

【矿山安全生产】 开展矿山安全生产与专项整治活动。一年来，县国土资源局贯彻落实市、县关于安全生产大检查、大排查的一系列指示和文件精神，建立健全矿山安全生产定期检查、巡查和登记制度，签订县国土资源局安全生产目标责任书，先后3次组织对全县27个矿山进行综合整治和专项检查，共查处一般隐患32起，整改项目31项，主管部门抽查47次，常态化巡查128人次。对35家劳动密集型企业违法用地进行看专项整治活动，清理上报13家。

【地籍测绘管理】 2015年共颁发国有土地使用证1053本，集体土地使用证31本（变更登记），他项权利证505本。完成2014年地籍进度汇总统计工作和2014年城镇地籍汇总工作。起草《关于调整划拨国有土地使用权交易补缴出让金金额标准的通知》，取消土地收益金收缴。完成安化乡新庄村照壁山、光山村长岭岗1：500地形测量并通过市级验收；组织人员对全县测量标志进行检查，对15个似大地水准面精化测量标志点进行重点维护管理，按标准制作保护碑，并全部埋设完毕。

【土地变更调查】 完成2014年土地变更调查工作，共计：207个遥感监测图斑，面积1710.4亩，经过实地调查、分析研究、分类处理，做好上报图斑中新增耕地复核，土地变更调查道路以外监测图斑的复查及信息套合工作；开展全国第一次地理国情普查工作。配合省、市普查办完成江川县第一次全国地理国情普查工作外业验收。3月底，组织人员对第一次地理国情普查工作外业验收的整改情况进行复查。并开展标准时点更新工作，于10月通过省测绘局质量检查。

【依法行政】 做好本局行政执法、行政处罚、规范性文件等法律文书审核工作。按行政审批制度改革要求，完成本局行政许可

项目清理上报，申请取消管理服务事项1项、行政许可2项，压缩行政审批时限。制定《江川县国土资源局重大行政决策程序规定（试行）》，进一步完善重大行政决策制度，规范重大行政决策行为。

【不动产登记中心成立】 江川县于2015年10月正式成立不动产登记中心，贯彻和执行有关不动产登记的法律、法规，主要负责江川县范围内土地、房屋、林业、草原、农村土地承包经营权等不动产登记等各项相关工作。做好不动产登记职责整合工作，形成《江川县关于不动产登记职责整合的调研报告》，并于7月31日完成不动产权籍调查工作。建立县不动产登记工作领导小组和联席会议制度，稳步推进职责整合工作。起草《江川县不动产统一登记工作方案》，明确工作目标、工作原则、不动产登记范围和各个阶段工作任务及责任部门，并于全县不动产登记改革工作会议上宣布成立不动产登记股和不动产登记中心，签订人员移交协议，完成房管及林权部门共计7人的人员移交手续，于11月完成挂牌。

（李朋利）

建设·环保

编辑　余立言

住房和城乡建设

【概　述】　2015年，县住房和城乡建设局围绕建设富裕和谐美丽新江川目标，突出“强服务、惠民生、促发展”，扎实推进住房和城乡建设各项工作。至2015年底县城建成区面积5.5平方千米，城镇化率38.3%，城市主要街道27条，总长25.94千米，道路硬化率达98%，日清扫面积86.8万平方米，县城绿化覆盖面积144.16公顷，绿化覆盖率30.5%，公共绿地面积131.07公顷，绿地率24.73%，供水人口达12万人，供水管网达10.69万千米，排水管网总长68.04公里，日供水能力1.9万立方米，日处理污水能力2万吨，污水收集率83.2%，生活垃圾无害化处理率100%。

【规划编制】　充分发挥规划在城乡建设与管理中的龙头引领作用。做好“四规合一”工作及编制县城控制性详细规划，完成江川区规划编制和上报审批工作。完成县城上营、下营、大街社区棚户区改造规划，进一步完善县城绿地、交通、市政基础设施、公共服务设施、城市设计与色彩规划、地下管线、地下空间等专项规划。推进前卫、安化、雄关乡总体规划完善、调整、修编工作，提升完善沿湖沿路重点村庄规划。做好“百村示范、千村整治”村庄规划编制工作，至2015年7月，完成4个示范村、44个整治村庄的规划编制，并通过专家评审论证。

【规划管理】　严把规划项目审批关，提请上报县规委会通过县城户外广告专项规划、江川县生活垃圾综合处理项目、大头鱼新建建筑、玉溪市城际天然气管道、小马沟旧村改造修建性详细规划、宁海路宝凤路路面修补、广电网格7个规划建设方案。严格按照三级审查制度分级审查，对抚仙湖药王谷国际养生度假村、云南抚仙湖原乡民俗风貌区项目两个项目进行项目初审。办理建设用地规划控制指标6件；建设项目“两证一书”48件（其中：选址意见书4件、用地规划许可证6件、工程规划许可证38件）。

【“两污”项目】　全面实施城乡垃圾整治工作，划拨专项资金325万元，完成全县72个行政村、345个自然村的城乡垃圾整治考核工作。投资9400多万元，积极推进餐厨垃圾无害化处理项目实施，工程进入施工阶段。完成北片区污水处理厂新建6千米配套管网工程建设任务（实际完成7千米）。启动江川县老污水处理厂提标改造工程，概算总投资2301.51万元，完成投资190万元，完成项目的可研、环评、招标代理等前期工作，于2015年5月开始招投标，因两次招标均失败，已报省发改变更招投标形式。

【保障性安居工程】　2014年保障房建设目标任务是600套（廉租房300套、公租房300套），总建筑面积37973.98平方米，总投资9799.89万元。工程主体结构已封顶，正在做装修装饰工程。至2015年底完成分配入住2379套，分配入住率为76%。2015年申请公租房通过审核848户，分配入住

454户，剩余申请户直接进入下一轮保障性住房分配范畴。

【棚户区改造】 2015年市级下达江川县121户棚户区改造任务。50户安排在上营社区，工程基本完工，尚未竣工验收；其余71户为县城星云路明珠路振兴街街区整治工程涉及的部分改造拆迁户，已签订货币补偿协议。成立江川县星云建设开发投资有限公司作为承贷体，并积极与国家开发银行、农业发展银行开展棚户区改造资金申贷，各项工作有序推进。

【农村危房改造】 完成2015年市下达的农村危房改造和抗震安居工程建设目标任务4600户。发放云南省农村危房改造和抗震安居工程建房明白卡12000余张，狠抓工程进度和质量，建设开工率、信息录入率均达100%，竣工率达80%。

【街区整治】 为提升县城品位，树立城市形象，对县城宝凤路、宁海路、星云路、明珠路、振兴街、文明街、抚仙路、湖滨路、景新路进行街区整治。项目总投资1.38亿，已完成星云路、振兴街、明珠路三条街区整治。

【房地产开发与管理】 2015年房地产开发项目有龙旺湖城、古滇国城、星云铭城等14个项目，完成销售备案登记388件，面积7.04万平方米，销售总价4.24亿万元，均价为6029元/平方米。房屋所有权初始登365件，转移登记1025件。完成抵押登记面积29.10万平方米，房屋所有权证书登记1648件，缮发房屋所有权证书2716本。办理预售许可证2件，预售面积为11.02万平方米。维修资金专户12个，金额2920万元。

【建筑业和燃气业管理】 完成资质以上建筑业总产值3.99亿元，与上年同期相比增长37.8%。年初召开江川县建筑安全工作会议，签订安全生产目标管理责任书19份，层层落实安全生产责任制。开展建筑安全检查16次，检查在建工地198次，发整改通知书87份，提出整改意见和措施708条。审批项目合同初始备案214项，办理建设工程建筑施工许可证34份，建筑面积22.24万平方米，总投资4.21亿元。开展燃气安全检查8次，发整改通知书13份、责令停业通知书1份，做燃气安全现场检查记录135份，提出各项整改意见和措施72条。

【供排水保障】 为保障大众的用水需求，组织人员定期对供水片区巡查10次，共13.2万户。巡查二次供水水池286个，下发清洗建议通知110份，查处违章用水2起。创新服务机制，落实惠民政策，低保减免746人，减免水量20908立方米。积极推进农村户表改造工作，完成西河村委会1200户、云岩村委会500户水表的安装。全年实现安全供水268.53万立方米，水质达标率均达到100%。污水处理333.77吨，削减化学需氧量575.38吨，削减氨氮70.38吨。

【质量监督检测】 2015年全县质量安全报监工程65项，建筑面积28.92万平方米，总造价4.36亿元；续建工程21项，建筑面积43.45万平方米，总投资5.22亿元；竣工验收8项，建筑面积6.42万平方米；办理工程竣工验收备案15个单位工程，建筑面积10.65万平方米；办理施工机械使用登记物料提升机20台、塔式起重机4台、施工升降机11台；完成设备改造万能液压机2台，压力试验机2台及安装电子监控设备。贯彻实施建设工程唯一性标识见证取样工作，保证工程质量，促进全县建设工程管理信息化水平提高。完善监督手段，从源头上对进场的建筑材料进行严格检测，增强工程质量监督工作的科学性和权威性，受监工程质量安全情况总体较好。

【招投标工作】 执行中央、省、市《招标投标条例》，借鉴以往经验，实施招标的工程项目均严格按照工程量清单数量从严控制工程造价，保证各项工作及重大项目顺利推进。全县有形建筑市场进行招投标的工程建设项目有34个（62个标段），项目估算总投资2.98亿元，招标限价（拦标价）为2.8728亿元，中标合同价为2.8142亿元，浮动率为-2.0398%。

【执法监督管理】 组织住建系统干部职工开展“六五”普法考试1次，网上考试1次，在全局及建筑行业开展新《安全生产法》宣传活动和竞赛活动及保密法宣传活动。组织住建系统执法人员培训及换（发）证工作。开展住建局行政执法案件评查工作，送评执法案卷3卷。组织对瑞骐宾馆商住综合楼、阳光食品厂综合楼、“古滇国城”二期、九溪东村综合服务楼4件违法建设工程案件进行查处。完成抚仙湖“九龙晟景”项目整改处置工作。

【环境卫生管理】 按照《道路清扫保洁质量考核标准》，进行量化考核，做到日检月评。确保机械化洒水降尘率在85%以上，机械化清扫率达46.9%，全年清运生活垃圾31130吨，清运粪便85吨，处理垃圾31130吨。实现清扫保洁工作高效化和长效化，县城环境卫生管理水平稳步推进。

【园林绿化管理】 加强绿化养护考核制度，依据《江川县城市绿化承包管护检查考核实施细则》，坚持“日监”、“日巡”常态考核，强化督导，促进提升。形成每月15日、30日定期考核制度，根据检查、考核情况对发现的突出问题及时进行反馈，限时整改，全面提高园林绿化养护管理水平，为创建“省级园林县城”打下坚实基础。

【人民防空】 人防办自2007年成立以来，经历三次改革，于2015年8月并入县住建局内设股所级机构。按照省、市相关要求，把抚仙湖-星云湖生态建设与旅游发展综合改革试验区（旅游度假区）和工业园区纳入人防建设要求。积极开展人防工程清理整改、警报试鸣、人防地下室建设行政审批和易地建设费收缴等各项工作（组织人员对全县所辖的防空警报器线路进行检查和维修，并于9月18日成功试鸣防空警报。全年对不适宜修建防空地下室的项目进行易地建设行政审批8件，收取易地建设费全额缴入财政专户）。

【人大建议和政协提案】 自觉接受人大法律监督、政协民主监督。全年办理县人大代表建议案及县政协委员提案25件（其中人大代表建议10件，政协委员提案15件）、信访件13件，做到件件有答复、事事有回音，满意率、办结率达100%。

（郑文红）

住房公积金管理

【概　述】 住房公积金管理中心江川县管理部属于玉溪市住房公积金管理中心的派出机构。2015年，江川管理部在市中心直接领导下，以贯彻执行国务院《住房公积金管理条例》为主线，结合江川县工作实际，围绕实现住房公积金自身科学发展为主题，认真落实玉溪市住房公积金管理委员会《玉溪市住房公积金缴存、提取和贷款管理暂行办法》，促进江川县住房公积金各项工作健康发展。

【住房公积金归集】 2015年，江川县管理部继续加强《住房公积金管理条例》的宣传，根据《关于下达2015年度住房公积金归集使用计划》《关于同意江川县农村信用合作联社和澄江县农村信用合作联社办理住房公积金归集业务的通知》和市住建局安排，研究同意江川县农村信用合作联社开办新增单位住房公积金缴存业务。全年新增非公企业缴存单位11户计96人，不断扩大缴存住房公积金的覆盖范围。

2015年全县缴存住房公积金单位205个，共计7445人，缴存比例为5%～12%，缴存金额1042万元，比上年增长1.97%。累计归集86826万元。

【住房公积金提取】 根据玉溪市住房公积金管理委员会《关于放宽提取住房公积金支付房租条件的通知》文件精神，结合江川实际，放宽提取住房公积金支付房租条件。2015年江川县公积金管理部为江川县职工购建房住房、偿还公积金住房贷款本息等提取住房公积金人数2213人，共计提取公积金6759万元，比上年增加500万元，增长7.99%。累计提取54483万元。

【住房公积金贷款】 2015年，玉溪市住房公积金管理中心根据《玉溪市人民政府关于促进全市经济平稳健康发展的实施意见》做出的规定：“充分发挥住房公积金对住房消费的支持作用。”积极支持职工家庭合理的住房贷款需求，重点支持首套自住房贷款。提高住房贷款额度，将家庭户（夫妻）住房公积金个人住房贷款最高额度提高到50万元；单职工住房公积金个人住房贷款最高额度提高到35万元。缩短住房公积金贷款审批周期至10个工作日。提高住房公积金使用率，并逐步将住房公积金存贷比提高到85%。同时，继续实施住房公积金个人住房贷款置换商业银行住房贷款，减轻职工购房资金成本，让缴存职工真正得到实惠。

2015年江川县管理部支持职工购建住房发放住房公积金贷款6954万元，共计223户。比

上年同期增加1112万元，比上年增19.05%。累计发放贷款46820万元。

（杨红明）

环　保

【概　述】　2015年，县环境保护局牢牢把握全县环保重点工作，以生态文明体制改革、湖泊水污染防治、污染减排工作为重点，加大环境监管力度，强化队伍建设，提升服务水平，全力服务县域经济跨越发展，保障了辖区环境安全和环境质量改善。审批建设项目60个，办理“三同时”环保建设项目验收手续22个；污染源在线监控平台运行稳定；出动执法人员971人次开展480场次现场环境监察。

【星云湖保护治理】　星云湖流域水污染综合防治“十二五”规划项目共17项，计划投资4.5亿元。已完工投入运行16项、在建1项，项目完工率为94.11%，累计完成投资4.25亿元。一是积极推进流域污染治理。建成1万吨/日星云湖南片区污水处理厂，实施北片区和县城老污水处理厂管网扩建工程，建成垃圾转运站1座和自然式垃圾焚烧炉1座。二是扎实推进“四退三还”。全面退出星云湖一级保护区农田2380.7亩，建成湖滨缓冲带近5000余亩，栽种滇朴、中山杉等各类树种37万余株，建成带状调蓄预处理分配系统8.4公里、巡护道路20千米。在裸露湖滩上种植各类耐水耐湿树种8万余株（丛），湖泊生态保护屏障初具雏形。三是着力推进环境综合整治。完成30个沿湖村落环境整治工程，首批4条主要入湖河流综合治理项目已完成（东西大河、大街河、渔村河、螺蛳铺河）。四是加大湖泊内源污染治理力度。实施紫根水葫芦圈养1900亩，引进仿生式蓝藻去除设备，打捞藻浆7000余立方米，投放滤食性鱼类（鲢鱼、鳙鱼）500余吨。五是严控农业面源污染。落实《星云湖流域畜禽养殖业循环经济发展规划》，完成12个规模养殖场改扩建、搬迁工程，建成生物发酵床1万余平米、联户沼气池9个。六是加强林业生态建设和水土流失治理。建成防护林1.2万亩，开展公益林管护2.5万亩，治理水土流失面积22平方千米，减少土壤流失量55.5万吨，增加降水有效利用量1100万立方米。七是环境监管能力不断增强。高度重视，增加执法人员，建成业务用房，环境监管执法能力不断加强，建成江川县环境监测站，配置相关技术人员及设备，通过计量认证，具备湖泊水质监测能力，为星云湖保护治理提供科学依据。

【项目储备】　做好星云湖环湖截污及水资源循环利用工程前期工作，已完成项目建议书编制。积极推进星云湖污染底泥疏挖及处置工程。2015年9月6日，经多次协商谈判，县环境保护局与中交天津港航勘察设计研究院有限公司签订《星云湖污染底泥疏挖及处置工程勘察测量可研合同》，已完成现场测量和现场地质勘察。探索星云湖生态产业开发，积极开展星云湖沿湖生态产业示范区建设工程Ⅰ期各项工作。先后完成市级部门预算资金、中央预算内资金等多次项目申报，为来年湖泊保护治理项目实施打好基础。

【项目管护】　做好主要入湖河口湿地、湖滨带管护工作。坚持定期不定期巡查，加强与管理主体各乡镇环建中心联系，发现问题及时处理。建立星云湖湿地、湖滨带管护机制，通过协调镇、村、组、群众共同参与，建立起覆盖全湖的管护机制，确保湿地、湖滨带正常发挥作用，真正起到星云湖生态保护屏障作用。

【争取资金】　2015年，共争取到省市资金1.5亿元用于湖泊保护治理，其中，争取到省政府星云湖“一湖一策”专项资金1亿元，省级环保专项资金3000万，市级环保专项资金2000万。

【污染物减排】　加强环保目标责任考核，推行主要污染物总量减排“一岗双责”制度。县政府将主要污染物总量削减工作纳入2015年综合目标考核体系，县政府与相关部门签订《江川县2015年污染物减排工作目标责任书》，加大执行和督促检查力度，确保目标责任落实。各行业主管部门、环保部门开展一月一检查。通过检查，分析减排形势，督促减排进度，确保减排目标的实现。加大污染减排宣传力度。组织学习污染减排相关法规和知识，认识污染减排的重要性、紧迫性，增强企业和县乡各级干部环境保护、守法意识。

2015年减排项目共有14项，其中工业源3项，污水处理厂2项，农业源9项。云南江川翠峰水泥有限公司脱硝工程已签订2个减排项目建设合同，2号线2000吨/日水泥生产线烟气脱销工程建成并投入调试；江川县凤凰山水泥有限责任公司1座立窑于2014年9月进行拆除；南片区污水处理厂运行基本正常，北片区污水处理厂运行仍不正常；9个畜禽养殖减排项目中，4家管理减排养殖场已建减排设施运行正常，5家工程减排养殖场，除1家因自行关停拆除外，其余4家已建设减排设施。

【大气污染防治】 县政府与13个单位、7个乡镇（街道）签订《江川县大气污染防治目标责任书》，将大气污染防治工作任务分解到相关部门，形成合力共同推进大气污染防治工作。融大气污染治理工作于日常各项管理工作中，加强对企业废气污染物治理工作，确保达标排放。每月分上旬、中旬、下旬三次在玉溪日报、政府信息公开网上向社会公开发布环境空气质量。2015年，县城环境空气质量监测277天，达《环境空气质量标准》一级天数188天，二级天数为89天。

【生态绿色创建】 一是组织实施《江川生态县创建规划》《江川县生态县建设实施方案》和《江川县生态创建职责任务分解》。加快推进路居、九溪、前卫、安化、雄关5个省级生态乡镇创建步伐，为争创省级生态文明县奠定基础。二是完成江川县生态建设与环境保护“十三五”规划编制。三是积极做好市级生态村、省级生态乡镇创建工作指导。召开生态创建工作推进会，对创建市级生态村、省级生态乡镇进行培训辅导。分别到乡镇、街道进行创建工作现场指导，对各乡镇遇到的困难和问题，及时帮助协调解决。前卫镇、九溪镇、安化乡辖区内的25个村（社区）已获得玉溪市市级生态村命名。江城镇、雄关乡、路居镇、大街街道市级生态村材料完成上报。九溪镇、前卫镇、安化乡省级生态乡镇创建资料已按省环保厅组织专家评审意见修改整理完毕上报省环保厅。四是加强绿色创建工作。前卫中学、伏家营中学、江城中心小学、安化中心小学、江城社区5家单位获得省级绿色学校（社区）命名。由绿色系列创建领导小组成员单位和省政府督导专家组成的核查组对江川县2003至2010年申报的县幼儿园、县职中等6所省级绿色学校进行核查。市级及以上绿色小学积极参加“青少年环境知识科普课堂——生命之水”活动。

【危险化学品环境管理登记】 根据国家、省、市环保部门安排，对危险化学品环境管理登记工作作了安排部署，指导4家企业按时完成申报登记。

【建设项目环评审批】 贯彻执行《中华人民共和国环境影响评价法》《规划环境影响评价条例》《建设项目环境保护管理条例》，做好建设项目环评受理及审批工作，从源头上控制污染物产生。对属于在县环保局审批的项目，在法定时限基础上缩短三分之二，对某些达到具体要求的登记表项目实行随到随办，实现审批办件提速；对一些审批权限不在本级的项目，及时向上级环保部门沟通、协调、汇报，为企业做好联系服务工作。2015年以来，审批建设项目60个，预审批市级审批建设项目2个，否决不符合项目7个。

【项目试生产】 按照《建设项目环境保护管理条例》《建设项目竣工环境保护验收管理办法》等规定，做好投产项目试生产、延期试生产审批把关工作。共预审批市级审批试生产建设项目5个，审批县级审批试生产建设项目2个。

【环保“三同时”】 进一步加大建设项目“三同时”管理，切实扭转“重审批、轻管理”状况。“三同时”项目建设期间进行跟踪管理，发现问题及时责令整改，并按《建设项目环境保护管理条例》《建设项目竣工环境保护验收管理办法》等规定，要求做好竣工验收工作。对58个建设项目进行环保“三同时”竣工验收，对市级审批的1个建设项目进行竣工验收预审。

【排污许可证年检】 对云南阳光食品有限公司、云南红塔包装实业有限责任公司、江川县凤凰山水泥有限责任公司、云南江磷集团股份有限公司、云南恒大药业有限公司、云南卓一食品有限公司、江川县建国包装有限公司、云南宏斌绿色食品有限公司、云南省江川恒昌造纸有限责任公司、江川县丰茂纸业有限公司、云南江川翠峰纸业有限公司等11家企业进行年检预审。对江川安福化工有限公司、江川县宏宇印刷包装有限公司、江川县兄

弟绿色食品有限公司等3家进行年检。对玉溪江川沃尔佳肥业有限公司进行年检及换证工作。对云南江川县星海化肥业有限公司进行换证工作。

【危废转移审批】 根据危废转移相关规定，加强对辖区涉及危废转移工作的指导、监督，共完成江川县供排水有限公司、云南江磷集团股份有限公司、云南腾达机械制造有限公司、云南联塑科技发展有限公司、云南江川天湖化工有限公司、红塔集团复烤二车间等6家企业危废转移审批工作。

【环境监察】 2015年，累计出动执法人员971人次，开展480场次现场环境监察，有效打击违法排污行为，遏制污染反弹，防止新污染产生，解决群众关心的环保问题。

继续做好对全县污染源现场监督检查，坚决遏制污染反弹势头，督促企业认真贯彻执行环保法律法规和环保管理规定，守法排污，正常运行污染治理设施，确保污染物达标排放。先后开展在建项目污染治理设施“三同时”“三湖”专项检查、污染物总量减排监察、排污许可证监察、环境安全隐患排查整治、在线监测监控设施设备现场端检查、辐射安全监察等环保专项行动，对存在问题进行整改。认真查处环保违法行为，严肃处理处罚环境违法排污单位，共立案8件，处罚8件，结案8件，收缴罚款25.3116万元。

【环境监测】 以服务环境管理为目标，做好县城大气环境质量监测和地表水环境质量监测。县城大气环境质量监测1个点位，监测项目$PM_{2.5}$、PM_{10}、NO_2、SO_2；星云湖水体监测湖心、李家湾3个点位，每个点位采表层水、深层水2个样，监测工作从5月开始。主要入湖河道监测13条，获监测数据1716个。县城集中式饮用水源地每月监测1次，获监测数据108个。南片区污水处理厂、北片区污水处理厂减排监测每月1次，南片区污水处理厂监督性监测全年一次。整个常规监测工作做到定点准确、操作规范、数据可靠、上报及时。以能力建设为重点，大力提升监测硬件水平和业务技术能力。完成扩项认证，已具备监测能力4大类65项。开展县城空气自动站建设，150万元的监测设备到位，监测硬件水平和监测效率进一步提高。

【环境信访】 建立健全环境信访制度，认真做好涉及环境保护的群众来信来访接待工作，有效解决群众的合理诉求。注重抓好来电来访督查，切实做到群众投诉的“每一个问题”都有回音，查处的“每一个案件”都有结果。调查处理污染投诉案件15件，调处污染纠纷2件，解决群众反映的环保问题7个。此外，“两会”期间，认真对环境污染矛盾进行排查，并对群众反映较多的6家环境污染矛盾突出单位进行跟踪检查，有效化解环境污染纠纷矛盾，维护社会稳定。

【环境宣教】 一是组织开展新《环境保护法》及配套办法培训。为全县环保系统及县属企业负责人举行环保形势与新《环境保护法》及相关规定知识讲座。二是积极做好《云南省环境保护条例》修订调研工作。围绕在执行《云南省环境保护条例》过程中遇到的困难、问题，提出修改意见。并配合省环保厅、市环保局在江川县召开《云南省环境保护条例》修订调研工作座谈会。三是组织开展环保法制宣传。在送法下乡、送法进企业、志愿者进社区、科技宣传周、六五普法宣传、六五世界环境日等活动中，发放新《环境保护法》2000余份，展出环保展板10块5场次，进一步提高群众的环保法制意识。四是强化信息宣传工作。以江川网、阳光政府四项制度网站，《环保简讯》、《玉溪环境》杂志以及省市环保网为宣传窗口，及时发布环境信息，在《玉溪日报》公布江川县大气环境质量。编辑《江川环保简报》12期60余条信息发至县属相关部门、各单位。

【人大建议、政协提案】 办理人大建议8件、政协提案3件。内容涉及星云湖保护治理、农村环境卫生整治、加强环境监管等方面。县环保局重视人大建议、政协提案办理答复工作，召开专题会议研究部署，明确分管领导和具体承办人员，采取现场调研，与人大代表、政协委员面对面交流等方式，完成办理工作。

（刘　波）

抚仙湖管理

【概　述】 2015年，县抚仙湖管理局按照“环境优先、兴园强工、建设新城、做美生态”要求，坚持市委“五个坚定不移”

战略决策，以环保项目建设为依托，以实现抚仙湖四退三还，河道治理，村落治理，构筑全面、健康的抚仙湖沿湖生态保护屏障为工作思路，抓工程措施管理；以广宣传、强监管、抓执法、构体系、建补偿，长期保持抚仙湖Ⅰ类水质为工作思路，抓非工程措施管理。

【主要经济指标】 2015年办理捕捞许可证195个，办理垂钓证39个，征收渔业资源增殖保护费20.41万元；征收抚仙湖资源保护费217.45万元，其中：地税代征82.67万元，县抚管局代征134.78万元（非机动船38.02万元，停车场经营户6.1万元，湖滨缓冲带16.02万元，烟草公司74.64万元）；征收水资源费41.89万元；办理各类案件169起，其中：渔政案件34起，已全部结案，环保案件129起（一般程序案件122起，结案17起；简易程序案件7起，结案7起），航政案件5起，已结案，水政案件1起，已结案；收缴罚没收入19350元。

【工程措施情况】 为改善抚仙湖流域生态环境，切实保护好抚仙湖，按照《中共江川县委办公室 江川县人民政府办公室关于印发玉溪市抚仙湖流域水污染综合防治“十二五”规划江川县两年行动计划实施方案的通知》（江办发〔2014〕34号）要求，县抚仙湖管理局细化目标、强化措施、落实责任，克期完成“十二五”规划项目。

缓冲带工程 续建的抚仙湖湖滨缓冲带“退田、退房、退塘”还湖一期工程于2015年4月29日全面完工并完成预验收，累计完成投资18123.98万元（含18年土地租金）。该工程分四个子工程建设。一是规模化生态修复工程。完成退田还湖土地2375.76亩，生态修复1723.6亩，围网封隔12861.9米，种植乔木32种、75435株，竹子5种、7000株，灌木25种、17814.16平方米和21656株，藤本植物750株、常春藤3250平方米。对隔河、牛摩河、玉带河等主要河流入湖河口、湖湾进行清淤，共清除淤泥30459.4立方米。建设养护道路12.62千米，灌溉管网13.59千米，泵房10座。二是环湖低污染水净化工程。建设块状下凹式绿地48860平方米，垄沟状下凹式绿地87360平方米；三是村落污染控制工程。江川县共涉及15个村落，通过铺设主管及支管，增加加压水泵、加压泵配电系统等，完成牛摩大营、牛摩下村、大沙咀、小马沟、冯家湾、秦家山、隔河、胡家湾8个村落6017人的生活污水管网建设，安装管网34156米；建设4座土壤净化槽，完成小村、上村、田坝心村、独家村、湾子村、明星大营村、小凹村7个村落3349人的生活污水分散处理。四是已建河口湿地及湖滨带优化工程。对火焰山、牛摩、大马沟至大沙咀3片湖滨湿地的基质进行清理，清理10869.71立方米。对老化枯萎的植物进行更换、补种，补种香蒲14442株、水葱26553株、旱伞竹14814株、菖蒲38238株、美人蕉66885株、大叶榕91株、红柳3461株、樱花171株。

玉带河清水产流机制修复工程 续建的玉带河清水产流机制修复工程已总体完工，于2015年10月20日竣工，开始投入试运行。该工程投资3200万元，分四个子工程建设。一是生活污水收集与处理工程，完成隔河—胡家湾—秦家山截污干管铺设，安装管网3273.9米，建设147立方米的高位水池1座，70.4立方米和277.2立方米的泵站管理房2座，94.4立方米和308.7立方米吸水井2座，安装检查井47座，排泥阀3个，自动排气阀13个。实施海门村生活污水收集与分散处理工程，新建DN300污水收集管网2280米，DN200污水收集管网1676米，DN160污水收集管网10510米，建设检查井158座，泵站1座，综合强化预处理池、人工湿地、土壤净化槽各1座，生态沟2条，厕所5座。二是玉带河生态河道工程，对玉带河河床进行清淤，清除淤泥水草杂物17639立方米，并完成生态修复。完成旁侧溢洪道整治，浆砌块石挡土墙650.52平方米，整理绿化用地4264.02平方米，栽植乔林、灌木5443株，草坪4264.02平方米。三是隔河生态修复工程完成拆除混凝土场地3713平方米，整理绿化用地4192平方米，栽种乔木、灌木65586株，草坪2756.8平方米。四是广场绿化区植物工程，完成拆除砖石结构754.5立方米，铺设青石板333.27平方米、青石板台阶面78.75平方米、路缘石55.9米、路牙65.4米、水泥混凝土路面1122.9平方米。整理绿化用地844.88平方米，栽植乔木、灌木30861株、草坪844.88平方米。

牛摩河流域环境综合治理工程 续建的牛摩河流域环境综合治理工程已完工，并完成预验收送县审计局审计。该工程投资2568.84万元，实施以下四项工

程。一是建设上游水土保持生态工程，实施牛摩河流域源头区封山育林500亩，建设水土保持林645亩，水土保持示范林200亩（经济林150亩，用材林50亩），建设容积15立方米的小型小水窖76口，其中大摆村50口，秧田冲村26口。在梯田、保土耕作等措施的地块中配套建设排水沟1580米。在沟壑内新建3米高石谷坊3座，5米高石谷坊2座。二是建设沿河村落环境治理工程。其中秧田冲村污水采用土壤进化槽工艺，分散式污水收集处理，最大处理规模为22立方米/日。新建生态公厕4座，秧田冲村2座，大摆村1座，庄子村1座。生活垃圾采用垃圾斗收集，配备垃圾斗52个，配备3吨垃圾车2辆。建设村庄道路硬质化和绿化工程4千米。三是入河农业面源污染治理工程，建设调蓄池+人工湿地4座，分别为1-1#、1-2#、1-3#、2#。其中，1-1#湿地位于大摆村，氧化塘占地800平方米、表面流湿地占地800平方米，1-2#、1-3#位于下村，它们的氧化塘各占地600平方米、表面流湿地各占地600平方米，2#湿地中氧化塘占地2400平方米、表面流湿地占地960平方米。四是建设生态河道工程，对河道内源污染物进行清除，清淤4057立方米，对河道上游实施沉砂工程，面积为6400平方米，进行407米长河道整治。

抚仙湖流域重点村落环境综合整治工程　续建的抚仙湖流域重点村落环境综合整治工程已完工，并完成县审计局结算审计。累计完成投资1745.74万元。分两个标段进行施工，一标段由云南坤安建筑工程有限公司建设，对路居镇上凹、雷打石、黑山脚、岔母得、红石岩、中箐、米汤水7个自然村进行环境综合整治；二标段由玉溪市江溪建筑工程有限公司建设，对江城镇摩洛山、三百亩、龙潭、风吹口4个自然村进行环境综合整治。主要实施村落污水收集处理工程、生活垃圾收集与处置工程、人畜粪便处置工程、道路恢复建设工程。共完成砖砌沉沙井272座，溢流井13座，新建排水沟6349米，安装排水管10159米，建设庭院式一体化处理系统17座，20立方米/日一体化处理系统3座，50立方米/日一体化处理系统1座，建设生态旱厕12座，垃圾收集房12座，管理用房4座，沤肥池33座。

【非工程措施情况】　抚仙湖保护宣传　继续发挥抚仙湖保护宣传教育基地的四个功能，开展各类会议、学习、宣传、培训，真正做到内强素质，外重宣传。召开水上安全工作会6次，非工程措施工作会2次，封湖禁渔工作会2次，举办法律法规知识讲座3次；以抚仙湖保护宣传教育基地为依托，以“6·5”世界环境日、法制宣传周、全国科普日等为契机，展开普法宣传活动，出动执法宣传人员300余人次，执法宣传车100余次，发放宣传公告1000余份，张贴封湖禁渔公告、开湖捕捞公告、“三证合一”办理说明90份，悬挂宣传标语8条，播放禁渔通告5次，张贴环保宣传标语、《玉溪市抚仙湖资源保护费征收管理办法（修订）》200份；加强水上安全宣传，发放《加强抚仙湖水上安全生产有关问题的通知》至沿湖村委会、涉水单位、捕鱼户。

渔政管理　着力做好2014年抚仙湖开湖期及2015年封湖禁渔期渔政管理工作，出动车辆20车次，执法船艇40船次，人员300余人次，完成590条渔船上岸规范停放；加强抚仙湖土著鱼特别是鱼文化的保护和恢复，坚决打击电力偷捕、灯光诱捕、地笼捕鱼等违法违规行为，全年出动执法车辆55车次，执法艇212船次，执法人员995人次，收缴助推器4个，电鱼工具2套，渔网148张，银鱼刺网圈65个，电瓶7个，地笼500余个，渔获物17千克，拖扣渔船3条，泡沫筏3个，轮胎1个，割毁漂浮200余个，立案调查24起；着力做好渔船“三证合一”工作，对达到条件的372条渔船实行“三证合一”，使渔民从持有《渔业船舶检验证书》《渔业船舶登记证书》《渔业捕捞许可证》简化为持有《内陆渔业船舶证书》，并按要求在船只上喷印船号和安全警示标志，采集船主和船只等信息，建立档案；完成首例毒鱼案件立案调查及案件移送工作，有力打击各种违法捕捞行为，维护抚仙湖的渔政秩序。

水政管理　继续以“合法取水、有偿使用、依法收费”为目标，做好水政管理工作。对江川辖区内的宾馆饭店、经济种植和工程项目的42户取水户收取水资源保护费，依法促额收缴水资源费39.83万元；对江川传化现代农业科技有限公司、瑞文酒店等6户水表计量不正常的单位，下发责令改正通知书限期整改；取消东红碧苑、生态鱼庄等3家取水许可证；严格规范取水量，督促用水户在上年基础上节约用水10%。

水上安全管理　加强水上游乐公司和潜水公司监管，召开水上安全工作会6次；强化节假日与旅游高峰期水上安全检查与监管；与古滇国文化客运中心、明星水上游乐有限公司等8家公司签订《守法经营承诺书》《水上交通安全生产承诺书》和《江川县抚仙湖水上交通安全目标管理责任书》，明确责任，强化职责；根据抚仙湖非机动船艇"营运安全、总量控制"原则，批准大马沟水上游乐有限公司新增游乐设施15条，古滇国文化客运中心新增游乐设施123条，明星大山海景生态园新增潜水装置15套，明星餐饮旅游服务有限公司新增帆船8只入湖经营；清理废旧水上单车、脚踏铁皮船、玻璃钢船等游乐设施55只，制止无证入湖、未穿戴救生设备入湖等航政违法行为100余起，暂扣无证脚踏船5只，立案4起，拖扣违规人力载客船5只。

项目前置初审　根据《云南省抚仙湖保护条例》《江川县人民政府办公室关于进一步加强和规范抚仙湖保护范围内建设项目前置审批初审管理的通知》等法规、文件，完成《云南抚仙湖原乡民俗风貌区项目》《玉溪市抚仙湖渔政码头工程项目》前置初审，出具《中船重工集团公司第七〇五研究所昆明分部某水下无人自主航行平台大沙咀湖上试验的意见》《港中旅集团营地建设项目的意见》；向项目单位催报《奥宸·抚仙湖国际文化旅游小镇》《抚仙湖药王谷》《抚仙湖远洋国际会议培训中心》《抚仙湖天湖湾·云顶社区》规划；继续抓好宾馆、饭店等经营组织前置审查，办理审查意见29份。

在建项目监管　严格监管辖区内重点在建项目，及时制止污水入湖等各类污染抚仙湖行为，对湖滨带堆放废弃物、填湖等违反《云南省抚仙湖保护条例》行为进行立案查处，督促九龙晟景项目违规沙滩建设整改1起，劝阻江川抚仙湖一级保护区内新、改、扩建行为99户，立案99起，同时对有新、改、扩建建筑物（构筑物）需求并提交申请的村民，走村入户进行实地查看，为非抚仙湖一级保护区内申请户提供相应的前置意见36份。

环境卫生管理　按照"管理科学化、服务社会化、运作市场化"标准，积极协调市县资金，为沿湖两镇环卫市场化运作提供资金保证。积极争取上级资金，为沿湖江城镇、路居镇配置价值95.35万元的环卫设施，其中江城镇配置可卸垃圾车2辆、可卸垃圾箱46只、广告果皮分类箱12只，环卫督查车1辆，价值55.98万元；路居镇配置可卸垃圾车1辆、可卸垃圾收集箱13只、人力三轮车3辆、吸污车1辆、广告果皮箱20只，价值39.37万元。加大"五小"案件打击力度，共劝阻、教育试图或正在抚仙湖湖滩上搭帐篷、洗车、烧烤、洗衣物、洗狗等违规行为300余起。对不听劝阻的，暂扣涉违物品、带回执法单位处罚或现场进行处罚23起，批评教育280余起。加大沿湖宾馆、饭店等经营户的污染隐患排查力度，对存在隐患的经营户提出限期整改要求，责令其限期改正。继续做好沿湖环境卫生管理的监督管理工作，定期与不定期的检查督导沿湖沟道、湖岸、沙滩的环境卫生。

专项整治　4月15日至5月15日期间，采取强宣传、访渔民、严打击、重归港四项措施开展渔政专项治理，对辖区内的590条渔船进行重新归港，基本做到"渔船上岸，船网分离"；4月28～30日，联合交通、旅游、工商、江城镇等部门，开展孤山风景区路域环境整治，出动执法车辆6车次，工作人员30余人，清理占道经营行为10余起，清理路边广告牌6个，清理环湖路的垃圾2车，清理晾晒衣物的竹竿和绳索20余米；10月8日至11月7日，以走村入户宣传、引导渔民自觉遵守开湖捕捞制度、分片区端点等方式，开展为期一个月的小电瓶入湖捕捞专项清理工作，出动执法艇65船次，执法人员340余人次，查获小电瓶入湖捕捞10余起，没收网具20张、电瓶11个。

【资源保护费征收】　在费源有限、停车场不规范、景区管委会未成立等条件下，形成《调整2015年度抚仙湖资源保护费征收工作任务情况报告》上报相关部门，建议减少资源保护费征收任务；探索建立完费审查制，结合江川实际，联合县地税局制定《江川县2015年抚仙湖资源保护费征收工作实施方案》；结合抚仙湖一级保护区宾馆、饭店等经营户证照年度审验之机，有效开展抚仙湖资源保护费征收工作，全年征收抚仙湖资源保护费217.45万元，其中：地税代征82.67万元，县抚管局代征134.78万元（其中非机动船38.02万元，停车场经营户6.1万元，湖滨缓冲带16.02万元，烟草公司74.64万元）。

【"仙湖卫士"志愿者招募】为强化抚仙湖非工程措施管护工作，充分发挥广大群众的爱湖护湖意识，有效率地保护好抚仙湖，4月下旬启动"仙湖卫士"志愿者招募工作，通过张贴倡议书、执法人员走村入户宣传，招募"仙湖卫士"35名，于5月至10月对抚仙湖江川辖区内的群众、游客进行抚仙湖保护法律、法规的宣传教育，有效制止洗车、洗澡、洗衣服、野吹、露营、放牧等不良文明行为发生。

【"四清保洁"】积极开展"四清保洁"活动。江城镇出动17200人次，出动垃圾清运车1350辆次，每天保洁沿湖海门、孤山、牛摩、明星等14个村民小组的街道、空场、污水沟渠，清理牛摩大河、玉带河2条主要入湖河道4834米，清理6条入湖河道1300米，清捡湖滨带、缓冲带、湖滩垃圾18.8千米，清运各种垃圾杂物5100吨。路居镇邀请45家单位，组织活动15次，人数855人次，出动车辆139车次，清理河道沟渠7500米，清理垃圾302吨。

【抚仙湖保护日活动】"8·26"到来之际，在县委、县政府重视下，开展第十一个抚仙湖保护日活动。在共青团玉溪市委书记罗盛勇、县委书记马文龙带领下，组织市县职工400余人，在路居镇小凹白石头河开展植树活动，栽种滇朴、青香树1700余株；全县各部委办局在沿湖干部职工、党员、团员、环保志愿者和村组干部、群众协作下，开展清洁村庄、清洁田园、清洁河道、清洁湖滩的"四清"保洁活动；开展形式多样的宣传活动，村民小组利用广播、悬挂横标等方式进行宣传，县司法局利用执法车滚动播放《云南省抚仙湖保护条例》，阳光海岸、玉波苑等悬挂、张贴"同饮一湖水，共护抚仙湖"的宣传标语；县环保局联合沿湖两镇督促沿湖生产企业、宾馆（酒店）、个体餐饮经营户对治污设施进行自检自查，排除安全隐患，减少抚仙湖污染。

（杨　筠）

星云湖管理

【概　述】2015年，县星云湖管理局贯彻落实《云南省星云湖保护条例》，切实做好星云湖渔政管理工作，提高水产品在经济发展中的比重，做好生态环境保护，减少水质变化负效应，按照县委、县政府工作思路，全局干部职工同心协力认真抓好星云湖保护管理工作，努力建设生态水乡江川。

【机构编制】县星云湖管理局为县政府管理的财政全额拨款事业单位，机构规格相当于正科级。核定事业编制11名，其中，管理人员编制11名；核定单位领导职数3名，其中，设局长1名（相当于正科级），副局长2名（相当于副科级），2015年实有在编在岗人员5名。江川区渔政管理站，为江川区星云湖管理局所属财政全额拨款事业单位。核定事业编制40名，其中，管理人员编制28名，专业技术人员编制8名，工勤人员编制4名，设站长1名，副站长2名。2015年实有在编在岗人员39名。

【主要经济指标】1. 2015年12月25日至2016年1月23日星云湖开湖捕鱼30天，共办理捕捞许可证647本，共征收渔业资源增殖保护费2911500元（4500元/证），2014年星云湖鱼产量2130吨，产值约3621万；2015年度开湖，拟按6%的增长量，预计鱼产量2258吨，按均价17元/千克计算，预计产值38386万元。

2. 2015年办理垂钓证43人，收取证费27200元。

【集中采购星云湖放湖鱼苗】2015年2月4日上午9：00时，县星云湖管理局在江川区公共资源交易中心对2015年集中采购星云湖放湖鱼苗进行竞争性谈判，本次采购本着"公开透明、公平竞争、公正和诚实信用"原则，对前来参加竞标的10户从事鱼苗养殖、具备履约能力的供应商进行竞争性谈判采购。

最后2户供应商中标。鱼苗认购品种：鲢鱼、鳙鱼、鲤鱼、鲫鱼，认购数量112吨，金额约114万元。要求供应商在满足谈判文件规定的鱼苗种类、规格要求的前提下，所提供的鱼苗必须体质健壮、无鱼病，保证放入湖中成活率达90%以上。

【星云湖鱼苗投放】2015年3月9日早晨9：00，江川区星云湖2015年鱼苗投放启动仪式在渔政管理站举行，参加启动仪式的有：市农业局、市渔业处、市水产站，区委、人大、政府、政协，纪委监察局、发改局、财政局、检察院等单位人员，沿湖四镇的分管领导及3名渔民代表。

整个投放工作以江川区星云

湖管理局为主，相关部门监督配合，严格把关，完成投放计划任务。截至2015年4月29日，星云湖鱼苗投放工作全面结束。2015年鱼苗投放工作共分三个阶段，第一阶段投放花鲢63057吨、白鲢35258吨、鲤鱼9830吨，共计108145吨；第二阶段投放花鲢13442吨、白鲢2162.1吨、鲫鱼1760.7吨，共计17364.8；第三阶段增投花鲢12014.4吨。三个阶段总共投放花鲢88513.4吨，金额849728.64元；白鲢37420.1吨，金额338816.96元；鲤鱼9830吨，金额117960元；鲫鱼1760.7吨，金额52821元。鱼苗总重137524.2吨，总金额1359326.6元。

【禁湖期宣传教育】 组织星管局和沿湖四镇干部职工以个人自学和会议集中学习等多种形式开展《云南省星云湖保护条例》《渔业法》学习活动。开展形式多样的《云南省星云湖保护条例》《渔业法》宣传活动。组织星管局、环保局及水产部门等相关单位的干部职工深入沿湖4镇13个村委会开展保护条例学习和宣传活动，印制保护条例小册子2000余册发送党政机关、企事业单位、社区、村镇，供广大干部职工、沿湖群众学习，利用电视、广播等新闻媒体宣传《条例》的各项规定。结合普法宣传活动和科普宣传活动，在城区主要街道、交通路口、集贸市场设置宣传点，开展《云南省星云湖保护条例》《渔业法》学习宣传，散发宣传单一万多份。

【星云湖保护条例贯彻执行】 严格执法，依法查处违法行为。今年1至10月，星管局共查处渔政违法案件60起，收缴罚款114100元，对收缴的网具、地笼等偷捕工具当场进行破坏性处理。强化湖面保洁工作。开渔节前夕，由星管局负责组织干部、群众，协调驻地部队官兵清理打捞湖面水葫芦、水白菜等有害水生植物4.69万吨。强化入湖船只管理。落实保护条例关于实行船舶入湖捕捞相关规定，加强对入湖船只管理，实行“三证”（渔业船舶登记证书和渔业船舶检验证书、渔业捕捞许可证）齐全方能下水捕捞制度，规范入湖船只捕捞管理秩序。

【渔政执法】 重视宣传教育引导。发布2次电视通告，张贴通告30份，宣传材料300份，人员180人次，全局干部职工深入湖边、深入田间地头、深入渔民家中宣传动员教育渔民封湖禁渔期政策和规定。对重点偷捕者联合公安发放通知书并签名来做好工作。

为严厉打击电鱼、下网等非法捕捞行为，有效保护星云湖渔业资源，实现渔业资源的可持续发展，确保全县广大渔民合法权益，进村入户摸底调查，做好渔民群众思想教育、引导工作，采取各种形式大力宣传《渔业法》《云南省星云湖保护条例》等相关法律法规，发放宣传材料320份，提高沿湖群众遵纪守法意识。各乡镇共召开村组干部、渔民代表大会48次，参会人员960人。

与时俱进，加大渔政执法力度。针对2015年一些不法分子为牟取利益，在星云湖水域进行电鱼、下网捕鱼等非法捕捞行为，县星云湖管理局在县委、县政府和相关部门支持配合下，开展星云湖渔政管理专项整治行动，采取措施，抓住“三个重点”，即抓住重点对象（历年偷鱼惯犯）、重点地段（偷鱼者经常实施偷捕的地段，主要以星云湖十里长堤、麻地咀一带为打击重点地段）、重点时期（鱼汛期），做到“三个结合”（集中整治与长效管理相结合，惩治和教育相结合，自查和督查相结合），开展打击非法偷捕行为，并对偷捕者进行严厉惩处，将整治工作有关情况在江川新闻网上进行公开报道，通过宣传报道震慑违法人员，教育广大群众。截至10月底，星云湖管理局共出动执法车检查141次，执法人员1128人次，执法船1599次，执法人员3198人次，共查处偷捕渔业资源案件60起，涉案人员60人，与上年同期相比，减少28起，涉案人员减少28人，收缴各类网具17444张，与上年同期相比，减少4956张；地笼2418个，与上年同期相比，增加486个；收取渔业资源损失赔偿费114100元，与上年同期相比，减少62600元。收缴电鱼设备（电瓶）22台。

【渔业安全生产大检查】 为贯彻落实近期中央和省市关于安全生产大检查工作的部署和要求，切实推进渔业安全生产执法，保持巩固渔业生产平安和谐发展的良好形势，2015年9月18日，星管局、渔政站开展渔业安全生产大检查。

检查主要分为两个部分：一是渔船，重点检查相关证照是否齐全，是否按要求配置救生设备设施，船体是否存在违法违规改

造；二是渔政执法船，检查相关证照是否齐全，船员驾驶资格审查，执法设备是否齐全，船体是否每月进行维护维修，维护管理台账是否齐全。

通过大检查，未发现有违规改造、证照缺失的渔船，渔政执法船状况良好。渔业安全生产环境进一步改善，渔业安全形势进一步向好发展。

【内陆渔业船舶证书“三证合一”工作】 为实现星云湖渔船管理现代化，建立健全渔船管理信息数据库，进一步提高渔船管理规范化、信息化水平，实现渔船动态化管理，更好地为渔民群众和渔业可持续发展服务，根据“三证合一”专题会议要求，2015年3月28日上午，江川县全面启动为期10天的“三证合一”渔船数据信息采集工作。

此项工作按乡镇划分为4个工作点，全面推进。工作小组采取上门服务，一对一登记信息，一船一户照片拍摄及渔船数据测量一条龙服务方式，工作有序开展。截至4月15日，648条渔船数据信息全部导入管理系统。

（王渝阳）

城市管理综合行政执法

【概　述】 2015年，江川县城市管理工作坚持以人为本，狠抓队伍建设，推进城市精细化管理，不断探索和完善城管执法长效机制，城市管理工作取得成效。

【城市监察管理】 探索试行网格化、精细化管理，采取定人、定时、定责、定路段、包管理效果的“四定一包”管理模式，进一步明确任务，细化职责，责任到人。一是加大占道经营行为监管力度。2015年共清理违章占道5300余起，警告4200余起，当场处罚77起，证据先行登记保存34件。二是严格城市道路路面开挖监管。2015年共审批城市道路路面开挖9起。三是切实规范渣土运输行为。2015年共查处渣土运输车辆飘洒滴漏行为45起。四是做好城市交通秩序管理。2015年对1621起机动车停放人行道上的违法行为进行调查取证。

【防违控违工作】 2015年，县城管执法局继续保持高压控违态势，不断加大防违、控违力度，采取自查和摸排形式，对在日常巡查中发现和群众举报的违法建筑，采取有力措施加以解决。2015年共调查处理违规建设行为32起。同时，发挥专业执法力量优势，出动执法人员60余人次配合江城镇、前卫镇、雄关乡开展拆违行动，各拆除一处违章建筑，有力维护城乡规划的严肃性和权威性。

【路灯管护】 为进一步理顺路灯管理体制，根据县委、县政府安排部署，自2015年1月1日起，原县交通运输局所辖路灯全部移交县城管执法局管理。在人员不到位、检修设备缺乏的情况下，县城管执法局克服困难完成城区和县交通运输局所移交路灯的管理工作，确保城区路灯亮灯率保持在98%以上。每月定时巡查路灯安全运行情况，适时调整城区路灯开关灯时间30次；加大路灯管护力度，维修路灯638盏，检修路灯控制箱46台次，检修变压器7台次，将宁海路42盏、抚仙路114盏高压钠灯更换为氙气灯，结合街区整治工作拆除明珠路、振兴街老旧灯杆46棵；结合驻村帮扶工作，充分利用回收的旧路灯，帮助上营社区在上营东街安装路灯10盏，为社区居民出行安全提供保障；拆除翠大线上有倾倒危险的被撞灯杆19棵；强化与相关部门的协调配合，全年共查处损毁路灯案件12件。

【停车泊位管理】 2015年上半年，县城管执法局进一步加大停车泊位试收费管理工作力度，至6月30日试收费管理工作结束，为县城停车泊位管理提供了管理经验。6月3日举行城市道路车辆停放服务收费听证会，听证代表一致同意《江川县城市道路车辆停放服务收费听证方案》。8月18日，县发改局批复江川县城市道路车辆停放服务收费标准，为江川县正式实施县城停车泊位收费管理奠定基础。

【户外广告管理】 针对县城户外广告散、乱、差、丑的问题，切实加大对县城户外广告的整顿规范力度。组织编制的江川县县城户外广告设置规划经县政府批准实施。强化小广告治理。2015年共清理各类小广告13000余条，布标横幅40余条。

【门前三包工作】 为进一步优化县城环境，县城管执法局与县城2350家商户签订为期3年的“门前三包”责任书，并制作“门前三包”责任牌，由各商户在门口明显位置公示。为确保“门前三包”工作落实到位，由执法人员定期对“门前三包”工作进行督促检查。

【县城信号灯工程】 为充分发挥县城城市道路通行功能，提高城市道路的管理和服务水平，实现交通安全。2015年，县城管执法局在县城主要路口建设10套红绿灯，有效保障车辆行人的交通安全。

【信访和提案办理】 2015年共办结信访件28件，其中电话来访11件，来人来访10件，市长热线转办件7件；承办县政协委员提案5件，提案办理满意率达100%。

（李伟宏）

工商企业

编辑　徐凡清

工业商贸和科技信息

【工业经济运行】　2015年，全县完成现价工业总产值77.64亿元，同比增21.53%。其中：规模以上工业总产值45.4亿元，同比增23.02%；规模以下工业总产值32.24亿元，同比增19.5%。

规模以上工业全年实现增加值11.6亿元，同比增23%，增幅全市排名第三，完成市政府下达目标12%的191.67%；实现主营业务收入40.86亿元，同比增26%，完成市政府下达全年目标35.7亿元的114.5%；实现利税总额5.15亿元，同比增18.3%，完成市政府下达全年目标4.5亿元的114.5%。非电工业投资完成7.04亿元，完成市政府下达全年目标9.5亿元的74.10%。

【工业项目固定资产投资完成情况】　2015年，全县非电工业固定资产投资完成7.04亿元，完成市政府下达全年工作目标任务9.5亿元的74.10%。

【工业用电量】　2015年，工业用电量68562万千瓦时，同比增17%，占全社会总用电量83075万千瓦时的82.53%，占比提高1.21个百分点。

【重点工作重大工业投资项目情况】　2015年，具体重点工作重大项目固定资产投资工作完成情况如下：

江川县2015年重点工作重大工业投资项目情况表

序号	项目名称	计划投资（万元）	完成情况
1	云南江磷集团股份有限公司年产1000吨微胶囊化超细赤磷阻燃剂技改项目	860	项目已经完成，累计完成投资850万元。
2	云南江磷集团股份有限公司年产5000吨五氧化二磷节能减排技术改造	890	项目已经完成，累计完成投资860万元。
3	江川县华盛纸制品厂技改扩建项目	4000	已经投入生产，完成投资全部投资4000万元。
4	云南江川雄鑫农产品商贸有限公司年冷藏蔬菜60万吨冷库建设	4000	按计划已经完成综合楼建设。完成投资全部投资4000万元。
5	江川县上头营恒众新型墙材有限公司每条年产6000万块新型环保砌块生产线	6200	项目已完成并准备试生产。累计完成投资6200万元。

序号	项目名称	计划投资（万元）	完成情况
6	江川县上头营恒盛新型墙材有限公司每条年产6000万块新型环保砌块生产线	6200	项目已完成并开始试生产。累计完成投资6200万元。
7	江川久禄花炮有限公司年产30万件烟花生产线改建项目	2000	完成车间、设备等全部技改。累计完成全部投资2000万元。
8	云南江川河咀金龙烟花火炮厂年产40万件烟花爆竹生产线改建项目	1500	爆竹生产线已经完成全部改造工程，准备申请验收。烟花生产线自7月23日开工以来，正在按计划推进工程建设，预计2016年6月完工并验收生产。累计全部完成投资1500万元。
9	云南江川一统烟花销售有限公司新建烟花爆竹储存仓库（小团山仓储）项目	5000	已全面推进三通一平和基础开挖相关工作。高压线路工程、移动光缆搬迁已完。
10	翠峰水泥厂技改项目（二号线技改）	2483	技改已完成，恢复生产；完成全部投资2483万元。
11	农村宽带建设	1818	江川移动2015-2016宽带乡村共建设107个自然村，江川县所有小区已经完成覆盖。

【加强经济运行调研和分析】 2015年，县委、县政府定期不定期的召开经济运行分析会，相关部门每月分析并上报经济运行情况，正确研判经济形势，提出解决存在困难问题的有效办法。县工信局在沿用经济运行情况月分析的基础上，2015年增加月预测分析和季度分析制度，在分析基础上有针对性开展工作，确保企业尽量做到应统尽统，应报尽报。在纳规纳限方面，做到提前谋划、合理纳规。2014年江川县新纳规企业4户，为2015年工业商贸经济平稳增长打下基础。2015年，江川县纳规3家、纳限2家。

【帮助工矿企业争取上级财政资金扶持】 2015年，县工信局争取扶持资金项目，着力缓解企业资金压力。全年共组织企业申报2015年中央、省市级资金扶持项目超过100项，其中超过80项获得扶持，争取项目资金1829.69万元；此外，还有18家企业获电价优惠补贴5191.61万元。

【盘活停产半停产企业】 2015年，受市场、资金、管理、淘汰落后过剩产能等因素的影响，水泥制造业、造纸和纸制品业多个企业陷入困境，处于停产半停产状态。经过挂钩县级领导和县工信局的努力工作，翠峰水泥等企业已经恢复生产，为江川工业经济发展继续作出贡献。翠峰水泥全年实现增加值2060万元，同比增长35.9%。

【抓培训、提素质】 2015年，县工信局组织全县中小企业和非公企业参加玉溪市“新三板”上市培训、股权交易培训、中小企业科技类项目申报推介等培训。与县委组织部共同组织32名企业家于2015年11月15～19日在复旦大学举办第二期产业转型升级专题培训班，通过为期5天高水平、高层次的培训，增长培训学员的知识，开阔眼界，增强企业发展后劲。

【完成2015年度淘汰落后产能目标任务】 2015年12月8日，经省市专家组现场核查，确认江川县淘汰县凤凰山水泥有限责任公司的（Φ3.2×11m）机立窑生产线，完成2015年淘汰落后产能10万吨的目标任务。

【烟花爆竹产业整合工作】 2015年，江川县贯彻落实省、市加快工业转型升级实施意见，推动产业转型升级。烟花爆竹产业整合工作取得成果。成立新的一公司六基地烟花爆竹企业；7户参与烟花火炮整合企业新上技改项目建设顺利，5户完成资产评估，3户企业通过复验，2户取证投产，1户已取证并筹备投产；完成江川县18户烟花爆竹生产企业安全生产重大隐患摘牌销号的目标任务。

【红砖行业整合工作】 2015年江川县红砖产业整合取得成果，3个新型墙材企业投产运营，一家墙材企业2015年实现纳规。2015年2月江川小煤窑新型墙材有限公司举行开业庆典，正式投产；上

头营片区2条新型墙体材料生产线，均已进入生产阶段。

【鼓励优势产业延伸产业链】2015年江川县推进江磷集团向磷化工系列产品精细化方向发展，完成年产1000吨微胶囊化阻燃赤磷项目建设和5000吨五氧化二磷节能减排技术改造工作任务。

【江川龙泉工业园区江城小微创业片区规划建设工作】 为加快产业转型升级，推进工业经济发展，实现跨越发展目标，2015年，江川县结合江城镇土地利用总体规划，计划建设江川龙泉工业园区江城小微创业片区（总面积23.14公顷，其中北片区7.24公顷，南片区15.90公顷）。已完成《江川龙泉工业园区江城小微创业片区总体规划、北片区控制性详细规划》的编制工作，于2015年12月初组织县相关部门召开意见征求会议。

【2015年非公经济发展情况】
2015年，全县非公有制企业总户数12679户，同比增13.93%，其中：私营企业1182户，同比增75.63%；个体工商户11497户，同比增9.96%。非公企业占全县企业总户数的98.1%。非公有制经济注册资本金53.96亿元，同比增98.77%。工商登记从业人员53708人，同比增22.01%。

2015年，全县非公有制经济实现现价生产总值72.49亿元，同比增9.50%；实现非公有制经济增加值41.08亿元，同比增10.74%，占全县GDP比重的56.7%，比上年提高0.1个百分点。从产业结构看，实现的41.08亿元非公有制经济增加值中，第一产业完成4.32亿元，占10.52%；第二产业完成20.72亿元，占50.45%；第三产业完成16.04亿元，占39.03%。

2015年，全县销售收入5000万元以上重点非公经济企业共20户，比上年增加7户，其中：跨5亿元以上2户，跨2亿元以上2户，跨1亿元以上5户，5000万元以上11户。20户重点非公经济企业共实现销售收入33.77亿元。

【培育省、市级成长型中小企业】
2015年，江川县经公示确认为省、市级成长型中小企业共有19户，其中：省级成长型中小企业14户，市级成长型中小企业5户。云南江川雄鑫农产品商贸有限公司为2015年新增省级成长型中小企业。19户省、市成长型中小企业2015年共实现销售收入11.18亿元，实现利润总额0.82亿元，上缴税金0.31亿元，出口额0.49亿元，职工人数2690人。

【微型企业创业扶持】 2015年市政府下达江川县“两个10万元”微型企业培育工程目标任务245户，其中：县工商局75户、县工商联50户、团县委70户，县人力资源和社会保障局25户、县妇联25户。

全县各承担单位推进微型企业培育工程工作，截至10月31日，全县共受理微型企业创业扶持资金申请308户，经初审、现场查验、会审委员会会审、公示无异议，最终245户微型企业被纳入扶持范围，拨付扶持资金735万元，完成市政府下达目标任务。获扶持的245户微型企业共完成投资10191.5万元，带动就业1340人。按产业划分：第一产业93户，占37.96%；第二产业39户，占15.92%；第三产业113户，占46.12%。

向信用联社、邮储银行2个承贷银行推荐“第二个10万元”贷款，获扶持的245户微型企业中符合贷款条件的共70户，共计发放贷款651万元。其中：信用联社39户，贷款金额341万元；邮储银行31户，贷款金额310万元。

【节能降耗工作】 2015年，江川县人民政府调整充实江川县节能降耗工作领导小组，负责全县节能降耗工作的督促、指导和考评。与5个部门、7户重点耗能企业签订节能降耗目标责任书，加大对重点耗能企业的考核力度，做到年初有目标任务分解、年中有督促检查落实、年末有考核总结。各乡镇（街道）农经中心和规模以上企业围绕节能宣传周主题“节能有道　节俭有德”组织开展活动。县工信局在节能宣传周期间在县城主要街道挂宣传布标9条，发放节能宣传抽纸3656包。全县各农经中心挂节能宣传布标27条，张帖宣传标语214条，办节能宣传栏14期；各企业张贴节能宣传标语83条，办节能宣传栏32期，在员工中宣传节能常识1958人次。

为提高企业能源管理人员管理水平和能源统计人员业务能力，提高能源利用效率，县工信局于2015年4月22日与县统计局组织全县34户规模以上企业的68名节能管理和能源统计人员，进行企业节能管理工作、节能基础知识及企业能源统计等业务知识的培训。县工信局指导企业开展能源管理体系建设、节能审计等工作，为符合条件的企业申报节能项目专项资金，全年为江磷集团、翠峰水泥、昊源公司等企业争取节能资金达120万元。

（张秀珍）

【工业固定资产投资节能审查】 2015年，江川县完成固定资产投资项目节能审查登记备案27户；云南江磷集团股份有限公司黄磷尾气环境整治—8万吨/年磷矿粉焦煤综合利用项目通过节能验收。

【开展能源审计和能源管理体系建设】 2015年，云南江川恒昌造纸有限责任公司通过能源审计；云南江磷集团股份有限公司于2015年8月26日通过能源管理体系评价验收。

（童学碧）

【开展无线电管理宣传月活动】 2015年江川县工信局联合县文广体局、县气象局以及县电信公司、县移动公司、县联通分公司，开展以“保护无线电频谱资源，维护良好电波秩序，服务玉溪经济社会发展”为主题的“全国无线电宣传月”活动。活动以广播、电视、营业厅、气象信息平台为宣传阵地，开展“全国无线电宣传月”活动。此次活动共发放无线电管理相关法律法规、无线电科普知识、无线电新技术、新应用等宣传资料800余份，接待咨询群众38人次。在江川电视台播出无线电管理宣传80条（次），在江川县人民广播电台播出宣传标语72条、专题16条（次）。利用290块气象综合信息发布平台，制作发布宣传标语2030条次，手机气象信息平台发送宣传短信一条，受益公众1500余人。在LED电子显示屏每天滚动播“珍惜频谱资源、保护电磁环境”“严禁非法设台，保障通信安全”等无线电管理宣传标语。活动普及无线电频谱资源常识和法律知识，提高社会公众的无线电频谱资源知识和依法使用频率的意识。

【开展移动通信基站勘验工作】 2015年江川县完成145座基站勘验工作，对通信基站站址、海拔、坐标及周围的无线电台站、易燃易爆设施、风景名胜、学校等方面的情况进行勘验。

【推进“I.YUXI无线Wifi建设”项目工程】 2015年江川县启动I.YUXI一期项目建设，县工信局与县电信公司联合在县、乡、镇政府，街道办事处，政务服务大厅，医院，客运站及主要酒店建设57个热点免费无线宽带网络。召开I.YUXI二期工程建设需求计划协调会，明确主管单位和负责人，确定广场、公园、旅游景点、文化站、医院、客运站、科普教育基地为二期重要建设点。上报建设201个，为市工信委二期工程建设提供基础材料。

（罗海清）

【开展纸制品行业专项大检查】 为贯彻落实江川县2015年纸制品企业消防安全工作会议精神，吸取昆明市官渡区彩云北路1502号东盟联丰农产品商贸中心“3·04”火灾和江川上头营纸制品包装厂“3·09”火灾教训，由县工信局牵头，县安监局、县公安消防大队组成联合检查组对全县纸制品行业进行消防安全专项检查，专项检查时间一星期，出动人员10人次，车2辆次，检查全县33家纸制品企业（含塑印包装），并形成专项检查报告上报县政府办。

【开展电力安全专项整治】 为贯彻落实各级党委政府领导重要批示指示精神，及2015年8月13日全省安全生产紧急视频会议和2015年8月15日全国安全生产电视电话会议精神，按照《江川县人民政府办公室关于印发江川县全面开展安全生产大检查深入“打非治违”和专项整治工作实施方案的通知》文件精神，县工信局加强领导，成立领导小组，制定实施方案，对全县电力领域开展安全生产专项大检查，进一步深化“打非治违”和专项整治工作。

（刘光启）

【开展“5·15”盐务工作宣传】 2015年“5·15”盐务宣传日之际，江川县盐务管理局、江川县疾控中心、江川新产业开发公司联合开展“科学补碘，重在生命1000天”为主题宣传活动，此次活动共发放《地方病防治手册》及碘缺乏宣传画900余份，碘缺乏宣传小手册等宣传资料1200余份，民众咨询700人次。

【开展食盐安全执法大检查】 2015年共出动执法人员30人次，车6辆次，检查食盐零售经营户135户，各类零售集贸市场9个，学校食堂5个，检查企业食堂5个，宾馆（饭店）146个，无碘盐、违规盐产品200千克。

（潘兆良）

【“十二五”期间完成社会消费品零售总额77亿元】 2015年，全县实现社会消费品零售总额19.73亿元，比“十一五”末（2010年）的9.9亿元增99.29%；5年全县累计实现社会消费品零售总额77.23亿元，比“十一五”期间的36.5亿元增40.73亿元，增111.59%。

【“十二五”期间完成外贸进出口3.5亿美元】 截至2015年底，全县具有自营进出口权的企业达25户，其中有进出口业绩的有13户；5年累计实现进出口总额35647万美元，其中2015年全县实现进出口总额6358万美元。

【对外贸易】 2015年，全县实现进出口总值6358万美元，同比降18.5%，其中：出口6337万美元，进口21万美元。按产品类型，磷化工系列产品实现贸易进出口1495万美元，同比降16.62%；以蔬菜为主的农产品实现进出口4201万美元，同比降23%；花卉实现进出口381万美元，同比降2.1%；机电产品等实现进出口281万美元，同比增68.26%。

【内贸流通】 2015年，全县实现社会消费品零售总额19.73亿元，同比增13.5%，完成目标任务19.5亿元的101.15%。批发业实现销售额4.12亿元，同比增25%；零售业实现销售额17.76亿元，同比增18%；住宿业实现营业额1.59亿元，同比增10%；餐饮业实现营业额6.68亿元，同比增22%。

【成品油管理】 2015年全县共计销售成品油39178吨，同比增2.15%。其中：93#汽油销售16612吨，同比增10.63%；97#汽油销售1410吨，同比增27.95%；柴油销售21156吨，同比降4.85%。

【中小企业国际市场开拓】 2015年，共组织9户企业申报19个国际市场开拓扶持资金项目，至2015年底共获35.2万元的国际市场开拓扶持资金支持，促进企业发展。

【参加第3届南亚博览会暨第23届昆交会】 在2015年第3届南亚博览会暨第23届昆交会期间，江川县组织云南宏斌绿色食品有限公司、云南腾达机械制造有限公司、云南江川李家山青铜器制品厂及云南江川雄鑫农产品商贸有限公司等4家具有代表性的企业参展。玉溪天丽食品有限公司在南博会上共签约2个项目，获得104万美元和1800万人民币的订单，促进该企业在2015年实现出口实绩同比增128.5%。

【召开商贸流通目标管理联席会】 为确保全县社会消费品零售总额目标及批零、住餐指标任务完成，2015年10月10日，江川县召开商贸流通目标管理联席会。会议通报1～8月全县社会消费品零售总额完成情况，分析存在的困难和问题，明确各部门四季度工作重点和要求：围绕社会消费品零售总额增长13.5%，争取14%的目标不放松，结合部门工作职责“尽好职、履好责、服好务”，多到限上企业走访调研、排忧解难。

【启动农村电子商务工作】 2015年，江川县启动农村电子商务工作，帮助企业走向全国、走向全球，让农民手中的蔬菜、花果等特色农产品变成商品，进一步扩大江川特色产品的知名度，解决农村买难卖难，扩大就业岗位，增加农民收入。2015年9月23日，江川县组织部分工业企业、商贸流通企业、农业产业化企业、中小电商等30户，参加电子商务“特色中国　玉溪馆”培训。

据监测的5户电子商务企业统计，2015年5户企业实现营业额4606.98万元，其中电子商务交易额1468.81万元，同比增268.31%。2015年，玉溪丫眯绿色休闲食品有限公司、云南森科伟业贸易有限公司获省级电子商务补助资金34.7万元。

（王子明）

【科技项目申报管理】 2015年，江川县共申报国家、省、市科技计划项目26个，其中：国家级科技项目1项、省级科技项目10项、市级科技项目15项，实际获得立项17个，其中：国家级科技项目1项、省级科技项目7项、市级科技项目9项。2015年江川县科技项目争取国家、省、市资金共计415.5万元（国家补助资金2万元、省级补助资金333.5万元、市级补助资金80万元）。新认定云南省农业科技示范园1户、云南省科技型中小企业7户、云南省国家信息化示范省农业专业信息示范服务站1户、市级企业技术中心1户。继续实施“科技下乡”“科技活动周”“科技示范园”和“建设创新型玉溪行动计划”等惠农工程。

【科技成果与研发】 2015年，江川县科技成果获省级科学技术奖励1项、市级科学技术奖励2项，青少年科技创新大赛国家奖励1项，省级奖励3项。分别是：江川县水产技术推广站《抚仙四须鲃人工驯养繁殖技术研究》获云南省科学技术进步奖三等奖，江川县农业技术推广站《星云湖径流区蔬菜控氮减磷技术研究与应用》获玉溪市科学技术奖一等奖，云南江磷集团股份有限公司《“黄磷脱砷方法”专利在生产低砷黄磷产品中的应用》获玉溪市科学技术奖二等奖，江川一中《江川县野生大型真菌种质资源调查与利用》获29届青少年科技创新大赛国家二等奖，江川职中《湖滨带稻草的利用调查报告》获29届青少年科技创新大赛省三等奖，江川职中《江川职中食品加工专业学生化学学习现状调查与分析》获29届青少年科技创新大赛省三等奖，江川二中《江川县湖泊生态环境状况调查报告》获29届青少年科技创新大赛省三等奖。

【争取科技项目资金扶持企业创新发展】 2015年，江川县工信局落实县委“科教兴江”战略，围绕江川县优势产业和主导产品，以申报科技项目为抓手，切实推进企业科技创新，努力促进科技助推产业发展。全县共计申报国家、省、市科技计划项目26个，其中：国家级科技项目1项、省级科技项目10项、市级科技项目15项；实际获得立项17个，其中：国家级科技项目1项、省级科技项目7项、市级科技项目9项。2015年共计争取国家、省、市科技项目资金415.5万元（其中：国家补助资金2万元、省级补助资金333.5万元、市级补助资金80万元），比2014年的399万元增4.14%，解决江川县企业在科技创新中面临的资金难题。

【开展科普工作】 2015年，江川县开展科技活动暨知识产权宣传周活动，成立领导小组，下发《关于举办江川县2015年科技活动周的通知》，明确各部门、各乡镇工作任务，组织各部门、各乡镇开展科技、卫生、地震、烟草、农业、畜牧等方面科技知识普及活动。组织开展以“科学减灾　依法应对”为主题的“防灾减灾日”科普宣传活动。各部门共出动30余人，在县城宁海路展出展板50块，向群众发放防震减灾、防灾应急、气象灾害、卫生防疫、家庭消防、农业病虫害和红十字会法律法规等知识手册、宣传彩页、宣传资料共计25种6000余份（册），悬挂横幅1条。部门发挥部门职责开展形式多样的科普活动。县疾控中心在县城大街、上营和下营3个社区的住宅区、街道、暴露沟渠、厕所、垃圾坑展开药物消杀活动，并在大街农贸市场开展以“科学补碘　重在生命最初1000天”为主题的宣传活动，向群众宣传科学补碘的知识，宣传活动中共发放宣传品100盒、宣传画、宣传单和折页800张；县烟草分公司以“科技普惠烟农”为重点，以农业增效和烟农增收为目的，宣讲种植烤烟K326栽培科技知识、烟蚜茧蜂防治烟蚜（以虫制虫）生物防治技术共6场次，培训技术人员和烟农105人次，发放各种宣传资料1000余份，达到送科技下乡的培训效果。县妇联到江城、九溪部份中心、村完小学走访慰问，发放绘画比赛获奖作品《创新深圳　科幻未来》书籍201本，《让你不生病》科普系列丛书64本，《预防艾滋　关爱病人》宣传资料2000余份，《艾滋病防治知识》小扇子1000余份。乡镇街道开展科技服务社会主义新农村科普活动。前卫镇5月19日举办科技宣传咨询活动。发放种植技术管理、科技致富、养殖、卫生防疫、狂犬病相关知识等刊物资料860余份，摆放“科技知识、食品安全、防震减灾、禁毒防”等展板18块。路居镇组织出版科普墙报、黑板报6期，其中防震减灾科普专栏2期；张贴科普图片46张；广播宣传86次。举办镇、村干部群众科普讲座1次，培训人员250人。雄关乡广播宣传30余次、张贴宣传标语100余条、出科技宣传专栏5期；邀请县防震减灾局对全体乡干部及村组干部进行防震减灾和应急避险知识培训，发放宣传资料150余份；邀请县农业局、林业局老师为窑房村委会农户讲授蔬菜和核桃栽培与病虫害防治知识，发放相关资料200余份，发放施肥建议卡2000张。开展知识产权进机关、学校及企业活动。联系教育部门，组织学校宣传知识产权法律法规、知识产权保护基本知识。县科技、科协工作部门深入到县域重点企事业单位，开展知识产权工作宣传，研究企业知识产权工作，协调玉溪市知识产权援助中心下企业，为企业策划申请专利，解决企业在科研或者专利申请方面的问题。组织科普基地开展科技活动周工作。组织全国科普教育基地——云南李家山青铜器博物馆免费向公众开放，

开展知识产权及科普宣传工作。开放3个青铜文化展厅、2个鱼文化展厅，全面展示古滇国时期经济生产、文化艺术、科技水平等方面的内容，突出科普教育和地方文化特色。准备科技和知识产权相关资料，免费向入馆公众发放。向社会公众宣传《玉溪市“十二五”科技与知识产权发展规划》《专利申请与保护指南》《知识产权基本100问》《云南省专利行政保护与维权指南》等相关知识。知识产权活动周共接待入馆公众1000余人次，发放各种科普宣传材料300余份。

【科普统计】 2015年，县工信局做好县国土资源局、县文化旅游广电和体育局、县农业局等全县25个相关部门的科普统计布置工作和业务指导，并对全县25个部门的统计表进行审核、数据修正，数据录入。据统计：2014年度，全县共有科普活动专职人员104人、兼职人员154人、注册科普志愿者64人；非场馆类科普基地1个，科普展览区面积500平方米，当年参观人数60000人次；农村科普（技）活动场地97个，科普宣传专用车2辆，科普画廊1个，国家级科普（技）教育基地1个，参观人数138000人次；各相关部门内可专门用于开展科普工作管理、研究以及开展科普活动等的经费达79.51万元；全年出版科普（技）音像制品8种，光盘发行总量120张，与电视台、人民广播电台合办科普节目时间为210小时，科普网站2个，发放科普读物和资料411920份；全年共举办科普（技）讲座636次，参加人数37330人次，举办科普（技）展览24次，参观人数19800人次，举办科普（技）竞赛7次，参加人数28650人次，开展科普专题活动51次，22220人次参加；全县举办各类实用技术培训593次，参加人次195461人次，举行重大科普活动8次。

【知识产权】 江川县以“抓普及、抓引导和抓服务”为抓手，促进专利申请数量和质量稳步提升。2015年申请专利58件，其中：发明13件，实用新型12件，外观设计33件；获得专利授权21件，其中：发明3件，实用新型14件，外观设计4件，提升县域科技自主创新能力。组织相关部门开展“4·26”知识产权宣传活动日“科技活动周”系列活动，深入城镇、规模企业和学校开展知识产权宣传、咨询、调研活动，宣传知识产权申请和保护工作。组织企业参加省市专利知识培训班，提升企业专利创造、运用、保护与管理能力。帮助专利权人申请省、市各种专利资助、奖励35件，发放省、市、县专利资助、专利奖励6万余元。联系省、市科技部门专家，主动到企业调研和指导，同时简化申请手续，不断提高企业申请专利的积极性。

【江川县启动国家科技富民强县专项计划】 为顺利实施国家科技部下达江川县的科技富民强县“江川县蔬菜标准化种植与精深加工产业化示范”项目，2015年6月10日上午，江川县举行实施国家科技富民强县专项行动计划启动会，标志着江川县正式启动国家科技富民强县专项计划。会议对科技富民强县专项行动计划有关工作进行安排部署；县政府与县工信局、县农业局、县科协、7个乡镇（街道）、云南宏斌绿色食品有限公司、云南荣盛实业有限公司等12个项目承担单位签订《科技富民强县专项行动计划项目合同书》。

【张来武考察国家观赏园艺工程技术研究中心建设工作】 2015年7月17日，国家科技部副部长张来武在省科技厅厅长龙江、副市长王学勤、市科技局局长李世华，县委书记马文龙陪同下，到江川县九溪镇视察云南省农业科学院承担的国家园艺工程技术研究中心建设工作。张来武一行分别考察园区技术研发及产品展厅、花卉良种繁育技术平台、盆栽花卉标准化生产车间，对科技示范园建设工作所取得的成绩给予肯定。国家观赏园艺工程技术研究中心建设项目是依托云南省农业科学院，建设“种质资源创新与育种”“良种繁育”“标准化生产”技术平台，是目前科技部在云南省乃至西南地区的首个也是唯一的涉农公益类国家中心。其中，第二平台“良种繁育技术平台”核心区位于江川县九溪镇，总占地1030亩。两年来，创新形成24项繁育专利，合作生产36万盆特色盆栽，1.7亿株优质种苗，完成承担的工作任务。

【江川县两个省级科技项目顺利通过验收】 2015年9月2日，受省科技厅的委托，由市科技局组织，邀请市农学会、市林业局、市财政局、玉溪师院等相关专家组成专家验收组，深入云南阳光食品有限公司车间和上头营社区白龙潭村丰达冬桃基地，分别对由云南阳光食品有限公司承担的“酱咸菜发酵菌种控制技术研究及应用”和云南绿地园林绿化有限公司承担的“丰达冬桃矮化密植及规模化生产技术集成研究示范”2个省非公有制经济暨中小企业发展专项资金（技术创新）项目进行验收。经实地检查，听取公司负责人汇报、查阅相关资料、进行项目实施质询、专家讨论等程序，专家组同意2个项目通过验收。

（叶红梅）

招商合作

【总体运行情况】 2015年市政府下达江川县招商引资目标任务为：引进省外国内资金46亿元，外资400万美元。

2015年1～12月全县实施市外国内资金项目99项，结转项目27项，新建项目72项，上报到位市外国内资金535509万元，（2014年同期564955万元）同比减5.21%。其中省外资金462822万元（2014年同期380415万元）同比增21.66%，完成市政府下达的省外资金目标任务46亿元的100.6%。上报认定外资项目1个，到位资金331.8万美元。重点签约项目5个；在谈项目18个，对接洽谈42次；开发储备项目36个。在玉溪市一区八县、高新区十家目标任务责任单位中引进省外国内资金数排名第3位，同比增速第6位。

【玉溪市招商引资考核小组对江川县考核认定情况】 认定江川县引进市外国内资金52.66亿元，省外到位资金46.04亿元，完成玉溪市下达江川目标任务省外资金46亿元的100%；认定到位外资331.8万美元，完成外资目标任务400万美元的82.95%。

【到位资金行业分布情况】 全县实施的99个项目中，一产项目12个，到位市外资金21232万元，主要是果树栽培种植、养殖项目。二产项目41个，到位市外资金188326万元，以机械制造、烟花爆竹、纸制品加工、塑料管道、非金属矿采选制造、食品加工制造、电力设备制造为主；三产项目46个，到位市外资金325951万元，以文化旅游业、房地产、仓储物流、公共设施管理业为主。一产、二产、三产到位资金比例为4：35：61。

【市外到位资金投资来源地情况】 投资来源分布于全国21个省、直辖市、自治区。北京市、四川省、浙江省、湖北省、广东省分别以85058万元、79392万元、66989万元、57762万元、54425万元位居到位资金前5位，合计投资项目42个，到位资金343626万元。占省外到位资金的74%。

省内有5个地州市到江川县投资，合计资金为72687万元，以昆明市和省属企业为主，到位资金58189万元，占全省到位资金的80%。

【各乡镇及部门完成任务情况】 1～12月，全县7个乡镇（街道）1～12月上报到位省外资金231817万元，除路居镇未完成目标任务，其余6个乡镇（街道）均完成上报全年目标任务。19个县直部门1～12月上报到位省外资金231005万元，未完成目标任务的单位有3个，其余16个部门均完成上报全年目标任务。

（陈玉雯　李世文）

工业园区管理

【概　述】 2015年，工业园区围绕年初确定的目标任务，进一步统一思想、抢抓机遇，紧密合作、奋发有为，以科学规划为先导，以基础设施建设为支撑，以招商引资为核心，以服务企业、加快项目建设为重点，各项工作力争新作为，实现新突破。

【主要经济指标】 2015年，园区企业实现工业总产值7.39亿元，同比增99.2%，完成政府工作报告目标9.7亿元的76.19%；实现生产总值1.64亿元，同比增131%，完成市责任目标0.8亿元的205%；完成固定资产投资4.12亿元，同比减17.9%，完成市责任目标6.5亿元的63.4%，完成县目标4.1亿元的100.5%，完成政府工作报告目标5.6亿元的73.6%；完成招商引资额5.35亿元（其中：省外国内资金4.2亿元；市外省内资金1.15亿元），融资额0.9亿元，同比增21%，完成市责任目标及融资额6.1亿元的100%，完成县目标5.8亿元的92.2%。

【园区规划】 规划环评通过审查。2015年10月，取得龙泉园区总体规划审查意见。修改完善园区总规和控规。完成《龙泉园区启动区控制性详细规划》园区道路系统规划、绿化带控制宽度调整等修改工作。落实绿化亮化和电力方案。编制完成《仙水大道、龙泉大道、4号路、5号路、6号路绿化亮化工程方案》；编制完成《龙泉园区启动区供电总体规划报告》；编制完成《龙泉大道、龙腾路、江滇路三条道路电力工程方案》。完成电力通道预留和给排水设计。完成早街110kV变电站接入龙泉园区电力通道方案的设计和编制；提交《龙泉园区供水工程方案研究报告》《龙泉园区排水工程方案研究报告》成果。编制完成龙滨路、江源路、江鼎街、龙延路、龙翔路五条道路工程可研报告编制和设计工作，待组织评审。

【土地收储】 完成土地收储639.49亩，解决原山水新城100亩预留地和项目区9户企业拆迁工作。与金甲阁火炮厂、文星阁火炮厂、星兴火炮厂、仙水人家饭店、马龙山庄、李存秀养猪厂、有机肥厂、宏丰红砖厂、曲江权葡萄园等拆迁户签订拆迁补偿协议，协议签订率100%，资金兑付率90%。解决大街街道三街片区12个、前卫镇赵官片区7个，共19个历史遗留问题。完成项目区706亩土地征转报件的组织上报工作。完成江川县欣宇机械实业有限公司、云南福胤钢构工程建筑有限公司、江川德兆环保科技有限公司项目供地工作；完成江滇路、龙腾路申报使用林地批复工作。完成“玉溪顺义产业园”范围内的情况调查工作。规划面积：4465.68亩。其中：已批已征1854.06亩，未批未征1763.34亩（不符合规划1344.9亩）、已办林地使用批复1743.38亩。

【招商引资】 园区已投产项目4个，正在建设项目5个，已签约项目5个，累计签约入园项目总投资18.61亿元。在谈项目5个，估算总投资30亿元，项目建成投产可形成产值40亿元，税收2亿元，解决就业岗位1000人左右。加大园区宣传力度，编制完成龙泉园区招商宣传册。加大项目跟踪力度，完成项目签约入园。与江川县欣宇机械实业有限公司、江川博能燃气有限公司、云南福胤钢构工程建筑有限公司、江川龙泉彩印包装、云南江川天一包装有限公司、云南凯思诺低温环境技术有限公司6个项目签订入园协议。加快项目落成和建设力度。江川新天力现代农业装备制造有限公司抓紧进行厂房主体施工，预计2016年5月建成投产；江川德兆环保科技有限公司、云南福胤钢构工程建筑有限公司、江川县欣宇机械实业有限公司进入主体施工阶段；江川博能燃气有限公司等项目开始土地平整，云南江川天一包装有限公司等一批新签约项目开始进入供地、规划设计等前期工作。抓紧对接、全力推进在谈项目。加大与北京玉溪顺义产业园、广州龙浩集团有限公司机场及空港物流园、云南中丹红制药等项目对接落实，争取项目尽快入园。

【基础设施建设】 完成公司组建，积极筹措建设资金。做好土地平整。深度平整土地65亩，铲除耕作层土地350亩。完成江川县欣宇机械实业有限公司、云南福胤钢构工程建筑有限公司10kv临时用电工程。加快市政道路建设。完成3条道路建设招投标，完成道路建设相关手续；完成江义街路基工程，龙腾路完成86%，江滇路完成42%。

【服务企业】 园区管委会牢固树立“五个一”即一个企业、一名领导、一套班子、一个方案、一次考核的服务理念和服务机制。各企业联系领导亲自到项目工地一线调研，与企业负责人面对面谈话，梳理项目进展过程中的存在的主要矛盾问题，制定问题整改台账，及时邀请县委县政府及部门主要领导专题办公、现场办公，切实解决企业建设、发展中的燃眉之急。不断优化园区发展软环境，在服务过程中力争做到“五个最”即成本最低、审批最简、效率最快、服务最佳、企业最满意。2015年完成江川德兆环保科技有限公司成功选址落户，并投资6万元协调解决用水用电问题；帮助云南联塑科技发展有限公司协调办理土地证和房产证；帮助江川县欣宇机械实业有限公司、云南福胤钢构工程建筑有限公司解决施工场地排水等问题。

（黄华平）

供　电

【概　述】 2015年，公司以“真抓实干强基础、深化创先抓落实、全力推动企业管理水平再上新台阶”为主题，深化南网战略落实，全面推进创先工作，实现“十二五”圆满收官，安全生产、营销服务、规划建设、经营管理、队伍建设、党群工作的规范化水平持续提升，圆满完成全年各项目标任务。

截至2015年12月31日，江川供电有限公司用工总人数289人，其中劳动合同制用工270人，劳务派遣制用工17人，非全日制用工2人。具有硕士研究生学历的员工占总人数0.36%，本科31.79%，专科28.21%，中专技校9.64%，高中8.93%，初中及以下21.07%。辖区内管理和运行维护4座110千伏变电站，2座35千伏变电站，总变电容量32.5万千伏安。运行110千伏输电线路2条，总长30.97千米；35千伏输电线路5条，总长70.403千米；10千伏配电线路47条，总长541.73千米；0.4千伏及以下线路1266.28千米。配电变压器1723台，总容量37.54万千伏安。

【经济技术指标】 供电量8.42亿千瓦时，同比增11.28%；售电量8.31亿千瓦时，同比上升14.46%；最高日电量332.43万千瓦时，同比上升5.05%；最高负荷为160.71兆瓦，同比降9.8%；综合供电可靠率99.9834%，同比上升0.0018个百分点；综合电压合格率99.17%，同比上升0.61个百分点；应缴税费2824.81万元，同比增47.22%。

【创先工作】 将创先行动计划与经理年度工作报告重点工作融合，加强各业务部门间的横向协同，行动计划完成率100%。选拔、培养公司内部的管理诊断队伍，形成“难题发现-诊断-处置建议-决策-解决”的闭环管理，解决创先工作突出问题和薄弱环节，实现企业管理持续改进，全年累计解决问题35个。结合实际，深挖管理潜力，客户年均停电时间1.4小时/户，同比降14%。加强安风体系集成应用，安全生产过程控制水平和绩效目标实现能力不断提升，获云南省“安全文化示范企业”荣誉称号。抓实全方位客户服务体系建设，提升客户满意度。建立和完善管理线损“监测和发布”“两个比对”“异常处理闭环”以及“技术降损需求联动”四项工作机制，综合线损率2.24%，同比下降0.62个百分点。进一步细化供电所职责；持续开展配网和营业两项普查，打牢管理基础；加强技能培训，提升生产、营销两个信息系统的应用能力；强化信息系统应用，规范核心业务流程；以所务管理系统为平台，有效衔接各项业务，确保工作闭环，提升所务管理水平。2015年11月，公司承办南方电网供电所规范化建设现场交流会，供电所规范化建设成果受到各级领导的肯定。

【安全生产】 风险管控持续加强。将体系思想融入核心业务，梳理辨识出5类19项主要风险，制定79项管控措施。发布电网运行安全风险预警通知书2份，成功防控110千伏红大旱线停电电网风险。完成设备分级管控清册编制，制定公司2015年配网状态评价清单及差异化运维计划。落实以风险管控为主线的全过程作业管控思路，作业计划完成率98.57%，作业风险评估率100%。开展任务观察569次，不安全行为同比减少117次。完成应急预案及现场处置方案修编，开展应急演练50次。丰富安全文化建设活动内容，累计领导干部上讲台23次、员工亲属进班组25次。加大现场安全管控，督促项目管理人员到岗到位，及时发现或纠正作业现场不安全行为。做好“三种人”调考和“两票”专项治理工作，抓实问题整改，提升员工安全意识和作业安全管控能力。

设备运维不断提升。以提高供电可靠性和减少客户停电时间为目标，进一步提高生产作业计划的量化和细化程度，刚性执行月度生产计划，严控临时性停电检查。建立健全“事前预测评估、事中控制检查、事后统计分析”的综合停电管理模式，全年发生延时停、送电2次，同比降67.61%。开展带电作业申报，全年共完成带电作业87起，节约时户数14150时户；转供电15起，节约时户数13707.09时户。将设备状态评价结果应用于2016年大修技改项目申报及十三五规划中。通过从时间分布、空间分布、原因分布三个维度进行对比分析，制定2015年降低10千伏配网故障、跳闸行动计划25项，配网故障率同比降低41.74%。加强生产管理系统应用，生产核心业务均在系统中流转办理。完成各项保供电任务。

【电力保障】 树立“以客户为尊，主动服务”的营销行为理念，及时了解节能减排政策信息、工业发展情况及客户潜在用电需求，做好负荷增长和供电能力的预测及统筹安排，走访大客户26户次。以客户利益为主导原则，一对一开展市场化交易政策宣贯工作，累计参与市场化交易客户153户次，优惠电费5191.60万元。2015年大工业用电量6.54亿千瓦时，同比增17.19%。全年

累计完成10千伏及以上高压客户新装69起，累计报装容量14800千伏安。

围绕供电能力、供电质量、客户关系开展客户全方位服务体系建设工作。从客户需求、业扩报装、停电管理、电能质量工作入手，各部门密切配合、提前安排，年内未发生业扩受限情况。高度重视客户诉求处理工作，全年客户投诉处理及时率100%。开展供用电合同清理工作，有效降低供用电合同法律风险。落实网公司业扩报装“五项机制”及开展业扩报装领域“不严不实”专项治理的要求，开展业扩报装专项整治、客户用电安全专项整治和明查暗访等客户服务工作评价，解决客户服务突出问题。以减少客户用电安全隐患为目标，治理客户侧安全隐患6起。完成客户档案信息核查工作，七个一致性指标达100%。按计划推进电能计量“一体化、规范化”管理。加大集抄户表改造力度，低压集抄覆盖率为72.96%。

开展理论线损计算，合理制定线损指标阀值，重点严查整治高损线路、台区，结合现有资源，适时监控线损完成情况，减少损失电量1104.09万千瓦时。打击窃电行为，挽回电量14.81万千瓦时。开展“节能有道、节俭有德”节能宣传活动，发放活动资料5000余份，通过活动向电力客户宣传和普及节能、节电知识。

【规划建设】 主动与当地政府部门联系，提前获取相关城乡建设信息，超前谋划电网规划。完成“十二五”规划建设收官工作，累计新增及改造10千伏公用配变101台，新增容量1.799万千伏安，新建及改造10千伏线路24.58千米。围绕地方重点项目建设，滚动优化电网规划，协助开展“十三五”主网规划研究，完成“十三五”配电网规划编制工作，并取得政府备案批复报告。

按照属地管理原则，完成220千伏雄关变建设并投运、完成110千伏棋盘山变建设前期工作，2015年完成投资5146万元。按照里程碑开展2015年农网改造升级工程，总计划投资1027万元。按照《2015年政府工作报告主要任务分解方案》年内完成雄关观音寺、前卫周官、九溪喜乐庄等22个农村电网改造工程。开展生产调度综合楼内外装修、智能化、室外附属及绿化工程建设，并获得项目资金调整批复。

加强物资需求计划“预编预审”执行刚性，确保需求计划准确率。完善供应商、承包商履约评价体系并实现常态化管理。执行部门零星采购审核流程，规范合同系统业务办理流程。每月开展自查盘点工作，确保账卡物相符。累计回收2014年至2015年农网项目、大修技改项目工程废旧物资67批次，并造册登记工程项目废旧物资回收台账。

【经营管理】 适应电力体制改革。学习贯彻习近平总书记在中央财经领导小组第六次会议上的重要讲话精神，坚定不移地落实国家能源发展战略，坚定自觉地推进能源生产和消费革命。按照国家的统一部署，积极支持、稳妥有序地推进电力体制各项改革。

规范财务管理。开展贯彻执行中央“八项规定”精神严肃财经纪律和“小金库”专项治理重点检查等系列自查工作。清理长期往来款项。开展固定资产卡片构建工作，建立设备资产台账与固定资产卡片对应关系。规范财务管理日常报销业务，提升财务依法经营管理水平。完成PMS系统外预收电费核对清理。贯彻落实“八项规定”精神，会议费、业务招待费、差旅费同比下降66.19%、62.72%、32.92%。

加强依法经营。完成内审项目3个，整改问题15项。开展依法经营审计整改、2015年专项审计对照自查整改、省公司党组巡视发现问题等5次自查整改工作，整改发现问题90项。开展效能监察和业扩报装、招投标等专项治理工作，学习应用《审计典型案例》，促进企业依法经营。公司合同、制度和重大决策的监督到位率达100%。开展公司职工持股转让及清退情况统计，持续推进股权清理和规范化管理工作。

【队伍素质】 加强干部管理。开展“四好”领导班子创建活动。通过创建“学习型领导班子”，提升领导干部新形势下驾驭复杂局面的能力。开展领导及中层管理人员个人重要事项报告填报工作，自觉接受监督。落实军转干部补贴。

强化人力资源。加快推进人力资源信息化建设工作。修编54份岗位说明书，增加直线经理职责，促使直线经理发挥协同管理作用。建立岗位绩效积分台账，实现绩效积分在薪酬晋升方面的应用。完善员工取证计划，准入资格持证率100%。完成规范劳动用工管理工作，保持队伍稳定。

着眼员工素质和技术技能水平提升，开展“大培训、大比武、大练兵”，培训计划完成率100%。建立职工技术技能创新工作室，加强技能人才培养。完成145份人事档案建设工作。

（海　霞）

供销合作

【概　述】 江川县供销合作社为参照公务员法管理事业单位，机关编制7人，年末实有在职干部职工7人，遗属12人，离退休干部12人，拥有江川县供销合作社农业生产资料有限公司、江川鼎兴资产管理有限公司2个全资公司和江城、路居、九溪、大街等4个基层中心供销社；领办农民专业合作社84个，其中省级示范合作社4个；建设农村综合服务社（中心）31个，各类经营服务网点80个，农业生产资料经营网点126个，乡村超市3个。

2015年，江川县供销社在省、市供销社的指导下，围绕县委、县政府的决策部署，全面贯彻落实关于综合改革试点工作文件精神，高举为农服务旗帜，牢固树立发展是第一要务思想，按照建设廉洁、勤政、务实、高效机关的要求，以提速、提质、强化“三农服务”为主要内容，切实把社有企业做大做强。累计完成：全年经营总额42389万元；销售总额42485万元；农户产品销售总额7267万元；利润总额250万元；农资化肥销售量60217吨。

【经济效益】 2015年全系统完成销售总额42485万元，完成农副产品购进额7267万元，销售化肥60217吨，汇总利润406万元，净利润401万元，全资、控股企业利润完成182万元，资产总额完成7563万元，所有者权益完成1616万元，营业收入完成27039万元，其他业务收入完成206万元，基层社营业收入完成2710万元；持股10%以上企业资产总额完成7563万元，社有资产总额完成1616万元。

【综合改革项目建设】 为贯彻落实党的十八届三中全会和中央关于深化供销合作社改革的精神，按照中央、全国总社、省委、省供销社、市委、市供销社关于开展供销社合作社综合改革试点工作的安排部署，江川县供销合作社被列为试点单位。综合改革试点工作以保障生产生活资料供给和产品质量安全的基本定位，通过采取资产盘活、经营搞活、机制转活等措施，实现有一批为农服务的好企业，有一批带动能力强的好合作社，有一套推动供销社发展的好机制，有一支勇于担当、乐于奉献的好队伍。通过综合改革试点工作后直属的各基层社，逐步建立起县、乡（镇）、村三级服务网络，搭起一系列社会化公共服务平台，把供销社办成农民的合作经济组织，成为帮助农业发展、农村致富、农民增收的骨干力量，成为连接城乡经济、促进党和政府同农民的密切联系的桥梁和纽带。结合县供销合作社的实际，因地制宜，做好全系统网络建设规划和项目库建设工作，提高项目建设的科学化、规范化水平，做到科学谋划，高起点推进。加强对县供销合作社及社属企业项目管理人员的指导培训力度，提高项目管理水平；加大与其他部门的沟通协调力度，进一步完善和规范项目申报和管理工作，为争取项目资金支持奠定基础；落实项目建设主体责任，督促项目建设单位严格按照项目建设设计方案组织实施，确保项目进度，完成路居社改造、九溪社拆除重建，螺蛳铺及龙街乡村超市建设；加强对建设项目的指导和管理，确保项目建设质量和建设工期推进。

【两社一会】 按专业合作社和行业协会的规范要求：2015年完成新发展农民专业合作社4个，创办农民专业合作社示范社1个，发展农村公共管理合作社2个，农村公共管理合作社提质1个，新发展农民专业合作社联合社1个，成立县级农村合作经济组织联合会1个，恢复重组基层社九溪社、路居社2个。按照县委、县政府“大力发展现代生态高效农业，推进农业产业化经营”的工作要求，发挥供销社优势，参与农业产业化经营，成立农民专业合作社85个，所创办的农民专业合作社已入社社员3664户，其中家民社员占99%以上，带动农户26649户，帮助农民实现销售收入2.521亿元，注册资金（社员入股资金）542.3万元。抓住新网络建设机遇，深入推进农村流通网络建设，完善乡村流通信息网络、建立乡村流通信息网络服务平台，2015年，县供销合作社争取到县财政局下达资金1万元，为企业、合作经济组织和广大农民提供多样化信息资源。发挥供销社优势，参与农业产业化经营，

为专业合作社发展提供政策、资金、项目和技术服务，指导、建立、发展、规范农民专业合作社组织，完成新发展专业合作社5个，培训农民专业合作社理事长15人，拥有1个配送中心、78个综合服务社、1个庄稼医院，发展农村各类协会9个。抓好野生菌人工促繁工作。以江川董炳野生菌产销专业合作社为依托，申报省级2015年度食用菌产业发展项目专项资金，2015年省市共补助食用菌产业发展专项资金10万元。

【资产盘活】 根据《中共玉溪市玉溪市人民政府关于深化改革推进供销合作社“二次创业”的实施意见》文件精神，进一步加强供销社社有资产的开发、经营、管理，确保社有资产保值增值，实现供销社可持续发展。九溪基层社恢复重建项目已完成建设工作，争取到省财政局补助资金25万元；4宗低效闲置资产（九溪喜乐庄购销店、前卫渔村购销店、江城黄营购销店、白龙潭养鸡场）已按照政府常务会议精神处置2宗；县供销合作社对全系统资产现状的租赁、承包经营情况进行市场调研，全面分析，适当提高租金比例，确保社有资产保值增值；路居供销社门市、仓库进行修缮改造，螺蛳铺购销店及土产公司开发改造项目进行公开招租；通过招商引资，在龙街、路居、螺蛳铺建成乡村超市3个。

（侯　芳）

城市建设投资

【概　述】 江川县城市建设投资有限公司2009年11月成立，是政府出资设立的国有独资公司，注册资金4000万元。主要经营范围是城市建设投资项目及资金使用管理；建设工程项目管理；筹措城市建设资金，负责城建项目的市场化运作，对外招商和开发经营；统一运作国有城建资产及相关产业经营；统一经营城市规划区内国有土地；对贷款建设、收费还贷项目的管理；自有资产、资金的运作经营开发；房地产开发；房屋租赁；物业管理；县政府授权管理的其他工作。内设综合办公室、财务部、工程管理部、资产经营部。2012年4月江川县城投公司与江川县广厦保障性住房开发投资有限公司合署办公。2015年度共有工作人员19名。

【项目建设】 1.建成2011年保障性住房项目932套保障性住房。项目规划总用地面积为40.35亩，总建筑面积为59788.3平方米，共建932套，其中：公租房704套、建筑面积为47920平方米；廉租房228套，建筑面积为11668.3平方米。项目总投资14152万元。项目于2014年10月17日全部竣工。完成932户保障对象分配入住工作。

2.完成2012年保障性住房项目主体工程建设。项目于2012年9月16日开工，项目规划总用地面积为74.70亩，总建筑面积55124.30平方米，共建住房856套，其中：廉租房240套，建筑面积12157.2平方米；公租房616套，建筑面积42852.04平方米。项目估算总投资12113万元。

3.推进2013年保障性住房项目500套保障性住房，主体已完工，进行附属扫尾工作。项目于2013年6月10日开工，项目规划总用地面积为23.33亩，总建筑面积29000平方米，共建住房500套，其中：廉租房300套，建筑面积15000平方米；公租房200套，建筑面积14000平方米。项目估算总投资9710万元。

4.推进2014年保障性住房建设项目，主体已封顶，进行内外墙粉刷工作。项目规划总用地面积为14.32亩，共600套，总建筑面积37771.30平方米，其中：廉租房300套，建筑面积14770.80平方米；公租房300套，建筑面积20656.04平方米。项目计划投资9799.89万元。

5.完成2011年、2012年保障性住房配套开发项目主体工程建设，正在进行附属扫尾及规划验收工作。项目总用地面积42.05亩，总建筑面积约39564.5平方米，计划总投资6500万元，为尽快推进项目建设，在资金困乏的情况下，用施工方部分垫资的方式建设。

6.开工建设2013年、2014年保障性住房配套开发项目，主体已封顶，正在进行墙体砌筑。项目总用地面积16.33亩，总建筑面积约15335.70平方米，计划总投资2998.43万元，资金公司自筹。

7.完成项目区1号道路建设工作。1号道路在2011年项目与2012年项目中间，是2个小区进出的主要道路，计划总投资426万元，为保证2个项目能按期入住，经报政府同意，采取部分垫资方式施工。

【融资工作】 为保证项目的顺利实施，2015年上半年向江川县农村信用合作联社申请流动资金贷款2700万元，用于购买施工原材料。下半年向玉溪市商业银行江川支行贷款5000万元，用于2011、2012年配套开发项目建设。

【资产经营管理工作】 为加强对政府授权的国有资产进行规范管理，确保国有资产保值增值，截至2015年底在租商铺129间，实现租金收入201万元；做好2011年保障性住房项目932户保障对象的配租工作及物业管理相关工作；启动2011、2012年保障性住房配套项目的销售工作。

【其他工作】 截至2015年底，公司累计上缴税金1535万元，上缴财政收入2799万元，上缴项目土地出让金8473万元。

（靳嘉玲）

农林·水利

编辑　徐凡清

农　业

【概　述】　江川县农业局加挂江川县畜牧兽医局、江川县乡镇企业局牌子。局机关现内设一室四股，即：办公室、生产综合股、计划财务股、法规股、畜牧兽医股；下属设置16个事业单位，即：江川县农业技术推广站、江川县植保植检站、江川县土壤肥料工作站、江川县种子管理站、云南省农业广播电视学校江川县分校（加挂江川县农民科技教育培训中心牌子）、江川县经济作物工作站、江川县经营管理站、江川县农村环保能源工作站（加挂江川县绿色食品管理办公室牌子）、江川县农机监理站、江川县农机化技术推广服务站、云南省江川县农业机械化技术学校、江川县水产技术推广站（加挂江川县水生动物防疫检疫站牌子）、江川县动物卫生监督所、江川县动物疫病预防控制中心、江川县畜禽改良站（加挂江川县草山饲料站牌子）和江川县农产品质量安全检测站。年末实有在职人员118人，其中机关工作人员21人（行政人员19人，工勤人员2人），事业人员97人。具有大专以上学历87人，占职工总数的73.73%，事业人员中拥有专业技术职称81人（其中高级职称33人、中级职称36人），占实有事业人员的83.50%。

2015年，农业局按照“围绕增收调结构、依托烤烟建产业”的思路，以结构调整为主线，以项目建设为抓手，以助农增收为目标，充分发挥区位和自然资源优势，进一步夯实基础强后劲，优化布局调结构，强推科技抓示范，粮经并举促增收，全面提升现代农业发展水平，稳步提高农业综合生产能力，加快转变乡镇企业经济发展方式，确保全县农业和农村经济继续保持平稳较快增长。全年实现农牧渔业总产值240757万元，比上年231220万元增9537万元，增幅4.12%；实现农牧渔业增加值155561万元，比上年141358万元增14203万元；实现乡镇企业现价总产值89.85亿元，同比增长3.62%。农村居民人均可支配收入10214元，同比增10.14%。

【种植业】　2015年实现种植业总产值（不含烤烟）107604万元，比2014年增5262万元，增幅5.1%；农民人均种植业收入（不含烤烟）5004.21元，比2014年增232.54元，增幅4.87%。全县粮经种植比例为24.32∶75.68，与上年的23.58∶76.42相比，粮食作物比重呈上升趋势。

2015年粮食总播种面积90161亩，比2014年增3843亩；粮食单产476千克，比2014年减15千克；粮食总产4295.4万千克（其中大春3471.99万千克，小春823.41万千克），比2014年增61.4万千克；粮食总产值12850万元，比2014年增55万元；农民人均粮食收入597.60元，比2014年增1.04元。

2015年油料播种面积37573亩，比2014年减27亩；油料总产量759.63万千克，比2014年增21.52万千克；油料总产值4167万元，比2014年增222万元；农民人均油料收入193.79元，比2014年增9.86元。

2015年蔬菜种植面积（含复种）154064亩，比上年增12481亩；蔬菜总产量33571万千克，比

2014年增3292.49万千克；蔬菜总产值65403万元，比2014年增4643万元；农民人均蔬菜收入3041.62元，比2014年增208.71元。

2015年花卉种植面积6743亩，比2014年减95亩；花卉总产值23565万元（含其他园艺作物产值1051万元），比2014年增387万元；农民人均花卉收入1095.91元，比2014年增15.24元。

2015年其它农作物种植面积1492亩，比2014年增加944亩，总产值1619万元。

【畜牧业】 突出养猪优势产业，发展规模化、标准化生产，加快结构调整，转变生产方式，加强基础设施建设，强化疫病防控，巩固仔猪生产基地县创建成果，做大做强畜牧产业，使全县畜牧业生产保持健康稳定发展。2015年，全县完成肉蛋奶总产4567万千克，同比增2.52%。其中肉类总产量3108.6万千克，禽蛋产量1458.41万千克。出售仔猪84.55万头，同比减2.56%，实现畜牧业现价总产值86916万元，同比增2.72%。

畜禽存栏：年末大牲畜存栏7385头（匹），其中牛5886头、马560匹、驴494匹、骡445匹；生猪存栏250672头（其中能繁母猪存栏42444头），羊19809只，家禽1641812只，兔5238只。

畜禽出栏：全年完成大牲畜出栏3587头（匹），其中牛2768头、马445匹、驴236匹、骡138匹；生猪出栏305993头，羊13383只，家禽3046190只，兔7841只。

【渔 业】 发挥江川水产资源优势，立足水产提质增效和渔民增收，在保护水域环境的前提下，引导发展无公害水产养殖，推广底层增氧、光合细菌、芽孢杆菌等在水产养殖中的应用，确保全县水产养殖工作取得成效。全年全县渔业水面面积161585亩，其中捕捞面积103000亩（为抚仙湖面积），养殖面积58585亩（其中星云湖52000亩、水库4615亩、坝塘1505亩、池塘465亩）。全年累计生产水花鱼苗4600万尾，鱼种400吨，投放鱼种503吨。完成渔业产量4237吨，其中抚仙湖534吨，星云湖2258吨，水库657吨，坝塘518吨，池塘270吨。按产品类别分：青鱼产量8吨，草鱼640吨，鲢鱼434吨，鳙鱼1206吨，鲤鱼622吨，鲫鱼768吨，白鱼65吨，银鱼461吨，虾31吨，蛙2吨。全年实现渔业总产值10174万元。

【乡镇企业主要经济指标】
2015年，全县乡镇企业（含个体工商户）总户数10536户，比上年新增30户；从业人员47740人，比上年增180人。实现乡镇企业总产值89.85亿元，同比增3.62%；实现营业收入87.55亿元，同比增3.56%；实现利润总额5.25亿元，同比增8.70%；上交税金2.55亿元，同比增9.91%；劳动者报酬6.71亿元，同比增0.75%。

【试验示范】 全年采取“六有六定”措施共实施新品种、新技术试验项目36项，开展高产创建5片计4.64万亩，完成间套种技术推广15.5万亩。

【病虫草鼠害防治】 2015年，组织人员在全县辖区内开展红火蚁调查、马铃薯腐疫病普查工作，结果为全县未发生红火蚁疫情，马铃薯腐疫病仅在前卫镇小街村委会下大河嘴一家农户田块中发现，对马铃薯未造成大的损失。全年印发《江川植保信息》6期，共计91份；印发水稻病虫害综合防治措施明白卡1万份；开展农作物病虫草鼠害防治124.9万亩次，挽回粮食损失4039.1吨，粮食作物损失率控制在4%以下，经济作物损失率控制在7%以下。

【农村劳动力转移培训】 2015年，江川县组织农广校和农机校开展农村劳动力转移培训工作，根据农业技术需求和培训人员地域等具体情况，选择县级培训和进村培训，围绕粮食、蔬菜、花卉、烤烟、仔猪等方面的科技实用技术，一年来共举办蔬菜栽培、水稻栽培、核桃栽培、农机操作、畜牧兽医、水产养殖等专业12个培训班，开展农村劳动力培训2813人，转移1412人；培训“绿色证书”农民1394，获证283人。

【新型职业农民培育】 2015年，江川县继续被农业部列为新型职业农民培育示范县。培育的总体目标是按照“科教兴农、人才强农、新型职业农民固农”的战略要求，根据高原特色农业和江川县优势产业发展的需求，以粮食、蔬菜、生猪等特色优势产业为重点，以种养大户、家庭农场、农民专业合作组织、农业庄园、农业社会化服务体系的骨干为培育对象，培养一批有文化、懂技术、会经营的新型职业农民，实行教育培训、认定管理和政策扶持“三位一体”培育，开

牌，提高特色水产品价值，发展高原特色渔业。全年共向星云湖放流大头鲤大规格鱼种3156千克，夏花鱼苗100.2万尾，星云白鱼2.19万尾。由玉溪市古生态抗浪鱼科研保护中心承担的云南土著鱼类繁育及推广养殖产业化项目抗浪鱼繁育及推广养殖工作成效显著，共培育3～7厘米大规格鱼种300余万尾，推广池塘、水库等养殖提供苗种26万尾，面积220亩；特有土著鱼类保护工作成果丰硕，《抚仙四须鲃人工驯养繁殖技术研究》分别获得2014年度云南省科技进步三等奖、玉溪市科学技术奖励二等奖。

【提案和议案办理】 2015年承办县政协委员提案2件，承办县人大代表提议1件，办理答复均为满意。

（李学辉）

烟　草

【机构设置】 2015年，江川县烟草专卖局（分公司）编制数104人。实有在职人员103人，年内调出0人、调入2人、新招聘2人、辞职1人。其中，男性77人，女性27人；公司机关内设机构为7室2科1部1站，即综合办公室、人教监察室、财务室、专卖监督管理室（稽查大队）、生产科技室、现代烟草农业基础设施建设办公室、督察考评室、监察科、安全保卫科、区域市场部、卷烟物流中转站，下设江城、安化、前卫、大街、九溪、路居、雄关7个烟叶工作站，温泉、周官、光山、螺蛳铺、上坝5个烟点。

【概　述】 2015年，江川县烟草专卖局（分公司）在市局党委和县委、县政府的领导下，围绕“全面贯彻落实党的十八大和十八届三中、四中全会精神，深入贯彻落实全市烟草公司系统工作会议精神，主动适应新常态、谋划新发展、提升新形象，着力在抓规范、强管理上下功夫，烟叶生产稳控规模、卷烟营销稳步提升，确保江川烟草持续稳定健康发展”的总体工作思路，加强指导，强化过程监管，落实基层烟站工作纪律、重点环节管控，全面提升烤烟生产收购水平、卷烟营销管理水平、专卖管理工作水平、内部管理水平，强化廉政建设，促进两烟规范发展，完成2015年的各项指标任务。

【烤烟收购生产】 2015年市政府下达江川县的烤烟计划种植面积7.6万亩，全县统一种植特色品种K326，烟叶计划收购量1140万千克，其中指令性计划收购量1050万千克，出口备货计划90万千克，上等烟比例72%。通过规范产前投入管理，狠抓合同管理，强化中耕管理和烟叶烘烤工作，有序推进，精诚团结，克服前旱后涝、冰雹大风、多雨寡照等不利气候影响，完成全年烤烟收购任务和烟农增收、财政增税各项目标任务。2015年全县共计收购烟叶1140万千克，其中指令性收购1050万千克，出口备货收购90万千克，完成计划的100%。烟农实现烤烟直接交售收入36815.7万元，同比增4312.3万元；烟叶税8099.4万元，同比增948.6万元；烟叶收购均价32.29元，比上年增3.83元，增幅13.46%，比全市平均均价高1.93元，上等烟比例达到73.66%，实现全市均价和上等烟比例“两个第一”，烤烟效益创历史最好水平，全面完成市公司下达的上等烟比例72%，均价32元/千克的目标任务，做到烟农、企业、政府三满意。

【卷烟销售】 2015年全年累计销售卷烟9075.49箱，实现销售金额26371.81万元，单箱销售金额达29058.28元，其中销售一类烟1759箱、二类烟428.66箱。卷烟营销工作紧紧围绕强化规范经营，确保平稳发展，认真贯彻国家、省、市局提出的“六个严禁、一个严控”和“六个坚决禁止”的要求，以专卖网格化建设为基础，以专销联动为载体规范开展各项工作；以培育二类卷烟为切入点，通过“精心选取、细分市场，指导上柜，突出陈列，引导消费”的方式，开展二类卷烟的品牌培育工作，深入落实各项品牌培育方案，组织促销宣传活动，2015年二类烟销售同比上年增165.57箱，增幅62.93%；以规范为前提，打造省局所提出的“七彩服务，情系你我”的服务品牌，以“信息宣传到位、经营指导到位、订货跟踪到位、实地走访到位”为基础，做好客户服务工作；以零售客户自愿参与为前提，以公平、公正、公开为原则，坚持优化资源配置，采取全面调查，科学评分，顺序筛选的方式，选定零售终端目标客户，推进现代零售终端建设，其中标杆终端2户，核心终端33户，保障终端105户。

【专卖管理】 在市局及县打击涉烟违法犯罪工作领导小组领导下，与公安、工商等执法部门配合，打击各种涉烟违法行为，维护“两烟”生产经营秩序，促进“两烟”健康、稳步、持续发展，在市局组织的专卖管理工作年终考评中获得全市最高104.8分。联合公安和工商等执法部门，开展4次专项行动，检查工商经营户3587户次，查获各类涉烟违法案件95起，打击各种涉烟违法行为，卷烟市场得到进一步规范，市场净化率、市场占有率提高，达到95%以上；联合县公安局破获“12.05”非法经营卷烟案件，涉案卷烟534件，涉案金额160余万元。加强市场监管，搞好日常市场检查工作；加强内部专卖管理监督，确保烤烟生产收购顺利开展，烟叶收购期间联合相关单位，设立5个卡点，防止烟叶非法流通，查获非法运输烟叶的车辆24辆并劝返，配合各烟站做好收购秩序维护；加强专卖执法队伍建设，提高依法行政、文明执法水平；加强零售许可证管理，严格市场准入、依法行政许可，严格依法查处无证经营和售假、私、非烟的行为。

【内部管理】 结合省局（公司）关于基层站点生产经营管理“二十个严禁”，开展监督检查和推进整改工作。推进精益管理，以加强会计基础工作为重点，进一步提升会计核算管理水平，全面推动企业精益管理。加强基础管理，严格执行“三项工作”审批制度，落实“应招尽招，真招实招”要求，严肃程序，规范管理，不断提高“三项工作”依法决策、科学决策和民主决策水平，切实发挥“三项委”决策作用。严格执行中央“八项规定”，把标准作为底线，在办公用房、公务用车、公务接待、会议管理等方面，反复自查，立行立改。推进办事公开民主管理，制定实施细则，明确公开事项，2015年公开事项383条、民主管理166项。严格执行“安全第一、预防为主、综合治理”的方针，全面开展安全隐患整改，做到隐患整改发现一项整改一项，有效完成各项安全生产、综治维稳工作任务。

（李　纯）

【烤烟种植轮作规划】 江川县分公司制定烤烟种植规划实施方案，各烟叶站和乡镇、村组严格按计划做好烤烟种植面积的规划，突出规划轮作，做到规划定面积、定农户、订合同。2015年全县计划种植田烟面积34445亩，地烟面积41555亩，落实连片种植213片，比2014年减27片，连片种植规模增加，所有连片面积均达到100亩以上，其中连片面积200亩以下的有58片，占9.1%；连片面积200～500亩的98片，占37.88%；连片面积500亩以上的57片，占53.02%。实现规模化种植，机械化作业。

【烟用物资调供】 2015年，江川县分公司做好烟用物资调供，供应育苗类物资，其中：设置漂育苗点45个、大棚44个、中棚25个、小棚9580个，育成烟苗9120万株，可供移栽面积7.6万亩，商品化育苗率100%；基质1614.76立方米，小棚6500套；供应农药及微肥：保得生物肥1000千克、硫酸锌2500千克、磷酸二氢钾2500千克、富万钾1500千克、钾霜锰锌3000千克、多坑霉素2500千克、菌核净2000千克、灭蚜灵2000千克。供应化肥：复混肥4782.62吨，硫酸钾1936.53吨，提苗肥276吨。供应包装物：麻片285000套，麻线8.5吨，布标签330000张。

【烤烟抗旱移栽】 2015年，全县统一机械深耕15267.6亩，缩短烤烟移栽翻田、碎垡时间，移栽集中度高，同一片区1～3天完成移栽；加大适时抗旱集中早栽技术宣传和培训推广力度，为大田最佳节令集中移栽赢得时间，5月6日烤烟移栽全面结束，进度比上年提前1天；同一田块、同一片区通线理墒，定点深栽，株行距合理。推广农家肥施用，全县共计堆捂农家肥3.485万吨，施用面积6.97万亩。

【膜下小苗移栽】 完善膜下小苗移栽技术，制作2万份膜下小苗移栽技术规范彩页发放到每户烟农，新盛合作社代购膜下小苗移栽用地膜53375件；经验收，全县所有地烟均实行膜下小苗移栽，并向田烟推广，全县膜下小苗移栽面积6.5590万亩，占计划面积的86.3%。

【蚜茧蜂防治烟蚜】 2015年，江川县烟蚜茧蜂防治工作由烟株应用转向大农业推广应用。江川县分公司设置9个夏季繁蜂点，设立大棚1971平方米、小棚420个；设置2个冬春季繁蜂点，小棚120个。全县防治烤烟种植面积

7.6万亩，占烤烟计划种植面积的100%，将蚜株率降到3%以下，降低烟叶农药残留量，提高烟叶安全性；防治大春非烟作物9万亩、小春非烟作物9万亩。实现防治由单季向三季防治、由烟草走向大农业的转变。

【优化烟叶结构】 2015年，江川县继续全面实施推行优化烟叶结构工作，清除田间不适用烟叶，下部叶清除面积7.6万亩，完成率100%；上部叶推行留叶毁型，完成面积7.57万亩，完成率99.6%。

【烟叶田间管理】 2015年，江川县落实以揭膜培土为中心的中耕管理，培土后田烟墒高达到40厘米以上，地烟墒高达到25～30厘米，在没有作保补助的情况下完成0.47万亩的揭膜培土；落实测土配方施肥工作，全县共计开展测土配方施肥面积7.6万亩；引导烟农科学合理用药，严禁使用除草剂和推荐范围外农药；江川县科技员根据烟株的长势长相、土壤肥力、施肥量、气候、品种等因素来实地指导封顶打杈，全面推行高封顶、多留叶、彻底抹杈，田烟留叶数22.8片，地烟留叶数20.7片，全面推广化学抑芽技术。经过科技人员指导，烟田田间管理水平提高。

（刘　芳）

【烟水配套、机耕路项目】 2015年，江川县烟水配套、机耕路项目共批复1505件工程（含新增2014年江城镇龙潭项目区工程项目），其中水池9件，容积1700立方米；管网2件，长4051米；泵站2座；彩虹水窖1492件，容积22380立方米。批复烟草行业补贴投资585.40万元。2015年烟水配套、机耕路工程于2015年2月开工，于2015年4月完工。全县完成烟水配套、机耕路项目1502件，其中水池8件，容量1569立方米；管网1件，长3367.4米；泵站1件；彩虹水窖1492件，容量22380立方米。江城镇龙潭项目区水池、管网、泵站工程完成工程直接投资1159998.54元，全额为烟草行业补贴资金；彩虹水窖项目完成直接投资6314334.00元，其中烟草行业补贴资金4476000.00元，烟农投入1838334.00元。2015年烟水配套、机耕路项目共完成工程直接投资7474332.54元，其中烟草行业补贴5635998.54元、烟农投入1838334.00元，项目受益面积7295亩，受益农户1233户。

【烟叶调制设施项目】 2015年江川县密集烤房建设项目于2015年3月中旬开工，至2015年7月初完工。完成卧式密集烤房50座，共投入烟草行业补贴资金1500000.00元。

【育苗设施项目】 2015年江川县可移动式育苗小棚建设项目于2015年1月初开工，于2015年1月中旬完工。共完成长、宽、高分别为5.6米、1.4米、0.9米的全钢架结构可移动式育苗小棚6500套，投入烟草行业补贴资金2110355元，全额为烟草行业补贴资金，项目受益面积29250亩。

（王红梅）

【卷烟销售】 卷烟零售客户999户，占总人口的3.57‰，基本达到国家局合理布局的要求。销售卷烟9075.4099箱，完成计划任务的99.99%，一类卷烟销售1758.9106箱，完成计划任务87.51%，单箱销售收入29058元/箱，销售收入2.637亿余元。

【零售终端建设】 2015年，江川分公司严格按照省市两局要求，推进现代零售终端建设。截至2015年底，已选取140户客户作为零售终端建设目标，其中标杆终端2户，核心终端33户，保障终端105户。已按照省市两局建设要求，完成终端建设工作。选取其中82户安装使用零售终端信息平台，依托终端信息平台开展市场价格、卷烟库存、消费者消费情况，调查效果明显。

【卷烟品牌培育】 2015年，江川分公司以市场导向为原则，以地区差异化为前提，以客户自愿订购为基础，分析二类卷烟优劣势，制定以本土品牌红塔山（传奇）、云烟（云龙）为主，以贵烟（甜香洞藏）、利群（新版）为辅的品牌培育思路，开展二类卷烟品牌培育。截至年底，二类卷烟品牌培育取得阶段性效果：全年累计销售二类卷烟424.592箱，同比上年增161.496箱，增幅61.38%。

（官　磊）

【“两烟”经营监督管理】 2015年全年查处各类涉烟违法犯罪行为95起，其中：无证经营63起，移送工商部门处理63起，非渠道进货26起，先行登记保存各类品牌卷烟784.1条，其中真品卷烟784.1条，罚款23043.53元，卷烟市场净化率达95%以上；累计查获非法收购、运输烟叶案件5起，查获烟叶47610千克，涉案金额398180元，经发改委定价后，5起案件案值均达到5万元以上，已移送公安追究刑事责任。查获假烟案件1起，涉案卷烟26700条，案值1600000元，已移送公安机关。

【专卖零售许可证管理】 2015年，按照公开、公正、透明、高效、便民的原则，依据法定程序严格办理专卖零售许可证，根据《云南省玉溪市烟草专卖局关于印发玉溪市卷烟零售网点合理化布局实施指导意见的通知》文件要求，结合《中华人民共和国行政许可证法》《中华人民共和国专卖法实施条例》《烟草专卖许可证管理办法》《烟草专卖许可证申请与办理程序规定》等相关法律、行政法规、规章关于烟草制品零售点合理布局的规定，进一步完善《江川县卷烟零售点合理布局规定》，使其更符合江川县实际，更具有可操作性。

【专卖法律法规宣传】 加强对烟草专卖法律法规的宣传，营造良好的共同遵守和维护烟草专卖执法环境。参与"3·15""6·29""12·4"等法制、法律宣传日活动，广泛宣传专卖法律法规。共发放宣传资料2000余份，展示10余个品牌的真假卷烟，并对鉴别方法进行现场讲解，咨询群众200余人。在烟叶收购期间，加大对《烟草专卖法》等相关法律法规的宣传力度。与县司法局沟通协调，在烟叶收购期间出动宣传，进一步增强群众守法意识，维护烟叶收购秩序。

【烟叶生产经营监督管理】 烟叶生产监管严格按《云南省烟草行业商业企业内部专卖管理监督工作规范》要求，对烟叶生产经营的全过程，分环节进行事前、事中、事后的监管，监管中及时深入到烟叶生产各个环节及时发现问题及时处理，及时监督整改。收购期间全县设立烟叶堵卡点4个，其中县级卡点3个，市级卡点1个，堵卡人员32人，应急车辆4台。

【卷烟市场监督管理】 按照《云南省烟草专卖局卷烟市场网格化管理实施意见》《云南省卷烟零售客户监管办法》相关要求，创新卷烟市场监管工作模式，推进卷烟市场网格化管理，根据全县卷烟市场状况及持证零售户分布，结合专卖稽查终端建设要求，初步确定全县卷烟市场二、三、四级网格，并制定《江川县烟草专卖局卷烟市场网格化管理方案》。通过网格化管理，建立"权责明确、流程规范、任务清晰、运转高效"的工作机制。做到市场监管工作"可视、可控、可评"。推行网格化管理，构建"打击严厉、管理到位、疏导及时、服务周到"的市场监管体系，规范市场秩序，提高市场净化率。

【专卖执法队伍建设】 制定专卖人员培训计划，并按培训计划组织考试、考核。全年共培训4次，培训内容以法律法规知识，证件、案件、内管、稽查等业务知识为主，专卖人员参培率100%。专卖全体成员参与玉溪市专卖局组织的专卖人员培训，全体人员成绩合格。

【烤烟种植收购合同管理】 发挥内部专卖管理监督的作用，深入各乡镇监督检查烤烟种植收购合同的签订情况，履行工作职责，严把合同签订关。各基层烟站均能执行市、县公司要求，按照上级下达的烟叶种植面积、收购计划、核定单产和轮作要求与烟农签订合同。所签订责任户的16442份合同在收购前全部发放到烟农手中，并且以村民小组为单位分别对签订合同的情况进行张榜公示，接受广大群众的监督。合同所约定的内容齐备、合法，除涉及调整的合同外，没有擅自涂改现象，无虚假合同、空合同、买卖合同的情况发生。

【自检自查自律】 为促进物资采购、广告促销、工程投资项目规范运作，增强自律能力，紧紧围绕"制度是否完善，决策是否符合程序，运作是否规范，监督是否到位"的工作重点，对2015年的工程投资项目、物资采购、广告促销业务按照高标准、严要求，扎实开展"三项检查"自查工作。经过认真自查，江川县烟草专卖局（分公司）的工程投资项目齐全、数据准确，工程投资项目资料的相关制度完善、决策程序合法、运作规范，监督制度执行严格；广告促销决策公开透明、实行民主化集体决策，同时纪检部门参与全过程监督检查；物资采购资料全面、完整、数据准确，未发现漏报、瞒报的情况，实施物资采购的程序、过程严格按照相关物资采购管理办法运行，物资采购过程严格规范。

（张冲平）

林　业

【概　述】　江川县林业局机关内设办公室、计划财务股、林政股、森林防火股（森林防火指挥部办公室）；局属设置江川县森林公安局（正科级）及7个事业单位，即：江川县森林病虫害防治检疫站（推公管理）、江川县林木种苗站、江川县经济果木林推广站、江川县营林工作站、江川县林业科学技术推广站、江川县林政稽查大队、江川县林权管理服务中心。2015年底江川县林业局实有在职干部职工61人，其中，行政人员23人（公务员9人，工勤人员2人，森林公安局6人，推公管理6人），事业人员38人（专业技术人员14人，技术工人24人）。

2015年，紧扣“森林江川”建设主题，以生态建设、林产业发展为重点，以助农增收为核心，全面实施生态立县战略，大力建设森林生态体系，着力推进林业产业发展和新农村建设，确保“资源增长、农民增收、生态良好、林区和谐”。围绕年初制定的工作目标任务，加强作风建设，抓好队伍建设，深入开展“三严三实”和“忠诚干净担当”专题教育，推进林业各项工作，完成各项工作任务。

【绿化造林】　围绕2015年项目建设情况，以重点建设项目为核心，实施石漠化综合治理、陡坡地生态治理、退耕还林配套荒山荒地造林、低效林改造、森林抚育、防护林建设等多个项目，绿化造林成效明显，加快推进“森林江川”建设。完成石漠化综合治理项目种植核桃5032亩，营造水源涵养林2768亩，建小水窖280口，拦沙坝6座，截洪沟1千米，启动21000亩封山育林。完成省级低效林改造项目5000亩，完成2000亩造林补贴试点核桃种植任务，实施5000亩陡坡地生态治理项目，完成两湖水污染治理林业项目建设目标工作任务，完成杨树种植1300亩。完成全县3.3万亩退耕还林地的检查验收，并兑付验收合格面积退耕还林补助资金366.82万元。

【林木种苗】　开展林木种苗生产经营许可证制度及育苗技术培训，审核种苗生产、经营情况，办理申请、换证等工作，规范林木种子市场。加大林木种苗的管理力度，强化苗木质量检验、检疫，落实苗木标签的使用。结合省级木本油料林项目建设和市级核桃产业建设任务，由县政府办、县人大、纪委及林业局相关人员组成2015年度核桃苗木询价采购小组，经过对大理永平、漾濞县，楚雄大姚县两州市三县6个育苗单位的核桃苗木质量、数量、单价进行调查比较，与永平县春绿苗木花卉药材专业合作社签订《苗木购销合同》，并调运核桃嫁接苗46.64万株，其中大树核桃苗木5500株，完成上级下达江川的核桃种植任务2.5万亩，促进江川林产业的发展。

【林政资源管理】　加强林地征占用管理，规范林木采伐、木材运输许可证的审核审批，开展林地保护利用规划编制，加大林政执法力度。执行森林采伐限额管理及生产计划管理制度，规范采伐审核审批程序，把好林木采伐审批关。全年共审核发放《木材采伐许可证》54份，采伐森林蓄积量1640.8立方米，木材出材量1016.34立方米，收取育林基金4.7897万元，运输木材617.21立方米。办理苗木再次运输9份，运输苗木46株。执行林地临时占用审批管理制度，维护县域生态安全。着力抓好项目建设过程中的监管，严防超范围使用林地，杜绝未批先占、少批多占行为的发生，制止毁林开垦和乱占林地的行为，杜绝林地非法流失。共完成林地征占用上报审批7件，面积8.7106公顷，向省林业厅缴纳森林植被恢复费57.3074万元；上报市级办理临时占用林地1宗，面积4.1715公顷，向市局缴纳森林植被恢复费39.6574万元；办理临时占用林地4宗，面积7.2595公顷，收缴森林植被恢复费28.5305万元。协助云南省林业调查规划院昆明分院完成全县“森林资源二类调查”外业调查工作，并通过省级检查验收，综合评定为优秀。

【森林防火】　遵循“预防为主，积极扑救”的森林防火方针，从落实责任、加强宣传、强化火源管理、增加投入、提高应急保障能力等方面狠抓落实，促使各项防火措施落到实处，从根本上遏制森林火灾的发生，完成省、市、县森林防火目标责任指标。共接到12119报警电话22起，出警处置森林火情1起，无森林火灾，无森林受灾面积，当日扑灭率100%，火案查处率100%，与2014年相比，12119报警电话数、出警处置火情次数、森林火灾起数下降，分别降73.17%、92.85%、100%。全县没有发生重、特大森林火灾和重大人员伤亡事故，森林防火工作取得显著成绩。落实防火责任制。全县共层层签订各类责任书51824份，其中县政府与各乡镇（街道）政府、县森林防火指挥部与指挥部成员单位、县林业局与各乡镇林业站“三线”责任书22份，乡镇与村委会、村委会与村民小组、村民小组与农户、林业站与护林员签订51802份，把领导责任、部门责任、地块责任和包片责任落实到乡（镇）长、大街街道办主任、村主任、村民小组长、林权所有者等关键人，把防火措施跟应急措施落实到林区基层、山头地块和防火第一线。多渠道、多途径抓好宣传教育，营造良好氛围。利用乡村广播、会议、板报、电视、入户通知书、警示牌、警示旗、横幅、短信、宣传车、培训等多种方式，搞好森林防火宣传教育。制作下发《户主通知书》86330份，发放张贴戒严令2670份，设立警示牌123块，设置警示彩旗355面，悬挂宣传横幅1727条，印发宣传资料10181份，制作发放宣传伞1600把、无纺布宣传袋6710个，联合县教育局开展学校“五个一”宣传教育，播放警示专题片3期，发布森林火险等级预报短信20万条。举办森林防火预防、扑救安全知识培训县级10期，乡（镇、街道）、村20期，人员1518人。强化火源管理，减少火灾隐患。始终坚持“预防为主”和“防范胜于救灾”的方针，从重预防、抓源头、堵漏洞、严格落实五个百分之百等多方面加强野外火源管理。招聘瞭望台观察人员12人，公益林（护林员）人员146人，统一着装挂牌上岗就位，加大巡山力度，主要入山路口有专人把守和登记，累计出动巡山护林27128人次；设立卡点435个，出动巡查人员3585人次，设置防火检查站65个，堵卡人员137人，入山登记50450人次，收缴火种（具）1347具。对“聋、哑、痴、呆、精神病”人员580人登记造册备案，落实监护制度。抓专业队伍建设。县级共组建专业队1支35人，集中食宿在林业局，统一训练，实行半军事化管理。7个乡镇（街道）按要求组建应急扑火队7支109人，组建民兵义务扑火队34支1129人。落实应急联动联防工作，签订联防协议11份，电力部门参与合作，防控联动，召开座谈会议，签订联动协议。形成“森林防火，人人有责”的局面。火灾保险。森林火灾保险投保面积为54.92万亩，投保金额为21.97万元。

【林业行政执法】 打击涉林违法犯罪活动，消除林区治安安全隐患，及时开展森林火灾、盗伐林木、移植野生植物、非法捕猎、违法占用林地等案件的专项执法行动，切实保护森林资源和野生动植物资源安全。全年共出动警力368人次，侦破查处各类涉林违法犯罪案件93起。立刑事案件36起，破获36起，刑事拘留2人，取保候审2人，逮捕2人，移送起诉36起；林业行政案件57起，查处57起，行政处罚59人（次），其中：盗伐林木8起，滥伐林木7起，擅自开垦林地10起，擅自改变林地用途27起，野外违规用火1起，过失引起森林火灾1起，无证运输木材1起，毁坏林木1起，罚款156858.8元，收缴木材24.931立方米，救助野生动物162只（条）。遏制违法犯罪势头，确保林区治安秩序的稳定。

加大巡查检查力度，及时发现，制止违法行为，及时发现和制止破坏森林资源、野生动植物资源的违法犯罪苗头。共联合林区护林人员出动警力400余人次，在全县重点范围内进行巡查检查工作，及时制止非法取土、取沙和擅自开垦林地、改变林地用途等行为。针对森林防火形势，组织开展森林防火责任制落实情况的巡查检查，分组分片对重点时段、重点部位、活动人员开展森林防火法律法规的宣传教育，阻止30余起林区用火行为。

【林业有害生物防治检疫】 坚持预防为主，建立健全林业有害生物的监测网络体系，开展全县主要森林病虫害的监测工作，全县发生面积为21.17万亩。对全县的林业有害生物引起的退化防护林进行调查，明确江川县林业有害生物引起的退化防护林面积为1.5750万亩。组织开展全国第三次林业有害生物普查工作，林业有害生物测报准确率达99%。科学防控，开展森林病虫害的预防防治工作。开展核桃种植时的病虫害预防，预防面积16088亩，用药8.1吨；组织以松小蠹为主防治项目的实施，2015年的林业有害生物预防和防治面积20153亩；开展拟似红火蚁的防治，对发现拟似红火蚁的大街河两边的绿化带进行防治，林业有害生物的防治率98.76%。开展调检检疫、把好复

检关。全年调运检疫木材944立方米，苗木10152株；复检以核桃苗为主的苗木349000株，木材1122立方米，复检林产品76批次。加强野生动植物保护管理工作。组织开展云南省第二次重点保护野生植物资源调查工作，调查中进一步查明江川县国家二级保护植物“栌菊木”分布、数量及栖息环境。通过资源调查查清江川县主要保护野生植物资源现状，了解野生植物资源的动态变化，为保护和发展江川县野生植物资源提供科学依据并为建立健全江川县野生植物资源监测点及评价体系奠定基础；开展云南省第二次陆生野生动物资源调查鸟类同步调查工作，江川县发现鸟类40种，其中水鸟17种，林鸟23种。

【林业科技】 结合国家森林抚育试点、石漠化综合治理、防护林建设、省市中低产林改造和省市核桃竹子产业发展等项目，长年抽调站所专业技术人员配合其它业务部门深入基层开展林业科技服务培训工作。2015年度，共组织种类专题讲座培训15场次，培训护林员、林农大户、基层群众12000余人；配合县科协、县农广校在全县开展“科技宣传周”“全国科普日”“文化卫生科技三下乡”活动，发放经果林栽植科技教材120000余份，现场接受群众咨询服务500余人；举办核桃栽培嫁接管理技术培训22期，培训林农4200余人，发放四大类115000份核桃规范化种植管护技术宣传资料。通过多种业务技术培训，使林农的经营管理意识得到提升，经营管理水平得到提高。

【森林生态效益补偿】 2015年，实施重点公益林森林生态效益补偿面积34.56万亩，其中国家级重点公益林18.66万亩，省级公益林15.9万亩。分布于珠江源头的抚仙湖、星云湖、东风水库径流区及县境内石漠化和水土流失严重地段。地类为有林地、疏林地、灌木林地，涉及全县63个村（居）委会。申请江川县2015年度森林生态效益补偿资金518.4万元，其中：中央财政279.9万元，省级财政238.5万元。到位资金494万元，其中：中央财政263.87万元，省级财政230.55万元。拨付2014年森林生态效益补偿资金518.9万元，拨付2015年森林生态效益补偿资金494.42万元。

【林权配套改革】 申报2015年林业贴息贷款项目计划600万元，开展林业小额贴息贷款政策，全年共10户办理抵押登记，共贷款187.5万（其中有9户贷款114万元符合贴息政策），贷款年限1～3年。办理林权流转6户6宗，面积781.91亩。加大纠纷调解力度，调解回复张尔明的“锦泰农场栽核桃的反映”、陈军驹要求办理的林权流转。

【林业产业】 组织实施木本油料产业发展核桃种植项目。2015年度，全县共组织核桃种植3.5万亩，包括2014年市级核桃竹子产业发展项目1.2万亩，2015县级新增核桃种植2.3万亩。调运核桃苗木47万株，落实项目资金734万元。林产企业和林农合作组织得到新发展。2015年，江川县组织江川雄关盛果核桃种植专业合作社申报并获得认定为云南省林农专业合作社省级示范社、江川泰怡园林绿化工程有限公司申报并获得认定为云南省林业产业省级龙头企业。做好林产企业管理服务工作，完成第十批省级林业产业龙头企业——云南绿地园林绿化有限公司及首批林农专业合作社省级示范——江川上头营冬桃产销专业合作社动态监测年报编制，按省、市相关林产政策及补助资金文件要求，拨付江川县2家企业云南省第十批龙头企业奖励资金5万元及首批省级示范社发展补助资金10万元。

（陈花艳）

水　利

【组织机构】 2015年末，江川县水利局实有在职干部职工51人，其中：行政人员16人（公务员14人，工勤2人），事业人员35人（专业技术人员18人，工人14人，职员3人）。局机关设3个内设机构，即：办公室、江川县防汛抗旱指挥部办公室、水政水资源股（江川县水政监察大队）。设置下属事业单位5个，即江川县水利勘测设计队，江川县防汛抗旱站（与“江川县工程管理站”实行两块牌子一套工作机构），江川县水土保持工作站，江川县茶尔山水库管理所，江川县大街抽水站。

【概　述】 2015年，江川县水利局按照“节水优先，空间均衡，系统治理，两手发力”的治水方针，统筹做好水灾害防治、水资源节约、水生态保护修复、水环境综合治理等重点工作。围绕县委县政府及市水利局的工作要求，坚持“依法治水、深化改革、突出民生、加快发展、行稳致远”的总体思路，主动适应新常态，积极抢抓新机遇，奋力开创新局面，为加快建设富裕和谐美丽新江川提供重要的水利保障。

有效灌溉面积。全县有效灌溉面积111606亩，有效灌溉面积占总耕地面积128168亩的87.08%，比上年的86.77%上升0.31个百分点。

节水和除涝灌溉面积。全县节水灌溉面积累计68881亩，占全县总耕地面积128168亩的53.7%。全县除涝面积累计65648亩，占全县易涝耕地面积68130亩的96.36%。

水土保持治理。全县累计治理水土流失面积196.61平方千米，占全县水土流失面积380.83平方千米的51.62%。

堤、闸建设。全县累计建成达标堤防47.25千米（水利普查调整数），占河堤总长199.24千米的23.72%；建成小型水闸157座（水利普查调整数）。

农村饮水安全人口。全县年末农村饮水安全人口23.94万人，占全县总人口的86.12%。

水利供水工程。全县累计建成水利供水工程35104件。蓄水工程。累计建成水库坝塘354座（其中：中型水库1座，小（一）型水库14座，小（二）型水库53座，小塘坝286座），总库容达6561.03万立方米，年设计供水能力4990.54万立方米，年实际供水能力3873.25万立方米。引水和其它水源工程。累计建成引水工程41处，年设计供水能力达2403万立方米；累计建成小水窖31489件，年设计蓄水能力达44.36万立方米；累计建成水池1554口，年设计蓄水能力达12.79万立方米。机电井和泵站工程。累计建成机电井1231眼（其中：规模以上浅层地下水机电井38眼，规模以下浅层地下水机电井1193眼）；累计建成泵站工程435处（其中：规模以上泵站94处，规模以下泵站341处），装机容量达1.84万千瓦。

水利工程供水情况。全年水利工程为各行业供水量6210.1万立方米，其中，水利工程为农业供水量4873.1万立方米，为城乡居民生活供水量948万立方米，为工业供水量283万立方米，为生态环境供水量106万立方米。

【农田水利基本建设】 2015年，全县共计完成各类水利工程2034件，完成水利建设投资14862万元（其中：水利基本建设投资2900万元，农水投资11962万元），完成工程量97.47万立方米；新增灌溉面积0.03万亩，改善灌溉面积0.63万亩，治理水土流失面积12.2平方千米，完成干支渠防渗3千米，完成库塘蓄水量4590万立方米，新增加蓄水能力1.76万立方米。

【双龙水库除险加固工程竣工】

双龙水库除险加固工程批复投资65.8万元。主要建设内容为对上游坝坡整形护坡，下游坝坡培厚加固，坝体进行霹裂式灌浆；对输水涵洞进行改造加固，更换闸阀。工程于2013年12月开工建设，2015年5月完工，施工单位为云南玉溪水电集团有限公司，监理单位为红河州水利水电工程监理有限公司。完成主要工程量：土方开挖回填3274.58立方米、石方支砌150.52立方米、混凝土400立方米、钢筋制安12.42吨、坝土灌浆307.04米、基岩帷幕灌浆344.46米、新建管理房50平方米、金属结构安装直径300涵管50米，直径150钢管480米，直径150管道闸2道。完成工程直接投资96.53万元。

【底母坝水库除险加固工程竣工】 底母坝水库除险加固工程批复投143万元。主要建设内容为对上游坝坡整形护坡，下游坝坡培厚加固，坝体进行霹裂式灌浆；对输水涵洞进行改造加固，更换闸阀。工程于2015年3月开工建设，2015年7月完工，施工单位为云南玉溪水电集团，监理单位为云南明通水电工程建设监理有限公司。完成主要工程量：土方开挖回填3218.15立方米、石方支砌203.55立方米、混凝土586.68立方米、钢筋制安12.771吨、坝土灌浆419.5米、基岩帷幕灌浆151.5米、新建管理房50平方米、金属结构安装直径200球墨管63米，直径200管道闸2道。完成工程直接投资101.2015万元。

【三道沟水库除险加固工程竣工】 三道沟水库除险加固工程批复投资157.5万元。主要建设内容为坝体霹雳灌浆、坝基及坝肩帷幕灌浆，上游坝坡采用C15砼预制块护坡整形，下游坝坡培厚加固，铺设草皮护坡，新建排水沟、踏步，坝顶增设防浪墙；将磨眼涵洞改造为斜拉闸；扩建溢洪道。工程于2013年10月开工建设，2014年8月完工，施工单位为峨山彝族自治县泰航建筑工程有限公司，监理单位为云南鼎权工

程项目管理有限公司。完成主要工程量：土石方开挖回填7367立方米，石方支砌644立方米，混凝土浇筑456立方米，钢筋制安4.42吨，坝土钻孔406.6米、灌浆233.3米，基岩钻孔205.8米、灌浆170.1米，安装斜拉闸1套，启闭机1套。完成工程直接投资126.5万元。

【星云湖南岸中水利用项目竣工】 江川县星云湖南岸中水利用项目批复投资756.13万元。主要建设内容为改造小街一级站引水渠160米；防渗加固小街一级站出水沟1700米；防渗加固小街二级站出水沟272米；改道新增小街二级站提水管257米；改造袁家坟泵站进水沟83米；新建袁家坟提水泵站；新建袁家坟泵站压力管1850米；对云平四级站更新改造；防渗支砌小井坝引洪沟1286米。工程于2014年8月29日开工建设，2015年3月完工。项目监理单位：玉溪世纪永立建设监理有限公司为监理单位，施工单位为云南杰联市政工程有限公司公司、云南景顺建设工程有限公司、云南煜升道路工程有限公司。完成主要工程量：土方开挖5344立方米，土方回填687.22立方米，C15、C20混凝土防渗2107立方米，DN1000承插管安装87.2米，DN450球墨铸铁管安装1780米。完成工程直接投资664.97万元。

【爱心水窖工程竣工】 2015年，江川县实施“爱心水窖”工程800口，建设地点在雄关乡、江城镇和前卫镇。工程于2015年9月开工，2015年12月完工，共计完成投资488万元，新增蓄水容积2万立方米，改善灌溉面积640亩，解决3200人的饮水问题。

【抗旱工作】 2015年，全县农作物受旱面积44375亩，6396人和1325头大牲畜的饮水因旱出现困难。因旱造成直接经济损失3030万元，其中：因旱粮食损失837吨，金额210万元；因旱经济作物损失2560万元；水产养殖因旱减产200吨，经济损失260万元。全县共计投入抗旱救灾资金373.7万元，抗旱用电139.74万度，抗旱用油270.03吨；抗旱共计浇灌面积9645亩，临时解决6396人和1325头大牲畜的饮水困难问题。抗旱共计挽回直接经济损失2108万元，其中：挽回粮食674吨，经济损失168万元；挽回经济作物损失1940万元。

【防汛工作】 2015年汛期，江川县严格按照“防大汛、抢大险、抗大灾”的要求，组织做好防汛抢险救灾的各项具体工作。按照防汛抗洪工作行政首长责任制的要求，层层签订江川县2015年防汛目标管理责任书，加强对防汛工作的组织领导，确保防汛工作顺利进行。扎实备汛，确保水利工程安全度汛。加强对防汛值班工作的管理，确保汛情的及时上报和上情的及时下达，保证防汛抗洪工作上下联系畅通。加强同气象等部门的联系，随时掌握天气状况，及时指导防汛抢险工作。加大对全县水库、坝塘的监控力度，确保水利工程安全度汛。全力以赴做好防汛抢险救灾工作。2015年，全县受灾人口24039人，受灾面积14686亩，公路冲毁2条次，倒塌房屋11间，造成直接经济总损失达1437.1万元，因洪涝灾害减产粮食66吨。整个汛期全县共计投入防汛抢险救灾人数2697人次，减淹耕地687亩，避免粮食减收63吨，减少受灾人口876人，减灾经济效益74.46万元。

【水土保持工作】 2015年，江川县共完成水土流失综合治理面积12.2平方千米。在治理中坚持以小流域为单元，工程措施与生物措施相结合，并建立低、中、高层次的综合治理模式，改善水土流失区的生态环境和农业生产条件，进一步促进山区经济的可持续发展。在抓好治理工作的同时，推进水土保持监督执法工作，落实“三权、一案、三同时”制度，加大监督检查力度，查处水保违法案件，依法征收水土保持设施补偿费和审批开发建设项目水保方案。2015年，全县共计检查生产建设项目41个，审批开发建设项目水土保持方案12个，收取水土保持设施补偿费54.71万元。共计印发《中华人民共和国水土保持法》《云南省水土保持条例》各500册，开展水土保持国策宣传。

【水行政管理工作】 继续以国家水资源管理三条“红线”指示精神为指导，加强对全县水资源的管理，逐步实现以水资源的可持续利用促进经济社会的可持续发展。围绕“水与可持续发展”主题，开展“水日水周”水法律法规宣传教育活动，提高广大干部群众的水法意识，扩大水行政执法的社会影响。全县共计悬挂布标横幅8幅，发放宣传材料200余份，张贴宣传主题画22套，制作宣传光碟1份。加大水行政执法检查力度，严肃查处各类水事违法案件，调处各类水事纠纷，督促指导全县水行政执法工作。继续加大水资源管理力度，科学管理水资源，编制《江川县关于加强节水型社会建设的实施意见》，并经县政府批准。2015年，江川县共计征收水资源费45.97万元，调处水事纠纷1起。认真做好普法依法治理工作，开展“六五”普法工作，进一步提高全局干部职工的执法水平、提高从业人员的法制观念、自律意识和群众知法维权的保护意识，营造良好的法治氛围。及时调整完善水行政审批项目。根据行政审批改革工作要求，江川县水利局对原有的行政审批事项进行调整完善，调整后列入县级行政审批事项公开目录的行政审批事项共计18项，其中，行政许可17项，非行政许可1项。

【规划计划工作】 2015年，江川县水利局继续以水库除险加固、水源工程建设为重点，做好项目规划设计工作，争取水利建设项目。组织编制新增12座小（二）型水库除险加固工程的安全评价报告，完成“十三五”水利发展综合规划，农村人饮安全提质增效规划以及中小河流治理规划。为江川县抓住中央加快水利改革发展机遇，推动江川县水利建设进程打下基础。

（罗留芝）

交通·邮电

编辑　徐凡清

交通运输

【概　述】 2015年底，江川县交通运输局及所属事业单位人员机构编制数为43名，实有人数38名，其中，局机关编制15名，实有人员15名，局属事业单位编制28名，实有23名（其中，地方段编制15名，实有14名；路政大队编制6名，实有6名；隔河船闸所编制7名，实有3名），共缺编人员5名。县交通运输局围绕县委、县政府确定的交通发展目标，团结协作，不断开拓创新，抓好交通运输科学发展、和谐发展各项工作，完成各项工作任务。先后完成江一中道路沥青路面、绿化、亮化工程建设，江华一级公路小白坡段路面工程建设，牛恋至温泉国防公路二标段路面工程及全县70.3千米的农村公路建设，完成江通高速公路部分路段的征地拆迁工作，开通9条农村公路客运线路，改善城乡交通出行环境，进一步推进江川交通运输事业的发展。加大招商引资和向上争取资金力度，完成2015年的固定资产投资和招商引资任务。开展“三严三实”“忠诚干净担当”专题教育活动，全面落实党风廉政建设工作措施，不断推进效能政府建设。加强行业管理，全面履行部门职责，做好道路养护、路政管理、船闸管理、运政管理等交通运输工作。

【江通一级公路小白坡段路面大修工程】 2014年11月17日至2015年6月19日，投资2309.156万元，完成江川至通海一级公路小白坡段4.2千米沥青路面改造工程建设工作。

【江中路建设工程】 2013年7月至2015年10月，投资6668万元（其中2015年投资2175万元）完成1.357千米的江中路和2号路路基、路面、绿化、亮化工程。江中路建设工程，由江中路和保障性住房2号路两条道路组成。江中路起于翠大线公路与宁海路交叉口，往南延伸至江川县第一中学门口，全长0.916千米，道路宽度为40米；保障性住房规划2号路起于保障房连接线道路，往西延伸至江中路，全长441.14米，道路宽度为12米，两条道路均为沥青混凝土路面。

【牛恋至六街至温泉国防战备路改造工程（江川段）】 牛恋至六街至温泉国防公路（江川段）起于江川县与晋宁县交界烂泥箐村处，经蔡家庄、白家营、黄营、龙街，止于江川县龙街温泉村。项目全长16.863千米，公路等级为四级，设计速度20千米/小时，路基宽K0+000～K12+11+000、K12+830～K15+072.858段为6.5米，K11+000～K12+830段为7.0米，路面宽6.0米，圆曲线加宽值按Ⅰ类数值加宽，设计标准轴载：BZZ-100KN，桥涵设计荷载：公路-Ⅱ级。本项目预算资金3642万元。

2015年，项目已完成投资1100万元，分三个标段进行，其中，二标段已完工，一标段正在施工。

【江通高速公路】 2015年，投资1.148亿元完成江通高速公路部分路段的征地、拆迁、建设工作。

【德馨苑小区出口道路工程】 该道路起于老晋思线K60+600处，沿龙旺湖城边缘布线，止于德馨园小区东测，全长372.289米。按城市支路标准建设，为沥青混凝土路面，道路红线宽度为12米，设计时速20千米/小时。人行道采用人行道砖铺筑，工程内容为道路工程、交通安保工程、给排水工程、电力工程、绿化、亮化工程。计划投资419.3万元，工程于2015年10月28日开工。

【农村客运班线】 2015年8月，开通9条农村客运班线（前卫—柏池古、安化—董炳、安化—新庄、雄关—白石岩、路居—红石岩、九溪—扯纳直、九溪—阳山庄、江城—陈家湾、江城—三百亩），投放营运微型面包车40辆，使江川县实现客运班线覆盖所有行政村，解决群众出行的最后一千米难题。

【农村公路建设】 2015年，投资4248万元完成21条70.74千米农村公路建设。即阿香路8千米、螺星路1千米、早烂路7.5千米、九小路2.7千米、前桃路2.2千米、朱天路11.1千米、江星路2.6千米、小水路2.9千米、牌星路3千米、六前路2千米、北秧路5.5千米、香小路2千米、侯大路1.3千米、文庙路0.58千米、翠三路4.94千米、老澄川线4.94千米、岳大路0.45千米、中佛路0.6千米、雄大路1.31千米、下爬路4.82千米、香下路1.3千米。

【公路大修】 2014年12月10日至2015年3月10日，投入资金240万元完成环湖线（螺蛳铺—海门桥段）路面大修工程。

【公路小修】 全年投入资金16.1万余元完成县道日常养护和绿化日常养护。

【道路养护】 全年投资370.1万元对农村公路进行养护：清扫路面1114.3万平方米，清理水沟650.29千米，清铲路肩1036千米，整修路基70千米，路面修补244千米，疏通桥涵249座，砂石料采备0.46万立方米，加铺砂石路面258.9千米。

高等级公路养护（2015年5月移交市高等级公路公司）：2015年1～4月，投入资金26.3万元完成高等级公路日常养护和绿化日常养护。清扫路面79.6万平方米，清理排水沟1.32万米，疏通桥涵4道81延米，绿篱修剪40.3万平方米，绿化浇水40.3万平方米657车，绿化除草松土40.3万平方米，绿化施肥40.3万平方米，病虫害防治40.3万平方米。

【路政管理】 全年共出动路政执法人员8100人次，发放宣传册1500份，发放《违法行为通知书》140份。查处路政案件110件，案件立案率100%，查处率99%，收回路产赔补（偿）1344项，收取路产赔（补）费105万元，索赔率99%，路产损失恢复率100%，制止各种侵占路产路权行为813起，公路两侧红线控制率99%，清理拆除公路上非法标志标牌清理非交通标志78块，清理违法加水站点73个，清理取缔以路为市占道经营行为131起，整治占用公路打场晒粮违法行为69起。清理垃圾680吨，查处“泼、洒、漏”车辆350辆。检测运输车辆299460辆，其中超限超载车辆10917辆，收取超限运输罚没款180495元，拒绝货车总重超过55吨的车辆上路行驶673台次。全年共受理公路路政行政许可事项29件，审批8件。

【运政管理】 2015年，全县共拥有普通货物运输经营业户9720户（新增770户），货运车辆9111辆（新增462辆），客运车辆527辆（班线车辆134辆、公交车211辆、出租车182辆），道路危险货物运输车辆116辆（其中，大运公司64辆，城南公司52辆），维修业户188户（新增19户），道路运输从业人员13406人。

2015年春运期间，共发送客运车辆7316辆次（其中加班413辆、包车51辆），总客位数16.3487万座，输送旅客14.057万人次，比上年同期增1.1%；全年，共出动1000余人次进行运输稽查治理。检查车辆6000辆，查处违章车辆990辆，罚款金额70余万元，查扣各类“黑车”17辆；开展“两客一危”继续教育11期，培训972人；开展机动车驾驶从业资格培训10期共596人。开展对机动车驾驶培训市场的整治工作，查处教练员未按《大纲》开展教学，教练员吃、拿、卡、要，强迫学员消费的突出问题；加强客运、危险货物运输车辆的审验工作及安全检查力度，进行各类检查46次，下发整改通知书2份，督促相关企业完成整改内容，确保2015年江川县辖区内无重大道路运输安全事故发生。

【人大代表、政协提议、信访答复】 2015年度，办理和答复人大代表建议26项、政协提案22项、回

复信访件8件，满意率100%。

（周　悬）

公路管理

【概　述】 江川公路管理段隶属玉溪公路管理总段，是公益性一类事业单位。截至2015年12月底有在职职工53名，其中段机关21名，站所一线职工32名（翠峰治超流动稽查人员11名，竹城公路管理所17名，侯家沟公路管理所4名），负责管养江川县境内干线公路44.449千米（昆孟线：沥青路面养护里程9千米，水泥混凝土路面1.302千米；昆富线：水泥混凝土二级公路34.147千米）。

2015年，江川段主动适应经济发展新常态，坚持稳中求进，提质增效，强化法治建设，推动转型升级，把尊重行业发展规律与尊重广大职工主体地位统一起来，把完成各项工作和保障广大职工的权益统一起来，把推进行业可持续发展与推进行业科技创新统一起来，坚持行业发展方向，把握行业发展规律，加快推动“四个交通”发展迈上新台阶，让人民公路实现好、维护好、发展好人民的根本利益。全年，共投入项目资金368.97万元对所管辖路段进行养护，全年修补路面病害207422.86平方米，清扫路面3991589平方米，清理水沟路肩杂草232.77千米，粉刷行道树14418株，路况质量得到提升。

【养护举措】 2015年，江川公路管理段积极转变养护方式，不断推进养护工作规范化、精细化，采用铣刨、填平、罩面、击碎修复水泥混凝土路面动板、错台等方法提高路面平整度，降低路面破损率；集中开展路况恢复和路容路貌整治活动，大规模整治热点、难点路段，实施昆孟线灾害防治工程、同步碎石封层、翠大线二级砼击碎修复工作，提高所管养路段的路况质量。2015年，全段路况优良路率达95.48%，路况质量的改善为经济社会发展提供道路通行条件，公路服务社会的能力提升。

【创先争优】 江川公路管理段在抓好主业的基础上，加强站所文化建设，继续绿化美化侯家沟公路管理所，实现“花果园林式”站所建设目标；2015年7月1日在竹城公路管理所成立“技师工作站”，开展“师带徒”活动，为江川段培养年青型、知识型、复合型人才提供保障；响应玉溪总段号召，组织登山、乐器培训等文体活动，丰富职工文化生活，提升职工综合素质；倡导献爱心活动，为困难职工、困难党员发放慰问金4800元；职工代表大会组织爱心捐款18500元；为江川县雄关乡窑房小学、江川县大街街道小白坡小学困难学生送去价值11755元的洗漱用品和床上用品，捐资6000元。

【依法行政】 深入开展普法宣传教育，促进依法行政水平的提升，进一步落实依法治超，加强与交警、路政等部门的协调联动，严格执行票据管理制度，做到治超执法持证上岗，票据日清月结，2015年，共治理处罚超限超载车辆4004辆次、收取公路损失赔（补）偿费96万元，卸载超限运输货物61784.27吨、检测车辆91034辆次。

【安全生产】 逐级签订《安全生产工作责任书》37份，继续深化“安全生产年”活动，抓好安全宣传教育工作，组织参加玉溪总段举办的“平安交通创建活动”“安全生产月活动”；开展好“反三违、处隐患、保平安”摄影绘画比赛活动作品征集工作，上交书画作品30余幅，摄影作品50张；组织参加玉溪总段安全知识考试和安全知识竞赛，并在竞赛中获得三等奖；深化“打非治违”和危化品专项整治自检自查工作，查改各类隐患13项；以“平安工地”建设和安全班组建设为重点，抓好重要雨季期间、重要节日（国家法定假日）的安全防范和检查工作。江川段安全生产考核控制指标均为零，促进单位公路建设和养护生产安全发展。

【基础设施建设】 与县政府协调机化站建设和应急指挥中心建设全面工作；搞好站所建设，办好职工集体食堂，使职工食用生态菜、放心肉，侯家沟公路管理所成为各级领导和同行学习参观的示范点，体现公路养护站所在“养护管理、对外服务”的综合性能。

【荣誉表彰】 2015年，江川公路管理段被评为县级文明单位；荣获玉溪公路管理总段颁发的“站所建设先进集体”；竹城公路管理所被共青团玉溪市委、玉溪市安全生产监督管理局评为“2014—2015年度玉溪市青年安全生产示范岗”；侯家沟公路管理所荣获玉溪公路管理总段“文明先进站所”荣誉称号。

（郑文娇）

电　信

【概　述】　全面落实中国电信“深化改革”和“市场化、差异化”战略要求，动员全体员工，坚定不移，坚持不懈，坚定信念，创新发展，务实高效推进各项重点工作，加快互联网化运营转型，努力实现江川电信腾飞目标。

【网络建设】　2015年网络运维工作的两个重点：扩大改造生产线，简化优化流水线。网络部落实网络工作“三个面向”，网络“四个专项行动”为辅，聚焦客户感知，提升网络能力和服务水平。按“三个面向”的要求，按照“四个一片”需求，推进FTTH建设。提高网络安全保障、服务支撑和资源优化配置能力，保障优质综合信息服务提供能力，持续提升全业务网络竞争力，完成各项工作。

【城域网持续优化】　全县各局点调整或扩容EPON累计640线；新增LAN业务120线；对江川大二层上行GE扩容：前卫（2个GE），新建；全力支撑路居ONU、雄关ONU、九溪ONU、鸡窝ONU、伏家营ONU、朱家庄ONU、早街ONU、江城CC&08退网、江川老局S1240退网、江川新局CC&08退网等行业应用的FTTH建设开通；C3C4传输网络完成新建、扩容和优化，调整和优化华为6040粗波分，扩容6800设备10G板卡，新建密波1800路居至雄关密波保护环，传输业务持续增长，新增传输专线业务26条，新建IPRAN设备支撑4G和政企业务。支持新建民居的信息化建设，对龙旺湖城，古滇国城，江城镇，江川县城上营社区，下营社区，老街心社区等区域进行FTTH建设，2015年FTTH新建端口数1.3万个，光口总数2.2万个。完成江川县前卫渔村、前卫桃溪、江城松岩、江城黄营等工程杆路改造工程。年内共布放光、电缆计105次，累计布放光、电缆约300千米，巡修杆路50次。FTTB建设（江川县城城市改造老局退网）：新大庄EPON，小花园EPON，教育局EPON，花苑EPON等EPON点。ODN建设：县城新建光交12个，布放主干光缆约为30千米。

【缆线资源建设】　为全面提升用户感知，提高营业受理资源确认能力及装维服务水平，支撑业务发展，为提取资源利用率分析，科学进行设备调配，走“集约化管理”的运维管理模式，实现网络资源的集中化、精确化管理。

【CDMA通信基站】　对部分基站进行流量、话务量调优，新建并开通九龙盛景室分3G基站。全县3G基站81个，实现全县DO覆盖。

【LTE通信基站】　2015年新建渔村老年活动中心、渔村村委会、汪家营等21个LTE基站，全县4G基站67个，实现各乡镇点重点区域4G全覆盖。

【管线建设】　管线建设方面，完成年度内的各项电缆、光缆零星工程的建设项目，完成江川县星云路、江川一中大道改道建设。

【运维队伍建设】　督促、组织员工积极参加网上大学技术类课程的学习；组织员工及支局网格团队学习装移维技能，年内共组织学习、培训15次。

（邓　琼）

移　动

【概　述】　2015年，中国移动云南公司江川分公司在玉溪市分公司和江川县委、县政府领导、关心和支持下，围绕市分公司提出的各项工作目标，认真开展工作。认真、高效、创造性地开展公司经营工作，做好公司的各类营销活动的落地实施，确保活动快速到达市场、到达客户；以精细化绩效考核为手段，调动员工的工作积极性，确保公司各项经营目标的顺利达成。

【市场发展】　截至2015年12月31日，在网客户规模达16万户，运营收入完成8000万元，完成年度目标值。“信息扶贫，互联网+”惠民工程——宽带乡村建设，共完成107个行政村及自然村的建设，截至12月31日已全部投入使用。宽带乡村工程，告别小锅盖时代，看上高清互联网电视。结合县委、县政府的要求，2015年，江川移动党建平台建设已全面完成，共82个站点开通党建平台。

【网络建设】 2015年江川新建2G、3G、4G基站110个，全面开通并投入使用，LTE网络已经覆盖全县所有乡镇、行政村和大部分自然村，实现江川县城区和农村移动网络100%覆盖。网络质量不断提升，改善农村的基础设施，提高群众的生活质量。在江川各类节日期间，对移动基站进行扩容，保证节日期间的通信畅通。

【企业建设】 2015年，江川分公司十分重视企业文化建设工作，开展多种形式的业务活动，例如："十分满意""网络挑刺"等，让客户参与到移动的建设和发展中来。工会、党支部、团支部，利用业余时间组织各类活动20余次，通过开展爬山、徒步、沿湖捡拾垃圾等一系列活动，职工的团队合作精神得以加强。通过开展省级"文明单位""青年文明号"创建活动及"道德讲堂"活动，把建设社会主义核心价值体系的根本任务落实到基层，强化员工的思想道德内涵，形成良好的文明风尚，提高全体干部职工参与创建活动的自觉性和责任感。

（金　琳）

财政·税务

编辑　徐凡清

财　政

【概　述】　2015年，江川县财政局在县委、县政府领导下，按照县十五届人大第三次会议确定的目标，把握稳中求进工作总基调，适应经济发展新常态，应对收入严峻形势和支出巨大压力，着力抓好预算收入管理，继续优化支出结构，促进全县经济社会持续健康发展。全县财政总收入完成80972万元，比上年增4382万元，增5.9%，其中：地方财政收入完成63425万元，比上年增3794万元，增6.4%；地方财政支出完成168566万元，比上年增3097万元，增1.9%。

【非税收入】　2015年，全县继续推进财政票据电子化管理改收缴模式，加大非税收入稽查力度，全年非税收入完成31183革，进一步完善“单位开票、银行代收、财政统管”的票款分离万元，比上年增31%。

【争取上级资金】　2015年，全县共争取到上级资金117100万元，比上年增23587万元，增25%。

【预算信息公开】　2015年，江川县继续加大预决算信息公开力度，全县71个部门及下属181个预算单位预决算、部门“三公”经费预决算全面公开。

【盘活存量资金】　2015年，全县共收缴财政存量资金7410万元，全部统筹安排用于全县经济社会发展急需的重点领域和保障民生方面，提高财政资金的使用效益，缓解财政支出压力。

【教育投入】　2015年，全县完成教育支出35813万元，比上年增12.2%。筹措资金13943万元，加快中小学校舍安全工程和农村义务教育薄弱学校改造工程建设进度，切实改善义务教育办学条件。安排义务教育公用经费2213万元，保障农村义务教育正常运转；安排学生生活等补助1513万元，缓解困难家庭“上学难、上学贵”问题。拨付农村义务教育寄宿生生活补助和营养改善计划补助资金2098万元，28744名农村中小学生受益。

【社会保障和就业】　2015年，全县完成社会保障和就业支出24634万元，比上年增21.5%。投入“两个低保”资金2415万元，实现生活困难群众应保尽保；发放抚恤及退役安置补助资金1979万元，确保3290名抚恤和安置对象的定期定量资金供给；安排城乡临时救助及自然灾害救助等资金411万元，缓解急难群众的生活困难；拨付殡仪馆和公墓建设及遗体火化补助资金2374万元，确保殡葬改革顺利推进；拨付八十岁老人保健补助资金396万元，惠及6229名高龄高寿老人；发放城乡居民社会养老保险财政补助4283万元，符合条件的16.5万名群众受益。

【支持医疗卫生事业】　2015年，全县医疗卫生支出完成19433万元，比上年增9.4%。安排机构支出4724万元，促进深化基本药物制度改革，减轻人民群众就医负担；筹措新农合资金11346万

元，缓解农民“因病致贫、因病返贫”问题；安排资金13294万元，确保城镇职工基本医疗待遇的落实；拨付资金1143万元，全面落实人均40元的公共卫生服务补助。

【支持经济发展】 2015年，全县投入资金3804万元，推进园区建设，促进园区尽早形成产业聚集效应，为财政增收打牢基础；办理减免税3910万元，减轻企业负担；拨付资金4632万元，扶持入园企业基础设施建设、民营经济发展、“两个十万元”微型企业培育，推进财源培植。为17家企业办理置换贷款1.47亿元，帮助企业解决融资难问题。投入资金19455万元，支持星云湖和抚仙湖保护治理工程，星云湖水质明显改善，抚仙湖继续保持I类水质；争取资金1210万元，消除10个病险水库安全隐患；安排资金10389万元，实施退田还湖和生态保护项目；下达资金1093万元，推进美丽家园建设；筹措资金1276万元，推进陡坡地生态治理、大中型水库移民后期扶持项目等重点项目建设。

【支持文体事业】 2015年，全县文化体育与传媒支出1945万元。安排资金418万元，加大对文化设施的修缮力度，保障文化“三馆一站”免费开放补助。

【保障性住房建设】 2015年，全县住房保障支出8,356万元，比上年增37.4%。安排资金3900万元，支持保障性住房和棚改项目建设；兑付农村危改工程建设补助资金1287万元，解决困难群众的住房问题；争取资金609万元，确保公租房和廉租房补贴发放。

【强农惠农补贴】 2015年，全县兑付退耕还林补贴、农资综合直补、良种补贴等惠农补贴资金1394万元，巩固农业生产基础；拨付农房保险资金297万元，降低农户灾害风险。

【公共安全投入】 2015年，全县完成公共安全支出6600万元，政法经费足额保障到位，政法司法能力建设进一步增强。

【政府采购】 2015年，全县政府采购支出3964万元，节约采购资金575万元，节约率12.67%，其中：政府集中采购支出1173万元，部门集中采购支出2791万元。

【农业综合开发】 2015年，全县完成上年批复并通过省级验收农业综合开发项目2个：大街街道海浒片区高标准农田建设项目、安化光山及雄关窑房片区高标准农田建设项目，总投资968万元。建成高标准农田0.72万亩，修建沟渠13条，总长8.2千米。建15立方米小水窖200口，建抽水站3座，安装变压器3台，架设输电线路1.21千米；修建田间道路5条，总长6.67千米；科技培训2260人次，示范种植蔬菜206亩。

【一事一议财政奖补】 2015年，全县实施一事一议财政奖补普惠制项目58个，总投资3096.95万元，其中：财政奖补资金1235万元。涉及建设村内道路项目18个、公共活动场所27个、人畜饮水项目6个、环卫设施项目3个、其他美化亮化工程4个，项目惠及村民37126人。

【清理行政审批和收费（基金）项目】 2015年，按照2013年以来国家、省、市公布的关于取消和降低收费项目、标准以及行政许可事项、现行收费项目、标准的收费依据，对全县管理的行政事业性、经营服务性收费项目、收费标准进行全面清理审核。38个单位参加清理，共清理行政审批项目和收费（基金）项目441项。

【会计管理】 2015年，完成1095人会计从业资格证书的登记和换证；举办行政单位会计制度、PPP项目模式和传统文化助推会计道德建设培训；开展会计信息质量检查和加强对代理记账机构的监督管理。

【国有资产管理】 2015年，江川县进一步加强国有资产管理，公开出售闲置住房59套（间）和房地产3宗、电脑及缝纫机1批；划拨办公用品及专用设备1293台（套等）；报废公务用车3辆、1746台（套、件、个等）办公设备和拆除危房25幢。

【财政监督】 2015年，进一步加大财政监督力度，开展财政存量资金检查，提高财政资金的使用效益和安全性。开展重点民生资金检查。配合财政部、省财政厅对江川县民政、社保、廉租房资金开展专项检查，确保专项资金安全、高效使用和专款专用。开展预算信息公开检查，督促部门财政预决算向社会公开，主动接受社会公众的监督，进一步提高财政资金的透明度。

【队伍建设】 加强领导班子建设，提高领导班子依法理财、依法行政的能力。创新干部教育培训机制，加大对干部职工的教育培训力度。加强作风建设。以开展“三严三实”和“忠诚干净担当”专题教育活动为契机，进一步转变工作作风，提高服务质量。推进反腐倡廉建设，开展理想信念、职业道德教育，提高干部拒腐防变的能力。加强制度建设，建立健全干部岗位职责履行、培训考核等制度，进一步规范管理。截至2015年，有干部职工47名，其中：本科以上40人，占总人数85%；专科7人，占总人数15%。

（吕玉红）

国　税

【概　述】 2015年，江川县国税局以依法组织税收收入为中心，坚决不收过头税，坚决防止和制止越权减免税，坚决落实各项税收优惠政策的组织收入原则，应收尽收江川县国税局共组织税收收入24763万元，同比增收3727万元，增17.71%。其中，增值税累计入库18419万元，同比增收3109万元，增20.31%；企业所得税入库6251万元，同比增收637万元，增11.35%；消费税14万元，同比增5万元，增55.55%；个人利息所得税1万元，同比减持平；车辆购置税78万元，同比减收24万元，降23.53%。全局做到全年无新增欠税，实现自2001年起连续十五年无新增欠税。

【重点企业增值税】 2015年，江川县国税局以风险管理为导向，以信息管理为依托，监测和分析重点企业税源，掌握税源状况和发展趋势，合理规划税收收入，对重点企业税源实行有效管理和控制，提高纳税人税收遵从度，实现应收尽收。其中：云南江磷集团有限公司累计入库2483万元，同比净增2053万元；云南宏斌绿色食品有限公司入库977万元，同比增533万元；江川供电有限公司累计实现销售收入32375万元，同比增3482万元；云南红塔包装实业有限责任公司累计入库200万元，同比减32万元；云南省江川恒昌造纸有限责任公司129万元，同比增8万元；江川天一包装有限公司62万元，同比增35万元；云南江川天湖化工有限公司入库税收减少，2015年累计入库增值税1947万元，同比减收870万元，降31%。

【企业所得税征收】 2015年，江川县国税局贯彻向加强所得税管理要收入的理念，不断优化企业所得税征收结构，加强季度企业所得税预缴管理，保证税款及时足额入库，全年企业所得税入库6251万元，同比增637万元，增11.35%。其中，工业企业所得税入库2696万元，同比增69.99%，云南江川天湖化工有限公司入库1439万元，同比增26%；云南联塑科技发展有限公司累计入库894万元。商业企业所得税入库2，524万元，同比减收427万元，降14.47%。玉溪烟草公司江川分公司入库2483万元，同比减收323万元，降12%。金融企业所得税入库810万元，同比减收102万元，江川农村信用社执行金融企业贷款损失准备金企业所得税税前扣除政策，提取贷款损失准备金4290万元，2014年第四季度利润亏损575万元，江川农村信用社2015年累计入库791万元，同比减少120万元，降13%。

【纳税评估】 2015年，江川县国税局共对16户纳税人进行综合纳税评估，评估补缴各类税款合计51.4万元，其中增值税33.85万元，企业所得税16.23万元，滞纳金1.32万元。

【税收执法】 2015年，江川县国税局落实税收执法责任制，开展执法监督检查，严格税收执法考核和执法过错责任追究，进一步规范行政处罚、行政许可、行政强制等税收执法权行使，加强税收执法风险的事前防范和事后处置，深入推进依法行政工作。深化税务行政审批改革的后续监管，完善税收执法案卷评查的长效管理机制，切实做好税收执法案卷评查工作。

【纳税服务】 2015年，国家税务总局先后下发《纳税服务规范》《税收征管规范》《税收出口退税规范》《国地税合作规范》，在巩固前期提速办税成果的基础上，江川县国税局将各项税收规范的落实与便民办税春风行动的推进结合，严格规范办税流程，减少审批环节，精简涉税资料，重点落实首问责任制、限时办结、延时服务、预约服务、免填单等服务制度，提升办税服务效率，方便纳税人缴纳“满意税”；为缓解窗口压力，减轻征

纳办税负担，推进网上办税和自助办税，实现纳税人足不出户居家办税，方便纳税人缴纳“便捷税”；依托纳税人学堂，加强涉税咨询辅导，结合纳税人走访活动，借助各类宣传载体，及时向社会公众及纳税人提供最新的税收政策，方便纳税人缴纳“明白税”，使纳税人满意度和税法遵从度提升。

【国地税合作】 以《深化国税、地税征管体制改革方案》为蓝本，结合国税、地税各自工作特点和优势，拓宽联合办税范围，同步落实“三证合一”登记制度改革和“银税互动”，共同推进“金税三期”核心征管系统上线运行，进一步加强国、地税间信息传递和共享，为国、地税深层次合作奠定坚实基础；严格以《纳税服务规范》为服务准则，加强国地税服务联合，拓展服务领域，统一纳税服务标准、办税方式和服务手段，避免纳税人“多头跑、重复报”，切实减轻纳税人负担；以《税收征管规范》《国地税合作规范》为蓝本，整合双方资源，统一执法口径，精简征管流程，规范国税、地税双方合作行为，健全信息共享机制，加强涉税信息交换比对，联合开展税收数据分析和风险信息分析，进一步提高国税、地税征管质效，确保执法适度整合、服务深度融合、信息高度聚合。

【落实税收优惠政策】 贯彻落实税收法律法规，运用征管数据分析、税收执法检查、税收执法监察等手段，推进税源专业化管理，挖掘风险潜伏点，开展风险导向下的纳税评估工作，定期进行风险查找和化解工作，确保各项税收政策准确执行到位；明确工作要求，深入企业了解其实际生产和经营状况，将能享受增值税、企业所得税优惠政策的企业作为跟踪管理重点，严格减免税审核方法步骤和办理程序，执行好国家出台的各项税收优惠政策，维护好纳税人合法权益。2015年，共减免小微企业所得税46.82万元，受惠企业61户，受惠面达100%。

【简政放权】 2015年，江川县国税局对接地税、工商、质监部门，加强横向间协作配合，做好取证后登记信息共享和数据保障工作，充分释放“三证合一”便民效应；为提高企业生产力和发展潜力，落实各项税收优惠政策，在政策解读、政策辅导、政策宣传、政策咨询上狠下工夫，运用网络载体开展点对面税收宣传，依托导税员和纳税人学校实施面对面政策辅导指引，帮助纳税人学好用好优惠政策，减轻纳税人税收负担；为确保税收优惠政策惠及面百分百，在取消税收优惠政策事前审批项目简化办税流程的同时，把征管重心转移到事中事后监控管理，严格核查优惠政策落实情况，实时发现收集纳税人优惠政策运用难题，及时准确为纳税人排忧解难，为大众创业万众创新营造出良好的税收环境。

【互联网+税务】 为确保金税三期核心征管系统顺利上线运行，严格建立“一把手”亲自抓，征管部门牵头组织，各科室紧密配合的工作机制，根据上级安排部署，及时准确分解金税三期推广期间相关工作任务，责任落实到岗到人，高质量高标准完成数据采集、数据清洗核对、系统测试验证等上线前准备工作，保障金税三期双轨顺利运行、单轨顺利上线，为税收现代化的实现打下坚实的技术基础。

【精神文明创建】 把文明创建工作与加强思想教育，提高队伍素质相结合，为国税发展提供素质保障；把文明创建工作与加强信息化建设，优化服务质量相结合，为经济建设提供服务保障。2015年3月，江川县国税局工会被江川县总工会授予“2014年度工会重点工作目标责任考核鼓励奖”；2015年10月，江川县国税局被云南省委、省政府评为“文明单位”；2015年12月，江川县国税局被玉溪市委、市政府评为“第八届玉溪市文明单位”；2015年12月，江川县国税局被江川县委、县政府评为“文明单位”；2015年3月，冯瑜同志被玉溪市国税局评为“纳税服务之星”；2015年12月，赵霖、张薇、业斌、赵品荣、王峻、孔令燕、业雯琪、李春艳同志被玉溪市国税局评为“嘉奖”。

（张　薇）

地　税

【概　述】 2015年，江川县地方税务局围绕“挖增量、盯增量、开新源、防风险”工作目标和工作重心，不断加强干部队伍建设，加强税收政策的宣传力度，强化重点税源的税收征管力度，优化税收服务，克服各种不利因素，把组织收入作为整个税收工作的中心，为国收税，为民聚财，为地方经济的发展奠定坚实基础。

【机构设置】 江川县地方税务局内设办公室、计划财务股、征收管理和纳税服务股、税政股、人事教育股、监察室、政策法规股、规费管理股、科技信息股9个股室，稽查局1个直属机构，下辖一分局、二分局、三分局、四分局4个派出机构。共有干部职工72人。其中大专以上学历70人，占职工人数97.2%；党员33人，占职工人数45.8%。

【税费收入完成情况】 2015年江川县地方税务局共组织入库各项税收35539万元，同比降15.73%，比上年减收6632万元，完成市局调整后计划数41000万元的86.68%。实现地方税收收入26872万元，同比降14.4%，减收4410万元，为地方经济发展做出的贡献。征收社会保险费24247万元，同比增50%，增收8083万元。代征工会经费513.5万元，同比增2.70%，增收13.5万元；代征价格调节基金31.9万元，同比增20.09%，增收5.3万元；代征抚仙湖资源保护费82.6万元，同比降20.11%，减收20.8万元。

【依法行政】 贯彻落实国家税务总局《关于深入推进依法治税加快税收现代化建设的指导意见》，以提高依法行政能力为目标，转变工作思路，在工作机制和制度上寻突破、求实创新，推动税收工作向纵深发展。坚持依法行政，着力优化纳税服务，着力做好税收优惠政策清理、重大税务案件审理、梳理税务行政审批事项、税收政策执行情况反馈和规范性文件管理，提高依法治税水平。完成2014年度企业所得税汇算清缴工作，2014年度企业所得税汇算清缴户有232户，同比增加82户，补缴税款275.8万元。受理年收入12万元以上个人所得税自行申报186人，共申报年应纳税额437万元，完成市局下达任务。

【税源管理】 加强税源监控，严格税源管理。强化各税的征收管理。按照“抓大、控中、定小”的思路，日常管理中对税源管理抓大不放小，时时跟踪管理，做到对重点税源心中有数。加强税源分析预测工作。运用监控数据分户分析税源变化，客观反映税源发展、税收收入以及税收管理中存在的问题，并形成税源分析报告。对纳税大户进行重点监控，随时掌握重点税源的变化情况，增强组织收入工作的主动性，掌握第一手信息，便于进度分析透彻，把握全年收入进度，确保税收收入均衡、及时入库。对于长期零申报的企业或者重点行业，开展纳税评估工作，强化税源后续管理。对新办企业和经营管理发生重大变化的企业加强日常跟踪，及时将所涉及的税收政策及时送达。

【金税三期工程上线】 江川地税成立金税三期推广领导小组及办公室，召开动员大会，明确工作目标、工作任务和工作职责，确保2015年9月8日金税三期工程成功上线。全面进行数据清理，确保数据质量，针对金税三期上线，对纳税人进行培训。针对软件的应用和征管工作的结合，进行有益的探索，利用金税三期工程的上线，对征管流程进行规范，日常征管工作进一步法制化。

【国地税联合办税】 为适应“营改增”和深化改革的形势，县国地税高度重视联合办税工作，深化合作的深度和广度。全年联合办理1814个税务登记证件，联合对414户纳税人开展信用评价，联合评价57户A级纳税人，共对50户纳税人协同开展定期定额核定工作，联合开展2次纳税人培训、1次税收宣传。从2013年8月1日起，在江川县国税局办税服务厅设立地税征收窗口，2015年共计征收地方零散税费125万元。

【阳光稽查】 加大稽查力度，开展专项检查、专项整治和打击发票违法犯罪活动，2015年组织查补收入808万元，检查户数34户（其中：立案检查5户，辅导自查29户），占年初市级下达稽查计划任务797.4万元的101%，稽查查补率2.3%。成立专项检查小组，耗时4个月对砂石料采掘业所涉2012至2014年地方性税收进行案头稽查。16户砂石料采掘业纳税户缴纳税款、滞纳金共计410万元，其中资源税180万元，耕地占用税130万元。

【三证合一】 按照国务院转变政府职能、简政放权、优化服务的要求，贯彻落实“三证合一”登记制度改革工作，确保“三证

合一、一照一码”登记改革于2015年10月1日在全省范围顺利推行，江川县地方税务局将《云南省地方税务局“三证合一”登记制度改革宣传册》在电子显示屏、办税服务厅、税企QQ群等对外宣传渠道宣传发布，及时对办税服务厅前台工作人员进行培训，配合做好宣传工作，进一步简化手续、减少审批、减少环节，进一步简化市场准入，激发市场活力，推动大众创业、万众创新。2015年，办理“三证合一、一照一码”的纳税人到地税部门进行补录信息的纳税人共43户。

【落实税收优惠政策】 江川地税2015年度共减免各项地方税费3683.8万元。其中营业税减免2356.2万元、企业所得税减免122.7万元、房产税减免54.3万元、城镇土地使用税税减免78.7万元、契税减免247万元、土地增值税减免403.3万元。其中促进小微企业发展减免1385万元，改善民生减免1584万元。

【规费征管】 坚持税费并重，克服“重税轻费”的思想，以完成各项规费征缴任务为中心，配合社保、财政、县总工会等部门，加强和规范各项规费征缴工作，完成各项规费征缴任务，发挥地税部门的职能作用。加强社会保险费征收管理工作。对不同的欠费单位要分别采取不同的措施，把工作重点放在欠费数额多、欠费时间长的大户、难户上；每年制定详细可行的清欠计划，将清欠情况列入目标管理考核内容。通过建立和完善制度，确保社保费的按时申报、按期缴纳，基本做到社保费的足额缴纳。继续推进税费一体化管理实施税费同步，参照税收征管的一套完整制度，制定社保费征管的制度，将税收征管的经验、方法运用到社保费征管工作中，把社保费征管工作融入整个税务征管体系中。做好其他规费代征工作。做好抚仙湖资源保护费基础性工作，开展宣传和动员，确保抚仙湖资源保护费征收工作顺利开展。加强与县总工会的工作配合，交换缴费户的信息，解决缴费户提出的各种问题，做好工会经费的全额代收工作。与县残联联系，针对残疾人就业保障金代征工作中存在问题，共同研究解决问题的办法，同时将关键点抓好、抓紧，从细节入手做好代征的准备工作。

【税收宣传】 江川县地方税务局围绕“税收·发展·民生”主题，结合“蹲企服务”活动，本着优化纳税服务的原则，组织开展税收宣传活动。国地税联合开展“走访大企业，送税法上门”大走访活动。上门赠送税收宣传资料，开展有针对性的税收政策宣传辅导，帮助企业梳理相关涉税政策，强化企业依法纳税的意识。结合县域经济特点和行业税源状况，深入到房地产、现代服务等辖区内重点行业、重点企业开展税法宣传，了解企业在生产经营和办税过程中遇到的困难、问题，广泛征求企业对地税工作的意见和建议；做出承诺接受监督，竭尽所能打造多元化沟通渠道，全方位的为企业发展提供便利的纳税服务，及时落实税收优惠政策，支持企业发展。加强对小微企业的税收宣传。利用税收宣传月，对全县小微企业进行重点、集中宣传、辅导，抽调税收管理员和相关业务股室税务干部到企业实地进行辅导，共发放小微企业税收优惠政策宣传资料450本（份）。

【荣誉表彰】 2015年，县地税局被中共玉溪市委办公室、玉溪市人民政府办公室授予“第八届玉溪市文明单位”称号；被玉溪市地方税务局党组考评为2014年度惩治和预防腐败体系建设暨党风廉政建设责任制合格单位；被玉溪市地方税务局授予全市地税系统群众性体育健身活动道德风尚奖；被玉溪市地方税务局评定为2014年度绩效管理考评三等奖；被中共江川县委、江川县人民政府表彰为2014年度江川县社会管理综合治理维护稳定工作先进综治委成员单位；被江川县总工会表彰为2014年度江川县工会重点工作目标考核先进单位；被江川县“生态文明之家”创建活动领导小组授予“江川县生态文明之家”称号。张艺云被云南省地方税务局评为“全省金税三期应用系统骨干培训班考试成绩优异学员”；在玉溪市地方税务系统第四届“春笋杯”书法篆刻绘画摄影征文活动中，丁灿兴获书法篆刻类一等奖、刘存荣获摄影类二等奖和征文类二等奖、徐克春获书法篆刻类三等奖、施金粉获征文类三等奖。

（张艺云）

金融·保险

编辑　徐凡清

人民银行

【概　述】　2015年，江川县各项贷款、存款“增量增幅”创下自2011年5年来的最低，各项存款余额990607万元，增4.37%；各项贷款余额629974万元，微增15010万元，增2.44%，其中：农信社各项贷款余额484036万元，增49692万元，增13.01%。全市各项存贷款排名“增量、增幅”均列末位。存款总量居第3位，次于红塔区、通海县，占全市比重7.49%，新增量列全市第9位，同比增速居第9位，同比增速低于全市增速6.23个百分点；贷款总量次于红塔区、通海县，居第3位，新增量及同比增速均排名居全市第9位，同比增速低于全市增速6.45个百分点。

【法人机构贷款规模管理】　贯彻落实《云南省地方法人金融机构新增贷款调控管理办法》（暂行），引导辖内法人金融机构把握好信贷投放节奏，按日、周、月频度加强存贷款变化监测，及时上报监测报表与新增贷款预测表，按月下发贷款规模控制数，明确信贷支持重点，确保全年贷款规模均控制在核定的新增额度内。引导地方法人金融机构优化信贷结构，“盘活存量、用好增量”，加大对三农、中小企业及扶弱助困等领域的信贷支持。2015年，江川县农村信用合作联社合意贷款年初控制数为3.86亿元，年末实际下达控制数为5.92亿元，增1.96亿元，增幅50.77%。

【再贷款管理及运用】　按月对再贷款管理系统进行日终处理，提升处置金融稳定突发事件的能力，加强对辖区支农再贷款需求情况的调查分析，每半年按要求上报支农再贷款业务情况报告和报表；将支小再贷款和支农再贷款管理的相关政策规定传达到辖内金融机构，增强三农及小微企业金融支持力度。2015年11月30日，《关于调增中国人民银行江川县支行支农再贷款限额的批复》决定向江川支行下达3600万元无期限支农再贷款限额。

【开展金融扶贫工作】　做好扶贫开发金融服务工作。2015年，江川县在主要移民安置区累计发放移民贷款60户共计400万元。支持农村危房改造。向上反映2次调增信用社贷款规模，增强支农能力，2015年累计发放危房改造贷款2320户，金额14897.65万元。重点支持小微企业发展壮大，年末江川农村小微企业贷款余额比年初增20868万元，增16.79%。用好用足贴息贷款政策。累计发放“贷免扶补贷款”380户2377万元；累计发放“创业促就业小额担保贷款”590户4362万元；累计发放“畜牧贴息贷款”127户2200万元。

【农村支付环境建设】　加强对全县39个惠农支付网点及一个“刷卡无障碍示范景区”的管理与监督，引导农村居民加大对现代支付工具的运用。2015年惠农支付网点共办理取款5559笔，金额336万元；转帐1836笔，金额194万元；缴费12383笔，金额41万元。全年通过电子结算支付烤烟收购款达100729笔36830万元，

实现烤烟收购100%非现金结算。

【国库资金管理】 做好国库日常核算。准确及时地办理中央、地方共享收入按比例划分入库，以及税收返还等工作。2015年共办理预算收入93865万元。强化库款支拨、退库的监督。共办理预算支出192347万元；退库3187万元。

【反洗钱及人民币反假】 建立并完善辖区内反洗工作联系机构，明确职责、细化分工，要求各金融机构按季报送非现场监管资料。加大反洗钱培训教育力度，进一步提高反洗钱从业人员的遵纪守法意识和抵御洗钱工作的自觉性，防止内部或外部相勾结的洗钱犯罪活动。加大人民币反假工作力度，全年收缴假人民币4744张，金额460585元。加大反假宣传工作力度，建立人民币流状部监测机制，进行人民币反假专项宣传7次，发放宣传资料7600余份。

（徐 锴）

建设银行

【概 述】 2015年末，中国建设银行股份有限公司江川支行在职员工29名，内设办公室和客户部，下设营业部和建川分理处2个对外营业网点；新增位于湖滨路自助银行服务区一处，共有星云路、宁海路、乾景商业中心、湖滨路、阳光海岸5个自助银行服务区，为全县人民提供24小时不间断金融服务。

【业务经营概况】 2015年末，一般性存款余额15.28亿元，较上年负增1.1亿元，其中：对公存款余额7.97亿元，较上年负增1.53亿元；个人存款余额7.31亿元，较上年新增0.43亿元。年末自营业贷款余额4.69亿元，全年投放自营性贷款1.01亿元，其中：对公贷款投放0.785亿元、个人贷款投放0.23亿元，主要支持地方的涉农重点龙头行业、个人住房等项目。公积金贷款投放0.57亿元。全行贷款不良率0.017%。全年实现账面利润0.2亿元。

【党建、精神文明创建】 2015年获建行系统内省市分行业务创先先进集体表彰20项，个人先进表彰10人；党支部被评为“先进基层党组织”，支行荣获省、市级“文明单位”称号。

（闻 丽）

农业银行

【概 述】 2015年，中国农业银行股份有限公司江川县支行贯彻落实上级行工作会议精神，服务经济发展新常态，坚持稳中求进的工作总基调，牢固树立依法治行、从严治行意识，围绕“扩优势、补短板、控风险、强基础、促挖潜”工作的思路，推动全行各项存款稳步增长，个人业务快速发展，信贷业务提质增效、化解风险成效明显，经济资本管理、内控基础管理得到加强，党建和队伍建设成效明显。中国农业银行股份有限公司江川县支行有在职员工77人，对外设营业网点5个（其中有两个二级支行），即：县支行营业室、信誉分理处、九溪分理处、大街支行、江城支行。支行内设四个机关部室：综合管理部、风险管理部、公司业务部、个人金融部。

【业务发展】 月末存款市场份额提升。截至2015年12月末，各项存款余额161513万元，比年初增10976万元，当地同业（四行）月末市场份额40.98%，比年初提升4.45个百分点。其中：个人存款余额104356万元，比年初增8684万元；对公存款余额57157万元，比年初增2292万元。贷款规模下调。各项贷款余额130792万元，比年初减8648万元，其中：个人贷款（含农户）余额43412，比年初减4298万元，对公贷款余额87379万元，比年初减4349万元。中间业务收入月末市场份额存量排名第一。实现中间业务收入821万元，完成市分行任务计划的107.18%。当地同业（四行）月末市场份额46.02%，比上年提升5.33个百分点。利润创造同比实现突破。实现拨备前利润5455万元，比上年增942万元；实现拨备后利润5188万元，比年初增1192万元；人均经济增加值25.34万元。

【风险防控】 江川县支行按照《关于提升全面风险管理水平的实施意见》的要求，引导全行牢固树立“大风险”理念，加强操作风险防控，强化信用风险控制，加大案件防控力度，重点做好企业利用虚假资料等骗贷、内部职工违规发放贷款形成不良、冒名贷款、冒名办理信用卡等重点领域的防控，继续推进“平安农行”建设，强化“三化三达标”管理，切实防控各类重大事故和案件的发生。2015年全年无各类经济责任、刑事性案件，无重大违规问题和重大事故发生。

【网点建设】 江川县支行九溪分理处购建项目工程完成，于2015年6月26日从老玉江路边搬迁至新购建网点营业。新建九溪分理处位于九溪镇海棠路东段，地处九溪镇商业区的黄金地段，背靠九溪镇文化中心广场，周边开有多家商户和饭店。新营业网点实现功能分区、服务分层，办公环境、社会形象、同业竞争能力得到改善和提高，能为九溪镇新老客户提供更加优质、快捷和安全的金融服务，满足九溪分理处长远发展的需要。

【设施建设】 2015年8月25日，江川县支行离行式自助银行开业。江川县支行设立的离行式自助银行地处江川县宝凤路（江川县大街综合市场北区），面积46平方米，地段属江川县城商业中心，自助银行服务区挂靠江川支行营业室，共配备存取款一体机、自动取款机、自助服务终端3台设备。方便、快捷且全天24小时不间断服务的自助银行，为下一步电子渠道业务发展奠定基础，提高江川农行的形象，同时提升行业竞争力和市场占有率。

（魏佳佳）

农村信用合作联社

【概 述】 2015年，江川县农村信用合作联社在省联社、玉溪办事处及人行、银监部门的管理、指导、监督下，在县委、县政府的领导支持下，围绕省联社确定的“642”战略目标，着力于谋发展、精管理、控风险，各项业务发展保持总体平稳态势。截至2015年末，各项存款余额484037万元，较2014年末增49693万元，增11.44%，占全县银行业金融机构各项存款市场份额48.86%；各项贷款余额329546万元，较2014年末增59119万元，增21.86%，占全县银行业金融机构各项贷款市场份额52.31%，全年累计发放贷款262900万元；财务总收入32496.77万元，同比增2325.37万元，增7.71%，实现税前利润2047.05万元，同比降3842.67万元，主要原因是全年计提贷款损失准备8800万元。所有者权益38512.47万元，比上年末增4389.48万元，增12.86%；成本收入比42.18%，较上年末降0.77个百分点。

【支农惠小】 2015年，县联社继续加大对“三农”和中小微企业的信贷支持力度，做好“移民贴息小额贷款”“贷免扶补贷款”“两个10万元”微型企业培育贷款等系列政策性贷款的发放工作。截至2015年末，全县农户数81273户，县联社贷款农户户数19650户，农户贷款面24.18%，较2014年的18117户增1533户，农贷面增0.99%。各项贷款余额329546万元，较上年末增59119万元，增21.86%，占全区银行业金融机构各项贷款市场份额的52.31%，其中：“涉农”贷款余额26.91亿元，占各项贷款81.67%；中小微企业贷款余额14.20亿元，占各项贷款43.08%；政策性贷款余额2.81亿元。

【基础建设】 2015年，县联社投入1000.51万元资金完成30个基建项目工程，对江城信用社、星云路、早街、大庄分社等9个营业网点进行门楣装修及安防设施升级改造，建成投入使用离行式自助银行11个，在提升农信社整体品牌形象的同时，为占领金融市场、延伸服务触角夯实基础。

【科技建设】 2015年，县联社新增安装CRS存取款一体机44台、惠农终端机14台、现金循环机3台、自助发卡机7台、自助回单机1台、网银体验机9台、POS机441台。年末，电子渠道替代率81.83%，电子银行签约客户数21420户，电子银行客户活动率保持在53.46%；推进住房公积金联名卡、金融社保IC卡、工会会员卡的推广发行工作，发放并激活金融社保卡154134张，代理住房公积金缴存企业3家，缴存16户，金额46555.42万元；顺利推进OCRM个人客户关系管理、远程集中授权、操作风险稽核监督预警、新财务4大系统的运行。年末，县联社已纳入OCRM系统管理客户104844户，40名客户经理可为辖区内20万层级以上的2790名客户提供差异化服务。运用操作风险稽核监督预警系统督促基层及时上报、整改风险预警业务1209笔。

【服务创优】 2015年，在全面摸底检查的基础上，县联社对照精品银行服务标准，制定《2015年度“服务创优工程”目标考核责任书》，在细化考核评分标准的基础上，采取引进外部监督机构+内部自查、明查+暗访的模

式，每月不低于1次服务创优考核评价。全年，服务创优暗访成绩提升，三、四季度排名跃居全市农村信用社第一，四季度全辖平均服务水平首次达“优秀”标准。

（李金玲）

邮储银行

【概　述】　2015年，邮储银行江川县支行在上级行的带领下，深化管理，深挖潜力，严控风险，抢抓机遇，以求真务实的工作作风全面系统推动“三化一体”各项工作在江川县支行的落地，围绕年初制定的工作目标和措施，各项业务取得发展。2015年，江川县支行共有员工29人，内设综合管理部、综合业务部2个部门，有县支行营业部、江城支行、星云路支行3个自营网点。截至2015年12月31日，全县邮储余额21858.86万元，完成业务收入1296.63万元，截至12月31日，贷款余额24383.18万元。

【信贷业务】　截至12月31日，个人贷款余额24383.18万元。其中小额贷款结余348.1万元，商务贷款结余3909.45万元，综合消费结余3641.32万元，再就业贷款结余5946万元，畜牧贷款结余763万元，扶贫贷款结余1000万，二手房贷款结余473万元，质押贷款结余94.70万元，小企业贷款结余4616万。2015年全县共发放贷款14743万元。

【个人金融业务】　2015年，个人储蓄余额21858.86万，较年初净增499万元；销售理财产品12495万元；代办保险29.57万元；代卖国债89.万；销售基金902.97万元；信用卡累计发放1986张。

【公司业务】　2015年12月31日，公司业务余额6772万元，较年初净增1413万元，票据贴现2975万元。

（周　兰）

商业银行

【概　述】　2015年，玉溪市商业银行江川支行在总行的领导下，在人行、银监部门的指导与监管下，在县委、县政府、广大干部群众和社会各界的支持下，加强差异模式建设、流程银行建设、全面风险建设、内部机制建设、企业文化建设、人才队伍建设，促进改革创新，发展小微业务，提高小微企业贷款可获得性和覆盖率；改善资产负债结构，提高储蓄业务占比，推动各项业务稳步发展。截至2015年12月31日，江川支行各项存款余额35148万元，各项贷款余额21642万元，其中：对公存款23588万元，储蓄存款11560万元。

【启动网点转型】　2015年9月7日，玉溪市商业银行江川支行全面启动网点转型工作。通过推动营业网点从传统交易核算型物理网点向营销服务型大零售网点转变，以提升网点服务效能，提高零售业务贡献。江川县支行从业务流程改进、产品组合优化、队伍结构重构、考核机制强化、营销氛围营造、客户分层管理等方面，增强营业网点的营销服务能力，提升全行的零售业务产能和竞争力。

【社区银行布点完成】　2015年12月21日，经中国银行业监督管理委员会云南监管局批准，江川支行宝泰广场小微支行获批成立。社区银行是国内商业银行转型的延伸，社区银行的设立将金融产品与服务零距离渗透到社区居民，同时，布点社区银行也是作为撬动“最后一公里”社区金融潜在客户的重要支点。

【警银亭布点完成】　为深入拓展个人金融业务市场，增强银行卡业务的竞争力，强化基础金融服务，进一步优化网点布局，扩大服务半径，提高玉溪市商业银行的知名度和影响力，树立玉商行品牌形象，同时为群众存取款提供安全保障，于2015年8月24日征得江川县公安局、住建局、城市综合执法局等相关部门同意，江川支行在江川县城王字街商业广场和江川县城怡心园休闲广场2个自助存取款需求的市民密集区启动建设“警银亭”。

“警银亭”是一种新兴的自助银行模式，不依附于任何建筑物，不受场地环境的限制，具有安全、美观以及安装便捷等特点，它是以防爆钢板、防爆玻璃等材料为主建设的不可拆卸的一体化亭式结构体，由公安机关的治安警务亭和银行的自助存取款银亭两部分组成，通过合理设计，两者能很好地融合在一起。“警银亭”有民警、保安员值守。设有监控录像设备，可进行全方位24小时监控。是集公安治安保障、银行金融服务为一体的城市多功能综合服务设施。“警银亭”的设立不仅是减少犯罪的查缉点，同时也是群众身边的金融服务点。江川支行设立的“警银亭”占地约25平方米/个，亭外部配有夜间公安灯箱、警徽，顶部装有LED显示屏，可发挥警情提示、金融宣传等功能。

（杨斯淳）

工商银行

【概　述】 2015年，中国工商银行股份有限公司江川支行贯彻落实云南省分行州市县行长工作会议精神，组织开展“抓转型、促发展”及“拓市场、稳质量”主题活动，抓住关键环节，围绕“五强”发展思路和“强行”战略目标，把发展作为第一要务，牢固树立“发展才是硬道理”“以效益为中心”的理念，对内丰富业务品类、完善服务机制，对外以品牌形象赢得客户，开展关联营销、捆绑营销、换位营销，满足客户日益丰富、多元化的金融业务服务需求；突出工作重点，加大对中小微企业的信贷支持力度，开拓POS市场、信用卡、商友卡、理财产品、电子银行业务市场空间，全面提升各项业务市场竞争发展能力，同时稳控资产质量，保持资产、负债、中间业务发展，各项经营指标发展较快，实现内控风险管理水平提高。

2015年，全行在职员工30人，内设机构为：综合管理部、市场拓展部、营业室。截至12月31日，全部存款余额61254万元，各项贷款余额44799万元，全年实现中间业务收入489万元，实现净利润748万元。

【信贷业务】 各项贷款余额44799万元，其中：公司客户贷款余额15510万元、小企业客户贷款余额5650万元、个人贷款余额23639万元。全部贷款当年累计发放29947万元，净增额在玉溪分行5个一级支行排名第四，全部贷款当年累计收回26804万元。

【资产质量】 在拓展市场的同时，江川支行做好稳质量工作，严格把关，强化风险防范，2015年，在上级行支持下，通过不良贷款批量转让和核销处置，化解和处置近6000万元的劣变贷款，2015年末江川支行各项不良贷款为零，是玉溪分行无不良贷款的2个一级支行之一。

【个人金融业务】 2015年，储蓄存款余额35392万元，比年初增2410万元；全年理财产品销售17168万元，基金销售7482万元，代理保险销售692万元，发放信用卡1246张。

（周占明）

农业发展银行

【概　述】 中国农业发展银行江川县支行（简称农发行江川县支行）于2010年成立，2015年在职员工13人，内设办公室、客户业务部和会计结算部3部门，营业网点一个，位于大街镇大庄路3号，服务江川、通海、华宁、澄江4个县区。

【业务经营概况】 农发行不断拓展信贷业务支持领域，由原来的专司粮油收调储业务拓展到粮油加工企业、涉农产业化龙头企业、农业基础设施建设、农业综合开发等领域。其中农村基础设施建设为重点支持领域，包括重大水利工程专项过桥贷款、水利建设、农村路网、新农村建设、农业综合开发、县域公共基础设施建设、整体城镇化建设、易地扶贫搬迁、农村人居环境建设、棚户区改造等贷款业务。从2015年10月16日（含）开始，重大水利工程过桥贷款（国家172项工程）、水利建设贷款、棚户区改造贷款、农村公路贷款（含续贷项目和新项目）均纳入PSL（抵押补充贷款）资金使用范围，借用抵押补充贷款资金发放的贷款利率限定在3.98%～4.245%之间。

2015年，农发行江川县支行落实全市分支行长会议精神，坚持以改革促发展，以发展促和谐，加大支农力度，拓展支农领域，夯实基础管理，防控经营风险，提升服务功能，各项工作持续稳健发展。截至年末，各项贷款余额24627.37万元，比年初增4824.00万元，增幅24.36%；各项存款余额15331.49万元，比年初增10941.00万元，增幅249.20%。获批易地扶贫搬迁项目中长期贷款60000万元，已发放10000万元。

（杨　睿　孙艺月）

中国银行

【概　述】 2015年，中国银行股份有限公司江川支行（简称中行江川支行）在职员工18名，内设营业部、业务发展部和综合管理部3部门，行长1名，副行长2名。对外营业网点1个，位于大街镇浪广路100号，浪广路和仁和街

交叉口。自助服务区为客户提供24小时不间断金融服务，包括存取款、汇款转账结算、账户管家服务、投资理财服务、小额结售汇、缴费特区及其它信息查询服务等。

【负债业务】 截至2015年12月31日，中国银行江川支行各项人民币存款余额18450万元，比上年末减16923万元（不包括信用卡及理财，以下同）。其中，人民币公司存款余额8490万元，比上年末减16877万元，人民币个人存款9960万元，比上年末减46万元。

【资产业务】 截至2015年12月31日，人民币各项贷款余额13709万元，比上年末减21155万元。其中，公司贷款余额7650万元，比上年末减23250万元，个人贷款余额6059万元，比上年末新增2095万元。

【收入情况】 2015年，中国银行江川支行完成人民币净收入1275.98万元，同比增幅0.05%，非利息收入266.86万元，同比增幅112%。

【特色业务】 外汇买卖和国际结算是中行特色、传统业务，对外公布的外汇牌价随国际市场时时更新。除外币存款外，中行江川支行还为客户提供多种外币兑换交易服务，包括美元、欧元、英镑、港币、澳门元、加拿大元、澳大利亚元、日元、泰铢、新台币、新加坡元、新西兰元等。中国银行信用卡可以为客户提供全球服务。

（石华伟）

人寿保险

【概　述】 2015年，中国人寿保险股份有限公司江川县支公司（以下简称：中国人寿保险江川县支公司）共有在职职工11人，营销员120人，公司所辖中国人寿保险股份有限公司江城营销服务部、九溪营销服务部、前卫营销服务部、路居营销服务部。内设6个部室：经理室、办公室、个险销售部、团体业务部、银行保险部、客户服务部。围绕上级公司提出的“紧扣一个主题，把握两大重点，谋求三大目标，强化四项措施”的经营思想，在确保规模的基础上，朝着“业务转型，提升价值，强化队伍，文化建设”的发展目标，加强管理，拓展市场，取得很好的成绩。全年实现总保费收入4223万元，其中长期寿险全年保费收入3656万元，短期意外险全年保费收入567万元，赔付意外伤害、死亡、满期给付等各类案件2900余件，综合赔付率84.76%。

【渠道创新】 2015年，中国人寿保险江川县支公司结合自身实际大力支持创新发展，把创新当作破解发展难题、走出困难局面、突破瓶颈、引领未来发展的一把“金钥匙”，通过“猎鹰行动”创新个险增员模式，以“黄金风暴”“七星升级”“颗粒归仓”“顾问销售”等系列销售模式掀起个险销售热潮。以“精品网沙”“我爱三千三”等项目的推广，推动银保业务快速增长。通过资源的不断整合，创新与多家单位的合作方式，拓宽团险展业领域，凭借良好的服务水平，获得红塔集团、玉溪烟草、太标集团等大企业的员工保险和企业年金业务。2015年，中国人寿保险江川县支公司在总结往年计生保险的基础上，与计生委、计生协协商一致，改变以往以户承保的模式，实行“一人一卡”承保，有效提高了承保率，全年实现计生险保费超过128.84万元。

【队伍发展】 2015年，中国人寿保险江川县支公司队伍的规模与业务的数量决定了公司业务发展的速度和实力，也决定了公司的核心竞争力。年初以增员工作为重点，2015年1～3月，以创说会的方式和在职员工1加1增员，通过面试、培训和代理资格证考试，经过3个月时间，新增人员30余人；7～9月，以业务发展为中心，通过保单重升级和各类客户服务活动，公司个险渠道期交保费收入172.49万元，达成“准星”级服务部1个，“两星”级服务部3个，有效服务“三农”，提升农村居民的风险保障意识。积极服务教育，承担学校风险，解决家长后顾之忧，实现在校学生和幼儿保险费收入246.72万元，与计生系统共同开展“幸福家庭意外伤害保险”，承保32210人次“计划生育家庭意外伤害保险”，实现保费收入128.84万元。与农信社和农行开展“国寿小额信贷意外伤害保险”实现保费收入125.5万元。搭建更多银邮代理合作平台，举行小型“沙龙”座谈会和高效的网点“特训营”活动，实现银保合作保费收入962万元。

【稳固市场地位】 2015年，同

时面对复杂的市场环境和省公司各项政策性支持大幅减少的双重压力，中国人寿保险江川县支公司规模和市场份额保持稳中有升。截至年底，分公司市场份额达40.77%，比上年上升1.2个百分点，成为玉溪寿险市场上唯一一家市场份额正增长的公司，与同业第二名的差距拉开了20个百分点之多，确定中国人寿在玉溪市场的主导地位。玉溪公司是全省系统内仅有的2家市场份额正增长的公司之一。

【管理工作】 2015年，中国人寿保险江川县支公司业管水平、客户服务水平、单证、印章管理水平、信息技术、理赔等各项管理工作得到进一步加强，逐步实现靠制度、规矩管理公司。年初配合省公司完成理赔统一作业平台和理赔辅助系统的先期测试，认真研究和制定了全市的推广方案和行事历，通过此项工作的开展，将作业模式标准统一、流程统一，提升效率，逐步降低了运营成本。通过系统的上线，基本达到赔案处理24小时反馈制，实现98%的案件5日结案率。进一步开展单证、印章管理自查自检，严格执行管理规范。运用信息技术手段重点管控单证领用人员和核销系统使用情况；印章管理严格遵守总、省公司统一规定，实行分级分类管理、上机管理，印章刻制遵循“总公司统一审批、省公司统一制作”的管理原则。三是建立计算机病毒考核制度，自全市系统计算机入域统一管理后，公司加强防病毒管理及考核，随时监测系统计算机感染病毒情况，及时通报，严格制定奖惩制度，切实强化了计算机安全管理。

【强化教培人员配置】 2015年，中国人寿保险江川县支公司按照省公司的要求，把加强教培条线人员配置，提高条线工作效能作为一项重要的工作逐一落实，真正做到“强司先强教、强教先强师”。通过引进社会优秀人才及对在编员工的梳理，组织统一考试，择优纳编，把优秀的员工引导到教育培训岗位中来，配齐、配好教育培训部专职人员，确保教培人员的素质和队伍的稳定。

【风险管控】 2015年，中国人寿保险江川县支公司迎来满期给付高峰，在行业总体分红水平不高的情况下，公司提前做好预案，将各项工作任务层层分解，责任到人，各部门、上下各层级围绕重心，通力协作，切实做好各项服务工作，简化业务流程，确保快速有效处理满期给付，上下联动，严防死守，有效防范群体性事件等风险，成功渡过满期给付、退保的高峰期，确保公司运营稳定，守住不发生区域性、系统性风险的底线。

【执行力建设】 2015年，中国人寿保险江川县支公司深入推进领导干部思维模式和思想观念的转变和提升，把公司的一系列发展思想、工作思路不折不扣地落到实处，着力解决执行问题，加大对执行各类管理措施、规章制度和落实企划方案等的监督和检查，保证业务发展有具体可行的计划、方法和措施。避免只重形式、喊口号、摆样子的工作方法，对安排布置的每一项工作，一步步、一件件，扎扎实实地抓好落实。对于业务发展，所有单位的班子和部门树立强烈的荣誉感和责任感，为全体员工的收入而战，为荣誉而战，调动全员的积极性，激发所有员工的创造力，切实杜绝各种“不作为”现象。

【中标玉溪烟草企业年金业务】 2015年，中国人寿玉溪分公司在云南省分公司的协助下，以公司雄厚的实力、稳健的年金投资管理业绩、专业的服务能力，成功中标玉溪烟草企业年金基金投资管理人资格，累计新增投资管理基金规模1.2亿元。同时，中国人寿以专业高效的服务，成功续签玉溪烟草企业年金基金受托人资格。此次竞争性谈判工作，是玉溪烟草公司在第二轮管理合同到期之即，通过对原管理机构服务时效和品质的综合评估后，重新完善管理模式，对受托人和投资管理人，以及账户管理人和托管人进行甄选。成功中标玉溪烟草企业年金业务意义重大，充分彰显国寿养老在云南企业年金市场的业务开拓实力和客户维护能力。

【“职工之家”创建工作】 2015年，中国人寿保险江川县支公司实现全市“职工小家”的创建达标工作。单位配备活动健身器材，开展形式多样、健康有益的文体活动，丰富职工文化生活，活跃职工思想，提高团队凝聚力，增进员工团结和友谊，努力构建玉溪国寿和谐大家庭，提升公司员工的归属感和责任感，打造团结向上、积极进取的团队文化。

【“我与客户面对面”座谈会】 2015年，为了进一步了解广大客户的心声，加强与客户的沟通交流，公司开展“我与客户面对面”座谈会，邀请到保险行业协会、消费者协会、新闻界、客户代表和销售人员代表等社会各界人士参加座谈。参会人员从客户的角度对公司的服务提出意见和建议，针对参会人员提出的疑问，公司参会人员进行介绍。此项活动的开展，为公司不断提升服务水平，提高公司形象和信誉奠定坚实基础。

【开展保险宣传工作】 2015年，中国人寿保险江川县支公司在全市系统内号召各级机构开展保险宣传日宣传活动。全市各县支公司、城区专业化支公司、乡镇机构网点于保险宣传日当天通过悬挂横幅、粘贴海报、设立保险咨询台，向过往人员发放宣传折页、讲解保险等途径向广大群众宣传保险知识，提高群众风险意识，提升社会保险认可度。

（邢榕玲）

人保财险

【概　述】 2015年，人保财险江川支公司有在职员工26人，公司经理室下辖综合部、理赔部、出单中心、农网部、直销部、个代部、客户服务部，截至2015年12月31日，公司保费收入3847万元，办理各类理赔案件6973件。

【全县农房统保】 为增强江川县广大农村抵御自然灾害和意外事故的能力，帮助农民群众防范和化解各种风险，促进农村和谐稳定，支持新农村建设。人保财险江川支公司贯彻落实《国务院关于保险业改革发展的若干意见》和有关农村保险工作精神，完成全县7万余户农房的新保、续保工作。

【全县能繁母猪承保】 人保财险江川支公司在服务“三农”，支持社会主义新农村建设中，连续9年为全县能繁母猪办理统一承保手续，为广大能繁母猪养殖户化解风险，保障养殖户再生产能力，促进养殖户增收致富。

【客户服务】 人保财险江川支公司成立客服部，通过电话回访、短信提醒、微信公众服务平台、会员管理系统，多渠道向客户提供保险服务咨询、活动介绍、保险知识宣传、交通违章查询、车辆保养提醒等服务。

（史春丽）

教育·气象·防震减灾

编辑　徐凡清

教　育

【概　述】　2015年9月，全县共有公办学校74所，其中：乡镇中心小学12所，村完小44所，九年一贯制学校1所，教学点2个，乡镇中学11所，普通高中2所，职中1所，县幼儿园1所。另有教师进修学校1所，青少年学生校外活动中心1个。有教学班1083个，其中：幼儿学前班199个，小学525个，初中243个，普通高中84个，职业高中32个。在校生42128人，其中：在园（班）幼儿数7041人，小学16855人，初中12005人，普通高中4787人，职业高中1440人。

小学毛入学率106.7%，小学学龄儿童入学率99.98%，辍学率0.05%，毕业率99.72%，小学毕业生升学率98.44%，年巩固率99.56%，新招一年级新生受过一年学前教育99.96%，学前幼儿毛入园（班）率87.16%，15周岁初等教育完成率99.86%。

初中毛入学率124.65%，初中毕业率99.86%，初中辍学率1.2%，年固率98.59%，17周岁初级中等教育完成率98.9%。

现有教职工2757人，其中正式教职工2466人，临时教职工291人（临时工113，临时聘任教师48人，保安130人）；专任教师合格率高中达99.7%、初中达100%、小学达99.43%。

学校占地面积840816.95平方米，校舍建筑面积404852.91平方米，小学生均校舍建筑面积10.55平方米，中学生均校舍建筑面积11.38平方米，其中初中10.88平方米；小学生均占地19.54平方米，中学生均占地27.01平方米，其中初中18.4平方米。小学生均图书23.3册，初中生均图书32.64册，高中生均图书10.68册。

【三免一补】　贯彻落实农村义务教育经费保障机制改革相关政策，设立义务教育专户，执行《江川县农村义务教育经费管理暂行办法》，加强资金运行管理，实行“校财局管校用”。2015年，生均公用经费各级配套资金足额到位，已划拨23所义务教育阶段学校公用经费2197.14万元，其中：中央资金1857.49万元、市级资金198.85万元、县级资金140.80万元；特殊教育公用经费25.97万元；不足100人校点公用经费14.7万元；寄宿制学生公用经费151.94万元。“三免一补”资金共1255.99万元，其中家庭经济困难寄宿学生生活补助经费各级配套资金足额到位，已将7597名享受寄宿生生活补助资金839.165万元划拨学校，其中：中央资金448.79万元、市级资金177.27万元、县级资金213.105万元，已发放到学生。文具费60.425万元，其中市级资金30.676万元、县级资金29.749万元，已发给学生。全县30676名学生的免费教科书已发至学生手中。2015年，落实入学资助（路费）38人2.4万元；市级优秀学子奖学金50人15万元；省级优秀学子奖学金76人38万元；生源地信用助学贷款788人522万元。

【营养改善计划】　2015年，继续贯彻落实《江川县人民政府办公室关于切实做好江川县农村义务教育阶段学生营养改善计划工作的通知》文件精神，2015年8

月按照省市关于实施营养改善计划要求，牛奶仍按上年招标商供货（因招标时间是两年），面包等其他食品已由乡镇（学校）进行招标。2015年，营养改善计划补助经费2103.40万元（其中：中央133.57万元，市984.92万元，县984.91万元）。实施营养改善计划学校共70所，其中：初中11所、中心小学12所、九年一贯制学校1所、村完小44所和2个教学点；全县享受免费营养早餐学生27081人。农村义务教育学校营养改善计划补助标准生均每天4元，各校对原供应食品在质和量上有提高。

【校安工程】 推进以学校标准化建设为目标的校舍安全工程，改善办学条件，结合《玉溪市人民政府关于印发玉溪市美丽100校园行动计划暨中小学校舍安全工程实施方案的通知》和相关会议的要求，按照“企业融资代为建设，政府分期偿还”的融资、建设模式，组织实施江川县“中小学校舍安全工程暨美丽100校园行动计划”。到2015年底，排除或停用所有D级危房83076平方米，加固B级校舍29幢33118平方米，加固C级校舍132幢107598平方米；拆除重建、新建项目121个95730平方米（含2013年7月以前下达校安工程和薄改食堂项目17个15965平方米）；新建美丽100校园11所；第二期学前教育项目8个。全县已停用所有D级危房，已排除D级危房84371平方米（剩余D级危房将在2015年年底拆除）；加固改造B级危房29幢33118平方米、C级危房125个99710平方米，未实施项目7个7888平方米，其中：古建筑4个2195平方米，规划拆除和建议拆除项目3个5693平方米；拆除重建、新建项目121个已全部开工，开工面积达96044平方米，其中：竣工完工项目62个、装修项目47个、主体施工项目9个、基础施工项目3个；美丽100校园已开工10所，完工9所，在建1所；学前教育项目已开工8个7073.16平方米，投入使用1所，完工1所，装修5所，在建1所。杨家咀小学搬迁重建项目于2015年3月29日开工建设，现已投入使用，学生已搬到新教学楼上课。路居中心幼儿园新建项目于2015年3月2日开工建设，因新增项目，正在建设中；新建安化光山幼儿园已完工，投入16万元进行设备设施采购添置，现已投入使用。到2015年底，全县完成市政府下达的各项目标任务。全力推进江川一中、二中排危新建及改扩建工程。3月16日县政府召开江川一中二期扩建专题会议，3月19日召开县委常委会通报扩建工作情况，3月23日、9月18日副县长普朝鹏主持召开江川一中、二中项目建设专题会议，确定采用BT施工总承包建设模式，采取竞争性谈判方式确定垫资建设单位，各项前期工作已完成。通过招标代理，在县公共资源交易中心谈判，中标单位为江西银鹰建设工程有限公司。江川一中征地71.26亩、项目6个共36146平方米，江川二中项目4个20636平方米，已于2015年10月动工。做好职中扩建后期工作。2012年12月开始的职中扩建工作，新建一体化食堂礼堂一幢2101平方米，男女生宿舍各1幢共6100平方米，现已投入使用，全部D级危房已拆除，美丽100校园建设已完成绿化，250米田径场、大门等附属工程正进行。

【信息化建设】 推进江川教育现代化进程，实施农村薄弱学校改造计划，2015年，一期项目涉及一中、二中、职中、县幼儿园，总建设资金808.94万元，已完成全部投资，完成率100%。建设项目装备包括：65寸触控一体机18套、84寸触控一体机97套；装备计算机教室8间，装机420台，配置教师用机112台；装备固定录播系统2套、移动录播设备一套；建成校园网络终端723个；安装校园网络监控点135个。设备已全部安装投入使用，并完成初验。二期项目学校覆盖全部义务教育阶段71所中小学，涉及设备资金3333万元，项目申报工作已通过县级审核，市级统一招标已完成，部分设备已到校，作安装前的准备工作。

【队伍建设】 强化作风建设和师德师风建设，贯彻落实中央八项规定，制定下发《江川县教育系统加强作风建设工作要求》，提出“强化学校管理、规范办学行为，强化校长管理，提升管理效能，强化教师管理、树立良好形象，强化机关作风、发挥表率作用”要求，推行“四项制度”，落实《江川县教育局党支部共产党员先进性标准》《江川县教育系统加强作风建设工作要求》，学习教育法律法规，要求干部职工牢固树立“全心全意为人民服务、甘当人民公仆”意识，结合岗位实际，以政策为依据，以法律为准绳，认真履职，严守纪律，真抓实干，热情服务。在教师中开展师德师风教育活动，加大对违反师德行为的惩诫力度，努力使广大教职工做到教师职业道德基本规范“爱国守法，爱岗敬业，关爱学生，教书育人，为人师表，终身学习”的六条要求。加强中小学领导班子和师资队伍建设。通过人才引进和提前招聘方式，公开招考高中阶段教师39人；公开招聘教师36人，从原已锁定的代课教师中择优招聘25人，从外县江川籍教师中选聘8人，共108人。加强对学校领导班子成员的选拔和任用。根据《江川县中小学校长管理办法（试行）》要求，2015年调整交流校长4人，提拔校长3人，并调整学校中层领导92人。加强教师培训，全面提高实施素质教育的能力和水平。组织600名教师参加“国培计划”培训，325名参加履职晋级培训和75名的新教师培训班，组织教务主任培训110人、伍集成校长培训20人，中考学科教师培训500人等，共培训6期，参加培训教师1630人次。继续抓好各级学科带头人和骨干教师管理，提出学理论、搞教改、出成果、成名师的要求，有计划地培养适应素质教育的骨干教师、学科带头人和名教师队伍；五是抓好青年教师培养。通过开展新课程、新教材培训、新老教师拜师结对、青年教师课堂教学竞赛等活动，激发青年教师研究课堂教学的积极性。实行教师顶岗和支教制度，促进优质教育资源共建共享。全县有省级名师工作室2个，专任教师中有正高级专业技术人员1人，副高级专业技术人员310人，中级专业技术人员1339人；有3人参加过国家级骨干教师培训，有省特级教师2人，省级学科带头人1人，省级骨干教师11人，市级学科带头人9人，市级骨干教师39人，县级学科带头人47人，县级骨干教师348人。

【学校管理】 以“美丽校园，活力学校，提升质量”为目标，提高学生审美和人文素养，提高师生的工作学习效率和生活质量，办高品位、高水平、高质量的学校。制定《江川县教育局关于进一步提升学校管理水平的实施意见》《江川县教育局关于进一步规范教学行为提高教学质量的要求》和《江川县学校综合目标管理考评方案（试行）》，狠抓工作落实，转变工作作风，强化工作督查，促进学校内涵发展，提升办学效益。要求学校既要依法治教，注重制度化、规范化管理，又要以人为本，以德治校，注重人性化、科学化管理；要求学校领导班子注重学习提高，成为师生表率，同时又要关注教师成长和学生发展，树立“管理育人，服务育人”意识，推动学校实现系统、科学、有序、高效的管理目标，整体提升全县各类学校教育教学质量和办学水平。2015年，全县已有省级文明学校7所，市级文明学校11所，有省一级学校9所；县教科所成为云南省首批一级一等县级教研机构，县教师进修学校被认定为云南省示范性进修学校。

【德育工作】 突出“德育为首”理念，重队伍建设，抓活动载体，落实《江川县教育系统加强作风建设工作要求》《江川县教育系统开展师德师风建设专项整治行动实施方案》，开展师德师风教育活动，加大对违反师德行为的惩诫力度。加强学校德育工作，形成校内校外齐抓共管、覆盖全面、职责明晰的德育工作网络，建起师德好、业务精、责任心强的学校和社会德育工作队伍，深化预防青少年违法犯罪联席会议制度，形成德育工作合力。全县现有关工委组织78个，校外德育辅导站23个，共聘请法制副校长33人、校外德育辅导员125人，已开办家长学校23期。开展“阳光体育运动”，开足体育课时，确保学生每天锻炼1小时，开展社团活动，引导学生珍爱生命、学会生存、幸福生活，号召全体教职员工走进学生、享受工作、快乐生活。2015年12月19日举行“铸就师魂·播种希望”教职工合唱比赛，展示教职工精神风貌和综合素质。

【教研教改】 强化教学科研工作，落实《江川县教育科学研究“十三五”规划》《江川县教育科学研究课题管理办法》《江川县教育局关于推进“双主互动”课堂教学模式的意见》等一系列教育科研管理制度。2015年，全县教研员独立承担尚在研究的各级课题5项，其中国家级1项，市级1项，县级3项；学校和教师承担的48项县级课题研究进展顺利，部分已取得阶段性成果；同时完成8项“十二五”县级研究课题的立项工作。实施“捆绑式”和“自主式”教学交流，开展教学常规大检查，组织学科竞赛，组织新教师“五项技能”考核，开展送课进校活动，强化校本培训，学习和运用现代教育技术，

健全教学教研制度，落实教研教改措施，优化教学管理，加强质量监控，强化过程性评价，推动学校教育教学工作有序运行。全力加强毕业班工作。落实《江川县毕业班教学工作指导意见》，明确奖惩措施，强化教研员职责，同各学校签订教学质量目标管理责任书，加大调研、指导、督查的力度，服务毕业班教学工作。召开全县提高教学质量研讨会，提出要求，明确措施，并进行跟踪问效；加大同市教科所、玉溪师院附中联系，加强教研交流、教师培训和信息共享；组建高中学科中心教研组，切实加强高中学科教研，努力提高高考成绩；收集信息，召开毕业班复习研讨会，各科教研员有针对性地深入学校、课堂、备课组，与教师面对面座谈、研究、讨论、交流，和老师们共同分析复习迎考得与失，及时掌握学生学习情况，调整复习策略，有针对性地指导毕业班教学。

【支教工作】 2015年，教育局按照《江川县教育局关于城镇中小学骨干教师到农村定期支教的实施意见》《江川县教育局关于完善结对支教学校管理工作的通知》、《江川县中小学顶岗教师管理要求》要求，继续实施支教（顶岗任教）工作，共派出支教（顶岗任教）教师47人，重点引导骨干教师到边远、薄弱学校支教，边远、薄弱学校选派年青教师到城区学校、优质学校顶岗任教，促进教师资源合理配置，增强教师队伍整体活力，提升教育质量，缩小区域、城乡、校际之间差距。

【学校安全】 强化制度建设，严格执行《江川县学校安全管理要求》；加强安全宣传教育，强化师生安全防范意识；组织开展学校安全隐患排查治理，做到防患于未然；加强日常管理，做好日检周查工作，严格执行值守制度，严防安全事件发生；建立江川县学校安全工作联席会议制度，与公安、司法配合，加大法制宣传教育力度；联合政法委、公安、工商、文化等部门，开展多轮校园周边环境整治，重点开展防校园暴力整治行动，就校园安全人防、物防、技防作研究和加强；成立江川县校园医疗机构及周边治安综合治理专项组和校园及周边治安综合整治工作小组，明确工作职责。

【资助管理】 2015年11月教育局正式成立学生资助管理中心，核定事业编制5人，切实把党和国家资助政策落到实处，用爱心铺就贫寒学子成才的和谐之路，努力实现“不让一名孩子因家庭贫困而失学”的目标。2015年江川学生资助工作惠及73所学校和63所幼儿园，资助学生（含幼儿及大学生）33000名。资助全县学前教育家庭经济困难儿童688人，补助资金20.64万元，所有补助资金于2015年12月全部以现金方式兑现到家长手中。为全县60160人次义务教育学生免费提供教科书；为全县59772人次义务教育学生免费提供文具费，涉及资金59.77万元；为全县14879人次学生补助提供寄宿生生活补助，涉及资金889.54万元。以上免补资金已于12月20日前兑现至学生本人。落实普通高中国家助学金，严格按照一等2000元/生·年，二等1000元/生·年的标准和公开、公平、公正的原则评审发放。2015年春季学期评选国家助学金受助对象1566人，发放补助资金126.425万元，秋季学期评选1476人，发放补助资金131.8万元，县级配套资金足额到位。落实中等职业学校资助工作，按照专人负责，明确分工，细化管理要求，启动教育局网上审核程序，逐月审核学校公示名单，规范档案资料，2015年，共资助181.62万元推进大学生生源地信用助学贷款工作，2015年，全县累计发放生源地信用助学贷款2451.27万元，支持贫困学生4135人次，办理贷款780人次，发放贷款516.67万余元，累计回收助学贷款930.4万元，至今无一人违约。普通高校家庭经济困难新生入学资助项目效益不断显现，2015年共资助大学新生38人，实际发放资助金2.4万元，无结余，无截留。申报2015年云南省和玉溪市优秀困难学子奖学金共资助127人，发放资金53.5万元。

【高中教育】 抓好高中“龙头”，确保教学质量。在抓好“两基”巩固提高工作的同时，抓牢高中教育这个“龙头”不放松，通过人才引进和提前招聘方式，公开招考高中阶段教师39人，在不断加大高中建设投人，改善办学条件的同时，努力创设宽松用人环境，建立有效聘任、考核、分配等竞争激励机制，巩固教学质量。2015年高考成绩稳中有升，实考人数2246人，总上线人数1966人，比2014年增147人；上本科人数达948人，比2014年增95人，其中上一本人数

68人，比2014年增6人，最高分605分；江川一中一本上线人数、本科上线人数列全市县区学校第一。近11年来，保持高考上线人数和一本人数位居全市县级（除红塔区以外）第一。

【职业教育】 拓宽就业渠道，全力推进职业教育发展。坚持以服务为宗旨，以就业为导向，按照“积极发展、深化改革、创新机制、激发活力”思路，以“出口畅，进口旺”为目标，拓宽职业教育发展空间，加快推进职中扩建工程，理清发展思路，拓宽就业渠道，探索“2+1”培养模式，实现了“订单式”培养。加强与经济发达地区企业的联系，提升学生就业质量，2015年，毕业生就业率达97.4%，已连续九年超过96%，在校生人数1440人。

【学前教育】 编制《云南省江川县农村学前教育机构建设规划》和《江川县教育局学前教育管理规定（试行）》，大力发展学前教育，夯实教育基础。按照“两条腿走路”的发展思路，坚持发展、规范、提高并重的指导方针，一方面不断提升县幼儿园办园质量，积极筹建小学附设中心幼儿园；另一方面积极引导和规范社会力量办园，初步形成以公办园为示范，小学附设中心幼儿园为支点，社会力量办园为主体的发展格局。职教小区幼儿园已作为县幼儿园分园开始招生，基本满足县城适龄儿童入园需求，农村也通过灵活多样的办园形式，为越来越多学龄前儿童提供接受早期教育机会。雄关乡中心幼儿园、后卫中心幼儿园按公办园的方式办班，发挥辐射带动作用，取得良好办学效益。目前，全县共有幼儿园、学前班65所（点），其中独立建制公办幼儿园1所，小学附中心幼儿园8所，民办幼儿园（学前班）28所，其他学前教育点28个。

【招生考试】 严格执行省、市招生工作会议精神，坚持“以考生为本、为学校服务、为考生服务”的思想，认真落实高校招生“阳光工程”，坚持公平公正原则，加强管理，从严治考，在选拔培训监考教师、工作人员方面，在加强考点、考场建设方面制定严密规范的制度，圆满完成高考、高中学业水平考试和初中学业水平考试等各项招考任务，各类考试公平规范，未出现考试舞弊事件，得到省、市巡视员好评。2015年受理普通高考报名人数2258人，“三校生”报名人数5人，初中九年级学业水平考试报名人数3236人，初中九年级体育考试报名人数3516人，初中八年级学业水平考试报名人数4158人，高中学业水平文化课考试报名19792科次、信息技术报名人数1644人，成人高考报名162人，自学考试报名81科次，教师资格认定非师范类报考“教育学、教育心理学”104科次。2015年全县普通高中招生1655人。

【教育收费】 贯彻落实各级政府及有关部门关于治理教育乱收费要求，制定《关于成立江川县教育领域损害群众利益专项整治工作领导小组的通知》，进一步巩固江川县治理中小学乱收费成果，规范教育收费行为，加大治理力度，完善监督管理制度，健全教育收费公示制度，促进江川县教育行风建设，各学校严格执行“一费制”“三限制”等收费政策和各项免补政策，反复强调治理教育乱收费工作重要性，明确纪律，并组织学校进行收费自查。在自查基础上，每学期都会同县纪委监察、物价和纠风办等相关部门进行收费检查。检查结果表明，江川县中小学都能按相关要求实行收费公示和“收支两条线”管理，做到亮证收费、按证收费、公示收费和透明收费，一年来各级各学校无教育乱收费现象。

【成人教育】 完成成人教育各项工作任务。做好扫盲和实用技术培训工作，完成各类培训42104人次。全县青壮年非文盲率为100%。

【合唱比赛】 2015年12月19日，在江川县体育馆举办江川县教育系统教职工合唱比赛。比赛以“铸就师魂、播种希望”为主题，参赛歌曲以抗战时期、解放时期、新时期创作的歌颂党、歌颂祖国、赞美家乡、赞美教师为内容。邀请到省市著名艺术家参与点评指导。全县27支代表支队共计1981名教职工参加此次比赛。“德智兼馨盛意争抒铸师魂、教艺双赢佳声竞咏播希望”，全县教职工用嘹亮的歌声表达对党和人民的忠诚，坚定办好“让人民满意的教育”的前进方向，秉承师道、涵养师德、锤炼师艺、富有师爱，立足岗位干事业，同心同德，扎实工作，为建设富裕和谐美丽新江川而努力。此次合唱比赛，共评出一等奖2名县幼儿园、大街小学；二等奖4名江川职中、雄关中学、江川一中、后卫小学；三等奖6名雄关小学、安化小学、大庄中学、翠峰小学、大街中学、江城小学；优秀组织奖2名前卫中学、路居中学。

【绩效工资调整】 根据县政府2015年2月12日教育专题会议精神，县人社局、财政局、教育局等部门于2015年4月共同组成专项调研组，对教育系统奖励性绩效工资考核分配情况进行调研，形成《江川县教育系统奖励性绩效工资考核分配情况调研报告》，提出调整意见，8月26日，经县政府第29次政府常务会和9月29日十二届县委第74次常委会同意，制定《江川县教育局系统奖励性绩效工资考核分配调整意见》，调整后，考核发放分为过程考核发放和学年末考核发放两种。过程考核突出“德”“勤”“量”，按月考核发放，占绩效工资的70%；学年末考核突出“绩”，学年结束后考核发放，占绩效工资的30%。此次奖励性绩效工资的调整，为调动教职工工作积极性提供制度保障。

【三类城市语言文字达标评估】 根据省、市语委的统一部署，2015年2月2～4日迎接省三类城市语言文字达标评估。在县语委、各成员单位及迎评7个工作组的共同努力下，组织全县102个单位2619名在职干部职工参加普通话培训，参加机辅测试人员2560人，测试率98%；经过自查自评，准备资料汇编、专题片、汇报材料、材料装盒、各类宣传标牌安装、推普一条街打造等工作，得到评估组的充分肯定，通过评估验收。

【义务教育复评】 按照省政府安排，为迎接2016年5月省义务教育均衡发展督导评估。成立领导小组，下发《江川县人民政府办公室关于切实做好义务教育基本均衡评估各项工作的通知》，召开动员会、推进会，县委、县政府安排专项资金300万元用于解决学校图书、实验仪器等设施设备不足问题。2015年11月19～20日已通过市政府复评，设备招标采购正在进行。

【学校布局调整】 调整学校布局，整合教育资源，解决九年一贯制初中部教学点分散、规模小、管理难度大、办学效益差的问题，2014年9月收并螺蛳铺小学初中部，作为路居中学分部进行管理；2015年9月，上头营小学初中部并入大庄中学，河咀小学初中部同大庄小学初中部合并作为大庄中学分部进行管理，已完成收并正常开学。路居小凹小学已收并到路居中心小学，龙街星云小学已收并到侯家沟小学。布局调整后，发挥集中办学优势，学校管理规范，教学质量提高。

【青少年学生校外活动中心】 江川县青少年学生校外活动中心以“坚持方针，面向学生，校外延伸，拓展兴趣，培养特长，全面发展”为办学思想，建立一套规范、实用、高效的管理运行和办学培训机制，建成一支业务精良、经验丰富的教师队伍，办学覆盖全面，专业设置齐全，培植跆拳道、拉丁舞等优势特色专业。已开办30期培训班，参加培训学员3.8万人次，办班培训人次和办班效益在全市前列，学员及家长满意度较高，已初步实现创办全市一流活动中心目标。活动中心投入使用后，在拓展学生兴趣，培养学生特长，引导学生远离社会不良环境，促进学生全面发展方面发挥积极作用。

（代志伟）

教育科研

【概　述】 2015年，江川县教科所在全县各学校的配合下，按照学年教科研工作计划，贯彻落实《义务教育学校管理标准（试行）》，以“教学行为规范，教师队伍优化，课堂教学高效，教学质量提升”为中心，以立德树人为主线，培育和践行社会主义核心价值观，深入学校，深入课堂，开展教科研工作，取得数量、质量、研究和推广显著成绩。

【调研督查】 深入高中调查研究。根据县教育局工作安排，教科所于2015年1月深入江川一中、江川二中2所学校进行调研。通过调研，成立江川县高中学科中心教研组，提高高中教学的针对性、实效性。开展“挖掘教改经验、推广研课新模式”专项调研。2015年3月中旬至4月上旬，县教科所组织学科教研员对全县义务教育学校开展为期3周的“挖掘教改经验、推广研课新模式”专项调研活动。调研程序分为3个阶段：第一阶段集中听课。了解各学科教学现状，提炼课堂教学中的好做法、典型经验，发现带有普遍性、典型性、有代表性的问题。活动中，有的学科以“课堂观察”的模式进行听课活动，取得教学、研究同步展示的效果。第二阶段座谈。调研当日下午进行学校中层以上领导与所领导和各科教研员集体座谈，交流学校实施“双主互动”教学改革的新思路，总结学校先进的教科研管理经验，收集各校成型的课改、教改新经验、新材料，挖掘有价值的课改经验并逐步推广。第三阶段课例研讨和专题讲座。开展各学科教学研讨，总结教师教学中的成功做法，教研员和一线教师共同研讨教学问题的解决对策，各学科教研员开展专题讲座。对八年级生物、地理、信息技术三学科教学调研。县教科所于2015年5月4～7日组织生物、地理、信息技术三学科调研小组，分别对全县11所初中学校和4所九年一贯制初中部进行走访调研，全面了解江川县八年级生物、地理、信息技术学科教学与管理情况。此次调研对提升全县八年级生物、地理、信息技术三门学科教学质量起到推进作用。组织中小学教研员于2015年9月7～11日先后对全县义务教育学校质量目标的落实情况进行检查及调研，肯定成绩，指出存在问题，并针对2016届毕业班工作提出“深化课程改革，立足课堂教学；加强校际间交流与合作；明确认识，强化目标管理；加强学困生的转化工作，实现整体质量提高”等建议。

【教育科研管理】 加强区域学科课题管理。采取分层提炼和结题的方式，分别打造优秀学科课题；对于新立项的县级课题举行独立的开题论证会，同时，通过多种途径，加大学科课题推广力度。抓好已立项课题研究过程的指导工作。做好各级立项课题的研究工作，防止重申报与结题，轻过程与推广的现象，确保课题质量。开展教育教学论文评比活动，推广教研成果，促进了教育教学质量的提高。开展“双主互动”教学模式的变革研究，逐步深化课改理念，转变教与学方式，改进评价机制，促进学生全面素质的提高。

【课题立项研究】 县教科所按照《江川县教育科学研究“十二五”计划》《江川县教育科学研究课题管理办法》《江川县教育科学规划课题结题细则》系列管理制度，促进课题研究的制度化、科学化、规范化。截至2015年，教研员独立承担的尚在研究的各级科研课题共5项，其中国家级1项，县级课题3项。学校和教师承担的36项县级课题的研究进展顺利，部分取得阶段性成果。完成9项“十二五”第五批县级教育教研课题的立项工作。大多数课题能按计划正常运行，通过结题鉴定，并在教育教学中收到良好的效果，教育科研已向“教育科研课题化，课题研究项目化”的方向发展，提升全县中小学教师的科研能力，转变中小学生的学习方式，全面提高课堂教学效益，促进教师、学生的共同发展。

【教学常规专项检查】 江川县教科所组成8个检查组，于2015年11月23～26日，对全县义务教育阶段学校教学常规工作进行检查。检查组按照《江川县2015年义务教育阶段学校教学常规检查记实表》，采取巡视校园、查看资料、访谈师生、随机听课、召开反馈会等形式，从教学管理、教研教改、教师工作、学生生活等4方面对全县36所中小学进行检查。其中，中心小学12所，村级小学12所，初中11所、九年一贯制1所。检查组成员共随堂听课188节，达优秀的79人，占42.02%，合格111人，占59.04%；查阅学校领导备课本146本，达优秀的31人，占21.23%，合格115人，占78.77%；查阅教师备课本1229本，达优秀的224人，占18.22%，合格1009人，占82.1%；检查学生作业11591本，批改优秀的教师177人，差1人。检查发现，各校对教学常规管理意识有提高，学校的常规管理制度得到规范；教学常规管理由过去粗放、随意、档案资料留存量少质差，到细致入微、逐步规范；课堂教风学风有较大转变，取得教学常规管理的实效。经综合评估，达优秀的学校是：（初中5所）大街中学、前卫中学、江城中学、九溪中学、龙街中学；（小学5所）大街小学、后卫小学、龙街小学、伏家营小学、大庄小学。达合格的学校是：（初中7所）翠峰中学、伏家营中学、大庄中学、路居中学、雄关中学、海浒学校、后卫中学；（小学7所）翠峰小学、路居小学、前卫小学、安化小学、九溪小学、雄关小学、江城小学。

【教学质量】 加强教师队伍建

设，提高教师业务水平。县教科所始终加强教师职业道德建设，促使教师确立奉献教育、服务学生的理想，增强法纪意识和法制观念。加强骨干教师、学科带头人培养，优化教师业务发展环境，逐步形成骨干教师群体。发挥年级组长、教研组长、班主任的智慧和能力，做好教育教学第一线的工作。同时，县教科所加强对教师的业务培训，组织学术交流活动，提高广大教师的教学水平。加强对学校规范化管理，提高管理效能。加强对毕业班工作的领导和管理。要求校长要把毕业班工作作为学校的核心工作来抓，把提高教学质量作为任期目标，落实“教学质量‘一把手’工程”。建立和完善初中毕业班工作领导小组，配好配强毕业班教师队伍，建立分层目标责任制，制定复习备考计划，责任到人，层层落实，使毕业班工作的各项措施落到实处。加强基础年级的教学管理工作。要求学校的管理工作要有大局观、前瞻性和系统性，对初中教育教学工作要通盘考虑，全面部署，把握规律，下大力气抓好基础年级的教育管理工作，强化对基础年级、起始学科的教学管理。举办初中学科教师复习备考研讨培训会。在县教科所的统一安排下，初中学科教师复习备考研讨培训会于3月31日，4月14日、15日、16日、17日分别在大街中学、伏家营中学、前卫中学、江城中学、九溪中学召开。全县各乡镇中学的全体初中学科教师参加会议。研讨培训会上由玉溪市知名教师、教研员分学科就2014年初中学业水平考试试题进行分析，并解读2015年初中学业水平考试命题说明，对2015年复习方法给予指导，对毕业班教师提出建议，使一线教师们了解初中学业水平考试学生普遍存在的问题，根据命题解析及时调整复习方案及重点复习范围，使复习有针对性和实效性。增加毕业年级教学视导的密度，保证了教研活动的实效性。中学组为强化九年级后期复习备考管理，进行3轮复习视导、集体备课调研和推门听课活动，共听评课200余节，开复习备考教研组例会24余次。各学科专家组有针对性地深入学校、课堂、备课组，与教师面对面地座谈、研究、讨论、交流，和老师们共同分析复习迎考的得与失，强化弱校、弱科帮扶的力度，共同寻找成绩的增长点，共同研讨九年级复习的路子，提高毕业班教学成绩。落实教研员“集备靠上，上课跟上，教学过程扑上”的工作要求，保证视导活动的实效性。建立严格的质量监管体系。坚持建立全县的初中质量监测机制，提高命题质量，完善综合评价的方式，对初中教育质量进行全域、全程、常态的监测评估。县教科所加强对全县的初中教育质量评估的统计、对比、分析，着力培养一批学业水平测试学科命题专家团队，组建题库，发挥好4次学业水平测试命题的引领导向功能，引领全县初中学校教育教学方向，促进全县初中教育质量的提升。2015年全县初中学业水平考试总平均分居全市第三，语文、思品居全市第二，数学、历史居全市第三，700分以上人数达189人，江城中学的李丹同学以741.2分高居全市第一。高考一本上线率、本科上线率居全市同级同类学校之首。

【课题研究成果】 大街中学老师宋占云主持的江川县“十二五”首批教育科研立项课题《初中语文课前预习有效性探索与研究》、龙街中心小学张荣生主持的江川县“十二五”第四批教育科研立项课题《校本教材的开发与实践评价的研究》，顺利通过江川县教育科学规划领导小组办公室的结题验收。县教科所副所长黄毅主持的全国教育科学“十二五”规划教育部规划课题《初中语文“少教多学”课堂教学模式研究》通过全国教育科学“十二五”规划教育部规划课题组的结题鉴定，并鉴定为优秀等级。县教科所副所长黄毅主持的全国素质教育中心“十二五”课题《多角度阅读的研究》和县教科所王斌主持的全国素质教育中心“十二五”课题《语文课堂教学生活化的研究》通过全国素质教育中心的结题鉴定，成果鉴定为良好等级。

【课堂教学竞赛】 县教科所于2015年10月13～22日分别在大街中学、前卫中学、江城中学、伏家营中心校、雄关中心校、前卫中心校、翠峰中心校、后卫中心校、江城中心校，举办2015年“星抚杯”全县义务教育阶段高效课堂教师教学技能竞赛，竞赛的学科为初中语文、数学、英语，小学语文、数学、英语、品社、科学、信息技术。参赛教师共计110人，其中小学74人，初中36人。竞赛采取讲课与教学反思相结合的方式进行。讲课和教学反思使用同一教学内容，讲课分值90分（含教案、课件、粉笔字等）、教学反思分值10分。讲课时间40分钟，现场教学反思5分钟。经评委评分，龙街小学雷团飞，大庄小学金晓艳，翠峰小学秦铜乙，大街小学杨凤华、郑佳，前卫小学王佳等18名教师获小学组一等奖；前卫小学吴蓉，江城小学许薇、罗春燕，大庄小学蒋红梅，后卫小学史桂华，伏家营小学普粉艳，雄关小学邓桃江，龙街小学雷夏飞，大街小学张宏伟等30名教师获小学组二等奖；安化小学张蓉，翠峰小学付双明，后卫小学杨艳、莫志超，九溪小学李明生，路居小学洪庆丰，大庄小学何慧芬，江城小学陈艳红等26名教师获小学组三等奖；路居中学浦梅花，大街中学郭锦琴、罗江丽、安平芹，龙街中学李伟，大庄中学毕艳，海浒学校汤勇，江城中学陈红丽，前卫中学李英等9名教师获初中组一等奖；前卫中学张蕊、郭江梅，后卫中学李筱薇、张潇依，路居中学姚琼，龙街中学李金翠等15名教师获初中组二等奖；九溪中学刘晓露、陈子瑜，大庄中学黄艳萍，雄关中学刘小兵、伏家营中学杨志聪，徐玉芬等12名教师获初中组三等奖。

【开展“一师一优课、一课一名师”活动】 “一师一优课、一课一名师”活动是教育部部署开展的教学活动。县教科所、电教室积极提供技术保障和业务指导，各中小学，组织教师参与。至2015年4月，江川县共有1913名教师注册参与活动，注册率82.92%，晒课1070节。各项指标位于全市前列。2015年5月初，江川县教科所对各校选送的152节优课进行统一评审，最终产生一等奖53个，二等奖61个，三等奖38个。一等奖获得者被推优到市教育局、省教育厅，参加全市、全省及全国的优课角逐。

【规范汉字书写大赛】 为进一步落实习总书记关于继承和发扬中华优秀传统文化的系列讲话精神，加强汉字书写教育，提升师生书写汉字的能力和水平，江川县教育局、县新华书店于2015年7月7日开展“江川县2015年教育系统‘规范汉字书写大赛”。比赛收到全县中小学学生书法作品共148件，教师书法作品63件。经评委评审，分别评出一等奖5名，二等奖10名，三等奖20名。

【物化成果】 2015年2月，《云南教育．教研园地》为江川编辑出版《江川县教研论文特刊》；2015年3月，江川县教育学会、江川县中学语文学科中心组汇编《春韵笔花．江川县初中语文教师下水作文优秀作品选》；2015年9月，江川县教育学会、江川县中学英语学科中心组组编《秋果传香．初中英语师生范文汇编》。

（黄　毅）

教师培训

【概　述】 2015年，江川县的教师培训工作按照“发挥职能、强化责任、改善管理、创新思维、提高效益”的工作要求，充分发挥县级培训结构教学研究、教师培训工作的指导、服务职能作用，推进基础教育课程改革发展和全面提高教育教学质量，完成全年工作任务。2015年共开展各类培训4853人次，培训率达200%。

【学科教师培训】 全面贯彻党的教育方针，全面推进素质教育，切实加强教师队伍建设，探索和搞好中考改革的学科培训，确保江川县中考成绩高质量、上台阶。2015年3月、12月分别对全县中考科目学科教师进行专题培训（共1300人次）。培训内容：学科研讨；学科复习思路及方法；学科命题趋向、复习重难点透析；复习备考建议。

【学历提高】 为拓展自身发展空间，更好为江川县教育和经济建设服务，与省电大联合办学，向上“借智”“借力”。开办汉语言文学、英语、教育管理、学前教育等专业本科班；开办教育管理专业、学前教育专业、计算机专业、会计学专业、金融专业等专科班，解决教师及其它行业人员学历提高问题。有180人参加学习。

【新教师“五项技能”考核】 对2015年参加工作的56名教师进行“五项技能”考核。“五项技能”指：作课、论文、说课、教案、评课等。考核均为合格。

【新教师岗前培训】 2015年10月17～19日对全县招聘的中小学（幼儿园）教师进行培训。本次新教师培训根据国家、省市关于新教师培训的目标要求和当前新教师专业发展的具体需求，为参训教师量身定制8个培训专题。

分别为《新课程下的课堂教学》《如何做好教育科研工作》《如何命制试卷》《教育教学常规》《教育政策法规》《班主任工作》《怎样说课》《怎样评课》等专题。75人参加培训，学时50。

【落实“国培计划”】 2015年10月，启动“国培计划—中小学骨干教师培训项目”。

江川县组织一线指导教师、骨干教师、管理人员、中小学（幼儿园）教师短期、中小学（幼儿园）校长、副校长短期、中小学（幼儿园）教师远程等培训，共计566名中小学（幼儿园）教师参加培训。

【中小学教师履职晋级培训】 2015年8月18～22日，江川县中小学、幼儿园教师进行《怎样做课例研修》培训。325名教师参加培训。学时56。

【“伍集成文化教育基金会”乡村小学校长培训】 2015年9月13～19日，组织20名完小校长参加昆明理工大“伍集成文化教育基金会”乡村小学校长培训。通过学习现代学校管理方法，帮助参训校长提高有效解决实际问题的能力，进一步提升基层乡村小学教育管理质量。

【《中小学教师专业标准》学习培训】 为促进全县中小学教师专业发展，建设高素质教师队伍，充分发挥《中小学教师专业标准》引领和导向作用，科学设置教师教育课程，建立科学的质量评价制度。全县中小学、幼儿园专业教师2262人参加培训。培训分三个阶段：动员部署阶段（2015年9月）；学习培训阶段（2015年10月至2016年1月）；测试阶段（2016年2月）。测试结果80分为合格，合格者作为教师履职晋级培训给予56学时，5学分的登记。

（张本林）

江川县第一中学

【概　述】 2015年末，学校有班级52个，在校学生3039人。教职工226人，专职教师214人，其中高级教师75人，一级教师70人。全国优秀教师1人，特级教师2人，省级优秀教师11人，市级优秀教师19人，市级骨干教师7人，市专家组成员13人，县级骨干教师18人。2015年高考上线人数1409人，一本上线66人，本科上线率53.34%，综合上线率90.55%，上重点线人数居全市各县区同级同类中学之首。

【教育科研】 2015年，学校继续推进新课改，转变教学观念，严格执行省颁课程计划，开展多层次、多形式的校本教研活动，尤其重视在年级组管理模式下的教研组、备课组建设，着重发挥教研组、备课组在教学研究中的核心作用。落实每个教研组、备课组确定学期工作计划、集体备课的内容和时间，并把任务分解落实到人；落实每位任课教师每学期要上一节公开课及新老教师结对子活动；继续坚持领导进课堂听课制度，作业全批全改、每月查备课本等教学管理制度。2015年9月16日，教师严媛代表江川县在玉溪三中参加玉溪市青年教师讲课大赛并荣获一等奖。

【江川普通高中学科中心教研组成立大会】 江川县普通高中学科中心教研组成立大会于2015年1月19日下午15：30分在江川县第一中学报告厅举行，会议由江川县教育局党委书记李梅琼主持，会议有五项议程，第一项议程由李梅琼书记宣读《江川县教育局关于成立普通高中学科中心教研组的通知》。第二项议程由江川县教科所所长唐文明对中心教研组的引领作用，辐射作用，打造合作团队以及中心教研组的工作职责、目标、任务作安排布置。第三项议程由江川县第一中学党总支书记、校长靳江，江川县第二中学副校长褚正权分别代表学校作积极支持学科中心教研组工作的发言。第四项议程由熊兴林老师代表中心教研组48名成员作发言。第五项议程由江川县教育局局长郭自壮对中心教研组成立的背景，高中教学资源整合，共享资源，辐射作用，工作的重点以高考为主，覆盖各年级各学科的思路，要求中心组成员明确责任，积极工作，努力提高全县高考质量。

【应急避险演练活动】 自2015年秋季学期起，学校根据教育部制定的《中小学幼儿园应急疏散演练指南》和《玉溪市教育局关于加强中小学幼儿园应急疏散演练的通知》精神，结合《江川教育局美丽校园活力学校，提升质量》的实施方案，学校借每月升旗仪式之际，组织全校师生进行学校教学区应急避险及大型集会时紧急疏散演练和防震减灾应急避险演练。演练根据学校制定的演练方案严格实施，各年级组长、班主任及课任教师各司其职，保障师生安全、有序、快速地转移到操场安全地带。通过应急演练，提高学校应对突发事件和自然灾害的意识及突发事件发生时的应急处置、自救互救技能，为进一步创建和谐美丽校园提供保障。

【首届“铸民杯”教职工篮球赛】 为促进教职工参与体育锻炼，提高身体素质，丰富业余生活，增进相互了解，增强团队凝聚力，江川一中于2015年10月20～28日举办首届“铸民杯”教职工篮球赛。

高二年级男女队均获第一名，高三年级获男队第二、女队第三，高一年级获女队第二、男队第三。

【市、县政协捐赠《四库全书》活动】 2015年9月8日下午，市政协和县政协捐赠《四库全书》活动启动仪式在江川一中礼堂举行。市政协、市教育局、县四套班子领导，江川一中老教师代表、在校师生代表600余人参加启动仪式。市政协和县政协联合捐赠价值60万元的文津阁《四库全书》全套，共1500册。

启动仪式结束后，参加仪式的市、县领导及老教师代表合影留念，并参加植树纪念活动。

【规划建设】 规划建设的建筑：“佳华设计公司”原设计面积共计：32806.57平方米。根据学校实际发展需要，新建总面积约36869.4平方米的建筑：

新建男生院面积（三栋）约9856平方米，新建女生院面积（三栋）约11064平方米。新综合楼面积约2799.6平方米，新建实验楼、科技楼面积约5664.4平方米（其中科技楼面积1266.3平方米）。新建学生食堂面积约4363.5平方米。新建图书馆面积约3121.9平方米。

（张顺良）

江川县第二中学

【概　述】 江川县第二中学坐落在江城镇（江川古县城）北面约一千米处。东邻东山，南接古城，北靠象山，西近校场，四野平阔，空气清新，校园（含文庙）占地面积88.99亩。截至2015年底，学校共有33个教学班1900余名学生，其中高一年级12个班，高二年级11个班，其中4个理科班、5个文科班、1个文科体育特长班和1个文科艺术特长班，高三年级10个班，其中4个理科班、3个文科班、2个文科特长班、1个高辅班，班级编排至221班。在编教职工125人，其中高级教师31人，一级教师34人（含全科医学中级2人），管理岗位2人，工勤岗位2人。国家级骨干教师1人，省级骨干教师2人，市级骨干教师2人，县级骨干教师16人。

本科上线率从2014年的11%上升到2015年的15%，综合上线率提高，获得玉溪市2015年普通高中教学质量评价结果奖金14万元（江川县全县奖金20万元）。

【玉溪市高中物理名师工作室送课进校园活动】 2015年2月6日，玉溪市高中物理名师工作室专家们到江川二中举行送课进校活动。教科研工作是提高学校教学质量的主渠道，玉溪市高中物理名师工作室专家与江川县教师同课异构、点评交流，并通过教学小沙龙、学科小讲座、综合讲座等形式就“课堂教学有效性、高效性”进行探讨，达到学习前沿教学理念，解决教学实际困惑，提高课堂教学效果，提升薄弱学校教师专业化水平的目的，进一步促进学校健康成长，推进城乡教育均衡发展的进程。

【江川文庙钟秀书院抢救性修缮工程】 2009年以来省文物局批复《云南省文物局关于江川文庙钟秀书院抢救性修缮方案的批复》。2014年4月以来原市委书记张祖林（2014年7月3日第610号批示）、副市长陈勇（2014年7月24日玉溪市人民政府办公室第70期专题会议纪要《玉溪市政府关于江川县江城镇古城区更新改造和文庙抢救性修缮专题会议纪要》）、副市长杨洋先后到江川文庙钟秀书院进行实地调研并就抢救性修缮工作做出重要批示。县委、县政府重视文庙及钟秀书院的修复工作，并将其列入2014年重点推进的重大项目立项并监督其实施，成立江川县文庙修缮领导小组专门统筹安排具体事务。第一期钟秀书院抢救性修缮工程包括：魁星楼、魁星楼西侧院落、右厢房共五间、文昌宫、文昌宫西侧院落。第一期钟秀书院抢救性修缮工程资金已经到位，2015年4月中旬进入实地施工阶段，2015年12月底基本完成书院的修缮工作。

【学校拆除D级危房】 学校西边教师楼、东边教学楼、老办公楼、食堂在2014年被鉴定为D级危房，受外部因素影响导致基础出现不均匀沉降、下陷，墙体、梁、板面断裂、漏水，对房屋整体结构的稳定性造成严重威胁，承重墙受到基础影响，沿受力方向产生斜向贯穿裂缝，深度透彻墙厚，梁下及墙体中间部位开裂，墙体承载能力严重下降，严重影响到房屋使用安全。学校2015年5月开始了对D级危房的拆除工作，将我校教师分别安置到翠峰、教场坝、大地、江城卫生院等5个临时宿舍中，学生则临时安置到篮球场活动板房中，2015年11月完成全校D级危房的拆除工作。

【校园排危新建工程】 江川二中在用建筑4栋，2栋教学楼、1栋男生宿舍、1栋教师宿舍。由于生源增加，教室不足原实验室全部改造为教室，部分班级安排在活动板房中上课，用房紧张。2015年2月，江川二中排危新建工程前期工作展开，2015年10月正式进入施工阶段，计划在东边新建5层每层4间教室的教学楼1栋；校园西边新建5层150套房间的女生宿舍1栋；东边新建9层102套房间的教师宿舍楼1栋；图书馆及公厕改造项目将现有公厕改造为阅览室；在新建女生宿舍楼旁边新建公厕；在原拆除食堂的基础上新建钢框架结构新食堂。

【勤工俭学基地】 2015年9月，江川二中租用学校东西围墙外土地29余亩用作学校的勤工俭学基地，2015年12月土地基本平整完成，部分土地已试种植，学生将在课余时间里以班级为单位参加种植活动体验生活，农作物将按市场价提供给学校食堂使用，形成良性循环。

【文庙修缮工程】 江川二中文庙修缮工程于2015年10月完成招投标工作，本次修缮工程主要针对江川县文庙主轴线建筑，包括棂星门、大成门、大成殿、崇圣祠、东庑西庑、乡贤祠、名宦祠、节孝祠、孝义祠及泮池的修缮，照壁的恢复重建以及院落环境的整治，古建的修缮面积1570平方米，绿化面积1800平方米。项目预算价格921万元，由云南省财政补助经费。计划工期从2015年12月1日起到2016年12月31日。

【特长生汇报表演】 2015年10月，江川二中在田径场举行特长生汇报表演。学校特长生478名，占全校总学生人数近五分之一，其中体育240名，美术104名，音乐83名，传媒30名，舞蹈21名。学校本着文科加特长的办学发展思路重视特长生专业发展。汇报表演中同学展示包括舞蹈、钢琴、小品、古筝等特长。

【市县人大代表视察】 2015年11月，市县人大代表到学校视察，在报告厅听取校长对学校发展现状的说明、钟秀书院修缮工程、文庙修缮工程、排危新建工程以及勤工俭学基地的开展情况。会后参观钟秀书院、文庙、田径场等，并且对江川二中在艰难条件下办学并取得可喜成绩给予肯定。

（刘　瑾）

江川县职业中学

【概　述】 2015年底，江川县职业中学占地面积74.5亩，校舍面积2.83万平方米。开设旅游服务与管理、平面设计专业、会计电算化专业、计算机网络技术、农产品保鲜与加工、电工电子技术及民间传统工艺（铜器设计与加工方向）共7个专业，建制班级37个（其中外出顶岗实习班级11个，“三校生”高考班共5个），全校在籍在册学生1586人，教职工95人（其中正式教职工71人，借用4人、临时教职工20人，专业特聘教师13人，保安3人）。教师系列中，高级教师17人，占教师总数22.6%；一级教师23人，占教师总数30.6%；二级教师22人，占教师总数29.3%；见习教师5人。学校拥有县骨干教师9人，市学科带头人2人。教师学历达标率（本科）92.9%；教师中“双师型”教师33人、占教师总数的52%；有职工4人，其中工人2人（技师、中级工各1名），职员2人。

学校于2015年深度融合参与玉溪市集团化合作办学，同玉溪市工业财贸学校合作办学电子电器、会计2个专业，同玉溪市农业职业技术学院合办会计、食品专业“3+2”模式，同玉溪师范学院联合办学前教育、应用电子技术五年制大专班。

【参加县旅游饭店行业服务技能大赛】 2015年3月19日，江川县旅游饭店行业服务技能大赛在江川景湖酒店举行。此次技能赛中，江川职中派出师生作为工作人员参与计分、计时、赛场工作共计23人，参赛学生及指导教师35人。本次大赛，江川职中取得如下成绩：客房中式铺床项目参赛共15人，学校参赛人员5人，其中，黄茜（旅游32班）获二等奖，张巧依、黄思月（旅游31班）获三等奖；西餐宴会摆台项目参赛共10人，学校参赛人员5人，其中，白宇（旅游34班）获二等奖，唐希、秦晋、吴蕊（旅游32班）获三等奖；前厅服务项目参赛共17人，学校参赛人员7人，其中：龚琪（旅游31班）获二等奖；中餐10人宴会摆台项目参赛共15人，学校参赛人员6人，其中，李甜（旅游32班）获三等奖。

【参加省中等职业学校技能大赛】 2015年4月7～10日，江川县职业中学旅游专业组、计算机专业组参加云南省教育厅主办，楚雄高级技工学校、楚雄民族中专学校承办的“高教社创新杯”旅游技能大赛及“福斯特杯”会计技能大赛。此次大赛，江川职中作为玉溪市的代表队之一，旅游组参加学生组中餐10人宴会摆台、客房中式铺床、中华茶艺3个赛项，教师组参加中餐10人宴会摆台赛项比赛，计算机组参加会计电算化和会计手工两个项目。“高教社创新杯”旅游技能大赛客房中式铺床项目旅游32班黄茜同学获得第6名（三等奖），官迪同学获得第9名（三等奖），中餐宴会摆台项目旅游32班李甜获得第5名（二等奖），旅33班杨冉获得第14名，教师组中餐宴会摆台侯琴老师荣获第三名（二等奖），中华茶艺项目荣获第17名，以及团体取得第3名。“福斯特杯”会计技能大赛取得团体14名，比上年同期提升10名。

【禁毒防艾系列宣传活动】 江川职中于2015年4月16日举行学生顶岗实习前禁毒防艾系列宣传活动。本次活动分为展板宣传、专题讲座及发放宣传资料3个部分，以“青少年和合成毒品，艾滋病相关知识”为宣传重点。讲座由江川县缉毒大队和江川县疾控中心负责人主讲，在讲座上，主讲人通过影像资料宣传报道江川县禁毒防艾工作的亮点和成效，呼吁全校师生增强“拒绝毒品、关爱生命”和预防艾滋病的责任感。

【第十届“爱我专业”演讲比赛】 2015年4月23日，江川县职业中学第十届“爱我专业”演讲比赛在学校操场举行。本次比赛的选手共30名，选手们从优美的校园环境、和谐的师生关系、刻苦的专业学习等不同角度抒发对学校、老师的感激之情，对所学专业的热爱之情，由此立志勤奋学习，报效社会。经过角逐，计42班李云龙、电19班李旭云、计41班郭诗萌获高二年级一等奖；电14班张政、旅31班尹飞榆、电17班张跃获高三年级一等奖。

【第六届“螺峰杯”教学技能比赛】 江川县职业中学于2015年6月16日举办第六届“螺峰杯”教学技能比赛。此次参赛共11名教师。教学内容渗透文化基础课和专业实训课。本次比赛，邀请玉溪市二职中董艳华等3位专家评委以及学校的专业骨干教师组成评委组，保证比赛的正常进行。比赛过程中参赛教师重点从教学设计、作课、说课3个环节展示各自的教学技能水平。经评委组评出3名一等奖（马丽、陶润丽、侯琴）、5名二等奖（潘江焕、雷丰源、陈冬艳、胡勇、周再）、3名三等奖（向东、王伟、杨晏瑞）。

【师生齐军训】 江川县职业中学于2015年8月22～28日举行为期6天的军训活动。本次军训活动，延续军训固有特色：体育教师和班主任担任教官，师生参与军训；同时增加一大亮点：邀请玉溪工业财贸学校5名教官参与指导训练，设教师方队。主要完成“三大步伐、就坐训练、集会、队列队形”等科目的训练，除完成常规的军事训练外，内务整顿是本次军训的重点，整理床被、收拾内务，同学们都认真的学、认真的做。马鑫、李俊元、史云娜等40名学员被评为“优秀学员”称号。

【消防安全演练及知识讲座】 2015年9月9日，江川县职业中学在学校篮球场举行了“消防安全知识讲座暨安全疏散演练”活动，县消防队副连长带队参加本次活动。此次活动由消防安全知识讲座、消防器材使用演示、消防安全疏散演练3个环节组成。县消防队员在现场指导师生如何正确使用灭火器灭火，并进行灭火演示。副队长对学校每个班级的安全委员进行消防培训，教学生使用灭火器。

【全面拆除D级危房】 2015年9月24日至10月15日，学校对校园内的D级危房进行全面拆除。本次共拆除老实验楼1栋、教工宿舍2栋、工会及铺面1栋、自行车棚一个，共计3380平方米。学校D级危房剩台山书院和临时教室，建筑面积1527平方米的台山书院属于文物，学校正寻求修缮和保护的办法；建筑面积为270平方米的临时教室已被隔离，仅作为杂物间使用。

【集团化合作办学】 2015年10月10日下午3点，在玉溪工业财贸学院会议室举行“玉溪市工业财贸学院集团化办学合作协议签字仪式”。江川职中校长朱文学代表学校出席签字仪式，先后同玉溪市工业财贸学校合作办学电子电器、会计2个专业，同玉溪市农业职业技术学院合办会计、食品专业“3+2”模式，同玉溪师范学院联合办学前教育、应用电子技术五年制大专班。

【学生技能鉴定考试】 2015年10月14日，学校组织电子电器18班、20班、21班共114名同学参加维修电工（初级）技能鉴定考试工作。其中，职业道德和实操由“鉴定机构玉溪技师学院第23所”负责，理论考由学校组织完成。组织高考班旅游类专业班共20名学生完成餐厅服务员（中级），旅34班51名学生茶艺师（初级），高考班16名学生计算机操作员（初级），高考班电工电子类专业51名学生维修电工（中级），食14、15、16班共91名学生西式面点师（初级）技能鉴定的报名、辅导及鉴定工作。

【优秀毕业生交流会】 2015年10月14日，江川职中召开“践行社会主义核心价值观‘我的中国梦—奋斗的青春最美丽’优秀毕业生交流会”。此次毕业生交流会全校师生参与，特邀请上海市桂满陇餐饮有限公司董事长以及江川职中往届优秀毕业生代表业艳和陈雨羲参与交流。

【德育工作经验交流会】 2015年11月11日，玉溪工业财贸学校党委副书记张延强、学生处副主任郑玉禄等一行5人到江川职中，同班主任进行德育工作经验交流。张延强交流主题《加强学校校园文化建设，提高德育工作针对性实效性》，郑玉禄作《依法依规，做好学生细节管理工作》德育工作发言，财经系德育秘书、优秀班主任郑秀华结合工作实际，介绍班级管理工作做法，典型案例，展示自己对教育事业的理解、对学生的热爱，体验着“与学生在一起所获得的快乐”。

【参加全国“创新杯”教学设计和说课大赛】 2015年11月14~20日，由中国职业技术教育学会教学工作委员会主办，高等教育出版社承办的2015年全国中等职业学校文化基础课和素质教育课程“创新杯”教师信息化教学设计和说课大赛分别在江西南昌和陕西西安举行。江川职中教师张春会、胡勇分别参加文化基础课和教师信息化教学设计、说课赛均获得三等奖。

【文化进校园惠民演出】 2015年11月17日，“文化大篷车送戏下乡”惠民演出活动到江川职中表演。巡演团队自2009以来，已奔赴全省129个县1368个乡镇慰问演出1660场，受益人群突破1000万人，取得良好社会效益。2015年“文化大篷车.千乡万里行”以“军民鱼水情”为主题，着重宣扬军爱民、民拥军的和谐军民关系，表演11个节目，集舞蹈、歌曲、小品、曲艺、杂技等多种表演形式为一体，主题鲜明，传递正能量。

【参加市中等职业学校技能大赛】 2015年11月24~25日，由市教育局、市总工会、市人力资源和社会保障局主办，玉溪工业财贸学校、玉溪第二职业高级中学承办的2015年玉溪市中等职业学校学生技能大赛会计、电工电子、汽车维修、现代制造赛项及职业素养、旅游、信息技术、学期教育技术赛项分别在玉溪工业财贸学校和玉溪第二职业高级中学举行。江川县职业中学组织旅游专业组、电子电器组、计算机组、综合学科组对参赛项目进行分析，并根据学校专业实际最终确定参赛项目、参赛学生及教师。本次大赛江川职中共计37名学生、10名教师参赛。取得3个一等奖、19个二等奖、21个三等奖。

（刘　丽）

气　象

【机构设置】 江川县气象局内设办公室、法规科、防灾减灾科3个管理机构，江川县气象台（气象站）、江川县气象服务中心2个直属业务单位。辖江川县人工增雨防雹办公室、玉溪市江川县防雷装置安全检测中心。

【气候评价】 结合江川多年气候特点和生产生活的实际，将四季划分为：上年12月至当年2月为冬季，3～5月为春季，6～8月为夏季，9～11月为秋季。

2015年江川气候特点：2015年江川县降水偏多、气温偏高、光照正常略偏少。年降水量1032.7毫米，比历年同期偏多183.9毫米（22%），比2014年同期偏多221.7毫米（27%），是1999年（1999年雨量1038.0毫米）之后年降雨量最多的一年。年内降水时空分布不均，各月降水量与历年同期相比，1月、8月、10月和12月特多，4月和11月偏多，6月略偏多，7月特少，其余各月为略偏少至偏少。降水绝对量以5月和7月偏少显著，1月、8月、10月及12月偏多明显；年平均气温为17.2℃，比历年同期偏高1.3℃，比2014年同期偏低0.2℃；年平均日照时数为2130.8小时，比历年同期偏少58.6小时（-3%），比2014年同期偏少262.1小时。雨季开始期较常年偏晚，先后出现春旱和严重夏旱。汛期内单点性大雨、暴雨天气比常年偏多，局部洪涝灾害突出；8～9月出现异常阴雨寡照天气，雨季结束期略偏晚。

年内热量条件和水分条件较好，光照条件接近常年，夏季干旱和8～9月阴雨寡照天气对农业生产影响较大，冬春干旱和汛期洪涝灾害影响相对较轻，农事关键期没有出现倒春寒、夏季低温等灾害天气影响，蓄水条件较好。2015年江川县气候条件对工农业生产属中等偏上年景。

【基本气候概况】 气温：1.年平均气温。2015年平均气温为17.2℃，比历年同期偏高1.3℃，比2014年同期偏低0.1℃，属偏高年份。年极端最高气温为32.7℃（5月18日）；年极端最低气温为-0.7℃（1月14日）。

2.气温时空变化。2015年气温季节分布为冬季（2014年12月～2015年2月）、秋季（9～11月）和夏季（6～8月）略偏高到偏高；春季（3～5月）特高。各月平均气温与历年同期相比，3月、5～6月偏高2.0～3.6℃，属特高年份；1～2月、9月及11月偏高1.1～1.7℃，属偏高年份；10月略偏低，其余各月偏高0.1～0.9℃，属正常略偏高年份。年内2月下旬至4月中旬及5至7月出现两个时段的持续高温少雨天气，其中3月和6月平均气温创有记载以来同期最高记录。

降水：1.年度概况。2015年降水量为1032.7毫米。本年度前卫镇片区雨量最多为1296.8毫米，其次是安化乡片区1101.3毫米，九溪片区降水最少仅840.8毫米。全县各乡镇（街道）年降水量，仅有九溪镇比2014年偏少61毫米，前卫镇比2014年偏多最多，偏多311.4毫米。与历年相比，仅九溪略偏少1%，其余乡镇（街道）均偏多到特多。一日最大降水量69.6毫米（6月5日），最长连续降水日数为15日（7月31日～8月14日，雨量合计216.6毫米）。

2.降水时空分布。2015年降水季节分布为冬季（2014年12月～2015年2月）特多；春季（3～5月）偏少；夏季（6～8月）略偏少；秋季（9～11月）偏多。各月降水量与历年同期相比，1月、8月、10月和12月特多，4月和11月偏多，6月略偏多，7月特少，其余各月为略偏少至偏少。降水绝对量以5月和7月偏少显著，1月、8月、10月及12月偏多明显。

日照：1.年度概况。2015年日照时数为2330.8小时，比历年同期偏少58.6小时（-3%），比2014年同期偏少262.1小时（-11%），属略偏少年份。

2.日照的时空分布。2015年日照时数季节分布为冬季（2014年12月～2015年2月）基本正常；春季（3～5月）略偏多；夏季（6～8月）略少；秋季（9～11月）略偏多。与常历年同期相比，5月和11月偏多2～3成，2月、3月、6月和10月偏多1成多，8月和9月偏少近4～6成，12月偏少近3成，1月、4月偏少1成，7月与历年接近。2015年8～9月，阴雨寡照天气突出，其中8月日照58.0小时，比历年同期偏少60%，8月日照时数均创1961年以来同期最少记录。

【主要气候事件】 2015年主要气候事件有冬季强降水、冬季雨雪霜冻、夏季高温干旱、雨季开始期偏晚、8～9月阴雨寡照等。

1.冬季强降水。2015年1月8～11日受北方强冷空气和南支槽前西南气流共同影响，江川县出现强降温和强降水天气，其中9日出现大到暴雨天气，日降水量达40.5毫米，1月最大日降水量和1月降水量均1961年以来同期最多记录。

2.低温霜冻。1月8～11日、17～19日及12月16～18日受北方强冷空气影响出现3次较强寒潮

天气，其中1月9～10日和12月16～18日出现降雪或雨夹雪。1月13～15日及21～23日受辐射降温影响，出现霜冻，部分农作物受灾。

3.夏季干旱严重。1～7月降水量少于历史同期值，5～6月降水总量比常年偏少，且降雨日数比历年同期偏少近36%（≥0.1毫米的天数），是1993年以来降雨日数偏少最为严重的年份。雨量偏少主要是大雨以下量级的雨日变少，大雨及暴雨等强降水日数比历年以及近10来年较为突出。2015年7月1日～28日降水量创江川自1958年有气象记录以来的历史同期最少记录。受持续高温少雨天气影响，各乡镇（街道）均有不同程度干旱发生。

4.雨季开始期略偏晚。2015年雨季开始期于5月21日最早进入雨季，与常年同期相比偏晚2天。

5.8月至9月中旬阴雨寡照。2015年8～9月江川县出现阴雨寡照天气，对烤烟及大春粮食作物产量、质量形成带来不利影响。8月至9月中旬阴雨寡照天气突出：降水量比历年同期偏多6成，日照时数偏少6成，日照时数创1961年以来最少记录。

【主要气象灾害及影响】 2015年江川县主要气象灾害有干旱、暴雨洪涝、低温霜冻和风雹等灾害。

1.干旱。2015年干旱主要有春旱及夏旱，其中春旱出现时段主要在2月下旬至4月中旬，干旱程度较轻。夏旱出现时段主要在5～7月，干旱程度较重。2月下旬至4月中旬，以高温少雨天气为主，降水量比历年同期偏少近4成，平均气温比历年同期偏高2.8℃，气温创同期最高记录，出现不同程度气象干旱，局部作物受灾。5～7月江川县持续高温少雨，5～7月累计降水量比历年同期偏少3成。5～7月平均气温22.4℃，比历年同期偏高1.8℃，与1960年以来最高记录持平（2010年同期）。受持续高温少雨天气影响，各乡镇（街道）均有不同程度气象干旱发生。

2.低温、雨雪、霜冻。1月8～11日和17～19日受北方强冷空气和南支槽前西南气流共同影响，出现2次寒潮天气，其中9～10日出现降雪或雨夹雪。13～15日及21～23日受辐射降温影响，出现霜冻。受降雪和霜冻影响，部分农作物受灾。受强冷空气、南支槽等影响，2015年12月16～18日出现入冬以来最强的一次寒潮天气过程，24小时最高气温降幅达7～9℃，出现雨夹雪或降雪天气，最低气温降至-0.8℃～1.0℃。

3.洪涝。2015年汛期（5～10月）江川县降水量基本正常。汛期内大面积洪涝灾害不明显，但单点暴雨、大暴雨引发的局部洪涝灾害时有发生。汛期内共出现大雨123站次（各区域站统计值），暴雨59站次，各乡镇（街道）均有不同程度洪涝灾害产生。汛期内50毫米以上的暴雨天气比2014年同期偏多7站次。汛期内7月31日～8月1日、6月5日、6月22日、7月31日～8月1日、8月25～26日、9月12日及10月7～10日出现7次范围较大的强降水天气，出现不同程度洪涝灾害。

4.风雹灾害。2015年江川县由于冰雹、大风天气造成各乡镇（街道）出现不同程度的冰雹、大风灾害，烤烟等作物受灾面积6369.5亩，比2014年偏少近44368.5亩。

【气候对相关行业的影响】 1.气候与农业。2015年气温偏高，降水量各乡镇（街道）分布不均，总体为偏多至特多年景，其中九溪接近常年，前卫偏多5成，其余偏多1～3成。年内降水月季分布也不均匀，其中2月下旬至4月中旬高温少雨，局部出现轻度干旱，5～7月再次出现持续高温少雨天气，出现重度以上气象干旱。2015年8～9月出现阴雨寡照天气，8月至9月中旬降水量比常年同期偏多6成，日照时数比常年同期偏少6成。

2015年热量条件和水分条件较好，光照条件接近常年，夏季干旱和8～9月阴雨寡照影响较重。气候条件对小春作物生长发育和产量、质量形成较有利，但对大春作物栽种及苗期生长不利，局部出现因旱死苗现象。8～9月阴雨寡照天气对作物光合作用影响较大，对烤烟及大春粮食作物产量、质量形成带来不利影响。年内洪涝灾害相对较轻，农事关键期没有出现倒春寒、夏季低温等灾害天气，大春作物收晒期没有明显连阴雨天气影响。2015年江川县气候条件对农业生产而言属中等偏上年景。

2.气候与水资源。2015年降水量1032.7毫米，比历年同期偏多183.9毫米（22%），是1999年（1999年雨量1038.0毫米）之后年降雨量最多的一年，总体属偏多年景。2015年蓄水条件对蓄水较有利。据江川县防汛抗旱指挥部统计，2015年全县库塘蓄水4387.8

万立方米，比2014年偏多247.16万立方米。

3.气候与林业。2014/2015年冬季降水特多，有效增加土壤和植被含水率，对森林防火工作较有利；雨季开始期比历年偏晚，2月下旬至4月中旬及5月上、中旬出现高温少雨的干旱天气，对森林防火工作带来不利影响。2014/2015年冬季降水特多，与近几年相比春季干旱相对较轻，秋降水偏多，气候条件对森林防火工作总体有利。

4.气候与交通旅游。2015年降水偏多，大面积洪涝灾害不明显，夏秋除局地强降水引发山洪暴发造成部分道路堵塞、塌方外，基本没有大的影响，对交通、旅游有利。

【实现双套自动站互为备份不间断运行】 2015年5月，在江苏无锡ZQZ-CⅡ自动气象站的基础上，安装华云DZZ5型新型自动气象站，较以前老自动气象站增加能见度仪、视程障碍现象综合判断、40、80、160、320厘米深层地温观测，并正式投入备份业务运行，实现双套自动气象站互为备份的不间断运行，保障气象观测数据准确、及时，提升江川气象综合业务及服务能力。

【建成江川首个农业气候观测站】 自筹资金近10万元，在江川县春晓农业合作社建立农业气候观测站，为江川特色蔬菜提供气象服务。该农业气候观测站观测要素包括气温、湿度、雨量、土壤温度、土壤湿度等5要素。该气象观测站的建立，将对下一步气象部门开展针对提高蔬菜种植、产量和质量的气象服务奠定基础。

【完成激光雨滴谱仪建设工作】

2015年8月17～20日，向云南省人工影响天气中心筹集资金80万元，在县气象观测站、大街街道小白坡村委会、雄关乡政府、九溪镇政府、前卫镇政府、江城镇政府、安化乡政府、江城镇海门村委会完成了8套OTT激光雨滴谱观测仪的建设。激光雨滴谱测量仪能够实时监测雨滴直径分布、雨滴降落速度等气象参数，根据人工影响天气作业前后雨滴谱的变化观测人工催化作业的效果，为人工影响天气作业效果的评估提供物理依据，提高人工增雨防雹的科学性及有效性。该项目的建成提升江川县气象现代化水平及防灾减灾能力。

【完成市-县高清视频会商系统建设】 2015年12月，完成市-县高清视频会商系统建设，并投入运用。高清会商系统可满足气象会商、业务交流培训以及移动终端用户实时接入的需求，能为公众尤其是在突发性气象灾害发生时提供实时的气象服务。该系统的建设将为江川县气象局提高预报预测水平和防灾减灾服务能力提供支撑与保障。

【自主研发的县级GIS决策服务系统在全市进行推广运用】 2015年10月，江川县气象局自主开发的县级GIS决策服务系统在全市气象部门进行推广运用。该系统利用GIS（地理信息系统）技术和数据库技术相结合，将气象观测资料、雷电资料、人工影响天气资料等气象资料进行统一建库和管理，以提供图文一体化的综合查询、统计等功能，为天气预报及气象服务提供辅助决策依据。该系统在整合气象资源的基础上，结合GIS的技术分析进行科技创新，提高江川气象科技服务水平和气象防灾减灾能力。

【完成“江川县气象局大气探测环境保护项目”的审计工作】

2015年1月16日至3月25日，江川县审计局对江川县气象局2012年实施的“江川县气象局大气探测环境保护项目”进行审计，工程送审结算1020409.66元，审定结算994586.23元，审计核减25823.43元。同年5月向市气象局争取资金24.9万元，完成该工程尾款的支付。

【推进业务技术用房建设项目】

2015年4月，《江川县气象局业务技术用房建设实施方案》通过省局专家组评审，该项目总投资586万元，其中中央投资358万元，地方投资114万元，单位自筹114万元，年底完成主体工程建设，进入装修装饰阶段。建成后业务技术用房内设有综合业务平台、人工影响天气作业指挥平台、网络通讯机房、气象资料室、突发公共事件信息发布平台、气象装备维修平台、防雷服务室、为农服务值班室、决策气象服务值班室、气象装备维修库房等功能。

【保持省级文明单位称号】 成功申报云南省第十四批省级文明单位以及玉溪市第八届市级文明单位，保持自2006年以来的“省级文明单位”的荣誉称号。

【编制江川县气象事业发展“十三五”规划】 江川县气象事业发展“十三五”规划围绕县委、县政府“创新引领、生态优先、兴园强工、城乡融合”的发展思路，坚持公共气象发展方向，主动融入和服务地方经济社会发展大局，突出创新驱动和科技引领，着力构建适应需求、结构完善、功能先进、保障有力的气象现代化体系，力争2020年在全省率先或同步实现气象现代化目标，为江川在全省率先全面建成小康社会提供更加优质的气象保障服务。

“十三五”时期，重点实施城乡公共安全及气象灾害风险防控气象保障工程、区域性交通枢纽气象保障工程、生态保护与建设气象保障工程、高原特色农业发展气象保障工程、智慧城市建设气象信息服务工程、台站基础设施综合改善工程、科技创新和人才培养工程等7大工程，努力提升气象监测预报预警能力、公共气象服务能力、气象科技创新能力和气象管理水平，着力构建现代监测预报预警体系、公共气象服务体系、气象科技和人才体系、气象管理体系，实现与经济社会发展相适应的气象现代化，提升气象防灾减灾能力。

【人工影响天气工作】 2015年5月21日开始，在全县7乡镇（街道）布设13个人影作业点。包含8门“三·七”双管高炮、4套JFJ-1A型火箭、7套BL-2型火箭、1套BL-1型火箭、2套WR-1D型火箭，确保每个固定作业点有2套作业装备。6～9月，共申请作业270次，共发射各类人工影响天气火箭、高炮弹3137发。在完成安化光山、安化新庄、江城大梨园、大街雨西摆等4个作业点的改造后，筹集资金15万元，搬迁雄关窑房作业点。

【气象改革】 与江川县安监局开展烟花火炮企业的联合执法，对5家已开工的烟花爆竹企业进行防雷防静电设施安全专项检查。

调整行政审批窗口办事流程。审批时限在法定审批时限的基础上压缩三分之二，明确工作人员的职责和行为规范。制定气象行政审批工作细则，加强事中事后监管。

（李阳春　李林润）

防震减灾

【地震活动】 据云南省正式地震目录，2015年1～12月江川县境内共计发生1.0级以上地震11次，其中1.0～1.9级9次，2.0级以上2次，最小地震1.2级，最大地震为2015年4月15日江城2.9级，震时造成江城镇部份居民有感。与2014年同期相比地震频度相当、强度增强。江川县2015年度地震活动时间分布相对均匀，全年除3月、9月和11月等3个月未发生地震外，其余月份均有地震发生，其中4月、8月各发生2次，其余月份各发生1次地震。2015年度江川地震活动空间分布较为集中，主要分布于江城、前卫、安化和路居等4个乡（镇）。其中江城镇地震频度最高，共发生地震6次（含抚仙湖水域2次）；其次为前卫镇，共发生地震3次；路居镇和安化乡各发生地震1次；大街街道、九溪镇和安化乡未记录到精确定位的地震。

【地震预测】 县防震减灾局2014年所作的《云南省2015年度地震趋势研究报告》对云南地区作出预测尺度为一年的地震活动趋势预测，其预测结论为：

一、云南省2015年度发生地震的最大震级Mmax≤7.0级（CFi=0.81）

二、云南省2015年度地震危险区：

1.滇东北以103° 26′ E、27° 20′ N为中心，长半轴180千米、短半轴70千米范围内的大关-昭通-巧家-会泽-东川-寻甸与四川相邻地区，MS6.0～7.0级，CFi=0.85；

2.滇西保山-永平-巍山-弥渡-大理-漾濞-祥云-洱源-宾川-剑川-鹤庆-永胜-丽江-宁蒗-华坪一带，MS5.5～6.5级，CFi=0.85；

3.滇西南至滇南的澜沧南部-勐海北部-景洪北部-普洱-江城北部-墨江-石屏-建水-开远-峨山-红塔区-通海-江川-华宁-弥勒一带，MS5.3～6.3级，CFi=0.65。

根据中国地震局地震目录和云南省正式地震目录，2015年云南省内共发生2次5.0级以上地震，分别为3月1日临沧市沧源县5.5级和10月30日保山市昌宁县5.1级地震。云南省发生的最大地震为沧源县5.5级地震，小于7.0级最大地震预测强度，第一条预测意见准确。对于所圈定的3个地震预测危险区，滇东北东川-昭通危险区和滇西南－滇南危险区则未5.0级以上地震，预测结论虚报。沧源5.5级地震则未发生在所圈定的3个危险区内，预测结论漏报。综合以上所述，江川县防震减灾局2015年度中期预测对应率为25%。

江川县防震减灾局在2015年

度第1510期《震情分析》中对保山昌宁5.1级地震作出较为准确的短期预测。

【刘耀伟到江川调研前兆观测】2015年1月16日下午，中国地震局地下流体学科协调组组长刘耀伟教授一行，在省地震局预测预报研究中心高级工程师张立、市防震减灾局监测预报中心主任沈坤和高级工程师毕青等陪同下到江川县就地下流体前兆观测开展情况进行现场调研。

刘耀伟一行到渔村观测站，就地下流体前兆观测环境进行现场调查，并对前兆观测资料进行现场分析，查找可能存在的环境、人为和仪器干扰因素，对存在的问题提出具体的改造措施和工作建议。对江川县防震减灾局观测机井的地下流体前兆观测进行调研，分析观测井所处的水文地质构造背景、周边民用机井抽水和高层建筑物对水位、地温观测影响，实地查看大街街道上营社区民用机井的抽水、用水情况和县烟草分公司机井基本情况，明确江川局机井存在的气象和人为干扰因素。

县防震减灾局局长普秀英汇报江川县地震地下流体前兆观测和宏观观测开展情况，以及当前观测工作中存的问题和困难等综合工作情况，刘耀伟要求加大周边民用机井干扰因素的排查力度，并对宏观测点和观测项目的设置提出工作建议。

【陈勤到江川调研】2015年2月12日，省地震局副局长陈勤一行3人，在市防震减灾局局长金志林、地震监测预报中心主任沈坤陪同下到县防震减灾局调研。

陈勤查看县防震减灾局的监测、办公环境和地震应急指挥平台规划建设场地。金志林和县防震减灾局副局长郑忠党汇报该局基础设施建设、监测环境改造和应急避难场所建设，以及地震应急指挥平台建设规划、设备配置和效果应用等工作情况。陈勤对江川县防震减灾局工作给予肯定，并提出切实可行的工作意见和建议，要求进一步做好信息节点和防震减灾文化建设，提升防震减灾局的科普宣传文化氛围。

【安装更换渔村监测站地震前兆监测仪器】2015年3月31日至4月2日，省地震局起卫罗、应骁睿等3位专家到江川县防震减灾局渔村观测站安装更换仪器设备。将已在岗运行20年，且严重老化的水温观测仪更换为“十五”数字化监测仪器。该仪器更换后，将原来的模拟水温观测转变为数字化观测，采样率达到分钟值；国家和省、市地震部门可通过预设通讯端口对该仪器进行适时监测和运维管理，提高工作效率。同时起卫罗等重新安装此前已损坏的“十项措施”数字化水温观测仪器系统，并实际测量观测井深度。

【县怡心园广场应急避难场所通过验收】2015年4月2日，县防震减灾局联合组织县纪委第四纪工委、县永立设计监理公司等单位对城县怡心园广场应急避难场所项目建设进行竣工验收。

验收采取实地检查、查阅项目建设过程形成的文件资料、听取项目建设单位汇报、问题质询等环节，按《地震应急避难场所场址及配套设施》（GB 21734-2008）标准进行验收。验收结论认为：怡心园广场应急避难场所各类应急避难设施符合应急避难场所相关设施标准的要求，完成规定的建设内容，达到设计目标，一致同意通过验收。同时，验收与会各方代表和领导还提出完善运行管理、建设等整改意见。

【巡查宏观观测点】2015年4月14～16日，县防震减灾局局长普秀英、副局长郑忠党带领相关工作人员对大街街道、雄关乡和路居镇相关的水库、水源点和养殖场等地震宏观观测点进行巡查，并在巡查过程中了解各个宏观测点的基本情况，检查督促标识标牌悬挂，收集相关信息资料。

【开展地震应急工作督查】为贯彻国家和省、市、县防震减灾联席会议精神和关于做好地震应急工作的相关要求，督促县抗震救灾成员单位及各乡镇（街道）做好地震应急准备工作，2015年4月28～29日，经县政府同意，由县政府督查室牵头县防震减灾局组成督查组，对县民政局、县教育局、县卫生局、县交通局、县公安消防大队和电力公司、中国移动江川分公司等7家重点单位和各乡镇（街道）开展地震应急工作督查。

督查工作中，督查组听取各单位地震应急工作开展情况、查阅相关工作台账，并深入查看救灾物资储备库等地，就应急组织指挥体系建设、预案编修与演练、应急值守、地震救援力量建设、应急物资储备与调拨、应急宣传等工作进行实地检查。督查组依据法律法规和地震应急预案要求对各督查单位的地震应急工作提出意见建议。

【中国地震局到江川县检查指导工作】 2015年5月7日，中国地震局副局长阴朝民率领监测预报司司长孙建中、监测预报司监测处处长马宏生和预报处处长熊道慧等一行5人在省地震局局长皇甫岗、副局长毛玉平，副市长解仕清及市防震减灾局局长金志林、党组书记李泓等人的陪同下到江川县检查指导工作。

阴朝民一行到县防震减灾局，了解江川县地震监测预报工作情况，检查各仪器设备工作状态和江川县地震应急指挥平台建设进展，参观县防震减灾局办公监测环境。到县城怡心园广场，检查江川县应急避难场所功能设施规划、布局和标识标牌等建设情况。县委副书记、县长钱兴，副县长杨军苹，县防震减灾局局长普秀英分别汇报江川县基本情况，县防震减灾局人员编制、基础建设、台站分布、观测手段及县应急避难场所基本情况和后期规划建设等。

随后，阴朝明一行到龙街中心小学，听取该校创建省、市、县防震减灾科普示范学校创建情况，现场观摩全校师生开展地震应急疏散演练，参观该校防震减灾科普展室，聆听小学生讲解员对展室陈设和主题讲解。

【防震减灾科普讲座进部队】 2015年5月8日，江川县防减灾局受中国人民解放军驻江川某部委托，邀请云南省地震局高级工程师李道贵开展“防震减灾科普进部队”活动，为部队全体官兵作主题为“防震减灾　平安云南”的专题知识讲座。李道贵以多媒体形式，从地震灾害特点、怎样应对地震、最新科技进展3个方面，将地震监测预报、震灾预防、紧急救援三大工作体系总结凝炼为“测、防、救、新”四项知识进行讲解，分析全国历次重大地震灾害特点、云南省地震地质背景和防震减灾三大体系工作现状及未来发展。重点向部队官兵讲解应急避震方法，并就部队在地震现场开展应急救援中如何自我保护、如何紧急救援及在营救生命过程中应当注意的工作方法、工作细节进行讲解。

【防灾减灾日宣传活动】 2015年5月12日，第七个全国防灾减灾日。县防震减灾局、民政局牵头组织县工信局、住建局、农业局、气象局、消防大队、红十字会、供电公司等部门在县城宁海路开展以“科学减灾，依法应对”为主题的“防灾减灾日”科普宣传活动。县防震减灾局共展出展板6块，发放宣传手册600册，科普手提袋300个，向群众耐心解答生活中遇到的各类防震避震、消防安全、应急处理、安全生产、用电安全等疑问。

县教育局邀请县防震减灾局派出专业技术人员到龙街中心小学开展防震减灾科普知识讲座。全县27所中小学、幼儿园的安全主任、县教育局负责安全工作的相关人员和该校60余名学生参加讲座。

组织全县27名中小学、幼儿园安全主任观摩龙街中心小学开展的地震应急疏散演练，参观该校市、县两级“防震减灾科普示范学校”科普展室和减隔震技术在该校“伍集成抗震示范教学楼”建设中的运用。

【大街中学创建防震减灾科普示范学校】 2015年5月12日，县防震减灾局和教育局联合为大街中学举行“玉溪市防震减灾科普示范学校”和“江川县防震减灾科普示范学校”举行揭牌仪式。县教育局和全县27所中小学、幼儿园的安全主任和该校部分老师、学生参加揭牌仪式。

仪式上，县防震减灾局副局长郑忠党宣读关于授予大街中学“江川县防震减灾科普示范学校”称号的相关文件，要求大街中学在今后的工作中再接再厉，不断创新宣传教育模式，全面提高广大师生防震减灾意识和防震避震能力。郑忠党和县教育局安全主任顾绍雄共同为获市、县两级“防震减灾科普示范学校”荣誉称号的大街中学进行揭牌。

【大街街道开展防震救灾应急演练】 为增强民众的防震救灾意识，增强干部应急救援处置能力，提高群众应急避险、自救能力，2015年5月20日，江川县大街街道开展防震救灾应急演练活动。

应急演练以小白坡村委会发生地震险情，继而引发次生灾害为背景。街道办事处、大街派出所、大街卫生院、小白坡村委会、小白坡小组、水箐沟小组的村民，以及消防官兵共计444人参加此次地震的应急避震、紧急疏散、人员搜救、医疗救护及自救等科目的演练。县属相关单位领导，街道所辖其他村、社区的总支书记、主任到达现场观摩。

【中国老科协地震分会理事到江川县龙街中心小学参观】 2015年8月4日，由湖南、湖北、四川重庆等省（市）地震局退休老领导组成的中国老科协地震分会第三分部部份理事，在省地震局副局长解辉、市防震减灾局局长金志林等领导和相关工作人员陪同下到市、县两级防震减灾科普示范学校——龙街中心小学参观。

金志林向各位理事介绍减隔震技术在教学楼建设中的应用情况。理事参观该校防震减灾科普展室，聆听该校小学生讲解员对展室实物陈设、地震灾害模型和防地震知识展板等防震减灾科普知识解。县防震减灾局局长普秀英在参观过程中就全县防震减灾科普示范学校创建相关情况向各位理事进行补充说明和介绍。理事们对小学生讲解员的工作给予表扬，并对江川县防震减灾科普从娃娃抓起的工作特色给予肯定。理事还参观龙街中心小学古色古乡的文庙办公场所，对作为革命据点的文庙相关历史进行了解。

【召开防灾减灾应急基础数据收集协调暨业务培训会】 2015年8月26日，县政府组织召开县防灾减灾应急基础数据收集协调暨业务培训会。会议由县政府办主任赵琦主持，各乡镇人民政府、大街街道办事处、县属抗震救灾指挥部相关单位分管领导及负责应急基础数据收集的工作人员共50余人参加会议。县防震减灾局局长普秀英对此次应收集工作的重要性和必要性进行说明，县防震减灾局副局长对参加会议的相关业务人员进行收集工作业务培训。赵琦强调，此次收集的表格是鲁甸“8.3”地震用血的经验累积起来的，因此参加收集工作的人员要严把质量关，科学、严肃、准确，做到不重不漏；要严把时间关，加大督查力度，按期完成任务；要严把数据保密关，专人用U盘报送电子及纸质版本，不得通过网络报送。

【参加全国科普日活动】 2015年9月22日，县防震减灾局到九溪镇，参加由县科协主办、主题为“万众创新·拥抱智慧生活”的“2015年全国科普日”活动。县防震减灾局4人参加活动，展出防震减灾科普知识展板6块，发放《防震避震常识》和《震知识100问》等科普宣传小册子2种800余册，现场回答群众咨询。

【中央国家机关团工委云南调研团到江川调研】 2015年9月24日，由中央国家机关工委宣传部理论教育处处长王成福带领的中央国家机关团工委云南调研团，在省地震局直属机关党委专职副书记、党办主任钟朔冬和市防震减灾局副局长黄家富、市地震监测预报中心主任沈坤，及相关人员陪同下到江川县开展调研。

调研团到江川县青铜器博物馆，参观收藏的各类古滇国青铜器，了解古滇国政治军事情势和古滇国人民的生产、生活形态，以及江川县渔文化特点。到江川县龙街中心小学，参观龙街中心小学作为革命据点文庙办公场所及该校防震减灾科普展室，聆听小学生讲解员对展室实物陈设、地震灾害模型和地震知识展板等防震减灾科普知识讲解。调研团对该校市、县级防震减灾科普示范学校的创建给予较高评价，并对小学生讲解员的工作给予表扬。

中央国家机关团工委调研团的14名成员来自中央国家机关工委、中国地震局、国家统计局、国务院机关事务管理局、中国气象局和国家中医药管理局等6家单位及其下属13个部门。

【吴国华到江川调研】 2015年10月13日，省地震局党组成员、纪检组组长吴国华和甘肃省地震局党组办公室主任张守洁，及相关工作人员一行4人到江川县防震减灾局调研。吴国华一行查看县防震减灾局的监测台站、办公环境，实地了解江川县地震应急指挥平台建设情况。县防震减灾局局长普秀英、副局长郑忠党汇报近年来江川县防震减灾局基础设施建设、监测环境改造、人员编制和群测群防等工作情况及当前防震减灾工作中存在的问题和面临的困难。

听取汇报后，吴国华对江川县防震减灾局近年来的工作给予充分肯定，并提出切实可行的工作意见和建议；与县防震减灾局领导就防震减灾基础设施建设等工作经验进行交流。

【市防震减灾局检查江川县地震应急指挥平台建设进度】 2015年10月16日，市防震减灾局局长金志林带领应急救援科科长钱宝运，到江川县防震减灾局实地检查地震应急指挥平台建设工作进度。金志林一行实地查看江川县地震应急指挥平台室内装修、设备安装和附属设施建设等工作情况，对检查中发现的问题要求江

川县防震减灾局与施工单位及时沟通联系加以解决，确保工程建设进度和质量。

【安装数字化地震前兆监测仪器系统】 2015年12月7～10日，省地震局专家起卫罗、应骁睿等3人到江川县防震减灾局安装调试“十五”数字化水温、水位地下流体前兆监测系统和气象三要素辅助观测设备。

该仪器设系统和设备面板适时显示数据形态和仪器工作状态，能对仪器故障进行适时诊断和标定。系统采样率比之前的仪器设备有所提高，达每秒一个数据，增加观测数据流。结合新安装的地震信息节点，国家和省、市地震业务部门不用到现场，在办公室即可实现对该仪器系统的远程管理和数据采集。

【地震监测仪器接地地网技术改造】 江川县是云南省雷击重灾区之一，雷击灾害较为频繁。江川县防震减灾局江川台自2002年11月投入观测运行以来，由于防雷措施不健全，仪器系统屡遭雷击，多次出现因雷击导致仪器故障，造成长时间缺数，严重影响的地震前兆观测的安全性、科学性和连续性。县防震减灾局于2015年12月10日邀请市地震监测预报中心主任沈坤，在省地震局专家起卫罗、应骁睿等人协助下，制定方案，焊接接地地网，并适时检测。经过多次检测和测反复施工，增加接地电极，最终使得接地电阻达到相应的技术标准要求。

【江川县地震应急指挥平台通过验收】 2015年12月11日，市防震减灾局局长金志林带领专家组，对江川县防震减灾局应急指挥平台技术系统建设项目进行验收。

专家组听取项目承建方—昆明飞利泰电子系统工程有限公司建设情况汇报，进行现场功能测试，查看综合布线、装修装饰、及设备安装情况，查阅竣工验收资料，对有关问题进行质询。认为：承建方按照合同约定，完成项目建设内容，总体达到设计要求；整个技术系统设备运行正常，满足使用需求，档案资料齐全，专家组一致同意该项目通过验收。同时，专家组要求承建方根据专家组提出的意见和建议，对存在的问题15日内完成整改，并由建设方进行确认。

江川县地震应急指挥平台系统建设共投入资金88万元，其中：玉溪市防震减灾投资66元，江川县财政配套22万元。建设工程于2015年9月开工、12月初竣工。整个系统包括：大屏显示系统、集中控制系统、终端音频视频互动传输系统、扩音系统、UPS供电系统。系统建设成后将通过地震信息节点与国家和省、市地震应急指挥中心对接，实现互联互通。平时可召开防震减灾工作视频会议，开展远程震情会商等工作。震时，融入国家应急决策指挥系统，提高应急处置工作效率。

【王彬到江川调研】 2015年12月18日，省地震局副局长王彬一行4人，在市防震减灾局局长金志林陪同下到县防震减灾局调研。

王彬一行巡视县防震减灾办公环境，查看地下流体前兆监测机井及“九五”、“十五”仪器设备工作情况，对江川县防震减灾局近年来基础设施建设和监测环境改造给予较高评价。到江川县地震应急指挥中心，了解中心相关功能和系统使用情况，听取县防震减灾局局长普秀英就江川近年来防震减灾三大工作体系建设基本情况、取得的成绩和存在问题进行的工作汇报。通过技术人员现场操作，王彬在江川县地震应急指挥中心与峨山、华宁和新平等县防震减灾局进行互联互通，听取3位局长的工作汇报。

【表彰奖励】 江川县防震减灾局在全省2015年度全省和全市各项工作评比中荣获优异成绩，主要情况如下：在2015年12月全省观测质量评比中，渔村模拟水温荣获2015年度全省地震前兆观测质量评比优秀奖；在2015年12月全市防震减灾工作综合考核中，荣获全市防震减灾工作综合考核二等奖、《云南省2015年度地震趋势研究报告》评比第一名、地震监测预报单项奖和强震动台评比二等奖；金秋则荣获玉溪市防震减灾局授予的“玉溪市2015年度防震减灾工作先进个人”称号。

附表

江川县2015年度地震目录

序号	年	月	日	时	分	秒	经度	纬度	震级	震 中	震源深度（千米）
1	2015	01	13	06	05	23	102° 48′	24° 24′	1.2	江 城	5
2	2015	02	17	01	05	53	102° 41′	24° 19′	1.2	前 卫	7
3	2015	04	09	18	29	10	102° 46′	24° 23′	2.0	江 城	11
4	2015	04	15	21	14	42	102° 51′	24° 26′	2.9	抚仙湖	17
5	2015	05	21	17	37	07	102° 49′	24° 17′	1.4	路 居	20
6	2015	06	07	12	46	11	102° 42′	24° 25′	1.4	安 化	6
7	2015	07	17	12	01	58	102° 53′	24° 31′	1.6	抚仙湖	12
8	2015	08	20	14	42	52	102° 43′	24° 19′	1.4	前 卫	9
9	2015	08	26	06	13	09	102° 39′	24° 21′	1.6	前 卫	8
10	2015	10	26	06	31	38	102° 48′	24° 29′	1.4	江 城	10
11	2015	12	08	05	29	23	102° 48′	24° 26′	1.2	江 城	7

江川县2015年度地震震中分布图

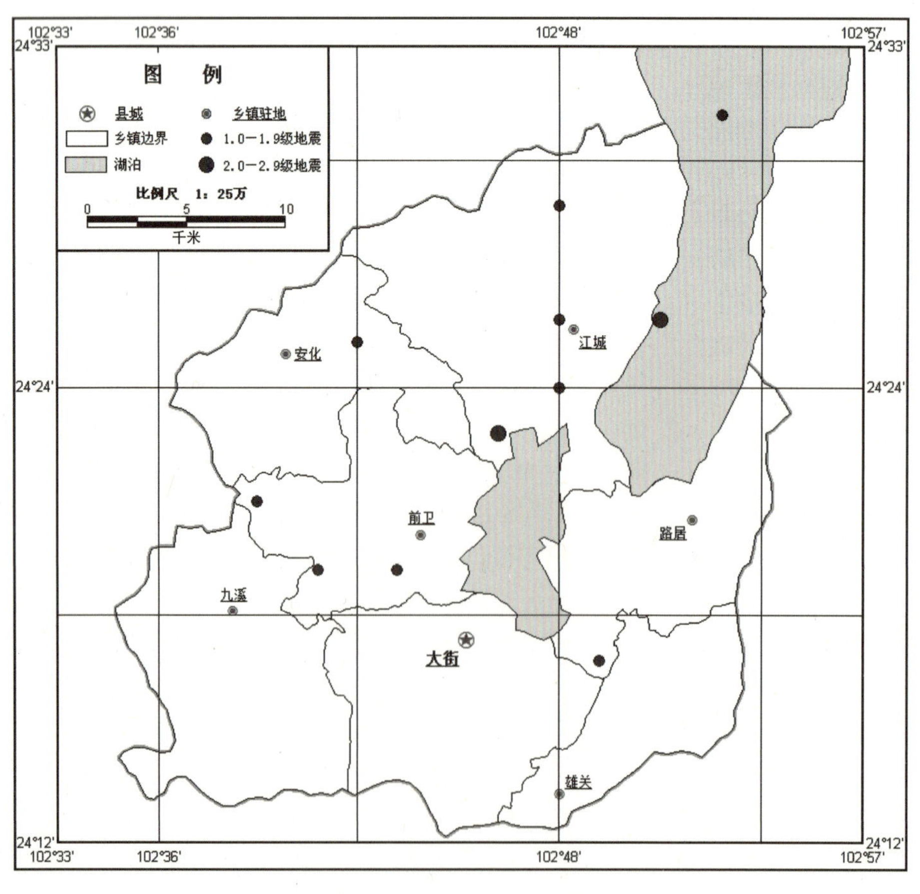

（李 祥）

文化·旅游·广电·体育·卫生

编辑　徐凡清

文　化

【概　述】 2015年，江川文化工作围绕“文化惠民”中心，依托各文化股所单位，履行职责，突出重点，抓住关键环节，完成日常工作，工作有序推进。全县受扶持的农村优秀文艺队涉及7个乡镇（街道），每个乡镇（街道）4～8支，县城周边文艺队5支，共45支。“以奖代补”资金18万元。45支文艺队共完成惠民文艺演出692场次，演出节目890余个。

2015年共组织策划主办、承办或协办的各种公益文化活动22场次，其中文艺演出6场次，惠民下乡演出6场次，春节游艺活动2场，街头巡演1次，三下乡演出1场，书画展6次。

参加第四届中国聂耳音乐（合唱）周系列活动，获得一等奖。江川县连续四届参加，并蝉联一等奖。

县图书馆秉承“全心全意为读者服务”的理念开展工作，全年共接待读者78632人次、162631册次，馆藏图书94252册，更换新借阅证1047个，开展读者活动15次。

文物安全保卫工作。2015年博物馆安装周界电子围栏、高清球镜摄像机12个，高清枪镜摄像机5个，太阳能照明灯14个；对江川文庙、早街金甲阁等全县7个古建筑文物保护单位进行文物消防安全大检查；完成大雄寺后殿的修缮工作；启动钟秀书院和文庙修缮工作。

【文化下乡到路居】 2015年2月10日，江川县举行2015年“三下乡”活动，文化部门把优秀文化送到路居镇。县博物馆、图书馆和新华书店等单位分别设立服务点，向当地群众宣传农村实用技术、涉农政策、法律法规；县文化馆准备文艺演出，当地文艺队、雄关乡和县城演职人员参加演出。

【春节文化活动】 年初一至初三，在图书馆、文化馆、博物馆和怡心园广场开展系列文化活动：在文化馆园地举行“江川彝族非物质文化遗产展示”，表演的节目有“跳乐”、“撒弦乐”弹奏、“山歌、小调”演唱、“彝族花鼓”共计28个。在文化馆综合楼一楼大厅举办“戏曲表演唱”，表演的戏曲种类有花灯、滇剧、京剧等共计18个。春节期间（初一至四月底），在文化馆展厅内举办“江川县春节十人书法、雕刻作品展”，展出江川10位书法家的书画、篆刻作品65件。李家山青铜器博物馆免费向市民开放6个展厅，展出内容包括：青铜器、摄影作品以及渔俗文化；在博物馆一楼展厅内，布置“星湖渔歌”摄影展，展示江川人的日常生活、山水风光摄影，让市民们在欣赏文化的同时感受江川人的精神特质和优美的自然山水风光。县图书馆于年初一至初三在馆内开展游园活动、百科知识有奖抢答活动，内容有时事政治、文学知识、名句填空、江川文化知识、改错别字、猜成语、歇后语补缺、谚语补缺、对春联、集邮知识等，春节期间为方便读者借阅，开放外借室、综合阅览室、少儿室、电子阅览室；大年初一至初三，在县城“怡心园”广场放映电影3场，其中：故事片3个，科教片3个，观众3000余人。县新华书店节日期间为读者提供九折优惠售书。

【群众文艺演出】 大年初一至初三中午，在县城老戏台组织50支业余文艺队进行文艺演出，演出节目有歌舞、独唱、花灯剧、小戏小品等。参加演出的演职人员700余人，演出节目75个，观众1万余人。

【乡镇春节文体活动】 大年初一，江城镇街头游园活动，由21支文艺代表队表演民间特色的舞狮子、骑毛驴、划彩船、打腰鼓等，同时举办文化下乡演出、书画展览及比赛、农村篮球比赛等文体活动。年初一晚19：30～21：00时，文化主管部门组织江川县星抚之声文艺协会及歌手，到九溪镇六十亩村举行“春节慰问文艺演出”。演出节目有歌舞、独唱、花灯说唱、小戏、小品等共14个。前卫镇年初一至初三，选派11支文艺队在前卫镇文化站舞台进行演出。与县农村信用合作联社携手举办“信合杯”篮球比赛、卡拉OK歌唱比赛和广场舞比赛等活动。安化乡自年初一至初四19个村民小组均开展自娱自乐的跳乐、跳传统烟盒舞、彝族腰鼓等活动。雄关乡大年初一组织本乡5个村（居）委会的22支文艺队到朝阳苑进行文艺汇演，献上60个精彩节目；初二在乡文化站内举办文艺专场演出，由江川县文艺之家文艺协会携手江川县星抚之声文艺协会、雄关社区文艺队、窑房村文艺队、江川藉知名歌手共同演出，整场演出有反映雄关经济社会发展变化和普法等内容的小品、歌舞、小戏等17个节目。路居镇初一组织上坝村委会的龙灯队、腰鼓队，螺蛳铺村文艺队，兰田村文艺队，中坝村文艺队，上坝村文艺队等36支民间业余文艺队，600余名业余文艺爱好者在镇街头进行沿街表演，初二举行广场舞比赛，参赛选手中年龄最大的56岁，年龄最小的17岁；举办庆新春信合杯书画展，展出作品46幅。

【县图书馆到麻防病疗养院开展世界读书日活动】 2015年4月23日，第20个“世界读书日”，县图书馆同县疾控中心一行11人到位于二尖山麻防病疗养院看望麻防康复病人，送去人均一台带收音功能的MP3播放器，及云南画报、人民画报、解放军画报、小人书共70余册书籍和部分生活必需品，做到文化惠民。

【县图书馆联合江城镇中心小学开展经典诵读活动】 2015年4月30日，县图书馆联合江城镇中心小学开展“生命阅读越精彩”第五届大山杯经典诵读活动，围绕“生命阅读越精彩”为主题，以《花香》、《墨韵》、《茶韵》、《书香》、才艺表演为展示内容，共700余人参加活动。

【文化馆举办文艺培训】 为活跃群众文化生活，不断提高农村业余文艺队的演出水平，2015年3月、4月和11月，江川县文化馆分别在大街街道白龙潭彝族村、伏家营社区和路居镇综合文化站、螺兰石片区及前卫镇文化站举办4期文艺培训班，培训时间24天。授课教师聘请江川县有培训经验的舞蹈老师进行授课，培训内容有广场舞《中国味道》《舞动中国》；彝族舞组合《踩荞》《丰收乐》《打歌》《阿细跳月》；傣族舞《竹舞》；花灯舞蹈组合小崴、大崴、反崴、扇花和台步练习。参加培训的学员共计463人，学员主要来自各村委会文艺队。

【文化惠民演出】 2015年5月4日、6月14日、6月28日和11月25日，由江川县文化馆组织的“文化下乡惠民文艺演出”分别深入到大街街道白龙潭彝族村、伏家营村委会，前卫镇渔村和大街街道中心敬老院进行慰问演出。演出的节目有歌伴舞《好日子》、滇剧表演唱《浪广谣》、说唱小品《老两口说禁毒》、独唱《锦绣江川》、彝族舞蹈《想你是挝乐爱你是挝乐》等16个。

【馆藏文物参展《金色中国——中国古代金器大展》】 2015年5月18日至7月底，云南李家山青铜器博物馆精选馆藏古滇文化金器兽形金饰、金腰带、金剑鞘饰、金发钗、发簪等33件（套）参加在云南省博物馆举办的《金色中国——中国古代金器大展》，展览受到国内外观众好评。此次展览对提升江川李家山古滇青铜文化的对外影响力及江川对外知名度具有重要的意义。

【县图书馆与县邮政局开展集邮巡展活动】 2015年5月31日至6月4日，县图书馆与县邮政局进行玉溪第3届集邮文化周集邮巡展活动，各个县区的集邮爱好者分别展示邮票。

【“书香玉溪”征文活动】 为传播文化正能量，构建“全民阅读”文明新风尚，提高全民思想道德和文化素质，县图书馆联合县教委、县文明办于5～7月在县各中小学内开展“书香玉溪”征文活动，此次活动共收到征文69篇，高中4篇，初中14篇，小学51篇，其中优秀文章高中4篇，初中9篇，小学10篇。

【县图书馆开启电子借阅服务】 为适应现代化的步伐，图书馆于6～9月进行场馆改造，整体墙面重新粉刷装修、水电线路重新设计、不安全灯管全面更换，安装监控及充消磁器等设备，为转型的电子借阅（以前为传统手工借阅）服务，提高办事效率，同时与公司洽谈，引进现代化的电子借阅机，更多渠道的服务好读者。

【《滇国铜魂——云南李家山古滇文物集萃》出版发行】 博物馆拓展对外宣传方式，自2014年5月开始策划准备，历经资料整理、文字编写、文物拍照、版面设计及数次校审稿，精选134件江川李家山代表文物，投入20万元经费，于2015年6月正式出版《滇国铜魂——云南李家山古滇文物集萃》精美图录，对外宣传江川古滇青铜文化。

【国家级非物质文化遗产“玉溪滇剧”传承保护培训基地在江川县挂牌】 2015年8月26日，国家级非物质文化遗产玉溪滇剧传承保护培训基地在江川县文化馆挂牌。市文化局副局长、市滇剧院院长冯咏梅，县宣传部部长龚桂存，副县长周福荣，文广体局局长周瑜出席挂牌仪式并揭牌。玉溪滇剧传承保护培训基地在江川县揭牌成立旨在促进滇剧的振兴，县文化馆作为国家级非物质文化遗产“玉溪滇剧”传承保护培训基地，在非物质文化遗产的保护、展示、传播、研究、交流等方面发挥引领和示范作用，为弘扬民族优秀传统文化做出贡献。

【完成馆藏可移动文物普查】 2015年11月20日，云南李家山青铜器博物馆完成馆藏可移动文物1037件（套）的普查上报工作。全国第一次可移动文物普查是继第三次全国文物普查之后在文化遗产领域开展的国情国力调查。江川县第一次全国可移动文物普查工作2014年初启动，博物馆作为此项目的业务负责单位，配合上级普查单位先后完成全县国有单位可移动文物调查登记，馆藏文物信息采集、文物级别认定、文物数据审核上报，文物信息补充，建立起影像信息数据库。该项工作对准确掌握和科学评价文物资源情况和价值，建立文物登记备案机制，健全文物保护体系，保障文物安全及文物资源整合利用，彰显历史文化特色，丰富公共文化服务内容，发挥积极作用。

【对“红江通”及“澄川”高速公路的文物调查工作】 2015年8～9月，江川县文物管理所配合玉溪市文物管理所对拟建设的“红江通”及“澄川”高速公路江川路段进行文物调查勘探工作。通过调查，摸清有关路线的地上地下文物情况，并编制调查报告提交上级有关部门。

【完成甘棠箐野外考古发掘及室内文物整理工作】 路居甘棠箐遗址是云南省继元谋人之后发现的又一个早更新世旧石器时代旷野遗址，遗址地层堆积连续，保存状况良好，文化内涵丰富。为揭示甘棠箐遗址的整体文化面貌，由省文物考古研究所负责、市文物管理所和县文物管理所参与，联合对该遗址进行考古发掘及室内文物整理工作。野外考古发掘工作从2014年10月中旬开始至2015年2月初完成；室内文物整理工作从2015年6月下旬开始至2015年10月中旬完成。

【完成博物馆安防系统的改造升级】 云南李家山青铜器博物馆针对原安防系统设备老化，技术相对落后等原因，2015年投资40余万元对安防系统进行全面改造升级。该改造项目于1月正式施工，7月初完工，在经过3个月的试运行后于10月15日正式验收。主要安装博物馆周界电子围栏、高清球镜摄像机12个，高清枪镜摄像机5个，太阳能照明灯14个，增加主机和大容量网络硬盘录像机等。改造后的安防系统，提高防范性能，安保人员可以通过新的安防系统随时掌握博物馆整体情况，随时对全馆内外安全进行有效监督，有效保障国家文物和游客安全。

【开展全县文物消防安全大检查工作】 为贯彻国家有关文物消

防安全的法律法规，深刻吸取2015年大理巍山县拱城楼“1.3”火灾事故及天津港“8.12”爆炸事故教训，做好文物建筑消防安全工作，根据《玉溪市文化局、玉溪市公安消防大队关于开展文物建筑消防安全专项治理的通知》等文件要求，结合有关实际，江川县文物管理所于2015年1～2月、8～12月，对全县的江川文庙、旱街金甲阁等7个古建筑文物保护单位进行多次文物消防安全大检查，并撰写自查报告上报上级有关部门。通过检查，发现一些问题和安全隐患，对问题和隐患提出整改意见。

【协调和推进江川文庙的修缮工作】 江川文庙钟秀书院的修缮工程于2015年5月18日正式开工，工期6个月；江川文庙主体建筑修缮工程于2015年12月25日正式开工，工期12个月。

【旧州大雄寺后殿修缮】 旧州大雄寺由于年久失修，部分建筑破烂，即将坍塌，为保护历史文化遗产，江川县文物管理所配合，支持大雄寺管理协会，于2015年7月完成大雄寺后殿的修缮工作，并补助大雄寺电路改造经费10000元进行电路改造。

【云南省话剧院赴江川送戏下乡】 2015年11月15～17日由省文化厅、省财政厅主办，省话剧院承办的“文化大篷车·千乡万里行”四分团演职人员一行32人到江川县开展文化进万家惠民送戏下乡巡演。15日中午，在江川县大街镇老戏台进行首场演出。文化广电和体育局领导及相关人员参加此次活动。演职人员践行“文化育人、文化乐民、文化富民”的文化工作宗旨，做到将文艺作品送到乡村，此次的送戏下乡文艺演出节目包括常规的相声小品、舞蹈、歌曲和新增杂技类节目。

11月15～17日，话剧院演出团分别到江川县路居镇、江城镇、前卫镇等地进行6场的惠民演出，累计观众达到数万人次。

【《一窝小雀》参加省第九届民族民间歌舞乐展演】 由江川县文化馆申报，玉溪市文化馆、江川县文化馆和安化乡文化站共同编创打造的安化彝族民间音乐《一窝小雀》，代表玉溪市于2015年11月23～27日参加在红河州举办的云南省第九届民族民间歌舞乐展演获金奖和非物质文化遗产传承奖。《一窝小雀》演员由安瑶、余佳慧、杨子斌等6名民间小艺人组成，均是省级非遗传承人安正雄的传承弟子，年龄最大的15岁，最小的10岁。《一窝小雀》以安化彝族民间音乐《撒弦》曲调为主，适量融入《四合心》《颠乐》的音乐元素后构成。节目构思精巧，结构严谨完整，过度自然流畅，风格欢快活泼，彝族韵味浓郁。剧目由6个天真活泼的小孩扮演6只在林间嬉戏的小鸟，通过彝族月琴弹奏模仿小鸟叫声，在一起相互交流，相互嬉戏的情景，表现人与自然的和谐和对幸福生活的追求。

【参加玉溪市2015年小戏、小品、曲艺调演】 按照《玉溪市文化广播电视局关于举办2015年小戏、小品、曲艺调演的通知》要求。江川县文化馆组织馆站工作人员和志愿者17人，排练小品《要账》、小滇剧《花菜老板》、花灯说唱《邪教害人罪滔天》3个节目，于12月21～23日在玉溪市文化馆参加调演。通过比赛获得综合二等奖1个、综合三等奖2个、创作奖1个、表演三等奖1个、组织奖1个，共计6个奖项。

【举办“江川县花灯滇剧演唱选拔赛”】 2015年11月30日举办了“江川县花灯滇剧演唱选拔赛”。此次选拔赛共有来自全县各乡镇的22位选手报名参加，参赛的曲目有花灯莫愁女选段《画眉啼》《花园训夫》选段、《白发斑斑可作证》、沙家浜选段《祖国好山河寸土不让》等17首，滇剧《玉溪颂》《把反动派一扫光》《游西湖》《桑园会》等5首。通过比赛4人获演唱优秀奖，8人获优秀奖，12人获演唱奖。

【江川县第十一届“开渔节”群众文艺演出】 江川县第十一届“开渔节”群众文艺演出于2015年12月24～25日在江川县鱼文化广场举办。12月10～20日，文化部门对全县的重点文艺队进行走访了解和节目的审查。查看全县各乡镇的文艺队58支，审查节目236个。此次演出的节目有有歌舞《江川渔乡》《中国梦》《春天的祝福》《行云流水女人花》《祖国颂》，现代舞《青春舞动》，彝族舞蹈《洒尼三弦舞》《花腰情》，花灯歌舞《新农村建设开鲜花》《抚仙湖的早晨》《欢天喜地》，腰鼓舞《梅花鼓韵》等47个，涉及文艺队36个，演职人员792人，观众达10000余人次。

（杨绍龙）

【开展文化行政审批】 江川县文化广电和体育局不断规范行政审批流程，严格执行文化部等多部门联发文件，坚持窗口服务，一次告知，一次办结，便民快捷，高效办理的原则，及时有效为文化企业提供优质服务。梳理审批目录，规范审批文书，对窗口展示的格式文本、服务须知、办事指南、公开内容作进一步完善，重新制作书面资料、示范样本和告示牌。针对服务对象对审批项目政策不熟悉，对办事流程不了解的情况，窗口实行审批服务"一纸性告知"。优化审批流程、精减审批环节、压缩办事时限。在行政许可实施过程中，本着公开、公正、公平的原则，严肃严格认真对待每一个项目的审批，主动沟通，受理即审，最大限度压缩审批时限。优先保障，提高效率。加强窗口硬件设施建设，改善办公条件，新购置电脑、扫描仪、激光测量仪等设备，推行网上报批，提高办事效率。

全年，共年检文化经营单位34家，非文化经营单位100家（印刷企业55家、出版物经营44家、电影放映1家）；共受理审批项目37件，其中：网吧新办3家，变更地址2家，正在筹建20余家，新办包装装潢1家，新办打印复印5家，变更2家，新办音像制品零售1家，书报刊零售变更3家，办结率达100%。全年行政审批工作做到没有群众投诉和应诉。全县共有文化经营单位38家，非文化经营单位103家。其中：网吧16家，歌舞厅22家；印刷厂29家，打印复印30家，音像制品27家，书报刊17家，电影放映1家。注册资金12144万元，经营面积259096平方米，从业人员1518人。

【文化市场管理】 2015年，文化市场执法检查共出动车辆62车次，执法人员102人次，检查经营户：KTV舞厅25户次，印刷包装装潢企业40家次，网吧47家次，书报刊店18家次、音像制品店25家次、电影院3家次、受理举报3次，处理违法案件4起，开展联合执法7次，下发整改通知书3起，要求现场整改10家，净化文化市场环境。

（陈　玉）

旅　游

【概　述】 2015年，江川县旅游产业发展围绕大力实施"生态立县、农业稳县、工业强县、旅游活县、文化兴县"发展战略，按照"兴园强工、建设新城、做美生态"的思路，全力打造环抚仙湖生态旅游圈、环星云湖生态产业圈的总体思路。抓牢昆玉红旅游文化产业经济带和抚仙湖—星云湖生态建设与旅游改革发展综合试验区建设的重大机遇，以转方式、调结构为主线，切实把推进旅游文化产业作为全县经济社会发展新的增长点；以旅游产业融合发展为载体，高起点谋划和建设一批现代生态休闲度假旅游产品、历史文化和民族文化旅游产品、特色乡村休闲体验旅游产品，建设提升一批旅游服务基础设施，完善旅游管理服务，推动旅游业向现代服务业转变；坚定不移地实施大项目带动战略，扎实做好旅游规划指导、老景区提档升级工作、旅游安全生产工作和拓展旅游营销渠道，优化旅游发展环境，构建综合实力和竞争力强、产业贡献力和支撑力大的现代旅游产业体系，努力把旅游文化资源优势转化为经济资源优势，促进全县旅游产业持续健康快速发展。

到2015年，全县共有国家3A级旅游景区1个（江川古滇国文化园）、2A级旅游景区2个（明星鱼洞和明星碧云寺公园）；四星级饭店1个（阳光海岸酒店）、三星级饭店3个（瑞文酒店、玉波苑酒店和景湖酒店）、二星级饭店3个（孤山环玉山庄、江川宾馆和玉带河宾馆）；3星级旅行社1家，2星级旅行社3家；四星级乡村旅游星级接待单位2户，三星级13户，二星级13户；团队接待设施金盘级单位1户，银盘级单位2户，铜盘级单位1户；三星级特色民居客栈4户，以抚仙湖西岸为主要区域的农家乐105家，合并星级饭店旅游接待总床位6720个。

【经济指标完成情况】 2015年全县共接待海外旅游者492人次，比上年同期增4.68%；共接待国内外游客309.63万人次，比上年同期增14.56%；实现旅游总收入148813.90万元，比上年同期增16.61%。2015年全县实现住宿业营业额15901.55万元，比上年同期增10%。

其中"春节"黄金周接待游客8.58万人次，比上年同期增1.37%，旅游总收入3393.99万元，比上年同期增13.71%；"清明节"接待游客2.09万人次，比上年同期增9.56%，旅游总收入1018.89万元，比上年同期增16.66%；"五一节"接待游客11.15万人次，比上年同期增0.95%，旅游总收入4278.89万元，比上年同期增12.94%；“端午节”接待游客3.33万人次，比上年同期增5.66%；旅游总收入1478.16万元，比上年同期增11.09%；“中秋节”接待游客1.40万人次，比上年同期增-10.13%；旅游总收入687.83万元，比去年同期增-2.1%；“国庆节”接待游客7.40万人次，比上年同期增14.67%；旅游总收入3224.14万元，比上年同期增24.25%。“开渔节”接待游客34.58万人次，比上年同期增11.92%；实现旅游收入11788.46万元，比上年同期增27.37%。

（徐　洁）

【设立江川县旅游发展局】　根据《中共云南省委　云南省人民政府关于省以下政府职能转变和机构改革的指导意见》及《中共玉溪市委办公室　玉溪市人民政府办公室关于印发〈江川县人民政府职能转变和机构改革方案〉的通知》精神。为进一步整合有效资源，加强对全县旅游产业发展的总体谋划，推动由单一的旅游管理向旅游产业发展转变，形成全县上下共同推动旅游产业发展的强大合力，加快全县旅游产业的可持续发展。江川县经县委常委会议研究决定，下发《中共江川县委江川县人民政府关于印发江川县人民政府职能转变和机构改革实施意见的通知》，按照《江川县人民政府办公室关于印发江川县旅游发展局主要职责内设机构和人员编制规定的通知》，于2015年7月31日设立江川县旅游发展局，将县文化旅游广电和体育局的旅游产业综合发展与管理职责划入县旅游发展局，为江川县人民政府工作部门，正科级，确定主要职责、内设机构和人员编制。

主要职责：

1.贯彻执行旅游产业发展的法律法规和方针政策；编制旅游业发展的中长期规划和年度计划并组织实施；负责旅游产业综合发展与改革的实施工作，统筹解决旅游产业发展的重大问题；监督执行江川县旅游产业发展规划、产业政策、目标责任和重大决策。

2.贯彻执行国家、省、市制定的各项旅游行业法规规章；负责旅行社、旅游饭店、旅游景区景点、旅游中介、乡村旅游、出省（国）旅游、导游队伍和特种旅游的有关管理工作。

3.组织旅游资源的普查、开发与有关保护工作；指导旅游区域、旅游景区景点、旅游目的地和旅游线路的规划开发；负责全县旅游开发建设项目的宏观调控和管理；协调、安排和管理政府旅游发展专项资金及其它旅游开发建设资金；引导旅游业的社会投资和利用外资。

4.承担规范旅游市场秩序、监督管理服务质量、维护旅游消费者和经营者合法权益职责。监督执行旅游区、旅游设施、旅游服务、旅游产品等行业标准；负责旅游安全的综合协调和监督管理，指导应急救援工作；指导旅游行业精神文明建设和诚信体系建设。

5.拟订县内外、国内外旅游市场开发战略，组织、指导旅游节庆会展的产品开发、品牌培育；组织开展旅游宣传促销活动；承担旅游对外交流与合作的有关工作；承担智慧旅游建设有关工作。

6.负责旅游统计、旅游经济运行分析。承担旅游行业信息发布、游客咨询和服务职责；制定旅游人才规划并组织实施；开展全县旅游培训工作，实施旅游从业人员上岗资格证制度。

7.承担县委、县政府交办的其他事项。

内设机构：根据上述职责，江川县旅游发展局机关设办公室、旅游事业发展股2个内设机构和机关党支部。

人员编制：江川县旅游发展局机关暂定编制7名（原江川县文化旅游广电和体育局27名暂定编制中划入）。其中，局长1名，副局长2名。

【政府推动产业发展】　2015年，县委、县政府加强江川县旅游产业发展的统筹和领导，下发《江川县人民政府办公室关于印发2015年政府工作报告主要任务分解方案的通知》、《中共江川县委江川县人民政府关于2015年继续实行重点工作重大项目推进责任制的通知》，把旅游产业作为活跃县域经济的抓手，抓住江川县旅游产业发展的薄弱环节，进一步加大投入，设立100万元的县旅游发展专项资金，完善旅游基础设施，推进重大项目实施，大力实施“质量兴县”战略，强化旅游市场管理，努力提升旅游行业服务质量，着力促进现代服务业发展，努力实现第三产业增加值增长9%。

制定《中共江川县委办公室　江川县人民政府办公室关于印发江川县贯彻落实市委书记罗应

光在全市旅游产业发展大会上的主要讲话精神任务分解方案的通知》，将旅游产业发展的目标任务分解到各责任单位，要求加强组织领导、协调配合、监督检查，确保各项工作落到实处。2015年7月29日，江川县召开2015年旅游产业发展大会，深入贯彻落实国家、省、市旅游产业发展会议精神，研究部署新常态下全县旅游产业发展工作。县委书记马文龙肯定江川县2014年旅游产业发展取得的成绩，分析当前的旅游产业发展形势，提出五点意见。副县长周福荣与各有关部门、乡镇（街道）负责人签订《江川县2015年旅游产业发展目标责任书》。制定下发江川县2015年旅游产业发展目标责任书考核办法，并纳入全县综合目标考核。

【老景区提档升级】 1.江川古滇国文化园。针对建筑物外围墙体装饰彩绘老化、屋顶漏水等情况，2015年对孤山东码头5层楼楼顶进行防漏修缮，工程量为200余平方米。针对孤山旅游设施严重不能满足游客需要的情形，于10月委托湖南大学研究院进行《古滇国文化园提升改造可研》编制，进行实地踏勘，正进行编制。申请专项资金对环玉山庄旅游厕所进行改造，12月已到位资金20万元，将开展设计、造价等工作。

2.碧云寺公园。完成350米新增游路、大殿左侧观景台、六畜王殿建设和新增的18块旅游标牌的制作安装，完成景区内大殿下旅游厕所的设计、造价、招标，建设单位玉溪市富康装饰工程有限公司于2015年10月21进场施工，已完成地梁浇灌及回填土和一层屋面的浇灌。

3.明星鱼洞。按照AAA级景区质量等级评定标准及《旅游景区质量等级申请评定报告书》，与业主进行交流并提出书面整改意见，业主按照相关要求进行整改。

4.界鱼石公园。景区提档升级改造一期委托玉溪师范学院美术学院对景区主楼养心斋和旅游厕所、休憩亭修缮建设进行设计，委托云南玉溪同创测绘有限公司完成1：500地形图测绘，云南广源设计有限公司完成工程岩土工程详细勘察报告，玉溪佳华建筑设计有限公司完成施工图纸设计，通过玉溪永固建设工程施工图设计文件审查中心审查，北京市建壮咨询有限公司完成工程造价，申请县审计局完成项目前置审计，向县住房和城乡建设局申请取得建设工程规划许可证，委托北京市建壮咨询有限公司进行工程招投标。中标候选单位为云南省玉溪市大营街镇古典园林建筑公司，投标总报价为1172981.38元，工期90日，得分97.33分。9月28日，向中标单位发出中标通知书，经过双方协商，于2015年10月29日签订《江川县界鱼石公园提升改造工程建设工程施工合同》。施工单位于2015年11月1日进场施工，12月底已开挖旅游厕所、休息亭基础，完成垫层的浇灌。二期规划设计委托云南九方智库规划设计有限公司进行编制，联合相关部门进行多次实地踏勘，确定主要建设内容为界鱼石崖刻对岸游路景观改造、界鱼石文化展示区域及休闲区域、界鱼石崖刻东侧花架长廊景观改造、西侧游路及沿路的景观改造，10月30日，首次汇报界鱼石公园提升改造项目（二期）规划设计方案，完成3次修改后县属各相关单位均给予肯定。

【旅游规划】 1.《江川县旅游产业发展总体规划及十三五发展规划》。委托昆明意图旅游规划设计有限公司进行编制，在资料收集和实地踏勘、座谈走访的基础上，编制单位于2015年5月5日提交初步成果。江川县旅游产业发展领导小组办公室对所有成员单位进行书面意见征询，并将征询到的意见进行整理并反馈到编制单位。9月11日组织规划中期汇报，江川县旅游产业发展工作领导小组产业单位和市旅发委、江川县委、政府、人大、政协等领导参加会议。《江川县旅游产业发展总体规划》于2015年12月2日由玉溪市旅游发展委员会和江川县人民政府共同组织专家评审，《江川县旅游业“十三五”发展规划》于2015年12月14日由江川县人民政府组织专家评审。市旅发委和县委、县政府、县政协、发改局、国土资源局、住建局、环保局、旅游发展局等单位和职能部门的专家与领导以及昆明意图旅游规划设计有限公司相关人员出席评审会。评审专家组认为：《总体规划》符合国家旅游规划通则的要求，文本、说明书、图件及附件齐全，《十三五规划》符合江川县经济和社会发展“十三五”规划编制工作领导小组办公室关于江川县部门行业“十三五”规划的编制要求，一致同意《总体规划》和《十三五规划》通过评审。建议规划编制单位在充分吸纳专家和与会领导的意见和建议的基础上，对《总体规划》和《十三五规划》进一步补充、完善，并按有关程序上报审批，为江川县旅游业发展做出贡献。

2.《星云湖十里长堤生态旅游景区总体规划》编制。按照征询的意见和建议完成规划的修改，已经提交修改稿，向政府分管领导进行汇报，准备召开二次意见征询会。完成招商项目册的编制工作，参与市旅游委与县招商局搭建的招商平台进行对外招商，力争以星云湖生态湿地旅游景观为突破口，启动星云湖生态旅游景区建设。依托大龙潭引水工程，把星云湖十里长堤东岸悬崖位置打造一个大瀑布景点，完成《江川星云湖十里长堤旅游区星云湖大瀑布项目策划》编制。

3.《江川县新河咀铜工艺特色村规划》编制。2015年7月8日，副书记石伟、县委宣传部部长龚桂存、副县长周福荣率县级有关部门，赴前卫镇召开新河咀、渔村特色村和街区整治工作会议，就前卫镇新河咀铜工艺特色村规划和渔村街区整治如何推进进行专题研究。按照江川县旅游产业发展领导小组专题纪要第一期决定，新河咀铜工艺特色村建设，分近期与远期来规划考虑，特色村规划分为设施规划、产品及线路规划和村庄整治规划3个子规划进行编制。经过询价方式，《江川县新河咀铜工艺特色村设施规划》于2015年8月25日，《江川县新河咀铜工艺特色村产品及线路规划》于2015年11月17日与昆明意图旅游规划设计有限公司签订编制合同，编制单位对新河咀村进行多次踏勘，进行编制。

4.《北山寺旅游景区总体规划》编制。委托玉溪大地工程招标代理有限责任公司于2015年10月9日采取竞争性磋商的方式对江川县北山寺旅游景区总体规划进行政府采购，经过专家评审，最后确定中标单位为玉溪师范学院。2015年10月29日，与玉溪师范学院正式签订施工合同，合同严格按照磋商文件及响应文件的相关内容进行编制。项目编制工期90天，规划区面积500亩，规划编制要求明确北山寺旅游区总体发展目标、开发方向和市场定位，确定旅游要素布局，部分内容达到修建性详细规划的深度，对政府投资的基础设施和公共服务设施部分做深入的研究。11月9日，县旅游发展局联合县民宗局、江城镇、玉溪师范学院共同对北山寺旅游景区进行实地踏勘，听取相关部门的意见和建议，规划正进行编制。

5.路居小凹特色旅游村建设。2015年6月2日，市委常委方志鸣率玉溪市旅游委主任何雪峰、副主任邓志刚一行在副书记石伟、副县长王波及县委办、政府办、文旅广体局、财政局、新农办、路居镇相关人员的陪同下到江川县路居镇就小凹村的发展进行实地调研。6月4日，在小凹村委会的党员活动室内，邓志刚对小凹的村干部及农家乐经营户进行题为《发展高端精品民宿客栈旅游》的旅游专业培训。7月15日，邓志刚率规划设计公司到小凹村进行深入踏勘，对小凹村的民俗客栈建设下一步如何推动提出明确的要求。8月13日，市政府研究室调研组及玉溪师范学院旅游研究所就抚仙湖乡村旅游发展方向及如何打造、提升特色乡村旅游对我县路居镇小凹村进行调研。小凹村目前情况为退田还湖后，导致农民生存空间大幅度压缩，为保障民生，寻求可持续发展，今后的出路在于建设特色乡村旅游，着重打造特色民俗客栈。按照要求，县旅游发展局制定《江川县小凹村特色民俗客栈建设实施方案》，起草《关于小凹村特色民居客栈调查情况报告》，委托玉溪师院旅游研究所进行《路居小凹民俗客栈建设扶持标准及实施办法》编制，已提交初稿。争取省市旅游发展专项资金，已到位100万元，主要用于建设旅游村的旅游厕所、游路、门禁、观景台和休憩设施及特色民俗客栈建设扶持。

6.《星云湖环湖旅游设施建设可研》编制。星云湖自然景观秀丽，旅游资源丰富，在昆玉红文化旅游产业经济带建设中，星云湖作为国际生态湿地公园进行规划设计，当前星云湖环湖旅游基础设施及公共服务接待设施匮乏，未能推动环星云湖生态产业发展。需要对星云湖的旅游设施进行规划设计，开展前期工作，争取建设资金，服务江川县县域经济发展。2015年11月5日，与湖南大学设计研究院有限公司就星云湖环湖旅游设施可行性研究报告编制签订建设工程咨询合同。合同严格按照磋商文件及响应文件的相关内容进行编制，项目编制工期为40天。建设内容为旅游厕所、步行栈道、观景台、休憩点等旅游基础设施及公共服务接待设施。进行多次实地踏勘，正进行编制。

【旅游厕所】 截至2015年12月，全县共有旅游厕所5座，分别为孤山艺术广场游客中心4星级旅游厕所、孤山岛3星级旅游厕所、冯家湾4星级旅游厕所、明星鱼洞3星级旅游厕所、碧云寺2星级旅游厕所，存在旅游厕所建设不平衡、部分旅游厕所管理不到位、设施陈旧老化等问题。江川县计划2015～2017年建旅游厕所17座，分别是界鱼石公园3星级旅游厕所（在建）、碧云寺公园半山3星级旅游厕所（在建）、明星鱼洞3星级旅游厕所、明星橘子园3星级旅游厕所、秦家山3星级旅游厕所、星云湖南岸3星级旅游厕所3座、县城游客中心4星级旅游厕所、小凹特色村3星级旅游厕所2座、安化乡3星级旅游厕所、孤山岛3星级旅游厕所、新河咀4星级旅游厕所及北山寺3星级旅游厕所3座，并引导宾馆饭店、旅游餐饮点、旅游购物场所相关旅游企业开发建设旅游厕所。目前，在建的旅游厕所有2座，分别是界鱼石公园3星级旅游厕所、碧云寺公园半山3星级旅游厕所，资金到位为孤山环玉山庄旅游厕所改造。

（徐　惠）

【旅游安全】 开展“平安旅游”建设活动。研究制定创建活动方案，以落实“平安旅游进景区、平安旅游进饭店、平安旅游进行程、平安旅游进团队”工作为目标，开展以“平安旅行社、平安景区、平安宾馆（饭店）”等为主要内容在全县旅游行业景区、饭店、旅行社中开展创建活动，制定“平安旅游创建活动”考评细则，按照细化责任目标对各旅游企业进行年度考核，对达标的古滇国文化园、明星碧云寺公园、明星鱼洞进行表彰奖励。2015年"平安旅游"创建活动，各成员单位和旅游企业高度重视，责任落实，实现了全县旅游行业中实现“八个不发生”即：不发生危害国家安全的案件或事件，不发生重特大旅游安全生产事故，不发生重大刑事案件和治安事件，不发生因矛盾纠纷激化引发的重大群体性事件，不发生重大食品药品安全和火灾事故，不发生重大旅游交通事故，不发生组织、容留“黄、赌、毒”等案件或黑恶势力操纵控制旅游市场事件，不发生涉“法轮功”等邪教组织捣乱破坏活动，确保全县旅游平安、和谐、健康、有序发展。

开展旅游安全大检查，切实做好安全防范工作。制定详细具体的工作方案，认真落实行业领域安全监管责任，按照“管行业必须管安全”“管业务必须管安全”“管生产经营必须管安全”“谁主管，谁负责”“谁审批，谁负责”的原则，严格履行本行业领域安全生产监管职责。与各星级饭店、旅行社、A及旅游景区签订《2015年旅游安全生产目标管理责任书》，开展旅游行业领域安全生产检查工作，把旅游行业安全生产大检查和“打非治违”专项整治常态化，建立健全隐患排查治理长效机制，全年共出动执法人员100余人次，对辖区A级景区（景点）、星级宾馆饭店、旅行社等旅游行业领域进行全覆盖的检查。开展联合执法工作，配合公安、消防、抚管、市场监管、乡镇等部门开展“春节”“五一”“十一”等重大节假日旅游安全检查，检查内容包括消防安全设施设备、特种设备、食品卫生安全、水上安全等方面，对可能存在的安全隐患进行全面排查，针对排查出的各方面的隐患和存在的问题出具书面整改意见，责令有关单位限时整改，确保旅游安全生产形势持续稳定好转，为游客提供优质、安全的旅游环境。

修改完善《江川县旅游突发公共事件应急预案》，依托县旅产办、假日办的职能职责，建立和完善社会管理联动机制，加强各项安全管理工作，建立健全各项安全管理制度，加强安全应急救援能力建设，实行重大节假日多部门统一值守，综合处理假日安全和接待服务工作，及时受理处置各种突发事件和旅游投诉。保障全县旅游安全形势平稳，杜绝较大及以上事故和恶性突发公共事故，严防一般事故。

【旅游宣传促销】 协同玉溪市电视台，完成《大美江川》宣传片的编辑和制作。委托云南玉溪市佳艺广告有限公司完成江川县旅游宣传册《滇国故里·高原水乡　江川旅游》的设计及印制工作，共印刷3万册。9月18～21日，参加在天津市梅江国际会展中心举行的2015中国旅游产业博览会暨北方旅游交易会，11月13～15日，参加在昆明滇池国际会展中心举行的2015中国国际旅游交易会，发放相关宣传资料，对江川县旅游资源和产品进行宣传促销。11月15日，做好“2015玉溪·抚仙湖骑行嘉年华”活动的协调及服务工作，制作宣传挡板200米，发放宣传册150余份，对江川县进行宣传促销。11月23日，协助中国西部新媒体联盟执行总裁林涛带领新浪知名博客、写手4名对江川县的古滇国文化园、李家山青铜器博物馆和美食文化进行拍摄和推送。12月1日，协助云南旅游新闻网前往江川县制作电视特别节目，对江川县的古滇国文化园、界鱼石公园、明星鱼洞、星云湖、三道菜、培兴铜艺等旅游景点及商品进行拍摄采访，对分管副县长进行专访。

（万立俊）

【旅游行业管理】 根据《玉溪市乡村旅游服务接待设施质量等级评定实施办法》《玉溪市乡村旅游服务接待设施质量等级评分标准》，2015年3月江川县旅游发展局对辖区内28家星级农家乐进行年度复核工作，经市星级饭店评定委员会审核，江川县28家星级农家乐全部通过复核。其中，玉溪市乡村旅游质量等级评定委员会将孤山沙湾度假屋评为三星级乡村旅游星级接待单位。

按照《旅游饭店星级的划分与评定》（GB/T14308-2010），江川县旅游发展局9月对辖区内3家二星级饭店（环玉山庄、玉带河宾馆、江川宾馆）进行复核工作，并配合市星评委完成对辖区内3家三星级饭店（景湖酒店、瑞文酒店、玉波苑酒店）的复核工作，11月配合省、市星评委完成对四星级饭店（阳光海岸酒店）的复核工作。复核工作结束，江川县6家星级饭店均通过2015年星级饭店年度常规性复核，玉带河宾馆由于多项标准未达到，决定不予通过2015年星级饭店评定性复核，同时，向玉溪市星级饭店评定委员会申请取消玉带河宾馆二星级资格。

2015年3月19日，江川县组织阳光海岸酒店、瑞文酒店、景湖酒店、江川宾馆4家星级饭店和江川县高级职业中学的57名选手参加在景湖酒店举办的玉溪市第八届旅游饭店服务技能大赛预赛，挑选24名优秀选手参加在红塔大酒店举办的玉溪市第八届旅游饭店服务技能大赛，江川县参赛队共获得1名一等奖，6名二等奖，3名三等奖和组织奖。4月28日，江川县举办2015年度旅游行业从业人员培训会，县辖区内的4家旅行社、7家星级饭店、3家A级景区、28家星级农家乐及特色餐饮、团队接待设施、4家游船公司的中层以上管理人员和县职业高级中学旅游专业教师以及江川县文化旅游广电和体育局的部分干部、职工合计196人，参加此次培训。2015年，根据玉溪市旅游发展委员会要求，江川县旅游发展局组织相关旅游企业参加业务培训11次，加强玉溪各县区旅游企业间经验交流与学习。

【重大旅游项目建设】 金色抚仙湖九龙国际会议中心。该项目五星级酒店A、B、C区顺利封顶，完成主体验收；酒店样板房室内装饰完成95%，室内活动家具安装完成；住宅A楼封顶完成竣工验收，广场开始平整场地完成，铺贴完成95%，开始种植绿化；完成A楼排水沟混凝土浇筑、消防通道挡墙砌筑，一号路挡墙。800立方地埋式污水处理厂正常运转，处理后中水用于供项目施工、绿化景观用水。江川县住房和城乡建设局于2015年4月2日向项目方下达停工通知书。2015年完成投资65万元，截至2015年12月底累计完成投资7.4590亿元人民币。

仙湖锦绣项目。总长9.5千米的“仙湖锦绣”景观大道（澄川路三道菜路口到鲭鱼湾片区）基本建设完成。300亩的湖滨公园已全面建设完成，游客接待中心（会所）钢结构吊装、装修完成，投入使用，沙滩铺设完成，景观游泳池建设完成。完成体验区公园建设，山上样板房建设装修完成。完成项目合同款、农民工保障金、人防等费用的支付，修建垃圾厂至火炮厂段挡土墙，完成三通一平。支付项目工程款及管理营销费。2015年完成投资1.0828亿元，截至2015年12月底累计完成投资9.9645亿元人民币。

抚仙湖天湖湾一期项目。该项目取得玉溪市人民政府下发的关于《江川县人民政府关于江川县天湖湾云顶社区项目的请示》的意见并完成项目保险机构融资宣传手册的制作。持续跟踪对接江川县国土局，落实项目新增建设用地指标在省国土资源厅的备案进展，持续与董事会各位股东协商明确项目后续工作推进思路，对接设计院与县抚管局，明确项目总体规划方案的编制思路。

仙湖花海国际旅游度假村（原抚仙湖药王谷国际养生度假村）。2015年原养生度假村的资产和土地已全部变更为云南国信旅游置业有限公司名下，并已全部接管。获得市政府项目准入批复，制定原养生度假村酒店拆除重建规划并重新申报项目总体规划。12月完成江川县国土资源管理局协商一期项目土地供给的调

规工作（约17.5亩）、规划用地（约2000亩）地形图的测绘和购买以及项目用地的实地踏勘。

奥宸.抚仙湖国际文化旅游小镇。2015年12月已完成前期环评、水保等专项评估合同谈判工作，并就已缴纳项目开发保证金400.5亩的总规方案进行编制工作。2015年完成投资2130.89万元，累计完成投资5206.93万元。

云南抚仙湖原乡民俗风貌区。通过玉溪市抚仙湖管理局组织的专家评审会评审，因项目总体规划设计方案对项目旅游规划部分未达到《两湖风景区总体规划》要求，按照政府相关规定及《两湖风景区总体规划》要求对项目总体规划方案重新规划设计。2015年6月项目总体规划方案已设计完成并于26日提交江川县抚管局上报县政府并经县政府报请玉溪市抚管局评审。

（张　珺）

广　电

【概　述】 2015年，江川县广电系统坚持稳中求进的工作总基调，坚持以提高经济发展质量和效益为中心，主动适应经济发展新常态，把转方式调结构放到更加重要的位置，坚定不移地按照“环境优先、兴园强工、建设新城、做美生态”的思路，全面推进依法治县，狠抓改革攻坚，突出创新驱动，加强民生保障，强化风险防控，全面推进经济、政治、文化、社会、生态文明和党的建设，奋力建设富裕和谐美丽新江川的总体要求开展工作。

宣传上把讲政治、坚持党的路线作为工作的“灵魂”，把坚持正确导向、做好宣传工作作为工作的“根本”，把提高素质、搞好服务作为工作的“基石”，进一步转变作风，唱响主旋律，打好主动战，围绕党和国家重大决策和县委、县政府中心工作抓好主题宣传报道；全力做好党的十八届三中四中五中全会精神宣传工作；完成县“两会”及县委扩大会、纪委全会宣传报道任务；围绕“建设富裕和谐美丽新江川”开展宣传，引导社会舆论，服务县委、县政府的中心工作，全年广播电视共播出新闻6477条（含报纸摘要）。

事业建设上，精心做好中央3套、省1套和市1套广播电视节目无线覆盖工程的设施设备维护和节目转播发射工作，启动中央电视节目无线数字化覆盖建设工程，并实地勘测选定九溪中营发射台位置等相关工作，推进广播电视公共服务体系建设。

安全播出上，做好隐患排查整治，严格各项安全措施，完各个重保期的安全播出任务，确保广播电视信号传输安全。

【主题宣传】 围绕中央、省、市重大决策和县委、县政府中心工作，把学习贯彻党的十八大精神、十八届三中四中五中全会精神、习近平总书记系列讲话和考察云南重要讲话精神作为重要的政治任务，超前谋划、精心策划，组织广播电台、电视台集中宣传报道，在全县营造良好的思想舆论氛围；完成中共江川县委十二届五次全委（扩大）会议、中共江川县委十二届六次全委（扩大）会议、江川县第十五届人民代表大会第三次会议、政协江川县第八届委员会第三次会议宣传报道任务，做到当天新闻当天播出，全方位向全县人民播报大会盛况，宣传大会精神，营造一心一意谋发展的良好氛围；围绕“环境优先、兴园强工、建设新城、做美生态”的发展思路，开展主题宣传报道，引导社会舆论，为县委、县政府中心工作服务。

【重点工作宣传】 把“围绕中心，当好喉舌”作为宣传工作的最高原则，紧扣全县经济社会发展和县委、县政府的中心工作，对农业生产、工业发展、经济运行、城乡统筹协调发展、党风廉政、依法治县等事关江川发展、稳定的工作开展系列宣传报道，营造良好舆论氛围。对湖泊治理、生态建设、棚户区改造等难点问题，对殡葬改革、工业园区建设、城乡卫生环境整治等重点工作，对第三轮国家艾滋病综合防治示范区建设、中国·云南·江川第十一届开渔节（高原湖泊水产品交易会）、“三严三实”和“忠诚干净担当”专题教育活动、“仙湖卫士”行动等重点任务、重点项目、重大活动进行多层次、多角度宣传报道。

【深化“走转改”】 继续深化“走转改”工作，组织全体新闻采编人员开展“走基层、转作风、改文风”活动，不断改进新闻报道方式。坚持正确的舆论导向，大力宣传党的理论路线方针政策，深入农村、深入基层、深入一线，采写制作大量对各级各部门工作有指导意义且群众关心、关注的新闻，新闻稿件力求准确、鲜明、生动，新闻报道贴近实际、贴近群众、贴近生活，更好地为人民服务，为社会服务，为大局服务。

【开办专栏】 在江川电视台《江川新闻》节目中开办《善行义举传递正能量》《美丽江川记者行》《政协委员风采录》《关注民生》《巾帼风采》《百村示范 千村整治》《依法治县 建设法治江川》《贯彻落实市委工作会议精神》《善行义举 助学圆梦》《江川县扶贫攻坚“挂包帮”》《敬老爱老》《纪念抗日战争胜利70周年》《道德模范先进典型》《贯彻落实十八届五中全会精神》《“十二五”成就报道》《城乡人居环境综合整治在行动》《开渔节》《农村危房改造》《稳增长 促发展》19个专栏，集中开展宣传报道，提高社会影响力和宣传成效。

【加大公益广告宣传】 发挥广播电视新闻媒体宣传阵地作用，加大公益广告播出力度，全年播出各类公益广告14900余条次。江川电视台每天在重要时段播出“图说我们的价值观”“中国梦”“梦娃”系列动画视频，传播社会文明，弘扬道德风尚，传播正能量；播出“健康教育”公益广告，宣传普及健康素养基本知识，倡导健康生活方式；播出“禁毒防艾”宣传公益广告，宣传毒品危害，呼吁广大群众“珍爱生命、远离毒品”，宣传艾滋病防治相关知识，提高普通人群对艾滋病的知晓率，提高群众的自我保护意识，呼吁社会关爱艾滋病患者，消除社会歧视；播出“森林防火”公益广告，为全县森林防火工作营造良好舆论氛围；制作播放“六五世界环境日”“无烟日”“科技周”“敬老月”等公益宣传标语。江川人民广播电台在新闻、专题、社教等节目中插入各类公益广告，加大公益广告宣传力度。

【对内宣传】 江川电视台《江川新闻》全年采写制作播出1129条，播出专栏19个，共计104期；制作播出《江川警方》节目12期，播出法案故事8个、微电影4部，播出警视新闻69条，制作“以案释法”12期；与市电视台联合制作播出《新闻直通车》节目40期261条。江川人民广播电台全年采写制作播出《江川新闻》期5848条（含报纸摘要），播出《星抚之声》52期139条，播出《聚焦三农》50期269条，播出《健康生活》156期，播出《法制在线》44期176条，播出《广播书场》351集。江川电视台还对《江川新闻》栏目进行包装，于1月5日启用新的片头、片花和片尾，提升艺术效果，对《江川警方》节目进行改版，增强节目针对性、时效性强化警示教育作用。江川人民广播电台新闻节目本台记者采写稿件容量增大，有特色的报道和有效信息增多，在新闻节目中设置《一分钟论坛》，添加“建设新江川”“反腐倡廉”等公益广告，丰富新闻节目内容，又提高贴近性、可听性，宣传效果较为明显。社教类节目突出本县重要和重大的人和事，报道的厚度宽度得到加强，文艺服务类节目服务性、娱乐性提升，寓教于乐的特点显现。

【对外宣传】 2015年，由本台记者采写的新闻《［云南］干巴菌人工扩大繁殖 亩产助农增收三倍》《云南玉溪：江川甘棠箐遗址被认定为旧石器时代遗址》被中央电视台采用播出，《云南抚仙湖玉波苑沙滩上的所有违章建筑物均被拆除》被《中国之声》采用播出，《抚仙湖再现青鱼阵》被凤凰卫视采用播出。全年，本台记者采写的新闻稿件被省电视台采用播出14条，被省广播电台采用播出3条。被市电视台采用播出633条，其中，在玉溪电视台新闻综合频道（YXTV-1）《玉溪新闻》播出279条，《新闻直通车》播出261条，在玉溪电视台公共频道（YXTV-2）播出93条，玉溪人民广播电视播出336条。2015年，上市级台新闻在全市综合排名第三。

【设施设备】 自筹资金19万多元，购买SONY（PXW－X280）高标清摄像机3台、米勒摄像脚架3个、百纳德UPS电源一套（机头1台、蓄电池64节）等设备，加大硬件建设。

【公共服务体系建设】 做好中央第一套、中央第七套、中央人民广播电台中国之声、云南电视台第一套、云南人民广播电台、玉溪人民广播电台的节目的无线转播工作，做好设施设备维护管理，推进广播电视公共服务体系建设；完成路居岔母得、九溪鸡窝、江城白家营、三座无线发射站本地节目无线覆盖工程，工程由市级财政投资，总投资46.79万元；完成200套“户户通”卫星双模接收机（可接收卫星节目和本地节目）置换“村村通”清流设备工程任务，设备总价值5.78万元，其中，中央财政投入2万元，省级财政投入0.6万元，市广电局自筹资金3.18万元。协调上级资金18万元，实施广播电视安全播出监测平台建设，实现对电视信号发射接收的实时监看；启动中央广播电视节目无线数字化覆盖老尖山主站建设工程（中央投资约200余万元），工程实施后，可实现中央广播电视台12套电视节目的无线数字化发射及地方节目将逐年实施。

2015年12月申报并启动中央广播电视节目无线数字化覆盖工程高山台站基础设施建设项目，投资200万元，其中中央资金150万元，省配资金50万，计划建设无线覆盖发射基站1座（含水、电、路、铁塔、房屋）。

【安全播出】 贯彻落实《广播电视安全播出管理规定》，进一步完善制度，强化管理，实行责任追究，将安全播出责任落实到部门、落实到人；加大隐患排查，定期对采编播设备、机房线路、广播电视传输信号进行检测；定期开展消防安全隐患排查，及时消除各类安全隐患；组织全体干部职工学习《新闻出版广播影视从业人员廉洁行为若干规定》《新闻出版广播影视从业人员职业道德自律公约》，严格执行有关规定；制定《广播电视可管可控管理》，完善新闻审稿审片程序；加强执守，在国家法定节假日、“两会”期间、重大活动期间、重要安保期实行24小时值班制度和“零”报告制度，确保消防安全，确保广播电视节目播出内容安全，确保广播电视节目信号优质、不间断播出。

【内部管理】 建立更加适应当前广播电视事业发展要求的管理机制，理顺部门之间的关系，提高工作成效；严肃工作纪律，严格考勤制度和请销假制度，加大对各类违规、违纪行为的处罚力度；强化职工责任意识和担当意识；加大干部培训，选送1名优秀职工到山西传媒学院参加国家新闻出版广电总局举办的广播电视节目包装制作培训班学习，组织全体新闻工作者参加国家新闻出版广电总局开展的新闻采编业务能力提升网络培训；整合人力资源，对部分岗位进行轮岗锻炼，培养广播电视工作“多面手”；加大青年职工培养，采用“传、帮、带”等方式对新参加工作的职工进行培训，使新职工尽快进入角色，发挥好新鲜血液的作用。

【召开“一规一约”专题学习会】 2015年10月29日，广电系统组织召开“一规一约”专题学习会。会议传达中央纪委驻国家新闻出版广电总局纪检组、云南省新闻出版广电局及玉溪市文化广播电视局关于印发李秋芳同志“一规一约”重要讲话文件的通知要求，原文学习李秋芳同志在总局党组中心学习组上所作的题为《严党纪严行规 保廉洁保发展》关于“一规一约”的发言稿，组织学习《新闻出版广播影视从业人员廉洁行为若干规定》《新闻出版广播影视从业人员职业道德自律公约》。

要求全体干部职工要增强纪律意识，把政治纪律、组织纪律、财经纪律、廉政纪律放在突出位置；要严格遵守“一规一约”相关规定，严格落实“六严禁”、“十不为”，做到心中有戒、合规办事、廉洁用权；要严格对照“一规一约”认真排查整改当前工作中的不足。

（郭彦波）

广电网络

【概　述】 2015年，云南广电网络集团江川支公司围绕玉溪分公司“两一两导向”的经营思路，确立工作重点，分解目标任务，着力拓展市场，致力于经营生产，通过全体干部职工的辛勤工作，完成全年经营指标任务。经营收入、高清互动发展均创历史新高。

【主要财务指标及经营指标完成情况】 完成财务指标情况：完成经营收入2178.29万元（现金流），完成集团下达任务指标2163.14万元的100.70%，完成玉溪分公司下达指标任务2178.29万元的100%。与2014年完成的1436万元相比，增742.29万元，增34.06%。实现电视机销售收入160万元，完成分公司下达任务113万元的141.59%。

完成各项经营指标情况：发展新增数字电视主机用户1652户，新增副机1718户。发展互联网用户1823户，完成下达任务数2800户的65.10%。完成高清互动电视主机用户9201户，完成下达指标7300户的126.04%，与2014年的7882户相比，增1319户，增幅达16.73%。

【巩固在网率、遏制离网率】 成立清缴小组，进村入户进行费用清缴。2015年4月初，针对1～3月用户流失情况，公司经营班子从各部门抽调人员组成费用清收小组，2位副经理各带一队，进村入户进行费用收取。针对县城、农村用户的作息时间，清收小组上门服务时间分为早上9～11点，晚上5～9点2个时间段，力求能找到用户，直接面对用户做解释说服工作。对反复做说服工作也不愿意交纳费用的用户，清收组人员记录原因，为市场调查提供第一手资料。

加大考核力度，将巩固在网率、遏制离网率、提升续费率的责任落实到乡镇各站，各站用户回归业绩与每月个人绩效工资挂钩。各站人员在次月的5-16日按客户部提供的上月欠费用户名单逐户上门收缴，每月20日，召开各站用户回归考评会，对上月用户回归情况进行总结，查找存在的问题并及时优化调整用户回归方案，通过全力追缴，江川支公司全年共流失用户2556户，总欠停率4.83%，到期欠停率5.67%，“三率”工作成效明显。

【联合电视机销售商】 与电视机销售商合作，在增加经营收入的同时带动高清互动业务和新用户的发展，江川支公司执行集团、分公司的经营方针，投入电视机的销售，全年共实现电视机销售收入160万元。2015年9月，江川支公司与创维销售商签定合约，确保9～12月完成电视销售收入150万元。江川支公司在公司内部实行全员营销任务分配，公司全员必须完成10000元/人的销售任务。

加强与乡镇等政府部门联系，取得当地政府的支持配合，由乡镇政府配合宣传，公司采用直销、公益万里行等方式策划销售活动，电视机销售超出预期效果，公司让利于民的责任与担当得到当地党委、政府及百姓的认可。

【“户户通”用户的升级转型】 2015年，公司经营班子多次到山区自然村调研，并把条件相对稍好的阳山庄、麦地心村并入公司解决山区群众看电视难的问题，为“户户通”用户以后的转型发展方向提供初步探索。2015年8月，江川支公司组织运维部、客户部人员到阳山庄、麦地心村安装入户，两村共有农户163户，因地处山区，两村外出打工者较多。外出打工及孤独老人共有28户，实际长住的农户有135户。通过宣传介绍，两村共安装高清互动电视84户，安装宽带7户，入户率达67%。

【扩大非居民用户阵地】 2015年，公司把县城所有酒店列为重点拼抢对象，根据员工与不同酒店老板的关系熟知程度化分营销责任人，要求每位责任人必须定期上门商谈、电话回访开展工作，至2015年11月，江川县城17家酒店全部发展为高清互动用户。

【安全播出】 2015年，江川支公司备战安播工作，在安播重保期前，公司安全播出领导小组组织精兵强将认真按照集团公司、分公司的要求，结合自身实际，对中心机房、光缆主干线、乡镇分前端机房及县电供电、发电机、UPS电源、用户分配网、放大器、光节点等设施设备进行全面检查，对检查中发现的不足及时进行整改，排除隐患。安播期间，强化值班管理，排好各岗位安全播出值班表，及时上报集团公司、分公司安全播出指挥部。值班安排上，做到重点突出，确保每天有一位领导带班，每天有一位部门负责人值守，随时有人待命，完成全年安播任务。

（张文聪）

体育

【玉溪市地税系统江川县赛区群众体育健身活动】 玉溪市地税系统群众体育健身活动，于2015年1月7、8、12日下午，在体育馆举行。分别进行篮球、乒乓球、中国象棋的比赛。

【2015千人百里环湖健康跑在江川举行】 由昆明AA户外俱乐部承办，江川文旅广体局、云南省登山户外运动协会等7家相关协会、俱乐部协办的“2015千人百里环湖健康跑”于2015年1月17日在江川县举行。活动起点设在玉波苑，活动路波苑→界鱼石→螺蛳铺→双桥营→龙街→江城→玉波苑。全程约50千米，有来自全省各地的近千人户外运动爱好者参加本次活动。

【健身路径移交】 2015年1月24日，江川县“七彩云南全民健身基础设施工程”移交在体育馆前大门举行，分别将2014年“七彩云南全民健身基础设施工程”全民健身路径或篮球架移交给安化乡、江城镇、前卫镇、雄关乡、路居镇、大街街道办1个街道5个

乡镇的20个村委会或村民小组。截至2015年2月4日，20个村委会或村民小组90%的已经安装完成并投入使用，健身器材的移交使百姓不出村就能健身，是体育部门为老百姓办实事的具体行动。健身器材经过政府招投标后购买，价值约27万元。2015年7月28日，分别将2014年“七彩云南全民健身基础设施工程”全民健身路径、篮球架或乒乓球台移交给江城镇、前卫镇、雄关乡、路居镇、安化乡、九溪镇、大街街道办1个街道6个乡镇的33个委会或村民小组。截至2015年8月20日，33个村委会或村民小组90%的已经完成安装并投入使用健身器材经过政府招投标后购买，价值约40万元。

【表彰奖励】 根据云南省体育局下发的《云南省体育局关于表彰2010——2013年度云南省群众体育先进单位和先进个人的决定》，江川县文化旅游广电和体育局被命名为“2010——2013年度云南省群众体育先进单位”称号。

【参加省首届“兴源贺岁杯”羽毛球邀请赛】 2015年2月7～8日在玉溪市少体校举行“2015年云南省首届‘兴源贺岁杯’羽毛球邀请赛”，本次比赛由云南省宝源投资有限公司、富乐瑞兴投资公司主办，玉溪宝源羽毛球俱乐部、昆明市芭蕉扇羽毛球俱乐部承办。来自昆明、开远、曲靖、西双版、玉溪等地20支高水平羽毛球运动队聚集玉溪市少体校羽毛球馆。江川县被特邀参加本次高水平的羽毛球赛，也是本次邀请赛以县级身份出现在赛场中的唯一一支羽毛球队。取得混合团体第八名。

【参加玉溪市第三届乡镇篮球大联赛】 由市体育局主办的“七彩云南全民健身运动会”2015年玉溪市第三届乡镇篮球大联赛，于2015年6月26～30日在峨山县举行。一区八县的15支男、女篮球代表队参加比赛。县文旅广体局抽调20名运动员组织男、女队参加，获女子组第二名。

【举办体育项目培训】 2015年7月20日至8月12日，江川阳光青少年体育俱乐部在综合馆举办篮球、羽毛球、乒乓球、柔道4个项目的培训，其中男篮培训26人，教练李润担任；女篮培训14人，教练朱金艳；羽毛球培训30人，教练李全、李云美；乒乓球培训16人，教练董森；柔道培训15人，教练陈云焕，4个项目共培训青少年学员101人。培训分两个阶段进行，第一阶段7月20～29日进行羽毛球、乒乓球培训；第二阶段8月3～12日进行篮球、柔道培训。

【参加市少儿年度赛】 2015年8月13～25日，由市体育局、市教育局主办的2015年玉溪市少年儿童田径、游泳、篮球、比赛分别在峨山、华宁、新平举行。县文化广电和体育局、县教育局联合组队由大庄中心校、龙街中心校温泉小学、大街中学出队参加3个项目的比赛。

【“纪念抗战胜利70周年暨庆国庆”羽毛球比赛】 由县文广体局主办，江川县少体校、江川县羽毛球协会承办的2015年“纪念抗战胜利70周年暨庆国庆”羽毛球比赛于10月1日在体育馆举办，30余人分别参加少儿、成人、家庭组的比赛。

【举办三级社会体育指导员及羽毛球培训班】 江川县文化广电和体育局于2015年11月11～13日举办江川县2015年三级社会体育指导员及羽毛球培训班。通过3天的学习培训和考核，体育行政部门授予邢洪章等23位同志三级社会体育指导员称号。

【县公安局第十届警体运动会】 江川县公安局第十届警体运动会于2015年12月28～30日在体育馆举行，共8只代表队参加篮球、羽毛球、乒乓球、拔河4个项目的比赛。

【申报2016年“七彩云南全民健身体育基础设施工程”建设项目】 体育部门组织人员深入基层调查，掌握全县有场无体育设施的情况。于12月30日上报3个乡镇，14个行政村（小组）为江川县2016年“七彩云南全民健身工程”的建设项目。计划总投资217.834万元，其中：申请“七彩云南全民健身基础设施工程”专项资金补助100万元。

（史文杰）

卫生和计划生育

【概　述】 2015年，江川县卫生和计划生育工作贯彻落实县委、县政府机构改革工作实施意见，整合卫生、计生资源，努力深化医疗卫生体制改革、推进基本公共卫生计生服务项目，加强计划生育工作管理，各项卫计工作在机构改革中稳步推进。全县辖区内设有公立医疗卫生机构12个，其中：县级医院2个、乡镇卫生院7个、妇幼计生服务中心1个、疾病预防控制中心1个、卫生监督局1个。在职卫生技术人员555人，其中：执业医师259人，执业助理医师42人，注册护士140人。全县共有床位716张，村级卫生室73个，乡村医生235人。

【新型农村合作医疗基金筹集及支出】 2015年全县农业人口数218361人，应参合人数242875人，实参合人数238469人，其中：农转城参合人数24559人，参合率98.19%。筹资标准470元每人每年，应筹集基金11208.04万元，共筹集新农合基金11346.11万元，其中：中央财政6391万元，省级财政668万元，市级财政1002万元，县级财政1001.57万元，个人缴纳2146.22万元，利息收入137.32万元。基金支出10582.33万元，基金使用率93.27%；减免补偿796585人次，受益率334.04%，统筹区域内住院实际补偿比65.82%，政策范围内住院补偿比86%。

【新生儿“母婴共享”保障】 实施“母婴共享”保障制度，消除制度盲区，实现制度全覆盖目标。2015年，共690名新生儿获得新农合住院补偿，医疗总费用342.48万元，补偿162.91万元。

【重大疾病医疗保障】 明确定点医疗机构和重大疾病医药费用限额标准及费用支付比例，补偿比例达70%以上，部分病种达90%。2015年，共有301人获重大疾病救治，医疗费用449.99万元，补偿344.14万元。

【建立大病救助制度】 建立由政府出资的参合农民大病救治制度。参照农村居民人均纯收入等指标，按照患者单次住院费用，扣除住院已补偿金额、住院起付线，政策范围内个人自付费用达到8000元以上（含8000元）者，再次给予50%～70%的报销补助。新农合大病再次补偿制度减轻群众患大病的就医负担，减少因病致贫、因病返贫的现象，促进农村基本医疗保障从对一般疾病保障向大病保障的扩展。2015年共有769人次享受到大病救助，大病补助金额537.28万元。

【门诊慢性病管理】 2015年，共有2473人次享受到门诊慢性病补偿，医疗费用350.19万元，补偿276.23万元，缓解慢病患者看病难、看病贵问题。截至2015年12月28日，共办理《慢性病门诊就医证》1154本。

【县级公立医院改革】 县人民医院继续推进公立医院改革，县中医医院2015年2月1日起实行公立医院改革，取消药品加成，药品实行零差率销售。县人民医院全年药品让利达429.81万元、县中医医院药品让利达65.12万元，县级公立医院将大型医疗设备检查费用降低5%。

【市政协调研县乡村医疗卫生一体化管理】 2015年9月25日，市政协副主席汪艳萍一行到江川县调研医疗服务一体化工作。汪艳萍一行听取江川县中医医院、江川县人民医院托管卫生院工作汇报，实地查看雄关乡卫生院、大街街道卫生院一体化管理工作，向就诊患者了解就医情况。对江川县医疗服务一体化工作给予肯定，乡镇卫生院服务能力提升，诊疗行为进一步规范合理用药促进医疗安全性管理，基层群众就医便利，缓解县级医疗机构就医压力。2015年，大街卫生院门诊就诊53666人次，门诊收入206.8万元，比上年同期增18万元；安化卫生院门诊就诊9480人，门诊收入29.8万元，比上年同期增6.3万元。

【国家基本公共卫生服务项目】 2015年，全县共完成城乡居民规范化电子档案建立259779人，建档率110.45%，发放各种各类健教材料34.39份。全县共报告突发公共卫生事件22起（Ⅳ级3起，未分级19起），及时报告率100%，全部事件得到及时处置和及时上报，及时处置率达100%。全县累计管理65岁以上老年人29445人；35岁以上高血压患者19021人，35岁以上Ⅱ型糖尿病患者4169人，精神疾病患者1038人。

【妇幼健康计划】 2015年全县孕产妇系统管理2425人，系统管理率97.66%，住院分娩率100%，剖宫产率26.86%。孕产妇死亡0人，死亡率0.00/10万。全县活产数2483人，新生儿疾病筛查2396人，筛查率96.540%。3岁以下儿童系统管理率98.43%，比上年同期升0.25%，7岁以下儿童健康管理率98.12%，与上年同期相比降

0.08%，婴儿死亡率和5岁以下儿童死亡率分别为4.03‰和7.25‰，比上年同期升0.59‰和3.13‰。2015年共有农村孕产妇2237人，实际补助2159人，补助金额86.36万元，补助率96.51%。婚前医学检查4138人，婚检率93.58%。新婚人员HIV和梅毒检测率100%。

【基础设施建设】 以国家全面实施提升县级医院综合能力项目为契机，争资立项，进一步加强基础设施建设。2015年5月完成江城卫生院门诊综合楼项目开工建设；通过争取，投资950万元县妇幼保健院业务用房拆除重建。

【艾滋病示范区工作】 全年共新发艾滋病感染者/艾滋病患者43例，累计报告艾滋病感染者/艾滋病患者346例。全县完成艾滋病病毒检测份数48487份，其中确证阳性数42份。完成暗娼（FSW）人群HIV抗体检测和梅毒检测154人次，检测率100%；完成男男同性恋（MSM）人员检测63人次，1人HIV初筛为阳性，确认结果为阴性。每季度对感染者随访1次，随访率99%，累计报告感染者CD4检测263份，检测率94.9%。免费发放安全套4910只，宣传材料741份。开展防艾宣传培训21场次，参观培训人数8000余人；电视滚动播出防艾宣传短片，共1040余条次。累计为80例感染者/病人办理低保，其中10例死亡、6例中断领取，实际领取低保人员64例。

【卫生技术人才培养】 2015年，全县卫生专业技术资格考试报名人员72人，执业医师、助理医师变更注册69人，护士执业变更注册38人；组织卫生专业技术资格考试新考66人，补考38人；护士执业资格考试69人。共组织20名卫生院医护技人员参加全科医师岗位培训、全科医师转岗培训、护士及其它岗位等培训，2名儿科医师参加中西部地区县级儿科医师培训并通过考核，组织72名乡村医生参加村卫生室急诊急救知识培训。

【爱国卫生运动】 开展好城乡环境卫生综合治理，提升县城综合管理水平，巩固“卫生县城”成果。开展创建卫生村活动，雄关乡白石岩村被评为“云南省卫生村”。

【落实计生惠民政策】 2015年，审批一次性奖励金审批124人；升学加分审批117人；符合奖励扶助801人，特别补助50人。吻合术审批1人；不孕不育鉴定1人；病残儿童医学鉴定5人，符合再生育3人，资格认定准确率100%。

【诚信计生】 联合多部门开展违法生育和“两非”专项整治行动，全县出生人口男女性别比106。2015年1～12月份共立案清查处理计划生育案件83件，其中征收社会抚费案件32件，行政处罚51件，立案率100%，申请法院强制执行17件，全年共征收社会抚养费133.53万元。

【流动人口公共服务均等化管理】 健全“一盘棋”工作机制，落实流动人口“十项真情服务”，设立免费发放药具点81个，2015年共出具外出流动人口婚育证明297份，落实免费计划生育手术20例，为流动人口查环查孕331人次，实现流动人口与当地城乡居民同等享受计划生育公共服务目标。PADIS子系统应反馈信息222条，已反馈222条，反馈核实率100%，省级全员系统县、乡两级应用率均达100%。

【免费孕前优生健康检查项目】 2015年计划怀孕目标人群1800对，全年参加孕前检查1936对，孕前检查率107.5%。免费发放叶酸2738人份，发放率132.3%。完成计划生育手术2816例，门诊8018人，接待咨询2866人，优生检测3017人次，组织技术培训7期。

【实施“全面二孩”政策】 2015年1月1日“全面二孩”政策出台后，县卫计局加大宣传投入力度，借助新闻网络、宣传墙报、宣传手册等宣传渠道，在全县范围内开展形式多样的宣传活动，确保政策进村入户。自2015年10月起，江川县一孩生育服务证全面实行登记办证，减少办证材料和程序。落实市卫计委会议精神，及时调整二孩生育证办理工作，1月23日起全面实行二孩登记办证，县卫计局不再审批二孩生育证，对2015年10月29日至12月31日符合“全面二孩”但不符合省条例所生育二孩的不作处罚，要求补办生育证，此时间段全县共生育10人。

【计划生育协会项目建设】 抓好计划生育“少生快富”帮扶项目，在雄关乡投入帮扶资金10万元，不断拓展协会服务领域，增强协会凝聚力。以安化乡为试点，开展关爱农村留守妇女儿童项目建设，组织开展送优质服务到基层、儿童节关爱、结对帮扶、扶持妇女创业等关爱活动，共发放慰问品共计6000余元，项目投入资金7万元。做好计划生育家庭意外伤害保险工作，提高广大计生家庭抵御风险能力，解除群众后顾之忧，全年共收取保费128万元。投入6万元在县职业中学建成“云南省计生协青春健康教育”基地，以点带面，在全县中小学广泛开展青春健康宣传教育活动，形成家庭、学校、社会三位一体的互动式青春健康教育新格局。

【卫生、计生机构改革】 根据《中共江川县委、江川县人民政府关于印发〈江川县人民政府职能转变和机构改革实施意见〉的通知》文件精神，县委、县政府开展机构改革前工作调研，于2015年7月组织召开全县机构改革动员大会，宣布撤销原江川县人口和计划生育局、原江川县卫生局，组建江川县卫生和计划生育局；整合县乡妇幼保健和计划生育服务资源，组建江川县妇幼保健计划生育服务中心，7个乡镇卫生院加挂“妇幼保健计划生育服务站”牌子，科学搭建领导班子，并根据江川县实际统筹规划，制定三定方案，清理资产，整合资源。8月24日，县卫生和计划生育局举行揭牌仪式。副县长杨军苹、县委组织部副部长赵子良出席并揭牌。原县卫生局、原县人口计生局机关全体干部职工参加揭牌仪式。重组后的卫计局内设8个股室，业务工作人员有机搭配，各项卫生计生工作有序衔接，江川县卫生计生系统已实现机构、职能、管理体制、资产、人员全部整合到位，走在全市前列。

【抚仙湖径流区托管工作】 抚仙湖径流区统一托管，涉及江川县托管区域内3万余群众。江川县卫计局在群众中广泛宣传，提高对抚仙湖径流区实行统一托管重大意义的认识，切实做好统一托管各项政策宣传与舆论引导工作。组织人员深入基层，对托管区域内涉及的卫生和计划生育的基本情况进行调查摸底，资料收集，同时对收集到的资料进行整理，形成江川县卫生和计划生育基本情况报表和基本情况汇报材料。局领导小组先后3次主动与澄江县卫计局进行相关工作衔接，并就当前工作的推进、双方工作的模式、历来工作存在的问题等方面进行进一步的沟通和交流，为托管后工作的顺利推进提供条件。2次到螺蛳铺、蓝田、石岩哨3个卫生室，做好三个卫生室和大街社区卫生服务中心工作的衔接工作。

【精神卫生综合管理试点工作启动】 江川县于2015年11月24日在疾病预防控制中心召开全县国家精神卫生综合管理试点工作启动会。县政府办、卫计、公安、综治、教育、民政、人社、财政、残联、文广体、人民医院、县疾控中心等部门领导15人参加会议。县疾控中心主任传达学习《玉溪市人民政府办公室关于印发全国精神卫生综合管理（玉溪市）试点工作实施方案的通知》的文件，并就2015年江川县的严重精神障碍管理工作情况做报告，提出存在的问题和难题。会议强调江川县创建全国精神卫生综合管理试点工作的必要性，要求各相关部门履行各部门的职责、加强协调、密切联系、相互配合、信息共享，为江川县的社会经济发展和综治维稳工作做出贡献。

【省卫计委到江川调研卫计机构职称及人才工作】 2015年9月17日，省卫计委基层处处长谢馨莹一行到江川县调研卫计机构职称、人才工作。谢馨莹一行实地查看江川县江城镇中心卫生院、安化彝族乡卫生院工作情况，了解基层医疗机构职称、人才工作中存在的困难和问题。在县卫计局会议室召开座谈会，江川县县级医疗单位、部分乡镇卫生院院长、人事职称业务人员参加会议，并针对中初级资格考试、高职评审提出合理化意见和建议，卫生技术中级资格考试省级合格人员只能在乡镇一级聘用，给人员流动带来障碍；建议高职评审论文不再做作硬性要求，评审应参照医院等级、服务水平和能力以及参评人员工作年限、工作表现等做综合评价；县级医疗单位应纳入基层标准，评审条件应针对性地向基层倾斜；建议采取统一资格考试取代现有的三专考试，资格考试合格证有效期3～5年比较合适。调研组对江川县卫计机构职称、人才工作给予肯定。谢处长指出，基层卫计机构要严格按照国家、省市相关文件精神要求做好职称、人才工作，调研中收到的意见和建议比较切合工作实际，将如实向省卫计委相关领导和科室反馈。

【"服务百姓健康行动"全国大型义诊活动】 2015年9月13～19日，江川县卫生和计划生育局组织辖区内县人民医院、县中医医院和4家乡镇卫生院开展大型义诊活动。共有41名医师、7名药剂师，33名护士参加，义诊1644人次（抗战老士4人），1063人次参加大讲堂，发放宣传材料6616份，减免患者费用5000元。

【创建幸福家庭通过国家验收】 2015年10月12日，中国人口家福利基金会秘书长张晖、国家卫计委基层司调研员郝凤莲、省卫计委副主任牟洪操等8人组成的评估验收组人员在市卫计委主任马跃武等陪同下到江川县开展创建幸福家庭活动项目进行评估验收。副县长杨军萍就江川县创建幸福家庭活动进行汇报。会后，张晖一行先后到妇幼保健院和前卫镇中心卫生院查看高危孕产妇管理、计划生育二查四查工作、免费婚检、孕检项目等情况，实地查看前卫镇生育文化广场，并到前卫社区召开幸福家庭示范户座谈会，江川县创建幸福家庭活动顺利通过国家验收。

（刘雪莲）

县人民医院

【医疗指标完成情况】 2015年共完成门诊量316623人次，出院病人数17737人次，治愈好转率93.28%，床位使用率93.93%，手术例数2700例，危重病人抢救成功率88.94%。

【完成等级医院复评工作】 2015年7月24～26日，由玉溪市卫计委组织的玉溪市县级综合医院追踪检查组评审专家对江川县人民医院进行等级医院追踪检查。本次追踪检查，以"以评促建、以评促改、评建并举、重在内涵"为方针，将追踪检查与国家卫计委"进一步改善医疗服务行动计划"、实施《云南省医疗服务便民惠民10项制度》、抗菌药物专项整治行动等重点工作相结合。9名评审专家，分为综合管理组、医疗药事组、护理感控组进行对口追踪检查。通过查阅资料、现场检查、随机提问考核、参加晨间交班会及质量安全分析会等形式，对行政管理、医疗质量、医疗技术、护理服务、人才队伍建设、医院信息、医疗设备、基础设施、后勤安全等方面进行检查评审。全院对等级医院评审工作重视，全院职工参与，迎检工作组织有序，达到以评促改、以评促建的目的，医院各项工作取得进步和提升。

【医疗工作】 以病人为中心，以提高医疗质量、保障医疗安全为主题开展工作。严格遵守三级医师查房制、首诊负责制、会诊制、死亡病例讨论制、疑难病例讨论制、术前讨论制、病例书写规范制等相关制度。在技术创新方面骨科开展"低旋转点腓肠神经小隐静脉营养血管远端蒂皮瓣修复前足软组织缺损手术"，眼科开展"眼前段玻璃体切除技术手术"。在加强临床科室建设的同时，医院不忘加强重点学科体系建设，全面提升卫生人才梯队和卫生科技水平。在骨科、眼科、检验科确立为县级重点专科的基础上，争取将以上3个科室建成省级重点专科，借助省政府、省卫计委对县级医院儿科进行能力建设的契机，全面提升儿科、新生儿科的建设和发展。重视人才培养和人才梯队建设。采取多种培训方式，如住院医师规范化培训、院内三基培训、参加华医网继续教育学习活动、外出进修学习提升素质。

【护理工作】 以提升护理队伍素质、注重护理内涵建设，提高护理质量为主题开展工作。以"一活动一工程""五一巾帼素质提升""5.12国际护士节"等活动为契机，开展提升护理服务内涵工作，如护理技能创新比赛（护理小经验、小创新、小发明、小制作等护理五小革新）、护士选科定岗双向选择活动，提升护理队伍的整体素质，丰富护理服务内涵，提高护理服务质量，创新护理管理新模式。按照等级医院"优质护理服务"的标准要求，2015年完成的护理各项指标为：患者满意率≥95%，基础护理合格率≥100%，患者一级护理合格率≥95%，护理技术操作合格率100%，急救物品合格率100%，消毒及无菌物品合格率100%，护理文书书写合格率≥90%，年压疮发生率为0，年重大护理差错事故发生率为0。

在2015年5月11日举行的"江川县卫生系统5.12国际护士节技能竞赛"活动中，江川县人民医院获团体一等奖。参赛护士代表郭荣获"静脉输液组"第一名、"心肺复苏组"第二名；李蕊艺获"心肺复苏组"第一名、"静脉输液组"第二名；董亚苹获"静脉输液组"第二名、"心肺复苏组”第三名；金徽获“心肺复苏组”第二名等成绩。展示护理队伍的整体水平与综合实力。

【医技科室】　树立以病人为中心，以质量为核心，为临床服务而工作的理念。检验科、超声科、放射科等医技科室严格执行规章制度与各项技术操作规程，向高、精、尖发展，推广应用新技术，开展新项目，全方位开展工作，利用好新的先进仪器设备，为临床医生诊断提供准确、科学依据，最终使病人受益。

【院内感染控制】　以防控医院感染，保障病人与医务人员安全为主线，执行各项法规。加大院内感染监控力度，重新建盖医疗垃圾处理站，加强医疗垃圾的分类回收工作，确保医疗垃圾不外流，严格执行消毒隔离制度及技术操作规程，加强健康宣传及疾病发生率的上报。层层落实综合治理工作，严格按照上级主管部门的要求来布局各个安全出口、指示标志，并安放足够数量的灭火器、制定保安及相关人员的工作责任制。2015年5月27日开展医院感染爆发模拟演练，提高医务人员对医院感染爆发的防控意识和应急处置水平，提升责任人对医院感染爆发的应急指挥和组织协调能力。

【安全生产工作】　制定《江川县人民医院安全生产大检查实施方案》。2015年9月12日，国家卫生计生委安全生产大检查督查第一组对江川县人民医院进行安全生产大检查，督查组对医院安全生产工作给于充分肯定，针对检查中发现的薄弱环节和隐患问题，提出整改意见。进一步落实安全生产责任制，不断完善责任体系，开展消防安全隐患排查与治理，消除消防安全隐患，加强医疗安全管理，严格遵守医疗规章制度及医疗规程，筑牢安全生产防火墙，确保人民生命财产安全。

【大型医疗设备检查费用降低5%】　根据《关于调整住院诊查费等医疗服务价格的通知》要求，自2015年2月1日起，县人民医院大型医疗设备检查费用降低5%，带给老百姓实惠，也更加彰显医院的公益性。

【建立与基层医疗卫生机构之间的分工协作机制】　制定《江川县人民医院县乡村一体化托管卫生院实施方案》，建立与大街卫生院、安化卫生院之间长期稳定的分工协作机制，及便捷转诊通道，为大街卫生院、安化卫生院的转诊患者提供优先就诊、优先检查、优先住院等便利措施，不定期派出医务人员到托管卫生院开展临床教学和技术培训，提高托管卫生院的技术水平，指导基层常见病、多发病、疑难病症的诊疗服务。并通过巡回医疗、流动医疗、义诊等工作，扩大对口支援工作的受益面。在实地调查研究的基础上，2015年9月9日，县人民医院为大街街道卫生院、安化彝族乡卫生院先期配置价值6万元的医疗设备，以帮助托管卫生院改善硬件设施、设备配置，提高医疗服务条件和诊疗能力，方便当地群众看病就医。

【启动《进一步改善医疗服务行动计划》工作】　弘扬“不畏艰苦、甘于奉献、救死扶伤、大爱无疆”的行业精神，以国家卫生计生委“进一步改善医疗服务行动计划”为统领，坚持以病人为中心，以解决人民群众看病就医中的突出问题为切入点，通过创新思路方法举措，改善医疗服务环境、优化医疗服务流程、保障医疗质量安全、加强医患沟通协调、适应人民群众医疗服务需求，落实深化医药卫生体制改革目标要求，为人民群众提供安全、有效、方便、价廉的基本医疗服务。根据《玉溪市卫生局关于印发玉溪市进一步改善医疗服务行动计划的通知》文件精神，2015年5月4日，县人民医院启动《进一步改善医疗服务行动计》，提升医院医疗服务，提高医院服务满意率。

【严格医疗费用管理】　加强医疗费用的控制管理，通过实施临床路径管理、规范检查和治疗行为、实行检查检验结果互认、减少重复检查等综合措施，严格控制医院医业务总收入增长幅度以及患者门诊和住院均次费用等项指标，药费用总量、并适时进行公示。

【加强医疗行为管理】　严格执行人员、技术、设备准入制度，通过实施单病种质量控制、临床路径和处方点评等管理措施，引导医务人员坚持合理检查、合理治疗、合理用药。规范临床抗菌药物应用行为，提升抗菌药物临床合理应用水平。坚决查处开大处方、滥用药物及过度检查等行

为，严格控制医药费用的不合理增长。加强医疗质量管理，把好医疗技术准入关，重点管理好病历书写、手术安全、医院感染和急诊急救工作。

【推进卫生信息化建设】 2012年医院在信息化建设系统初步建成，至2015年底，HIS、LIS、PCX、电子病历系统、病案管理系统投入使用，实现信息资源共享。健全病案管理制度，住院病历及时归档入机，病案整理规范，实施ICD-10分类编码，保证医保、新农合、教学、科研的需要。

【推进“光明工程”和血液透析能力建设】 “光明工程”免手术费，实行1300元/例的低成本限价和住院不设个人支付比例，由新农合基金和医保基金支付；血液透析建设完成病房改造和水处理装置、血液透析机的招标采购、人员进修等工作，进入设备安装、仪器采购阶段。

【医德医风教育和行风建设】 按照“谁主管，谁负责”“一把手”负总责的原则，把医德医风和行风建设工作与医药、业务、行政管理工作结合起来。通过召开党员领导干部民主生活会、党总支会、院长办公会、中层干部会、党员大会、职工大会等会议，加强干部职工社会主义核心价值观、医德医风宣传教育，提高思想认识，推进精神文明建设，促进医德医风转变，纠正损害群众利益的不正之风。坚持院务公开制度，实行药品价格、检查服务项目、收费标准公示。坚持“三重一大”集体讨论制度。举办廉政知识教育培训和廉政知识专题讲座。

【“爱婴医院”通过省级复核】 2015年5月14日，云南省卫计委“爱婴医院”检查组到县人民医院对“爱婴医院”工作进行复核检查，本着“检查与指导相结合”“检查与促进相结合”原则，促进医院“爱婴医院”工作长效机制建立，增强医护人员爱婴、爱母意识，营造“爱婴医院”氛围。

【基本药物制度】 县人民医院对基本药物制度进行宣传引导，提高医院医务人员对基本药物的认同和理解，提高基本药物普及性，促进合理用药。从采购到使用等多个环节进行监管，推行网上采购，基本药物所占比例达到国家要求，占50%以上。

（马萍焕）

县中医医院

【概　述】 江川县中医医院创建于1988年，占地10.59亩，业务用房4400平方米，人员编制112人，现有职工160人（其中在编70人，编外90人），卫技人员134人（占职工总数的84.8%），其中：副高职称以上7人，中级职称24人，初级职称125人，高级工3人，职员1人；硕士学历1人，本科学历28人，大学专科学历48人，中专及以下学历83人。设有19个专业科室，编制床位120张，实际开放120张；拥有先进医疗设备80余台，全院固定资产1641.8万元。是一所集医疗、预防、保健、康复、科研、教学于一体的县级卫生医疗机构；是云南省唯一一家参加全国中医质量监测的县级中医医院；是城镇职工基本医疗保险、城镇居民基本医疗保险、中国人寿保险公司及江川复烤厂的定点医疗机构，为二级乙等中医医院。

【医疗质量监测情况】 2015年全年总诊疗人次73639人次，门诊人次69356人次；全年住院患者入院4283人次，住院患者出院4205人，手术人次895人次。微机录入病历4205份，其中：内科有1473人，外科404人，针灸科1038人，骨伤科666人，肛肠科624人。业务收入1576.48万元，其中医疗收入1037.97万元，药品收入占538.51万元，人均门诊费用为72.77元，住院人均费用2502.43元。病床使用率82.57%，入院与出院、术前与术后、临床与病理诊断符合率都在98%以上，治愈好转率97%，诊断符合率98.7%，病人平均住院日8.44天。单病种治愈好转率达到卫生部颁布的病种质量控制标准。各科护理质量指标达到百项指标考核标准：基础护理合格率97%，无菌护理技术操作合格率≥96%，急救物品完好率100%，五种表格书写合格率≥98%，出勤率98.6%，住院患者满意度≥91%，技术操作培训率合格率100%，参与率99%，全年护理差错事故发生率为零。

【中医药健康管理服务项目工作考核】 2015年1月4日，市中医医院中医药健康管理服务项目专家组到九溪镇卫生院、九溪镇河口村卫生所、江城镇卫生院、江城镇云岩村卫生所进行中医药健康管理服务项目工作考核。

通过对2家卫生院和2家卫生所查阅中医药健康管理服务资料，抽查中医药健康管理服务月报及年报数据及时性和真实性，抽查65岁及以上老年人中医药健康管理和0～36个月儿童中医药健康管理服务率，抽查中医药健康管理服务真实性及质量，现场复核服务记录表及台账目录登记数，电话随访，拦截等方式进行抽查考核。专家组对江川县中医健康管理服务项目工作给予肯定，对存在问题和下一步工作开展提出建议：制作中医药健康管理服务项目宣传材料；加强培训；加强宣传力度；要按要求做好0～36个月儿童中医调养；65岁及以上老年人中医药体质辨识表要填写；中医药健康管理服务项目工作资料要收集完整，并按要求归档保存。

通过实施中医药健康管理，对老年人健康状况进行中医体质分类，并根据不同体质给予中医药保健指导，改善其健康状况；通过对家长进行儿童中医饮食调养、起居生活等指导，传授常用穴位按揉、摩腹、捏脊等中医保健方法，可以改善儿童健康状况、促进儿童生长发育，发挥中医药在维护健康、预防疾病中的作用。

【药品实行零差率】 自2015年2月1日起，县中医医院取消药品加成，实行零差率销售。2015年2～12月药品让利65.12万元。改进服务流程、提高服务质量。

【完善医疗服务体系】 根据《江川县公立医院医药价格改革试点方案（试行）》的文件精神，结合县中医医院实际情况，自2015年2月1日开始，住院诊查费、床位费分别增加20元、6元/床/日；平板探测器X线数字成像（DDR）降低2元/次。医院住院提高部分的费用通过医保、新农合报销予以保障，不增加群众看病就医负担。

【住院楼项目情况】 2015年12月23日取得发展和改革委员会关于江川县中医医院改扩建项目可行性研究报告的批复。项目名称：江川县中医医院改扩建项目用地面积：5500.55平方米。建设规模：项目总建筑面积7169.36平方米，其中住院、医技综合楼7069.36平方米，新建污水处理及医疗垃圾房100平方米。编制床位规模：120床。项目总投资：2651.18万元。前期工作已完成，设计方案上报规划局，预计2016年5月份开工，2017年12月竣工。

【药品、设备、一次性医疗用品的集中招标采购工作公开化】 2015年，县中医医院在加强医院药事管理工作的同时，进一步做好药品招标采购工作，麻醉药品，基本药品实行网上集中采购，杜绝不利于医院健康发展的歪风邪气，做到低价高质招标采购目的。

【“服务百姓健康行动”义诊活动】 根据《玉溪市卫生和计划生育委员会转发关于开展2015年“服务百姓健康行动”全国大型义诊活动周的通知》。县中医医院精心组织，加强中医药知识宣传，营造中医药事业发展社会氛围，为人民身体健康服务。2015年9月15日，江川县中医医院副院长等12人，到大街镇老戏台对面开展中医药宣传周宣传义诊咨询活动，义诊当日，医院内科、外科、骨科、针推科、护理等12名骨干医护人员及预防保健科相关人员面向广大群众，开展对常见病、多发病和慢性病的咨询、初步筛查、诊断和一般治疗，普及医学常识和健康知识，倡导健康生活方式，引导群众科学就医。

活动累计发放中医药相关知识和传染病知识健康教育宣传单15种各500余份，接受咨询人数500余人次、义诊人数500余人次，测量血压350余人次。义诊活动服务社会、服务广大人民群众，彰显公立医院的公益性，增强群众的自我防护和保健意识。为中医医院的中药事业发展营造舆论和社会环境，扩大中医药影响力，发挥中医药特色。

【接受二级中医医院持续改进活动省级检查评审】 2015年9月9～11日，根据省卫计委的部署，二级中医医院持续改进专家组一行5人到县中医医院进行二级中医医院持续改进活动检查工作。9月10日，召开二级中医医院持续改进活动汇报会，县中医医院负责人向专家组作等级医院评审工作汇报。专家组深入到各个科室，通过听取汇报、现场查看、调查访谈、操作考核、查阅病历及资料等方式，对医院各项工作进行检查。走访5个临床科室、后勤管理部门、中医馆，访谈院领导、医护人员，抽查病历、文件、处方等。并组织模拟应急抢救演练，考核医院应急处置能力。9

月11日，召开持续改进工作反馈会，评审组专家进行点评，提出意见和建议。

【培训学习情况】 2015年7月25～31日，对新进7名护理人员进行1周的岗前培训，培训从《劳动合同法》、《江川县中医医院编外人员管理方法》、《护理核心制度20项》、《护理文书书写规范》、《医疗废物的管理规定》、《护士管理条例》、《九项应急预案》、常见护患纠纷防范对策及中医护理操作如拔火罐、艾灸和基础护理操作如无菌技术、静脉采血、静脉输液，进行讲解和操作示范。参与率100%，合格率86%，通过补考，合格率100%。

2015年6月15～18日，组织八项中医护理技术操作培训。此次中医护理技术操作培训开展《中医护理在临床中的应用》《中医护理技术安全防范与管理》《护理文书书写规范》由参加云南省中医护理培训操作取得合格证的老师对全院护理人员进行讲解和现场演示。按照护理部制定的《中医护理八项技术操作培训计划》内容，包括拔火罐、艾条灸、中药熏洗、耳穴压籽、隔姜灸、中药热盐包热熨法、穴位注射等八项中医技术操作的适应症、禁忌症、操作方法等方式进行考核，每人抽考一个项目，本院44名护理人员，实际参训人员43名，参与率99%，合格率100%。

按照《中医医院中医护理工作指南》及《33个病种中医护理方案》的要求，结合医院目前护理人员中医基础理论知识普遍缺乏，底子薄的情况，护理部制定“西学中”护士中医基础理论系统培训计划，《中风（脑梗死急性期）、眩晕病（原发性高血压）、心衰病（心力衰竭）、胃脘痛（慢性胃炎）、面瘫病（面神经炎）、胆胀（胆囊炎）等21个病种，本次“西学中”培训87学时，其中中医护理方案46学时，中医基础理论33学时，中医护理技术操作6学时，护理文书书写2学时。参加培训的非中医类别的护理人员51名，实际参培53名，培训率100%，理论考试合格率84%，对不合格者，重新学习并进行补考，通过补考全部合格；技术操作合格率100%，中医护理方案考核合格率100%，达到计划要求。

【护士节情况】 2015年5月12日，第104个“5.12”国际护士节，护理部围绕江川县卫生系统“5.12”国际护士节护理技能竞赛活动方案主题，举行“5.12”护士节庆祝活动。

按照《江川县卫生系统5.12国际护士节护理技能竞赛活动方案》的要求，选拔4名护理技术操作能手参加竞赛。获得团体奖第二名，参赛护士刘维取得静脉输液第三名，医院获得名次及参加本次大赛的4名护理人员给予表彰和奖励。

（陶江颉）

妇幼保健

【概　述】 江川县妇幼保健院、江川县计划生育服务站于2015年10月26日正式合并为江川县妇幼保健计划生育服务中心，保留江川县妇幼保健院牌子，为江川县卫生和计划生育局所属事业单位。江川县妇幼保健计划生育服务中心将最大限度地满足广大群众对医疗保健和计划生育服务的需求，实现妇幼保健与计生服务的共赢。打好妇幼保健、儿童保健、生殖健康“三张牌”，明确发展方向，抓出特色。坚持“以保健为中心，以保障生殖健康为目的，保健与临床相结合，面向群体、面向基层和预防为主”的工作方针，加强组织领导，强化责任，狠抓落实，做好宣传，真抓实干，迎得广大群众的信任和支持。中心设有妇女保健科、儿童保健科、婚前保健科、妇产科、基层科、计划生育科、检验室、B超室、放射室、护理部、医务科、妇幼卫生信息科、健康教育科等临床保健科室；设有办公室、财务科、后勤科、信息设备科等行政后勤职能科室。中心有业务用房2081.84平方米，拥有妇科治疗仪、新生儿暖箱、蓝光箱、胎心监护仪、X光机、彩超、四维彩色B超、骨密度仪、电子阴道镜、利普刀、罗氏311全自动生化分析仪，希森美康血球计数仪等现代化医疗设备。

江川县妇幼保健计划生育服务中心（江川县妇幼保健院）核定编制66人，2015年年末实有在职职工59人，年内退休2人，调入1人。有执业医师29人，执业助理医师3人，注册护士11人，药剂师1人，检验技师（士）3人，其它卫生技术人员2人，统计师1人，经济师2人，助理会计师2人，技师1人，高级工3人，中级工1人。在职人员学历机构：本科17人，专科28人，中专13人，初中1人。聘任专业技术职称：副高6人，中职22人，初职27人。中职待聘6名。在职人员年龄结构：55～60

岁2人，50～55岁19人，45～50岁13人，40～45岁14人，35～40岁7人，35岁以下4人，年龄趋于老龄化，3年内将退休12人。

2015年，全县妇幼卫生工作坚持以保健为中心，以保障生殖健康为目标，保健与临床相结合，面向群体，面向基层的妇幼卫生工作方针，以重大公共卫生项目为重点，以妇幼健康计划为契机，认真贯彻实施“一法两纲”，完成门诊诊疗49550人次，住院312人次，实现业务收入470.22万元，比上年减少25.78万元，完成省、市、县下达的各项任务指标，全年无孕产妇死亡，新生儿破伤风发生率和死亡率为零，取得市级目标责任考核一等奖。

【单位合并】 2015年8月31日，在江川县妇幼保健院四楼会议室召开江川县妇幼保健院和计划生育指导站整体合并会。会议由江川县卫生和计生局局长罗玉华主持，江川县卫生和计生局书记、分管领导及原妇幼保健院、计划生育指导站全体职工参加会议。

会上，江川县卫生和计生局局长罗玉华宣布妇幼计生两家正式合并为“江川县妇幼保健计划生育服务中心”，朱弘如书记宣读新机构党支部领导任命，宋良艳副局长宣读新机构主要领导班子任命。

【高危管理】 孕产妇死亡率和婴儿死亡率是衡量妇幼卫生工作的关键指标，加强高危孕产妇和高危儿管理是降低孕产妇及儿童死亡率的关键环节。2015年，县妇幼保健院在服务工作中，坚持做到“早、实、快”。即“孕情发现要早、全程管理要实、危急处置要快”。遵循“三个决不放弃”原则。决不能因为孕产妇及家属的不配合而放弃管理、不能因为孕产妇及家属的贫困而放弃救治、不能因为上级医疗机构的协作不畅而放弃转诊。服务措施体现便民、利民、惠民、爱民。在转变孕产妇管理服务模式中，主要以基本公共卫生服务项目为平台，进一步做好主动服务、上门服务工作，为每一个孕产妇提供优质服务，包括转诊至上级医院时为服务对象挂号联系好专家、交通工具的免费提供、专人陪送、相关经费暂时垫付、生活上帮助救济等。按照《江川县孕产妇筛查管理实施方案》要求，2015年3月16日至4月10日，在全县范围内开展孕妇和产后42天的产妇全免费拉网式筛查工作。共计筛查孕产妇835人，筛查出高危因素的160人，高危因素筛出率达19.63%。并按照《江川县高危孕产妇及高危儿童管理规范》要求，对筛查出的高危孕产妇进行规范管理，进一步建立健全高危妊娠登记、报告、随访、催诊和转诊制度；实行高危孕妇及高危儿童信息交流制度，对每例高危孕产妇认真填报《高危孕产妇报告》《高危妊娠专案管理》《高危儿童专案管理》，并对筛查出来的高危孕产妇100%进行管理。2015年对危急重症孕产妇进行追踪管理163例（极重症61例），追踪300余人次。并对危急重症孕产妇建立追访个案，专人负责，层层监控，逐级上报，全县高危孕产妇管理工作严谨有序，真正做到及时发现、及时报告、及时转诊、及时救治。

【召开5岁以下儿童死亡评审会】 5岁以下儿童死亡率是衡量一个地区社会经济发展、医疗卫生服务、群众健康教育知晓程度和基础健康保健服务状况的一个主要指标。为了进一步分析5岁以下儿童死亡原因及其影响因素，及时发现死亡儿童在医疗保健服务各个环节存在的问题，总结经验教训并提出针对性的干预措施，有效降低儿童死亡率，提高产、儿科医疗保健服务质量，按照年度妇幼卫生工作安排，全年共召开2次5岁以下儿童死亡评审会，共评审试点乡及县级医疗保健机构死亡病例4例，县卫生局领导及评审小组专家成员16人参加评审会议。

为使每一份评审病例得到全面剖析，明确导致5岁以下儿童死亡的原因及影响因素，2015年度的评审采用会议评审模式，边评审边提问，边疑难点讨论，边逐例重点点评的方式，对每例5岁以下儿童死亡从社会、经济、医疗资源等环节进行全方位讨论。专家们了解病例个案的详细情况，指出个案诊疗及保健过程中存在的缺陷和问题，提出干预措施。2015年我县5岁以下儿童死亡的主要死因为意外窒息、早产和低出生体重、出生窒息、先天异常。提示要加强围产期保健工作，做好孕产妇系统管理及高危孕产妇的筛查与转诊，发现孕妇及胎儿异常要及早处理；同时开展产前筛查，加强婚前保健检查及早发现胎儿畸形；推广新生儿窒息复苏技术，通过短期培训和定期进修，提高产、儿科人员的临床专业技能，特别是高危急救能力及异常新生的诊断和处理能力，加强产、儿科协作。

【召开孕产妇死亡评审会】 2015年全县共有高危产妇1305人，其中极重度产妇61人，危急重症产妇31人。全年共召开2次评审会，共评审危重孕产妇病例4例（2例先天性心脏病、1例原发性高血压并疤痕子宫并中央性前置胎盘、1例重度子痫前期至呼吸心跳骤停），无孕产妇死亡病例。孕产妇死亡评审专家组依据收集的危重症孕产妇资料，结合每一例孕产妇存在的特殊高危，从一般情况、主要疾病诊断、危重症出现时间、病程进展、转诊情况及建议与措施等几个方面进行深入分析讨论。评审专家通过对危急重症孕产妇的病情、抢救过程、用药情况等方面进行分析，强调要加强对孕产期保健的服务规范、产科技术的操作规范，增强对妊娠合并症及并发症、产科急危重症等的早期识别和正确处理能力，洞悉疾病的本质，减少可避免孕产妇的死亡。评审专家组根据实际工作中总结出来的经验和教训，提出以下相应的干预措施：加强围产期保健，及时发现孕情，重点做好孕产妇系统管理和儿童系统管理，提高高危妊娠管理质量，以减少早产或低出生体重儿的发生；提高孕期、产时保健质量；加大健康教育工作力度，提高广大群众自我保健意识；切实做好高危妊娠的管理与转诊，完善急救措施，有效提高危急重症的抢救能力；加强出生缺陷的二级预防，提高产前筛查和诊断率，避免严重缺陷儿的出生，强化产儿科协作和急救技能训练，完善急救设施，有效提高危急重症儿的抢救能力。

【召开孕产妇死亡控制工作会议】

为进一步做好江川县控制孕产妇死亡、保障母婴安全工作。2015年3月17日，江川县妇幼保健院组织召开2015年江川县孕产妇死亡控制工作专题会议，县卫生局主管领导、县医院院长、乡镇卫生院院长、乡镇妇幼专干及县妇幼保健院相关人员共计40人参加会议。会上，县妇幼保健院院长李秀燕传达市卫生局召开的孕产妇死亡控制工作会议精神，通报2014年江川县孕产妇死亡情况及市级孕产妇死亡评审结果，并对江川县孕产妇死亡变化趋势及2015年我县控制孕产妇死亡面临的严峻形势和评审发现存在的问题等方面进行分析与反馈。县卫生局党委书记朱弘如针对当前存在的问题，做出如下工作要求：强化属地责任，加强对助产机构管理；严格技术规范，加强高危孕产妇保健管理；加强制度建设，加大人才培养；完善应急预案；将孕产妇抢救能力建设纳入绩效考核；认真总结分析问题，及时整改落实措施。

【孕产妇死亡监测】 为做好孕产妇死亡率的控制工作，在妇幼保健管理工作中，倾斜管理重心，把工作重点放在死亡率控制工作的过程上。制定高危孕产妇系统保健管理工作原则，建立急危重孕产妇抢救服务制度，完善孕产妇急救绿色通道，开展死亡孕产妇评审工作。基层妇幼保健网和各助产医疗机构妇科门诊，负责做好孕早、中、晚期高危筛查，及时转诊。妇幼保健院确立专人管理高危妊娠，负责转诊的联系、协调、报告工作，及时通报全县高危孕产妇的情况。加强基层业务人员培训，做好孕产妇系统管理，每年组织妇幼保健人员进行业务培训，每季度妇幼保健院对各乡镇进行业务质控，指导基层按照“高危妊娠评分标准”的要求，做好高危筛查和转诊工作。保证高危妊娠能够做到早发现、早诊断、早治疗、早管理。只有提升妇幼保健人员的业务能力和技术水平，才能提高妇幼保健工作质量，才能使孕产妇享受到最优质的保健服务，才能更好的筛查出高危孕产妇，才能保障孕产妇的生命安全。加大高危孕产妇管理力度，凡高危评分≥20分的极重度高危孕产妇，江川县妇幼保健院均建档建册，开通服务电话，追踪管理，院领导，管理人员必须深入家庭，清楚了解家庭生活情况，家庭成员情况、孕产妇的细致情况。做到对每一位高危孕产妇的情况如数家珍，牢记于心。畅通孕产妇急救中心和绿色通道，为加强危重孕产妇的统一救治和管理，指定县人民医院为我县危重孕产妇救治中心，健全妇幼保健三级网，建立良好的县、乡、村三级协作机制，建立绿色抢救通道。确保高危孕产妇“绿色通道”畅通高效，保证辖区内急、重症孕产妇得到全力救治，减少孕产妇死亡的发生。县危重孕产妇救治中心在危重孕产妇救治中发挥强有力的作用。在辖区范围内告示急救中心电话，并24小时开通，为抢救孕产妇和婴幼儿提供应急服务。

2015年，全县无孕产妇死亡，死亡率达0/10万，比上年同期下降68.73/10万。

【育龄妇女死亡监测】 2015年全县共有育龄妇女76441人，上报育龄妇女死亡46人，死亡人数比上年减3人，死亡人数占育龄妇女死亡总数的0.06%，无孕产妇死亡。46例育龄妇女死亡中：心脑血管病变死亡15人，占育龄妇女死亡总数的32.60%；各类恶性肿瘤死亡15人，占育龄妇女死亡总数的32.60%；意外死亡6人，占育龄妇女死亡的13.04%；服农药自杀死亡3人，占育龄妇女死亡的6.52%；糖尿病死亡2人，占育龄妇女死亡的4.40%；他杀、尿毒症、胰腺炎、肺炎、胃出血各死亡1人，各占育龄妇女死亡的2.17%。

死因排位：46例育龄妇女死亡中，心脑血管病变及各类恶性肿瘤各15人，并列第一位；意外死亡6人，居第二位；自杀3人，居第三位；糖尿病2人，居第四位；他杀、尿毒症、胰腺炎、肺炎、胃出血各1人，居第五位。

【孕产妇保健】 2015年，全县共有产妇2461人（农业户籍产妇2237人，非农业户籍产妇224人），建孕产妇保健手册2461人，产妇建册率达100%，与上年同期持平；产前检查≥5次的产妇有2461人，健康管理率达99.11%，比上年同期下降0.17%；孕早期产前检查的产妇有2425人，孕早期产前检查率达97.66%，比上年同期下降0.52%；孕产期血红蛋白检测的产妇有2461人，检测率达100%，筛查出贫血产妇70人，率2.84%，比上年同期上升1.56%，其中中重度贫血7人，中重度贫血患病率达0.28%，比上年同期下降0.10%；产妇艾滋病病毒检测2461人，检测率达100%，孕产妇艾滋病病毒感染1人，感染率达0.04%，比上年同期上升0.01%；产妇梅毒检测2461人，产妇梅毒感染4人，感染率达0.16%，比上年同期上升0.13%；产妇乙肝表面抗原检测2461人，检测出乙肝表面抗原阳性34人，阳性率1.42%，比上年同期上升0.04%；孕产妇产前筛查2128人，产前筛查率达86.47%，筛查出高危人数92人，高危率达4.32%，产前诊断66人，诊断率达2.68%，孕产妇产前诊断确诊1人，确诊率达1.52%；产后访视2461人，产后访视率达99.11%，比上年同期下降0.17%；产妇系统管理2425人，系统管理率达97.66%，比上年同期下降0.52%。出生活产数2483人，新法接生活产数2483人，新法接生率达100%，与上年同期持平；住院分娩活产数2483人，住院分娩率达100%，与上年同期持平；剖宫产活产数667人，剖宫产率达26.86%；筛查出高危产妇1305人，高危产妇筛查率达53.03%，比上年同期上升4.73%，高危产妇筛查率呈逐年上升趋势；高危产妇管理1305人，管理率达100%，高危产妇住院分娩1305人，高危产妇住院分娩率达100%；孕产妇死亡0人，孕产妇死亡率达0.00/10万，比上年同期下降68.73/10万。低出生体重儿104人，发生率4.19%，比上年同期上升1.92%；巨大儿74人，发生率2.98%，比上年同期上升0.71%；早产儿84人，发生率3.38%，比上年同期下降0.43%；死胎死产11人，发生率0.44%，比上年同期下降0.11%；早期新生儿死亡7人，死亡率2.82‰，比上年同期上升0.76‰；围产儿死亡18人，死亡率7.22‰，比上年同期下降0.30‰；无新生儿破伤风发病人数和死亡人数。

【5岁以下儿童死亡监测】 2015年，全县共有出生总数2494人，出生活产2483人，死胎死产11例，5岁以下儿童死亡18例，死亡率7.25‰，其中男孩死亡12例，死亡率9.42‰，女孩死亡6例，死亡率4.96‰；1岁内婴儿死亡10例，死亡率4.03‰，其中男孩死亡6例，死亡率4.71‰，女孩死亡4例，死亡率3.31‰；28天内新生儿死亡8例，其中男孩死亡4例，女孩死亡4例，死亡率为3.31‰；7天内早期新生儿死亡7例，其中男孩死亡3例，死亡率为2.35‰，女孩死亡4例，死亡率为3.31‰。早期新生儿死亡占新生死亡数的87.50%，新生儿死亡占婴儿死亡数的80.00%，婴儿死亡占5岁以下儿童死亡数的55.56%。

8例新生儿死亡中，在医院死亡1例，占12.50%；途中死亡3例，占37.50%；家中死亡4例，占50.00%。8例新生儿死亡中，死前住院治疗5例，门诊治疗2例，未治疗1例。

10例婴儿死亡中，在医院死亡1例，占10.00%；途中死亡3例，占30.00%；家中死亡6例，占60.00%。10例婴儿死亡中，死前住院治疗6例，门诊治疗3例，未治疗1例。

18例5岁以下儿童死亡中，医院死亡2例，占11.11%；途中死亡8例，占44.44%；家中死亡8例，占44.44%。18例5岁以下儿童死亡中，死前住院治疗8例，门诊治疗4例，未治疗6例。未治疗的6例儿

童死亡中，4例来不及送医院，其它原因2例。

【儿童保健】 2015年，全县共有7岁以下儿童18092人，健康管理17751人，健康管理率达98.12%，比上年同期下降0.08%。3岁以下儿童7986人，系统管理7861人，系统管理率达98.43%，比上年同期上升0.30%。5岁以下儿童13326人，身高体重检查13090人，检查率达98.23%，比上年同期上升0.04%，筛查出5岁以下儿童低体重115人，5岁以下儿童低体重率达1.07%，比上年同期下降0.19%；5岁以下儿童生长迟缓98人，5岁以下儿童生长迟缓率达0.75%，比上年同期下降0.06%；5岁以下儿童超重168人，5岁以下儿童超重率达1.28%，比上年同期上升0.62%；5岁以下儿童肥胖11人，5岁以下儿童肥胖率达0.08%，比上年同期上升0.01%；5岁以下儿童血红蛋白检测10120人，筛查出5岁以下儿童贫血患病325人，5岁以下儿童贫血患病率达3.21%，比上年同期上升1.25%，其中5岁以下儿童中重度贫血患病25人，5岁以下儿童中重度贫血患病率达0.25%，比上年同期上升0.06%。新生儿访视2476人，新生儿访视率达99.72%，比上年同期上升0.03%；6个月内婴儿母乳喂养调查2607人，母乳喂养2565人，母乳喂养率达98.39%，比上年同期上升1.09%，纯母乳喂养2105人，纯母乳喂养率达80.74%，比上年同期上升0.93%；新生儿苯丙酮尿症筛查2396人，筛查率达95.60%；新生儿甲状腺功能减低症筛查2396人，筛查率达96.50%；新生儿听力筛查2373人，筛查率达95.57%。5岁以下儿童死亡18人，死亡率为7.25‰，比上年同期上升3.13‰；婴儿死亡10人，死亡率为4.03‰，比上年同期上升0.59‰。新生儿死亡8例，死亡率为3.22‰，比上年同期上升0.47‰。

【5岁以下儿童死因顺位】 18例5岁以下儿童死亡中，第一位为意外死亡7例，各占死亡总数的38.89%；第二位为先天异常死亡5例，占死亡总数的27.78%；第三位为早产和低出生体重死亡4例，占死亡总数的22.22%；第四位为出生窒息死亡2例，占死亡总数的11.11%。

10例婴儿死亡中，第一位为早产和低出生体重死亡4例，占死亡总数的40.00%；第二位为先天异常死亡3例，占死亡总数的30.00%；第三位为出生窒息死亡2例，占死亡总数的20.00%；第四位为意外死亡1例，占死亡总数的10.00%。

8例28天内新生儿死亡中，第一位为早产和低出生体重死亡4例，占死亡总数的50.00%；第二位为新生儿出生窒息和先天异常各死亡2例，各占死亡总数的25.00%。

7例7天内早期新生死亡中，第一位为早产和低出生体重死亡3例，占死亡总数的42.86%；第二位为新生儿出生窒息、先天异常各死亡2例，各占死亡总数的28.57%。

【出生缺陷监测】 为减少先天畸形的发生，降低残疾儿童，控制人口数量，提高人口素质，县妇幼保健院贯彻落实新时期妇幼卫生工作方针，开展产前筛查和新生疾病筛查工作，鼓励孕妇服叶酸预防神经管畸形，怀孕4～7个月时至少做一次B超检查，以此阻断严重神经管畸形的出生。

出生缺陷监测基本情况：2014年10月1日至2015年9月30日共监测围产儿2021例（男1059例，女962例），发现出生缺陷儿26例（男13例，女12例，1例孕19周性别不清），其中5例孕周不满28周，出生缺陷发生率为10.39‰，比上年同期下降6.36‰。监测到城镇围产儿1843例，农村围产儿178例；监测到城镇缺陷儿24例，农村缺陷儿2例。其中28周前引产的缺陷儿5例（男2例，女2例，1例孕19周性别不清），城镇缺陷儿4例，农村缺陷儿1例。

26例出生缺陷顺位：外耳其它畸形9例，占缺陷总数的34.62%小耳、多指各2例，各占缺陷总数的7.69%，染色体异常，唇裂合并腭裂、先天性心脏病、直肠肛门闭锁或狭窄、马蹄内翻足、多趾、大面积不规则紫疳、无耳道、多指多趾并四肢短小、颈部淋巴管水囊瘤、唇裂合并腭裂、脑膨出、马蹄内翻足各1例，各占缺陷总数的3.85%。后5例为孕周不满28周。

26例出生缺陷儿畸形确诊时间及诊断依据情况分布：产前确诊7例，占26.92%，产后七天内确诊19例，占73.08%。超声诊断6例，占23.08%，生化检查1例，占3.85%。临床诊断19例，占73.08%。诊断为出生缺陷后治疗性引产6例，占23.08%。

出生缺陷儿母亲孕早期及家庭史情况：病毒感染8例，占缺陷总数的30.77%；服过抗生素的2例，占缺陷总数的7.69%；接触猫、孕早期服避孕药各1例，各占缺陷总数的19.51%。产妇异常生育史：自然流产2例，产母生过缺陷儿2例。26例产妇家庭中均无遗传史，也无近亲婚配史。

出生缺陷儿性别及转归分布：21例出生缺陷儿中，男11例，女10例，男女发生率为1.1∶1。转归情况：存活19例，死胎1例，七天内死亡1例。

通过分析，孕早期致畸可能因素是孕妇年龄大于35岁，孕早期接触过农药、电脑、电视、手机、微波炉，孕早期服过药、家庭遗传史，新房的装修和家具含有毒有害物质，环境污染等原因所致。为有效降低出生缺陷发生率，提出以下干预措施：开展一级预防措施如健康教育、婚前医学检查、孕前保健、遗传咨询、最佳生育年龄选择、增补叶酸、孕早期保健（包括合理营养、预防感染、谨慎用药、戒烟戒酒、避免接触放射线和有毒有害物质、避免接触高温环境）等，防止出生缺陷儿的发生，有效降低出生缺陷发生率。逐步落实二级预防措施，减少严重出生缺陷儿的出生，主要是在孕期通过早发现、早诊断和早采取措施，以减少严重出生缺陷儿的出生。开展常规孕产期保健服务，有效提高出生缺陷防治服务的可及性。不断推进三级预防措施。出生缺陷患儿出生后采取及时、有效的诊断、治疗和康复，以提高患儿的生活质量，防止病残，促进健康。

【危急孕产妇抢救】 2015年，全县3家助产机构共发生危急孕产妇28例，抢救成功28例，抢救成功率100%。其中产后子宫收缩乏力致产后出血14例，占抢救人数的50.00%；宫外孕内出血12例，占抢救人数的42.86%；葡萄胎致子宫穿孔1例，产后原因不明发热待查1例，各占抢救人数的3.03%。

【产前筛查和新生儿疾病筛查工作】 2015年全县共有产妇2461人，出生活产2483人，孕产妇产前筛查2128人，产前筛查率达86.47%，筛查出高危人数92人，高危率为4.32%，产前诊断66人，诊断率为2.68%，孕产妇产前诊断确诊1人，确诊率为1.52%；新生儿苯丙酮尿症筛查2396人，筛查率达95.60%；新生儿甲状腺功能减低症筛查2396人，筛查率达96.50%；新生儿听力筛查2373人，筛查率达95.57%。

【预防艾滋病、梅毒、乙肝母婴阻断项目工作】 为使江川县预防艾滋病、梅毒、乙肝母婴阻断项目工作顺利进行，县妇幼保健院按省、市预防艾滋病、梅毒和乙肝母婴传播工作实施方案的相关要求，制定《江川县预防艾滋病、梅毒和乙肝母婴传播工作实施方案》，并按规范开展工作。2015年，全县共有婚前保健人员4132人，接受HIV抗体自愿咨询检测4132人，自愿咨询检测率达100%；检测人员中，HIV抗体确认阳性7人，阳性率达0.17%；接受梅毒检测4132人，检测率达100%，检出梅毒感染5人，感染率0.12%。孕产妇接受HIV抗体自愿咨询检测2888人，自愿咨询检测率达100%；检出HIV抗体阳性孕产妇1人，阳性率达0.03%。孕产妇接受梅毒检测2888人，梅毒感染确认8人，感染率达0.28%；孕产妇乙肝两对半检测2888人，检出乙肝感染孕产妇40人，感染率达1.39%；乙肝感染产妇23人，乙肝感染产妇所生活产23人，及时注射乙肝免疫球蛋白和乙肝疫苗23人，及时阻断率达100%。自开展预防艾滋病母婴传播工作以来，HIV阳性孕产妇所生满18个月的儿童12例，12例HIV抗体检测均为阴性，母婴阻断成功率达100%；阳性孕产妇及婴儿抗病毒药物服药率达100%，儿童免费抗体筛查和确证检测率达100%，母婴阻断网络直报及时报告率达100%。

【免费婚前医学检查工作】 2015年，全县共有新婚人员4422人，婚前医学检查4138人，婚前医学检查率达93.58，比上年同期下降1.73%；检出疾病260人，疾病检出率为5.50%，比上年同期上升0.78%，其中指定传染病73人，占总数的28.08%，指定传染病中性病8人，占指定传染病总数的10.96%；生殖系统疾病180人，占总数的69.23%；有关精神病1人，占总数的0.38%；内科系统疾病5人，占总数的1.92%；严重遗传性疾病1人，占总数的0.38%。对影响婚育的疾病提出医学意见37人，婚前卫生咨询4138人。对于检出疾病人员均给与相应指导，有效控制传染病及遗传疾病的发生。

【农村孕产妇住院分娩补助项目工作】 为保障母婴安全，降低

孕产妇死亡率，落实国家新医改精神，中央财政设立专项经费对农村孕产妇住院分娩给予补助。凡是农业户籍的孕产妇住院分娩，均可得到人均400元补助。为确保国家项目资金规范管理，合理使用，更好地发挥项目资金的作用，根据《云南省农村孕产妇住院分娩补助资金和“降消”项目工作经费管理实施方案》要求，结合江川县实际，制定《江川县农村孕产妇住院分娩补助资金和降消项目工作经费管理实施方案》及经费管理制度，做到独立核算，专款专用。并严格按照《江川县农村孕产妇住院分娩补助项目实施方案》要求，简化程序，在县域内的定点医疗机构实行现场分娩补助，提高工作效率，及时将资金补助到位。2014年10月至2015年9月，江川县共有农村户籍产妇2237人，住院分娩2237人，住院分娩率达100%；农村孕产妇住院分娩补助2159人，补助金额达86.36万元，补助率达96.51%。人均住院分娩费用1973.48元，比上年下降97.48元；人均个人付费771.42元，比上年下降1.42元。2015年预拨江川县的农村孕产妇住院分娩补助资金102.75万元，资金使用率达84.05%。正常产补助1521人，补助金额60.84万元，占补助人数的70.45%；阴道手术助产2人，补助金额0.08万元，占补助人数的0.09%；剖宫产补助636人，补助金额25.44万元，占补助人数的29.46%。

【危急孕产妇救助】 为严格规范危急孕产妇的急救和转诊，让危急孕产妇得到及时有效的救治，保障母婴平安，江川县成立危急孕产妇急救转诊领导小组，指定县医院为危重孕产妇救治中心，保证辖区内急、重症孕产妇得到全力救治，减少孕产妇死亡的发生。2015年省级配套6.38万元危急孕产妇救助经费，对患有产科严重合并症并实施危急抢救的孕产妇进行救助。全年共救助4例危急孕产妇，最高救助金额达18000元，最低救助金额达3000元，救助金额共计3.65万元。危急孕产妇救助资金的合理使用，避免因无钱医治导致的孕产妇死亡。

【贫困孕产妇救助】 2015年1月16日，在江川县妇幼保健院四楼宣教室召开2014年贫困孕产妇救助基金兑现会，对符合补助标准的87名贫困孕产妇进行了补助，根据贫困孕产妇的实际情况，最高的补助2000元，最低的补助200元，补助金额共计6万元。

【出生医学证明管理】 《出生医学证明》是“人生第一证”，具有明显的法律效力。江川县妇幼保健院严格按照卫生部《关于进一步加强出生医学证明管理的通知》文件要求，安排专人负责出生医学证明的签发、管理工作，进一步完善《出生医学证明》的出入库登记、签发、换发、补发、废证登记、印章管理等各项制度，做到证、章专人分开保管，出入库登记完整。同时从证件发放流程、档案管理、证件查询等方面进一步完善工作程序，堵塞各种漏洞，确保证件的规范、安全发放。2015年1～12月，全县共签发出生医学证明1902张，其中医疗保健机构内出生签发1829张，医疗保健机构外出生签发1张，换发26张、补发16张、废证30张，废证率1.58%。

【控制剖宫产率】 控制剖宫产率是云南省妇幼健康计划的重要内容之一。江川县通过采取多种切实有效的措施，不断提高产科质量，努力降低剖宫产率，并取得一定成效。2015年的剖宫产率为26.86%，比2014年下降0.87%，完成省级关爱妇女儿童健康任务目标要求，同时减轻人民群众的经济负担。

【健康教育】 县妇幼保健院始终把健康教育作为妇幼保健工作的基础来抓，定期派工作人员下乡、入村督导检查，做到健康教育工作有计划、有内容，常检查、严考核，使健康教育工作的各项措施落到实处。主要采取“以妇女为核心、家庭为最佳场所”的健康教育宣传模式，采取宣传栏、标语、印发宣传资料、上街设摊宣传，电视宣传等多种形式广泛开展健康教育活动宣传农村孕产妇住院分娩补助政策。县乡两级医疗卫生单位每月出宣传妇幼保健、“降消”项目政策及健康教育知识的宣传专栏一期，并在醒目处贴有宣传妇幼保健和“降消”项目的墙体标语。2015年，全县共印发宣传资料6万多份，出版报24期，电视、广播宣传28次。同时县妇幼保健院一楼门诊电子显示屏每天将妇幼保健知识，预防艾滋病、梅毒和乙肝母婴传播知识及政策法律法规等相关内容进行滚动宣传。通过宣传教育，群众的保健知识和保健意识进一步提高，群众知晓率达96%以上。

【孕产妇免费筛查】 为加强孕产妇保健管理，了解孕期母婴健康状况，及时发现和消除影响胎儿发育和母亲健康的有害因素，确保母婴安全。2015年3月16日至4月10日，江川县妇幼保健院在全县范围内开展孕产妇拉网式筛查工作，对全县所有孕产妇进行免费筛查。免费筛查的内容包括：一般体检、产前检查、血常规检查、B超检查、乙型肝炎、梅毒血清学试验、HIV抗体检测，并根据个体情况进一步选择进行尿常规、肝功能、肾功能、血糖、心电图等检查。共计筛查孕妇815人，产后42天的产妇20人，筛查出高危孕产妇160人，高危因素筛出率达19.63%。对筛查出的高危孕产妇，县妇幼保健院按要求进行规范的分级管理，做到早发现、早预防，并根据高危孕产妇具体情况提前落实住院分娩医院，保证母婴安全。

【在园儿童体检】 根据幼儿园卫生保健工作要求，江川县妇幼保健院联合县幼儿园于2015年3月26日至4月2日为全园幼儿进行春季体检，体检主要是对幼儿身高、体重、视力、龋齿、血色素等方面进行常规健康检查，基本涵盖幼儿生长发育的全部重要指标。

本次共体检在园儿童740人，参检率达99.20%，检查出低体重3人，龋齿223人，斜视弱视221人。

【启动医疗卫生服务系统管理工作】 江川县妇幼保健院于2014年10月1日上线运行婚前医学检查管理系统；2015年2月1日上线运行妇幼卫生各管理系统，开展基本和重大公共卫生项目妇幼项目服务工作；2015年3月1日上线运行门诊、住院诊疗信息系统。

【新生儿窒息复苏项目督导】 2015年9月15日，市卫计委新生儿窒息复苏项目督查组专家对江川县妇幼保健院新生儿窒息复苏项目进行督导检查。督查组专家随机抽取10名妇产科及儿科医护人员，分别进行理论及新生儿复苏技术的操作考试，并进行现场指导。考核后，督导组进行情况反馈，对江川县新生儿窒息复苏培训效果和项目工作管理情况给予充分肯定，对在考核中发现的问题提出意见建议，解答医护人员所提出的疑问。江川县妇幼保健院对督导组提出的意见和建议进行总结、归纳、分析，以此次督导为锲机，不断加强医护人员新生儿窒息复苏技术的考核培训工作，进一步提高医院新生儿窒息复苏技术水平，从而有效降低江川县新生儿窒息的病死率和致残率。

【人员培训】 2015年，为加强院内专业技术人员培养，县妇幼保健院派出3名医务人员到市级进修学习，36人进行远程继续教育学习，59人参加省市的各种培训班。为提高县、乡、村三级妇幼保健人员的服务能力和服务水平，年内举办全县基本公共卫生服务暨妇幼保健适宜技术培训班，爱婴医院相关知识培训班，预防艾滋病、梅毒和乙肝母婴阻断培训班，新生儿疾病筛查相关知识培训班，出生医学证明管理等培训班6期，共计培训488人。

【举办宫颈癌防治知识讲座】 宫颈癌发病率占女性恶性肿瘤的第二位，仅次于乳腺癌，而宫颈癌又是目前唯一明确其病因的女性恶性肿瘤。为宣传普及妇女宫颈癌防治知识，使妇女能对宫颈癌早发现、早诊断、早治疗，降低死亡率。2015年3月11日下午，在江川县影剧院举办“宫颈癌防治知识专题讲座”，讲座由江川县妇联、江川县卫生局主办，江川县妇幼保健院承办，特邀云南省肿瘤医院主任医师魏向群专家进行讲解。来自全县医疗单位的女性医务人员以及行政事业单位的女性工作人员约600人参加讲座，共发放宫颈癌防治知识宣传资料1200余份。

【举办产科出血预防识别及处理培训班】 为降低江川县孕产妇死亡率，实现2015年全县孕产妇死亡为零的目标，江川县于2015年5月21～22日举办江川县产科出血预防、识别及处理培训班。来自县医院、妇幼保健院妇产科医务人员以及各乡镇卫生院妇幼保健人员共计49人参加培训。培训班邀请市医院妇产科主任马丽红及江川县具有扎实理论知识和丰富临床经验的专家为学员授课，内容涵盖产科出血预防、识别和处理；凶险型前置胎盘的产前评估和处理；羊水栓塞的预防、识别及处理；促进自然分娩；产科失血性休克的识别及救治；第三产程处理等。

【召开中东呼吸综合征防治知识培训会】 2015年6月24日，江川县妇幼保健院组织全院职工召开中东呼吸综合征培训会，40余

人参加会议。会议安排部署全院的防控救治工作。按照《中东呼吸综合征病例诊疗方案（2014年版）》、《中东呼吸综合征医院感染与预防控制技术指南（2014年版）》、中东呼吸综合征流行病学调查、院内感染、消杀工作流程、疫情报告以及救治转诊流程等进行培训。提高医护人员对中东呼吸综合征的防治能力，全面落实以切断传播途径为主的综合性预防控制措施。

【新生儿窒息复苏培训】 为进一步规范新生儿窒息复苏技术，提高医院医护人员新生儿窒息复苏的抢救水平，降低新生儿窒息的病死率和伤残率。2015年8月19日，在江川县妇幼保健院四楼会议室举办新生儿窒息复苏技术培训班。本次培训特邀请玉溪市妇幼保健院刘利群主任医师和杨芝英副主任护师进行讲授，全院儿科、妇产科医护人员共计28人参加培训。

培训采用理论和实践、教学和考试相结合的形式，针对新生儿窒息复苏所涉及的复苏原则、步骤、正压人工呼吸、胸外按压、气管插管、药物治疗等6个方面的内容分别进行讲授，并为学员进行现场操作演示和指导。

【宫颈癌免费检查项目工作】 2015年，江川县被定为国家级宫颈癌检查项目县（非HPV），江川县妇幼保健院按照《2015年江川县农村妇女宫颈癌免费检查项目实施方案》要求，按时按质按量完成2015年市级下达的1500人的宫颈癌免费检查任务。年内共免费检查35～64岁、有性生活的农村妇女1514人，检查人数中以往接受过宫颈癌检查的人数仅为173人，占检查人数的11.43%。查出患病人数855人，患病率56.47%。其中：醋酸染色检查/复方碘染色检查1054人，发现异常可疑73人；阴道镜检查210人，发现异常可疑62人；做活检22人，检出低级别病变（CIN 1）6人，高级别病变（CIN2）1人；巴氏涂片发现异常可疑23人，其中不典型鳞状上皮细胞17人，不除外高度鳞状上皮内病变2人，低度鳞状上皮内病变4人；发现低度鳞状上皮内病变的4人已做活检；滴虫性阴道炎39人，霉菌性阴道炎91人，细菌性阴道炎19，宫颈炎276人，查出患病的人中有296人接受治疗，治疗率达34.66%人。高级别病变的1人转诊到上级医院做宫颈治疗。对于查出的疾病均按照规定给与积极的转诊或治疗随访。

（周艳萍）

疾病预防控制

【关爱麻风畸残人员】 2015年1月6日，县政协党群组、医卫组委员一行20人在县政协副主席杨生明的带领下到江川县麻风疗养院看望慰问住16位麻风畸残人员。

1月29日，市卫生局副局长曲校德在副县长杨军苹陪同下，到江川县麻风疗养院看望慰问16名麻风畸残人员。

12月24日，深圳创维-RGB电子有限公司云南分公司为江川县麻风疗养院捐赠双筒洗衣机1台，为江川县麻风疗养院老人提供便利条件，提高生活质量。

【开展结核病防治日宣传活动】 2015年3月24日，江川县疾控中心开展“3·24世界结核病宣传日”宣传活动。在宣传活动现场，悬挂“你我共参与，依法防控结核”宣传主题横幅，制作结核病防治知识的宣传展板80块，发放3种印有结核病防治核心信息的宣传彩色折页500余份、宣传纸巾200包，讲解现代结核病防治策略、国家结核病防治免费政策以及肺结核病防治相关知识。

【召开全国第三轮艾滋病综合防治示范区部门工作推进会议】 根据《国家卫生计生委办公厅关于启动第三轮全国艾滋病综合防治示范区工作的通知》要求，2015年4月3日，江川县召开示范区管理工作会。会议对2014年艾滋病综合示范区防治工作进行总结，指出当前各项工作中存在的问题，明确2015年第三轮艾滋病综合防治示范区工作重点。副县长杨军苹强调，示范区的工作是艾滋病防治工作的重要内容，示范区工作的成败影响全县艾滋病防治工作全局，要完善监测检测体系，掌握疫情和流行危险因素。落实干预措施，提高干预工作质量。强化综合管理，提高感染者和病人救助救治水平。

【开展第8个“全国疟疾日”宣传日活动】 2015年4月26日是第8个“全国疟疾日”，为进一步动员全社会共同关注和支持消除疟疾工作，提高百姓对于疟疾防控意义的重视，江川县疾控中心开展以“消除疟疾　谨防境外输入”为主题的一系列相关宣传教育活动，悬挂横幅、摆放展板、设立咨询台，本次宣传活动宣传条幅1条，发放宣传单800余张、围腰200条。

【县人大调研食品安全监测检验】 2015年4月30日，江川县人大常委会调研组调研食品安全监测检验工作。调研组强调，要加强食品源头的监管，严格监控食品生产、加工、流通和消费等重点环节，坚持依法行政，严惩食品违法犯罪行为；要不断加大对食品安全工作的经费、人员的配置投入力度，切实保障各项监管工作的顺利进行；要加大宣传力度，提高群众的自我防范意识；要实现资源共享，共同为全县人民创造一个健康放心的食品消费环境。

【召开布鲁氏菌病培训会】 为进一步提升医疗机构对布鲁氏菌病的认识，有效预防和控制布鲁氏菌病的传播与流行，2015年5月9日，县卫生局召开布鲁氏菌病防治工作培训会。县卫生局，县疾控中心，各乡镇卫生院院长及布病防治业务技术人员24人参会。卫生局副局长龚有颖安排近期全县布病防控工作，要求加大布病防控知识宣传力度，开展布病监测工作，加强与农业部门沟通交流，及时互通信息。发生布病疫情后，要及时组织专业技术人员进行人畜间流调、处置，及时上报，建立从畜到人、从人到畜的追溯性调查制度和人畜间布病齐抓共管共同防控的良好局面。县疾控中心对各乡镇专业技术人员进行布病防治知识的培训。

【举办民营医院和个体诊所知识培训会】 为进一步规范医疗机构医疗行为，加强传染病信息报告与管理工作，加强对艾滋病防治知识的宣传教育工作，提升民医疗机构对传染病、艾滋病的认识，有效预防和控制传染病、艾滋病传播与流行，2015年4月30日，县卫生局卫生监督局组织举办全县民营医院、个体诊所传染病、艾滋病防治知识培训会。共培训各民营医院及个体诊所人员70余人。

【消毒杀虫行动】 2015年5月14日，县疾控中心在县城大街、上营和下营3个社区开展消杀行动，携带消杀药品对住宅区、街道、暴露沟渠、厕所、垃圾坑，展开药物消杀活动，共投放消杀药品消毒灵5000包和50瓶，消杀面积累计20万余平方米。

【县政协开展艾滋病防治专题调研】 2015年5月15日，县政协主席罗跃岗到县疾控中心开展艾滋病防治工作专题调研，查看艾滋病防治工作科室、工作室、活动场所及艾滋病筛查实验室。调研座谈会上，县疾控中心主任凌剑波就艾滋病防治工作，全县艾滋病综合防治工作现状、疫情分析、主要措施及成效等进行汇报。调研组对防艾工作给予高度评价，艾滋病防治需要多部门协作，要加强HIV/AIDS的管理工作，希望防艾工作人员总结经验、深入工作、加大宣传，发挥各部门之间的联合联动作用，进一步做好江川县的艾滋病防控工作。

【开展“防治碘缺乏病日”宣传活动】 2015年5月15日是第22个“防治碘缺乏病日”，县疾控中心在大街农贸市场开展宣传活动，主题为“科学补碘，重在生命最初1000天”。工作人员向居民发放防治碘缺乏病宣传小册子、折页，讲解碘缺乏病的危害、怎样科学补碘。宣传活动中共发放宣传品100盒，宣传画、宣传单和折页800张。

【开展计划免疫周宣传活动】 为做好免疫规划宣传工作，动员全民参与，营造全社会都来关心和支持免疫规划工作，2015年4月24～29日江川县组织主题为“预防接种——孩子的权利，社会的责任”的“4·25”全国计免宣传日活动。活动通过悬挂主题横幅、公益广告、宣传展板、宣传图片、现场咨询和发放宣传材料等形式进行。共出动宣传人员385余人次，咨询26次，广播217次，标语宣传画63幅，黑板报66期，宣传栏36期，宣传资料18442份，义诊1518人，公益广告片电视播放3次，对流动人口（农民工）集聚地、学校、集贸市场等宣传、讲解出动74人，设点26个，发放宣传材料7232份，对来咨询4590人进行疫苗相关的知识讲解。

【召开2015年基本公共卫生服务项目工作推进会】 2015年5月22日，江川县卫生局召开2015年基本公共卫生服务项目工作推进会。九溪镇卫生院院长杨红玉介绍该镇在基本公共卫生服务项目工作中的主要做法和取得的成绩。县疾控中心副主任刘江伟通报《江川县2015年一季度慢性病管理工作督导报告》。县卫生局副局长龚有颖就存在问题及下一

步工作提出要求：要高度重视督导过程中发现的主要问题，认真梳理并加于整改；临床综合医院要树立公共卫生服务意识，切实将临床与公共卫生服务相结合，共同推进整体工作；要做好重性精神疾病的筛查、复核、评估工作，认真落实双向转诊机制。县卫生局局长范江应强调，当前全县各医疗机构要重点抓好三项工作。吃透新农合政策，保证资金的安全，认真清理基本公共卫生服务项目资金的使用情况，发现问题及时整改；要加强管理，提高医疗服务能力，尤其是县级医院要从服务能力、业务水平上进行提升；各单位要强化监督，落实责任，注重安全，切实完成各项指标任务，确保今年的级绩效考核。

【市卫计委督导健康素养促进行动项目工作】 2015年7月1日，市卫计委督导组一行对江川县健康素养促进行动项目工作和控烟工作进行督导。分别对公益广告播放情况、健康巡讲、健康促进创建、重点疾病和重点领域健康教育、控烟工作进行督导。通过督导检查，健康促进项目领导对此项工作比较重视，明确专人负责工作，工作基本完成。督导组指出健康促进项目工作中存在的不足和问题。

【省防艾委督查组督查防艾工作】 2015年8月27日，省防治艾滋病工作委员会督查组到江川县就防治艾滋病防治工作进行督查。

省防艾委督查组一行在副县长杨军萍及市、县相关部门负责人的陪同下，分成2个督查小组分别深入到县疾控中心、民政局、建筑工地、团县委、妇联、红十字会、住建局以及大街卫生院、九溪卫生院等单位进行督查走访，听取相关部门负责人就全县防治艾滋病工作基本情况、主要做法和成就、存在的困难和问题及下一阶段的工作计划等情况汇报，同时，翻看台帐、查阅相关资料和文件，全面了解防艾工作情况。

通过实地督查和听取汇报，省防艾委督查组对江川的防治艾滋病工作给予充分肯定。督查组认为，县委、县政府高度重视防艾工作，措施得力，责任明确，各防艾委成员单位各司其职、密切配合，形成齐抓共管的良好局面，防艾工作取得显著成效。督查组要求江川要充分认清形势，进一步加强防艾工作，不断加大经费投入，保证各项防艾工作顺利开展；要完善多部门配合协调机制，充分发挥部门协调作用，督促各项工作的落实；要加大防艾宣传力度，深入开展形式多样的防艾宣传教育，树立正确的防艾意识，进一步扩大艾滋病的监测检测面，扎实推进艾滋病防治工作。

【开展“爱牙日”宣传活动】 2015年9月20日是第27个全国“爱牙日”宣传活动日，宣传日主题为“定期口腔检查，远离口腔疾病”。

江川县疾控中心联合江川县人民医院三门诊口腔科、江川唐保住口腔诊所分别在各自诊所门口设立宣传点发放国家免费“窝沟封闭　预防虫牙”宣传材料（一）、（二）等宣传资料1000余份、宣传挂历1000份、漱口水100份、刷牙时间沙漏计时器100份、小样牙膏100分；其中唐保住口腔诊所门口设有电子屏幕滚动播出全国“爱牙日”宣传活动内容；两定点医疗机构开通微信平台，使广大群众通过手机就可以了解口腔卫生保健知识、方便群众定期口腔检查；结合窝沟封闭口腔项目工作，宣传普及口腔卫生保健知识，使每个儿童都能获得“窝沟封闭　保护牙齿”享受健康生活的公共卫生均等化服务的权益。活动期间，利用电子屏幕对教育局、各乡镇卫生院、各村进行全国“爱牙日”，“国家免费　窝沟封闭　预防龋齿”的宣传，通过一周的滚动播出，以提高广大人民群众的口腔维护保健知识，减少儿童龋齿的发生率，促进江川县儿童口腔疾病防治工作的全面发展。

【健康知识送企业】 2015年10月16日，县疾控中心在红塔集团玉溪卷烟厂复烤二车间开展“健康知识”讲座，该车间员工100余员工参加此次健康知识讲座。

讲座上，江川县疾控中心主任凌剑波、慢病科科长杨国文讲解艾滋病防治知识、心脑血管病、高血压、糖尿病等常见病的发病诱因、病理症状及预防措施，以及如何预防和做好合理膳食、适量运动并保持平和心态提高自身免疫力，增强抗病能力等知识等；就高血压高发病、艾滋病防治，以及家庭食盐、食用油的选择等进行交流。同时展出宣传展板30块，发放宣传材料500份。

【开展《中国健康与营养》调查】 2015年10月19日至11月4日，县疾控中心分别在大街街道大街社区、江城镇云岩村、雄关乡上营村和路居镇上坝村每村随机抽查20户家庭户开展健康与营养调查以及社区调查。调查员深入家庭户开展基本状况、家庭性质、家庭的收入及开支、饮用水、卫生设施和卫生服务情况的询问、对个人家务劳动状况、烟草、酒类等的消费习惯、体力活动、健康状况及卫生服务利用、膳食和活动知识调查，对52岁以下的已婚女性还进行婚姻史，怀孕史和生育史的询问。调查中对被调查者进行健康体检和采集血液、趾甲、尿和粪便样本和7岁以下儿童口腔拭子。

【开展地震应急演练活动】 根据《江川县人民政府办公室关于开展11·6全省防震减灾宣传日系列活动的通知》，2015年11月9日，县疾控中心开展地震应急演练活动。

活动分3项内容进行。在职工中开展防震减灾知识宣传普及。抗震救灾卫生防病演练，以模拟江川县某地发生6.0级地震为背景，疾控中心应急指挥部立即启动地震应急处置预案，各抗震救灾卫生应急小分队迅速到达指定地点，展开疫情监测与传染病防控；水源、污染场所消毒和消、杀、灭药品、药械使用；水质和食物中毒样品快速检测；健康教育卫生防病知识宣传等方面演练。请曾参加2008年“5·12”汶川大地震抗震救灾的刘江伟，对演练进行现场点评，让全体干部职工了解震区卫生应急可能面对的困难，更好地掌握地震救灾防病工作中的实际应对方法。

（杨　虎）

卫生监督

【概　述】 2015年末，江川县卫生和计划生育局卫生监督局编制人数15人，在职人数7人，其中：男4人、女3人。研究生学历1人、本科学历5人、大专学历1人。局内设办公室、卫生许可审核科、卫生监督一科、卫生监督二科4个科室。2015年，江川县卫生监督局围绕全年工作任务，着力强化队伍建设、作风建设、能力建设、项目建设，加大卫生监督执法力度，严厉打击非法行医，狠抓医疗卫生、放射卫生、公共场所卫生、学校卫生、生活饮用水卫生、传染病防治及卫生监督协管服务等工作。

【单位名称变更】 根据中共江川县委文件《中共江川县委　江川县人民政府关于印发〈江川县人民政府职能转变和机构改革实施意见〉的通知》，将江川县卫生局卫生监督局更名为江川县卫生和计划生育局卫生监督局，简称“县卫计局卫生监督局”。

【工会成立】 根据江川县总工会文件《关于江川县卫生局卫生监督局工会的批复》，江川县卫生监督局工会于2015年3月20日成立。

【宣传培训】 2015年，卫生监督员共计参加省、市、县举办的各类培训11期，参培人数21人次；培训各类从业人员622人，培训合格率100%；召开个体医会议6次，参训人员380人次；编印卫生监督信息24期；2015年8月12日，召集全县3家餐具集中消毒单位座谈培训，学习《消毒管理办法》《消毒产品生产企业卫生许可规定》《餐饮具集中消毒单位卫生监督规范（试行）》《食饮具消毒卫生标准》；2015年5月28日，召开江川县2015年卫生监督协管培训会，各乡镇卫生院院长及防保科人员共16人参加培训，学习《卫生监督协管服务项目工作实施意见》《协管考核奖惩管理办法》《卫生监督协管服务制度》等，并与7个乡镇卫生院签订《目标责任书》。

【许可审核】 2015年，共计审发许可证97户（新办65户），其中：理发36户（新办24户）、住宿34户（新办23户）、生活美容8户（新办5户）、审换歌舞厅及茶室等文化娱乐场所12户（新办7户）；新办商场超市4户；审换生活饮用水卫生许可证3户（新办2户）。审换消毒产品生产企业卫生许可证3户（新办1户）；校验《医疗机构执业许可证》165户。发放从业人员培训合格证622个。

【卫生监督】 2015年，全县共有各类管理相对户659户，建档659户，建档率100%，其中：医疗机构167户、公共场所353户、学校75所、托幼机构27所、集中式供水单位9户、二次供水单位10户、医疗放射单位8户、职业病健康体检机构1家、餐饮具集中消毒单位3户、消毒产品生产企业6户。全年监督659户、798户次，监督率121%、覆盖率100%，其

中：医疗机构监督167户、206户次，监督率123%、覆盖率100%；公共场所监督353户、400户次，监督率113.31%、覆盖率98.46%；学校监督75所，监督覆盖率100%；托幼机构监督27所，监督覆盖率100%；集中式供水单位监督9户、36户次，监督率400%、覆盖率100%；二次供水单位监督10户、36户次，监督率360%、覆盖率100%。；医疗放射单位监督8户，监督覆盖率100%；职业病健康体检机构监督1户，监督覆盖率100%；餐饮具集中消毒单位监督3户，监督覆盖率100%；消毒产品生产企业监督6户，监督覆盖率100%。

【监　测】　全年共对34家医疗机构开展消毒效果监测，共抽检样品149个、合格143个，样品合格率96%；委托县疾控中心抽检餐饮具集中消毒单位3家、合格3家，共抽检样品32个、合格32个，样品合格率100%；抽检公共场所17家，采集样品206个、合格200个，样品合格率97.08%；在枯、丰水期对39个水源监测点进行采样监测，共采集样品46个、合格40个，样品合格率86.95%。

【公共场所量化分级】　2015年，共对296家公共场所进行量化分级，其中住宿业A级单位7家、B级单位5家、C级单位95家；理发场所C级单位141家；美容场所C级单位46家；公共浴室C级单位1家；游泳场所C级单位1家。

【行政处罚】　2015年，江川县卫生监督局加大卫生监督执法力度，1～12月共有违反医疗机构卫生法律法规的行政处罚案件18件，罚款金额33300元。

【打击非法行医工作】　2015年，江川县卫生监督局加大打击非法行医力度，以社会各界投诉举报、日常监督检查、各乡镇卫生院卫生监督协管上报信息及以往因非法行医受过行政处罚的人员（场所）名单为主要线索，开展监督检查。2015年共查处超范围行医和使用非卫生技术人员行政处罚案件9件，罚款金额20000元；无证行医案件5件，罚款金额6000元，其中法院以非法行医罪判处有期徒刑1年，并收监执行的案件2件。

【卫生监督协管服务工作】　2015年，江川县有乡镇卫生院7家、村卫生室71家，共有卫生监督协管员24人、卫生监督信息员71人，共95人。全年应报卫生监督协管服务信息报表12次、时报12次，上报率100%；应巡查537户、实巡查500户次，巡查率93%；应考核卫生监督协管站7个、实考核7个，共抽查村卫生室13个，对检查中存在的基础档案资料不全、信息报送数量不足、卫生监督协管巡查记录及书面整改意见文书书写不规范等问题现场提出整改意见，要求立即整改。

【公共场所艾滋病防控】　2015年，江川县卫生监督局加强对辖区内住宿场所、文化娱乐场所推广使用安全套监督执法及宣传工作，共发放卫生监督意见书140余份，督促以上场所摆放安全套，卫生监督覆盖率达100%。

【卫生安全保障】　2014年12月23日至2015年2月19日，江川县卫生监督局共出动车辆15车次，人员25人次，以江川县大中型住宿场所重点检查为主，小型住宿场所抽查为辅，以抽查方式对全县住宿场所进行卫生监督检查，确保2015年元旦、春节期间住宿场所卫生安全。2015年6月1日、6日，共出动车辆2车次，人员6人次，对提供中高考考生集中住宿场所进行监督检查，重点检查接待场所是否持有有效卫生许可证、从业人员是否取得健康合格证明、卫生设施是否正常运转、生活饮用水是否符合国家有关卫生标准和要求等。检查共发放卫生监督意见书4份，保障2015年江川县中高考考生住宿卫生及生活饮用水卫生安全。

【卫生监督协管绩效考核】　2015年10月13～16日，云南省基本公共卫生服务项目卫生监督绩效考核组对2015年江川县卫生监督协管工作进行绩效考核评估。考核组采取查阅资料、现场核实、走访服务对象等方式，从组织管理、实施内容、实施效果等方面开展考核，严格按照考评内容和标准对江川县卫生监督局、江城镇卫生监督协管站、江城镇云岩村村卫生室等卫生监督协管服务机构进行检查考评，同时对管理相对人进行满意度调查。江川县卫生监督协管工作得到考核组肯定，卫生监督协管服务机构完成省级和市级下达的各项目标任务。

【春秋两季学校卫生监督】　为进一步加强学校卫生管理，确保学校卫生规范和广大师生身心健康。2015年3月、9月，由县教育局牵头，县公安局、县食药监局、县卫生监督局联合组成检查督查组，对全县学校、托幼机构开展全面检查。江川县卫生监督局以学校医务室、常见传染病防控、生活饮用水卫生、教室环境卫生、学生健康体检等为监督检查重点，共检查中小学75所，下达卫生监督意见书152份；检查托幼机构27所，下达卫生监督意见书72份，对部分学校及托幼机构存在的传染病防控工作台帐登记管理不够规范，内容缺项、漏项比较普遍；学校自建水源管理不够规范，饮用水源保护存在安全隐患；民办幼儿园卫生设施不够规范，传染病防控工作不到位等问题，提出整改意见，要求及时整改。

【深化公共场所量化分级工作模式】 2015年，江川县卫生监督局继续创新管理模式，对2014年评出的7户A级单位和5户B级单位加强监督检查，并多次与市、县两级卫生监督员交流工作经验，改变县卫计局卫生监督局单方评查、监督的模式，确保量化分级评比的公平、公正与客观性，增加量化分级评比过程的透明度。

【市卫生监督局开展稽查工作】

根据《云南省卫生计生委办公室关于开展2015年卫生计生监督执法专项稽查工作的通知》《玉溪市卫生局转发云南省卫生计生委办公室关于开展2015年卫生计生监督执法专项稽查工作的通知》文件要求，市卫生监督局于2015年7月15日，对江川卫生监督局开展2015年卫生监督执法专项稽查工作。从稽查制度建设及落实情况、卫生监督员管理、卫生监督举报投诉工作、卫生监督稽查工作相关资料整理、卫生行政许可及处罚工作等方面对江川县卫生监督局稽查工作进行综合稽查，针对稽查中发现的问题，下达卫生行政执法建议书，同时对江川县卫生监督局稽查工作提出新的工作要求。

【市卫生监督局督导检查餐饮具消毒专项整治工作】 为整顿规范江川县餐饮具消毒管理工作，2015年11月6日，市卫生监督局科长邓江伟一行对江川县餐饮具集中消毒单位进行现场监督检查，规范餐饮具消毒行业的卫生要求和工序流程。检查组检查餐饮具集中消毒单位生产场所是否否符合国家相关卫生标准和要求；餐具消毒工艺流程是否规范，是否按要求去渣、冲洗、烘干、消毒、包装及储存；使用中的消毒剂、包装材料及存放容器是否符合国家相关卫生标准和要求，是否索取相关证件；从业人员是否取得有效的健康证明等。全面规范餐具消毒服务市场。

【开展放射诊疗专项检查工作】

为认真贯彻落实《中华人民共和国职业病防治法》《放射诊疗管理规定》等法律法规，进一步加强江川县医疗机构放射诊疗工作的管理，江川县卫生监督局于2015年8月1～27日共出动执法人员15人次，执法车辆5台次对全县5家放射诊疗机构进行专项监督检查。从放射诊疗机构持证情况、放射工作人员情况、机房警示标志设置情况、个人防护用品的配备情况等方面展开监督检查工作。对检查中发现的问题，下发卫生监督意见书，要求限期整改。提高各医疗机构负责人对放射防护工作重要性的认识，促使医疗机构建立健全放射诊疗的各项规章制度，对消除各种放射安全隐患，确保放射诊疗工作安全规范开展。

【市卫生监督局督导检查卫生监督协管工作】 为切实做好2015年全市卫生监督协管服务项目实施情况督导考核工作，促进项目开展和任务落实，充分发挥县、乡、村卫生监督协管网络作用，确保群众受益。市卫生监督局副局长刘丙兴一行5人组成督查组于2015年11月11日对江川县路居镇卫生监督协管站、前卫镇卫生监督协管站2家单位进行督导检查。以卫生监督协管服务机构的队伍建设、项目实施、效果评价等方面开展。强调卫生监督协管站在信息上报、协管巡查、档案管理中存在的问题。现场指导卫生监督协管员及信息员如何准确、及时地上报协管巡查情况及协管信息；如何整理、规范协管档案。

（黄　蓉）

爱国卫生

【加强县城卫生整治】 2015年，加大县城薄弱环节和街头巷尾，背街小巷，集贸市场，城郊结合部等卫生死角及街面的全日保洁，道路清扫保洁、公厕清掏清扫、垃圾日产日清率100%，机械化洒水降尘率85%以上，机械化清扫率45%，垃圾进行无害化填埋处理，共收集、清运生活垃

圾总量20520吨，收集清运粪便85吨，处理垃圾29930吨，垃圾无害化处理率100%；落实《卫生县城标准》指标任务，加强县城街道的美化绿化亮化管理工作，对县城内人行道树、分绿隔离车带、草坪进行修枝造型，对死树进行清理，补植石楠、冬樱花、桂花等乔木37株，栽植575植香樟、天竺桂、云南樱花和蓝花楹。对7.7万平方米的绿篱施肥2遍和8900余株乔木的病虫害防治喷洒农药5遍。对城区路灯进行全面检修与建设，对18只垃圾厢、12辆清运车、35只果皮箱等环卫设施进行维修维护；加强查处违章占道经营、乱停乱放、乱帖、乱画的执法，清除违章占道2150处、清除乱贴小广告13000张，重点开展对废旧物资收购点和散体物料运输专项整治，落实与城区2350家商户签订的"门前三包"责任书的巡查督促；实施县城星云路、明珠路、振兴街街区整治工程，工程总长2745米，重点整治3条道路的平面线性、断面形式、绿化树种、市政工程以及沿街建筑风格等，同时对3条道路的主、次、支路进行清理整治，打通不畅道路，拆除环岛，设置交通信号灯、安装道路隔离栏，已完成3条街道的雨污管网建设、沥青路面铺设、路灯改造装饰、人行道树栽种、交通标识、一个高8米宽12米的电子显示屏、振兴街改造为单行道，形成交通微循环及公交站台设置等；坚持精细化长效管理机制，按创卫指标要求，细化分解，责任到人，严格按照《道路清扫保洁质量考核标准》对承包地段实行日检月评的办法，保证县城街道环境卫生质量良好。

【开展春节爱国卫生运动】2015年新春佳节之际，利用广播、板报等各种宣传媒体，开展卫生知识宣传和教育，增强广大群众的大卫生意识，参与爱国卫生运动。江川电视台播出《健康面对面》节目，向观众宣传卫生保健防病知识，在《江川新闻节目》开办"关注民生专栏"及时报到9条春节爱国卫生活动的新闻，为春节期间的爱国卫生活动营造舆论氛围。进一步开展《食品安全法》宣传，加大对公共场所卫生监督。县食品监督部门出动车辆2车次、人员10人次，发放宣传材料200余份，展出食品安全知识宣传展板5块。查处经营超过保质期食品经营户5户，对其进行教育和没收过期食品处理，查处采购食品索证索票不全经营户4户、库房环境卫生脏乱差餐饮单位1家，并进行责令整改；卫生部门加强对大型住宿场所、超市、集中式供水单位的监督检查。出动车辆10车次、人员20人次，监督检查9家住宿场所、5家商场超市、监测生活饮用水厂2家，监督集中式供水单位6家，下达卫生监督意见书22份，对存在问题提出整改意见，保障食品及饮水安全。突出重点，对乱堆物、乱停放、乱涂画、乱张贴、乱扔垃圾等现象，开展专项整治。以"群众自主、全面清扫、不留死角"总要求，发动群众清理环境卫生。县城清运垃圾65吨，清除粪渣25吨，清理乱贴乱画小广告340条，清理占道经营80余起；乡村清扫街道767542米，清除卫生死角30处，清理沟渠99410米，清运垃圾750吨。

【开展四月爱国卫生月活动】在第二十七个全国爱国卫生月到来之即。县爱卫会下发文件，要求各级各部门围绕"全民参与爱国卫生，共建共享健康中国"主题，宣传和贯彻国务院《关于进一步加强新时期爱国卫生工作的意见》，开展爱国卫生运动。利用广播电视、板报宣传栏等形式开展宣传，江川广播台电视台发挥舆论监督作用，及时宣传报到好的经验和作法，对脏乱差突出问题进行曝光，县广播台播出相关新闻38条、卫生公益广告120条，开播《健康生活栏目》5期；县电视台播出相关新闻15条、标语广告360条次，开播《健康面对面栏目》4期。卫生、教育、各乡镇政府（街道办事处）及群团组织结合实际，开展健康教育，普及卫生防病知识，宣传《禁止毒品预防艾滋病》《卫生与保健》《保护环境教育》及手足口病等其它传染病的科学预防知识，引导广大群众和中小学生增强健康意识，提高自我保健能力。卫生系统出宣教展板84块，发放宣传资料21544份；教育系统各中小学校出黑板报131期，发放宣传资料4231份，上卫生健康教育课912节；江城镇广播宣传321次，出黑板报86期，开专题会议192场次；前卫镇开专题会议85场次；出黑板报11期，发放宣传资料2000份；团县委组织各级团委出黑板报72期，出宣教展板64块，发放宣传资料3750份。

以环境卫生整治为重点，把活动的重心放在县城、集镇和旅游风景区（点）。按照属地管理的原则，发动群众，组织动员各方面的社会力量，以环境卫生整治为重点，切实搞好日常保洁，从根本上解决脏、乱、差的现象。县城狠抓小旅馆、小餐饮店、小浴室、小美容美发厅、小歌舞厅的治理。各单位开展居住区及工作环境卫生整治，疏通污水沟道，填平坑凹，清除蚊蝇虫媒孳生地，保持卫生清洁，树立单位良好形象。清除街道、巷道、公厕、宿舍等墙面上乱贴广告和乱喷涂的办伪证电话号码，尤其是城郊结合部的卫生大清理。进一步整顿市场秩序和交通秩序，完善和落实“门前三包”责任制，基本达到治乱、治脏、治差的目的。县住建局做好81.2万平方米县城街道的清扫保洁工作，城区垃圾日产日清，不留死角，共运垃圾165吨，并对9座公厕粪池进行保洁抽吸粪水25吨，清除卫生死角6处，对县城垃圾桶厢和果皮箱进行清洗，坚持每天出动洒水车16车次沿街洒水降尘。交通运输局重点对客运站、交通沿线的路域环境及客车箱内加强卫生清扫与保洁，共组织200人次，出动车辆40辆次，清除垃圾168吨，清除卫生死角12处。公安局出动160余人次，出动车辆6辆次，重点对内部公厕、下水道阴沟、生活居住和办公区卫生及食堂进行彻底冲扫、疏通、整治，共清除垃圾2吨，清理污水沟800余米，卫生死角8处。开展城区道路交通专项整治，严查无证驾驶、涉牌涉证、飙车酒驾、超速超员、不按规定车道行驶、城区乱停乱放和违反交通信号等交通违法行为。加强对拖拉机、三轮摩托车、中型以上货车等高噪音、高尾气排放车辆，严格执行早8时至晚8时中心城区限入规定。城管执法局重点开展对废旧物资收购点和散体物料运输专项整治，清除违章占道195处，清理大街小巷非法张帖和喷涂的小广告742张。

农村以创建卫生村为龙头，结合美丽乡村建设，开展环境卫生整洁行动。动员基层单位和群众，集中开展清理整治活动。重点清理村镇入口以及公路、沟渠沿线的生活垃圾。动员群众加强厕所、畜圈卫生保洁，清理房前屋后、庭院内外的生活垃圾，为广大群众营造健康、宜居、和谐的生产生活环境。大街街道组织村组8400人次，出动车辆37辆次，清扫道路12642米，清理污水沟渠7771米，清扫公厕183个，清除乱贴乱画小广告500张，清理卫生死角50处，清运垃圾80吨；路居镇组织村组10000人次，出动车辆200辆次，清理污水沟渠1500米，清除乱贴乱画小广告18张，清除卫生死角15处，清运垃圾100吨；江城镇组织村组5419人次，出动垃圾车166辆次，清扫街道108383米，清理污水沟渠55231米，清理公厕211个，清理垃圾池、房、箱269个，清除违章占道174处，清除乱贴乱画小广告1207张，清除卫生死角165处，清运垃圾3303.4吨。组织全县青年团员和少先队员4968人次，出动车辆36辆次，清扫路面17509米，清理污水沟8270米，清除违章占道9处，清除乱贴乱画小广告715张，清除卫生死角28处，清除垃圾265.2吨。

按照《食品安全法》《公共卫生管理条例》对全县公共场所、宾馆、饭店、学校食堂、酒店和旅游风景区的农家餐饮业及食品生产经营单位进行卫生监督，杜绝卫生不合格的食品上市，严厉查出违法经营者，杜绝食源性疾病发生。监督检查公共场所经营单位30户。其中，住宿场所13户，理发美容场所13户，其它公共场所4户，发放卫生监督意见书30份。抽查食品单位298个，发现存在问题2户，销毁不合格食品500千克，罚款6000元。加强对饮用水源水质安全监测与管理，抓好各道关键环节，对自来水和81口供水井及740个二次供水箱进行检查和清扫消毒，保持水质达标，防止水源性疾病的流行，确保人民群众的身体健康。

【开展第二十八个世界无烟日活动】 2015年5月31日，是世界卫生组织发起的第二十八个世界无烟日。县爱卫会及时下发文件作出安排，同时发出相关宣传材料“世界卫生组织烟草控制框架公约”和“吸烟危害相关知识”239份，并确定5月28日至6月3日为宣传禁烟日时间。

全县各级各部门贯彻落实《关于领导干部带头在公共场所禁烟有关事项的通知》要求，围绕“无烟生活”主题，以《世界卫生组织烟草控制框架公约》《吸烟危害相关知识》为主要内容，以版报、广播、会议、电子屏幕及禁烟标志和发放宣传材料等方式开展“吸烟有害健康”宣传活动。

江川广播电视台及时转播中央、省、市级广播电视宣传“吸烟有害健康”活动的节目，及全国开展第二十八个世界无烟日活动的情况；利用广播、电视等媒体大力开展“无烟生活，健康中

国”及“吸烟有害健康”知识的控烟宣传活动，在活动中反复播出24次。县图书馆全体职工开展“世界无烟日”宣传活动。在活动期间利用电子屏，以无烟生活为主题和吸烟有害的知识进行宣传，向读者发放500余份的宣传资料。

卫生医疗单位通过现场讲解咨询，发放宣传材料等方式开展宣传。县疾控中心利用“世界无烟日”宣传时机，开展预防烟草危害以及控烟戒烟知识的宣传。制作“无烟江川，健康中国”海报2块，向全县医疗卫生单位发放控烟宣传材料16种2592份，利用江川县综合气象平台发布控烟宣传信息。县中医医院设立咨询点，在正大门电子屏幕滚动播放控烟宣传主题；在院门诊和病房发放吸烟有害健康宣传册、折页等宣传材料200余份，向住院病人和陪同人员讲解吸烟有害健康医学知识，及时制止吸烟者，并告诫病人及家属禁止在院内吸烟和接待咨询150余人。大街卫生院8名医务员在5月31日，配戴控烟监督员标志到医院门诊和住院部及3个村卫生所，重点讲解吸烟的危害。设咨询台2个，发放宣传资料245份，通过现场劝解等宣传形式，向患者群众宣传控烟健康教育知识。向在医院就诊的25名患者发出“烟草致命如水火无情，控烟履约可挽救生命”倡议。

教育系统在“无烟日”活动中，组织师生参与活动，出板报75期，校园广播150余次，利用升国旗仪式举行以“拒吸第一支烟，做不吸烟的新一代”的控烟启动仪式75次；各学校在大门口、会议室等设立禁烟标志、挂图150余张。为加强学生行为习惯养成，各校利用“无烟日”活动，对学生进行《中小学生守则》《中小学生日常行为规范》的学习教育，为创建无烟学校起到积极作用。

县交通运输局要求江川客运站、星安客运公司、华泰江川分公司，开展无烟日宣传活动，并完善460辆客运车内张贴的禁烟标志；同时分发禁毒防艾、吸烟危害健康宣传资料1000余份。5月31日，江川客运站开展无烟日宣传活动，清洗候车厅禁止吸烟标志牌，更换无烟宣传栏1期，当天站内劝阻吸烟人员170人次，向乘客发放宣传资料500余份。

【开展以防控登革热为主要活动内容的爱国卫生运动】 2015年，受气候等自然因素影响，西双版纳州景洪市、德宏州瑞丽市、临沧市耿马县等地不同程度出现登革热疫情（登革热是由登革病毒引起的急性蚊媒传染病，主要通过埃及伊蚊或白纹伊蚊叮咬传播，是传染病防治法规定报告的乙类传染病），防控形势较为严峻，为配合做好江川县对登革热疫情的综合防控工作，县爱卫会开展以“预防登革热疫情”为主题的爱国卫生运动。发出相关宣传材料“登革热的预防常识”420份。

以属地管理原则，开展以灭蚊、清理蚊虫孳生环境为主的爱国卫生运动，切实搞好日常保洁，从根本上解决脏、乱、差的问题，把蚊虫密度控制在安全水平以下。九溪镇利用网络、宣传标语、墙报等形式广泛开展宣传教育，普及登革热防控知识，使群众自觉行动起来，清除室内外蚊蚴孳生场所。辖区内各中小学校进行专题宣传，通过召开家长会、走访等形式，引导家长做好儿童的防范工作。镇卫生院发放健康宣传资料500余份，各村卫生所指导群众开展群防群控，自觉做到不乱扔、乱倒、乱吐、乱画、乱张贴，提高爱卫意识，全镇发放登革热宣传资料1200余份。以村民小组为单位，组织辖区内各住户开展灭蚊工作，发动群众进行翻盆倒罐，及时清除积水，并针对周边环境，进行强化施药灭蚊，集中开展环境卫生整治，彻底清除卫生死角。特别对垃圾箱、公厕、阴沟、绿化带、房前屋后及其他容易孳生蚊蝇的场所进行清理，消灭越冬蚊蝇。共清除卫生死角24处、清运垃圾37吨、清除违章占道5处，清除乱贴乱画小广告29张，清扫街道5800余米，清理九溪大河4000余米。县市场服务中心出动200余人次，在市场巡视时进行宣传，正确引导舆论，科学宣传普及知识，引导广大群众健康卫生行为养成，组织动员市场各方力量，做好防蚊、灭蚊和垃圾及时清理，切断传播途径，消灭蚊虫滋生地，清理积水，喷洒杀蚊剂消灭成蚊，改善卫生环境，清理垃圾40余吨，加大对食品卫生和公共场所卫生的监督力度，确保市场环境整洁和食品卫生安全。

【加强健康教育】 各级大力宣传卫生科学知识，发放卫生知识宣传材料31525份，展板148块，出宣传栏板报300期，使群众健康意识和自我保健能力得到提高；

加强学校卫生常识教育，使学生从小养成讲卫生、爱卫生的良好习惯。

【除四害活动】 县属各单位、各乡镇开展以灭鼠为重点的除四害活动，对生活环境进行药物喷洒，投放灭蟑药45千克，灭蚊灭蝇20263平方米，降低蚊、蝇、蟑螂的密度，县城投放灭鼠毒饵533千克，预防鼠类传染病的发生。对消除四害孳生场所，改善卫生状况收到良好效果。

【农村改水改厕工作】 各级加强领导，积极配合，多渠道积极争取资金，力推改水改厕工作。农村改水受益人口4000人，改卫生厕9口。

【开展创建卫生村活动】 根据《玉溪市人民政府办公室关于印发〈玉溪市卫生村检查考核管理办法（试行）〉的通知》，按照云南省卫生村检查评比标准及考核管理办法，开展创建卫生村活动，坚持自愿和合格一个申报一个的原则，县爱卫会指导、督促和检查大街街道大庄社区、路居镇小凹村争创“玉溪市卫生村”，并向市申报2个创建卫生村材料。市爱卫会于2015年7月组织检查组进行实地检查考核，2村获得“玉溪市卫生村”的荣誉称号。指导、督促和检查雄关乡白石岩村创建“云南省卫生村”。“白石岩村委会”在2012年开展第三批市级卫生村创建活动中，获玉溪市卫生村称号。在此基础上，县爱卫会于10月向上级推荐申报白石岩村创建省卫生村的材料。云南省爱卫会以文件决定江川县雄关乡白石岩村委会为“云南省卫生村”。白石岩村是江川首个获省级卫生村荣誉称号的村委会。至此，江川县有9个市级卫生村和1个省级卫生村。

（李明川）

社　会

编辑　徐凡清

人力资源和社会保障

【概　述】　2015年，江川县人力资源和社会保障局围绕“民生为本，人才优先”工作主线，深入“促就业、重保障、惠民生、强人才”工作战略，适应经济发展新常态，落实更加积极的就业政策，深化社会保障制度改革，加强人才队伍建设，推进人事制度改革，推进工资收入分配制度改革，构建和谐劳动关系，强化服务能力建设，推进法治人社建设，推进依法行政，推动人力资源社会保障工作更上新台阶。

【公务员培训】　完成2015年度公务员和参公人员人才统计上报工作。组织53名新招录公务员参加初任培训，23名公务员参加任职培训。组织政府系列1126名公务员参加公务员通用能力培训。

【专业技术人员教育培训】　2015年教育系统共培训4698人次，其中：中考科目学科教师专题培训1300人；新教师岗前培训75人；“国培计划”培训566名中小学（幼儿园）教师参加培训（短期36人，远程530人）；中小学教务主任培训110人；中小学教师履职晋级培训325人；“伍集成文化教育基金会”乡村小学校长培训20人；《中小学教师专业标准》学习培训2262人；外出短期培训40人。采用远程教育形式培训卫生系统卫生专业技术相关知识542人次；农业系统继续教育培训103人次，林业系统专业培训89人次，水利系统专业培训18人次，环境系统培训14人次，其他系统合计136人次。全年培训共计5600人次。

【职称改革】　教育、农业、水利、建设等系统共申报高、中、初级专业技术职务402人，其中：正高3人，副高级228人，中级86人，初级95人。已评审通过358人，其中：正高级2人，副高级177人，中级84人，初级95人。开展鼓励专业技术人员到基层服务工作，上报乡镇基层专业技术人员需求岗位56名。开展第二批基层专家科研工作站申报工作，共申报3家企业设立基层专家科研工作站。推荐申报“省政府特殊津贴”1名，并获评审通过。

【事业单位岗位设置】　完成事业单位岗位聘用1469人，放宽政策聘任的高级专业技术人员47人，其中：县级事业单位10人，乡镇事业单位37人。属放宽政策的这47人中教育系统33人，农业系统10人，文化系统1人，卫生系统3人。聘用合同签证883人，解聘57人，开除2人，终止106人。

【公务员年度考核】　完成2014年度公务员考核，全县应参加考核人数1127人，实际参加考核人数1126人，未参加考核人数1人（病假超过半年），其中：优秀219人，称职856人，不定等次51人。

【专业技术人员年度考核】　完成2014年度事业单位工作人员考核，事业单位实有3928人，应参加考核人数为3928人，实际参加考核人数为3839人，未参加考核人数98人（教育系统招考78人，病休人员20），其中：优秀等次563人，合格等次3138人，未定等次138人。

【农村乡土人才培养】 江川“铜锅王”民间手工艺人陆培兴荣获“云岭首席技师”荣誉称号，成立大师工作室，以培训带动就业和民族民间特色工艺发展，为江川传统乡土人才培养探索出一条新路子。扶持江川县农民工莫小宽自主创业，并获“全国优秀农民工”荣誉称号。

【毕业生就业指导】 坚持“人才是第一资源”宗旨，加强“人才服务社会”理念，全年共有1001人应届高校毕业生登记报到，其中研究生6人，本科495人，专科328人，中专172人。组织供需见面会1次，提供就业岗位359个（其中适合高校毕业生岗位359个），签订就业意向112人，参加求职人员629人次。截至2015年末，尚未就业的大中专毕业生644人，其中：应届毕业生632人，往届毕业生12人。

【人事代理】 以人才中心为载体，以档案管理为核心，以优质服务为宗旨，以创新为突破口，加强对档案材料的完善管理工作。江川县共有1209人进行人事代理，其中，事业单位聘用1108人，其他101人。

【人员流动管理】 事业单位办理调动172人，其中：调出江川县12人，调入江川县12人，县内流动148人。

【人事考录】 进一步健全和完善事业单位公开招聘制度，实现事业单位公开招聘的制度化、规范化和科学化，确保招聘过程公开、公平、公正。公开招聘181人，其中教育系统公开招聘教师108人，卫生系统公开招聘工作人员26人，乡镇事业单位公开招聘工作人员47人；提前招聘高中教师37人。

【军转安置工作】 做好全县62名企业军队转业干部的维稳与解困工作，发放企业军转干部的困难生活补贴324508元，春节慰问8人。做好8名自主择业军队转业干部的管理工作。

【工资变动审批工作】 职务变动晋升工资和事业单位岗位变动407人；办理特殊岗位津贴变动59人；113人见习人员办理转正定级手续。办理丧葬抚恤费及遗属困难补助48人。

【退休审批】 机关事业单位按政策办理退休共139人，其中按公务员法提前退休2人，因病提前退休1人。企业及自谋职业者341名职工办理正常退休手续，其中特殊工种退休13人，民办教师及两参人员217人。

【工伤认定和劳动能力鉴定】 全年共收到工伤申请198件，受理198件，其中，个人申报3件。由市人力资源和社会保障局认定198件，其中：属于工伤196件，不属于工伤6件。需要劳动能力鉴定42人，经市劳动能力鉴定委员会已鉴定42人，其中：因工六级1人，因工七级1人，因工八级7人，因工九级10人，因工十级18人，因病完全丧失劳动能力4人。

【就业再就业】 城镇新增就业2217人，城镇失业人员再就623人，特殊困难群体再就业582人，开发公益性岗位506人，城镇登记失业率3.18%。“贷免扶补”扶持创业人数50人，失业人员小额担保贷款扶持创业人数550人，小额担保贷款扶持劳动密集型小企业户数1户。宣传大学生创业扶持政策，无偿资助大学生1名，场租补贴5名，二次贷款贴息3名，扶持微型企业25户。

【农村劳动力转移】 农村劳动力转移就业609人，农村劳动力培训621人，零就业家庭实行动态清零。

【企业养老保险】 企业基本养老保险参保406户，其中：国有104户，集体8户，外资1户，其他企业（含股份制和私营企业）293户。企业参保10000人，企业离退休人员参保3396人。企业职工基本养老保险应收缴基金5903元，实际收缴5841万元，收缴率99%；发放3140名企业离退休职工养老金6402万元，发放率100%。

【机关事业单位养老保险】 机关事业单位参保户数180户，参保职工5415人，机关事业单位离退休人员参保1911人。应收缴基金8161万元，实际收缴8161万元，收缴率100%；发放1921名行政事业单位离退休职工养老金7890万元，发放率100%。

【被征地农民养老保险】 2015年，共为608人办理被征地农民养

老保险，收取个人保险费及政府补贴收入291.65万元；为5452人发放被征地农民养老保险养老金及退保金426.10万元。

【新型农村和城镇居民养老保险】 城乡居民社会养老保险参保16.75万人，缴费率96.75%。发放养老金4239.89万元，为3.85万名60岁以上老年人发放养老金4239.89万元。办理退保919人，支付退保金134.99万元。发放重度残疾人养老金补助7.64万元，为1230人发放丧葬补助费73.8万元。开展新老农保合并工作，已导入系统未领取待遇34084人，个人账户积累额18915357.50元；已领取待遇6992人，剩余额2986331.54元；未导入系统未领取待遇13133人，个人账户积累额5760202.62元；未导入系统已领取待遇962人，剩余额361580.21元。

【城镇职工基本医疗保险】 参加城镇职工基本医疗保险的单位424户，参保人数14114人。

【城镇居民基本医疗保险】 参加城镇居民基本医疗保险15421人。

【失业保险】 严格执行《云南省失业保险条例》，做好失业人员的接收、登记工作。参加失业保险人数7203人，失业保险费收入575.19万元，334人领取失业保险金，发放失业保险待遇83.19万元。

【工伤保险】 全县工伤保险参保人数15235人，其中企业参保9633人，机关事业单位参保5602人。工伤保险基金应收缴607万元，实际收缴602万元，收缴率99%；工伤保险待遇支付431万元，其中，支付企业职工363万元、机关事业单位职工68万元。

【生育保险】 生育保险参保9411人，其中企业参保3811人，机关事业单位参保5600人。生育保险应收缴基金176万元，实际收缴176万元，收缴率100%；生育保险待遇支付127万元，其中，支付企业职工101万元、机关事业单位职工26万元。

【劳动合同登记备案】 按照合同登记备案的要求，对456户用人单位3259人的劳动合同进行登记备案，劳动合同签订率93%。执行不定时或综合计算工时的1户，涉及职工13人。签订6个区域性工资集体协商合同，覆盖企业312户，单独签订工资集体协商合同的企业57户，签订2个行业性工资集体协商合同，覆盖企业65户，共涉及劳动者职工7399名。

【劳动人事争议案件处理】 处理劳动人事争议案件20件，涉及当事人34人，其中调解5件，撤诉2件，不予受理1件，裁决12件。结案率100%。

【信访工作】 认真落实信访工作十项制度，做好来信来访工作，及时答复群众咨询的政策问题，共接待涉及工资、工伤、福利等问题来访群众229人次，处理其他部门转办来信3件，直接答复率80%以上，结案率100%。

【社会保险登记】 根据《社会保险费征交暂行条例》《社会保险登记管理暂行办法》的规定，督促用人单位办理社会保险登记。2015年，共发放社会保险登记证785份，其中机关和社会团体84份，事业单位158份，企业392份，其他151份。

【劳动监察】 组织开展劳动保障执法年审，共审查各类用人单位528户。全面推进农民工工资保证金制度，保障农民工工资支付。52户建筑施工企业上缴农民工工资保证金1821.91万元。2015年，为1378名农民工追回所欠工资1848.89万元，协调解决18起欠薪来访事件。

【日常巡查】 做实日常巡查工作，规范用人单位的用工行为。先后对辖区内各类用人单位241户次进行巡查，达到日常巡查的目的。

【专项检查】 开展“农民工工资支付”“清理整顿人力资源市场”等专项检查3次，检查用人单位47户。对检查中存在违法行为的用人单位进行整改，纠正存在的违法行为，维护社会稳定。

【企业退休人员社会化管理服务】 全县建立自管学习大组8个，以各社区、村（居）委会建立自管学习小组80个，全县企业退休人员3733人，其中：机关事业单位退休工人325人，企业退休人员3408人。全县实现企业退休人员社会化管理率100%，社区管理率99.03%。全年走访看望生病住院退休职工507人次，报销金额32420元；对病故退休职工家属进行安抚并协助办理丧事72人次，报销金额10800元。

【信息公开】 本着依法行政、公开公正、高效便民、监督问责的原则，公示相关信息153条，通报事项16项，公开信息540余条。

（李江艳）

机构编制

【概　述】 江川县机构编制委员会负责管理江川县所有纳入国家行政编制、事业编制和政法编制的单位的编制安排。江川县机构编制委员会实行委员会工作制度，属于委员会职责权限的有关事项，由委员会集体讨论决定。委员会会议的主要内容是：讨论行政管理体制和机构改革的方针、政策和方案；审议县级党政群机关各工作部门的职能配置、内设机构、人员编制和领导职数方案；讨论有关机构与编制管理的规定与办法；审议或审定委员会职责中规定的其他事项。江川县机构编制委员会的常设办事机构为中共江川县委机构编制办公室（简称“县委编办”），县委编办负责委员会的日常工作。中共江川县委机构编制办公室，为中共江川县委的工作部门，与江川县事业单位登记管理局合署办公。2015年，县委编办加强增人使用编制计划管理；提请召开县编委会议5次；深化行政审批制度改革，推进政府职能转变；全力推进、整合不动产登记职责和机构；进一步完善各项规章制度，规范工作流程，完善学习制度，深入中央、省、市机构编制管理政策法规，提高政策理论水平和业务水平；事业单位法人登记和年检工作取得新成效；壮大机构编制队伍，新招考1名工作人员，工作人员由8名增到9名。

【事业单位法人登记和年检】 事业单位登记管理局推进事业单位网上登记管理，做好事业单位网上登记管理工作。做好事业单位法人设立（备案）、变更、注销登记的日常工作。完成2014年度事业单位法人检验工作。推进事业单位网上登记管理系统的使用工作，做好事业单位网上登记管理。对所有事业单都要求位进行网上登记和年检。简化办事程序和年检时限，提高工作效率。

【增人使用编制计划管理】 执行增人使用编制计划管理。下达2015年机关事业单位缺编补充人员使用编制计划295名，其中：县直、乡镇机关补充工作人员47名（含党政机关公开招考23名、法院公开招考2名，检察院公开招考2名、乡镇机关公开招考20名）；事业单位补充工作人员195名（含教育系统补充教师85名、择优招聘在岗代课教师25名，其他事业单位补充工作人员85名）；县外选调6名；县内选调26名；城镇退役士兵“双考”安置21名。

【机构编制管理】 坚持集中统一管理，严格照章办事，严格依照法定的权限和程序履行职责。坚持机构编制“一支笔”审批，严禁违反机构编制审批权限和程序决定机构编制事项。提请召开县编委会议5次，经县编委会议研究同意，审定《江川县人民政府职能转变和机构改革实施意见》，由县委、县政府印发；审定县发展和改革局、县旅游发展局、县市场监督管理局、县卫生和计划生育局、县文化广电和体育局、县住房和城乡建设局“三定”规定，由县政府办印发执行；整合县级不动产登记职责，在江川县国土资源局加挂“江川县不动产登记管理局”牌子，江川县国土资源局增设内设机构“不动产登记股”，成立“江川县不动产登记中心”；增加中共江川县纪委、江川县畜禽改良站、江川县建设工程招投标办公室、江川县房地产管理所、江川县园林绿化管理站、江川县公共资源交易中心人员编制；将“江川县公安局巡逻警察大队”更名为“江川县公安局巡特警大队”，成立“江川县殡仪馆”，在江川县殡葬管理所加挂“江川县殡仪馆”牌子；成立“江川县农产品质量安全检测站”；成立“江川县人力资源和社会保障局信息中心”；成立“江川县电子政务内网信息技术中心”；成立“江川县学生资助管理中心”；成立“江川县水利工程建设质量安全监督站”；设立“江川县计划生育协会”；在江川县公安局增设内设机构“江川县公安局出入境管理大队”，并加挂“江川县公安局国际合作大队牌子”；在江川县人民法院增设内设机构“执行指挥中心”；在江川县民政局增设内设机构“老龄工作股”；为政法委、县委办、县财政局、县科协分别核定了行政周转编制和事业周转编制；核定中共江川县委编办部门领导职数；制定《江川县2013—2017年控编减编工作方案》，上报市编委审批。

【行政审批制度改革】 2015年，江川编办做好行政审批项目的“接、管、放”工作，7月完成《江川县承接、取消的县级行政审批项目目录》《江川县非行政许可事项取消、调整目录》编制工作，会同有关部门共同研究，发文明确要求各行政审批部门要围绕《行政审批事项编码规则》《行政审批事项业务手册编写规范》《行政审批事项办事指南编写规范》“三个标准”要求，推进行政审批规范化、标准化管理。9月组织召开《行政审批事项业务手册》《行政审批事项办事指南》编制工作培训会议，江川县属8家试点单位按照会议要求，编制《行政审批事项业务手册》《行政审批事项办事指南》，取得了阶段性成效。10月组织召开推行政府部门权利清单和责任清单制度工作动员部署会，制定推行政府部门权力清单制度的工作手册，开展专题业务培训会。县政府工作部门、职能部门结合工作实际，按照市审改办的要求和梳理口径，开展行政职权清理相关工作，分类填报有关行政职权事项的清单表格。截至12月，全县共有35家单位推行政府部门权力清单制度工作，其中：县区28个部门共有行政职权5649项，责任事项31124项，追责情形29823项；7个乡镇（街道）共有行政职权549项，责任事项2599项，追责情形3102项。县区28个部门共有内部管理服务事项29项，责任事项123项，追责情形169项；7个乡镇（街道）共有内部管理服务事项12项，责任事项67项，追责情形57项。

【政府机构改革】 按照省、市关于地方政府职能转变和机构改革的要求，江川编办坚持“上下协调、基本适应；职责明确、权责一致；严格控制、规范管理；积极稳妥、循序渐进”原则，经过精心组织，周密部署，稳步推进，严格在限额内设置机构，加大职责和机构的整合力度，统筹推进相关改革，严控机构编制，严肃机构编制纪律，改革中做到思想不乱、工作不断、整合国有资产，完成改革任务，达到预期目标，取得阶段性成果。江川县以转变政府职能为核心，以理顺职责关系、优化组织结构、严控机构编制为重点，实现机构限额和编制总额“两个不突破”。改革前，人员编制共539名（不含机关工勤人员编制14名），其中：行政编制149名、行政周转编制2名、暂定编制38名、事业编制350名；改革后，核定人员编制共529名，其中：行政编制149名、行政周转编制2名、暂定编制38名、事业编制340名，与改革前相比人员编制减少10名（收回合并的3个事业单位及原县人民防空办公室的事业编制）。按照中央、省、市关于稳步推进大部门制改革的要求，进一步整合优化组织结构，规范政府机构设置，促进政府职能转变。县政府共设置工作部门23个，其中：保留工作部门20个，新组建工作部门3个，更名机构1个，调整设置机构5个，加挂牌子11块。将县妇幼保健院、县计划生育服务站合并为县妇幼保健计划生育服务中心，加挂县妇幼保健院牌子，由县卫生和计划生育局管理。将乡镇（街道）人口和计划生育服务所并入乡镇（街道）卫生院，职能与乡镇（街道）卫生院的妇幼保健职能整合，加挂妇幼保健计划生育服务站牌子，由县卫生和计划生育局、乡镇（街道）双重管理，以县卫生和计划生育局管理为主。在整合工商行政管理所（分局）、食品药品监督管理所（食品药品检验站）职责、机构和编制的基础上，按乡镇（街道）组建市场监督管理所，为县市场监督管理局的派出机构。

【整合不动产登记职责】 江川县贯彻执行省市有关不动产统一登记的文件和会议精神，整合不动产登记机构和职责。将土地登记、房屋登记、林地登记、草原登记等职责整合，统一由同级国土资源主管部门承担。印发《关于江川县国土资源局成立不动产登记管理机构的通知》《关于成立江川县不动产登记中心的通知》，批复江川县国土资源局不动产登记中心机构编制方案《中共江川县委机构编制办公室关于江川县不动产登记中心机构编制方案的批复》等文件，分别从县房管所划转3名、县林权管理服务中心划转4名正式在职工作人员到县不动产登记中心，不足人员通过公开招聘考试、公开选调方式逐步解决，确保不动产登记工作机构和人员编制到位。

【调研统计】 2015年，县委编办做好调研工作。一是对抚仙湖径流区的保护工作进行调研，充分认识加强抚仙湖保护治理的重大意义，切实增强紧迫感、责任感和使命感，扎扎实实抓好水污染综合防治工作。二是对江川县学前教育工作现状进行调研，为进一步落实加快学前教育发展相关政策措施，促进学前教育发展打下基础。三是对医疗保险管理体制及机构运行情况进行调研。通过调研，对抚仙湖保护工作的情况、学前教育机构编制人才队伍建设、医疗保险管理体制及机构运行有了更深刻的了解，为下一步决策提供科学依据。

【中央编办到江川调研】 2015年12月17日，中央编办政策法规司司长王龙江、三司副巡视员沈丽丽一行5人到江川县检查评估机地方政府职能转变和机构改革工作，并对综合行政执法等工作开展调研。省委编办副主任郭华、省委编办综合处处长赵代伟、省委编办三处处长丁蓉丽，副市长孙云鹏，市委编办主任刘永新，县编委副主任、县委组织部长林清，副县长杨军萍陪同调研。林清就简政放权、政府机构改革和严控机构编制三个方面作汇报。王龙江听取工作情况汇报，充分肯定江川县的机构编制工作，同时提出要求：江川编办应该继续加大工作推进力度，加强监督检查，巩固改革成果，确保政府职能转变和机构改革、控编减编工作取得实效。

（普　彬）

民　政

【概　述】 2015年，全县共有社区居委会20个，居民小组165个；村民委员会53个，村民小组299个；全县享受定期抚恤、生活补助对象共3151人，其中伤残人员105人、“三属”39人、在乡老复员军人274人、带病回乡退伍军人47人、参战退役人员1763人、60岁以上农村籍退役士兵729人、烈士子女29人、出国参战民兵民工165人。2015年发放定期抚恤和生活补助12695人次1382.97万元。发放义务兵家属优待金268人201万元；退役士兵安置工作岗位20个，发放一次性自谋职业补偿金2人44.43万元；发放自主就业一次性经济补助101人117.23万元；发放在乡抗战老兵一次性生活补助39人19.5万元。城乡低保实行动态管理，按月计算发放城市低保补助3.7万人次，发放低保金1147.91万元；发放农村低保补助8.7万人次，发放低保金1352.17万元；按月计农村五保老人供养金发放6892人次293.84万元；266名六十年代精简人员困难补助33.19万元；临时救助1692人次178.4万元，医疗救助13397人次397.64万元。全县共有社团和民办非企业单位85个；全年结婚登记2346对，离婚登记704对；全年认定享受补助孤儿42名，共发放孤儿基本生活保障金46.54万元。依法办理收养登记8起。232名小乡干部生活补助52.69万元，73名村（社区）民政信息员补助17.52万元，4名建国前入党农村老党员补助0.24万元。概算投入328.79万元建设4个社区服务站。2015年度江川县共火化遗体1348件，拨付到乡镇惠民殡葬补助资金714万元。45个镇、村级农村公益性公墓整合为14个点建设，总投资3216万元建成墓穴16690个。采用BOT模式建成江川县殡仪馆，配套建设经营性公墓墓穴3286个。年内发放救灾粮食折价150万元。春节、建军节慰问部队等11家单位42万元，慰问优抚对象3151人次120.006万元。

【退役士兵短期培训及一年以上职业技能培训】 2015年1月8～13日，江川县民政局举办退役士兵创业培训班，委托玉溪市二职中进行培训，59人参加培训。另外19人到云南耀兴卓越技工学校参加一年以上职业技能培训，补助学费15人9万元；生活费4人1.2万元。

【成立江川县殡仪馆】 经江川县机构编制委员会（江机编发〔2015〕2号）文件批复，2015年1月26日成立江川县殡仪馆，在江川县殡葬管理所、江川县殡葬管理监察大队加挂江川县殡仪馆牌子，实行“三块牌子，一个机构”的管理体制。

【按照时间节点完成殡仪馆建设】 江川县殡仪馆建设项目通过招商引资，采用BOT模式进行营建，经过多次、多方位招商，确定云南江川福德陵园建设管理有限公司为投资主体，2014年10月22日殡仪馆破土动工，3个月时间，投资2000余万元，占地50亩，总建筑面积4010.04平方米，最高殡殓服务能力达2000具/年的殡仪馆先后完成土地平整、主体工程建设、设备安装调试等工作；1月29日及2月1日经过点火试机成功，各项控制指标达到设计标准；2015年2月27日举行开馆仪式，并为1名寿终百岁老人开展服务，确保3月1日0：00时起实施火化。

【制定出台殡葬改革政策】 为

了推进殡葬改革，规范丧葬行为，先后制定《江川县人民政府办公室关于进一步深化殡葬改革的意见》《江川县殡葬改革工作目标责任考核办法》《江川县整治乱埋乱葬工作实施方案》《江川县殡葬改革宣传工作方案》《江川县人民政府关于实施农村公益性公墓建设审批工作的意见》《江川县殡葬基础设施规划》《江川县殡葬管理办法（试行）》《江川县农村公益性公墓管理办法（试行）》《江川县人民政府办公室关于建立殡葬管理信息工作制度的通知》和《江川县城乡居民遗体火化补助费兑付管理办法》等一系列规范性文件，为江川殡葬改革工作的顺利开展提供政策依据。

【经营性公墓建成墓穴3286个】 福德陵园经营性公墓建设项目，规划总用地面积978亩，其中：一期用地面积约312亩（含殡仪馆用地50亩），墓位3.80万个；二期用地面积约227亩，墓位1.89万个；三期用地面积约226亩，墓位2万个；四期用地面积约213亩，墓位0.85万个；项目总投资4.5亿元。现已完成73亩墓区建设，建成墓穴3286个，种植洒金柏、清香木、迎春柳、云南樱花等绿化苗木12500株，同时完成园区路坝合一工程及长700米，宽6米路殡仪馆遗体运输专用道路工程，建成公厕、食堂、停车场等配套附属设施，年内投入资金2740万元。

【并点建成14个农村公益性公墓】 按照“科学选址，统一规划，分步实施，并点建设，逐步推进”的原则，通过整合资金、整合项目、整合建设用地，将45个村、镇级农村公益性公墓整合为14个点建设，2015年2月已经全部完成目标建设任务，总用地规模375.8亩，总投资3216万元，现已建成墓穴16690个；绿化植树54000株；同时完成停车场、管理房、排水系统、绿化、焚烧池等相配套的基础设施建设。为“死有所化、化有所葬”的殡葬改革目标奠定基础。

【市委书记罗应光调研江川县殡葬改革】 2015年3月17日，市委书记罗应光率市委、市人大、市政府、市政协“四套”班子对江川县殡葬改革工作进行调研。罗应光到殡仪馆服务大厅与工作人员进行交流，查看工作台账，听取县委书记马文龙等领导简要介绍殡葬改革工作取得的成效后，指出，江川县在时间紧、任务重、起步晚、环境压力大的情况下，认识到位、宣传到位、执行到位，确保3月1日全县推行火化，促进殡葬改革工作全方位开展，实属不易。罗应光强调，推进殡葬改革工作是玉溪市生态建设、文化建设、美丽玉溪建设的必然要求，殡葬设施建设是基础，制度建设是关键，要加大制度的执行力度，在下一步的工作中，要加强服务的规范化建设，形成良好机制，在每一个环节、每一个流程体现人性化。在配套的殡葬用品市场，罗应光询问骨灰盒销售情况，特别对最低价的骨灰盒和丧属普遍接受的价位进行关注。到经营性公墓和大街街道公益性公墓现场查勘后，要求加快殡仪馆和公墓的配套设施建设力度，要对公墓区域进行绿化，积极探索公墓管理新模式，努力推动生态、文明、节俭的殡葬改革深入发展。市委副书记夏立洪、市人大主任谢兴荣、市政协主席黄宪庭等领导参加调研。

【对新出现的地名进行命名】 2015年4月15日，江川县人民政府以《关于对龙福路等3个地名命名的批复》文件，对龙福路、金元巷、龙旺湖城3个地名进行正式命名。11月10日，江川县人民政府以《江川县人民政府关于对凤蝶陵园等7个公墓地名命名的批复》文件，对凤蝶陵园、北山公墓、西门关山公墓、玉天山公墓、玉碗水公墓、青龙山公墓、象山公墓7个公墓进行正式命名。

【城镇部分重点优抚对象摸底核查工作】 2015年4月，协调公安派出所做好重点优抚对象中农转城人数的核查登记工作，经核查，农转城481人。

【社会组织年检工作】 2015年5月，江川县完成县域内社会组织年检工作。2015年共有85个社会组织参加并通过年检，合格率达到100%。

【省民政厅到江川烈士陵园调研】 2015年6月8日上午，省民政厅副厅长卢振义、优抚处处长马岩一行在市民政局局长方建华、县委书记马文龙等领导的陪同下，到江川烈士陵园就零散烈士墓抢救保护、烈士陵园提档升级改造工作进行调研。调研组一行听取了民政局局长李佳强关于零散烈士墓抢救保护工作完成情况、烈士陵园提档升级改造规划设计及推进情况、烈士陵园提档升级改造中存在的问题、下一步工作打算的汇报。卢振义一行查看唐淮源将军墓、21座零散烈士墓，肯定了江川烈士陵园在建设方面取得的成绩，同时就下一步烈士陵园提档升级改造工作提出6点要求：一是唐淮源将军是具有影响力的抗日英烈，在做好烈士陵园提档升级改造的同时，要进一步修缮改造将军墓。二是烈士陵园提档升级改造规划设计要立足长远，起点要高，避免重复投资。三是烈士陵园提档升级改造中如烈士遗物收集不多，陈列室不必设立，可将烈士遗物展示、烈士事迹宣传与建筑艺术、景观艺术融为一体。四是烈士陵园要设立管理机构，有专门的人员编制，专人管理。五是要加快烈士陵园提档升级改造进度。六是视工程建设进度，给予适当补助。副县长县政府、县公安局局长牛旺林，县委常委、县委组织部部长林清陪同调研。

【退役士兵接收安置任务】 2014年底至2015年初，江川县共接收退役士兵、转业士官123人，其中农村退役士兵97人，城镇退役士6人、转业士官20人。符合政府安排工作或者自谋职业方式安置的城镇退役士兵22人，经报经政府批准，县编办下达21个城镇退役士兵“双考”安置工勤人员岗位使用编制计划。7月31日上午，21名退役士兵按照“双考”成绩排名从高分到低分公开选岗，其间，1名自愿选择自谋职业方式安置并当场签订放弃选岗保证书，县编办下达的21个岗位当场选定20个，20名退役士兵走上新的工作岗位，余下2人发放一次性自谋职业补偿金44.43万元，发放待分配期间生活补助2人0.31万元。8月，对自主就业的101位退役士兵发放自主就业一次性经济补助117.234万元（含立功增发9540元）。2015年退役士兵安置率达100%。

【节日期间走访慰问部队官兵】 2015年春节、“八一”建军节慰问41师、驻江77216部队、123团、江川消防大队、玉溪军分区等11家部队官兵，送去慰问金42万元。

【节日期间走访慰问优抚对象】 2015年春节、“八一”建军节对全县享受国家抚恤补助优抚对象发放人均标准200元的一次性慰问金6003人次120.06万元。另外，入户慰问25名优抚对象，其中军休干部和无军籍职工15人和烈属、在乡老复员军人、伤残军人10人），慰问金和慰问品合计2.28万元。

【江川县50名大学贫困新生获福彩资助】 2015年8月23日，江川县举行“福彩助学　爱心圆梦”公益活动资助贫困大学生发放仪式。县人大副主任刘跃宁，副县长、公安局局长牛旺林，县政协副主席李绍华，县民政局局长李佳强出席仪式。江川一中、江川二中校长和受资助的50名学生或家长共100余人参加仪式。此次活动对江川县2015年考取大学但无力支付学费的特困家庭大学生进行资助，资金来源为向社会销售的福彩公益金收益。江川县受资助困难学生50名，资助标准每人3000元，共计资助资金15万元。

【发放在乡抗战老战士老同志一次性生活补助】 2015年是中国人民抗日战争暨世界反法西斯战争胜利70周年，根据《云南省民政厅、云南省财政厅关于向抗战老战士老同志发放一次性生活补助金的通知》，省委、省政府对为取得抗日战争胜利做出贡献的老战士、老同志的关怀，向部分健在的抗战老战士、老同志发放一次性生活补助金，发放对象为：一是抗日战争时期的在乡复员军人和残疾军人；二是移交政府安置的抗日战争时期军队离休干部、无军籍职工；三是抗日战争时期在国民党军队服役，后在解放战争中起义，投诚编入解放军序列的在乡复员军人；四是参加过抗日战争，后回乡务农的原国民党抗战老兵。在前期调查核实的基础上，经审核，9月2日，发放人均5000元在乡抗战老兵一次性生活补助39人19.5万元。

【“江澄线”“江华线”开展边界线联检和平安边界建设工作】 “江澄线”（江川—澄江）联检工作由江川县牵头，“江华线”（江川—华宁）联检工作由华宁县牵头。召开联席会议，成立领导小组，制定实施方案。双方进行内业联检，根据上一阶段双方各自调查了解掌握的情况，对照《协议书》中有关条款及边界线走向说明，逐段核对边界线走向、线状地物及其界线两侧地物地貌、自然资源使用管理等情

况，填写联检登记表；进行外业联检，双方联检工作人员到实地踏勘，依照《协议书》及附图、界桩登记表，逐点检查界桩及其方位物是否完好以及损坏情况，并对每棵界桩进行拍照和清除杂草，用红漆对界桩文字进行涂色处理，逐段核对边界线走向、线状地物及其界线两侧地貌等的变化情况，并对联检的情况逐一进行登记。双方联发《联检报告》和《睦邻友好公约》，“江澄线”“江华线”边界线联合检查和平安边界建设工作圆满完成。

【“大路线”“江安线”“前大线”开展边界线联检和平安边界建设工作】 “大路线”（大街—路居）由大街街道牵头，“江安线”（江城—安化）由安化乡牵头，“前大线”（前卫—大街）由前卫镇牵头。对边界线进行联合检查，召开第一次联席会议，成立领导小组，制定实施方案，确定联检路线，签订《联检报告》和《睦邻友好公约》。

【城乡最低生活工作绩效评价】 江川县2014年城乡最低生活保障工作绩效评价资料上报工作已于2015年9月29日完成，9月16日至9月25日，县绩效评价工作小组对县民政局、各乡镇（街道）上报的资料进行整理和分析，并抽调相关人员，对享受城乡低保人数较多的大街街道、江城镇、前卫镇进行实地抽查。2014年，全县农村低保对象月平均数8548人，比1998年的2814人增203.77%，年均增16.41%；占农业人口21.5万人的3.98%，比1998年的1.26%提高2.72个百分点；2014年，全县城市低保对象月平均数4748人，比1998年的1052人增351.34%，年均增长19.62%；占非农业人口6.2万人的7.66%，比1998年的3.68%提高3.98个百分点。逐一核实项目信息调查表各明细项的数据填报、内容填写是否真实完整，经核实，表中各明细项的内容均于反映真实，无错填、漏填、虚报、瞒报的情况发生。走访30户参与公众服务对象调查问卷填写的农户，各乡镇（街道）低保户、非低保户各走访5户。走访调查的结果是，基层民政管理部门都按要求将调查问卷发放公众填写，无编造的情况发生，填表人填写的内容皆是其对问卷列示问题了解程度的真实反映。抽查的结果显示，江川县各级民政部门认真履行工作职责，城乡低保政策得到落实，公众对国家现行的低保政策满意度较高，取得较好的社会效益。

【开展烈士纪念日活动】 9月30日是烈士纪念日，为缅怀烈士的丰功伟绩，弘扬爱国主义、革命英雄主义精神，江川县开展纪念日系列活动。2015年9月30日上午9：00～10：00在江川烈士陵园举行烈士公祭活动，公祭活动由县委常委、宣传部部长龚桂存主持，四套班子领导，县属各单位和中央、省、市驻江单位实职副科以上领导干部及全体共产党员、共青团员，学生代表，现役军人、烈士遗属代表，群众代表参加公祭活动。开展关怀慰问烈士遗属活动，走访慰问烈士遗属15人，慰问人均标准500元慰问金和一份慰问品，合计9810元。开展网上纪念烈士活动。

【提高义务兵家属优待金和立功奖励金标准】 根据《江川县人民政府办公室关于调整义务兵家属优待金和立功受奖金额标准的通知》，自2015年起，义务兵家属优待金标准提高至7500元/年.户。自2015年10月1日起，义务兵在服役期间获得荣誉称号或荣立功勋的，奖励其家属一次性奖励金，具体标准为：获得中央军事委员会授予荣誉称号的，一次性奖励20000元；获得军队军区级单位授予荣誉称号的，一次性奖励15000元；荣立一等功的，一次性奖励10000元；荣立二等功的，一次性奖励2000元；荣立三等功的，一次性奖励1000元；荣立优秀士兵的，一次性奖励300元，一年内获多项奖励，按最高标准执行。2015年10月1日前获得荣誉称号或荣立功勋的，按立功授奖时的奖励办法、标准执行。2015年全年发放义务兵家属优待金268人201万元；发放立功奖励金17人0.36万元。

【江川县召开第二次全国地名普查动员培训会议】 2015年10月15日上午9：00时，江川县召开第二次全国地名普查动员培训会议，四套班子分管领导、县属机关、事业单位，中央、省、市驻江川单位，各乡镇（街道）主要负责人、分管领导及地名普查业务人员，73个村委会（社区）民政信息员等共计250余人参加会议。会上，副县长牛旺林与各乡镇（街道）签订《江川县第二次全国地名普查工作目标责任书》，签订《责任书》的单位共有110余家单位；民政局副局长李思源对江川县地名普查作讲话；

地名普查办主任张兴红作地名普查暨区划地名管理业务培训，通过此次动员培训，拉开江川县地名普查的序幕。

【完成《革命烈士证明书》换（补）发工作】 江川共有烈士206名，其中江川籍烈士142名，对142名江川籍烈士及家属信息采取入户走访调查，对照《云南省革命烈士英名录》及入户调查情况填写入户调查表，确保不重、不错、不漏。经走访调查，84名江川籍烈士遗属符合换（补）发《革命烈士证明书》，按省、市要求上报、录入相关信息、材料，10月22日到省民政厅优抚处打印84张新的《革命烈士证明书》，已发至持证人手中。

【发放各类抚恤补助对象定期抚恤和生活补助】 根据中央、省、市调整优抚对象、出国参战民兵民工抚恤和生活补助标准文件，及时调整提高优抚对象、出国参战民兵民工抚恤补助标准。全县享受定期抚恤、生活补助对象共3151人，其中伤残人员105人、“三属”39人、在乡老复员军人274人、带病回乡退伍军人47人、参战退役人员1763人、60岁以上农村籍退役士兵729人、烈士子女29人、出国参战民兵民工165人。2015年发放定期抚恤和生活补助12695人次1382.97万元。

【市人大视察组到江川视察福德山中心公墓及殡仪馆建设】

2015年11月26日，市人大副主任雷庆丽带领市人大部分代表30人，到江川视察福德山中心公墓及殡仪馆建设情况，在市民政局副局长卢川剑和副县长普朝鹏及县民政局局长李佳强的陪同下，到大街福德山中心公墓现场进行视察，实地查看福德山中心公墓及殡仪馆，视察组在视察中询问农村公益性公墓和县殡仪馆运行状况及存在的困难和问题。在现场听取大街街道总工委主任胡正鸿的汇报和提问，并对农村公益性公墓的建设工作、配套基础设施的完善及绿化作现场指导。视察期间，雷庆丽一行先后视察江川县大街街道福德山中心公益性公墓、江川县殡仪馆等殡葬基础设施建设项目，在座谈会上听取普朝鹏、李佳强关于江川县殡葬改革和农村公益性公墓建设情况的汇报。雷庆丽对江川县殡葬改革工作及农村公益性公墓建设，给予高度的评价和充分肯定，同时对今后的殡葬改革及殡葬基础设施建设工作提出建议。

【抚恤补助优抚对象医疗保障服务工作】 2015年内为2831名享受国家抚恤补助优抚对象办理新农合、城镇居民医疗保险，缴纳参合费25.6万元，其中新农合2770人24.93万元、城镇居民医疗保险61人0.67万元。“一站式”住院即时结算补助351人次29.64万元。

【全省殡葬改革工作推进现场会在江川召开】 2015年12月3日，全省殡葬改革工作推进现场会在江川县召开。国家民政部社会事务司副司长范瑜，副省长张祖林及各州、市政府分管领导、民政局局长及社会事务（殡葬管理）科科长，州、市、区政府所在地县、市、区政府主要领导，省殡葬联席会议成员单位领导，180余人参加会议。参会人员参观江川县殡仪馆，到大街街道中心公墓听取街道办事处主任关于农村公益性公墓建设的整体规划、建设标准、收费等情况汇报。参会人员对江川县农村公益性公墓的并点建设、收费、惠民殡葬和监管都给予肯定和好评。

【启动救灾物资储备库项目建设】

经江川县发展和改革局《关于江川县救助站及救灾仓库建设项目可行性研究报告的批复》，于2015年12月15日破土动工兴建该项目。项目占地389.64平方米，建筑面积1168.92平方米，新建框架结构综合楼一幢及救灾物资储存仓库，项目总投资276万元。

【江川撤县设区获国务院批准】

国务院以《国务院关于同意云南省调整玉溪市部分行政区划的批复》同意撤销江川县，设立玉溪市江川区。2015年12月24日，江川县撤县设区工作获省政府批准，省政府以《云南省人民政府关于撤销江川县设立玉溪市江川区的通知》，对设立玉溪市江川区进行批复。国务院、省政府要求：同意撤销江川县，设立玉溪市江川区，撤县设区后，江川区的行政区域为原江川县的行政区域，江川区人民政府驻大街街道宁海路34号。行政区划调整涉及的各类机构要按照“精简、统一、效能”的原则设置，涉及的行政区域界线要按照规定及时勘定，所需人员编制和经费由玉溪市自行解决。要严格按照国务院“约法三章”要求，不新建政府性楼堂馆所，不增加财政供养人员，不增加“三公”经费。严格

执行中央、省委关于厉行节约的规定和国家、省土地管理法规政策，加大区域资源整合力度，做好发展规划，优化总体布局，促进区域经济社会协调健康发展。

【建立健全遗体跟踪处置机制】 为确保死亡人员100%火化，火化后骨灰100%进入公墓安葬，切实巩固殡葬改革成果，江川县建立健全乡镇（街道）、村委会（社区）、村（居）民小组三级联动的城乡居民死亡遗体跟踪处置联动机制，下拨遗体跟踪处置专项工作经费45万元。

【实现三个100%殡葬改革目标】 江川县殡仪馆3月1日8：00开始点火，标志着江川县殡葬改革火化工作正式进入实施阶段，江川县行政区域100%划为火化区，凡江川县行政区域内死亡人员一律实行火化，骨灰100%进入公墓安葬。自2015年3月1日至12月31日，江川县共火化遗体1348具，火化率100%。火化后骨灰100%进入公墓安葬。

【创维公益万里行】 2015年12月21日，江川县民政局与创维公司共同开展“创维公益万里行”惠民工程启动议式，为弘扬中华民族扶危济困的传统美德，响应国家扶贫惠民政策，深圳创维—RGB电子有限公司云南分公司、玉溪江川县民政局，联合于12月18～31日在江川县地区内开展“创维公益万里行”惠民工程。创维公司向江川县10所敬老院分别捐赠1台电视机、1台洗衣机、1台冰箱，价值7万余元；向江川县分散供养五保户、低保户家庭发放近10000张的惠民折，每户发放价值人民币500元的创维家用电器惠民补贴折（每户限领一张），“惠民补贴折”用于在指定时间、地点补贴采购创维家用电器时补贴使用。

【建立医疗救助“一站式”即时结算管理系统】 2015年12月24日，江川县民政局开展城乡困难群众医疗救助、优抚对象医疗保障“一站式”服务培训工作。江川县自开展医疗救助“一站式”即时结算工作以来，方便困难群众到医院看病就医，直接在医院结算医疗费用，减少报销的环节，减轻困难群众的经济负担，一直以来医疗救助“一站式”即时结算主要以手工操作为主。为全面提升江川县医疗救助信息化管理水平，深入贯彻落实《云南省民政厅关于进一步提高城乡医疗救助一站式即时结算信息化管理水平的通知》文件相关要求，江川县民政局投资9.6万元建立覆盖全县所有乡镇的信息平台，使“一站式”结算由手工操作模式转变为信息化管理模式。

【收养登记】 2015年依法办理收养登记8起，做好收养相关法律法规的宣传解释工作。

【流浪乞讨人员救助成效明显】 江川县建立流浪乞讨人员救助社会力量参与和主动发现的机制。印制发放“江川县救助管理站便民服务卡”500张，全年共接待和劝导救助人员89人次，其中10人为主动巡查时在城区流浪人员，8人护送回乡交于当地民政办和村委会。救助车旅费3927.78元，救助物资8880.00元，为流浪到江川县的智障人员11人救助医疗费用18.1万元，受助人员都得到安置，救助率达100%，未发生重大责任事故和安全事故。

【孤儿基本生活保障补助提标】 2015年12月，江川县孤儿基本生活保障补助资金标准由原来的912元/人/月提高到1049.41元/人/月。2015年全年认定享受补助孤儿42名，共发放孤儿基本生活保障金46.54万元。

【城乡低保规范管理】 城乡低保规范管理工作以推行“按标施保、核定收入、核定财产状况、差额补助、应保尽保”为重点，全面建立城乡居民最低生活保障标准动态调整机制；完善家庭收入、家庭财产状况核查制度，加强动态管理，实施分类救助和差额补助，全面实现应保尽保和应退尽退；认真抓好入户调查环节，合理确定农村家庭收入、财产状况核定标准及范围，合理界定共同生活的家庭成员，准确核定家庭收入、财产状况，严格核查低保对象家庭收入情况，实行按标施保；完善审核、审批、发放程序，切实加强动态管理。把户籍状况、家庭收入和家庭财产作为认定农村居民最低生活保障对象的3个基本要件，对照《审核审批办法》规定的15种不得列为城乡低保对象的情形，坚决取消不符合低保条件的人员，规范管理工作按照“二评、二审、二公示”的程序进行。保证城乡低保工作公开、公平、公正执行，基本实现“应保尽保、应退进退”的原则。规范前（2015年3月份），纳入农村低保对象8160户8898人；规范后，纳入农村低保对象7137户7806人，比规范前减少1023户1092人；规范前（2015年2月份），纳入低保城市对象3688户5563人；规范后，纳入城市低保对象2416户2743人，比规范前减少1272户2820人。保障对象有增有减，不符合城乡低保条件的人员应退尽退，如子女在机关事业单位工作的父母被取消低保资格，之前受指标限制，特别贫困的家庭只有1人享受低保的增加到2人或多人，基本实现应保尽保、应退进退，并根据家庭贫困程度分类施保。

（徐兴坤）

政务服务

【概　述】　江川县政务服务管理局下设两个中心：江川县人民政府政务服务中心和江川县公共资源交易中心，其中：管理局现有管理人员7人（编制7名），领导3人，干部4名，政务服务中心负责组织、协调、指导本级人民政府所属各部门、单位的政务服务工作；江川县公共资源交易中心，核定事业编制12名，设主任1名，现有7名工作人员。

【政务服务】　2015年，进驻政务服务中心的部门共20个，进驻事项共236项。全年受理办结各类行政审批、许可及公共服务事项74298件（其中：行政事项6991项，非行政事项29109，便民服务事项38498项，办结率100%）。

【政务管理】　贯彻执行“三项制度”，加强行政效能监察工作。在落实“首问责任制”上，政务服务中心以咨询服务台设立“首问责任岗”外，所有大厅里的工作人员都是首问责任制的责任人，必须无条件地履行首问责任，确保让前来办事询问的群众满意。同时，执行“一次性告知制”“首问事项登记制”“去向留言制”等，保证“首问责任制”落到实处。在执行“限时办结制”上，行政审批岗位按照新编制的行政审批流程确定的标准时限办事。能当场办结的，就确定为即办件，必须当场办结；不能当场办结的事项，明确各环节的办理时限，限时办结。在执行“问责追究制”上，发挥电子监察系统的作用和加强日常巡查，实时问责、网上自动问责，坚决杜绝超时件，违法、违规等办件行为的发生。

推行绩效考核，建立激励机制。按照“绩效考核办法”对设立在政务服务中心的窗口工作绩效进行考核，评选出工商、公安等先进窗口单位，对“红旗窗口、文明示范窗口”等先进窗口单位实行动态管理。建立健全窗口工作人员绩效考核制度。主要是通过日常巡查和量化打分，民主考评等形式，评选“服务明星”。将平时表现与年度考核结合起来，突出量化考核的作用，形成正确的业绩评价导向。对评选出的优秀人员和先进窗口进行通报表彰，宏扬爱岗敬业的精神，崇尚务实为民的作风。

【并联审批工程】　以并联审批建设为重点，推进“两集中，两到位”落实网上服务大厅建设后，县委、县政府强力推进部门入驻政务中心，全面落实“两集中，两到位”工作。“两集中，两到位”的落实是推进行政审批制度改革的关键与核心。按照“统一受理、提前介入、信息共享、同步审查、公开透明、限时办结”的要求，推进并联审批工作，提高江川县行政审批项目的入驻率，提高行政审批服务效率，为个体工商户、企业及其它社会组织提供“一站式办公，一条龙”服务。

【行政审批网上服务大厅综合演练】　为确保江川县行政审批网上服务大厅与省、市同步上线、试运行和正式运行，江川县政务管理局按照《关于组织开展全省行政审批网上服务大厅综合演练工作的通知》《玉溪市人民政府办公室关于做好全市行政审批网上服务大厅运行准备工作的通知》要求，认真开展行政审批网上服务大厅综合演练工作。

为使江川县涉及行政审批服务事项的36家单位能熟悉系统的操作流程，政务服务管理局采取一对一辅导的方式分批次进行，在方案规定时间期限内提前于4月21日完成演练。4月13～21日全县36个部门已分批次对信息管理与发布、网上办事、投资审批、效能监督4项内容进行实地场景演练。演练中，各有关部门的参演人员现场对事先准备好的非涉密信息进行提交、发布、处理；扮演社会公众、综合管理员、监督管理员和业务审批员在网上进行事项咨询、申报、预审、办理、反馈和投诉回复等；对三级深度的投资项目报件在网上进行申报、预审、受理和结果查询等；

对三个主题演练过程，监督管理员全程监督，并检验整个系统各项功能能否实现，并按设置功能发起提醒、催办和督办；整个演练过程流程畅通、功能合理。通过演练，实现部门审批服务事项相关信息的收集、提交、审核和监督，使部门相关工作人员熟练掌握运用通用审批系统和投资项目审批系统，按照系统设定的办事流程，实现网上咨询、申报、预审、办理、反馈等程序的操作运用，达到演练的预期目标，为下一步行政审批网上服务大厅上线、试运行和正式运行做好充分准备。

【政务服务网络体系建设】 政务服务向基层延伸，按照便民利民原则，依法加大行政审批、公共服务及其他事项等权限的下放力度，进一步拓展乡镇（街道）便民服务中心、村组（社区）便民服务代办点服务领域，形成功能完善、运转高效、公开透明的省、市（州）、县（市）、乡四级联动的政务服务平台是机关效能建设要求。为加强基层便民服务中心建设管理，全县4镇、2乡、1街道已全部设置为民服务中心，72个村（社区）已建成72个为民服务站。乡镇（街道）已全部设置公共资源交易中心，与乡镇（街道）招标办实行合署办公，承担乡镇（街道）的公共资源交易任务。

【窗口审批服务事项】 1.县公安局户籍窗口办件32712件。其中：办理迁出、迁入772件；办理落户、销户1257件；办理户口册168件；办理项目变更26302件；办理第二代身份证4213件。

2.县计生局窗口办件900件。其中：办理《生育证》777件；办理《独生子女父母光荣证》122件；办理流婚育证明1件。

3.县交警大队窗口办件67625件。其中：办理注册登记1771辆；办理检验车辆40755辆；办理车辆转籍过户、变更481辆；办理补（换）行驶证909本；办理汽车（摩托车）驾驶员审验1569人；汽车驾驶员转籍、变更1469件；办理正式驾驶证核发696件；办理补（换）驾驶证6206本；办理制证、驾驶证和行车证10131本；办理新世纪汽车、摩托车报名165人；办理驾驶员体检3473人；办理保险业务0件；办理地税业务0件。

4.县民政局窗口办件3884件。其中：办理结婚登记1026件；办理离婚登记332件；办理补领结婚证932件；办理补领离婚证12件；办理结《离》婚档案查阅331件；办理无婚姻记录证明1247件。

5.县工商局窗口办件3400件。其中：办理各娄企业、个体工商户名称预核780件；办理个体工商户设立、变更、注销登记817件；办理各娄企业设立、变更、注销、登记1495件；出具是否有营业执照证明308件。

6.县文化局窗口办件148件；其中：换证63件；办理代码证年检66件；办证19件。

【政府采购】 2015年，共交易114个，交易金额41381.19万元，节约资金1145.54万元，增加资金1656.32万元。其中工程建设项目交易交易56个，交易额29442.5万元，节约资金596.83万元，平均节资率1.99%；政府采购项目交易46个，交易额3812.89万元，节约资金548.71，平均节资率12.58%；矿业权交易4个，交易额1326.30万元，溢出额864.5万元，资产增值率231.58%；完成土地交易项目8个，交易额6799.5万元，溢出额130.8万元。

公共资源交易服务平台逐步完善。围绕构建统一、开放、透明、高效的公共资源交易服务平台，推动建设工程、物资采购、产权交易等公共资源交易活动进入公共资源交易中心交易。公共资源交易中心通过建立规范交易程序，制定交易流程，实现了项目统一进场、信息统一发布、场地统一安排、交易统一监督、保证金统一收退、资料统一存档的“六统一”运行机制。

（侯彦昆）

老龄工作

【概　述】 2015年，江川县老龄工作围绕“六个老有”工作目标，以改善老年民生为目的，以保障老年民权为重点，突出抓好老年社会保障、养老服务、老年人优待、老年维权、老年文化、老龄宣传、养老服务项目建设等方面的工作。

【机构设置】 2015年5月28日，江川县机构编制委员会批准的江种县民政局成立老龄工作段，为江川县民政局的内设机构，所需人员在民政局内部调剂解决。截至2015年12月，江川县老龄委实有老龄委副主任1名，老龄委办公室无工作人员，老龄工作股无工作人员。

【老龄人口】 2015年，江川县总人口278408人，其中60岁以上老年人口45316人，占总人口的16.28%；80岁以上高龄老人6476人，占老年人口的14.3%；百岁及以上寿星10人，最大年龄104岁。

【老年人优待证】 从2007年7月起，开始为年满60周岁以上老年人发放《云南省老年人优待证》。截至2015年底共为60周岁以上的老年人办理优待证34711个，其中，2015年办理2465个，老年人凭《优待证》免费上公厕、免费进公园、就医免收普通挂号费等老年人优待政策得到落实。

【百岁老人】 2015年，江川县新增5位百岁老人。3月31日，江城镇白家营村委会白家营村张学良满100岁；5月14日，路居镇螺蛳铺村委会狮子营村李美琼满100岁；7月17日，江城镇尹旗村委会李泉营村靳关秀满100岁；9月14日，前卫镇渔村村委会双桥营村吴忠清满100岁；12月28日，九溪镇喜乐庄村委会喜乐庄村杨树学满100岁。县委、县政府相关领导分别到5位老人家中，为老人颁发"百岁寿星荣誉证书"和"盛世乐天年"百岁匾，并对5位百岁寿星家庭分别发放1万元一次性家庭奖励资金。江川县健在的百岁老人有10位。

【发放高龄保健补助金】 自2008年以来，江川县开始为80岁以上无退休金高龄老人发放保健补助，2014年1月开始为80岁以上有退休金高龄老人发放保健补助。保健补助标准为：年满80周岁，不满90周岁的老人，每人每月补助50元；年满90周岁，不满100周岁的老人，每人每月补助100元；年满100周岁以上的老人，每人每月补助300元。2015年1～4季度，全县6229名80周岁以上高龄老人受惠，发放高龄保健补助金额395.82万元。其中，无退休金老人5384人，发放金额342.6250万元；有退休金老人845人，发放金额53.1950万元。

【开展春节慰问】 2015年2月，市级领导、县四套班子、县民政局、县老龄委对全县11户百岁老人、142户特困老人、490名院内外五保老人开展走访慰问活动，共送去慰问金10.76万元。县民政局、县老龄委慰问组到11户百岁老人家中送去慰问金1000元以及慰问品一份，县老龄委邀专业摄影师刘志明为每户百岁老人拍摄特写照片以及全家福。

【开展敬老节慰问】 2015年10月19日，市委副书记、市长饶南湖带领市人大副主任雷庆丽、市政协副主席马良昌看望慰问江川县百岁老人和困难高龄老人，为老年人送去党和政府的深情厚爱和美好祝愿。江川县主要领导、市县民政部门工作人员参加慰问活动。此次敬老节共走访慰问20名老人，其中百岁老人和高龄困难老人各10人，百岁老人每人发放慰问金5000元，高龄困难老人每人发放慰问金600元，共发放慰问金56000元和20份慰问品。民政局、县老龄委对490名院内外五保老人以及73名高龄、贫困、失能、空巢及困难抗战老兵进行慰问，发放慰问金共计60000元。

【"敬老月"活动】 老龄委联合县老干局、卫计局、教育局等24家成员单位开展活动。开展为老志愿服务活动。江川县老龄委为各类社会组织看望慰问老年人以及为老人捐赠钱物搭建平台。组织江川县敬老节文化慰问暨社会爱心捐赠活动，县文化馆及爱心企业金骏大药房、闻见家居广场、江川济世药房为县中心敬老院的老人送上节日问候及价值1.2万元药品、生活用品，县文化馆为老人送上文艺演出，祝老年人九九重阳节快乐。江川县红十字会组织志愿者对前卫、江城、雄关3个乡镇的11个小组460位60岁以上老人开展送温暖活动，为老人们送去价值23000元的保暖床单。联合县卫计局组织开展"喜迎重阳，关爱老年人"助老公益活动。以"服务百姓健康大型义诊为活动主题，为（村）社区抗日老战士、退伍军人、社区居民义诊。共进行义诊638人次、健康咨询35人次；免费发放药品256人次、价值4000余元，发放宣传资料516份。选送3名敬老志愿者参加全国"优秀敬老志愿者"候选人评选活动。

【养老服务体系建设】 县委、县政府构建和完善"以居家养老为基础、社区服务为依托、机构养老为支撑的社会养老服务体系"建设，不断满足老年人的养老服务需求。2015年，共储备和向上级申报各种养老项目70个，向省市级申请到的各种养老建设项目36个，争取到各级补助建设资金527万元，完成"改扩建2个乡镇敬老院，建成6个居家养老服务中心、8个农村幸福院、15个老年活动中心”的建设任务，31个养老项目建设已完工，这些养老项目的建设促进和带动养老服务业发展。全县建有城市公办养老服务机构1个，农村敬老院10个，居家养老服务中心17个，农村幸福院19个，老年活动中心258个，拥有养老床位810张，每千名老人拥有床位18.5张。

【老年人文体活动】 2015年底，全县有各类老年协会（分会）488个，综合体育运动场1个，县老年人活动中心1个，老干活动中心1个，各类老年活动中心（室）281个，县老年大学一所，村（社区）老年学校36所，各类老年体育协会（分会）320个，60岁以上体育人口数26468人。各类老年文艺队251支，门球队41支，地掷球队25支，健身操队111支，其它体育锻炼队伍118支，老年诗书画协会1个。2015年，县老体协组织举办运动会8次，2022人次参加，举办单项比赛和文体展演17次共11457人次参加。

【老龄调查研究】 开展老龄工作调研，为全面摸清全县的养老服务工作现状、掌握养老服务需求，为养老服务业务发展提供思路，为县委、县政府加快发展养老服务提供决策参考，开展9项专题调研，并分别撰写15个调研报告，18篇老龄信息。撰写1个政协提案和回复2个政协提案：《关于解决江川县老龄工作体制机制问题》的提案、《关于规范江川县农村敬老院管理工作人员管理的建议》提案回复、《关于将社区居家养老设施建设纳入政府规划的建议》提案回复。贯彻实施《中华人民共和国老年人权益保障法》的执法检查。与县文联配合出版《风华百岁宜居江川》一书。完成县委、县政府2篇约稿：《江川县居家养老服务中心建设管理中存在的困难及建议》《江川县老年人权益保障中存在的主要问题及建议》。

【殡葬改革宣传文艺汇演】 2015年2月27日，为深入宣传江川县殡葬改革工作，进一步加深群众对殡葬改革政策的了解和认同，江川县民政局和县老体协组织举办江川县殡葬改革宣传文艺汇演。演出地点选在县城老戏台，举办此次文艺汇演，旨在宣传殡葬改革工作，进一步让群众认清传统丧葬方式的弊端和危害，切实转变思想观念，主动参与殡葬改革，带头执行殡葬改革政策，推动全县殡葬改革工作纵向发展。在全县干部职工的努力和广大人民群众的共同支持下，江川县殡仪馆已建设完成，两次试机圆满完成，2月27日正式开馆，开馆当天上午火化一位百岁老人，老人于2月25日早晨逝去，主动要求子孙在她百年归终后将遗体火化，去世时101岁。

【召开2015年民政暨老龄工作会议】 2015年5月15日，江川县召开2015年民政工作暨老龄工作会议，副县长、龄委主任牛旺林出席会议并讲话。会议总结2014年工作，全面安排部署2015年工作任务。牛旺林代表县政府与各乡镇（街道）分管领导签订《江川县2015年老龄工作目标责任书》。

【老年活动场所消防安全检查】 2015年6月16～19日，江川县消防大队联合民政局组成检查组深入全县29家敬老院、福利院、居家养老服务中心等养老服务设施和基层老年活动场所开展消防安全专项检查。检查组听取各养老机构的消防安全工作情况汇报，查阅消防管理台帐资料，现场对工作人员消防安全知识掌握情况进行抽查。重点查看建筑消防设施、安全出口、疏散通道、消防应急照明灯、安全出口标志、灭火器等情况，突出对宿舍、食堂等重点要害部位的检查，确保不留一处隐患。并要求各单位负责人采取有效的防范措施，确保弱势群体的消防安全；建立健全单位内部消防安全责任机制，加强消防巡查，及时制止违规使用电器、私自使用明火等问题，对电气线路进行仔细排查，及时消除消防安全隐患。

【全国老龄办调研】 2015年8月3日，全国老龄办副主任李耀东率该办直属机关纪委副书记张忆群、中国老龄科学研究中心社会所所长李晶、中国老龄新闻出版集团记者孙晓飞，在省老龄委副主任和向群的陪同下到江川县实地调研养老机构和居家养老服务中心项目建设情况。调研组一行实地查看县福利中心和前卫镇渔村居养老服务中心，对敬老院的建设、“五保”老人供养、老人的在院生活等情况进行实地调研，对养老机构的管理、服务、食堂营养配餐等情况进行了解，并与老年人交谈，了解他们精神、生活情况和对服务的满意度。详细了解居养老服务中心的建设管理情况，并对江川县居家养老服务中心建设工作充分肯定。在实地查看后，听取江川县老龄工作汇报。调研组对江川县老龄工作、养老机构和居家养老服务中心项目建设取得的成绩给予了充分的肯定，李耀东指出江川县高度重视老龄工作，县民政局、县老龄委勇于探索破解养老难题，对养老服务业的发展工作思路清晰、分析到位，规划长远，措施到位。

【《中华人民共和国老年人权益保障法》执法检查】 2015年11月17～18日，江川县人大常委会对江川县贯彻实施《中华人民共和国老年人权益保障法》进行执法检查。县人大举行《老年人权益保障法》执法检查汇报暨座谈会，听取《关于贯彻实施〈中华人民共和国老年人权益保障法〉工作情况的报告》，深入乡镇实地查看江川县的敬老院、居家养老服务中心、农村幸福院、老年活动中心等养老服务机构，实施《老年人权益保障法》部分相关单位及成员单位、各乡镇（街道）人大主席、分管老龄工作的领导、老龄专干对本单位本部门贯彻实施《老年人权益保障法》工作情况进行介绍，并提出工作意见建议。

（杨霜梅　赵海翠）

残疾人工作

【春节慰问残疾人】 2015年，县委、县政府在春节期间开展走访慰问特困残疾人家庭活动，共慰问650户20万元。

【社会保障】 2015年，县残联与民政等部门协调把1000余户2300余名特贫困残疾人纳入低保，做到应保尽保，重残必保。残疾人机动车辆燃油补贴。江川各级残联按照残疾人机动车辆燃油补贴条件和规定程序，认真落实、审核补贴对象，把全县169名符合条件的残疾人录入微机，争取并发放省级残疾人机动轮椅车燃油补贴，每人260元，共计4.4万元，让残疾人切实感受到“特惠”。新农保工作惠及全县残疾人，60岁以上的农村残疾人每月可领取55元的养老金，其中60岁以上的重度残疾人每月可领取105元的养老金；16岁到59岁的残疾人在参保过程中，均得到不同的政府补贴。残疾人参加新型农村合作医疗保险工作。2015年县残联千方百计筹资金73.3万元，继续为全县6112名持证残疾人交纳新农合。

【复聪行动工程】 2015年，县残联高度重视复聪行动，5月14日，举行2015年度中央专项彩票公益金贫困成年听力残疾人助听器免费发放活动。10名贫困成年听力残疾人分别领取价值4800元的数字耳背式助听器1只、专用耳模1个，电池50块和一套辅助器材，帮助他们找回失去的声音。

【助行工程】 2015年，县残联做好重度肢体残疾人装配假肢的宣传和补助工作，共为10名残疾人装配假肢，其中大腿1例，小腿7例，上肢2例。筹措资金4万元，购买62辆轮椅，无偿配备给62名重瘫贫困患者，为他们出行提供方便。

【医疗救助和“阳光家园”康复工程】 2015年，江川县31名精神残疾人在市精神病院进行托养，40名在江川县精神病工疗站托养，135名精神、智力和重度残疾人实现居家托养，精神病免费服药110人。

【助学兴教】 在“国际儿童节”即将到来之际，携手妇联、教育局、共青团等部门协助残联开展一系列助学兴教活动：出资6600元对玉溪市特校22名江川籍残疾学生进行慰问。对江城镇小学21名学生进行了慰问每人200元，共计4200元。送教上门，对全县0至15岁未入学的残疾儿童进行摸底调查，共调查出63名未入学残疾儿童，并联合玉溪市特殊教育学校筛选出19名学生进行送教上门，2015年送教上门1次。贫困残疾学生资助，2015年选出25名家庭比较困难的残疾家庭子女及残疾学生纳入补助。其中2014年考取的残疾考生2名、在读高中生残疾学生9名、残疾家庭子女7名，每人补助1500元。新入学残疾大学生资助，2015年县残联多方筹措资金8.1万元，资助31名考取大中专院校的贫困残疾学生和贫困残疾人家庭子女步入校园。

【就业援助月专项活动】 2015年1～2月，县残联开展残疾人就业服务系列活。登记认定失业残疾人10人，走访慰问失业残疾人30户38人，实名纳入2015年培训计划22人，帮助残疾人享受专项扶持政策18人，帮助5人实现就业。

【残疾人就业创业扶持】 2015年，县残联制定江川县“助残就业同奔小康”创业就业行动方案，扶持2家残疾人就业示范基地和8家残疾人创业示范户，共计12.4万元。筹资2万元资金，重点帮扶10户商业经营、种养殖等行业的残疾人，扶持他们做脱贫致富的带头人。继续争取县政府的支持，对县城辖区在从事手工缝补、理发、打印复印等行业的7名残疾人进行扶持，返补20%的招租资金。

【残疾人基本服务状况和需求专项调查】 根据国务院残工委、中国残联等11个部门联合下发的《关于开展全国残疾人基本服务状况和需求专项调查的通知》以及市政府要求，江川县专项调查入户登记工作从2015年1月1日正式开始，专项调查底册共有残疾人6960人。2015年1月25日前完成所有入户调查登记工作。已完成调查6960人，完成率100%，其中入户调查5991人，电话调查162人，入户调查率94.9%，电话调查率2.57%；未完成调查160人，未完成率1.75%。抽样总人数696人，抽样比例10.336%>10.0%。3月11日完成复录工作，原录错误率0.0%<0.5%，在指标控制范围内，复录操作完成率100.00%，复录错误率0.00%，3月经市残联审核通。江川县残疾人基本服务状况和需求专项调查工作完成，被云南省人民政府残疾人工作委员会办公室，表彰为积善奖。

【残保金征收】 2015年，县残联、县地税局、县财政局相互支持配合，对420余个行政事业单位、企业征收残疾人就业保障金，征收金额151万元。同时县残联对全县所有残疾人用工单位情况进行检查，对残疾人待遇落实不到位的单位提出整改建议，对残疾人用工达到1.5%的41个单位给予免收残保金38.6万元。

【打造服务平台】 2015年，县残联围绕高效服务残疾人，建设更好的服务平台，为残疾人提供优质服务，加强残疾人服务中心，继续完善无障碍服务窗口建设。在中心设立“党员先锋岗”和“党员示范岗”，实行党员服务承诺制，增强支部党员的服务意识和责任意识。中心设立三大服务窗口：办证及康复服务窗口、就业服务窗口、信访维权服务窗口；二个功能室：综合接待室、用品用具展示室。全年，共接待残疾人及亲属来信来访500余人次，90%以上的来信来访在初信初访后得到妥善解决；为残疾人提供辅助用品用具230多件；办理残疾人证400余本。

【全国助残日活动】 2015年5月17日是第二十五次“全国助残日”，县残联整合社会资源，动员和协调社会力量帮残助残。继续开展残疾人慰问活动：全县共走访慰问贫困残疾人240户4.2万元。继续结对帮扶残疾人：全县有360多名干部开展了结对帮残活动，结对帮扶360余残疾户。全县7个乡镇共动员组织400余名青年志愿者成立“助耕帮扶队”，帮助残疾人贫困户150余户，挖田、挖地300余亩，栽烟、栽秧100余亩。

（刘登魁）

人　　物

编辑　余立言

江川县2015年获市以上表彰的先进集体

受表彰单位	授予称号	授予单位	授予时间
县总工会	云南省工会工作先进县	云南省总工会	2015.1
县教育局	一活动一工程“先进单位”	云南省总工会	2015.1
县人民检察院	第十四批云南省文明单位	中共云南省委、省人民政府	2015.10
县人民检察院	“第八届玉溪市文明单位”	中共玉溪市委、市人民政府	2015.12
县国税局	第十四批云南省文明单位	中共云南省委、省人民政府	2015.10
县国税局	“第八届玉溪市文明单位”	中共玉溪市委、市人民政府	2015.12
县防震减灾局	渔村模拟水温荣获2015年度全省地震前兆观测质量评比优秀奖	云南省地震局	2015.12
雄关乡白石岩村委会	“云南省卫生村”	云南省爱卫会	2015.12
县关工委	2015年宣传工作先进集体	中国关心下一代工作委员会	2015.9
县公安局	贺电（云南玉溪市江川警方连破二起假币案）	中华人民共和国公安部经济犯罪侦查局	2015.4
县公安局	贺电（江川警方成功侦破二起假币案）	云南省公安厅经济犯罪侦查总队	2015.4
县公安局	江川“8·30”“玉东三号”专案组记集体一等功	中华人民共和国公安部	2015.5
县公安局	侦破“3·06”督办案件通报表扬	中共云南省委办公厅	2015.11
县公安局	第八届玉溪市文明单位	中共玉溪市委、市人民政府	2015.12
县公安局交警大队	第八届玉溪市文明单位	中共玉溪市委、市人民政府	2015.12
县公安局治安大队	扫黄禁赌专项行动先进集体	云南省公安厅	2015.10
县水产技术推广站	2014年云南省科技进步三等奖	云南省人民政府	2015.2

续 表

受表彰单位	授予称号	授予单位	授予时间
县水产技术推广站	玉溪市科学技术奖励二等奖	玉溪市人民政府	2015.11
江城镇海门村委会隔河村	第七批云南省文明村	中共云南省委、省人民政府	2015.10
九溪镇六十亩村	第七批云南省文明村	中共云南省委、省人民政府	2015.10
路居镇小凹村	第七批云南省文明村	中共云南省委、省人民政府	2015.10
九溪镇阳山庄村	第七批云南省文明村	中共云南省委、省人民政府	2015.10
雄关乡白石岩村	第七批云南省文明村	中共云南省委、省人民政府	2015.10
县国家税务局	第十四批云南省文明单位	中共云南省委、省人民政府	2015.10
县人民检察院	第十四批云南省文明单位	中共云南省委、省人民政府	2015.10
人保财险江川支公司	第十四批云南省文明单位	中共云南省委、省人民政府	2015.10
中国电信股份有限公司江川分公司	第十四批云南省文明单位	中共云南省委、省人民政府	2015.10
建行江川县支行	第十四批云南省文明单位	中共云南省委、省人民政府	2015.10
县文化旅游广电和体育局	第十四批云南省文明单位	中共云南省委、省人民政府	2015.10
县气象局	第十四批云南省文明单位	中共云南省委、省人民政府	2015.10
县审计局	第十四批云南省文明单位	中共云南省委、省人民政府	2015.10
县工商行政管理局	第十四批云南省文明单位	中共云南省委、省人民政府	2015.10
中国移动通信集团云南有限公司江川分公司	第十四批云南省文明单位	中共云南省委、省人民政府	2015.10
县文广体局	第八届玉溪市文明单位	中共玉溪市委、市人民政府	2015.12
县气象局	第八届玉溪市文明单位	中共玉溪市委、市人民政府	2015.12
县审计局	第八届玉溪市文明单位	中共玉溪市委、市人民政府	2015.12
县交通运输局	第八届玉溪市文明单位	中共玉溪市委、市人民政府	2015.12
县地税局	第八届玉溪市文明单位	中共玉溪市委、市人民政府	2015.12
县委党校	第八届玉溪市文明单位	中共玉溪市委、市人民政府	2015.12
前卫镇后卫中心小学	第八届玉溪市文明单位	中共玉溪市委、市人民政府	2015.12
县人民医院	第八届玉溪市文明单位	中共玉溪市委、市人民政府	2015.12
云南李家山青铜器博物馆	第八届玉溪市文明单位	中共玉溪市委、市人民政府	2015.12
建行江川支行	第八届玉溪市文明单位	中共玉溪市委、市人民政府	2015.12
人保财险江川支公司	第八届玉溪市文明单位	中共玉溪市委、市人民政府	2015.12
电信江川分公司	第八届玉溪市文明单位	中共玉溪市委、市人民政府	2015.12
江川供电有限公司	第八届玉溪市文明单位	中共玉溪市委、市人民政府	2015.12
移动江川分公司	第八届玉溪市文明单位	中共玉溪市委、市人民政府	2015.12
红塔集团江川复烤厂	第八届玉溪市文明单位	中共玉溪市委、市人民政府	2015.12
新华书店江川分公司	第八届玉溪市文明单位	中共玉溪市委、市人民政府	2015.12
邮政江川分公司	第八届玉溪市文明单位	中共玉溪市委、市人民政府	2015.12
江城镇海门村委会隔河村	第八届玉溪市文明村	中共玉溪市委、市人民政府	2015.12

续 表

受表彰单位	授予称号	授予单位	授予时间
九溪镇六十亩村	第八届玉溪市文明村	中共玉溪市委、市人民政府	2015.12
路居镇小凹村	第八届玉溪市文明村	中共玉溪市委、市人民政府	2015.12
九溪镇阳山庄村	第八届玉溪市文明村	中共玉溪市委、市人民政府	2015.12
雄关乡白石岩村	第八届玉溪市文明村	中共玉溪市委、市人民政府	2015.12
江城镇海门村委会胡家湾村	第八届玉溪市文明村	中共玉溪市委、市人民政府	2015.12
路居镇上坝村	第八届玉溪市文明村	中共玉溪市委、市人民政府	2015.12
江城镇温泉村委会徐家头村	第八届玉溪市文明村	中共玉溪市委、市人民政府	2015.12
雄关乡下营村委会毡帽村	第八届玉溪市文明村	中共玉溪市委、市人民政府	2015.12
大街街道大街社区	第四届玉溪市文明社区	中共玉溪市委、市人民政府	2015.12
大街街道下营社区	第四届玉溪市文明社区	中共玉溪市委、市人民政府	2015.12
江城镇江城社区	第四届玉溪市文明社区	中共玉溪市委、市人民政府	2015.12

江川县2015年获市以上表彰的先进个人

姓　名	所在单位	授予称号	授予单位	授予时间
赵俊雯	县人民检察院	全省侦查监督业务标兵	云南省人民检察院	2015.12
张　飒	路居中心小学	全国“中华魂”（放飞梦想）主体教育活动三等奖	全国“中华魂”主体教育活动组委会	2015.7
安有才	安化乡关工委	全国关心下一代工作先进个人	中国关工委、中央文明办	2015.8
郭家义	县关工委	云南省未成年人思想道德建设工作先进个人	云南省精神文明建设指导委员会办公室	2015.8
杨仕祥	县公安局禁毒大队	教案材料《如何开展社区戒毒社区康复》获“优秀提名教案”	云南省禁毒委员会办公室	2015.12
杨　洋	县公安局治安大队	扫黄禁毒专项行动先进个人	云南省公安厅	2015.10
张四春	县水产技术推广站	2014年云南省科技进步三等奖	云南省人民政府	2015.2
张友存	县水产技术推广站	2014年云南省科技进步三等奖	云南省人民政府	2015.2
业居红	县农业技术推广站	玉溪市科学技术奖励一等奖	玉溪市人民政府	2015.11
杨艳蕾	县农业技术推广站	玉溪市科学技术奖励一等奖	玉溪市人民政府	2015.11
张竹林	县农业技术推广站	玉溪市科学技术奖励一等奖	玉溪市人民政府	2015.11
黄俊华	县农业技术推广站	玉溪市科学技术奖励一等奖	玉溪市人民政府	2015.11

（余立言）

江川县2015年取得副高级以上专业任职资格人员名录

序号	工作单位	姓　名	性别	出生年月	取得资格名称	取得资格时间
1	江川县第一中学	杨彦江	男	1977.12	高级教师	2015.11
2	江川县第一中学	郑丽梅	女	1975.10	高级教师	2015.11
3	江川县第二中学	叶　昌	男	1972.12	高级教师	2015.11
4	江川县职业中学	龚贵有	男	1960.7	高级教师	2015.11
5	江川县职业中学	杨晏瑞	男	1966.4	高级教师	2015.11
6	江川县江城镇翠峰中学	赵吉华	男	1964.6	高级教师	2015.11
7	江川县江城镇翠峰中学	杨玉玲	女	1968.7	高级教师	2015.11
8	江川县江城镇翠峰中学	黄云良	男	1972.5	高级教师	2015.11
9	江川县江城镇翠峰中学	王　强	男	1979.5	高级教师	2015.11
10	江川县江城镇翠峰中学	龚云祥	男	1967.5	高级教师	2015.11
11	江川县江城镇江城中学	张榭帆	男	1963.8	高级教师	2015.11
12	江川县江城镇江城中学	梁琼珍	女	1964.11	高级教师	2015.11
13	江川县江城镇江城中学	何文良	男	1968.12	高级教师	2015.11
14	江川县江城镇江城中学	李春和	男	1973.10	高级教师	2015.11
15	江川县江城镇江城中学	郑坤江	男	1964.10	高级教师	2015.11
16	江川县江城镇江城中学	马自荣	男	1965.6	高级教师	2015.11
17	江川县江城镇江城中学	王文仙	女	1964.12	高级教师	2015.11
18	江川县江城镇江城中学	王亚洲	男	1963.9	高级教师	2015.11
19	江川县江城镇江城中学	黄　文	男	1967.4	高级教师	2015.11
20	江川县江城镇江城中学	李绍武	男	1968.2	高级教师	2015.11
21	江川县江城镇江城中学	秦树磊	男	1972.10	高级教师	2015.11
22	江川县江城镇江城中学	张开平	男	1972.1	高级教师	2015.11
23	江川县江城镇江城中学	叶彦周	男	1977.12	高级教师	2015.11
24	江川县江城镇龙街中学	徐国贤	男	1963.8	高级教师	2015.11
25	江川县江城镇龙街中学	郭玉芬	女	1965.11	高级教师	2015.11
26	江川县江城镇龙街中学	白连东	男	1968.10	高级教师	2015.11
27	江川县江城镇龙街中学	张志鹏	男	1972.3	高级教师	2015.11
28	江川县江城镇龙街中学	李存芬	女	1966.9	高级教师	2015.11

续 表

序号	工作单位	姓 名	性别	出生年月	取得资格名称	取得资格时间
29	江川县江城镇龙街中学	丁培辉	男	1970.4	高级教师	2015.11
30	江川县江城镇龙街中学	华 帆	男	1973.2	高级教师	2015.11
31	江川县江城镇龙街中学	冯文艳	女	1975.7	高级教师	2015.11
32	江川县江城镇龙街中学	段汝东	男	1977.10	高级教师	2015.11
33	江川县前卫镇前卫中学	普海生	男	1961.9	高级教师	2015.11
34	江川县前卫镇前卫中学	孔繁敬	男	1965.6	高级教师	2015.11
35	江川县前卫镇前卫中学	范宝华	男	1966.6	高级教师	2015.11
36	江川县前卫镇前卫中学	杨兴柱	男	1968.10	高级教师	2015.11
37	江川县前卫镇前卫中学	蒋绍坤	男	1971.8	高级教师	2015.11
38	江川县前卫镇前卫中学	靳明昆	男	1972.5	高级教师	2015.11
39	江川县前卫镇前卫中学	陈彦雄	男	1974.4	高级教师	2015.11
40	江川县前卫镇前卫中学	王秀芬	女	1974.4	高级教师	2015.11
41	江川县前卫镇前卫中学	李玉琼	女	1978.7	高级教师	2015.11
42	江川县前卫镇后卫中学	伏六顺	男	1959.11	高级教师	2015.11
43	江川县前卫镇后卫中学	张双平	男	1965.3	高级教师	2015.11
44	江川县前卫镇后卫中学	刘向东	男	1966.9	高级教师	2015.11
45	江川县前卫镇后卫中学	李桂华	女	1966.12	高级教师	2015.11
46	江川县前卫镇后卫中学	杨 松	男	1968.7	高级教师	2015.11
47	江川县前卫镇后卫中学	张 磊	男	1968.4	高级教师	2015.11
48	江川县前卫镇后卫中学	马鹏华	男	1964.8	高级教师	2015.11
49	江川县前卫镇后卫中学	尹贵华	男	1968.11	高级教师	2015.11
50	江川县前卫镇后卫中学	坝金梁	男	1975.10	高级教师	2015.11
51	江川县大街街道大庄中学	陈秀清	女	1968.9	高级教师	2015.11
52	江川县大街街道大庄中学	王平艳	女	1970.5	高级教师	2015.11
53	江川县大街街道大庄中学	刘东培	男	1972.3	高级教师	2015.11
54	江川县大街街道大庄中学	王阿春	男	1975.1	高级教师	2015.11
55	江川县大街街道大庄中学	王绍川	男	1963.10	高级教师	2015.11
56	江川县大街街道大庄中学	方正德	男	1964.12	高级教师	2015.11
57	江川县大街街道大庄中学	丁绍珍	女	1966.9	高级教师	2015.11
58	江川县大街街道大庄中学	李春生	男	1966.3	高级教师	2015.11
59	江川县大街街道大庄中学	王金祥	男	1966.4	高级教师	2015.11
60	江川县大街街道大庄中学	张玉仙	女	1971.6	高级教师	2015.11

续 表

序号	工作单位	姓 名	性别	出生年月	取得资格名称	取得资格时间
61	江川县大街街道大庄中学	黄 虹	女	1971.8	高级教师	2015.11
62	江川县大街街道大街中学	朱明模	男	1965.5	高级教师	2015.11
63	江川县大街街道大街中学	黄华清	男	1968.7	高级教师	2015.11
64	江川县大街街道大街中学	韩卫民	男	1969.9	高级教师	2015.11
65	江川县大街街道大街中学	韩 震	男	1970.1	高级教师	2015.11
66	江川县大街街道大街中学	陈 蕾	女	1973.12	高级教师	2015.11
67	江川县大街街道大街中学	刘竹芬	女	1963.7	高级教师	2015.11
68	江川县大街街道伏家营中学	张吉润	男	1963.3	高级教师	2015.11
69	江川县大街街道伏家营中学	郭正义	男	1964.4	高级教师	2015.11
70	江川县大街街道伏家营中学	杨志聪	男	1966.3	高级教师	2015.11
71	江川县大街街道伏家营中学	付宝华	男	1974.2	高级教师	2015.11
72	江川县大街街道伏家营中学	赵兴华	男	1964.1	高级教师	2015.11
73	江川县大街街道伏家营中学	张华荣	男	1965.8	高级教师	2015.11
74	江川县大街街道伏家营中学	张云德	男	1965.2	高级教师	2015.11
75	江川县大街街道伏家营中学	张 景	男	1970.12	高级教师	2015.11
76	江川县大街街道伏家营中学	张秀丽	女	1971.9	高级教师	2015.11
77	江川县大街街道伏家营中学	伏会林	女	1970.11	高级教师	2015.11
78	江川县雄关乡中学	冯双华	男	1966.2	高级教师	2015.11
79	江川县雄关乡中学	张宝平	男	1968.11	高级教师	2015.11
80	江川县雄关乡中学	张华兴	男	1970.5	高级教师	2015.11
81	江川县雄关乡中学	张立波	男	1977.3	高级教师	2015.11
82	江川县路居镇中学	李自国	男	1975.10	高级教师	2015.11
83	江川县路居镇中学	雷发雄	男	1967.7	高级教师	2015.11
84	江川县路居镇中学	龚 兵	男	1969.4	高级教师	2015.11
85	江川县路居镇中学	李 清	女	1971.7	高级教师	2015.11
86	江川县路居镇中学	周云苍	男	1972.1	高级教师	2015.11
87	江川县路居镇中学	廖永文	男	1969.3	高级教师	2015.11
88	江川县路居镇中学	邓 强	男	1976.4	高级教师	2015.11
89	江川县路居镇中学	王世华	男	1972.10	高级教师	2015.11
90	江川县路居镇中学	李跃波	男	1968.9	高级教师	2015.11
91	江川县九溪镇中学	郭树礼	男	1963.9	高级教师	2015.11
92	江川县九溪镇中学	黄正祥	男	1965.9	高级教师	2015.11

续 表

序号	工作单位	姓 名	性别	出生年月	取得资格名称	取得资格时间
93	江川县九溪镇中学	彭兴兰	女	1967.5	高级教师	2015.11
94	江川县九溪镇中学	陈佑红	女	1967.7	高级教师	2015.11
95	江川县九溪镇中学	宋金仙	女	1970.1	高级教师	2015.11
96	江川县九溪镇中学	龚建文	男	1972.2	高级教师	2015.11
97	江川县九溪镇中学	蒋志勋	男	1972.6	高级教师	2015.11
98	江川县九溪镇中学	花德云	男	1969.4	高级教师	2015.11
99	江川县大街街道伏家营小学海浒初中	潘汝仙	女	1963.2	高级教师	2015.11
100	江川县大街街道伏家营小学海浒初中	汤 勇	男	1969.10	高级教师	2015.11
101	江川县江城镇翠峰中心小学	刘晨曦	男	1971.1	高级教师	2015.11
102	江川县江城镇翠峰中心小学	张文良	男	1962.12	高级教师	2015.11
103	江川县江城镇翠峰中心小学	胡聪琼	女	1965.1	高级教师	2015.11
104	江川县江城镇江城中心小学	陈云富	男	1970.9	高级教师	2015.11
105	江川县江城镇江城中心小学	黄二芬	女	1971.9	高级教师	2015.11
106	江川县江城镇龙街中心小学	张晓红	女	1974.8	高级教师	2015.11
107	江川县江城镇龙街中心小学	李兴芝	女	1962.3	高级教师	2015.11
108	江川县前卫镇前卫中心小学	业仓林	男	1965.7	高级教师	2015.11
109	江川县前卫镇前卫中心小学	陈 蕾	女	1968.3	高级教师	2015.11
110	江川县前卫镇前卫中心小学	付 强	男	1972.9	高级教师	2015.11
111	江川县前卫镇后卫中心小学	张运柱	男	1959.9	高级教师	2015.11
112	江川县大街街道大庄中心小学	王晓凤	女	1962.3	高级教师	2015.11
113	江川县大街街道大庄中心小学	杨 芳	女	1965.8	高级教师	2015.11
114	江川县大街街道大庄中心小学	廖会仙	女	1966.12	高级教师	2015.11
115	江川县大街街道大街小学	杨聪明	男	1974.12	高级教师	2015.11
116	江川县大街街道大街小学	龚 娜	女	1968.10	高级教师	2015.11
117	江川县大街街道大街小学	闻艳南	女	1970.5	高级教师	2015.11
118	江川县大街街道伏家营中心小学	黄玲芬	女	1963.7	高级教师	2015.11
119	江川县雄关乡中心小学	张留俊	男	1956.8	高级教师	2015.11
120	江川县路居镇中心小学	李会兰	女	1964.3	高级教师	2015.11
121	江川县路居镇中心小学	周艳华	女	1967.3	高级教师	2015.11
122	江川县九溪镇九溪中心小学	施绍良	男	1963.9	高级教师	2015.11
123	江川县九溪镇九溪中心小学	瞿世兴	男	1958.5	高级教师	2015.11
124	江川县九溪镇九溪中心小学	杨兰仙	女	1975.10	高级教师	2015.11

续 表

序号	工作单位	姓 名	性别	出生年月	取得资格名称	取得资格时间
125	江川县江城镇江城中学	尹文平	男	1976.12	高级教师	2015.12
126	江川县人民医院	李凯伟	男	1966.1	主任药师	2015.8
127	江川县人民医院	史云峰	男	1970.8	主任药师	2015.8
128	江川县人民医院	付 翔	男	1976.1	副主任技师	2015.8
129	江川县人民医院	侯存艳	女	1970.12	副主任护师	2015.8
130	江川县人民医院	李会芬	女	1970.10	副主任护师	2015.8
131	江川县人民医院	李彦兰	女	1971.4	副主任药师	2015.8
132	江川县人民医院	师见芬	女	1973.9	副主任药师	2015.8
133	江川县人民医院	朱苏萍	女	1969.6	副主任药师	2015.8
134	江川县中医医院	陈志红	男	1974.6	副主任医师	2015.8
135	江川县妇幼保健计划生育服务中心	夏秋玲	女	1966.9	妇产科主治医师	2015.8
136	江川县疾病预防控制中心	罗绍德	男	1964.10	副主任医师	2015.8
137	江川县疾病预防控制中心	刘江伟	男	1975.3	副主任医师	2015.8
138	江川县江城镇中心卫生院	杨彩玉	女	1965.4	内科副主任医师	2015.8
139	江川县大街街道卫生院	曲认秀	女	1964.12	副主任医师	2015.8
140	江川县大街街道卫生院	欧阳菲	女	1964.7	副主任医师	2015.8
141	江川县安化彝族乡农业综合服务中心	史华生	男	1966.7	高级工程师	2015.8
142	江川县安化彝族乡文化事务中心	普 虚	男	1972.11	副研究馆员	2015.12
143	江川县安化彝族乡规划建设和环境保护中心	张 健	男	1968.10	高级工程师	2015.10
144	江川县江城镇农业综合服务中心	罗增六	男	1963.9	高级农艺师	2015.9
145	江川县江城镇农业综合服务中心	朱春有	男	1969.6	高级工程师	2015.9
146	江川县江城镇农业综合服务中心	谢 平	男	1957.9	高级兽医师	2015.10
147	江川县江城镇农业综合服务中心	潘宗瑜	男	1967.2	高级工程师	2015.8
148	江川县雄关乡社会保障服务中心	蒋仕宏	男	1971.4	高级工程师	2015.10
149	江川县九溪镇农业综合服务中心	白坤芬	女	1975.1	高级农艺师	2015.9
150	江川县九溪镇规划建设和环境保护中心	李国芬	女	1970.12	高级工程师	2015.10
151	江川县路居镇规划建设和环境保护中心	邓 斌	男	1972.12	高级工程师	2015.12
152	江川县前卫镇农业综合服务中心	吴金华	男	1963.4	高级农艺师	2015.9
153	江川县前卫镇农业综合服务中心	李春华	男	1976.4	高级工程师	2015.8
154	江川县前卫镇农业综合服务中心	杭应贵	男	1965.1	高级工程师	2015.9
155	江川县前卫镇农业综合服务中心	朱明华	男	1968.12	高级工程师	2015.9
156	江川县大街街道农村经济管理服务中心	陈诗燕	女	1971.5	高级经济师	2015.8

续　表

序号	工作单位	姓　名	性别	出生年月	取得资格名称	取得资格时间
157	江川县农村经济管理服务中心	杨海英	女	1969.7	高级经济师	2015.8
158	江川县大街街道农业综合服务中心	李仲文	男	1956.5	高级畜牧师	2015.10
159	江川县营林工作站	张凤兰	女	1962.12	高级工程师	2015.8
160	江川县营林工作站	杨　昕	男	1974.7	高级工程师	2015.8
161	江川县林木种苗站	叶仕云	男	1969.8	高级工程师	2015.8
162	云南李家山青铜器博物馆	陈　玲	女	1963.4	副研究馆员	2015.4
163	江川县图书馆	卢艳兰	女	1964.10	副研究馆员	2015.12
164	江川县图书馆	黄华仙	女	1962.12	副研究馆员	2015.12
165	云南李家山青铜器博物馆	李红成	男	1974.4	副研究馆员	2015.9
166	中国共产党江川县委员会党校	黄丽艳	女	1969.10	高级讲师	2015.10
167	江川县防汛抗旱站	罗春莲	女	1969.11	高级工程师	2015.9
168	江川县经营管理站	龚春秀	女	1975.1	高级经济师	2015.8
169	江川县经营管理站	张文仙	女	1971.9	高级经济师	2015.8
170	江川县农村能源环保站	岳志强	男	1973.8	高级工程师	2015.9
171	江川县水产技术推广站	黄桂香	女	1970.12	高级农艺师	2015.9
172	江川县水产技术推广站	官　鹏	男	1969.9	高级农艺师	2015.9
173	江川县建设工程质量安全监督管理站	郭长亮	男	1973.2	高级工程师	2015.8
174	江川县建设工程质量安全监督管理站	杨　波	男	1975.2	高级工程师	2015.8
175	江川县园林绿化管理站	杨益江	男	1974.10	高级工程师	2015.8
176	江川县园林绿化管理站	张坤艳	女	1973.1	高级工程师	2015.8
177	江川县城市基础设施建设投资管理中心	李成学	男	1978.5	高级经济师	2015.9
178	江川县环境监测站	王良芬	女	1974.1	高级工程师	2015.10

（县人社局　供稿）

统计资料

编辑　徐凡清

2015年江川县土地、森林、气候主要指标

主要指标	单位	2014年	2015年	增减	
				数量	%
一、土地					
土地面积	平方千米	850	850	-	-
一、森林					
森林覆盖率	%	40.66	40.66		-
三、气候					
全年平均气温	摄氏度	17.3	17.2	-0.1	-0.58
全年日照时数	小时	2392.9	2130.8	-262.1	-10.95
全年降雨量	毫米	811	1032.7	221.7	27.34

2015年江川县卫生事业主要指标

	单位	2014年	2015年	增减	
				数量	%
县、乡（镇）医院机构	个	12	11	–1	–8.3
诊治疗人数	人次	762170	869291	107121	14.1
健康检查人数	人次	36560	41424	4864	13.3
住入院人数	人次	24860	27319	2459	9.9
出院人数	人次	25036	27244	2208	8.8
农村卫生情况					
医疗机构数	个	73	71	–2	–2.7
其中：西医为主	个	66	10	–56	–84.8
中西医结合	个	7	61	54	771.4
乡村医生和卫生人员	人	255	235	–20	–7.8
其中：中专以上学历	人	206	209	3	1.5
在职培训合格	人	242	235	–7	–2.9
诊疗人次数	人	558070	561476	3406	0.6
孕产妇检查人次数	人次	17340	12400	–4940	–28.5
儿童疫苗接种人次数	人次	107855	115045	7190	6.7
全年业务总收入	万元	1870.1	1501.4	–368.7	–19.7
传染病病发率	1/10万	145.1	114.9	–30.2	–20.8
农村卫生厕所普及率	%	35.45	35.46	0.01	
卫生防疫人员数	人	34	32	–2	–5.9
5岁以下儿童死亡率	%	0.34	0.73	0.39	113.2
婴儿死亡率	%	0.41	0.40	–0.01	–1.7
产妇住院分娩比例	%	100	100		

2015年江川县社会消费品零售总额

主要指标	单位	2014年	2015年	增减	
				数量	%
社会消费品零售总额	万元	173791.7	197253.6	23461.9	13.5
按销售单位所在地分					
1.城镇	万元	150249.5	170564.9	20315.4	13.5
2.乡村	万元	23542.3	26688.7	3146.4	13.4
批发零售住宿餐饮业情况					
1.批发业销售额	万元	32942.5	41178.1	8235.6	25.0
限额以上	万元	4999	7096.4	2097.4	42.0
限额以下	万元	27943.5	34081.7	6138.2	22.0
2.零售业销售额	万元	150472.8	177557.9	27085.1	18.0
限额以上	万元	5921.2	5910.9	-10.3	-0.2
限额以下	万元	144551.6	171647	27095.4	18.7
3.住宿业营业额	万元	14456	15901.6	1445.6	10.0
限额以上	万元	5632.4	5827.3	194.9	3.5
限额以下	万元	8823.6	10071.3	1247.7	14.1
4.餐饮业营业额	万元	54731.3	66772.2	12040.9	22.0
限额以上	万元	2954.4	3778.4	824.0	27.9
限额以下	万元	51776.9	62993.8	11216.9	21.7

2015年江川县城镇居民家庭调查基本情况

指　标	计量单位	2014年	2015年	增减	
				数量	%
一、调查户数	户	80	80	-	-
二、期内住户常住成员数	人/户	3.3	3.4	0.1	2.4
三、人均期末拥有房屋面积（建筑面积）	平方米	49.8	51.3	1.5	3.0
四、全年人均可支配收入	元	26193.6	28508.7	2315.1	8.8
五、人均消费支出	元	16447.7	18022.3	1574.5	9.6
（一）食品烟酒	元	4113.0	4396.1	283.1	6.9
（二）衣着	元	1299.1	1886.4	587.3	45.2
（三）居住	元	3394.0	3591.0	197.0	5.8
（四）生活用品及服务	元	1275.1	879.0	-396.1	-31.1
（五）交通通信	元	2670.4	2205.0	-465.4	-17.4
（六）教育文化娱乐	元	2409.3	3316.0	906.7	37.6
（七）医疗保健	元	978.4	1098.0	119.6	12.2
（八）其他用品和服务	元	308.3	651.0	342.7	111.1

2015年江川县农民家庭生产调查基本情况

指　标	计量单位	2014年	2015年	增减	
				数量	%
一、调查户数	户	70	70		
二、期末拥有房屋面积	平方米	53.1	57.9	4.8	9.0
三、人均可支配收入	元/人	9274.1	10214.2	940.1	10.1
（一）工资性收入	元/人	2119.7	2365.9	246.2	11.6
（二）经营净收入	元/人	6733.6	7398.1	664.5	9.9
（三）财产净收入	元/人	124.0	132.7	8.7	7.0
（四）转移净收入	元/人	296.8	317.5	20.7	7.0
四、全年人均总支出	元/人	14034.0	14794.1	760.1	5.4
（一）消费支出	元/人	7969.2	8758.9	789.7	9.9
（二）生产经营费用支出	元/人	2185.0	2925.3	740.3	33.9
（三）财产性支出	元/人	28.6	0.5	-28.1	-98.3
（四）转移性支出	元/人	203.3	215.0	11.7	5.8

2015年江川县邮电通信主要指标

指　标	计量单位	2014年	2015年	增减	
				数量	%
邮政业务总量	万元	637	768	131	20.6
函件合计	件	81323	335344	254021	312.4
包件合计	件	17230	14459	-2771	-16.1
报刊期发数	万份	1.1	1.5	0.4	36.4
报纸累计份数	万份	148.4	157.5	9.1	6.1
其中：订阅报纸累计数	万份	148.4	157.5	9.1	6.1
杂志累计份数	万份	6.6	7.0	0.3	5.0
其中：订阅杂志累计份数	万份	6.6	7.0	0.3	5.0
邮路总长度	千米	47.0	47.0		
电信业务总量	万元	2856	2685	-171	-6.0
联通业务总量	万元	1286	2746	1460	113.5
移动业务总量	万元	18066.0	18480.5	414.5	2.3
电话用户总数	户	221102	214969	-6133	-2.8
电话普及率	部/百人	77.7	75.3	-2.4	-3.1

2015年江川县经济技术协作主要指标

指　标	计量	2014年	2015年	增减	
				数量	%
一、实施国内项目数	个	99	99		
其中：市外	个	43	21	-22	-51.16
省外	个	56	78	22	39.29
二、新签订项目数	个	68	72	4	5.88
三、实际利用县外国内资金	万元	564955	536330	-28625	-5.07
其中：实际利用市外国内资金	万元	564955	526600	-38355	-6.79
实际利用省外国内资金	万元	380415	460400	79985	21.03
四、实施国外项目数	个	1	1		
五、实际利用国外资金	万美元	309	331.8	22.8	7.38

2015年江川县各乡镇（街道）主要指标人均比较

项目		全县	大街	江城	前卫	九溪	路居	安化	雄关
耕地面积（平方米）	按总人口	307.06	156.00	343.56	301.40	385.75	380.94	648.58	514.45
	按乡村人口	499.80	1195.98	401.69	465.86	454.49	468.14	648.58	514.45
粮食（千克）	按总人口	154.28	93.51	211.57	136.44	146.05	95.47	566.80	130.13
	按乡村人口	251.13	716.89	247.37	210.89	172.07	117.32	566.80	130.13
人均生产烤烟（千克）		41.39	16.37	20.79	41.29	44.58	52.27	201.78	182.22
人均生产油料（千克）		27.28	18.52	24.47	21.73	44.62	6.40	133.74	55.73
人均生产猪肉（千克）		85.42	86.80	94.12	97.74	75.05	47.82	59.69	110.92

2015年江川县普通中学基本情况（一）

	学校数（所）	班数（个）			在校学生数（人）			招生数（人）		
		合计	高中	初中	合计	高中	初中	合计	高中	初中
合　计	14	327	84	243	16792	4787	12005	5397	1607	3790
大街街道	5	128	52	76	6704	3066	3638	2154	975	1179
江城镇	4	90	32	58	4678	1721	2957	1552	632	920
前卫镇	2	49		49	2452		2452	718		718
九溪镇	1	24		24	1179		1179	378		378
路居镇	1	24		24	1244		1244	402		402
安化乡										
雄关乡	1	12		12	535		535	193		193

2015年江川县普通中学基本情况（二）

	毕业班学生数（人）			毕业生数（人）			专任教师	学校占地面积		计算机（台）
	合计	高中	初中	合计	高中	初中		高中	初中	
合　计	5794	1589	4205	6046	1755	4291	1169	232699	220859	2289
大街街道	2362	1110	1252	2582	1163	1419	471	175943	69660	1129
江城镇	1523	479	1044	1598	592	1006	328	56756	46189	534
前卫镇	900		900	962		962	166		51724	280
九溪镇	410		410	320		320	73		14173	150
路居镇	432		432	392		392	88		28343	130
安化乡										
雄关乡	167		167	192		192	43		10770	66

2015年江川县普通中学基本情况（三）

	校舍建筑面积		教学及辅助房面积		校舍危房面积		图书藏量（册）	
	高中	初中	高中	初中	高中	初中	合计	图书（册）
合　计	60532	126504	24464	46803	19843	57720	443037	443037
大街街道	43966	36806	18137	13994	10277	23675	173261	173261
江城镇	16566	29635	6327	11731	9566	12439	103600	103600
前卫镇		28426		9669		7402	73561	73561
九溪镇		13213		4518		4989	37700	37700
路居镇		11359		4894		8229	37915	37915
安化乡								
雄关乡		7065		1997		986	17000	17000

2015年江川县小学基本情况（一）

	学校数（所）	专任教师（人）	班数（个）	招生数（人）	在校学生（人）	毕业生数（人）	毕业班学生数（人）
合　计	56	1045	525	2378	16855	3850	3409
大街街道	10	298	140	820	5523	1188	1169
江城镇	16	259	129	517	3779	941	748
前卫镇	10	165	87	368	2786	610	526
九溪镇	7	113	62	230	1693	391	310
路居镇	7	109	54	226	1602	418	356
安化乡	3	46	24	86	625	103	113
雄关乡	3	55	29	131	847	199	187

2015年江川县小学基本情况（二）

	计算机（台）	图书藏量（册）	学校占地面积（平方米）	校舍建筑面积（平方米）	教学及辅助房面积（平方米）	校舍危房面积（平方米）
合　计	1913	392734	329415	177396	92030	67837
大街街道	535	127469	59456	47713	28520	7111
江城镇	518	96386	94035	51049	23062	24068
前卫镇	315	64309	53027	28404	15757	9686
九溪镇	289	37041	41254	15937	8575	9302
路居镇	85	33860	36052	17132	8887	10315
安化乡	63	15578	32638	9255	3676	4289
雄关乡	108	18091	12953	7907	3553	3066

2015年江川县主要指标完成情况（一）

	单位	2014年	2015年	增减	
				数量	%
一、人口					
1、年末户籍总人口	人	277683	278408	725	0.3
年平均人口	人	277201	278046	845	0.3
出生人口	人	2896	2947	51	1.8
出生率	‰	10.45	10.60	0.15	–
死亡人口	人	2102	1782	–320	–15.2
死亡率	‰	7.58	6.41	–1.17	–
自然增加人数	人	794	1165	371	46.7
自然增长率	‰	2.86	4.19	1.33	–
总人口中：乡村人口	人	214479	171046	–43433	–20.3
城镇人口	人	63204	107362	44158	69.9
少数民族人口	人	19789	20250	461	2.3
2、年末常住总人口	万人	28.53	28.60	0.07	0.3
年平均人口	万人	28.47	28.57	0.10	0.4
镇区人口	万人	10.9	11.24	0.34	3.1
城镇化率	%	38.2	39.3	1.1	2.9
二、综合					
1、地方生产总值（现价）	万元	655989	724863	68874	10.5
第一产业	万元	144566	150998	6432	4.5
第二产业	万元	207164	235068	27904	13.5
其中：工业	万元	181133	201626	20493	11.3
建筑业	万元	27112	34655	7543	27.8
第三产业	万元	304259	338797	34538	11.4
2、地方生产总值（可比价）	万元	610845	686962	76117	12.5

2015年江川县主要指标完成情况（二）

	单位	2014年	2015年	增减	
				数量	%
第一产业	万元	135653	144527	8874	6.5
第二产业	万元	202958	242976	40018	19.7
其中：工业	万元	179394	212663	33269	18.6
建筑业	万元	24625	31571	6946	28.2
第三产业	万元	272234	299459	27225	10.0
3、按常住人口计算人均GDP	元	23041	25371	2330	12.1
4、第一产业经济结构比重	%	22.0	20.8	-1.2	-5.3
第二产业经济结构比重	%	31.6	32.4	0.8	2.6
第三产业经济结构比重	%	46.4	46.7	0.3	0.7
5、现价工业农业总产值	万元	887167	1028342	141175	15.9
工业总产值	万元	645452	776391	130939	20.3
农业总产值	万元	241715	251951	10236	4.2
其中：农业	万元	137159	143667	6508	4.7
林业	万元	4098	4294	196	4.8
牧业	万元	84617	86916	2299	2.7
渔业	万元	9444	10174	730	7.7
农林牧渔业服务业	万元	6397	6900	503	7.9
三、500万以上固定资产投资完成额	万元	306429	400694	94265	30.8
四、年末常用耕地面积	亩	128296	128168	-128	-0.1
全年粮食产量	万千克	4234	4295.4	61.4	1.5
大春粮食产量	万千克	3343.9	3472.0	128.1	3.8
小春粮食产量	万千克	890.1	823.4	-66.7	-7.5
烤烟产量	万千克	1245	1152	-93	-7.5
油料产量	万千克	738	760	22	2.9
水果产量	万千克	385	390	5	1.3

2015年江川县主要指标完成情况（三）

	单位	2014年	2015年	增减	
				数量	%
水产品产量	吨	4106	4237	131	3.2
全年肥猪出栏数	头	287009	305993	18984	6.6
年末生猪存栏数	头	257947	250672	-7275	-2.8
其中：能繁殖母猪	头	43057	42444	-613	-1.4
生产经营仔猪	头	987733	845511	-142222	-14.4
五、社会消费品零售总额	万元	173792	197254	23462	13.5
六、零售物价总指数	%	101.2	100.4	以上年为100%	
居民消费价格总指数	%	102.1	101.2	以上年为100%	
农业生产资料价格总指数	%	102.1	101.1	以上年为100%	
七、城镇居民人均可支配收入	元	26194	28509	2315	8.8
八、农民人均总收入	元	12022	13610	1588	13.2
农村居民人均可支配收入	元	9274	10214	940	10.1
九、在岗职工人数	人	15002	15618	616	4.1
其中：事业单位	人	4280	4383	103	2.4
机关单位	人	1597	1666	69	4.3
在岗职工平均工资	元	42195	46068	3873	9.2
其中：事业单位	元/人	54658	65095	10437	19.1
机关单位	元/人	55185	63270	8085	14.7
十、财政总收入	万元	88396	93865	5469	6.2
其中：地方财政收入	万元	59631	63425	3794	6.4
财政总支出	万元	165469	168566	3097	1.9
十一、金融机构贷款余额	万元	614964	629974	15010	2.4
金融机构存款余额	万元	949105	990607	41502	4.4

注：1. 城镇居民人均可支配收入从2014年起按新制度统计；农民人均纯收入从2014年起为农村居民人均可支配收入。2. 根据公安户籍人口报表制度，由于统计口径改变，2015年起采用城镇人口与乡村人口统计，与上年数不具有可比性。

（申明民　供稿）

附　　录

中共江川县委
关于深入开展“三严三实”和“忠诚干净担当”专题教育的实施意见

江发〔2015〕1号

为认真贯彻党的十八大和十八届三中、四中全会精神，深入学习贯彻习近平总书记系列重要讲话精神，巩固拓展党的群众路线教育实践活动成果，按照中央、省委和市委要求，县委决定，2015年重点在县级领导干部中深入开展“三严三实”和“忠诚干净担当”专题教育（以下简称“专题教育”），现提出如下实施意见。

一、深刻领会开展专题教育的重要意义

2014年3月，习近平总书记提出了“严以修身、严以用权、严以律己，谋事要实、创业要实、做人要实”的“三严三实”要求。2014年10月，习近平总书记对云南工作作出重要指示，特别嘱托党的干部要“对党忠诚、个人干净、敢于担当”（以下简称“忠诚干净担当”）。市委书记罗应光提出了“干在实处、走在前列”的要求。当前，我县仍然处于可以大有作为的重要战略机遇期，同时也是深化改革的攻坚期和社会矛盾的凸显期，经济社会发展既面临严峻挑战，也面临难得机遇。要深化改革、涉险滩、啃硬骨头，确保我县“干在实处、走在前列”，关键在党，关键在各级领导班子和领导干部。对此，我们要有清醒认识，切实把深入开展专题教育作为一项重大政治任务抓紧抓好。

党的十八大以来，按照中央、省委和市委的安排部署，县委和各级党组织深入开展党的群众路线教育实践活动，取得了重大成果，全县各级领导班子和领导干部改进作风有了良好开端。但也要看到，与党中央坚持全面从严治党的要求、与习近平总书记“忠诚干净担当”的要求、与省委、市委对江川的要求、与人民群众的殷切期盼相比，还存在不少问题和不足。特别是一些单位和部门自由主义、分散主义、好人主义、个人主义盛行；一些领导干部推进工作不力，一味等靠要，要政策、要经费、要支持，遇到矛盾困难左避右闪，东推西挡，开展工作缺乏担当、缺乏闯劲；一些领导干部搞家长制、独断专行，甚至把人身依附等恶习带到党内政治生活中来；一些单位和部门滋生腐败的土壤依然存在，腐败现象仍处于易发多发阶段，反腐败斗争形势依然严峻复杂；一些领导干部习惯于当庸官、懒官、太平官，有的在其位，不谋其

政，工作消极被动，没有起色，没有亮点，只求过得去，不求过得硬；一些领导干部脱离群众、高高在上，深入基层和群众听取意见少，常常在群众面前当“专家”、“老师”，对基层底数不清情况不明，不知群众冷暖。这些问题严重损害党在人民群众中的形象，严重影响党的事业发展，必须认真加以解决。在全县深入开展“三严三实”和“忠诚干净担当”专题教育，是学习贯彻落实习近平总书记系列重要讲话精神的重要举措，是巩固拓展党的群众路线教育实践活动成果的有效形式，是推动我县干部转变作风的迫切需要，对于深刻理解、准确把握习近平总书记系列重要讲话的深刻内涵、精神实质和理论体系，进一步增强中国特色社会主义的道路自信、理论自信和制度自信，更加自觉地在思想上政治上行动上同以习近平同志为总书记的党中央保持高度一致，坚持全面从严治党，切实加强我县领导班子和干部队伍建设，坚决把中央和省委、市委、县委各项决策部署落到实处具有重要意义。

二、指导思想和目标要求

（一）指导思想

以马克思列宁主义、毛泽东思想、邓小平理论、“三个代表”重要思想、科学发展观为指导，深入学习贯彻习近平总书记系列重要讲话精神，自觉学习党章、遵守党章、贯彻党章、维护党章，深入开展“三严三实”和“忠诚干净担当”专题教育，深化“四风”整治，巩固拓展党的群众路线教育实践活动成果，勤用“四盆水”洗净作风之弊、行为之垢，争当“六个表率”，进一步端正党风政风带动民风社风，形成良好的干事创业风气，坚定不移地按照“环境优先、兴园强工、建设新城、做美生态”的思路，为江川“干在实处、走在前列”提供坚强的思想、政治和组织保证。

（二）目标要求

“三严三实”和“忠诚干净担当”专题教育在全县县级以上领导干部中开展，乡镇（街道）党政主要领导、县直单位部门负责同志和其他科级领导干部不作统一要求，但要参加集中学习培训、开展自查自纠和进行党性分析。专题教育的主要任务是：教育引导党员干部深刻认识“三严三实”和“忠诚干净担当”的重大意义、丰富内涵，自觉按照“三严三实”和“忠诚干净担当”要求加强党性修养、改进工作作风，把“三严三实”和“忠诚干净担当”作为修身做人的基本遵循，作为为官用权的警世箴言，作为干事创业的行为准则，内化于心、外化于行，对自身存在的顽疾进行大排查、大扫除，对存在的突出问题进行重点整治，使“三严三实”和“忠诚干净担当”的要求在全县上下深深扎根，进一步提升全县党员干部的党性、品格、境界和素质，做到信念坚定、为民服务、勤政务实、敢于担当、清正廉洁，使党内政治生活真正严肃起来，使党的作风全面纯洁起来，形成风清气正的良好政治生态。

——贯彻全面从严治党要求，自觉践行“三严三实”。“三严三实”是党员干部加强自身建设的基本准则和目标追求，是检验党员干部党性修养和言行举止的一把尺子、一面镜子。要严以修身，切实加强党性修养，坚定理想信念，提升道德境界，追求高尚情操，自觉远离低级趣味，自觉抵制歪风邪气。要严以用权，坚持用权为民，按规则、按制度行使权力，把权力关进制度的笼子里，任何时候都不搞特权、不以权谋私。要严以律己，始终心存敬畏、手握戒尺，慎独慎微、勤于自省，遵守党纪国法，做到为政清廉。谋事要实，坚持从实际出发谋划事业和工作，使点子、政策、方案符合实际情况、符合客观规律、符合科学精神，不好高骛远，不脱离实际。创业要实，始终脚踏实地、真抓实干，敢于担当责任，勇于直面矛盾，善于解决问题，努力创造经得起实践、人民、历史检验的实绩。做人要实，始终对党、对组织、对人民、对同志忠诚老实，做老实人、说老实话、干老实事，襟怀坦白，公道正派。

——坚定政治品格，做到对党忠诚。对党忠诚是政治品格。党员干部要拥护党的纲领，遵守党的章程，履行党员义务，执行党的决定，严守党的纪律，保守党的秘密，在党爱党、在党兴党、在党忧党、在党护党，绝对忠于党、忠于祖国、忠于人民的事业，在任何情况下，不管遇到什么困难，不管遇到什么大风大浪，都要同以习近平同志为总书记的党中央保持高度一致，站稳坚定的政治立场。要全心全意的忠诚，不要三心二意的忠诚；要言行如一、表里如一的忠诚，忠心耿耿、天日昭昭，不要说一套做一套；要始终如一的忠诚，能始终经受住血与火的考验，不要顺境时忠诚、逆境时就不忠诚；要无怨无悔的忠诚，泰山压顶不弯腰，虽九死而不悔。要坚决维护中央和省委、市委和县委权威，决不允许以单位情况特殊不执行上级决策指示，决不允许超越职权擅自决定处置重大问题，决不允许个人凌驾于组织之上、游离于组织之外。

——坚守为官底线，做到个人干净。个人干净是为官底线。党员干部要心存敬畏、严格自律，做到慎言、慎行、慎独、慎初、慎微、慎友，守住做人、处事、用权、交友的底线，守住党和人民交给的责任，守住自己的政治生命线，守住正确的人生价值观。要防止和避免守不住为官底线，将特权享受当作丈量成功的标尺，以金钱财物作为衡量得失的准绳，背离从政为官的正道，以致个人栽跟斗，党的声誉受损害，党的事业遭损失。严格遵守市委“六个不能”要求，坚决做到“管住嘴、管住手、管住腿，不该吃的不吃，不该喝的不喝，不该收的不收，不该拿的不拿。要读廉文、践廉行、兴廉风，自觉算好政治账、算好经济账、算好亲情账，切实筑牢防腐拒变的能力。

——坚持从政准则，做到敢于担当。敢于担当是从政准则，是领导干部的职责所系、使命所在。党员干部要敢想、敢做、敢当，坚持原则、认真负责，面对大是大非敢于亮剑，面对矛盾敢于迎难而上，面对危险敢于挺身而出，面对失误敢于承担责任，面对歪风邪气敢于坚决斗争。面对我县改革开放进入攻坚期和深水区面临的各种风险和难题，各级领导干部要围绕市委“八要”要求，做到“六个坚持”：坚持讲实话、出实招、办实事、求实效；坚持开短会、讲短话，确保有更多的时间抓工作、干实事；坚持推行干部直接联系群众制度，注重基层导向，推进县级领导干部挂钩联系乡镇（街道）、企业和部门挂钩联系村（社区）制度，实现人财物向基层倾斜；坚持领导带头，果断决策，大胆拍板，决不矛盾上交、责任下推、避实就虚；坚持目标倒逼进度、时间倒逼程序、社会倒逼部门、任务倒逼责任人、督查倒逼落实的“五个倒逼”工作机制，推进工作落实；坚持强化督查，加大督查考核力度，推进所有工作督查制，发挥人大代表、政协委员视察评议，新闻媒体舆论监督作用，强化问责问效力度，真正做到各项工作有人抓、有人盯、有人干、有效果。以忠诚履责、勇于担当、敢于负责的精神，面对经济社会发展的“新常态”，在敢于担当中历练提高，创造经得起实践、人民、历史检验的政绩。

三、主要措施

这次专题教育，要充分借鉴党的群众路线教育实践活动的成功做法和经验，坚持突出问题导向、坚持教育与实践并重、坚持领导带头、坚持从严从实、坚持以整风精神开展批评和自我批评、坚持依靠群众，重点抓好以下工作。

（一）认真开展学习教育。把理论武装放在首位，重点搞好思想动员、宣传发动和学习教育。

要把学习提高贯穿专题教育始终。坚持把深入学习中国特色社会主义理论体系，特别是习近平总书记系列重要讲话精神作为一项重大、长期的政治任务，利用理论中心组学习、干部教育培训、专题研讨等方式，坚持不懈地开展理想信念、群众观点、宗旨意识、党性党风党纪、社会主义核心价值观、道德品行和社会主义法治教育，加强学习型党组织建设，引导党员干部牢固树立正确的世界观、人生观、价值观，解决好“总开关”这一根本问题，进一步增强为实现党的纲领和任务而奋斗的思想自觉。

县委带头，县委理论中心组开展集中学习4次以上。乡镇（街道）党政主要领导、县直单位部门负责同志要参加县委集中学习。要制定学习计划，采取党委（党组）理论中心组学习、集中辅导、专题讲座、个人自学、到党性教育基地体验等形式抓好学习，确保学习教育全覆盖。各单位（部门）主要负责同志要做学习的表率，带头领学、带头开展讨论、带头撰写心得体会，发挥好示范带动作用。

专题教育期间，各级单位（部门）主要负责同志要带头讲党课。要组织开展学习贯彻“三严三实”和“忠诚干净担当”专题研讨。要注重运用正反两方面典型开展教育，组织党员领导干部深入学习焦裕禄、杨善洲、高德荣、陶应全等同志先进事迹，教育引导党员领导干部见贤思齐，筑牢思想防线。组织开展警示教育，用发生在身边的反面典型现身说法，引导各级领导干部汲取教训，受警醒、明底线、知敬畏，深刻认识违反党的政治纪律组织纪律、破坏党的团结的巨大危害，深刻认识以权谋私、贪污腐化对党的形象的严重损害，切实做到警钟长鸣、警惕长存。

（二）从严查找问题。突出问题导向，用2个月左右时间，重点搞好调查研究，广泛听取干部群众意见，深入查找存在问题。

要以“三严三实”和“忠诚干净担当”为标尺，对照市委“六个表率”、“六个不能”、“八要”和县委列举的值得每名党员干部警醒和重视的信仰缺失、精神迷茫，以权谋私、贪赃枉法，滥用职权、胡作非为，谋事不实、随心所欲，创业不实、花拳绣腿，做人不实、口是心非，个人主义、团团伙伙，文恬武嬉、玩风盛行，假公济私、搞特殊化，为官不为、得过且过，不敢担当、落实不力，心存侥幸、瞒天过海，自以为是、独断专行，脱离群众、办事不公等14个方面问题的具体表现，结合自身实际，坚持眼睛向内，严格自查自纠，从深层次找准问题及根源。要对照中央和省委、市委、县委关于认真落实党的群众路线教育实践活动整改任务的要求，对照教育实践活动“两方案一计划”和“整改清单”，对照教育实践活动中查摆出来的问题特别是群众反映强烈的突出问题，对整改落实进展、效果和存在问题进行全面深入“回头看”，认真查找整改工作存在的不足和问题，分析原因，结合2014年教育实践活动专题民主生活会查摆问题情况，进一步找准找实自身存在的突出问题。

深入基层、深入群众听取意见，查找问题。切实端正态度、转变作风，深入农村、社区、机关企事业单位和服务对象听取意见，查找问题。认真落实干部直接联系服务群众和随机调研制度，县委常委带头深入联系点听取群众对决策部署的意见建议。各级领导班子成员特别是“一把手”要认真开展调查研究，树立“不跑上层下基层、不看关系看政绩”导向，以体验民情、摸准实情、推动落实、评估工作为任务，不打招呼、不搞陪同、一竿子插到底，直接深入基层一线，开展随机调研。县级领导干部每年下基层调研不少于3个月，住村不少于10天；县直单位（部门）科级领导干部每年下基层调研不少于4个月，住村不少于15天；乡镇（街道）科级领导干部每年下基层调研不少于6个月，住村不少于20天。县级领导每年到分管联系的单位（部门）调研帮助研究解决问题不少于4次，其中新任县级领导干部下基层调研要在一年内覆盖全县所有村（社区），其他县级领导干部每年下基层调研不少于全县一半的村（社区），并在2年内覆盖全部村（社区）；县直单位（部门）负责同志，每年下基层调研不少于全县一半的村（居）民小组，并在2年内覆盖全部村（居）民小组；乡镇（街道）党政主要领导每年下基层调研要覆盖所属村（居）民小组；其他机关企事业单位干部也要深入基层开展调研。要认真落实“三深入、四联户”要求，采取住村蹲点、民情恳谈等多种形式，真正蹲下去、扎下来，深入到群众中听心里话、听真话实话，把意见建议收集上来，把存在问题找准找实。

畅通渠道，综合运用个别走访、召开座谈会、问卷调查、设置意见箱、开通专线电话、网上公开征求意见、到困难多问题多的地方和意见大的同志中听取意见建议等多种方式，广泛听取老同志、“两代表一委员”、民主党派、党员群众、工作和服务对象等各领域各方面的意见建议。

（三）从实进行党性分析。贯彻严肃党内政治生活要求，利用1个月左右时间，重点搞好党性分析和自我剖析，开展批评和自我批评。

要围绕践行“三严三实”和“忠诚干净担当”，深入开展“六查六看”和“三对照三检查”。即：查修身严不严，看是否做到加强党性修养，坚定理想信念；查用权严不严，看是否做到坚持用权为民，不搞特权、不以权谋私；查律己严不严，看是否做到遵守党纪国法，为政清廉；查谋事实不实，看是否做到从实际出发谋划事业和工作，不好高骛远，不脱离实际；查创业实不实，看是否做到脚踏实地、真抓实干，敢于担当责任；查做人实不实，看是否做到对党、对组织、对人民、对同志忠诚老实，做老实人、说老实话、干老实事。对照“对党忠诚”要求，深刻检查自己的思想灵魂、政治定力，在大是大非面前的实际表现；对照“个人干净”要求，深刻检查自己的廉洁意识、律己差距，在明确底线、分清界限、固守红线方面的实际表现；对照“敢于担当”要求，深刻检查自己的责任意识、担当精神，在守土有责、守土负责、守土尽责方面的实际表现。在此基础上，紧密联系个人思想工作实际，认真撰写党性分析材料。

召开专题民主生活会。2015年“七一”前后，县级领导班子要以践行“三严三实”和“忠诚干净担当”为主题，召开一次高质量的专题民主生活会，进一步推动各级领导干部严格遵守党内政治生活准则，增强党内生活的政治性、原则性、战斗性，切实解决好自由主义、分散主义、好人主义、个人主义的问题，解决好平淡化、随意化、庸俗化的问题，使党内生活进一步严肃起来。

（四）切实解决存在问题。坚持务求实效，重点搞好整改承诺，切实研究解决存在的问题。

作出整改承诺。各级领导干部要坚决克服“四风”问题已经查找过了、也改了，现在没什么可查可改的心理，带头真改、实改、彻底改。要切实按照“三严三实”和“忠诚干净担当”要求，针对党性分析和专题民主生活会上检查出来的问题，结合思想和工作实际，提出整改对策，作出整改承诺，接受党员群众监督。

抓好整改，推动工作。突出重点，着重解决好党内政治生活不正常、形形色色的潜规则、大大小小的关系网、以及庸、懒、散、混、“中梗阻”、各种各样的特权现象等违背“三严三实”和“忠诚干净担当”的问题。突出发展第一要务，坚定不移地按照“环境优先、兴园强工、建设新城、做美生态”的思路，坚持稳中求进的工作总基调，以提高经济发展质量和效益为中心，主动适应经济发展新常态，把转方式调结构放到更加重要的位置，切实抓好基础设施建设、产业转型升级、城乡协调发展、生态文明建设、体制机制改革，全面推进依法治县，坚持以发展惠民生、以民生带发展，围绕富民惠民进一步加大投入，积极推动教育、医疗、文化等各项社会事业健康发展，下大力气解决群众最关心最直接最现实的就业创业、城乡居民增收、棚户区改造、殡葬改革、农村居民饮水安全、保障性住房建设、农村危旧房改造工程、扶贫攻坚、城乡社会保障体系建设、养老服务等切身利益问题，办好一批惠民工程和惠民实事，不断提高人民群众的生活质量和幸福指数。

（五）持续深化专项整治。巩固拓展党的群众路线教育实践活动成果，重点对突出问题进行持续深化整治。

坚持不懈抓专项整治。在抓常抓细抓长上下苦功夫、硬功夫，持之以恒、久久为功，深化党的群众路线教育实践活动中央确定的21个方面、省委确定的12个方面、市委确定的19个方面和县委确定17个方面整治项目的落实。在此基础上，深入开展以严禁领导干部插手工程建设、严禁插手土地征用、严禁插手矿产资源开发利用、严禁违规使用扶贫和社保资金、严禁收受“红包”、严禁违反党的组织人事纪律等6个方面问题为重点的专项整治，使作风建设由外施压力向内生动力转变，由表面问题向深层问题拓展，由集中整治向常态落实深化，实抓实改、常整常改，兑现向群众作出的承诺，不断巩固和拓展教育实践活动成果，推动全县党风政风持续好转、根本好转，带动形成良好的民风社风。

强化正风肃纪。坚决贯彻中央、省委和市委决策部署，切实落实好党委主体责任和纪检监察机关监督责任，严格执行党政领导干部廉洁自律各项规定，坚持以零容忍的态度惩治腐败，对在专题教育中发现的重大违纪违法问题，特别是顶风违纪者，要露头就打，加大查处、通报和曝光力度，形成震慑。对领导班子存在突出问题的，要认真整改并进行组织整顿；对存在一般性作风问题的干部加强教育、促其改进；对群众意见大、没有明显改进的干部坚决进行组织调整。把制度治党放在突出位置，贯穿专题教育全过程，推动党的建设规范化、制度化、科学化，强化制度执行力。

四、组织保障

要把深入开展“三严三实”和“忠诚干净担当”专题教育作为当前一项重大而紧迫的政治任务，树立高度的政治责任感和强烈的大局意识，切实加强领导，统筹推进落实，强化督促检查，注重舆论宣传，确保取得实效。

（一）加强领导，精心组织。县委成立了由县委书记马文龙同志担任组长的领导小组，下设办公室，负责专题教育日常工作。乡镇（街道）党政主要领导、县直单位（部门）负责同志要增强主动参与意识，带头参加专题教育。

（二）统筹兼顾，推动工作。要把开展专题教育与推动全县经济平稳健康发展和社会和谐稳定结合起来，与落实党要管党、从严治党责任结合起来，与大力推进依法治县结合起来，与全面落实我县各项改革任务结合起来，与巩固拓展党的群众路线教育实践活动成果结合起来，克服畏难思想、厌倦情绪，统筹兼顾，有序推进。

（三）督促指导，深入开展。市委组建巡回督导组，负责对我县专题教育进行督导。按照要求我县不再成立巡回督导组，由党的群众路线教育实践活动整改落实督查组继续开展整改督查工作，按照市委专教办和巡回督导组的要求，层层传导压力，推动专题教育深入开展，推动整改落实工作持续深入推进。

（四）强化宣传，营造氛围。要切实做好专题教育宣传工作，按照“做深、做实、出彩、出新、出特色”要求，要正确把握舆论导向，充分运用报刊、广播、电视、网络等媒体，抓舆论引导、抓选题策划、抓典型案例、抓理论评论、抓舆论监督，大力宣传深入开展专题教育的重要意义、目标任务、工作成效，为专题教育健康有序开展营造良好舆论氛围。

中共江川县委关于印发《中共江川县委关于贯彻落实〈中共中央关于全面推进依法治国若干重大问题的决定〉的实施方案》的通知

江发〔2015〕4号

各乡镇党委、政府，大街街道党工委、办事处，县委和县级国家机关各部、委、办、局，各人民团体和企事业单位，中央、省、市驻江单位：

《中共江川县委关于贯彻落实〈中共中央关于全面推进依法治国若干重大问题的决定〉的实施方案》已经县委十二届五次全会审议通过，现印发给你们，请认真贯彻落实。

中共江川县委

2015年1月28日

中共江川县委关于贯彻落实《中共中央关于全面推进依法治国若干重大问题的决定》的实施方案

为深入贯彻落实《中共中央关于全面推进依法治国若干重大问题的决定》（以下简称《决定》）、《中共云南省委关于贯彻落实〈中共中央关于全面推进依法治国若干重大问题的决定〉的意见》和《中共玉溪市委关于贯彻落实〈中共中央关于全面推进依法治国若干重大问题的决定〉的实施意见》的精神，进一步全面深化改革，推进依法治县，确保法治江川建设的各项任务落到实处，提出如下实施方案。

一、全面贯彻落实党的十八届四中全会精神，加快实施依法治县战略

1.重大意义。依法治国是党领导人民治理国家的基本方略。党的十八大以来，以习近平同志为总书记的党中央对“全面推进依法治国”作出了重大战略部署。党的十八届三中全会将“推进法治中国建设”纳入全面深化改革的重要内容。党的十八届四中全会审议通过的《中共中央关于全面推进依法治国若干重大问题的决定》，是新形势下全面推进依法治国的纲领性文件，对建设中国特色社会主义法治体系、建设社会主义法治国家做了全面部署。全县各级党组织和领导干部一定要把思想和行动统一到党的十八届四中全会精神上来，坚定不移走中国特色社会主义法治道路，切实增强全面推进依法治县的紧迫感和责任感，全面加快法治江川建设，积极推进依法执政、依法行政、公正司法、普法宣传教育等工作，确立法治在全县社会治理中的基础性、规范性、保障性作用，积极推进治理体系和治理能力现代化，为富裕和谐美丽新江川建设创造最优质的法治环境。

2.指导思想。深入贯彻落实党的十八大和十八届三中、四中全会精神，高举中国特色社会主义伟大旗帜，以马列主义、毛泽东思想、邓小平理论、“三个代表”重要思想、科学发展观为指导，深入贯彻习近平总书记系列重要讲话精神，坚持党的领导、人民当家作主、依法治国有机统一，坚定不移走中国特色社会主义法治道路，全面推进依法治县，坚决维护宪法法律权威，依法维护人民权益，维护公平正义，维护社会和谐稳定，为奋力推进江川跨越发展提供有力法治保障。

3.目标任务。贯彻中国特色社会主义法治理论，按照“科学立法、严格执法、公正司法、全民守法”的总要求，坚持依法治县、依法执政、依法行政共同推进，坚持法治江川、法治政府、法治社会一体建设。到2019年，实现各级党组织和各级党员干部法律意识显著增强，善于运用法治思维和法治方式推进工作，依法执政能力显著提升；县乡两级政府职能依法转变到位，做到严格依法行政，用法治精神建设现代经济、现代社会、现代政府，法治政府基本建成；使司法在维护社会公平正义、保障人民合法权益中的基础性作用更加显著，公信力明显提高；全民学法、遵法、守法、用法的氛围基本形成，法律的权威和尊严显著提升；法治人才结构持续优化，队伍素质全面提升；党风廉政建设深入推进，从严治党落到实处；全县经济建设、政治建设、文化建设、社会建设和生态文明建设全部纳入法治化轨道，各项事业法治化水平明显提升，优质法治环境基本形成。

4.基本原则。坚持中国共产党的领导、坚持人民主体地位、坚持法律面前人人平等、坚持依法治国和以德治国相结合、坚持从县情出发。

二、强化法律监督工作，确保宪法法律法规实施

5.完善规范性文件备案审查机制。县人大常委会和乡镇（街道）人大主席团（工作委员会）要加强规范性文件备案审查工作机构和队伍建设，完善规范性文件备案审查机制和程序。所有规范性文件都要纳入备案审查范围，加大主动审查力度，依法撤销和纠正违宪违法的文件。建立备案审查衔接联动机制，加强与政府法制工作机构的合作，形成审查监督合力。

责任单位：县人大常委会、乡镇（街道）人大主席团（工作委员会）、县政府法制办

6.履行法律实施的监督职责，提高法律监督实效。县人大及其常委会、各乡镇（街道）人大主席团（工作委员会）要保证宪法、法律、法规和上级人大及其常委会决议在本行政区域内的遵守和执行，维护国家法制的统一、尊严和权威；县人大要强化对“一府两院”执法司法的监督，确保行政执法权、审判权、检察权得到正确行使。坚持权责统一，健全和规范问责制度，严格责任追究，做到有权必有责、用权受监督、违法受追究、侵权须担责。对决策失误、违法行政、滥用职权、失职渎职等行为，严格依法依规追究责任。

责任单位：县人大常委会、乡镇（街道）人大主席团（工作委员会）

7.创新法律法规实施监督机制。县人大常委会和乡镇（街道）人大主席团（工作委员会）通过执法检查、听取和审议专项工作报告、询问和质询等法定形式，加强对法律法规实施情况的监督。健全法律法规实施情况报告制度。对未有效实施的法律法规，法律法规实施部门要向县乡人大机关报告情况并提出改进措施。县乡人大机关依法监督法律法规实施部门开展执法工作。加强对制定法律法规配套办法的监督检查。

实施单位：县人大常委会、乡镇（街道）人大主席团（工作委员会）

三、深入推进依法行政，全面建设法治政府

8.推进政府机构职能法定化。完善贯彻落实县乡两级政府及其工作部门行政组织和行政程序法律制度，推进机构、职能、权限、程序、责任法定化。依法划分县乡两级政府之间的事权，确定政府部门之间的职责，建立事权和职责的运行协调机制。推行政府部门权力、责任、负面清单制度，明确界定职权行使边界，坚决消除权力设租寻租空间。坚持法定职责必须为、法无授权不可为，坚决纠正不作为、依法处理乱作为。

责任单位：县政府、各乡镇（街道）政府（办事处）

9.健全完善法治政府建设指标体系。制定《江川县贯彻落实〈玉溪市法治政府建设指标体系〉实施意见》，完善法治政府建设考评机制，提高法治政府建设考评指标在政府绩效考核体系中的比重。强化考评结果应用力度，把法治政府建设成效作为衡量各级政府及其工作部门领导班子和领导干部工作实绩的重要内容，全面提升法治政府建设的质量和水平。

责任单位：县政府、县政府法制办

10.推进行政审批制度改革。推进政府职能转变，规范行政权力运行，最大限度地防范和减少因行政行为失当引发的社会矛盾。深化行政审批制度改革，推进行政审批电子化，减少审批环节，优化审批流程，提高审批效能。

责任单位：县委编办、县政府法制办、县级具有审批权限的部门

11.提高政府规范性文件制定水平。加强与县人大、县政协的协调和协商，有效防止规范性文件制定中的部门利益。推进政府规范性文件的集中草拟，重要行政管理规范性文件由政府法制机构起草或把关。建立成本效益和社会效益预评估制度，提高规范性文件的质量。完善规范性文件发布前统一审查制度，严格法定权限和程序，强化备案审查，加强规范性文件的监督管理。建立定期清理制度，适时修改、废止与全县经济社会发展不相适应的规范性文件。

责任单位：县政府办、县人大办、县政协办、县政府法制办

12.健全依法决策机制。县乡政府及其工作部门要完善依法决策制度，建立健全“公众参与、专家论证、风险评估、合法性审查、集体讨论决定”的重大行政决策法定程序，切实做好重大决策的合法性审查。凡是未经合法性审查或审查不合法的，不得提交讨论。制定责任追究相关办法，坚持重大决策于法有据，做到决策和严格执法紧密衔接，重大决策的过程应当予以记录并保存，切实执行重大决策终身责任追究制度及责任倒查制度。

责任单位：县政府工作部门、各乡镇（街道）党政办

13.积极推行政府法律顾问制度。充分发挥以政府法制机构人员为主体、吸收专家和律师参加的法律顾问队伍的作用。2015年实现县政府及其工作部门、乡镇（街道）政府（办事处）法律顾问全覆盖。

责任单位：县政府工作部门、各乡镇（街道）政府（办事处）

14.加强和改进行政执法。按照力量下沉、减少层次、整合队伍、提高效率的原则，研究制定县政府及其部门执法队伍的规范整合方案，建立主体明确、职能集中、管理规范、上下协调、运行有效的综合执法体系。建立健全执法权力清单制度，重点加强食品药品安全、工商质检、公共卫生、安全生产、文化旅游、资源环境、农林水利、交通运输、城乡建设和渔业资源等重点领域的综合执法。探索推行跨部门综合执法，理顺城市管理综合执法机构，逐步实现综合执法中执法权、执法力量、执法措施“三集中”，提高执法和服务水平。加强综合执法队伍建设，严格实行执法人员持证上岗和资格管理制度。严格执行罚缴分离和收支两条线管理制度，严禁收费及罚没收入同部门利益直接挂钩或者变相挂钩。

责任单位：县级各行政执法部门、县财政局

15.健全行政执法与刑事司法相衔接机制。完善案件移送标准和程序，建立健全行政执法机关、公安机关、检察机关、审判机关信息共享、案情通报、案件移送制度，完善依法协作程序，坚决克服有案不移、有案难移、以罚代刑现象，实现行政处罚和刑事处罚无缝对接。建立联席会议制度，协调解决执法机关之间的矛盾和争议。

责任单位：县政府及其组成部门、县法院、县检察院

16.严格规范公正文明执法。完善行政执法程序，建立健全执法全过程记录制度，细化具体操作流程，明确执法步骤、环节和时限，重点规范行政许可、行政处罚、行政强制、行政征收、行政收费、行政检查等关系群众切身利益的执法行为，严格执行重大行政执法决定法制审核制度。完善行政执法告知、调查取证、听证、集体讨论等制度。建立全县统一行政执法主体及行政人员数据库。建立健全行政裁量权基准制度，细化、量化行政裁量标准，规范裁量范围、种类、幅度，统一各系统内行政处罚自由裁量权适用规则。加强行政执法信息化建设，推行执法流程网上管理，公开执法裁决书，提高执法效率和规范化水平。全面落实行政执法责任制和执法评议考核制，严格确定不同部门及机构、岗位执法人员执法责任和责任追究机制，加强执法监督，坚决排除对执法活动的干预，防止和克服地方和部门保护主义，严惩执法腐败行为。

责任单位：县级各行政执法部门、县委督查室、县政府督查室、县监察局

17.强化对行政权力的制约和监督。加强对政府内部权力的制约，规范权力运行程序，对权力集中的部门和岗位强化内部程序控制，有效防止权力滥用。建立向人大报告、向政协通报工作机制，自觉接受人大监督和民主监督。重视社会监督、舆论监督，加强行

政监督和审计监督，提高工作实效，强化责任追究。加强行政复议和行政执法督查工作，建立健全行政复议建议书和意见书制度，强化政府内部层级监督。积极推进行政问责和绩效管理监察，运用电子监察系统扩大对行政执法案件的同步监察范围。严格执行行政问责制度，健全责令公开道歉、停职检查、引咎辞职、责令辞职、罢免等问责方式和程序。保障审计部门依法独立行使审计监督权，严格落实对公共资金、国有资产、国有资源和领导干部履行经济责任情况实行审计全覆盖的规定，推进审计职业化建设。

责任单位：县政府及其组成部门

18.全面推进政务公开。坚持以公开为常态、不公开为例外的原则实施政务公开，推进决策公开、执行公开、管理公开、服务公开、结果公开。政府及其工作部门编制权责清单并向社会全面公布。重点推进财政预算、“三公”经费及公共资源配置、重大建设项目、社会公益事业等领域的政府信息公开。建立健全行政执法公示制度，公开行政执法主体、执法职责、执法依据、执法过程和执法结果。未经审定公布的行政审批事项，行政机关不得实施。未经审查公布的规范性文件，行政机关不得执行。加强政府法治信息服务工作，创建江川政府法治信息网。

责任单位：县政府及其组成部门、各乡镇（街道）政府（办事处）

四、公正司法，维护社会公平正义

19.确保依法独立公正行使审判权、检察权。严格落实审判权、检察权改革运行机制。突出法官和审判组织的审判主体地位，明确法官、合议庭、审判委员会的权力和职责；突出检察官办案主体地位，整合内设机构，组建基本办案组织，选配主办检察官，明确办案权责，完善办案机制，形成符合检察权属性要求的运行机制。建立健全司法人员履行法定职责保护机制，非因法定事由，非经法定程序，不得将法官、检察官调离、辞退或者作出免职、降级等处分。健全领导干部干预司法活动、插手具体案件处理的记录、通报和责任追究制度。任何党政机关和领导干部不得让司法机关做违反法定职责、有碍司法公正的事情；任何司法机关不得执行党政机关和领导干部违法干预司法活动的要求。对干预司法机关办案的，给予党纪政纪处分；造成冤假错案或者其他严重后果的，依法追究刑事责任。坚持行政机关法定代表人依法出庭应诉、支持法院受理行政案件、尊重并执行法院生效裁判的制度。严格惩戒妨碍司法机关依法行使职权、拒不执行生效裁判和决定、藐视法庭权威等违法犯罪行为。

责任单位：县法院、县检察院、县纪委

20.优化司法职权配置。坚持司法权力分工负责、互相配合、互相制约，建立权责一致的司法权力运行机制，理顺司法权与司法事务管理权、司法权与监督权的关系，确保规范执法、公正司法。实行法院、检察院行政事务管理权和审判权、检察权相分离。推动实行审判权和执行权相分离的体制改革。完善刑罚执行制度，统一刑罚执行体制。探索建立检察机关提起公益诉讼制度。探索完善行政机关和相关部门协查职务犯罪工作机制，明确纪检监察和刑事司法办案标准和程序衔接，完善职务犯罪案件初查机制，依法严肃查办职务犯罪案件。健全完善保护、奖励职务犯罪举报人制度。

责任单位：县检察院、县法院、县纪委监察局

21.完善司法管辖体制。落实县法院、县检察院人财物由省统一管理制度，完善行政诉讼体制机制，合理调整行政诉讼案件管辖制度，切实解决行政诉讼立案难、审理难、执行难等突出问题。健全完善县法院派出巡回法庭工作机制，加强基层法庭建设。

责任单位：县法院、县检察院

22.完善司法权力运行机制。健全事实认定符合客观真相、办案结果符合实体公正、办案过程符合程序公正的制度机制。推进以审判为中心的诉讼制度改革，确保侦查、审查起诉的案件事实证据经得起法律的检验。全面贯彻证据裁判规则，严格依法收集、固定、保存、审查、运用证据，完善证人、鉴定人出庭制度，确保庭审在查明事实、认定证据、保护诉权、公正裁判中发挥决定性作用。变立案审查制为立案登记制，对人民法院依法应该受理的案件，做到有案必立、有诉必理，保障当事人诉权。严格落实审级制度，一审重在解决事实认定和法律适用，为二审和再审夯实基础。加大对虚假诉讼、恶意诉讼、无理缠诉行为的惩治力度。加强案例指导，统一法律适用标准。轻微刑事案件要快速办理，提高司法效率，减轻群众诉累。完善刑事诉讼中认罪认罚从宽制度。完善对涉及公民人身、财产权益的行政强制措施的司法监督制度。健全社区矫正机制，加强社区矫正执法队伍建设，提高社区矫正执法保障能力。

责任单位：县法院、县司法局

23.推进司法公开。推进审判公开、检务公开、警务公开，依法及时公开执法司法依据、程序、流程、结果和生效法律文书，构建开放、动态、透明、便民的阳光司法机制。加强法律文书释法说理，建立生效法律文书统一上网和公开查询制度，实现当事人通过网络实时查询办案流程信息和程序性信息。建立督导制度，严格落实责任，确保各项公开措施得到落实，实现以公开促公正。保障人民群众在司法调解、司法听证、涉诉信访等司法活动中的参与权。

责任单位：县公安局、县法院、县检察院

24.加强人权司法保障。坚持依法惩罚犯罪和保障人权并重，强化诉讼活动中对当事人和其他诉讼参与人的知情权、陈述权、辩护辩论权、申请权、申诉权等制度保障。健全落实罪刑法定、疑罪从无、非法证据排除等法律原则的法律制度。完善对限制人身自由司法措施和侦查手段的司法监督，防止刑讯逼供和非法取证，统一错案责任认定标准，明确纠错主体和启动程序，健全冤假错案有效防范、及时纠正机制。进一步规范在刑事、民事、行政诉讼中查封、扣押、冻结、处理涉案财物的司法程序。探索建立跨部门的地方涉案财物集中管理平台，统一管理辖区内刑事诉讼案件涉案财物。加快建立失信被执行人信用监督、威慑和惩戒法规制度，切实解决执行难问题，保障胜诉当事人及时实现权益。落实终审和诉讼终结制度，实行诉访分离，建立涉法涉诉信访事项导入司法程序机制，保障当事人依法行使申诉权利；依法完善涉法涉诉信访终结办法，把涉法涉诉信访纳入法治轨道解决。改革律师制度，完善保障律师依法执业的制度机制，建立规范办理律师提出举报、申诉、控告、申请工作机制和听取律师意见制度，对不服司法机关生效裁判、决定的申诉，逐步实行由律师代理的制度。落实法律援助政府责任制，将聘不起律师的申诉人纳入法律援助范围，努力实现法律援助应援尽援；加大法律援助办案经费保障力度，提高法律援助质量和水平。完善国家司法救助制度，规范程序办法，落实司法救助资金，确保因遭受犯罪侵害或民事侵权无法获得有效赔偿、生活困难当事人及时得到救助。

责任单位：县委政法委、县公安局、县法院、县检察院、县司法局、县信访局

25.加强对司法活动的监督。建立司法权力清单制度，优化司法机关执法办案组织，科学划分内部执法办案权限，建立司法机关内部人员过问案件的记录制度和责任追究制度。完善主审法官、合议庭、主任检察官、主办侦查员办案责任制，改革审判委员会和检察委员会制度，明确各类司法人员工作职责、工作流程、工作标准，实行办案质量终身负责制和错案责任倒查问责制，落实谁办案谁负责，建立有权必有责、用权受监督、失职要问责、违法要追究的司法责任体系，确保案件经得起法律和历史检验。加强检察机关对刑事诉讼、民事诉讼、行政诉讼的法律监督。完善司法内部办案监督工作机制，强化对权力行使的监督制约和办案质量的全程监控。健全完善执法档案制度，全面记录和掌握执法办案业绩与效果。健全办案责任考评机制，定期对办案质量进行评查，并将评查结果作为等级晋升、奖惩的重要依据。完善人民陪审员制度，规范选任条件，改革选任方式，完善随机抽选方式，扩大参审范围，保障公民陪审权利，落实人民陪审员只参与审理事实认定的规定，提高人民陪审制度公信度。完善人民监督员制度，重点监督检察机关查办职务犯罪的立案、羁押、扣押冻结财物、起诉等环节的执法活动。司法机关在办案过程中要自觉接受舆论监督，及时回应社会关切。规范媒体对案件的报道，防止舆论影响司法公正。加大惩治力度，对因违法违纪被开除公职的司法人员、吊销执业证书的律师和公证员，终身禁止从事法律职业，构成犯罪的要依法追究刑事责任。依法规范司法人员与当事人、律师、特殊关系人、中介组织的接触、交往行为。严禁司法人员私下接触当事人及律师，泄露或者为其打探案情、接受吃请或者收受其财物、为律师介绍代理和辩护业务等违法违纪行为，坚决惩治司法掮客行为，防止利益输送。坚决破除各种潜规则，绝不允许办关系案、人情案、金钱案。坚决反对和惩治粗暴执法、野蛮执法等行为。对司法领域的腐败零容忍，坚决清除害群之马。

责任单位：县委政法委、县纪委、县法院、县检察院、县公安局、县司法局

五、增强全民法律意识，深入推进法治江川建设

26.构建社会普法宣传教育机制。坚持把全民普法和守法作为依法治县的长期基础性工作，深入开展法治宣传教育。以每年12月4日国家宪法日为契机，积极开展宪法教育，弘扬宪法精神。健全党政机关“谁执法谁普法”的普法责任制，建立普法职责单位定期例会制度，推进实施《江川县“六五”普法责任制实施方案》、《江川县第四个五年依法治县规划（2013—

2017）》和《县委县政府关于加强司法行政促进依法治县的意见》，全面落实普法工作责任制。实施“公民法律素质提升资助计划”，深入开展普法志愿者活动，积极探索建立多种社会力量参与法制宣传教育的工作模式。推行县乡法治广场建设。到2017年，全社会学法遵法守法用法意识明显增强；基本建成覆盖城乡、功能完备、务实高效的法律服务体系；完善政府主导、全额保障、普惠群众的法律援助体系，实现城乡基本公共法律服务均等化；基本形成与平安江川相适应的基层“大调解”工作格局、特殊人群管理服务机制、执行体系模式，全县矛盾纠纷调解率达100%，社区矫正人员和刑释解教人员重新违法犯罪率低于3%，影响社会公平正义、和谐稳定的突出问题得到切实解决。

责任单位：县委政法委、县司法局、各乡镇（街道）政府（办事处）

27.推动领导干部带头学法守法。完善国家工作人员学法用法制度，把宪法法律列入各级党组织的学习内容，列为党校、行政学校必修课。通过组织领导干部旁听行政诉讼案件庭审等方式，不断创新领导干部学法形式。推行领导干部任前法律知识考试，从入口处强化领导干部的法治思维。把能不能遵守法律、依法办事作为考察干部的重要内容，在相同条件下，优先提拔使用法治素养好、依法办事能力强的干部。

责任单位：县委政法委、县委宣传部、县委组织部、县委党校、县司法局

28.提升公民法治素养。完善中小学校法治知识课程，充实法治知识课专兼职教师队伍，建立健全法治教育的质量保障机制以及质量评估体系。健全企业员工法治教育制度，构建符合企业员工职业特点和需求的法治教育内容体系。把法治教育纳入精神文明创建内容，开展群众性法治文化活动。开展争当文明守法好公民活动，营造守法光荣、违法可耻的社会氛围。

责任单位：县教育局、县司法局、县工信局、县文明办

29.创新法治宣传教育方式。建立法官、检察官、行政执法人员、律师等以案释法制度，运用具体、典型案例开展法治宣传教育，增强普法宣传的实效。通过组织旁听庭审和举办典型案例巡回讲座、座谈等活动，让公民在参与法治实践过程中感受法治的公平正义。健全媒体公益普法制度，强化媒体落实公益法治宣传教育的社会责任，进一步提升法治公益广告宣传的强度和频度。开设法治专栏，积极运用微博、微信、微视等新媒体，增强法治宣传教育的互动性和渗透力。创建“法治江川”微信平台，传播法治正能量。将每年3月的第一周、10月的第一周确定为“法治宣传周”。在农村积极推进普法“四个一”建设，力求做到每个乡镇建立一个法律辅导站，每个行政村（社区）建立一个法律图书专柜，每个村民小组设立一块法律宣传栏，每个家庭培养一个法律明白人。积极引导群众依法表达诉求、解决纠纷、维护权益，形成办事依法、遇事找法、解决问题用法、化解矛盾靠法的良好法治氛围。

责任单位：县委政法委、县司法局、县法院、县检察院、各乡镇（街道）政府（办事处）

30.建设社会主义法治文化。培育完善一批各具特色的法治广场、公园、街区等法治文化示范点。举办法治文明体验活动。鼓励支持各文艺团体、各企事业单位和其他社会力量积极开展法治题材文学艺术作品创作。充分调动广大法学、法律和文化工作者以及各界人士的积极性，开展法治文化普及工作。

责任单位：县委政法委、县司法局、县文旅广体局

31.加强社会诚信建设。制定我县社会信用体系建设规划纲要和诚信江川建设方案，理顺社会信用管理体制，建设集金融、工商登记、税收缴纳、社保缴费、交通违章等信用信息的统一平台以及自然人、法人和其他社会组织统一的社会信用代码制度。加快推进政务诚信、商务诚信、社会诚信和司法公信等重点领域信用建设，健全以各类企业和从业人员为重点的行业信用信息记录制度。完善守法诚信褒奖机制和违法失信惩戒机制。教育引导公民把诚实守信作为基本行为准则，使遵法守法诚信成为人民群众的共同追求和自觉行动。

责任单位：县委办、县委组织部、县政府办、县人力资源和社会保障局、县政法系统、县金融系统、县税务系统

32.加强公民道德建设。大力践行社会主义核心价值观，弘扬中华优秀传统文化和我县优秀地域文化，增强法治的道德底蕴，强化规则意识，倡导契约精神，弘扬公序良俗。深入实施公民道德建设工程，广泛开展“道德讲堂”和道德实践活动，加强青少年思想道德建设，加强社会公德、职业道德、家庭美德、个人品德教育，发挥先进典型和身边好人示范作用，

引导人们自觉履行法定义务、社会责任、家庭责任，营造重德守礼的社会新风尚。

责任单位：县委宣传部、县委政法委、县司法局、县文旅广体局、县教育局、县总工会、团县委、县妇联、各乡镇（街道）

六、依法开展社会治理，维护社会和谐稳定

33.全面推进多层次多领域依法治理。坚持系统治理、依法治理、综合治理、源头治理，形成政府治理和社会自我调节、居民自治良性互动的社会治理格局，提高社会治理法治化水平。建立健全系统完备、科学规范、运行有效的社会治理规则体系，发挥法治对社会治理的引领、规范和保障作用。不断深化“法治乡镇（街道）”和“民主法治示范村（社区）”、依法诚信示范企业等多层次多形式的法治创建活动。深化基层组织和部门、行业依法治理，支持各类社会主体自我约束、自我管理。推动社区党组织、居委会等多元主体依法治理，提高社区治理法治化水平。依法规范城镇居民公约、乡规民约、行业规章、团体章程等社会规范并发挥其在社会治理中的积极作用。建立健全统一登记、各司其职、协调配合、分级负责、依法监管的社会组织管理体制，发挥人民团体和社会组织在法治社会建设中的积极作用。支持工青妇等群团组织发挥在法治社会建设中的引领作用，支持社会组织依法参与社会治理，支持行业协会商会类社会组织发挥行业自律和专业服务功能。支持社会组织对其成员的行为引导、规则约束、权益维护。支持和发展志愿服务组织，完善志愿服务制度。建立健全社会组织第三方社会评估机制，推进社会组织信息公开，完善社会组织社会监督举报受理机制，加大对社会组织违法活动和非法社会组织的查处力度。依法妥善处置涉及民族、宗教等因素的社会问题，促进民族关系、宗教关系健康和谐。严密防范宗教极端思想传播，坚决取缔非法宗教活动。

责任单位：县委政法委、县司法局、县民政局、县民宗局、县工信局、各乡镇（街道）

34.构建完备的法律服务体系。健全公共法律服务网络，整合公共法律服务资源，拓展公共法律服务领域，加快建立健全符合县情、覆盖城乡、惠及全民的公共法律服务体系，加强民生领域法律服务，不断提供保障公民基本权利，维护群众合法权益，实现社会公平正义和保障人民安居乐业所必需的法律服务。依托基层司法所，加快乡镇（街道）、村（社区）法律服务工作站（室）和服务点建设，力争每个村（社区）建成1个法律服务点，解决法律服务资源匮乏问题。积极探索建立村（社区）法律顾问制度，引导广大律师、公证员和基层法律服务工作者为信访、调解、群体性事件处置和社区工作等提供公益性法律服务。县乡政府要把公共法律服务经费列入财政预算，纳入政府购买项目，推动建立公益性法律服务补偿机制，促进基本公共法律服务可持续、常态化。

责任单位：县委政法委、县司法局、县财政局、各乡镇（街道）政府（办事处）

35.大力发展律师、公证等法律服务业。统筹城乡、区域法律服务资源合理分布、均衡发展，解决律师资源不足问题。发展涉外法律服务业。积极推动法律服务机构在基层设立分支机构、建立专业团队，丰富服务功能。组织律师、公证员下基层开展公益性、便利性专项活动。完善激励措施，引导和鼓励广大律师、公证员、司法鉴定和基层法律服务人员主动为妇女儿童、青少年、老年人、残疾人、特殊人群等群体提供法律服务，促进民生领域法律服务多元化、社会化、常态化。完善律师执业权利保障机制和违法违规执业惩戒制度。选拔和储备合格法律职业人才。

责任单位：县司法局

36.健全完善社会矛盾预防化解机制。强化法律在维护群众权益、化解社会矛盾中的权威地位。建立健全社会矛盾预警机制、利益表达机制、协商沟通机制、救济救助机制，畅通群众利益协调、权益保障法律渠道。把信访纳入法治化轨道，依照法律规定和程序回应合理合法诉求。健全及时就地解决群众合理诉求机制，引导群众依法逐级走访，就地反映诉求。进一步畅通和拓宽群众信访诉求渠道，严格落实领导接访下访和直接联系群众制度，全面推行网上信访、视频接访，让群众更加便捷地反映合理诉求。健全完善调解、仲裁、行政裁决、行政复议、诉讼有机衔接、相互协调的多元化纠纷解决机制。加强大调解体系建设，完善县、乡镇（街道）、村（社区）、村民小组“四级联动”和人民调解、行政调解、司法调解“三调对接”，行业调解助推的基层“大调解”工作格局。制定完善人民调解员选任、人民调解员担任人民陪审员等制度，不断完善“以案定补”、“以奖代补”等调解工作奖励和补助政策。健全村（居）人民调解委员会，在自然村设置人民调解员，大力发展行业性、专业性人民调解组织，鼓励和支持县乡人大代

表、县政协委员参与人民调解工作，延伸排查化解领域，发挥其源头控制、常态排查、就地化解的作用。完善仲裁制度，提高仲裁公信力。健全行政裁决制度，强化行政机关解决同行政管理活动密切相关的民事纠纷功能。

责任单位：县委政法委、县人大办、县政协办、县司法局、县群众工作局（信访局）、县人力资源和社会保障局、县工商局、各乡镇（街道）政府（办事处）

37.深入推进平安江川建设。以争创省级先进平安县为目标，更高层次地全面推进平安江川建设，努力实现“居所更加安宁、生活更加安康、环境更加安全、群众更加安心、社会更加安定”，确保全县社会和谐稳定。开展平安乡镇（街道）、平安社区（村）等“细胞工程”创建活动，努力实现基层创建活动全覆盖。完善“网格化管理、信息化支撑、精细化服务”的社会服务管理新模式，全面推进网格化信息系统平台与“6995”语音公众服务平台合二为一。全面落实领导责任制、目标管理责任制，“一票否决权”制、领导干部综治维稳专项政绩考核制度，考核结果与业绩评定、职务晋升、奖惩等挂钩。

责任单位：县委政法委、县委组织部、各乡镇（街道）

38.深入推进社会治安综合治理。推进立体化社会治安防控体系建设，加快县乡报警监控系统项目建设，着力提高动态条件下社会治安防范控制能力。加强村（社区）治安联防体系建设，充分发挥其管理基层治安的活力。突出打击整治重点，积极回应社会关切，依法严厉打击暴力恐怖、涉黑犯罪、邪教、黄赌毒等关系群众切身利益、群众反映强烈的重点领域违法犯罪行为，不断提升人民群众安全感。深入推进禁毒防艾人民战争。严密防范宗教极端思想传播，坚决取缔非法宗教活动，保障人民生命财产安全。深化食品药品监管体制改革，建立科学完善的食品药品监管体系，严格食品药品安全政绩考核评价制度、企业责任首负制度和行政问责制度，落实地方属地管理和生产经营主体责任。建立健全“党政同责、一岗双责、齐抓共管”的安全生产责任体系，加大安全生产考核权重和责任追究力度。加大资源环境领域执法力度，依法严厉查处破坏资源环境的违法行为。加大对网络色情、诈骗、赌博以及利用网络制造传播谣言、散布虚假信息等违法犯罪活动的整治力度。加强公共安全宣传教育和应急演练，提高公众防灾减灾救灾意识和应急自救互救能力。

责任单位：县委政法委、县公安局、县司法局、县卫生局、县环保局、县食品药品监督管理局、县安监局、各乡镇（街道）

七、提升法治队伍素质，夯实依法治县基础

39.建设高素质法治专门队伍。坚持把思想政治建设摆在首位，坚持党的事业、人民利益、宪法法律至上，加强法治工作队伍建设。抓住政法部门和政府法制机构各级领导班子建设这个关键，突出政治标准，把善于运用法治思维和法治方式推动工作的人选拔到领导岗位上来。畅通侦查机关、检察机关、审判机关、行政司法机关、政府法制机构干部和人才相互交流以及与其他部门具备条件的干部和人才的交流渠道。推进法治专门队伍正规化、专业化、职业化，提高职业素养和专业水平。完善法律职业准入制度，建立法律职业人员统一职前培训制度。落实从符合条件的律师、法学专家中招录法官、检察官等制度，畅通具备条件的军队转业干部进入法治专门队伍的通道，健全从政法专业毕业生中招录人才的规范便捷机制。建立符合职业特点的法治工作人员管理制度，完善职业保障体系，落实法官、检察官、人民警察专业职务序列及工资制度。积极推进法官、检察官遴选制度。

责任单位：县委组织部、县委政法委、县政府法制办、县法院、县检察院、县公安局、县司法局、县人力资源管理和社会保障局

40.加强行政执法队伍建设。有序开展公务员分类管理改革和公安专业化改革，探索实施职组职系的职位说明书制度，落实警察职位体系和配套精细化管理制度。探索建立招考职位目录制度。深化分类考核，强化考核结果在执法人员职务晋升中的作用。制定行政执法工作行为规范，严格执法办案程序，明确执法人员岗位风险点，制定防范措施和要求。对任职时间较长的执法人员有计划、有重点、有步骤地进行跨行业、跨部门交流轮岗。进一步扩大执法类职位范畴。

责任单位：县委组织部、县公安局、县人力资源和社会保障局

41.加强法律服务队伍建设。将思想政治素质作为申请律师执业考核和执业律师年度考核的重要指标。理顺律师行业党建工作体系，强化党对律师工作的领导，积极从优秀青年律师中发展党员。争取省市司法部门支持，健全公司律师管理制度，建立公职律

师管理体系，开展公职律师试点工作。加大对律师业的扶持力度，建立多元化的人才培育和发展保障体系。研究建立各级党政机关和人民团体设立公职律师的制度，支持企业设立公司律师，参与决策论证，提供法律意见，促进依法办事，防范法律风险。明确公职律师、公司律师法律地位及权利义务，理顺公职律师、公司律师管理体制机制。大力发展公证员队伍，严把公证员选录关，做到从通过国家司法考试人员中选拔、任命公证员。大力发展基层法律服务工作者队伍，扩大服务范围，提升服务水平。

责任单位：县委组织部、县司法局、县人力资源和社会保障局

42.加强基层基础队伍建设。以乡镇（街道）综治维稳信访中心、派出所、司法所为平台，整合公安干警、司法人员、综治维稳专干、信访专干等资源，形成宣传法律法规、防范违法犯罪、调处矛盾纠纷、管理重点人群、维护基层维稳的新格局，建立起一支安心基层、热心服务、熟悉法律法规的基层法律工作队伍。加强引导和支持力度，逐步建立一支法律服务志愿者队伍。在村社建立一支稳定的、有一定法律素养、热心矛盾调解的人民调解员队伍和治安联防队伍。建立和完善综合行政执法队伍的录用、培训机制。

责任单位：县委政法委、县公安局、县司法局、县群众工作局（信访局）、县城市管理综合行政执法局、各乡镇（街道）

43.创新法治人才培养机制。坚持用马克思主义法学思想和中国特色社会主义法治理论占领法学研究阵地，加强法学基础理论研究。将法治专门人才的培养发展纳入党的人才建设整体规划。健全政法部门与全国相关高校合作机制，定期不定期培训和轮训政法干警，重点打造一支政治立场坚定、理论功底深厚、熟悉国情省情市情县情、安心基层工作的高素质法治专门队伍。

责任单位：县委政法委、县法院、县检察院、县公安局、县司法局

八、加强党的领导，确保依法治县取得实效

44.坚持依法执政。依法执政是依法治国的关键。各级党组织和领导干部要深刻认识到，党领导人民制定宪法和法律，党必须遵守宪法和法律；维护宪法法律权威就是维护党和人民共同意志的权威，捍卫宪法法律尊严就是捍卫党和人民共同意志的尊严，保证宪法法律实施就是保证党和人民共同意志的实现。各级党组织和领导干部要对法律怀有敬畏之心，牢记法律红线不可逾越、法律底线不可触碰，带头遵守法律，带头依法办事，不得违法行使权力，更不能以言代法、以权压法、徇私枉法。要强化执政意识，不断加强党对全局的政治、思想和组织的领导，全面实施统筹谋划部署、健全工作机制、强化宣传教育、深化作风建设、选好用好干部、维护群众权益、推进源头治理、坚决反对腐败等项工作。不干预、不代替政府工作。

责任单位：县委办、全县各级党组织

45.建立健全县委依法治县领导体制和工作机制。按照党委总揽全局、协调各方的原则，从制度上、程序上规范党委与人大、政府、政协、司法机关以及人民团体的关系，支持人大及其常委会依法行使职权，支持政府履行法定职能、依法行政，建设法治政府，支持政协履行职能，确保审判机关、检察机关依法独立公正行使审判权、检察权，支持工会、共青团和妇联等人民团体依照法律和各自章程开展工作，在依法治县中积极发挥作用。加强对法治建设的统一领导、统一部署、统筹协调。县乡党政“一把手”要切实履行推进法治建设第一责任人的职责。完善党委依法决策机制，发挥政策和法律的各自优势，促进党的政策和地方性法规互联互动。党委要定期听取政法机关工作汇报，做促进公正司法、维护法律权威的表率。完善和强化县委全面推进依法治县领导小组，组长由县委主要领导担任，下设办公室在县委政法委，具体负责全面推进依法治县的日常事务工作。

责任单位：县依法治县领导小组及其办公室

46.切实带头遵守宪法法律。县乡（街道）人大、县乡政府（办事处）、县政协、县审判机关、县检察机关的党组织和党员干部要坚决贯彻党的路线方针政策，贯彻党委决策部署；要领导和监督本单位模范遵守宪法法律，坚决查处执法犯法、违法用权等行为。凡经县乡人大及其常委会选举或者决定任命的国家工作人员正式就职时，必须公开向宪法宣誓。

责任单位：县乡党委、县人大常委会、县政府、县政协、县法院、县检察院

47.更好地发挥政法委职能作用。政法委员会是党委领导政法工作的组织形式，必须长期坚持。县委政法委员会要进一步明确职能定位，把工作着力点放在把握政治方向、协调各方职能、统筹政法工作、建设

政法队伍、督促依法履职、创造公正司法环境上，带头依法办事，保障宪法法律正确统一实施。进一步创新政法委员会的领导方式，善于议大事、抓大事，善于管宏观、谋全局，着力提升协调解决事关政法工作全局的重大问题的能力，着力提升领导政法工作的科学化、法治化水平。政法机关党组织要建立健全重大事项向党委报告制度。加强政法机关党的建设，在法治建设中充分发挥党组织政治保障作用和党员先锋模范作用。

责任单位：县委政法委、县法院党组、县检察院党组、县公安局党委、县司法局党支部

48.严格落实党内法规制度。各级党组织要严格遵守党章及其它党内法规，提高党内法规执行力，把党要管党、从严治党落到实处，切实促进广大党员干部带头遵守国家法律法规。各级党组织和广大党员干部要充分认识党规党纪严于国家法律，既要模范遵守国家法律法规，更要以党规党纪的高标准严格要求自己，坚定理想信念，践行党的宗旨，坚决同违法乱纪行为作斗争。依纪依法反对和克服形式主义、官僚主义、享乐主义和奢靡之风，形成严密的长效机制，严格执行领导干部政治、工作、生活待遇等方面的制度规定，着力整治各种特权行为。严格落实党风廉政建设党委主体责任和纪委监督责任，严肃处理违反党规党纪的行为，坚决惩处腐败行为和腐败分子。

责任单位：全县各级党组织、各级纪检部门

49.提高法治思维和依法办事能力。各级党员干部尤其是领导干部要以身作则、以上率下，自觉提高运用法治思维和法治方式深化改革、推动发展、化解矛盾、维护稳定的能力。把法治建设成效作为衡量各级领导班子和领导干部工作实绩的重要内容，纳入政绩考核指标体系。把能不能遵守法律、依法办事作为考察干部的重要内容，并与业绩评定、职务晋升、奖惩等挂钩，对法治素养好、依法办事能力强的干部，同等条件下优先提拔使用。对法治观念淡薄的干部要批评教育，拒不改正者要调离领导岗位。

责任单位：全县各级党组织

50.加快基层治理法治化建设。充分发挥基层党组织在全面推进依法治县中的战斗堡垒作用，教育引导基层广大党员干部增强法治观念和法治为民意识，提高依法办事能力。加强基层法治机构和法治队伍建设，建立重心下移、力量下沉的法治工作机制。加大经费保障力度，改善基层基础设施和装备条件，提高基层法治工作人员待遇，让基层留得住人才。大力推进法治干部下基层活动，增强基层活力，提高基层治理法治化水平。

责任单位：县委组织部、县委政法委、各乡镇（街道）党（工）委

各级各部门要按照党的十八届四中全会决定和本实施方案，加强组织领导，进一步制定实施细则，明确责任，健全落实机制，加强督导检查，确保全面推进依法治县各项任务落到实处。全县党员干部和各族群众要紧密团结在以习近平同志为总书记的党中央周围，高举中国特色社会主义伟大旗帜，增强法治意识，弘扬法治精神，运用法治思维，提升法治水平，为确保法治江川建设干在实处、走在前列作出不懈努力。

中共江川县委
江川县人民政府
关于2015年继续实行重点工作重大项目推进责任制的通知（节选）

江发〔2015〕12号

各乡镇党委、政府，大街街道党工委、办事处，县委和县级国家机关各部、委、办、局，各人民团体和企事业单位，中央、省、市驻江单位：

为加快推进全县各项重大项目建设和重点工作开展，推动江川经济社会科学发展和谐发展跨越发展，建设富裕和谐美丽新江川，县委、县政府决定2015年继续实行重点工作重大项目推进责任制，现将有关事项通知如下：

一、重点工作重大项目指挥部（领导小组）指挥长（组长）、副指挥长（副组长）

1.森林江川建设工作（含种植核桃4万亩、蓝莓1200亩）

组　长：王　波　县政府副县长

副组长：刘跃宁　县人大常委会副主任

　　　　李　菊　县林业局局长

领导小组下设办公室在县林业局，由李菊同志兼任办公室主任，负责处理日常事务，成员从相关单位和部门抽调。

2.中央财政小型农田水利重点县建设项目工作

指挥长：王　波　县政府副县长

副指挥长：杨　涛　县水利局局长

领导小组下设办公室在县水利局，由杨涛同志兼任办公室主任，负责处理日常事务，成员从相关单位和部门抽调。

3.农村土地承包经营权确权登记颁证工作

组　长：钱　兴　县委副书记、县长

副组长：石　伟　县委副书记、统战部部长

　　　　孔　江　县委副书记、县新农村建设工作队总队长

　　　　王　波　县政府副县长

领导小组下设办公室在县农业局，由杨志伟同志任办公室主任，负责处理日常事务，成员从相关单位和部门抽调。

4.百村示范、千村整治工作（含江城、九溪、安化美丽乡镇建设，九溪河口“美丽家园小康库区”移民新村项目）

组　长：石　伟　县委副书记、统战部部长

副组长：孔　江　县委副书记、县新农村建设工作队总队长

　　　　王　波　县政府副县长

领导小组下设办公室在县新农办，由张润斌同志任办公室主任，负责处理日常事务。

5.抚仙湖旅游开发项目（含小马沟–冯家湾片区退房还湖旧村改造项目、抚仙湖天湖湾一期、江城古镇建设、江城镇文化广场建设、九龙国际会议中心、抚仙湖原乡民俗风貌区项目建设、奥辰、药王谷项目）

指挥长：石　伟　县委副书记、统战部部长

副指挥长：罗跃岗　县政协主席

　　　　　李志刚　县委常委、县政府副县长

　　　　　普朝鹏　县政府副县长

指挥部下设办公室在江城镇，由郭峰同志任办公室主任，负责处理日常事务。

6.文庙修缮工作

组　长：龚桂存　县委常委、宣传部部长

副组长：杨本忠　县人大常委会副主任

普朝鹏　县政府副县长

周福荣　县政府副县长

领导小组下设办公室在县文旅广体局，由周瑜同志任办公室主任，负责处理日常事务。

7.龙泉山生态工业园区建设项目

指挥长：张文彬　县委常委、县政府常务副县长

副指挥长：邓春元　县委常委、县委办主任

钟　镖　县工信局局长

李天贵　工业园区管委会主任

王　秀　县工商联主席

指挥部下设办公室在工业园区管委会，由李天贵同志兼任办公室主任，负责处理日常事务。

8.仙湖锦绣项目

指挥长：张文彬　县委常委、县政府常务副县长

副指挥长：陈琎寿　县委常委、政法委书记

龚桂存　县委常委、宣传部部长

史云德　县人大常委会副主任

指挥部下设办公室在路居镇，由普学化同志任办公室主任，负责处理日常事务。

9.产业整合项目（烟花爆竹产业整合项目、红砖企业整合项目）和玉江地产400亩开发项目

指挥长：张文彬　县委常委、县政府常务副县长

副指挥长：邓春元　县委常委、县委办主任

普朝鹏　县政府副县长

杨生明　县政协副主席

杨剑伟　县政府党组成员、重点项目督导组组长

指挥部下设办公室在县工信局和大街街道，由钟镖同志、靳永春同志任办公室主任，分别负责处理产业整合和玉江地产400亩开发项目的日常事务，由顾绍勇同志和李保平同志任办公室副主任，成员从相关单位和部门抽调。

10.江川县“十三五”规划编制

组　长：张文彬　县委常委、县政府常务副县长

副组长：曲绍庭　县发改局局长

领导小组下设办公室在发改局，由曲绍庭同志兼任办公室主任，负责处理日常事务，成员从相关单位和部门抽调。

11.江川县土地利用总体规划修编

组　长：张文彬　县委常委、县政府常务副县长

副组长：顾绍勇　县国土局局长

领导小组下设办公室在国土局，由顾绍勇同志兼任办公室主任，负责处理日常事务，成员从相关单位和部门抽调。

12.综合改革工作（政府机构改革、事业单位分类改革、行政审批制度改革、公务用车制度改革）

组　长：张文彬　县委常委、县政府常务副县长

副组长：吴正顶　县委组织部副部长、县人社局局长

张　曦　县政府办副主任

领导小组下设办公室在政府办，由张曦同志兼任办公室主任，负责处理日常事务，成员从相关单位和部门抽调。

13.江川县抚仙湖流域水污染综合防治“十二五”规划江川县两年行动计划

指挥长：李志刚　县委常委、县政府副县长

指挥部下设办公室在县抚管局，由杨岗同志任办公室主任，负责处理日常事务。

14.旅游小镇暨星云湖4A级风景区建设

指挥长：杨本忠　县人大常委会副主任

副指挥长：龚桂存　县委常委、宣传部部长

李志刚　县委常委、县政府副县长

指挥部下设办公室在大街街道，由靳永春同志任办公室主任，负责处理日常事务。

15.棚户区改造

组　长：普朝鹏　县政府副县长

副组长：史云德　县人大常委会副主任

郭开明　县政协副主席

领导小组下设办公室在县住建局，由杨杰同志任办公室主任，负责处理日常事务。

16.江川县老污水处理厂提标改造

组　长：普朝鹏　县政府副县长

副组长：史云德　县人大常委会副主任

郭开明　县政协副主席

领导小组下设办公室在县住建局，由周丽娟同志任办公室主任，负责处理日常事务。

17.城市建设管理工作（街区整治）

组　长：普朝鹏　县政府副县长

副组长：史云德　县人大常委会副主任

郭开明　县政协副主席

靳永春　大街街道党工委书记

领导小组下设办公室在县住建局，由杨杰同志任办公室主任，负责处理日常事务。

18.星云湖北片区污水处理厂6公里管网建设工程

组　长：普朝鹏　县政府副县长

副组长：史云德　县人大常委会副主任

郭开明　县政协副主席

指挥部下设办公室在县住建局，由周丽娟同志任办公室主任，负责处理日常事务。

19.道路建设工作（江中路、江通路小白坡段、澄江通高速公路）

组　长：普朝鹏　县政府副县长

副组长：史云德　县人大常委会副主任

郭开明　县政协副主席

张文红　县公安局政委

胡禄金　县交通运输局局长

领导小组下设办公室在县交通运输局，由胡禄金同志兼任办公室主任，负责处理日常事务。

20.“美丽校园”及校安工程建设项目

指挥长：普朝鹏　县政府副县长

副指挥长：刘跃宁　县人大常委会副主任

李绍华　县政协副主席

指挥部下设办公室在县教育局，由郭自壮同志任办公室主任，负责处理日常事务。

21.东风水库径流区流域综合治理项目

指挥长：普朝鹏　县政府副县长

副指挥长：孔　江　县委副书记、县新农村建设工作队总队长

林　清　县委常委、组织部部长

史云德　县人大常委会副主任

张卫东　县政府副调研员

李华同　县环保局局长

指挥部下设办公室在政府办，由龚钲同志任办公室主任，负责处理日常事务。

22.星云湖水污染综合防治“十二五”规划

组　长：普朝鹏　县政府副县长

副组长：史云德　县人大常委会副主任

杨生明　县政协副主席

李华同　县环保局局长

领导小组下设办公室在县环保局，由李华同同志兼任办公室主任，负责处理日常事务。

23.江川县殡仪馆及经营性公墓建设项目

指挥长：牛旺林　县政府副县长、县公安局局长

副指挥长：刘跃宁　县人大常委会副主任

李绍华　县政协副主席

指挥部下设办公室在县民政局，由李佳强同志任办公室主任，负责处理日常事务。

24.殡葬改革工作

组　长：牛旺林　县政府副县长、县公安局局长

副组长：刘跃宁　县人大常委会副主任

李绍华　县政协副主席

领导小组下设办公室在县民政局，由李佳强同志任办公室主任，负责处理日常事务。

25.西南航空护林总站江川直升机场建设项目

指挥长：李忠海　江城镇党委书记

副指挥长：安明喜　江城镇武装部长

指挥部下设办公室在江城镇，由潘宗瑜同志任办公室主任，负责处理日常工作。

26.江城工业园区建设

组　长：李忠海　江城镇党委书记

副组长：刘世培　江城镇副镇长

领导小组下设办公室在江城镇，由侯庆生同志任办公室主任，负责处理日常事务。

27.抚仙湖清水产流民房搬迁（隔河村）

组　长：郭　峰　江城镇镇长

副组长：洪家彬　江城镇副镇长

领导小组下设办公室在江城镇，由罗铭同志任办公室主任，负责处理日常事务。

28.“四退三还”民房搬迁

江城镇秦家山、清水沟民房搬迁

组　长：李忠海　江城镇党委书记

路居镇小凹村民房搬迁

组　长：普学化　路居镇党委书记

领导小组成员由各项目组长确定。

29.深圳茂雄集团农产品加工项目建设

组　长：李德坤　雄关乡党委书记

副组长：岳东芬　雄关乡乡长

领导小组下设办公室在雄关乡，由解若云同志任办公室主任，负责处理日常事务。

30.前卫镇青铜文化旅游特色村建设

组　长：刘绍宏　前卫镇党委书记

副组长：莽嘉慧　前卫镇镇长

陈宝林　前卫镇党委副书记

郭　伟　前卫镇纪委书记

领导小组下设办公室在前卫镇，由陈春荣同志任

办公室主任，负责处理日常事务。

31.九溪河山洪沟防洪治理及小型病险水库除险加固工程

组　长：王　波　县政府副县长

副组长：杨　涛　县水利局局长

何　眉　九溪镇镇长

领导小组下设办公室在县水利局，由杨涛同志任办公室主任，负责处理日常事务。

二、重点工作重大项目督导组

（一）重点工作督导组

组　长：史　伟　县委督查室主任

工作职责：制定督导工作计划，及时对农村土地承包经营权确权登记颁证工作、江川县“十三五”规范编制、江川县土地利用总体规划修编、殡葬改革工作、中央财政小型农田水利重点县建设项目工作、深化改革工作进行跟踪督查，督查项目工作进度，确保项目按质按量顺利推进。

（二）产业性投资项目督导组

组　长：杨剑伟　县政府党组成员、县重点项目督导组组长

工作职责：制定督导工作计划，及时对旅游小镇暨星云湖4A级风景区建设、西南航空护林总站江川直升机场建设项目、抚仙湖旅游开发项目、江城工业园区建设、龙泉生态工业园区建设项目、仙湖锦绣项目、产业整合项目、抚仙湖清水产流民房搬迁（隔河村）、“四退三还”民房搬迁项目进行跟踪督查，督查项目工作进度，确保项目按质按量顺利推进。

（三）政府性投资项目督导组

组　长：张盛国　县纪委副书记、县监察局局长

工作职责：制定督导工作计划，及时对深圳茂雄集团农产品加工项目建设、文庙修缮工作、棚户区改造、江川县老污水处理厂提标改造、城市建设管理项目、星云湖北片区污水处理厂6公里管网建设工程、道路建设、百村示范及千村整治、“美丽校园”及校安工程建设项目、江川县殡仪馆及经营性公墓建设项目进行跟踪督查，督查项目工作进度，确保项目按质按量顺利推进。

（四）“两湖”保护治理及生态建设督导组

组　长：乐志刚　县“两湖”保护治理督导组组长

工作职责：制定督导工作计划，及时对前卫镇青铜文化旅游特色村建设、森林江川项目、玉江地产400亩开发项目、东风水库径流区流域综合治理项目、江川县抚仙湖流域水污染综合防治“十二五”规划江川县两年行动计划项目、星云湖水污染综合防治“十二五”规划、九溪河山洪沟防洪治理及小型病险水库除险加固工程进行跟踪督查，督查项目工作进度，确保项目按质按量顺利推进。

三、相关要求

（一）所确定的重点工作、重大项目原则上以各指挥长（组长）为主，其他联系乡镇（街道）的县级领导和分管领导为辅；各指挥部和领导小组的成员由各指挥长、组长根据工作需要确定。

（二）各督导组要在督导中协调推进、在推进工作中督导；推进工作中协调相关事宜由县委办、县政府办和县委督查领导小组具体负责。

（三）实行重大事项报告制度。对重点工作、重大项目中涉及项目洽谈、签约、招拍挂等重要事项要召开指挥部（领导小组）会议研究，形成统一意见后及时向书记、县长汇报。由书记、县长决定是否召开常委会、常务会进行研究决定。

中共江川县委

江川县人民政府

2015年3月30日

中共江川县委
江川县人民政府
关于印发江川县农村土地承包经营权确权登记颁证工作实施方案的通知（节选）

江发〔2015〕16号

各乡镇党委、政府，大街街道党工委、办事处，县委和县级国家机关各部、委、办、局，各人民团体和企事业单位，中央、省、市驻江单位：

《江川县农村土地承包经营权确权登记颁证工作实施方案》已经县委、县政府同意，现印发给你们，请认真遵照执行。

中共江川县委

江川县人民政府

2015年4月7日

江川县农村土地承包经营权确权登记颁证工作实施方案

为认真贯彻落实《中共中央办公厅、国务院办公厅关于引导农村土地经营权有序流转发展农业适度规模经营的意见》（中办发〔2014〕61号）、《中共云南省委、云南省人民政府关于开展农村土地承包经营权确权登记颁证工作的意见》（云发〔2014〕17号）和《中共玉溪市委、玉溪市人民政府印发〈关于开展农村土地承包经营权确权登记颁证工作的实施意见〉的通知》（玉发〔2014〕43号）精神，结合我县实际，就做好全县农村土地承包经营权确权登记颁证工作，制定本方案。

一、开展农村土地承包经营权确权登记颁证工作的重要意义

农村土地承包经营权是农民最重要的土地财产权利。开展农村土地承包经营权确权登记颁证工作是党中央、国务院的重大决策部署，是深化农村土地制度改革、健全社会主义市场经济体制的必然要求。做好农村土地承包经营权确权登记颁证工作，对于稳定农村土地承包关系并保持长久不变，依法维护农民土地承包经营权，赋予农民对承包地占有、使用、收益、流转及承包经营权抵押、担保权能，规范农村土地承包经营权流转，保护耕地和节约集约利用土地，解决农村土地承包矛盾纠纷意义重大。各级各有关部门要统一思想，提高认识，统筹谋划，精心组织，以高度负责的责任感和使命感，扎实做好各项工作，按时完成农村土地承包经营权确权登记颁证工作。

二、指导思想

以科学发展观为指导，坚持稳定和完善农村基本经营制度，认真贯彻党的十八届三中全会、《中共中

央、国务院关于全面深化农村改革加快推进农业现代化的若干意见》（中发〔2014〕1号）、《中共云南省委、云南省人民政府关于全面深化改革扎实推进高原特色农业现代化的意见》（云发〔2014〕11号）和《中共玉溪市委、玉溪市人民政府印发〈关于开展农村土地承包经营权确权登记颁证工作的实施意见〉的通知》（玉发〔2014〕43号）的要求，保持现有农村土地承包关系稳定并长久不变，依法维护农民的土地承包经营权，推进土地承包经营权物权化、信息化管理，加快农村土地经营权流转服务体系建设，增强农业农村发展活力。

三、总体要求

坚持积极稳妥、依法办事、民主协商、规范有序、确保质量，以第二次全国土地调查成果和全县农村集体土地所有权确权登记发证成果为依据，做到农户承包地块详实、面积准确、四至清楚、档案齐全。实现承包面积、承包合同、登记簿、权属证书“四相符”和承包地块、面积、合同、权属证书“四到户”，在对全县耕地、园地等承包经营的农用地进行确权登记颁证的基础上，建立农村土地承包经营权登记颁证管理系统，实现农村土地承包经营权管理的规范化和信息化。

四、工作目标

（一）2015年上半年，开展前卫镇土地承包经营权确权登记颁证工作。

（二）按照“试点先行、递度推进、全面铺开”的工作思路，在总结前卫镇经验基础上，在全县全面开展农村土地承包经营权确权登记颁证工作，年底前各乡镇（街道）完成40%的确权登记颁证工作。

（三）到2016年底，各乡镇（街道）完成其余60%的确权登记颁证工作。

（四）到2017年底，在全县建立农村土地承包经营权档案和流转管理电子信息系统，全面完善和规范土地承包档案管理，实现对承包地块空间、权属信息及变更的有效管理。

五、基本原则

（一）坚持稳定农村土地承包关系并保持长久不变。开展农村土地承包经营权确权登记颁证工作，是在农村集体土地所有权确权登记发证的基础上，以已经签订的土地承包合同和已经颁发的土地承包经营权证书为基础，明确承包土地的面积、空间位置和权属等，有效解决农民实际承包经营的土地面积与原合同记载不一致等问题。确权登记颁证工作坚持原土地承包关系不变、承包户承包地块不变、二轮土地承包合同的起止年限不变，严禁借机违法调整或收回农户承包地，不得影响正常农业生产经营。地块过于细碎的地方，应鼓励农民采取互利互换方式并地，以方便农业生产。

（二）坚持依法规范、有序开展工作。严格依据《中华人民共和国物权法》、《中华人民共和国农村土地承包法》、《中华人民共和国土地管理法》、《中华人民共和国档案法》、《中华人民共和国农村土地承包经营权证书管理办法》、《云南省实施〈中华人民共和国农村土地承包法〉办法》、《云南省土地管理条例》、《云南省林地管理条例》等法律法规和有关政策开展工作，严格政策界限和工作程序，按照法定登记内容和程序开展土地承包经营权确权登记颁证工作。严格执行土地利用规划，坚持土地用途管制制度，严格耕地保护和农村宅基地管理，对擅自占用或改变承包地用途的行为，要依法严肃查处，限期复垦后再予以确权登记颁证。做好承包地确权登记与林地、草地、荒山荒地等相关登记的衔接，做到全覆盖，不留死角。

（三）坚持充分尊重农民意愿。确权登记颁证工作实行内容、程序、方法和结果“四公开”，切实保障农民、“农转城”居民对土地承包经营权确权登记颁证的知情权、参与权、监督权。测量、调查、确权、登记等重要环节实行民主协商和民主决策。对重大事项、疑难问题和历史遗留问题，要以法律法规和政策为准绳，经本集体经济组织成员民主讨论决定，不能以简单的少数服从多数的方法损害少数人的合法权益，更不得强行推动。

（四）坚持维护农民土地合法权益。对承包地块原四至界线范围内的实测面积大于二轮承包时登记面积的，应据实确权登记给原承包农户，不得收回重新分配或留作集体机动地。对农户侵占用于耕种的林地、草原以及公益性土地，不能作为耕地进行登记，保证国土地类不改、权属不变。确权登记实测面积不与按土地二轮延包面积确定的农业补贴基数挂钩，不得与农民承担费用、劳务标准挂钩，严禁借机增加农民负担。依法对承包地被征用、占用面积发生变化的，因分户、人口变动导致经营权分割、合并，经营权转让、互换，以及承包地灭失或全户消亡等情形实施变更登记。依法保障农业转移人口转变为城镇居民的土地承包经营权。依法维护妇女的土地承包经营权。

（五）坚持妥善解决矛盾纠纷。按照保持稳定、尊重历史、照顾现实、分类处置的原则依法妥善处理确权登记工作中遇到的问题。凡是法律法规和现行政策有明确规定的，要严格按照规定处理；凡是法律法规和现行政策没有明确规定的，要依照法律法规和现行政策的基本精神，结合当地实际妥善处理；对有权属争议的承包地，在争议没有解决前，暂不进行确权登记颁证。要认真开展信访稳定风险评估，制订切实可行的应急处置预案，实行全面参与、全程监控，对信访等不稳定的问题按照属地化解原则，确保把矛盾解决在萌芽状态，解决在基层，确保小事不出村，大事不出镇，矛盾不上交。要引导当事人依法理性反映和解决土地承包经营纠纷，通过协商、调解、仲裁、诉讼等渠道化解矛盾。

六、主要内容

（一）清查土地承包档案。以二轮土地承包以来建立的农村土地承包档案为基础，全面组织清查土地承包档案，着重解决土地承包合同、承包台账种类不齐全、管理不规范等问题，全面清理核实农村土地承包合同、承包经营权证等相关情况。

（二）核实承包地块面积和空间位置。查清承包地块的面积和空间位置是土地承包经营权确权登记的关键环节。在对土地承包情况进行摸底调查的基础上，以第二次全国土地调查和农村集体土地所有权确权登记成果为基础，以土地承包合同、土地承包经营权证书为依据，认真开展土地承包经营权权属调查勘测，查清承包地块面积、四至和空间位置。实测结果经村组公示后，作为确认、变更、解除土地承包合同以及确认、变更、注销土地承包经营权的依据。

（三）建立完善土地承包经营权登记簿。各乡镇（街道）要依据《农村土地承包经营权证管理办法》规定，在经过公示的承包土地实测结果基础上，建立、健全完善本乡镇（街道）土地承包经营权登记台账。同时，根据国土资源局提供的划定基本农田有关信息，将基本农田分户标注到土地承包经营权证书上，资料汇总后，编制全县土地承包经营权登记簿。

（四）开展土地承包经营权变更、注销登记。在建立健全土地承包经营权登记簿的基础上，及时开展土地承包合同变更、解除和土地承包经营权变更、注销等日常管理工作，并对土地承包经营权证书进行完善，变更或者补换发土地承包经营权证书。经营权证书、合同、登记簿按照农业部统一的样本，由县人民政府统一印制，各乡镇（街道）根据确权登记工作情况，进行经营权证的补换发工作。

（五）对其他承包方式开展确权登记颁证。采取招标、拍卖、公开协商等方式承包农村土地的，当事人申请土地承包经营权登记，按照《农村土地承包经营权证管理办法》有关规定办理登记。经县级农村土地承包管理部门审核，符合登记有关规定的，报县人民政府依法颁发农村土地承包经营权证书予以确认。

（六）做好登记文件资料的整理归档。全县各级相关部门要与县档案局协同合作，做好土地承包经营权登记文件资料的整理归档工作。农村土地承包经营权登记档案由土地承包经营权登记机关负责集中保管，并依法按期移交县档案局。不具备保管条件的，可提前移交到县档案局集中保管。

（七）推进农村土地承包信息化建设。建立县农村土地承包管理信息平台，各乡镇（街道）要把信息化建设纳入确权登记的重要内容，通过搭建信息化管理平台，建立数据库，拓展成果共享应用，建立健全农村土地承包管理信息系统，实现确权登记、土地抵（质）押融资、土地流转、纠纷调处仲裁的综合信息化管理。

七、方法步聚

（一）启动准备阶段（2015年1月至6月）

1.制定方案。各乡镇（街道）要依据有关法律法规，结合本方案，制定切实可行的符合本地实际的具体工作方案，执行农业部的技术规范要求，确保登记工作成果的有效性。

2.宣传动员。各乡镇（街道）要分别召开镇、村、组三级动员会议，切实加大宣传力度，采取多种形式，广泛宣传农村土地承包经营权确权登记的重要意义以及涉及的法律法规和相关政策，做到家喻户晓，人人皆知，为登记颁证工作营造良好的社会氛围。

3.组织培训。由各级农村土地承包经营权确权登记颁证工作领导小组办公室组织实施。县级组织各乡镇（街道）工作人员参加市级和县级统一培训，各乡镇（街道）、村（居）委会均应开展土地承包经营权确权登记工作专题培训，确保参与该项工作的人员法律法规、政策、业务技术培训全覆盖。

4.基础信息收集。一是做好户主身份证、户口本复印件的收集；二是做好二轮土地承包台账信息收集，本乡镇（街道）、村组现有农户、人口、原承包死亡户、分户或合并等相关情况收集，同时填写有关调查信息表。

（二）确权登记阶段（2015年7月至2016年12月）

1.农村承包土地的清查核实。以有关调查成果及影像资料、二轮农村土地承包合同、农村土地承包经营权证等档案资料为基础，因地制宜开展土地承包经营权权属调查勘测，进一步查清承包地块面积、四至界限和空间位置。县乡农村土地承包经营权确权登记工作领导小组负责测绘编制农户承包地空间位置图，对应户籍信息进行公示确认。

2.公示及梳理矛盾。对清查、测算、核实结果及时进行公示，公示时间不少于7天，对公示结果有异议的，要组织进行再核实。发现有纠纷的，要及时进行梳理，提出解决矛盾的具体措施和办法，妥善解决。对于问题复杂或者难以解决的，可以暂时不予确权登记，待争议调处后再进行登记。第一次公示后存在的异议处理后，再次进行公示。

3.签订农村土地承包合同。对再次公示无异议的，由发包方对承包户进行合同签订或变更。承包期限为二轮土地延包的剩余期限。

4.审核登记。公示确认无误后将有关资料报乡镇（街道）汇总审核后统一上报县农村土地承包经营权确权登记工作领导小组办公室，县领导小组办公室依据《农村土地承包经营权证管理办法》，认真审核乡镇（街道）初审上报要求发证的材料，编制全县土地承包经营权登记簿。按照申请、审核、登记、发证的登记程序，以土地承包经营权登记簿为依据，由县级人民政府核发土地承包经营权证。

5.建立管理信息系统。根据登记过程中形成的各种资料，建立农村土地承包经营权登记管理信息系统，实现农村土地承包经营权登记管理信息化。

6.规范归档保存。按照档案管理规定，将农村土地承包经营权登记有关资料归档保存。县农业局、档案局要明确专人负责档案管理，对确权的地籍资料等要采取信息化管理，建立和完善农村土地承包档案信息化管理平台，建立系统化、规范化、经常化的土地承包档案和流转管理电子信息系统，同时根据需要做好纸质档案管理。

（三）总结验收阶段（2017年1月至12月）

各乡镇（街道）要对确权登记年度工作进行全面总结，对存在的不足及时完善。要认真总结经验、做法及解决问题的有效措施，定期将工作总结报县农村土地承包经营权登记工作领导小组办公室，县级负责组织对各乡镇（街道）土地承包经营权确权登记工作进行检查验收。

八、技术操作规程

技术流程包括九个步骤，如下图：

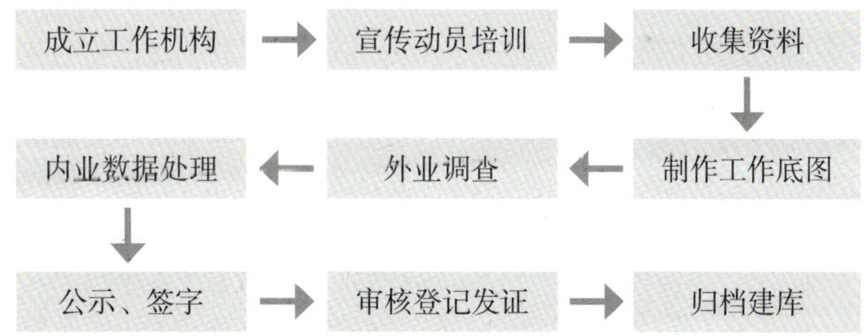

九、工作措施

（一）加强组织领导。全县农村土地承包经营权确权登记颁证工作在县委、县政府统一领导下开展，成立县农村土地承包经营权确权登记工作领导小组，负责协调处理确权登记颁证工作中的重大问题。领导小组组成人员名单如下：

组　长：钱　兴　县委副书记、县人民政府县长
副组长：石　伟　县委副书记、统战部部长
孔　江　县委副书记、新农村建设工作队总队长
牛叿林　县人民政府副县长、公安局局长
王　波　县人民政府副县长

领导小组下设办公室在县农业局，由杨志伟同志兼任办公室主任，李彦坤、贾正文兼任办公室副主任，负责处理日常事务，抓好政策指导，明确工作要求，完善操作规程，强化农村土地承包经营权确权登记的管理，协调有关部门做好农村土地承包经营权确权登记工作。办公室工作人员从县农业局和各成员单

位抽调。

（二）形成工作合力。各级各相关部门要按照职能分工，上下联动，密切配合，互相支持，形成合力，共同推进农村土地承包经营权确权登记颁证工作，维护好农民的合法权益和农村社会稳定。要增强服务意识，简化办事程序，同步跟进各项工作，亲自参与指导，加强调查研究，及时解决推进工作中的矛盾和问题。

县农业局：负责牵头和组织开展农村土地承包经营权确权登记颁证工作，制定工作方案、操作规程，做好业务指导。

县财政局：负责保障工作经费，加强资金使用的监督管理。

县国土资源局：参与工作方案、操作规程、实施细则等技术业务的指导，提前做好与不动产登记的衔接，同时负责免费提供第二次全国土地调查成果、集体土地所有权登记成果等相关资料。

县委政研室：负责政策研究和指导工作。

县政府法制办：负责有关法制建设和制度规范工作。

县司法局：负责提供有关法律法规服务。

县公安局：负责提供承包农户的户籍信息资料。

县保密局：负责对参与测绘单位的保密资质进行审核把关，指导相关部门做好地理信息资料的保密管理。

县民政局：负责提供行政区划相关资料。

县审计局：负责对资金使用情况进行审计、监督。

县档案局：负责提供农村土地承包的档案资料，指导土地承包档案管理工作。

县信访局：负责做好确权登记颁证工作地区的信访维稳工作。

县林业局：负责与林权有关的工作。

县监察局：负责确权登记颁证工作的跟踪督查和落实。

其他成员单位要按照职能职责积极参与农村土地承包经营权确权登记工作，为农村土地承包经营权确权登记工作营造良好环境。各乡镇（街道）要成立相应的农村土地承包经营权确权登记工作领导小组，具体负责本辖区实施工作，组织人员配合做好相关业务；各村要成立农村土地承包经营权登记工作组，在本辖区配合开展农村土地承包经营权确权登记业务，形成合力，共同推进农村土地承包经营权确权登记工作，维护好农民合法权益，保持农村社会稳定。

（三）保障工作经费。农村土地承包经营权确权登记颁证工作经费纳入县级财政预算。积极争取中央、省级、市级财政补助；县级按照最后测绘面积和招投标确定的经费进行核算，同时安排相应工作经费予以保障。各乡镇（街道）要统筹安排，积极发挥新农村建设工作队、常务书记、大学生村官的作用，广泛动员农村土地承包户积极参与农村土地承包经营权确权登记颁证工作；要充分利用好第二次全国土地调查、年度土地变更调查等成果，节省人力、财力、物力投入，降低工作成本。

（四）做好宣传培训。坚持把宣传贯穿农村土地承包经营权确权登记颁证工作始终。各级各部门要充分利用会议、报纸、广播、电视、手机、网络等媒体，进行全方位、多角度、深层次的宣传，把确权登记颁证的目的意义、主要内容、工作程序、工作方法、重要政策和先进典型宣传到村、到组、到户，做到家喻户晓。调动广大农民积极参与土地承包经营权确权登记颁证工作，营造群众主动参与、自觉配合的良好社会氛围。要加强对参与农村土地承包经营权确权登记颁证工作人员的法律法规、政策要求、操作规程和相关技术的培训，提高其政策水平和业务技能，确保工作效率和工作质量。

（五）强化督导检查。县农村土地承包经营权确权登记颁证工作领导小组要加强督促检查，定期或不定期地对各乡镇（街道）进行督促检查和业务指导。要强化调查研究，及时研究解决工作中出现的矛盾和问题。要把农村土地承包经营权确权登记颁证工作纳入县委、县政府重大决策督查事项。县委督查领导小组要按照县委、县政府的统一部署安排，加强督促检查，对主体下沉不到位、工作不实、措施不当、登记过程不规范、违反政策引发群体性事件等问题，及时通报整改；情节严重，造成较大负面影响或贻误工作时机、影响整体工作顺利推进的，由纪检监察部门严肃追究有关责任人责任。

中共江川县委
江川县人民政府
关于印发《江川县人民政府职能转变和机构改革实施意见》的通知

江发〔2015〕19号

各乡镇党委、政府，大街街道党工委、办事处，县委和县级国家机关各部委办局，各人民团体和企事业单位：

《江川县人民政府职能转变和机构改革实施意见》已经县委、县政府同意，现印发给你们，请认真贯彻执行。

中共江川县委
江川县人民政府
2015年6月12日

江川县人民政府职能转变和机构改革实施意见

根据《中共云南省委　云南省人民政府关于省以下政府职能转变和机构改革的指导意见》（云发〔2014〕22号）及《中共玉溪市委办公室　玉溪市人民政府办公室关于印发〈江川县人民政府职能转变和机构改革方案〉的通知》（玉办发〔2015〕22号）精神，结合江川实际，制定江川县人民政府职能转变和机构改革实施意见。

一、指导思想

高举中国特色社会主义伟大旗帜，坚持以邓小平理论、“三个代表”重要思想、科学发展观为指导，深入贯彻习近平总书记系列重要讲话精神，适应社会主义市场经济发展需要，围绕建立中国特色社会主义行政体制目标，以职能转变为核心，优化机构设置，严控人员编制，提高行政效能，努力建设人民满意的法治政府和服务型政府，推动经济社会持续健康发展。

二、加快政府职能转变

把深化行政审批制度改革作为政府职能转变的突破口，扎实推进政府职能转变，强化公共服务、市场监管、社会管理、环境保护等职责，处理好政府与市场、政府与社会、政府层级间的关系，把该放的权力放开放到位，把该管的事情管住管好，加强对行政权力的制约监督，推动政府职能向创造良好发展环境、提供优质公共服务、维护社会公平正义转变，切实提高政府管理科学化水平。

（一）简政放权，减少行政审批事项

做好行政审批事项承接取消调整。进一步加大行政审批的取消调整力度，推进县政府部门由重审批向

重监管转变。全面清理非行政许可审批、投资审批、生产经营活动审批、资质资格许可和认定、评比达标表彰、考核评估、年检年审等事项，对国务院、省政府和市政府明确取消和调整的行政审批事项，坚决取消调整。非行政许可审批事项全部取消调整；要以项目落地为重点，赋予园区更多管理权限，加快园区建设发展；将社会组织已经成熟、能够自律管理的事项，交由社会组织管理。同时，承接好国务院、省政府和市政府下放的行政审批事项，做好下放权力的转接和依法规范运行。

推进行政审批事项标准化管理。严格目录管理，实行最严格的审批项目准入制度，未纳入目录的一律不得实施审批。组织实施《行政审批事项办事指南编写规范》、《行政审批事项业务手册编写规范》及《行政审批事项编码规则》。通过编码，对行政许可事项实行“户口”管理，未经编码并列入目录，任何部门不得实施许可。以办事指南的编制，全面清理精简办事环节和申报材料，推进行政许可办事流程再造；以业务手册的编制，科学制定每一项行政许可项目的审批流程图，精简、优化审批环节，推进行政许可审批流程再造，限制审批自由裁量权，规范行政审批行为。

创新行政审批方式。积极推进审批职能和机构归并改革，保留有行政审批事项的部门，将原分散于各内设机构的行政审批职能梳理整合，归并设置行政审批机构，实现行政审批职能向一个股室集中、审批股室向政务服务中心集中。探索建立将第三方评审纳入审批流程的工作机制，开通评审绿色通道，实现“一站式”服务，限时办结，全面推进审批流程再造，提高审批效率。推行首席代表制和一审一核制，首席代表进入审批服务窗口，代表审批部门全权办理本部门授权的审批事项。推进代办服务制，对重大投资项目，在项目业主委托范围内提供全程代办服务。

推进园区授权审批改革。按照依法合规、能放则放的原则，采取授权下放、派驻授权、明确审批主体责任和编号公章、跟章等形式，赋予园区更大权限，推进园区建设发展。推进园区投资项目审批改革，除土地、规划、重大项目环评等以外，探索实行承诺审批制度，将其他前置审批事项改为后置审批。加强事中事后监管。

推进商事制度改革。按照国务院统一部署和要求，积极推进工商营业执照、组织机构代码证和税务登记证“三证合一、一照一号”改革。巩固注册资本登记制度改革，深化前置审批事项改为后置审批改革，构建以信用为核心的新型市场监管机制。

加快培育发展社会组织。全面清理中介服务事项，破除中介服务垄断，切断中介服务利益关联，规范中介服务收费，实行中介服务清单管理，加强中介服务监管，提高中介服务质量。加快培育发展社会组织，重点培育、优先发展行业协会商会类、科技类、公益慈善类、城乡社区服务类社会组织。除依据法律法规需前置行政审批及政治法律类、宗教类社会组织外，其他社会团体、民办非企业单位、基金会取消业务主管单位，直接向民政部门依法申请登记。在县级登记权限范围内的基金会、异地商会，由县级民政部门直接登记。认真执行《云南省行业协会条例》，强化行业自律，取消一业一会限制，分类推进社会组织与行政机关在机构、人员、财务、职能等方面脱钩。现职公务人员一律不得兼任行业协会商会、基金会、民办非企业单位负责人。

（二）依法行政，规范行政权力运行

推行权力清单制度。按照职权法定原则，结合政府职能转变和政府机构改革，对政府部门行使的行政职权，包括每项职权的依据、行政主体、运行流程等进行全面梳理，制定行政职权目录和责任目录，并以清单形式向社会公布，接受社会监督。以权力清单界定政府部门权力边界，明确政府部门能做什么，做到“法无授权不可为”；以责任清单，界定政府部门责任范围，明确政府部门必须做什么，做到“法定责任必须为”。

深化政务公开。推进行政审批事项和其他行政权力事项行使依据、过程、结果公开，使政府部门行权全过程接受社会的广泛监督。积极、主动、及时、准确公开政府财政预算、重大建设项目批准和实施、社会公益事业建设等领域的政府信息，公开各部门出国出境、公务接待、公务用车等经费支出，以及重大突发事件和群众关注的热点问题，全面推行办事公开，落实群众知情权、监督权，逐步实现政务公开的规范化、标准化和法制化。

完善科学民主依法决策机制。对涉及经济社会发展全局的重大决策和涉及公众切身利益的重大事项，应履行公众参与、专家论证、风险评估、合法性审查和集体讨论等程序，并建立决策后评估和纠错制度。建立健全各项监督制度，拓宽群众监督渠道，让人

民监督权力。建立和完善行政问责制度和绩效管理制度，严格责任追究，做到令行禁止。

三、深化政府机构改革

按照精简统一效能原则，在机构限额内规范机构设置，理顺权责关系，稳步推进大部门制改革，简政放权，减少行政审批，提高行政效能，完善体制机制，推进服务型政府建设。

（一）调整优化组织结构

1.新组建机构

组建县卫生和计划生育局。将县卫生局的职责、县人口和计划生育局的计划生育管理和服务职责整合，组建县卫生和计划生育局，为县政府工作部门。将县人口和计划生育局的研究拟订人口发展规划及人口政策职责划入县发展和改革局。不再保留县卫生局、县人口和计划生育局。

组建县市场监督管理局。将县人民政府食品安全委员会办公室的职责、县工商行政管理局的职责、县质量技术监督局的职责、县食品药品监督管理局的职责整合，组建县市场监督管理局，为县政府工作部门。不再保留县工商行政管理局、县质量技术监督局、县食品药品监督管理局。县市场监督管理局加挂县人民政府食品安全委员会办公室牌子。

组建县旅游发展局，为县政府工作部门。将县文化旅游广电和体育局的旅游产业综合发展与管理职责划入县旅游发展局。强化旅游产业发展促进和管理的综合协调职能。

2.调整机构设置

将县发展和改革局的部门管理机构县粮食局、县人民政府扶贫开发办公室职责划入县发展和改革局，县发展和改革局加挂县粮食局、县人民政府扶贫开发办公室牌子。不再保留县粮食局、县人民政府扶贫开发办公室。

将县人民防空办公室的职责划入县住房和城乡建设局，县住房和城乡建设局加挂县人民防空办公室牌子。不再保留县人民防空办公室。

将县民族宗教事务局与县委统一战线工作部“一个机构、两块牌子”的管理体制调整为县民族宗教事务局与县委统一战线工作部合署办公，县民族宗教事务局列入县政府工作部门，不计入政府机构个数。

县政务服务管理局为挂靠县人民政府办公室的行政机构，加挂县公共资源交易管理局牌子，履行公共资源交易管理机构职责。

3.更名机构

将县文化旅游广电和体育局更名为县文化广电和体育局。县文化广电和体育局加挂县新闻出版和版权局牌子。

江川县政府机构改革后，设置工作部门23个（详见附表）。

加挂牌子11块：县发展和改革局加挂县粮食局、县人民政府扶贫开发办公室牌子；县工业商贸和科技信息局加挂县中小企业局、县知识产权局牌子；县住房和城乡建设局加挂县城市管理综合行政执法局、县人民防空办公室牌子；县农业局加挂县畜牧兽医局、县乡镇企业局牌子；县文化广电和体育局加挂县新闻出版和版权局牌子；县市场监督管理局加挂县人民政府食品安全委员会办公室牌子。此外，县政务服务管理局加挂县公共资源交易管理局牌子。

（二）理顺部门职责关系，规范机构设置

将县工商行政管理局经济检查大队、县质量技术监督局稽查队和县食品药品稽查大队职能和机构进行整合，组建县市场监督管理稽查大队，为县市场监督管理局的内设机构。

县计划生育协会单独设置，纳入机构编制管理，列入群众团体系列，归口县委管理，不定机构规格。

依托现有政务服务平台，整合工程建设项目招投标、土地使用权和矿业权出让、国有产权交易、政府采购等平台，建立统一规范的公共资源交易平台。将县土地矿业权交易中心承担的土地使用权和矿业权出让职能职责、县政府采购中心的职能职责按编随事走、人随编走的原则划入县公共资源交易中心，撤销县土地矿业权交易中心、县政府采购中心，空编收回。土地供后监管相关职能仍由县国土资源局承担。

进一步推进执法重心下移，减少执法层级，整合优化执法资源。积极推进市场监管、文化执法、卫生监督、城市管理、环境资源保护等领域开展综合行政执法试点。将原人口和计划生育局承担的流动人口计划生育监察职责划由县卫生局卫生监督局承担，并将县卫生局卫生监督局更名为县卫生和计划生育局卫生监督局（简称“县卫计局卫生监督局”），机构规格相当于副科级。

（三）统筹推进相关改革

协调推进政府机构改革和事业单位分类改革，对承担行政职能的事业单位，逐步将其行政职能划归行政机构或转为行政机构，涉及机构编制调整的，不得

突破政府机构限额和行政编制总额。进一步加大对职能消失弱化、相同相近事业单位的撤并整合力度。今后，一律不再批准设立承担行政职能和开展生产经营活动的事业单位，应由行政主管部门承担的职责不能交由事业单位承担。在事业单位分类改革完成前，行政类事业单位编制只减不增，编制内人员多出少进（实行减二进一），空编收回；生产经营类事业单位编制只减不增，编制内人员只出不进，空编收回。事业单位分类改革完成后，收回全部编制。从严审批公益一类、公益二类事业单位机构编制，严格控制现有编制规模，原则上不再扩大。统筹做好政府机构改革与教育、科技、文化、卫生等行业体制改革的衔接。

将县妇幼保健院、县计划生育服务站合并为县妇幼保健计划生育服务中心，保留县妇幼保健院牌子，为县卫生和计划生育局所属事业单位。

将乡镇（街道）人口和计划生育服务所并入乡镇（街道）卫生院，加挂妇幼保健计划生育服务站牌子。乡镇（街道）计划生育管理工作仍由乡镇（街道）政府（办事处）负责。

乡镇（街道）成立食品安全委员会及其办公室，其职责由乡镇（街道）经济社会发展办公室承担。

在整合工商行政管理所（分局）、食品药品监督管理所（食品药品检验站）职责、机构和编制的基础上，在乡镇（街道）组建市场监督管理所，为县市场监督管理局的派出机构，名称统一规范为“县市场监督管理局××管理所”，市场监督管理所人员编制按大、中、小乡镇（街道）核定，即雄关管理所、安化管理所各5名，前卫管理所、路居管理所、九溪管理所各6名，大街管理所、江城管理所各10名。乡镇（街道）市场监督管理所维持原核定的副科级领导职数1名。编制超过10名的市场监督管理所可核定副职1名。市场监督管理所不得加挂其他牌子。

积极推进抚仙湖环境资源保护管理体制综合改革。

四、严格控制机构编制

按照财政供养人员只减不增的要求，坚持“严控总量、盘活存量、增减平衡、分级负责”的原则，加强机构编制管理，强化制度建设，严肃机构编制纪律。

（一）严格控制人员编制

行政编制不得突破中央、省、市核定的总额，严格在核定的行政编制内配备人员。进一步规范事业单位人员编制管理，事业编制总额以市级核准的总量为基数，实行总量管理。将机构编制管理的目标、任务纳入党委、政府目标管理和考核体系。严格控制参照公务员法管理事业单位和经费自理事业单位的机构编制，严格控制经费自理事业编制转为财政补助事业编制。不再批准设立承担行政职能的事业单位和从事生产经营活动的事业单位。财政一律不安排违规设立机构、增加人员的经费。严格按规定核定领导职数、非领导职数，严禁超职数配备领导干部。严格执行《江川县编制使用计划管理实施意见》，做到无编制使用审核不予入编，不予核拨工资，确保财政供养人员只减不增。

（二）创新机构编制管理

建立健全机构编制分级管理责任制，县委、县政府对本级机构编制管理负总责。逐步建立健全机构编制监督检查、管理奖惩机制，将机构编制政策规定执行情况纳入县委、县政府督查范围，对超限额设置机构或变相增设机构，违反规定超编进人，超规格、超职数、超职级配备领导干部，以及干预机构编制事项等违纪违法行为的责任人，要按照有关党纪政纪规定严肃处理，涉嫌犯罪的，移送司法机关依法处理，切实维护机构编制管理的严肃性和权威性。

按照严控总量、盘活存量、优化结构、增减平衡的总体要求，不断提高编制使用效益，确保财政供养人员只减不增。全面推行周转编制管理，确保重点工作人员编制，加强基层一线人员力量。加大政府购买服务力度，加强指导和政策宣传，对于可由市场提供、社会承担的公共服务，逐渐通过政府购买服务的方式完成。

进一步健全机构编制与纪检监察、组织、财政、人力资源和社会保障、审计等部门的协调沟通和联动配合制度，强化机构编制管理与组织人事管理、财政预算管理、责任审计管理、纪检监察监管的综合约束机制。认真贯彻落实《云南省机构编制实名制管理暂行办法》，全面推进机构编制实名制管理，建设机构编制系统信息平台，建立部门间信息共享机制。

建立机构编制评估机制，优化机构编制资源配置。依据《地方各级人民政府机构设置和编制管理条例》，科学制定机构编制评估内容和指标体系，适时对全县机关事业单位的机构编制配置及执行情况进行量化评估，并将评估结果作为调整机构编制的重要依据。

（三）严肃机构改革纪律

严格执行机构编制各项法律法规和政策，涉及改革方案及机构设置、人员编制等事项，必须坚持编委议事和集体讨论，并严格按照规定程序报批。不得突破省核定的县政府机构设置限额和行政编制总额，不得在限额外单独设置机构，已设立的超限额机构要认真清理，跨层级调整行政编制必须按程序报批。

严禁借改革之机擅自提高机构规格、增设机构、增加人员编制和领导职数。严禁突击进人、超编进人、超规格超职数配备干部、突击提拔调整干部、突击评定专业技术职称。县级各部门不得以会议、文件、领导讲话、项目经费和评比达标等形式干预机构编制事项。

机构改革涉及的部门，在本部门改革完成前不再办理增设机构、增加编制和领导职数等机构编制事宜；涉及机构调整的部门，除军转干部安置、计划及编制范围内退役士兵安置等政策性进人以及公务员考录、公开遴选、引进高层次人才、特殊岗位的干部遴选进人外，在本部门改革完成前暂时冻结人事进人手续办理。严禁借改革之机隐瞒、挪用资金或虚报、冒领资金；严禁突击发放奖金、补贴；严禁漏报、瞒报、隐匿和违规处理国有资产。涉及机构调整的部门，要在财政、监察、审计等部门的监督下做好财务及资产移交工作。涉及人员要正确对待进退留转，服从组织分配，不得以不正当手段谋取职务和安排。

五、抓好组织实施

（一）加强组织领导

县政府职能转变和机构改革意义重大，是一项复杂的系统工程。各级各部门要高度重视，积极支持，加强领导，参与到政府职能转变和机构改革工作中来，精心组织，周密部署，切实做好组织实施工作。要把政府职能转变和机构改革工作与“三严三实”和“忠诚干净担当”主题教育联系起来，以专题教育活动推动改革，用实实在在的工作业绩检验专题教育的成效。这次政府职能转变和机构改革，在县委、县政府的领导下，由县机构编制委员会负责组织实施，具体工作由县委编办承担。要加强和改善机构编制管理工作，进一步理顺县委编办的体制，保证其认真履行职责，做好政府职能转变和机构改革的相关工作。要明确各部门工作职责和任务，做好相关工作。

（二）认真做好“三定”工作

县政府工作部门主要职责、内设机构和人员编制规定（简称“三定”规定）制定工作，是组织实施政府职能转变和机构改革方案的重要环节。新组建的部门要抓紧做好本部门的“三定”工作；涉及职能调整的部门要及时对本部门的“三定”规定进行修订完善。“三定”规定的主要内容和有关要求包括以下几个方面：

1.定职责。确定有关部门的职责任务，界定职权范围，明确部门责任。突出政府职能转变，加大简政放权力度，能取消调整的行政审批事项一律取消调整，同时加强监管，防止管理缺位。全面、具体、清晰、准确地界定部门职责分工，坚持上下基本对应原则。县政府工作部门“三定”规定要对应市政府工作部门的职能职责，工作中出现职能职责交叉的坚持一件事情由一个部门负责的原则，确需多个部门管理的事项，分清主办、协办关系，明确牵头部门和各自责任。涉及部门职责调整的事项，由相关部门协商一致后报县编委确定。

2.定内设机构。明确部门内设机构的数量、名称和职责。内设机构的设置要坚持精简、统一、效能和综合设置的原则，严格控制机构总数，减少内设机构加挂的牌子，职能相近的予以合并，职能交叉的进行撤并，职能弱化、职责单一和工作量较小的进行综合设置，不设置人员编制少于2名的股室。

3.定人员编制。严格控制人员编制，核定人员编制要在优化结构上下功夫。合并设置的部门，人员编制在原有基础上进行调整归并；涉及职能调整和机构划转的，人员编制按人随事走、编随事走的原则进行调整。各部门领导的配备要与核定的领导职数相匹配，严禁超职数，超规格配备干部。

部门的“三定”规定按程序报县委编办审核后，报县编委审定，由县政府办公室印发。

（三）加强监督检查工作

加大机构编制法律法规的宣传力度，建立健全机构编制监督检查机制，适时对全县政府职能转变和机构改革工作进行全面督促检查。检查改革方案的落实情况，各部门“三定”规定的执行情况，广泛了解改革中取得的经验及存在的问题，提出整改意见。

县政府机构改革工作，于2015年6月底基本完成。县委、县政府将政府机构改革任务完成情况列入年度考核。

附件：江川县人民政府机构设置表

附件

江川县人民政府机构设置表

人民政府办公室、发展和改革局、工业商贸和科技信息局、教育局、民族宗教事务局、公安局、监察局、民政局、司法局、财政局、人力资源和社会保障局、国土资源局、环境保护局、住房和城乡建设局、交通运输局、农业局、林业局、水利局、文化广电和体育局、卫生和计划生育局、审计局、旅游发展局、市场监督管理局、安全生产监督管理局、统计局

说明：

江川县人民政府设置工作部门23个。其中：县监察局与县纪律检查委员会机关合署办公，列入县政府工作部门序列，不计入政府机构个数；县民族宗教事务局与县委统一战线工作部合署办公，列入县政府工作部门序列，不计入政府机构个数。

加挂牌子11块：县发展和改革局加挂县人民政府扶贫开发办公室、县粮食局牌子；县工业商贸和科技信息局加挂县中小企业局、县知识产权局牌子；县住房和城乡建设局加挂县城市管理综合行政执法局、县人民防空办公室牌子；县农业局加挂县乡镇企业局、县畜牧兽医局牌子；县文化广电和体育局加挂县新闻出版和版权局牌子；县市场监督管理局加挂县人民政府食品安全委员会办公室牌子。此外，县政务服务管理局加挂县公共资源交易管理局牌子。

挂靠县人民政府办公室的行政机构1个：江川县政务服务管理局。

中共江川县委
江川县人民政府
关于大力培育发展社会组织加快推进
现代社会组织体制建设的实施意见

江发〔2015〕20号

为深入贯彻落实党的十八大精神，进一步加快推进社会建设和政府职能转变，加强和创新社会管理，推动社会组织管理制度改革，充分发挥社会组织在全面建成小康社会中的重要作用，加快富裕和谐美丽新江川建设步伐，现就我县大力培育发展社会组织、加快推进现代社会组织体制建设提出如下实施意见。

一、总体要求、目标任务

（一）总体要求。以邓小平理论、“三个代表”重要思想、科学发展观为指导，坚持培育发展与管理监督并重的方针，建立健全与我县经济社会发展相适应的现代社会组织管理体系，落实政策，分类指导，协调配合，着力推进体制机制创新，加快形成政社分开，权责明确、依法治理的现代社会组织体制，充分发挥社会组织在促进经济发展、构建和谐社会、建设美丽新江川中的重要作用，为江川科学发展、和谐发展、跨越发展做出积极贡献。

（二）主要目标。1.数量方面，每年以10%以上的幅度增长，到2020年全县社会组织总量达到100个，初步形成发展有序、门类齐全、结构优化、布局合理、覆盖广泛的社会组织格局。2.管理方面，到2015年基本形成法规政策健全、部门监管有力、服务到位、社会各界监督的社会组织科学管理体制和机制，全县社会组织充满活力，实现健康、有序、可持续发展。3.质量方面，每年参加评估的社会组织达到3A以上的占60%以上，达到现代社会组织十个基本特征（民间性、自治性、代表性、非营利性、服务性、公益性、自律性、公正性、创新性、开放性）的社会组织比例，2016年达到20%左右，初步建立现代社会组织体系。4.发挥作用方面，到2016年50%社会组织能够承担政府转移、委托、授权的职能，履行相应的社会公共管理和公共服务职能，成为社会建设的重要力量。

（三）主要任务。一是深化体制改革，建立现代社会组织体系。推进政社分开，分类推进社会组织与行政机关在机构、人员、财务、职能等方面脱钩。现职公务员一律不得兼任行业协会商会、基金会、民办非企业单位负责人。改进双重负责管理体制，对政治法律类、宗教类社会组织，实行业务主管单位和登记管理机关双重负责管理体制。加强直接登记社会组织服务管理，建立登记管理机关、行业主管部门、相关职能部门各司其职、协调配合的综合管理服务体系。二是完善政策扶持体系。制定出台具体实施办法和可操作性制度，推进政府职能转移和购买服务落实到位；完善社会组织评估制度和操作规范，实现政府及社会向社会组织购买服务资质评判标准化；制定落实社会组织相关税收优惠政策，确保社会组织享受非营利组织的税收优惠；出台社会组织专职工作人员权益保障政策，建立社会组织人才长效培训机制，促进社会组织人才队伍的职业化和专业化；探索建立社会组织扶持发展专项基金和孵化基地，重点扶持行业协会商会、公益服务性社会组织发展。三是加强政治建设，形成完整组织保证体系。全县社会组织基层党的组织和党的工作全面覆盖，群团组织普遍建立，创新党建工作制度和活动方式，充分发挥党组织的战斗堡垒作用和党员的先锋模范作用；促进社会组织依法参政议政，探索建立社会组织界别，增加社会组织代表人士在党代会代表、人大代表、政协委员中的比例。建立重大行业决策征询社会组织意见的制度。四是利用社会资源，形成公共服务体系。充分利用社会组织行业、资源、专业、人才、信息、基层网络等优势，发挥我县社会组织在经济建设、政治建设、文化建设、社会建设、生态建设以及对外交往中的积极作用；充分利用社会组织非营利性和公益性的特点，鼓励社会组织参与公共管理，提供公共服务，促进社会组织基本公共服务供给制度的建立。五是加强执法监察，完善综合监管体系。充实社会组织执法监察力量，完善执法监察工作制度，实现社会组织年检与日常监督、诚信建设、执法查处相结合，及时发现并依法查处社会组织违法行为和非法社会组织；健全社会组织信息披露、重大事项报告、等级与诚信评估、财务审计监督等制度；财政、税务、审计、工商等有关部门要加强合作，构建社会组织综合监管体系。

（四）发展重点。一是公益慈善类社会组织。加快构建多样化、多层次公益慈善社会组织体系，推动扶贫、救灾、教育、卫生、救助、养老、环保、文化等公益慈善事业健康发展。政府退出公益慈善募捐市场，除发生重大灾害外，不再参与社会募捐。加大扶持力度，落实并制定公益性捐赠税前扣除及财政税收扶持公益慈善事业发展的优惠政策。探索建立公益慈善组织扶持孵化基地。二是行业协会商会类社会组织。认真贯彻执行《云南省行业协会条例》，切实做好行业协会商会重新登记工作，大力推进行业协会商会与行政机关脱钩，重点培育和发展服务我县支柱产业、优势产业、新兴产业的行业协会商会，发挥其服务企业、促进产业、招商引资、助推经济的作用。三是城乡社区服务类社会组织。大力培育民办社会服务机构、城镇住宅小区业主大会、农村专业经济协会、老年协会和文体娱乐类社会组织。支持城乡社区社会组织参与社区自治，发挥其团结社区群众、化解社会矛盾、促进社区和谐的作用。四是科技文化类社会组织。鼓励成立基础科学研究类社会组织，加大对民办科学研究、技术开发机构（院所）、教育卫生服务机构等民办非企业单位和科技协会的扶持力度。坚持以重大现实问题研究为主攻方向，推进理论创新，培育发展社会科学类社会组织。加大文化产业社会组织培育力度，推进文化与旅游、资本、科技深度融合，提升文化产业规模化、集约化、专业化水平。

二、重点工作

当前和今后一个时期，在推进社会建设、创新社会组织方面，重点要在以下四个方面实现新突破：

（一）在政府职能转变上实现新突破。培育扶持社会组织，前提是改革政府包揽社会治理的传统方式，推进政府职能转变。总体原则是加大政府职能转移委托力度，向社会组织开放更多的公共资源和领域，为社会组织的发展壮大和参与社会管理让渡空间。重点做好四个方面的工作：一是在非基本公共服务领域，凡是公民、法人或者其他组织能够自主决定，市场竞争机制能够有效调节，行业组织或者中介机构能够自律管理的事项，政府逐步从原有职能中退出，转变成规则的制定者和裁判者。二是结合实际制定社会组织承接政府职能目录。编制政府转移职能、购买服务目录以及具备承接政府转移职能和购买服务的社会组织目录，逐步将政府微观层面的事务性服务职能、部分行业管理职能、城市社区的公共服务职能、农村生产经营和农业技术服务职能、社会慈善和社会公益职能等转移给社会组织，加快建成具有江川特色的服务型社会体系。三是注重发挥工、青、妇等人民团体和行业协会在社会管理和公共服务方面的重要作用。利用这些机构完备的组织系统、富有工作经验的人才队伍，凝聚更多的社会组织参与社会管理和服务，成为连接政府和社会之间的枢纽型组织。四是改革社会组织管理制度。出台行业协会商会与行政机关脱钩方案，逐步推进行业协会商会去行政化，使其真正成为提供服务、反映诉求、规范行为的主体。

（二）在社会组织培育和规范管理上实现新突破。放开通道，降低门槛，加强监管。一是精简登记审批。除了必须登记审批的，一律实行直接登记；设立专门的公益组织类别，实现审批体制、报告体制等相应体制的对接；放宽占地规模、人数、注册资金等硬件标准，把关注点更多地转向工作计划、工作目标、完成情况等软件标准，实现各类社会组织的方便快捷登记。二是强化对社会组织的监管。完善对社会组织活动的监管，强化社会组织自律，健全各类型社会组织法人治理制度、信息公开制度和联合监管制度，建立和完善行业协会评估制度，充分发挥社会的监管力量。建立和完善淘汰机制，形成自我管理、社会监督、政府监管、有序退出的综合治理机制。强化对公益机构的事后审核。通过强化监管，实现彻底放开，彻底分开，彻底公开，使社会组织分得开，站得住，走得稳，走得好。三是加强社会工作人才队伍建设。在政府登记管理机关、业务主管单位和行业协会设立社会组织管理人员基本资格标准，并组织对管理人员的业务培训。通过采用好项目吸引高素质志愿人员、加强民间组织员工培训等渠道来提高民间组织的整体素质和服务能力。

（三）在政府向社会组织购买服务机制建设上实现新突破。制度化和规范化是政府向社会组织购买服务机制建设的重要取向和保障。坚持分类指导，加强政府向社会组织购买服务机制建设，形成规范化长效机制。一是对重点培育、优先发展的工商经济类、公益慈善类、社会服务类、群众生活类、枢纽型社会组织，通过政府购买方式，帮助解决社会组织的资金来源问题。二是增加政府对社会公共服务的购买预算，并形成公开、公平、公正、高效的制度安排，使社会组织更深入地参与社会管理和公共服务。三是合理放宽对政府服务购买对象条件的限制。凡具有独立法人资格，具备完善的内部治理结构、健全的规章制度、良好的社会公信力以及较强的公益项目运营管理和社会工作专业服务能力的社会团体、民办非企业单位和基金会，即可作为政府购买社会工作服务的对象，最大限度地降低门槛，让所有社会组织完全平等地参与竞争。四是帮助社会组织提高申请服务项目的能力。政府通过举办会议、组织培训学习、信息公开等方式和渠道，为社会组织提供必要的技术和信息支持，特别是提供从政府获得项目资金的机会。

（四）在形成全社会做好事做善事的良好氛围上实现新突破。要创造条件，使政府从公共募捐市场逐步退出，鼓励一部分人先慈善起来，形成全社会做好事做善事的良好氛围。一是营造公益慈善的文化氛围。从理念上、政策上、舆论上大力倡导和营造慈善光荣的社会风气，畅通企业和个人财富流向公益慈善领域的通道，为企业、个人实现公益理想、承担社会责任搭建平台。二是建立公益慈善项目库。重点针对生态环保、流动人口社区服务、少数民族文化建设、养老、扶贫、禁毒防艾、教育等领域，高水平策划一批公益慈善项目库，进行广泛推介，吸引公益慈善组织聚集到江川来发展。三是给予最大力度的税收优惠。在遵守国家有关法律、法规和政策的前提下，以开放、开明的思想，用好、用足、用活国家政策。在江川依法登记的社会非营利组织，凡是国家和省、市规定的税收优惠政策一律优先享受，凡是县级政府税政权限内的税收政策一律实行倾斜，能够减免的一律减免，为公益慈善组织发展创造宽松的条件。四是加强制度建设，从制度层面解决捐赠难、捐资难等问题，提高公益慈善机构的透明度、公信力、专业性和纯洁性。进一步畅通公益慈善通道，对接慈善需要和慈善资源，汇集成推动江川科学发展和谐发展跨越发展的正能量。

三、保障措施

（一）深化改革登记体制。实行直接登记，除依据法律法规需前置行政审批及政治法律类、宗教类的社会组织外，其他社会团体、民办非企业单位、基金会取消业务主管单位，直接向县民政部门申请登记。降低准入门槛，除法律法规规定有注册资金要求的，在县级民政部门申请登记社会团体和民办非企业单位，注册资金减至1万元；申请成立非公募基金会的，原始注册资金不低于100万元；向县级民政部门申请成立公益慈善类、社会福利类、社会服务类社会组织的，开办资金不作要求。在县级民政部门登记的，会员数可降至20个以上。取消“一业一会”限制，允许同一行政区域、同一行业内成立两个或两个以上业务范围相同或者相似的社会团体。基金会、异地商会登记由县民政部门直接登记。允许民办非企业单位以某一服务品牌在其活动区域内形成连锁服务。根据公开、平等、竞争的原则，鼓励降低运行成本，基金会工作人员工资福利和行政办公支出占当年总支出的比例，按照不同基金规模及实际支出确定，并向社会公示。减少审批备案事项，取消社会团体筹备阶段审批。社会团体、基金会分支（代表）机构、内设机构可由社会组织根据需要设立，民政部门不再审批备案。

（二）完善财税扶持政策。逐步建立公共财政扶持社会组织机制。县财政要设立社会组织培育发展专项资金，重点扶持我县经济社会发展急需培育的各类社会组织，对符合申请条件的社会组织给予补助。要积极创造条件，探索建立社会组织培育孵化基地，制定扶持发展专项规划。依法设立并在民政部门依法登记的社会非营利组织，报经省人民政府批准后可免征民族自治地方的社会组织应缴纳的企业所得税地方分享部分。符合条件的非营利组织的收入，列为免税收入，享受企业所得税优惠。免征非营利性科研机构、老年服务机构、非营利性医疗机构自用房产、土地的房产税、城镇土地使用税。企业通过公益性社会团体，或者县级以上人民政府及其部门，用于《中华人民共和国公益事业捐赠法》规定的公益事业的捐赠支出，在年度利润总额12%的以内部分，准予在计算应纳税所得额时扣除；超过年度利润总额12%的部分所缴纳的企业所得税地方分享部分，由财政全额奖励企业，鼓励企业捐赠公益慈善事业。个人将其所得通过中国境内社会团体、国家机关向教育和其他社会公益事业及遭受严重自然灾害地区、贫困地区的捐赠，捐赠额未超过纳税义务人申报的应纳税所得额30%的部分，准许从其应纳税所得额中扣除。个人通过符合条件的非营利性社会团体和国家机关对福利性、非营利性的老年服务机构捐赠，在缴纳个人所得税前准予全额扣除。房产所有人、土地使用权所有人通过中国境内非营利性社会团体和国家机关将房屋产权、土地使用权赠与教育、民政和其他社会福利、公益事业的，免征土地增值税。财产所有人将财产赠给社会福利单位所立的书据免征印花税。

（三）增强社会保障能力。加强社会组织从业人员权益保障，研究制定从业人员权益保障政策，督促社会组织建立完善从业人员劳动用工制度和有序流动、人员招聘、户籍管理、档案管理、职称评定、工资福利等具体措施。鼓励社会组织建立从业人员养老年金制度，提高社会保障水平。

四、组织领导

（一）建立联席会议制度。建立由党委、政府分管领导召集，相关部门和人民团体负责人参与的培育发展社会组织联席会议，联席会议由县民政部门牵头，定期不定期召开，及时研究协调相关重大问题，督促各项工作落实，为社会组织搭建健康、有序发展的平台。

（二）加强登记管理力量。根据社会组织登记管理体制改革的需要，建立县级民政登记管理机构，配备与工作任务相适应的专职工作人员，保障工作经费。加强执法力量，保障社会组织登记管理机关有执法人员、执法经费和执法装备。加大培训力度，不断提高社会组织登记管理机关工作人员能力和水平。

（三）加强社会组织党建工作。县委设立非公经济组织和社会组织党工委。依托民政局，各乡镇（街道）党（工）委、县属各党（工）委指导社会组织党建工作。按照“成熟一个组建一个，建立一个巩固一个，巩固一个带动一批”的原则，采取单独组建、联合组建、挂靠组建等方式，不断提高社会组织党的组织和工作覆盖。健全社会组织党风廉政建设、惩治和预防腐败体系，充分发挥社会组织党组织政治引领、保证监督、战斗堡垒作用和党员先锋模范作用。

（四）加大宣传力度。加强对社会组织法规政策、意义作用和工作情况的宣传，及时总结经验、树立典型、推广宣传，发挥示范引导作用。充分利用报纸、电视、网络等新闻媒体宣传社会组织先进典型，营造有利于社会组织发展和鼓励做好事做善事的良好社会氛围。

中共江川县委
江川县人民政府
关于深入扎实推进扶贫攻坚的实施意见

江发〔2015〕24号

（2015年8月27日）

为全面贯彻落实《中共云南省委关于贯彻落实习近平总书记考察云南重要讲话精神闯出跨越式发展路子的决定》（云发〔2015〕9号）和《中共云南省委 云南省人民政府关于举全省之力打好扶贫攻坚战的意见》（云发〔2015〕14号）精神，举全县之力打好扶贫攻坚战，确保实现市委市政府提出的“2015年强打基础、2017年消除贫困、2018年巩固提升，率先在全省全面建成小康社会”的扶贫攻坚目标，结合江川扶贫开发实际，特提出如下实施意见。

一、打好扶贫攻坚战的重大现实意义

江川经济社会发展在全市排名前列，但由于自然、历史、社会等因素，城乡发展极不平衡，山区与坝区差距较大，贫困山区、少数民族地区的贫困问题尚未从根本上得到有效解决，扶贫攻坚任务依然繁重而艰巨。深入推进扶贫攻坚，是实现江川转型跨越发展、推进美丽江川和生态江川建设的重要举措，是转变经济发展方式、促进城乡区域协调发展的重要途径，是保障和改善民生、增强民族和谐、社会稳定的重要基础，也是率先全面建成小康社会的必然要求。各级各部门和领导干部必须深刻领会习近平总书记系列重要讲话精神，特别是关于扶贫开发战略思想，认真贯彻落实近期省委、省政府领导到玉溪调研重要讲话和指示精神，进一步增强“坐不住”的责任感、“等不起”的紧迫感和“慢不得”的使命感，把思想和行动统一到《意见》要求和县委、县政府的决策部署上来，以改革创新的精神，决战决胜的信心，攻坚打硬仗，聚力抓扶贫，奋力推动贫困乡村经济社会跨越发展，努力实现贫困群众“脱贫致富梦”，为与全市同步建成小康社会奠定坚实基础。

二、打好扶贫攻坚战的总体要求

（一）基本思路

深入贯彻党的十八大、十八届三中四中全会和习近平总书记系列重要讲话精神，全面落实省委九届九次十次十一次全会和省委省政府领导近期调研玉溪时重要讲话及省市扶贫开发工作会议精神，按照中央和省、市委的部署要求，进一步增强打好扶贫攻坚战的责任感和紧迫感，切实将扶贫攻坚工作摆到更加重要、更为突出的位置，以“四个全面”为引领，按照“四个切实”的具体要求，瞄准建档立卡贫困对象，聚焦安化贫困乡、8个贫困村和36个贫困自然村及13750农村贫困人口，坚持“12355”新时期扶贫开发思路，围绕“2015年强打基础、2017年消除贫困、2018年巩固提升，率先在全省全面建成小康社会”的攻坚目标，突出区域发展和精准扶贫两大战略，更加注重精准扶贫、精准脱贫，统筹素质提升、产业发展、社会保障三个层次的脱贫路径，打造五大品牌，抓好六项重点工程，建立七项保障措施，确保全县扶贫开发工作干在实处、走在全市前列，为我县与全市同步建成小康社会打下坚实基础。

（二）攻坚目标

1.确保贫困群众收入实现翻番。通过采取全方位、超常规措施，力争使8个贫困行政村农民人均可支配收入在2013年基础上翻一番；到2017年达到5500元以上，保持年均增长幅度高于全县平均水平2个百分点，返贫率控制在3%以内；低保人口年人均保障标准达到2500元以上，五保人口年人均保障标准达到3200元以上。

2.确保贫困群众“不愁吃、不愁穿”。无论丰年灾年，贫困人口的基本生活都有可靠保障，吃穿条件有明显改善，实现家里有余粮，手头有余钱。

3.确保扶贫对象义务教育、基本医疗和住房得到有效保障。到2017年，全县贫困乡村九年义务教育巩固率达到98%以上，实现中小学校无危房、每个乡镇有1所中心幼儿园、每个农村小学附设学前班。完成“空白村”卫生室建设，建制村标准化卫生室覆盖率达到100%，98%的贫困户危房得到改造。

4.确保消除绝对贫困现象，如期脱贫摘帽。以安化贫困乡、8个贫困行政村和36个贫困自然村为主战场，稳步推进贫困乡村在2017年整体脱贫。其中：2016年脱贫摘帽4个行政村、20个自然村，减贫7000余人；2017年脱贫摘帽1个贫困乡、4个行政村、16个自然村，减贫6500余人。

5.确保实现六大突破。要在基础设施建设、富民产业培育、整乡整村推进、金融资金支撑、公共服务保障、能力素质提升等方面取得重大突破。

三、打好扶贫攻坚战的主要任务

（一）切实改善基础条件。紧紧抓住新一轮西部大开发、滇中城市经济圈、“一带一路”的政策机遇，积极谋划实施一批通村水泥路、安全饮水、村组通电、危房改造、农村宽带网等基础建设项目，使路网、水网、电网、互联网建设全面覆盖建档立卡贫困乡、贫困村，并向建档立卡贫困户延伸，彻底改善贫困乡村基础面貌和农民生产生活条件。一是通村道路建设。通过积极争取，统筹规划，分布实施，实现建档立卡贫困行政村按“一村一路”全部通硬化路，力争80%以上的自然村通硬化路。二是农田水利建设。立足水源条件，以扶贫整乡（村）推进、土地整理、农业综合开发、水土保持等项目为依托，着力改造农田水利到户，高效节水灌溉到户，农用干支渠防渗到户，确保95%以上的建档立卡贫困户有高稳产农田，95%以上贫困建档立卡贫困户有安全饮水保障。三是危旧房改造。整合发改、住建、国土、民政、残联等部门的农村危房改造、“一池三改”、易地扶贫搬迁等项目资金，每年扶持贫困户改造危房300户，到2017年，力争完成613户贫困农户危房改造任务，到2020年基本消除无房户和危房户。四是易地扶贫搬迁。坚持政策引导，尊重群众意愿，实施整体搬迁，以集中安置为主、适当兼顾插花安置的原则，结合城镇化建设，引导贫困农户向小城镇、交通节点、产业新区搬迁，全面改善移民的发展环境和条件，确保搬得出、稳得住、能发展、可致富。力争完成233户813人的易地扶贫搬迁任务。五是电网通信建设。进一步加强贫困乡村电网改造提升建设，提高低压电网供电可靠率，重点解决移民搬迁点、规模养殖场（区）生产、生活用电问题；继续实施广播电视和宽带“村村通”工程，力争到2017年底，乡镇通光纤率达到100%，村组通广播电视率达到100%；着力实施农村信息化工程建设，建立信息监管平台，实现建档立卡贫困村全部接通符合国家标准的互联网，消除“数字鸿沟”带来的差距。

（二）切实培育富民特色产业。牢固树立产业富民理念，按照“抓两头带中间”和“近抓粮烟保当年，远抓果畜谋长远”的思路，集中力量抓好1个贫困乡和8个贫困村优势产业培育，大力调整种养业结构，促使单一粮农逐步向果农、菜农、林农转变，大幅度增加农民收入。在稳定粮食生产和巩固提升烤烟传统产业的基础上，采取行政推动、项目扶持、示范带动、大户和合作社引领等方式，引导贫困乡村大力培育发展核桃、蓝莓等经果林和花卉、中草药。根据贫困乡村区位条件和养殖传统，按照“以小起步、逐步壮大、滚动发展”的原则，重点扶持一批规模化、集约化、品牌化的特色养殖业及加工基地。积极培育劳务产业，按照外输与内转并举的思路，盘活农村劳动力资源，加大劳动力输转力度，使富余劳动力逐步转移到二、三产业就业。到2017年，全县力争实施贫困人口劳动力培训转移300人，有效转移率达75%以上；扶持创业650人，务工人员年人均纯收入1万元以上，贫困户工资性收入达到年人均纯收入的60%以上。创新扶贫模式，积极开展光伏扶贫、电商扶贫和旅游扶贫，以云计算为平台，积极探索贫困地区农产品的销售网络渠道，扶持发展320户、2个贫困村建设光伏电站，建成1个民族特色旅游村寨。

（三）切实发展社会服务事业。坚持惠民、利

民、富民、安民导向，协调推进贫困乡村经济发展和社会建设。一是优先发展贫困乡村教育事业。把基础教育资源和项目优先向贫困乡村配置，优先改善农村薄弱学校办学条件。到2017年，贫困乡村义务教育巩固率达到98%以上，高中阶段毛入学率达到85%以上，实现中小学校无危房、每个乡镇有1所中心幼儿园、每个村完小学附设学前班。二是提高贫困乡村卫生和计生服务水平。加强贫困乡镇卫生院和贫困村卫生室建设；充实乡村医护力量，有计划招录医疗、医护专业人才，充实基层紧缺医务人员。到2017年，乡镇卫生院有全科医生，建制村标准化卫生室覆盖率达到100%，新型农村合作医疗参合率稳定在98%以上。全面实施“基本医保+大病保险+重特大疾病医疗救助”政策，确保贫困家庭住院费用报销比例平均达到95%以上。全面落实计生扶贫政策，实施“少生快富”工程，优先向落实计划生育政策的贫困家庭倾斜安排各类项目和资金，逐步提高奖励扶持补助标准，确保人口自然增长率控制在5.5‰以内。三是注重发展贫困乡村文化事业。加快建设乡镇综合文化站、村文化室、中心村文化广场、农家书屋，巩固提升广播电视“村村通”成果，实现文化信息资源共享。到2017年，实现贫困乡镇有综合文化站，建制村有综合性村民活动场所。四是着力强化贫困乡村社会保障。充分发挥社会保障制度的保底作用，加强农村低保与扶贫的有效衔接，对特殊贫困人口分类按标准施保。优先解决重残、重病、单亲及生活极度困难扶贫对象的生活保障问题，逐年提高保障标准，做到应保尽保。

（四）切实提升基本素质能力。按照“分工负责、层级培训”模式，整合各类培训项目，加大各个层次技术人才培训力度。

1.加强农业生产技术培训。以推广先进实用技术为重点，整合发改、农业、教育、卫生、科技、劳动保障等部门的培训资源，认真组织实施技术到户培训，确保农民技术员和技术明白人覆盖每个产业、每个村组、每个贫困农户。

2.加强创业就业技能培训。以就业需求为导向，依托农村劳动力转移培训项目、新型职业农民培育工程、“雨露计划”等，有针对性开展劳动技能、实用技术、职业技能、“两后生”以及文化、礼仪等就业知识培训，提高贫困人口就业技能和创业能力，带动农村富余劳动力有效转移。到2017年，争取贫困人口有300人获得职业资格证书，实现贫困家庭劳动力技能培训和输转全覆盖。

3.加强基础文化素质培训。着眼于转变贫困人口思想观念、提高贫困人口基础文化素质，加大贫困乡村教育、文化倾斜支持力度，支持引导贫困村、贫困户开展各种形式的精神文明评创活动和文体活动，丰富和活跃群众的精神文化生活，倡导健康文明的社会风尚。

（五）切实改善生态环境。以构建绿色生态屏障为目标，坚持重点生态工程优先向贫困乡村倾斜，推进造林绿化、流域治理、环境整治行动，突出抓好列入国家和省级生态环境保护与治理、农村环境整治等工作。从2016年起，每年争取实施贫困整治村15个以上，使贫困乡村环境综合整治率得到明显提升，生态环境得到有效保护。

（六）加快完善社会保障制度。坚持开发式扶贫和救助式扶贫两轮驱动，对身残智障、丧失劳动能力、自身无力脱贫的特困人口，纳入低保、“五保”范围，由政府“兜底”，整合住建、民政、残联、社保等项目资金，优先解决吃、住问题；动员其将土地承包经营权以现金或实物租赁的方式流转给村组、产业大户或合作组织，增加资产性收入。到2017年底，确保农村特困群体的人均可支配收入达到或超过2300元的国家扶贫标准。

（七）探索创新金融扶贫模式。加强与金融机构合作，充分发挥好金融扶贫“四两拨千斤”的作用，倍增扶贫资金的投入，不断提高贴息资金规模，撬动扶贫贷款，为贫困地区贫困群众在产业发展、住房改造、疾病救治等方面提供支持，加大对扶贫龙头企业和贫困户增收紧密相关项目的支持力度，并对带动建档立卡贫困户脱贫致富效果明显的扶贫龙头企业给予扶贫再贷款支持。提高建档立卡扶贫对象的获贷率、受益率，对符合条件的建档立卡贫困户提供5万元以下、3年以内的低利率的扶贫到户贴息贷款，确保建档立卡贫困户到户贷款申贷满足率达到70%以上。加快推进风险补偿金试点工作，逐步实现对山区全覆盖。积极探索利用股权基金、资本市场开展融资，积极探索建立抵押担保、信用担保贷款机制和平台，逐步建立健全土地承包经营权、宅基地使用权、林权“三权”抵押贷款的多元担保机制。到2017年，实现金融机构对空白乡镇的全覆盖。

（八）切实加强防灾减灾体系建设。针对全县特别是贫困行政村自然灾害多发的实际，进一步加强防灾减灾设施建设，到2017年，实现所有贫困乡村气象服务站、应急避险场所、灾情信息发布系统、村级应急队伍全覆盖。加强道路、农田水利等设施的日常维护，尽量减少灾害损失，有效防止因灾返贫。

（九）全面实施整乡整村推进扶贫。针对制约贫困乡村发展的主要问题，科学规划，合理确定具体发展目标，统筹扶贫开发、美丽乡村、“百村示范、千村整治”、新农村建设，实施精准扶贫，优先确保建档立卡贫困人口的需要，推动贫困乡村跨域发展。对建档立卡识别出来的安化贫困乡、8个贫困行政村全面实施整乡整村推进。2016年力争实施整乡推进1个、整（行政）村推进4个；2017年再实施整（行政）村推进4个。加大财政扶贫资金投入和部门资金整合力度，力争整乡推进投入1亿元以上，每个整（行政）村推进投入350万元以上，集中人力、财力和物力，一次性解决贫困乡村的整体脱贫发展问题。每年在符合条件的建档立卡贫困村，开展以示范村、特色村和传统村落为重点的美丽乡村建设，通过典型示范，串点成线，连线成片，在贫困区域建成一批富有江川特色的“生态宜居宜业宜游美丽乡村”。

四、打好扶贫攻坚战的保障措施

（一）建立党政一把手负总责的组织领导体系。县委、县政府成立由县委书记任组长，县长等县级领导任副组长，发改、财政等部门主要负责人为成员的江川县农村扶贫开发攻坚工作领导小组，领导小组办公室设在县发改局。各乡镇（街道）也要参照成立相应的组织机构，由乡镇（街道）党（工）委主要领导担任组长、乡镇（街道）政府（办事处）主要领导担任副组长，认真落实扶贫开发工作党政“一把手”责任制，并有分管领导，配有1名扶贫专（兼职）干。乡镇（街道）机构只能加强，不能削弱。各有关部门主要领导是行业扶贫的第一责任人，要制定出台一批面向贫困乡、贫困村和贫困人口的特惠性、差异性扶持政策措施，做到项目优先安排、资金优先保障、工作优先对接、措施优先落实，齐心协力唱好扶贫开发“大合唱”。

（二）建立财政投入增长机制。进一步加大对贫困地区的转移支付力度和民生改善投入力度，逐步降低扶贫对象在教育、医疗和社会保障等方面的负担，并将财政专项扶贫资金和必要的工作经费纳入同级财政预算保障。按照《云南省农村扶贫开发条例》规定，县财政应当建立与本县经济发展水平相适应的财政扶贫投入增长机制。在“十三五”期间，县级财政专项扶贫资金随着财力的增长逐年增加投入，从明年起，县级财政专项扶贫资金投入达到500万元。全面开展目标、任务、资金、权责“四到县”管理，强化县级政府的扶贫开发主体责任和市级的监管责任。积极探索资产收益分配新模式，以劳动能力或发展能力弱的贫困户为优先对象，在符合财政专项扶贫资金及相关管理办法规定及贫困群体资源的基础上，把应该由贫困户享有的财政扶贫资金委托给扶贫经济组织，采取委托帮扶、股份合作等方式，把财政扶贫资金和社会资本有效结合起来，发展壮大村集体经济，帮助贫困户实现稳定增收。

（三）建立完善帮扶机制。扶贫工作是一项宏大的社会系统工程，既要充分尊重群众的主体地位和首创精神，又要汇聚政府、行业、社会“三方力量”，建立“政府主导、群众主体、社会参与”的大扶贫格局，重视发挥专项扶贫、行业扶贫和社会扶贫力量。

1.建立领导挂钩联系制度。从2015年起，安化贫困乡由县政府主要领导挂钩联系；每个贫困行政村至少要有1名副处级以上领导干部挂钩帮扶。

2.坚持和完善党政机关、企事业单位和群众团体与乡镇、村结对帮扶机制，强化行业扶贫力量，做到定点扶贫单位对贫困乡、贫困行政村全覆盖。将部门扶贫帮扶点、指导员驻村点、干部直接联系服务群众挂钩点三点合一，集中力量帮助挂钩点贫困群众办实事解难题，做到不脱贫、不脱钩。县发改局要全力争取专项扶贫项目资金，确保中央和省级财政扶贫资金增长率达到10%以上，并把投资重点放在行业部门力量延伸不到的区域和领域。发改、财政、农业、交通、水利、电力、卫生、教育、住建、工信、民政、广电等部门要按照“各负其责、各记其功”的原则，全面落实本部门（行业）所承担的贫困乡村扶贫攻坚各项任务，确保全县各行业扶贫投入年均增10%以上。

3.广泛动员社会各界参与扶贫攻坚。动员一批有帮扶实力和帮扶意愿的企业承担社会责任，开展包乡、包村帮扶行动，支持贫困地区建设、实施精准帮扶。

4.分类帮扶。对符合农村低保相关政策的无劳动能力贫困人口采取应保尽保，由民政部门纳入农村最低生活保障制度管理，确保贫困人口在动态管理下实现脱贫。对有劳动能力且有脱贫愿望的贫困人口采取部门行业服务和通过“微小”“金融”“招商”“创业”等政策支持来实现脱贫。

（四）建立扶贫任务年度交办机制。每年11月份，验收当年项目，对下年度重点项目任务进行统一交办。各部门按照交办任务，及时与上级对口部门衔接，力争将交办的项目列入省级计划盘子，确保项目落地实施，加快全县扶贫开发进程。

（五）建立“减贫摘帽”的考核激励和约束机制。按照脱贫时序，对于提前或如期脱贫“摘帽”的贫困乡村，原有扶持政策不变，投入力度不减，并给予奖励。实行“摘帽”绩效与政绩考评挂钩，对提前“摘帽”的乡村领导班子给予表彰奖励，成绩突出的干部优先提拔任用。纪检监察部门要强化行政监察，对在实施扶贫攻坚行动计划中不作为、慢作为、乱作为的单位和个人及时进行查处，严格进行问责。县委督查工作领导小组要对扶贫攻坚行动计划落实情况进行专项督查。

（六）建立干部优化和人才保障机制。建立以扶贫攻坚论政绩、评班子、选干部工作导向机制，重视在扶贫攻坚实践中发现、培养和选拔任用干部。加强以党支部为核心的村级组织建设，注重在退伍军人、致富能人、返乡青年中选拔配强党支部书记，通过下派、引进、选调大学生村官等方式优化充实村级班子，整顿软弱涣散班子。实施村干部“素质提升”工程，抓好贫困村干部能力建设。注重从优秀村干部中招录公务员，招聘乡镇事业编制人员。坚持“三支一扶”等政策向贫困乡村倾斜，支持高校毕业生回乡领办创办企业，每年选派农业、教育、科技、卫生等方面的专家、技术骨干赴贫困乡、村开展对口帮扶或技术培训。

（七）切实抓好基层党的建设。完善扶贫开发与基层党建“双推进”机制。要把扶贫开发工作与基层组织建设紧密结合起来，着力建立精准扶贫的通道，搭建干部培养锻炼的平台，全面打通联系服务群众的“最后一公里”。坚持“党建促扶贫、扶贫促党建”，发挥保障好基层组织、基层党员干部在精准扶贫中的战斗堡垒作用和精准管理作用，提高扶贫开发的精准性和有效性，增强基层组织的凝聚力和战斗力，做到“支部找出路、党员做大户、能人进支部、群众快致富”，加快贫困地区脱贫发展步伐。

（八）发挥主体作用，做好宣传引导。要尊重扶贫对象在脱贫致富中的主体地位，充分调动和发挥贫困人口的主动性和创造性，引导贫困群众转变观念，主动参与实施扶贫攻坚行动计划，真正成为扶贫开发的决策主人、建设主力、受益主体、监督主管，通过自身努力增加收入，改变落后面貌。各级各部门要充分利用广播、电视、网络、报纸等新闻媒体加强对扶贫攻坚行动计划的宣传，为行动计划顺利实施营造良好的舆论环境和工作氛围。

江川县人民政府关于印发加快发展现代粮食流通产业实施意见的通知

江政发〔2015〕73号

各乡、镇人民政府，大街街道办事处，县属各局、办，各企事业单位：

《江川县加快发展现代粮食流通产业实施意见》已经县人民政府同意，现印发给你们，请认真抓好贯彻落实。

江川县人民政府

2015年10月22日

江川县加快发展现代粮食流通产业实施意见

为加强和搞活粮食流通，保障粮食安全，根据《云南省人民政府关于加快发展现代粮食流通产业的意见》（云政发〔2014〕30号）、《玉溪市人民政府关于印发加快发展现代粮食流通产业的实施意见的通知》（玉政发〔2014〕128号）精神，结合江川实际，制定本实施意见。

一、总体思路

以确保粮食安全为目标，大力发展粮油工业和实施“粮安工程”，加强粮食流通基础设施建设和应急供应能力建设，健全完善粮食调控体系、粮食市场体系和粮食流通监管体系，守住收购、销售、储备底线，加快构建现代粮食流通产业体系，提高粮食安全保障能力。

二、发展目标

（一）粮食经济总量快速增长。力争用5年时间（2014年至2018年），实现全县粮食流通产业总产值翻一番，从2.4亿元增加到4.8亿元以上，粮油工业产值从921万元增加到1842万元以上。

（二）企业市场竞争力显著增强。培育一批拥有核心竞争力、产业关联度大、带动能力强的粮油龙头企业。争取粮油加工企业进入市级农业产业化龙头企业1个，获得“放心粮油”称号企业2个以上。

（三）粮食流通基础设施明显改善。粮食流通基础设施基本满足粮食保障供给的要求。通过新建粮油储备加工中心、粮食仓储设施的大修及功能提升，提高储粮现代化水平。改善粮食物流设施，使更多省内外粮食直接进入江川。

（四）粮食流通市场监管水平全面提高。按照保障粮食质量安全的要求，加强粮食流通市场监管，提升粮食行政执法水平，强化对粮食经营活动的监督检查，形成机构健全、权责明确、行为规范、监督有效的粮食流通市场监管体系。

（五）粮食安全保障能力大幅提升。全面落实粮食行政首长负责制，完善粮食储备体系，保证紧急状况下3个月的口粮销量，整合应急加工、应急销售网络，确保粮食供应不断档、价格不暴涨、质量有保障。

三、工作重点

（一）大力发展粮油工业，壮大粮食流通产业经济规模

1.做好做大粮油加工龙头企业。整合现有资源，

努力培植粮食产业新的经济增长点。通过优化结构，扩大规模，积极组建集生产、收购、储运、加工、销售、科研于一体的粮油加工龙头企业。至2018年，全县形成年产值1000万元以上的粮油加工龙头企业1个以上。

2.提升粮油品牌影响力。精心打造粮油品牌，支持企业依托优质产品，培育一批有市场影响力的知名品牌，重点培育“浪滚”食用植物油和大米品牌。引导企业由做产品向做品牌转变，以优势企业和优势品牌为核心，通过“政府引导、市场运作、企业自愿”的方式，推进品牌整合。发挥品牌对消费的引导作用，积极开拓销售市场。充分利用各种媒体、会展宣传推介品牌，扩大品牌辐射范围，提高江川粮油品牌的影响力和市场占有率。

3.发展粮油精深加工。以粮油储备加工中心为依托，支持企业扩大粮油精深加工产品的生产规模，优化产品结构，延长产业链条，开发营养化、专用化、多元化的粮食主食产品。主动适应城乡居民膳食结构改善升级的新要求，大力推进主食产业化、杂粮特色化、粮油安全化。发挥高原特色农产品的优势，提升粮油产品附加值。

4.鼓励粮油企业科技创新。支持粮油企业技术改造和产品研发，推广粮油精深加工、节能减排、主食生产等技术。鼓励粮油企业创建科技创新平台，扶持粮油企业建立企业技术中心和企业工程技术中心，鼓励条件较为成熟的粮油企业争创市级和省级企业技术中心，提升粮油企业核心竞争力。

5.招商引资承接产业转移。大力吸引外资和县外资本、民间资本投资我县粮油加工业，引进资金、技术和管理，加快壮大产业规模和实力。引导龙头企业积极寻找战略合作伙伴，高起点建设上规模、上档次的粮油加工龙头企业。

（二）推进实施“粮安工程”，筑牢粮食安全保障基础

1.修缮新建粮油仓储设施。优化粮食仓储设施布局，加大“危仓老库”维修改造力度，实现仓房设施标准化、技术装备现代化。按现代储粮技术要求，有计划、分步骤新建、维修改造、撤并和淘汰一批仓库。按照国家、省、市“粮安工程”有关部署，修复改造“危仓老库”仓容5320吨，在教场粮油储备加工中心新建粮食储备库，仓容7000吨，新建储油罐370吨，在县城新建1000吨成品粮仓。至2018年，全县国有粮食企业有效仓容达到15481吨，机械通风、环流熏蒸、粮情测控仓容占总有效仓容的70%以上，满足粮食安全储存、收购需要，确保粮食承储安全。

2.完善供应应急体系。健全完善本地区粮食应急预案。按照“合理布点、全面覆盖、平时自营、急时应急”的原则，在继续巩固完善4个粮油平价销售点的基础上，在全县再增设80个应急供应点（放心粮油店）。严格执行军粮供应政策，提高军粮综合保障能力。做好山区和灾区的粮食供应工作。

3.保障粮油质量安全。健全粮油质量监督检验机构，着力提升粮油质量检测能力。定期开展收获粮食质量调查、品质测报和原粮卫生检测，加强对库存粮油质量安全状况的监测。在全县建设1个县级粮油质检室，从源头上把好粮油食品质量关，让城乡居民吃上安全放心的粮油产品。大力实施“放心粮油”进农村进社区进学校示范工程建设，形成覆盖城乡、产销衔接、设施完善、管理先进、服务规范的放心粮油产销服务体系。

4.强化粮情监测预警。加快推进粮食流通信息化发展，健全粮食行业主要业务平台及监测预警信息服务发布体系，建立健全粮情监测预警分析机制。加强全社会粮油供需平衡调查工作，进一步建立覆盖全社会的粮食流通统计报告制度。加强对粮食生产、需求、库存、质量、价格及市场动态情况的监测分析和信息发布，建立健全粮食监测预警系统和应急报告制度。

5.促进粮食节约减损。全面推广科学储粮，积极开展生态储粮，保证粮食储存品质。积极推进农户科学储粮专项建设，减少粮农产后损失，增加农民收入。广泛开展爱粮节粮宣传教育活动，形成全民爱粮节粮的良好风尚。

（三）健全粮食调控体系，增强粮食安全保障能力

1.认真做好粮食收购工作。要以“种粮卖得出，防止谷贱伤农”为底线目标，把做好粮食收购作为重要任务来抓，加大政策宣传力度，引导、规范多元收购主体入市收购，充分发挥国有粮食企业主渠道作用，改善收购条件，完善仓储设施，优化收购服务，确保国家粮食收购政策落到实处。加强粮食收购政策落实情况的监督检查，严格落实“五要五不准”收购守则，让种粮农民有效益、得实惠。

2.健全地方粮食储备机制。至2018年，全县地方

储备粮规模数量从现有规模增加到中央、省、市要求的储备规模。全县按照满足15天的市场供应量建立成品粮油储备。新增粮食储备规模，部分以动态储备大米方式增加，作为成品粮储备。不断完善地方储备粮管理办法，加强地方储备粮标准化、制度化、规范化管理，确保地方储备粮油数量真实、质量完好，在应对突发情况时调得动、用得上。

3.加强粮食产销合作。鼓励和支持本县粮食企业与省内外主产区粮食企业合作，建立深化产销协作长效机制。完成大米动态储备、储备粮轮换任务和粮食采购，带动更多省内外优质粮进入江川，丰富江川粮食市场。鼓励和支持我县粮油企业“内联外闯”、“走出去”，与省内外稻米主产区粮油企业合作，开展粮食贸易业务，从品种上、数量上满足我县政策性粮食供应和市场需求，筑牢粮食安全屏障。

（四）完善现代粮食市场体系，提高粮食市场运行效率

1.培育和发展多元粮食市场主体。充分发挥国有粮食企业主渠道作用，大力培育和发展多种所有制粮食市场主体从事粮食经营活动，搞活粮食流通。引导和鼓励粮食经营、加工和农村粮食经纪人等各类粮食市场主体入市收购，加强对粮食经纪人队伍和中介组织的规范化管理。支持粮食企业带领农户建立粮食生产、加工及销售等专业协会，在粮食收储、市场信息、仓储技术等环节为粮食产前、产中、产后提供全方位服务，提高农民组织化程度，增强农民参与市场竞争的能力。

2.加快现代粮食市场体系建设。依据粮食流向和现有市场资源，逐步建立以城乡集贸市场和超市等零售市场为基础、粮食批发市场为骨干、粮食物流中心为载体，布局合理、功能完善、运行规范的开放、竞争、高效的现代粮食市场体系。坚持政府推动与企业主导相结合，在加大政府投入的同时，引导多元化投资主体投资建设各类粮食交易市场。

3.规范和引导粮食交易行为。加快粮食市场管理制度建设，加大粮食市场服务与监管力度，督促粮食交易主体履行法定义务，执行国家有关法律、政策和标准，鼓励和引导各类市场主体进场交易，规范交易行为，降低交易成本，提高流通效率。加强粮食批发市场监测体系建设，建立市场价格和供求形势的监测及信息发布制度，确保粮食供求和市场价格稳定。积极推广电子商务等先进交易方式，提升粮食批发市场综合服务功能。

（五）加强粮食流通监督检查，建立粮食执法保障体系

1.稳定粮食流通行政管理机构和人员。进一步强化粮食行政管理部门的行政执法、统计调查、原粮质量安全检验监测等职能，落实相应的机构、人员，将粮食行政管理人员工作业务经费纳入财政预算。

2.积极开展粮食流通监督检查。加强对全社会粮食市场主体的指导、监督、检查和服务，严格实行粮食收购市场准入制度。加强对粮食经营者从事粮食收购、储存、运输活动和政策性用粮活动，以及执行国家粮食流通统计制度情况的监督检查。加强粮油库存检查、原粮质量监管和粮油仓储监管，推进粮食流通监督检查工作常态化、制度化。

四、政策措施

（一）进一步落实粮食行政首长负责制。从维护国家粮食安全、服务“三农”、提升现代农业的高度，加强对现代粮食流通产业发展工作的领导，切实负起本县粮食生产、流通和安全责任，提高粮食综合生产能力，推进国有粮食企业改革，维护正常粮食流通秩序，保持市场粮食价格的基本稳定，保证市场粮食的有效供应。

（二）加大财政扶持力度。从2015年起，县级财政连续5年每年预算安排50万元以上的粮食仓库维修改造资金，专项用于配套中央、省、市补助资金实施我县粮仓建设改造项目和维修“危仓老库”。县级财政按照每年的实际工作量和定额标准在预算内予以安排粮食质量安全检验监测工作经费，每年根据项目贷款情况对列入“粮安工程”规划的重点物流节点项目给予贴息支持，按照市下达的农户科学储粮设施计划，安排县级配套资金。

（三）落实税收优惠政策。对全县承担中央、省、市、县政府有关部门委托粮油储备业务的企业，按照国家有关规定，免征城镇土地使用税、房产税和印花税。对从事粮油储备、加工、物流的粮食企业，按照企业所得税法及其实施条例落实企业所得税优惠政策。鼓励企业加大对自主创新成果产业化的研发投入，对新技术、新产品、新工艺等研发费用，按照有关税收法律和政策规定，在计算应纳所得税额时加计扣除。企业依照国家有关规定缴纳的社会保险费和住房公积金，依法在企业所得税前扣除。粮油企业引进技术和进口设备，符合国家产业政策和税收政策规定

的，免征进口关税。从事符合西部大开发政策条件的粮食企业，按15%的税率征收企业所得税。

（四）加大金融信贷扶持。各银行业金融机构要把扶持现代粮食流通产业发展作为信贷支农的重点，在资金安排上给予倾斜。各银行业金融机构特别是农发行江川县支行、农业银行要在防控信贷风险的前提下，列出专项信贷资金积极支持具有粮食收购资格的各类粮食企业入市收购，加大对粮食产业化龙头企业在粮食订单生产基地、地方储备粮油、粮食市场建设、粮食仓储基础设施建设、粮食科技成果转化和技术改造项目的短期流动资金贷款和中长期固定贷款的支持力度。其他商业银行对粮油基础设施建设项目也要在信贷资金上给予支持。积极探索建立粮食产业化融资担保机制，引导和鼓励融资性担保机构积极开展对龙头企业的担保服务。

（五）给予土地优惠政策。粮食流通产业发展项目建设优先安排存量建设用地，确需新增建设用地的，优先保障新增建设用地计划指标。国有粮食企业转型、退城进郊、兼并重组，原划拨土地由县人民政府依法进行处置或收回后重新处置。处置后的土地出让金，在扣除中央、省人民政府出台计提的各项资金后，由县人民政府将剩余资金全额留给企业，优先用于企业妥善处理遗留问题。划拨土地需要转为有偿使用土地的，其市场增值部分作为国有资本金用于粮油基础设施建设。对国有粮食企业自筹资金建设粮食仓库或通过置换“退城进郊”建设粮食仓库的项目，按国家、省、市有关规定给予减免相关规费。

（六）深化国有粮食企业改革。国有粮食企业要依据《公司法》规定，建立健全董事会、监事会和经理层协调运转、有效制衡的公司法人治理结构；强化企业班子建设，探索国有粮食企业高管人员市场化选聘，推行企业经营者的契约化管理，逐步建立职业经理人制度；深化企业内部三项制度改革，建立健全企业管理人员能上能下、员工能进能出、收入能增能减的制度，为企业赢得市场竞争提供制度保障；合理确定并严格规范国有粮食企业管理人员薪酬水平、职务待遇、职务消费和业务消费；建立完善与现代经济相适应的风险防范制度，提高现代化管理水平。支持国有粮食企业进行跨地区、跨所有制的资产重组，鼓励各种资本参与企业的改组改造。

（七）切实加强组织领导。成立江川县加快发展现代粮食流通产业领导小组，将现代粮食流通产业体系建设列入重要议事日程，加强领导，形成共识，凝聚合力，创造良好的政策环境，制定发展规划，落实政策措施。县发改局要把粮食产业发展列入经济社会发展总体规划，认真履行职能，加强沟通协调，在推动现代粮食流通产业发展中发挥作用。县财政局要积极筹措资金支持粮食产业发展。县农业局要统筹协调，加强原料基地建设，加快品种结构调整，加大品牌整合力度。县工信局要把粮油食品、饲料等加工企业项目，列入工业发展规划，争取工业专项资金支持。县新农办、国土局、市场监管局、统计局、国税局、地税局等单位和金融、电力等部门要各尽其职、各负其责，通力合作，形成长效机制，积极支持粮食流通产业发展，确保现代粮食流通产业建设顺利推进。

中共江川县委办公室 江川县人民政府办公室 关于印发《江川县加强作风建设问责办法》的 通 知

江办发〔2015〕17号

各乡镇党委、政府，大街街道党工委、办事处，县委和县级国家机关各部、委、办、局，各人民团体和企事业单位：

《江川县加强作风建设问责办法》已经县委、县政府同意，现印发给你们，请认真抓好贯彻落实。

中共江川县委办公室
江川县人民政府办公室
2015年2月10日

江川县加强作风建设问责办法

第一章 总 则

第一条 为切实改进工作作风，狠刹形式主义、官僚主义、享乐主义和奢靡之风，根据《中国共产党党员领导干部廉洁从政若干准则》、《党政机关厉行节约反对浪费条例》、《关于实行党政领导干部问责的暂行规定》、《十八届中央政治局关于改进工作作风、密切联系群众的八项规定》、《玉溪市加强作风建设问责办法》、《江川县领导干部问责办法（试行）》等相关精神，结合江川实际，制定本办法。

第二条 本办法适用于全县各级党政机关、人大机关、政协机关、审判机关、检察机关、人民团体、国有企业、事业单位的领导班子、领导干部及其工作人员。

第三条 实施问责，坚持实事求是、公开公正，权责一致、责罚相当，惩教结合、改进作风的原则。

第二章 问责情形

第四条 违反政治纪律，有下列情形之一的，应当问责：

（一）中央、省、市、县的政策和文件精神不及时学习、传达、落实的。

（二）对上级明令禁止行为置若罔闻，有令不行、有禁不止的。

（三）执行上级决策部署和指示要求措施不力，工作不到位，效率低下的；执行上级决策部署打折扣、做选择、搞变通，或者搞上有政策、下有对策的。

（四）不认真调查研究、科学论证，脱离实际盲目决策，造成重大损失，或者搞“形象工程”、“政绩工程”的。

第五条 违反组织纪律，有下列情形之一的，应当问责：

（一）跑官要官、买官卖官、拉票贿选的。

（二）不按规定和程序调动或借用干部职工的。

（三）违反民主集中制原则和议事规则，个人或者少数人决定重大事项的。

（四）不服从组织安排，消极怠工、贻误工作的。

（五）不按要求如实报告个人重大问题、重要事项和重要活动的。

（六）离开工作地不按规定报告的。

（七）不认真落实请销假制度的。

第六条 违反工作纪律，有下列情形之一的，应当问责：

（一）对批办、交办事项不办理或者不及时办理，不回复或者不及时回复的。

（二）上班期间，从事与本职工作无关的活动，或用公物办理私事的。

（三）对职责范围内的工作不认真履职，对不属于职责范围内的事项，不告知办理途径或者转送相关部门的。

（四）对限时办结事项，无正当理由不在法定或者承诺时限内办结的。

（五）对群众反映的合理诉求，能够解决而不及时解决的。

（六）承诺的事项不兑现的。

（七）故意刁难管理服务对象，对待群众态度冷漠、语言不文明、服务不主动、工作方式简单粗暴的。

（八）需要公开的事项，不依法依规履行公开和告知义务的。

（九）不认真执行办文规定和新闻报道要求，随意扩大发文范围，违反新闻报道规定的。

第七条 违反厉行勤俭节约规定，有下列情形之一的，应当问责：

（一）用公款大吃大喝、旅游、组织或者参与各种高消费娱乐、健身等活动；用公款购买高档烟、酒和其他礼品，搞相互走访、送礼、宴请等活动的。

（二）未经批准召开会议；超过规定数量、规格、规模、会期召开会议；到风景名胜区、度假村召开会议；召开联谊性质的座谈会、片会；工作会议制作背景板、摆放花草；擅自提高会议食宿标准；发放各类会议纪念品；会议期间组织旅游或者与会议无关的参观活动；借召开会议等名义向企事业单位、非公组织、个人收取会议费用或者摊派会议费用的。

（三）擅自举办节庆、论坛、展会活动；未经批准组织开展检查评比达标活动；出席与本职工作无关的节庆、论坛、展会活动的。

（四）不认真执行公务接待管理规定，超标准、超规格接待；扩大接待范围、增加接待项目；将非公务活动纳入接待范围；新建、改建、扩建所属具有接待功能的设施或者场所；单位负责同志到辖区边界迎送、悬挂标语横幅、组织专场文艺演出；违规使用警车开道；随意扩大警卫范围、提高警卫规格；违规封山、封路、封园、清场闭馆的。

（五）违反出国（境）管理规定，改变时间、路线、范围；变相公款出国（境）旅游；向企业、驻外机构等摊派或者转嫁出访费用的；接受私营机构或个人邀请出国（境）的。

（六）以调研名义到名胜古迹、风景区游玩；在调研、考察中弄虚作假；陪同人员超过规定人数的。

第八条 违反廉洁从政规定，有下列情形之一的，应当问责：

（一）以各种名义突击花钱或者违规发放津贴、补贴、奖金、实物的。

（二）收受或者赠送礼品、礼金、纪念品、土特产的。

（三）出入私人会所或持有私人会所会员卡的。

（四）出差不按规定乘坐交通工具的。

（五）大操大办婚丧喜庆，利用职权或者职务影响，借机敛财；办理婚丧喜庆，收受、索取管理和服务对象或者可能影响公正执行公务的单位、个人财物；在婚丧喜庆中使用公车、公物，擅自放假或者影响公务活动、工作秩序、交通秩序的。

第九条 违反领导干部生活待遇规定，有下列情形之一的，应当问责：

（一）超标准、超编制配备公务用车；为公务用车增加高档配置或者豪华内饰；违规换用、借用、租用、占用下属单位或者其他单位、个人的车辆；接受企事业单位或者个人赠送的车辆；将普通公务用车作为领导专车；调离原工作单位带走或者占用原单位车辆；公车私用；违规使用军车、警用号牌的；未按规定粘贴公务用车标识；节假日未按规定集中停放或封存管理公务车辆的。

（二）违规新建、改建、扩建、购置、置换、维修改造、租赁办公用房；擅自扩大办公楼建设规模、提高建设标准、增加投资概算；多处占用、超标准配备办公用房或者公有生活用房；对办公用房或者公有生活用房进行豪华装修的。

（三）违规配备秘书的。

第十条 其他违反改进作风有关规定的情形。

第十一条 对本地区本部门作风方面存在的突出问题，不及时主动纠正而被查处的，按照“一岗双责”的要求，既要对当事人进行问责，又要对主要领导和分管领导进行问责。

第三章 问责方式

第十二条 对单位的问责方式有责令书面检查、通报批评、责令公开道歉。

对个人的问责方式有诫勉谈话、取消当年评优评先资格、责令作出书面检查、通报批评、责令公开道歉、调整工作岗位、停职检查、劝其引咎辞职、责令辞职、免职、辞退或者解聘。

以上问责方式可以单独使用，也可以合并使用。

涉嫌违纪的，依照有关规定给予党纪政纪处分。涉嫌违法犯罪的，移送司法机关处理。

第四章 附 则

第十三条 问责程序按照《江川县领导干部问责办法（试行）》执行。

第十四条 各乡镇（街道）对村、组干部的问责可参照本办法执行。

第十五条 本办法由江川县纪委、县监察局负责解释。

第十六条 本办法自印发之日起施行。

中共江川县委办公室
江川县人民政府办公室
关于印发《江川县国民经济和社会发展
第十三个五年规划编制工作实施方案》的通知（节选）

江办发〔2015〕30号

各乡镇党委、政府，大街街道党工委、办事处，县委和县级国家机关各部、委、办、局，各人民团体和企事业单位，中央、省、市驻江单位：

《江川县国民经济和社会发展第十三个五年规划编制工作实施方案》已经县委、县政府同意，现印发给你们，请认真贯彻执行。

中共江川县委办公室
江川县人民政府办公室
2015年3月30日

江川县国民经济和社会发展
第十三个五年规划编制工作实施方案

“十三五”时期，是我国现代化建设进程的关键时期，是全面深化改革、加快经济发展方式转变的攻坚时期，是我县加快推进高原湖泊生态县建设步伐、奋力实现“富裕和谐美丽新江川”建设目标和全面建成小康社会的关键时期。科学编制和有效实施“十三五”规划，对于我县抢抓发展新机遇、适应形势新变化、应对发展新挑战、推进我县与全市同步全面建成小康社会、全面深化改革、调结构转方式具有深远而重大的意义。根据国家、省、市编制“十三五”规划工作的总体部署，结合我县实际，制定本方案。

一、指导思想

以邓小平理论、“三个代表”重要思想、科学发展观为指导，深入贯彻落实党的十八大、十八届三中、四中全会和省、市有关会议精神，坚持改革创新，按照中央推进经济建设、政治建设、文化建设、社会建设和生态文明建设“五位一体”的总体部署，立足县情，紧紧围绕我县与全市同步实现全面建成小康社会的总目标，紧紧围绕全面深化改革的各项目标任务，坚持“环境优先、兴园强工、建设新城、做美生态”的发展思路，深入实施“生态立县、农业稳县、工业强县、旅游活县、文化兴县”战略，推动全县经济社会科学发展、和谐发展、跨越发展。

二、基本原则

（一）正确处理市场与政府的关系。党的十八届三中全会明确要求，要使市场在资源配置中起决定性作用和更好地发挥政府作用。编制“十三五”规划，要充分体现这一要求，既要增强规划的战略性、宏观性、指导性，也要提升规划的权威性、严肃性和约束力。要明确规划编制范围，政府主要针对关系发展全局而且存在市场失灵的重要领域编制规划。要找准规划的功能定位，主要着眼于引导市场主体行为，引导资源配置方向，以市场为基础，但绝不代替市场发挥作用。同时，也要增强规划的约束力，通过规划有效引导和调控市场主体行为。

（二）突出重点编制规划。在坚持统筹兼顾，推进经济建设、政治建设、文化建设、社会建设和生态文明建设“五位一体”总体部署的基础上，抢抓“一带一路”、“孟中印缅”经济走廊建设、长江经济带建设等重大历史机遇，进一步突出重点，坚持“有所为，有所不为”，加强对影响我县全局性、战略性重大问题的研究，抓住今后一个时期全县经济社会发展中的主要问题和突出矛盾，突出全面建成小康社会、全面深化改革、调整优化产业结构、加强基础设施建设、加快推进新型城镇化、促进城乡区域协调发展、加强生态文明建设、改善民生、深入实施桥头堡战略、改善发展环境等战略重点。

（三）坚持发展与改革统筹协调。深化改革既是我县“十三五”发展的重大任务，也是加快发展的根本举措。“十三五”时期，正值我国全面深化改革的关键时期，协调发展与改革关系的任务更加艰巨，要突出我县改革需求，寓改革于发展中，要充分结合改革与发展，让改革充分释放我县“十三五”发展的红利。

（四）坚持承上启下编制规划。“十二五”规划执行情况是科学编制“十三五”规划的前提和基础。编制“十三五”规划既要处理好与“十二五”规划提出且仍需在“十三五”期间持之以恒加以推进的重大战略及事项的关系，又要处理好国家、省、市和我县已出台且执行期涵盖到2020年的有关发展规划、重要文献和政策文件的关系，确保规划实施的连续性、一贯性和严肃性。

（五）坚持开放民主编制规划。进一步提高规划编制工作的公开性和透明度，扩大规划编制过程中的社会参与度，动员全社会力量共同参与“十三五”规划的编制工作，充分发挥好各地各部门的力量，充分借助各方力量，开展跨学科、跨领域的研究，把事关经济社会发展全局的重大问题研究深、研究透，充分借助互联网等现代信息平台，广开言路，问需于民、问计于民，使规划编制过程真正成为汇聚民智、协调利益、达成共识、形成合力的过程。

（六）规范规划编制程序。认真贯彻执行《云南省发展规划条例》，进一步规范编制程序，严格按照前期研究、文本起草、衔接协调、征求意见、规划论证、审批发布等各个环节的要求，有序推进规划编制工作，不断提高规划编制工作的规范化和科学化水平。

三、规划体系

按照国家发改委规划编制的有关精神，结合实际情况，我县“十三五”规划体系由《基本思路》、《规划纲要》、《重点专项规划》组成。

（一）深入研究基本思路

《基本思路》是指导总体规划编制的基本依据和基础。前期研究的广度和深度决定规划的质量，要结合实际，全面总结我县“十二五”规划执行过程中的经验教训，深入分析“十三五”时期国内国际形势，深入研究重大问题，准确把握本地区所面临的机遇与挑战，科学提出“十三五”时期发展思路。紧紧围绕全面建成小康社会的奋斗目标，按照科学发展观的要求，以开放的视野，深入研究本地区关系长远发展的带有全局性、战略性的重大问题，并形成统领全局的发展思路。

（二）强化《规划纲要》的统领性作用

“十三五”规划纲要是“十三五”规划编制工作的主要内容，是根据中央关于制定国民经济和社会发展规划的建议，以全县的国民经济和社会发展为对象编制的规划，具有战略性、纲领性和综合性的特点，是编制专项规划、区域规划、城镇规划、政府预算，以及制定各项经济政策和年度计划的重要依据。编制好规划纲要，要进一步创新规划内容，强化行动纲领的功能。一是要加强总体规划的战略性、宏观性和政策性。抓住关系经济社会发展全局的重大问题，在战略方针、战略任务、战略布局、战略措施和重大政策上下功夫；二是要明确规划内容，避免规划出现无所不包、涉及领域过宽的状况；三是要强化空间指导与约束功能；四是要充实属于政府职责、制度和政策改革创新等方面的内容。

（三）做深做实重点专项规划

专项发展规划是以国民经济和社会发展的特定领域为对象制定的规划。专项规划是规划纲要在特定领域的延伸和细化，是指导特定领域发展、审批或者核准重大建设项目、安排财政支出预算、制定特定领域有关政策的依据。“十三五”专项规划的编制要把握好以下几条原则：一是坚持市场在资源配置中的决定性作用，凡是市场机制能够充分发挥作用的领域，要减少不必要的政府干预；二是同一领域，相互交叉重叠的规划，应当创新规划编制思路，采取联合编制方式对有关领域专项规划进行整合，统筹协调，厉行节约，减少规划数量，提高规划质量；三是专项规划是规划纲要在特定领域的细化和落实，必须做好与规划纲要的有效衔接工作。

在“十三五”规划编制过程中，要注意下级规划服从上级规划，重点专项规划、区域规划、城镇规划服从总体规划，同级规划互相协调的原则，专项规划、区域规划要与总体规划衔接，相关专项规划之间要衔接，形成层次分明、功能清晰、衔接协调的规划体系。为充分体现规划决策的科学性、民主性，上述规划必须经过专家或中介机构论证评审。

四、进度安排

（一）规划纲要编制工作安排

我县规划编制工作总体上与国家、省、市同步进行，主要分为三个阶段：

第一阶段：重大前期课题研究和基本思路形成阶段（2014年9月—2015年2月），主要开展重大前期课题研究和基本思路起草工作。

1.前期调研（2014年9月—2014年11月）。由县发改局牵头，协调相关部门，启动并完成一批“十三五”重大前期课题研究。同时，结合我县经济社会发展实际，充分吸收近年来国家、省、市出台的一系列重大决策和研究成果，重点加强对“十三五”时期的发展环境、思路目标、全县经济社会发展中的重点、难点问题和薄弱环节，重大改革举措、产业发展、基础设施、城乡区域、科教文卫、人民生活、资源环境、和谐社会等重大问题开展前瞻研究，理清发展思路，支撑基本思路和规划纲要的起草。

2.全面启动“十三五”规划编制工作。完成《江川县“十三五”规划编制工作实施方案》的起草下发工作，召开“十三五”规划编制工作会议，安排布置全县“十三五”规划编制研究工作，组织各乡镇（街道）和有关部门开展重大问题和规划思路的研究，起草形成《江川县“十三五”规划基本思路》。此外，按照《江川县“十三五”规划基本思路》要求，就重点领域、重点区域的有关问题进一步听取各乡镇（街道）和有关部门的意见，研究提出编制我县总体规划和重点专项规划的方案。

3.基本思路形成阶段（2014年12月—2015年2月）。在广泛调研的基础上，由县发改局负责我县“十三五”总体规划思路的起草工作。同时，汇总分析前期研究课题的成果，认真做好“十二五”规划执行情况的评估工作，进一步理清发展思路、方向和重点，组织各乡镇（街道）和有关部门研究提出纳入全县“十三五”规划的重要指标、重大工程和项目、重大的改革和政策举措。2015年2月底前，形成《江川县“十三五”国民经济和社会发展基本思路》，在广泛征求各方面意见的基础上，听取县人大和县政协的意见和建议，做好向县委、县政府的汇报工作并上报市发改委，经县政府审定后，指导全县“十三五”规划编制工作。

第二阶段：规划纲要（草案）形成阶段（2015年2月—2015年10月）。具体分工及进度安排分三个工作阶段：

1.规划前期研究阶段（2015年2月—2015年3月）。组织开展江川县“十二五”经济社会发展规划研究，重点深化对重大问题的研究，明确目标要求、基本原则、政策取向、战略重点等，形成规划纲要（草案）基本框架，为我县“十三五”规划思路和纲要的起草奠定基础。

2.纲要起草阶段（2015年4月—10月底前）。编制完成“十三五”规划纲要草案。2015年4月—7月，集中力量编制完成“十三五”规划纲要初稿。重点专项规划、行业规划、区域规划、城镇规划初稿于6月底前报县发改局与《纲要》进行初步衔接；2015年8月—9月，《纲要》讨论稿分别征求各乡镇（街道）和有关部门的意见，在不断修改完善的基础上，提交县人大、县政协进行初审，之后报送县委、县政府审查。同时，按照中共中央关于“十三五”规划建议的主要精神进行修改完善，并做好与国家、省、市“十三五”规划纲要的衔接工作。

3.规划纲要草案完善、审议阶段（2015年9月—10月）。由县发改局负责完成县委“十三五”规划建议的起草工作，提交县委全会讨论通过，并完成《纲要》修改完善工作，经县委、县政府审定后提交县人大会议审议通过后向社会公布。

第三阶段：《规划纲要（草案）》报审、发布阶段（2016年2月前）。主要完成《规划纲要（草案）》修改完善、汇报、提交审议等工作。根据县委建议，组织起草《规划纲要（草案）》，广泛征求各乡镇（街道）、各有关部门和社会各界的意见建议，邀请发展规划专家咨询委员会专家进行咨询论证，根据各方意见修改完善《规划纲要（草案）》。做好与省、市规划的衔接工作。2016年初，将《规划纲要（草案）》提交县人大常委会审议。

（二）专项规划编制工作安排

重点行业发展专项规划以全县国民经济和社会发展“十三五”规划纲要为依据，围绕“十三五”总体发展目标，根据我县国民经济和社会发展特点，以及“十三五”总体规划架构要求，组织编制重点产业、特定领域的专项发展规划，成为指导该领域发展、决定重大工程项目建设和安排政府投资的依据。专项规划领域由县发改局同有关部门确定，相关部门负责起草。

具体分工及进度安排：

1.2015年2月底前，确定我县“十三五”重点专项规划题目及牵头部门和参与单位。各牵头部门和参与单位组成“十三五”重点专项规划组，提出工作方案和规划草案的编制提纲。

2.2015年6月底前，各重点专项规划专题组完成重点专项规划框架草案，并报送县发改局。县发改局就重点专项规划草案中的重大问题，会同有关乡镇（街道）和部门进行衔接协调。

3.2015年8月底前，各相关部门对重点专项规划草案作进一步论证和修改完善后，形成送审稿，由县发改局会同有关部门上报县政府审定。

一般专项规划（含部门规划）。由县直有关部门根据上级部门的要求及工作需要提出，并由各部门自行组织编制和发布，报县发改局备案。编制工作进度应与全县“十三五”规划纲要同步。

（三）乡镇（街道）规划编制工作安排

鼓励各乡镇（街道）编制本乡镇（街道）的“十三五”规划，具体工作可以参照本方案结合实际进行安排。

五、组织领导

为圆满完成我县“十三五”规划编制工作，经县委、县人民政府研究，决定成立江川县国民经济和社会发展第十三个五年规划编制工作领导小组，组成人员名单如下：

组　长：钱　兴　县委副书记、县人民政府县长
副组长：张文彬　县委常委、县人民政府常务副县长
李志刚　县委常委、县人民政府副县长
牛旺林　县人民政府副县长、公安局局长
王　波　县人民政府副县长
杨军苹　县人民政府副县长
普朝鹏　县人民政府副县长
李启红　县人民政府副县长
周福荣　县人民政府副县长

领导小组下设办公室在县发改局，由曲绍庭同志兼任办公室主任，王九生兼任办公室副主任，负责我县“十三五”规划编制的具体组织实施工作。

列入本实施方案中的重点专项规划，各责任部门要结合自身实际，明确责任，认真研究，并组建专门的规划编制队伍，高质量编制好课题和规划。同时，其他部门也要做好本部门、本行业的“十三五”规划编制工作。

六、工作要求

（一）高度重视，加强领导。各乡镇（街道）和有关部门要高度重视，主要领导要亲自抓好规划编制工作的落实，并明确专人负责，制定详细的工作方案，为规划编制工作提供充足的人员、经费等方面的保障。

（二）加强衔接，协同推进。各部门要加强衔接和协调，配合协助其他单位开展相关规划编制工作。形成下级规划服从和落实上级规划，同级规划各有分工、各有侧重、衔接协调的关系，使经济社会发展各个领域的规划融为一体。

（三）科学规划，创新方法。各乡镇（街道）和有关部门要按照科学发展观的要求，解放思想，开拓创新，科学测算经济指标，科学确定发展目标，革除原则性过强、针对性较差的规划内容，突出空间性、可操作性和地方特色，避免上下雷同、交叉重叠的内容，增强规划的针对性和可行性。

（四）统筹安排，按时完成。各负责单位要统筹安排规划编制工作，及时与县发改局沟通进展情况，严格按照时间要求完成相关规划并报送县发改局，保证“十三五”规划编制工作顺利完成。

七、经费保障

经县委常委会、县政府常务会议研究决定，安排我县“十三五”规划编制专项经费150万元，纳入2015年县级财政预算，专门用于前期重大问题和政策研究、基本思路、规划纲要、重点专项规划制定等补助。全县各相关部门要积极向上争取资金，保障全县“十三五”规划编制工作圆满完成。

附件：1.江川县“十三五”规划编制前期研究重大课题

2.江川县“十三五”规划编制重点专项规划

附件1

江川县“十三五”规划编制前期研究重大课题

序号	课题名称	责任单位
1	江川县“十二五”规划执行情况研究	县发改局
2	江川县“十三五”时期发展环境与条件研究	县发改局
3	江川县“十三五”规划指标体系研究	县统计局
4	江川县“十三五”全面深化改革政策研究	县发改局
5	江川县“十三五”招商引资政策研究	县招商合作局

附件2

江川县“十三五”规划编制重点专项规划

序号	规划名称	责任单位
1	江川县“十三五”生态建设与环境保护规划	县环保局
2	江川县“十三五”工业和信息化发展规划	县工信局
3	江川县“十三五”新型城镇化建设规划	县住建局
4	江川县“十三五”现代农业发展规划	县农业局
5	江川县“十三五”旅游产业发展规划	县文旅广体局
6	江川县“十三五”商贸和现代服务业发展规划	县工信局
7	江川县“十三五”科技和高新技术产业发展规划	县工信局
8	江川县“十三五”公共财政体系规划	县财政局
9	江川县“十三五”国土和矿产资源保护及开发利用规划	县国土资源局
10	江川县“十三五”交通综合运输体系建设发展规划	县交通局
11	江川县“十三五”水利水产业发展规划	县水利局
12	江川县“十三五”林业发展规划	县林业局
13	江川县“十三五”教育事业发展规划	县教育局
14	江川县“十三五”卫生事业发展规划	县卫生局
15	江川县“十三五”文化广电体育事业发展规划	县文旅广体局
16	江川县“十三五”人力资源和社会保障体系建设规划	县人社局
17	江川县“十三五”气象事业发展规划	县气象局
18	江川县“十三五”扶贫开发规划	县扶贫办
19	江川县“十三五”民政事业发展规划	县民政局
20	江川县“十三五”防震减灾事业规划	县防震减灾局

中共江川县委办公室 江川县人民政府办公室 关于印发《江川县领导干部“转作风走基层析民情奔小康”遍访贫困村贫困户办法（试行）》的通知

江办发〔2015〕66号

各乡镇党委、政府，大街街道党工委、办事处，县委和县级国家机关各部委办局，各人民团体和企事业单位，中央、省、市驻江单位：

《江川县领导干部“转作风走基层析民情奔小康”遍访贫困村贫困户办法（试行）》已经县委、县政府同意，现印发给你们，请认真组织实施。

中共江川县委办公室

江川县人民政府办公室

2015年8月27日

江川县领导干部“转作风走基层析民情奔小康”遍访贫困村贫困户办法（试行）

为认真贯彻落实《中共江川县委　江川县人民政府关于深入扎实推进扶贫攻坚的实施意见》（江发〔2015〕24号）精神，瞄准建档立卡贫困对象，聚焦贫困乡村和贫困人口，落实扶贫开发工作领导干部责任和县级单位定点挂钩帮扶责任，强化“市负总责、县抓落实，县为主体、工作到村、扶贫到户”机制，实行贫困乡村由党委或政府领导直接挂钩、牵头推动，做到不脱贫、不脱钩，全面打通联系服务群众的“最后一公里”，实现“2015年强打基础，2017年消除贫困，2018年巩固提升，与全市同步建成小康社会”的扶贫攻坚目标，确保全县扶贫开发工作干在实处、走在前列。县委、县政府决定组织全县领导干部开展“转作风、下基层、析民情、奔小康”遍访贫困村贫困户工作，为精准扶贫、精准脱贫打下坚实基础，让贫困群众感受到党和政府的温暖，共享改革发展的成果。现制定全县领导干部遍访贫困村贫困户试行办法如下：

一、工作任务

（一）精准掌握贫困状况。通过进村入户开展访谈和问卷调查，全面摸清搞准扶贫对象基本情况，细化完善贫困乡村贫困户建档立卡资料，充实扶贫开发数据库，深入分析致贫原因、贫困程度、脱贫难易程度等情况，准确掌握贫困村贫困户的困难和实际需要。

（二）精准落实帮扶措施。注重帮扶措施的针对性和实效性，充分整合、合理配置各类帮扶资源，提高扶贫项目和资金使用精准度。

（三）精准宣传相关政策。在遍访贫困村贫困户时，以浅显易懂的方式，把国家和省、市、县的惠农政策、扶贫开发政策宣传到村到户，引导贫困群众摆脱意识贫困和思路贫困，转变思想观念，理清发展思路，增强脱贫致富的信心和决心，激发加快发展的内生动力。

（四）精准调处矛盾纠纷。针对群众反映强烈、影响贫困村发展稳定的各种矛盾和问题，深入细致地做好群众工作，加强教育疏导，引导群众以理性的合法方式表达诉求，帮助化解矛盾纠纷，努力消除各种不稳定因素，切实把问题化解在基层，解决在萌芽状态。

（五）精准建强基层组织。加强村党组织书记、农村致富经纪人和农村致富带头人“三支队伍”建设，不断增强农村脱贫第一线核心力量。对基层党组织坚强有力、发展势头好的村，要支持村支部书记带头干；对基层党组织领导发展能力不强、发展速度慢的村，要有针对性地派驻新农村驻村帮扶工作队；对党组织软弱涣散、发展滞后的村，要精准选派优秀年轻干部担任村“第一书记”，充实、配强新农村驻村帮扶工作队，增强基层党组织的凝聚力、战斗力和创造力。

二、基本原则

（六）坚持整体联动、全面覆盖。县级领导干部带头示范，县、乡镇（街道）、村（社区）三级领导干部整体联动，确保实现遍访全县建档立卡贫困行政村和贫困自然村。整合市、县挂钩帮扶部门、乡镇（街道）、村（社区）干部、新农村驻村帮扶工作队和第一书记等各种力量，确保实现遍访全县建档立卡贫困户。

（七）坚持统筹兼顾、协力推动。把遍访建档立卡贫困村贫困户与干部直接联系群众、“三严三实”和“忠诚干净担当”专题教育活动、争做新时期最可爱扶贫人教育活动、新农村驻村帮扶等工作结合起来，统筹安排，解决好服务群众“最后一公里”的问题，帮助贫困村贫困户摆脱贫困，加快贫困地区经济社会发展。

（八）坚持因地制宜、因村施策。全面准确掌握贫困村贫困户的基本情况，瞄准识别出来的贫困户、贫困村的贫困特征和致贫因素，突出针对性，注重操作性，实行差异化扶持、精准化帮扶，提高扶贫工作实效，切实惠及贫困群众。

三、总体安排

（九）参加遍访的干部范围。县委、人大、政府、政协领导班子成员；县委和县级国家机关各部委办局，各人民团体和企事业单位，中央、省、市驻江单位，各乡镇（街道）全体干部；各村（社区）、新农村驻村帮扶工作队干部。

（十）遍访对象。全县1个贫困乡、8个贫困行政村、36个贫困自然村和4158户贫困户，实现全覆盖。

（十一）遍访内容。第一轮遍访主要是访民情、析村情，掌握访地基本情况，了解政策宣传执行情况，制定帮扶计划措施；第二轮遍访主要是抓落实、办实事，完善帮贫扶困办法，解决访地实际问题，推进贫困村贫困户脱贫工作；第三轮遍访主要是回头看、查漏补缺，巩固脱贫成果，确保实现与全市同步建成小康社会的目标。

（十二）时间安排。2015年9月启动遍访工作，2015年12月底前完成第一轮遍访；随后，每年开展一轮回访，每轮回访至少进村入户1次。

（十三）遍访安排。县级领导干部走访定点挂钩帮扶乡镇（街道）建档立卡贫困村（组）原则上不少于2个，在每个贫困村（组）选择走访的贫困户不少于5户；乡镇（街道）领导干部按各乡镇（街道）实有建档立卡贫困村（组）的情况走访定点帮扶建档立卡贫困村（组）、原则上不少于2个，走访建档立卡贫困户不少于4户，确保县、乡镇（街道）两级领导干部遍访所有建档立卡贫困村（组）；县直部门领导班子成员、县属企事业单位、中央和省、市驻江单位领导班子成员走访定点挂钩帮扶建档立卡贫困自然村不少于1个，在每个贫困自然村选择走访建档立卡贫困户不少于4户；乡镇（街道）、村（社区）和新农村驻村帮扶工作队，按照县委、县政府的统一安排，组织干部遍访所有建档立卡贫困户。县、乡镇（街道）两级领导干部走访和回访的贫困行政村保持相对固定，其他相关部门可结合本单位实际组成若干个组分别走访建档立卡贫困户，要尽量走访最偏远、最贫困的农户。第一轮走访后回访的贫困户保持相对固定，根据实际情况可以增加回访户数。

（十四）工作步骤。第一步，统筹协调，分解任务。领导干部与定点挂钩帮扶乡镇联系确定遍访的贫困村名单，县委、县政府统筹分配县级部门、乡镇（街道）、村（社区）及新农村驻村帮扶工作队遍访贫困户任务，实现遍访贫困村贫困户全覆盖。第二步，随机走访，深入调查。领导干部进入贫困村随机走访贫困户，与村“两委”干部、驻村干部和群众代表座谈，县级部门负责同志、乡镇（街道）、村（社区）和新农村驻村工作队干部到贫困户家中走访。第三步，梳理汇总，找准根源。对遍访贫困村贫困户时收集到的情况进行梳理汇总，剖析致贫原因，找准问题根源。第四步，研究对策，精准发力。研究提出对策建议，协调落实人员、项目、资金等帮扶措施，帮促贫困村贫困户脱贫。

（十五）组织管理。县农村扶贫开发攻坚领导小组要加强组织协调，完善有关制度，定期调度遍访贫困村贫困户工作，及时向县委、县政府提出工作建议。各级组织部门要建立领导干部遍访进度台账，及时掌握领导干部进村入户工作进展情况。各级领导干部要建立遍访工作档案，第一轮遍访要完整填写《玉溪市江川县领导干部遍访贫困村访谈问卷》和《玉溪市江川县领导干部遍访贫困户访谈问卷》，每次遍访都要做好记录，及时交给县发改局汇总备案。

（十六）建立问题处理机制。县发改局要充分运用遍访贫困村贫困户第一手资料，建立遍访工作台账，上下联动，以村为单位梳理分析共性问题、个性问题，为县委、县政府实施精准扶贫、精准脱贫提供决策依据。对于梳理出来的地域性、全县性的共性问题，由县、乡镇（街道）两级党委、政府研究完善扶贫开发措施；对于贫困村存在的突出问题，由县、乡镇（街道）党委、政府统筹研究解决；对于贫困户存在的个别问题，由县级部门、乡镇（街道）、村（社区）和新农村驻村帮扶工作队协调解决。各级各部门帮助协调落实的资金、项目等资源，由乡镇（街道）、村（社区）和新农村驻村帮扶工作队统筹安排使用，防止产生不公和攀比现象。

四、保障措施

（十七）加强领导。各级各部门要高度重视，把遍访贫困村贫困户作为践行“三严三实”和“干净忠诚担当”的具体行动，认真研究制定具体的工作方案，明确责任、分解任务，把遍访任务落实到具体的责任单位、责任人，积极有序推进遍访贫困村贫困户工作。各级领导干部要亲自研究部署，务必身体力行，亲力亲为，带头作好示范，认真抓好落实，确保遍访贫困村贫困户工作，让基层满意、受群众欢迎。

（十八）强化督查。县委督查工作领导小组要把遍访贫困村贫困户工作列入重点督查计划，加强督促检查，定期通报督查结果。县农村扶贫开发攻坚领导小组成员单位要相互协调配合，加强检查指导，共同推动遍访工作落到实处、见到实效。

（十九）营造氛围。宣传部门要充分发挥报刊、广播电视、网络媒体的作用，大力宣传遍访贫困村贫困户的重要意义、措施办法、进展情况和工作成效。对遍访工作中涌现出的好做法、好经验，要及时挖掘提炼和总结推广，立典型、树先进，营造良好的社会舆论氛围。

（二十）严明纪律。各级领导干部在遍访贫困村贫困户工作中，要严格遵守中央八项规定及省、市、县委反对“四风”的有关纪律规定，发扬务实作风，坚持轻车简从，不搞层层陪同，不得增加基层和农户负担，自觉维护党委、政府和领导干部良好形象。

（二十一）严防形式主义。各级干部要带着感情、带着责任、带着党和政府对农村贫困群众的关心关怀做好遍访贫困村贫困户工作，既要做到身到，更要做到心到，真实细致了解情况，真心实意帮贫济困，真正见到效果，切实防止蜻蜓点水、形式主义。

附件：江川县“领导挂点部门包村干部帮户”“转作风走基层遍访贫困村贫困户”工作联席会议成员名单（略）

中共江川县委办公室
江川县人民政府办公室
关于印发《关于进一步广泛动员社会各方面力量参与扶贫开发攻坚的实施意见》的通知

江办发〔2015〕67号

各乡镇党委、政府，大街街道党工委、办事处，县委和县级国家机关各部委办局，各人民团体和企事业单位，中央、省、市驻江单位：

《关于进一步广泛动员社会各方面力量参与扶贫开发攻坚的实施意见》已经县委、县政府同意，现印发给你们，请认真贯彻执行。

中共江川县委办公室
江川县人民政府办公室
2015年8月27日

关于进一步广泛动员社会各方面力量参与扶贫开发攻坚的实施意见

为认真贯彻落实《中共江川县委 江川县人民政府关于深入扎实推进扶贫攻坚的实施意见》，进一步动员社会各方面力量参与扶贫开发，确保2017年全县消除绝对贫困，与全市同步建成小康社会奠定坚实基础。根据《云南省人民政府办公厅关于进一步动员社会各方面力量参与扶贫开发的实施意见》和《中共玉溪市委 玉溪市人民政府关于深入扎实推进扶贫攻坚的实施意见》精神，结合江川实际，提出以下意见：

一、总体要求和基本原则

（一）总体要求

坚持以邓小平理论、“三个代表”重要思想、科学发展观为指导，认真贯彻落实习近平总书记系列重要讲话特别是在云南考察时的重要讲话精神，围绕中央和省市关于扶贫开发的决策部署，以及市委提出“到2017年底全市消除绝对贫困”的扶贫攻坚目标要求，大力弘扬社会主义核心价值观，大兴友善互助、守望相助的社会风尚，按照锁定一个目标、打造五大品牌、抓好六项重点工作、建立七项保障措施，确保全县扶贫开发工作干在实处、走在前列的总体思路，创新完善人人皆愿为、人人皆可为、人人皆能为的社会扶贫参与机制，形成政府、市场、社会协同推进的大扶贫格局。

（二）基本原则

——政府引导、畅通渠道。健全组织动员机制，完善政策支撑体系，搭建社会参与平台，畅通社会参与渠道，营造良好的社会参与扶贫氛围。

——多元主体、形成合力。充分发挥各类市场主体、社会组织和社会各界作用，强化党政机关、社会团体、国有企业等定点扶贫，多种形式推进，形成强大合力。

——双向选择、群众参与。充分尊重帮扶双方意愿，促进交流互动，选择适宜的帮扶方式，激发贫困群众内生动力，充分调动社会各方面力量参与扶贫的积极性。

——精准扶贫、精准脱贫。紧紧瞄准建档立卡确定的贫困乡、贫困村和贫困户，推动社会扶贫资源动员规范化、配置精准化和使用专业化，全面惠及贫困群众。

二、帮扶范围和对象

（一）帮扶范围：建档立卡的安化贫困乡、8个贫困行政村、36个贫困自然村。

（二）帮扶对象：建档立卡的4158户贫困户13750人贫困人口。

三、帮扶途径和方法

（一）帮扶途径

把部门行业优势与贫困地区的资源优势结合起来，把区域发展与精准扶贫结合起来，把帮助贫困群众脱贫致富与保护改善生态环境结合起来，把帮助发展经济和加强基层组织建设结合起来，根据贫困户、贫困村、贫困乡不同的贫困特征和致贫因素，实行差异化扶持，着力增强贫困地区和贫困群众自我发展能力，变“输血”式扶贫为“造血”式扶贫，妥善解决贫困群众长远生计问题，确保脱贫见效快、致富能持久。

（二）帮扶方法

——帮助贫困村和贫困群众制定脱贫规划、措施，争取各方面支持，改变生产生活条件。

——帮助贫困村和贫困群众理清发展思路，选准经济发展路子。

——帮助贫困村和贫困群众解决生产生活中存在的实际困难和问题，增强战胜困难、发展经济、脱贫致富的信心。

——指导帮助贫困村推广科技，引进人才和技术，开发智力，把扶贫开发转移到依靠科技进步和提高劳动者素质的轨道上来。

——帮助贫困村培训转移输出剩余劳动力，拓宽群众增收渠道，增加群众收入。

——帮助教育贫困村干部群众发扬自力更生、艰苦创业的精神，开拓思路，拓宽筹资渠道，用好、用活各种扶持政策和资金。

——帮助引导贫困村发展教育文化科技，提高干部群众科学文化素质。

四、完善多元社会帮扶主体

（一）强化部门、单位定点挂钩扶贫

各定点挂钩扶贫单位要深入贯彻落实《中共江川县委　江川县人民政府关于深入扎实推进扶贫攻坚的实施意见》精神，切实加强领导、落实责任、健全制度。多渠道筹措帮扶资源，创新帮扶形式，帮助协调解决挂钩村经济社会发展中的突出问题。积极动员本单位、本行业、本系统干部职工广泛参与扶贫开发，定期选派优秀中青年干部驻村帮扶，通过资金、项目、信息、市场、技术等多种途径带动，帮助贫困村拓宽致富门路，开发优势特色资源，培育主导产业，改善生产生活环境，提高生产发展能力，实现整村脱贫。各挂钩单位领导班子成员每年要带头到定点挂钩扶贫村开展扶贫调研，督促指导定点挂钩扶贫工作。进一步完善考评激励机制，新一轮定点挂钩扶贫考核分为2017年、2020年两个年度考核目标，届时，县委、县政府将对帮助贫困村按期脱贫、帮扶成效显著的部门单位和个人进行表彰奖励，对成绩突出的有关人员给予优先提拔任用；对挂钩帮扶“挂空名”、无成效的单位进行通报批评，并对单位主要领导予以问责。

（二）鼓励社会各阶层人士参与扶贫

充分发挥无党派人士、党外知识分子、少数民族人士、宗教界人士、非公有制经济人士、新的社会阶层人士等各阶层人士联系面广、人才智力富集等优势，通过定点挂钩扶贫、智力帮扶等形式，帮助贫困地区发展教育、科技、文化和卫生等社会事业，改善基础设施条件，促进特色优势产业发展。

（三）引导民营企业参与扶贫

鼓励民营企业积极承担并主动履行社会责任，坚持“合作共赢、互利互惠”的原则，动员一批有帮扶实力和帮扶意愿的企业，到贫困地区以投资兴业、招工就业、捐资助贫和技能培训等多种形式，发挥资金、技术、市场、管理等优势，参加村企共建、结对帮扶等扶贫工作。采取一企帮一村、一企帮多村或多企帮一村，带动一批项目、带强一批产业、带活一批市场、带建一批基础设施，增强贫困村及贫困人口的自我发展能力，带动贫困群众增收致富。充分发挥工商联的桥梁和纽带作用，利用“光彩事业”等平台，继续宣传、组织和发动民营企业参与扶贫开发。

（四）突出社会组织扶贫

支持我县社会团体、基金会、民办非企业单位等各类组织积极参与扶贫开发事业。加强与县外社会组织对接，发挥其带动作用，引入更多社会组织参与我县扶贫开发。鼓励社会组织发挥自身优势，围绕贫困地区需求，开展不同领域的帮扶行动。县级各有关部门要规范社会组织开展扶贫活动的管理，提供信息服务和业务指导，鼓励社会组织参与社会扶贫资源动员、配置和使用等环节，健全完善充满活力的社会组织参与扶贫机制。

（五）广泛动员个人扶贫

利用扶贫日、助残日等活动，大力宣传个人帮扶典型事例，积极倡导“我为人人、人人为我”的全民公益理念，开展丰富多样的体验走访等社会实践活动，畅通社会各阶层交流交融、互帮互助的渠道。引导广大社会成员通过爱心捐赠、志愿服务、结对帮扶等多种形式，开展助教、助学、助医、助残等扶贫活动。

五、健全社会扶贫工作机制

（一）健全组织动员机制。各级各部门要完善工作体系，建立工作机制，落实工作责任，密切合作，加强协调动员，按照职能分工落实有关政策，推进各项工作。县发改局要加强对社会扶贫工作的组织指导和协调服务。财政、税务、金融等部门要落实财税和金融支持政策措施。组织部、新农办、人力资源社会保障等部门要落实驻村帮扶干部的选派、管理、考核和有关待遇。民政部门要支持社会组织将扶贫济困列为促进慈善事业发展的重点领域。工会、共青团、妇联、残联、工商联等部门要发挥各自优势积极参与扶贫工作。

（二）健全干部驻村帮扶机制。统筹整合新农村建设指导员、第一书记等工作力量，建立新农村建设指导员驻村帮扶的工作制度，定单位、定人、定点、定责包干扶持，确保每个贫困乡镇和贫困村都有驻村工作队（组）或队员、每个贫困户都有帮扶责任人，实现驻村帮扶长期化、制度化。

（三）健全社会扶贫工作考核机制。健全完善定点挂钩扶贫考核奖惩责任制，加强对本级定点挂钩扶贫工作的考核。强化定点挂钩扶贫工作的精准性，将考核的重心下移，重点对定点挂钩扶贫单位挂钩帮扶贫困村的工作实效进行考核。同时建立民主党派、企业、社会组织和个人扶贫监测评估体系，制定相应的考核奖励措施。

（四）健全社会扶贫工作激励机制。按照国家和省、市对社会扶贫先进单位、先进个人进行表彰的有关规定，各主管部门可自行对参与扶贫开发实绩突出的所属单位进行表彰奖励。县级有关部门参与扶贫开发工作的情况，作为对领导班子和领导干部综合考核评价的重要内容和奖惩、任用的重要依据，对扶贫成效明显、贡献特别突出的企业、社会组织和个人，可在尊重其意愿前提下给予项目冠名。对不参与或者参与质量不高的社会扶贫单位，由各主管部门视情况进行约谈或通报。

六、创新社会扶贫参与方式

（一）开展扶贫志愿行动。鼓励和支持青年学生、专业技术人才、退休人员和社会各界人士参与扶贫志愿者行动，建立扶贫志愿者组织，构建贫困地区扶贫志愿者服务网络。组织和支持各类志愿者参与扶贫调研、支教支医、文化下乡、科技推广、扶弱助残、捐资助学等扶贫活动。

（二）打造扶贫公益品牌。继续发挥“光彩事业”“希望工程”“幸福工程”“春蕾计划”“集善工程”“爱心包裹”“扶贫志愿者行动计划”“基层党组织助残扶贫”等扶贫公益品牌效应，积极引导社会各方面资源向贫困地区聚集，动员社会各方面力量参与整乡村推进、“雨露计划”、产业扶贫、金融扶贫、安居工程等扶贫开发重点项目，不断打造针对贫困地区留守妇女、儿童、老人、残疾人等特殊群体的“一对一结对、手拉手帮扶”等扶贫公益新品牌。

（三）构建信息服务平台。在市扶贫开发信息网开设社会扶贫专栏的基础上，建立县社会扶贫信息平台，将建档立卡明确的贫困乡、贫困村、贫困户的需求信息和各类社会扶贫项目规划在网上公布，畅通社会扶贫援助和救助方信息发布与互动救助网络渠道，为社会扶贫提供需求信息，协调扶贫资源供给与扶贫需求有效对接，提高社会扶贫资源利用率。按照“科学扶贫、精准扶贫”的要求，制定不同层次、不同类别的社会扶贫项目规划，为社会扶贫提供准确的需求信息，推进扶贫资源供给与扶贫需求的有效对接，进一步提高社会扶贫资源的配置与使用效率。

（四）推进政府购买服务。加快推进面向社会购买服务，支持参与社会扶贫的各类主体通过公开竞争的方式，积极承接政府扶贫公共服务、承担扶贫项目实施。扶贫项目规划编制、实施、验收、监管、技术推广、信息提供、培训等工作，凡是适合采取市场化方式提供且社会组织有能力承担的，政府部门均可按照“公开竞争、择优确定”的原则，交由各类社会扶贫主体实施。

七、强化政策支持和管理

（一）落实社会扶贫支持政策。进一步落实各类市场主体到贫困地区投资兴业的土地、金融和财税等支持政策，按照国家现行税法规定，全面落实国家有关扶贫公益事业税收优惠政策。鼓励有条件的企业自主设立扶贫基金，拓展社会扶贫筹资渠道，专项用于开展扶贫帮扶工作。对积极参与扶贫开发、带动贫困群众脱贫致富、符合信贷条件的各类诚信企业给予信贷支持，并按照有关规定给予财政贴息等政策扶贫。加大财政资金对扶贫公益事业的支持力度，简化扶贫社会组织登记程序，依法对符合条件的社会组织给予公益性捐赠税前扣除资格。

（二）改进社会扶贫管理服务。各有关部门要适应社会扶贫体制机制改革创新需要，深入调查研究，强化服务意识，搭建社会参与平台，不断提高社会扶贫工作的管理服务能力。加强对社会扶贫资源筹集、配置和使用的规范管理，设立扶贫专用捐赠账户，严格按照《云南省人民政府扶贫开发办公室关于印发〈云南省扶贫募捐资金管理使用办法〉的通知》（云贫开办发〔2015〕55号）的规定管理使用好扶贫捐赠资金。建立科学、透明的社会扶贫监测评估机制，推动社会扶贫实施第三方监测评估。创新监测评估方法，公开评估结果，增强社会扶贫公信力和影响力。加强贫困地区基层组织建设，开发贫困地区人力资源，提高农村致富带头人和贫困群众的创业就业能力。充分尊重贫困群众的主体地位和首创精神，把贫困地区的内生动力和外部帮扶有机结合起来，不断提高贫困地区和贫困群众的自我发展能力。

（三）营造社会扶贫浓厚氛围。深化社会扶贫研究，推动社会扶贫理论和实践创新，认真总结具有本地、本部门和本单位特点的扶贫工作成效和经验。积极争取各种媒体的支持，创新社会扶贫宣传形式，拓宽宣传渠道，扩大宣传空间，加大宣传力度，提高社会扶贫工作的知名度和影响力。新闻媒体要主动介入，以“10・17”中国扶贫日为重要平台，加大对社会扶贫先进典型的宣传报道，组织力量对社会扶贫工作进行实地采访和宣传报道。每年至少组织1次媒体记者深入贫困地区访贫问苦，问计于民、问需于民，组织一批视频和文字报道，加强舆论引导，营造扶贫济困浓厚社会氛围。汇全县之力、聚各方之财、集全民之智，加快推进我县扶贫开发进程。

中共江川县委办公室
江川县人民政府办公室
关于印发《江川县建立公务员职务与职级并行制度的实施方案》的通知（节选）

江办发〔2015〕82号

各乡镇党委、政府，大街街道党工委、办事处，县委和县级国家机关各部、委、办、局，各人民团体和企事业单位，中央、省、市驻江单位：

《江川县建立公务员职务与职级并行制度的实施方案》已经十二届县委第75次常委会议研究同意，现印发你们，请认真组织实施。

中共江川县委办公室
江川县人民政府办公室
2015年10月20日

江川县建立公务员职务与职级并行制度的实施方案

为做好我县公务员职务与职级并行制度的实施工作，根据《中共玉溪市委办公室玉溪市人民政府办公室关于印发〈玉溪市县以下机关建立公务员职务与职级并行制度的实施方案〉的通知》（玉办发〔2015〕44号）精神，结合我县实际，制定本实施方案。

一、总体要求和基本原则

（一）总体要求

按照中央及省、市关于深化干部人事制度改革的要求，在公务员法规定的制度框架内，保持现有领导职务和非领导职务晋升制度不变，建立主要依据任职年限和级别晋升职级的制度，发挥职级在确定干部工资待遇方面的作用，实行职级与待遇挂钩，实现职务与职级并行。

（二）基本原则

坚持以人为本，立足拓展公务员职业发展空间，开辟晋升职级通道，调动基层公务员工作积极性；坚持德才兼备、以德为先，注重工作实绩，体现个人资历；坚持公平公正，统一职级晋升条件，严格进行民主测评和考核；坚持向基层倾斜，缓解基层公务员因职务晋升难待遇得不到提高的矛盾，使其随着职级晋升相应提高待遇。

二、实施范围

县直部门和乡镇（街道）列入公务员法实施范围的机关和经批准参照公务员法管理的机关（单位）中，已进行了公务员登记备案或参照公务员法管理机关（单位）工作人员登记备案的在编人员。省、市驻列入实施范围的我县正科级及以下单位中，已进行公务员登记备案或参照公务员法管理机关（单位）工作人员登记备案的在编人员，参照本方案执行。

三、主要内容

（一）职级晋升的执行时间

1.县以下机关建立公务员职务与职级并行制度，按照玉办发〔2015〕44号文件规定，于2015年1月15日起实施。

2.从实施之日起至实际操作前，已达到法定退休年龄（经组织批准延长退休的除外）或办理了退休手续的人员，若符合晋升职级条件的，仍可按本方案晋升职级。

3.晋升职级的人员，自晋升职级的下月起执行晋升后职级相应的工资待遇。

（二）职级的设置

设置5个职级，由低到高依次为科员级、副科级、正科级、副处级和正处级。

（三）职级晋升条件

公务员晋升职级，主要依据任职年限和级别。具体条件分别为：晋升科员级须任办事员满8年，级别达到二十五级；晋升副科级须任科员级或科员满12年，级别达到二十三级；晋升正科级须任副科级或乡科级副职、副主任科员满15年，级别达到二十级；晋升副处级须任正科级或乡科级正职、主任科员满15年，级别达到十九级；晋升正处级须任副处级或县处级副职满15年，级别达到十七级。

（四）职级晋升流程

公务员晋升职级，应按照所任职务的干部管理权限组织实施，包括初核、民主测评和考核、公示、审批等环节。

1.初核。县直各部门、各乡镇（街道）通过查阅任免文件、干部档案等方式，对拟晋升职级人选现任职务、任职时间、工资级别、年度考核情况等个人信息进行核实，并按现任职务的干管权限报组织、人社部门进行初核。县直各部门、各乡镇（街道）于10月25日之前，将本单位（部门）人员情况（公务员登记情况、任职时间、年度考核情况、工资级别等）核实清楚，并报县委组织部和县人社局。

2.民主测评和考核。对通过初核的公务员，依据其德才表现和工作实绩，在本单位（部门）或一定范围内进行民主测评和考核。晋升正处级、副处级和正科级的，由县委组织部组织测评，涉及晋升正处级的，市委组织部派员参加并进行考核；晋升副处级和正科级的，由县委组织部进行考核。晋升副科级和科员级的由其所在单位负责民主测评和考核。县直各部门、各乡镇（街道）必须于11月10日前完成民主测评和考核，涉及晋升正处级、副处级和正科级的单位应及时与县委组织部沟通对接，共同组织完成测评和考核工作。

（1）民主测评。民主测评采取无记名投票的方式进行，对拟晋升职级人选的德、能、勤、绩、廉等方面开展测评。晋升正处级和副处级的，参评范围及人员一般包括：县委委员，县人大、县政府、县政协班子成员，县纪委领导成员，县法院、县检察院主要领导成员，县委工作部门、县政府工作部门、人民团体主要领导成员，乡镇（街道）党政主要领导以及所在单位全体人员。晋升正科级、副科级和科员级的，本单位全体人员参加测评。测评结果分为优秀、称职、基本称职、不称职四个等次。

（2）考核。考核可采取谈话了解被考核人德、能、勤、绩、廉情况等方式进行。晋升正处级的，听取县委、县人大、县政府、县政协班子成员，法检两长，所分管部门主要领导，乡镇（街道）党政主要领导意见。晋升副处级及以下职级的，听取分管县级领导，所在单位（部门）领导班子成员，中层干部，下属中心站所、事业单位负责人，部分一般干部的意见。同时应按干管权限征求纪检、监察等部门的意见，实行廉政“一票否决”，最终形成考评结果。凡有不坚持“四个服从”、不严格遵守党的政治纪律政治规矩、理想信念动摇、违背党的民主集中制原则、组织观念淡薄、不严不实、不敢担当不负责任、群众公认度不高、不能有效履行职责、品行不端造成不良影响等行为的，以及民主测评基本称职和不称职得票率超过三分之一的，考核不合格。

3.公示。经考核测评为合格的拟晋升职级人员，在本单位和主管部门进行公示，公示时间为5个工作日。对公示期间群众反映的问题，经查实存在影响晋升职级条件的，取消晋升资格。县直各部门、各乡镇（街道）必须于11月20日之前完成公示工作。

4.审批。公示无异议后，由单位将符合条件人员的《公务员晋升职级审批表》和《参照公务员法管理单位工作人员晋升职级审批表》及民主测评与考核情况、公示结果按其所任职务的管理权限报组织、人社部门审批。办事员晋升为科员级、科员晋升为副科级的，政府部门报县人社局审批、党群部门报县委组织部审批；副科级晋升为正科级、正科级晋升为副处级的，报县委组织部审批；副处级晋升为正处级的，由县委组织部报市委组织部审批。县直各部门、各乡镇（街道）必须于11月25日之前按上述要求报组织人事部门审批。2016年起，公务员职级晋升审批工作原则上每季度进行一次，每季度第一个月底前上报审批材料。

5.兑现待遇。经组织、人社部门审批后，由单位将《公务员（参公管理单位工作人员）晋升职级工资变动审批表》、《公务员晋升职级审批表》或《参照公务员法管理单位工作人员晋升职级审批表》等材料按管理权限报工资主管部门核准后兑现待遇。晋升副处级及以下的报县人社局核准；晋升正处级的，由县委组织部报市委组织部核准。晋升后的工资审批工作必须于11月27日之前完成。

（五）任职年限的计算

1.任职年限，从晋升职级或正式任命职务之月起按周年计算，满12个月为1周年。

2.任现职级或职务期间每有1个年度考核为优秀等次，任职年限条件缩短半年。计算任职年限时，只计算1993年及以后有考核结果的年限。

3.计算任职年限时，按规定缩短或延长计算任职年限条件的，不同职务层次的任职年限分别计算，不予累加。

4.已实行执法勤务机构警员职务序列的人民警察纳入职务与职级并行制度实施范围。按以下办法计算任职年限：二级警长任职经历按副调研员掌握；三级警长任职经历按主任科员掌握；四级警长和一级警员任职经历合并计算，按副主任科员掌握；二级警员任职经历按科员掌握；三级警员任职经历按办事员掌握。

5.参照公务员法管理的事业单位中，参照管理前在行政管理岗位的人员，参照管理后所任职务的任职年限与参照管理前在相当行政管理岗位的任职时间合并计算；参照管理前只有专业技术职务的人员，根据参照管理后所任职务，结合本人工作经历、学历等条件，比照机关同条件人员确定任职年限。

6.从企业、事业单位调入机关或参照公务员法管理单位的人员，根据其调任职务，结合本人原任职务、工作经历、学历等条件，比照调入单位同等条件人员确定任职年限。

（六）几种人员的职级晋升

1.军队转业干部和硕士研究生以上学历人员，按其现工资待遇对应的相应职务层次晋升职级。军队转业干部原在部队与地方相当及以上职务的任职时间合并计算。

2.因年度考核不称职降低职务层次任职的人员，之前与新任职务同一职务层次的任职年限合并计算，按新任职务重新确定能否晋升职级。年度考核确定为基本称职等次、不进行年度考核和参加年度考核不定等次的，本考核年度不计算为晋升职级的任职年限。除新录用当年考核不定等次的新录用公务员外，每有1个年度考核为基本称职等次和不定等次的，任职年限条件延长1年。

3.受处分的人员，处分期内不能晋升职级，处分期不计算为晋升职级的任职年限，处分期满后符合晋升条件的可以晋升职级。受警告、记过、记大过、降级处分的，根据处分对年度考核结果的影响确定任职年限条件延长的时间，具体办法按前述第2条的相关规定执行。受撤职处分的，解除处分后按新任职务重新计算任职年限，之前与新任职务同一职务层次的任职年限不合并计算。

4.对超职数配备的干部，符合职级晋升条件的晋升职级；不符合职级晋升条件的转为享受与现任职务相当职级的待遇。晋升职级且退出现任职务和转为享受相当职级待遇的，均可不占原职务层次职数，但仍按原职务层次进行管理，可在原职务层次基础上按规定晋升职务。要严格执行省委组织部、省委编办、省公务员局《关于超职数配备干部问题整治工作有关事项的通知》（云组通〔2014〕37号）规定，严格职数管理，不得超职数配备干部和自行提高职级待遇。

5.正在接受立案或停职检查人员，暂缓晋升职级，待审查结束作出结论后，再按相关规定办理。

（七）职级晋升后的待遇

晋升职级后，享受相应职务层次非领导职务的工资待遇。基本工资，按原人事部、财政部《关于印发〈公务员工资制度改革实施办法〉的通知》（国人部发〔2006〕58号）规定的晋升职务相应增加工资的办法执行；津贴补贴，按晋升后职级相应职务层次非领导职务的标准执行，公务交通补贴等依据工作岗位职责发放的补贴按实际所任职务对应的标准执行。

（八）职级晋升后的管理

1.职级应逐级晋升，不能一次晋升两个职级。

2.公务员晋升职级后，工作岗位不变，仍从事原岗位工作。晋升领导职务或非领导职务按现行规定执行，不能按职级晋升领导职务或非领导职务。

3.按规定条件晋升职级的县以下机关公务员调到市以上机关后，按现行干部管理制度规定明确职务。如明确的职务层次低于职级，可保留原职级待遇。

四、其他有关问题

（一）从实施之日起至我县实际操作前调入市以上机关的公务员，若符合县以下机关职级晋升条件，且现明确的职务层次低于可晋升的职级，仍可晋升职级。由原所在单位根据本人申报按照原所任职务干部管理权限负责申报和办理。

（二）专业技术类、行政执法类等类别公务员建立职务与职级并行制度的办法另行制定。相关办法出台前，暂按本方案执行。

（三）县以下事业单位暂不实行职务与职级并行制度，待中央、省、市委统一安排部署后，另行研究制定具体实施办法。

（四）公务员晋升职级后兑现待遇所需资金，按行政隶属关系和现行经费保障渠道解决。

五、工作要求

县以下机关建立公务员职务与职级并行制度，是完善公务员制度和深化收入分配制度改革的重要内容，涉及面广，政策性强，必须认真做好组织实施工作。

（一）加强领导。成立江川县建立公务员职务与职级并行制度工作领导小组：

组　　长：马文龙　县委书记
常务副组长：钱　兴　县委副书记、县长
副 组 长：李学祥　县委常委、县纪委书记
林　清　县委常委、组织部部长
张文彬　县委常委、县政府常务副县长

领导小组下设办公室，负责处理日常事务，林清同志兼任办公室主任，吴正顶、唐光华任副主任。

县直各单位、各乡镇（街道）要充分认识县以下机关建立公务员职务与职级并行制度的重要意义，切实加强对组织实施工作的领导。认真做好组织实施工作，切实把工作做细做实。

（二）精心组织。各县直单位、乡镇（街道）要精心研究，全面掌握本单位本部门机构和人员情况，认真分析实施中可能遇到的情况和问题。对情况复杂有待进一步核实的，应抓紧核实，做到细之又细、慎之又慎；对在实施中遇到的复杂情况和重大问题，或目前政策尚不明确的，要及时向县委组织部、县人社局报告，妥善解决实际问题。

（三）严格政策。各县直单位、乡镇（街道）要严格执行本方案规定。对违反规定的，要坚决予以纠正，并追究责任。

（四）做好政策解释和舆论引导。在实施过程中，要密切关注各方面的反应，正确引导社会舆论。要认真细致地做好政策解释和思想工作，对可能出现的不稳定因素，要做好应对预案，及时解决苗头性倾向性潜在性问题，营造重视基层、关爱基层干部队伍的良好氛围，确保工作平稳顺利进行。

中共江川县委办公室
江川县人民政府办公室
关于印发《江川县招商引资项目管理办法（试行）》的通知

江办发〔2015〕87号

各乡镇党委、政府，大街街道党工委、办事处，县委和县级国家机关各部、委、办、局，各人民团体和企事业单位，中央、省、市驻江单位：

《江川县招商引资项目管理办法（试行）》已经十二届县委第74次常委会议研究同意，现印发给你们，请认真遵照执行。

中共江川县委办公室

江川县人民政府办公室

2015年11月24日

江川县招商引资项目管理办法（试行）

第一章 总 则

第一条 为加强招商引资项目管理工作，提高招商项目服务水平，建立招商项目转入、建设、退出工作机制，促进土地集约利用和产业集群化发展，实现招商工作有序规范发展，特制定本办法。

第二条 本办法所指招商引资项目是指引进县外投资主体在我县一、二、三产业领域创办企业且投资额在500万元以上（含500万元，下同）的项目；本地企业吸引县外资金扩大规模且外方投资额在500万元以上的技改项目，以及县招商引资工作委员会确认的其他项目。

第三条 本办法旨在规范全县招商引资工作和招商引资项目管理的行为，其它项目均按照本办法执行。

第四条 江川县人民政府招商引资工作委员会是全县招商引资工作的决策机构，负责制定招商引资发展规划、统筹协调招商引资遇到的重大事项和研判招商项目的可行性等工作。招商引资工作委员会设立办公室在县招商合作局，负责处理招商引资项目管理日常事务。

第二章 项目的提出与推介

第五条 科学开发编制重点招商项目。县发改局、工信局、农业局、旅游发展局、工业园区管委会等行业主管部门及各乡镇（街道）根据当前国家、省重大产业发展导向和江川产业发展需要提出。项目提出单位必须做好项目的前期工作，每个项目均要明确准入的前置条件和配套政策，确保项目具备对外招商推介条件。

第六条　建立对外招商项目包装责任制。县招商合作局根据年度工作目标，将项目包装任务指标以文件形式下达到各责任单位并进行考核。

第七条　健全对外招商项目评审工作机制。项目提出单位完成项目包装工作后，向县招商合作局提出入库评审申请，由县招商办组织评审小组对提交项目进行联评，提出联评意见。经联评通过的项目纳入全县重点对外招商项目库统一对外招商。

第八条　强化招商项目库建设及对入库项目实行动态化管理机制。对已通过联评的对外招商项目，由县招商合作局负责通过各种招商平台统一对外发布招商信息。因规划改变、已招商成功项目、应业主要求等其它原因不再对外招商的项目要从库中移出，并告知相关招商责任单位。

第九条　规范全县的招商引资推介工作机制。县招商合作局牵头负责组织全县性的招商活动，行业主管部门及园区具体负责开展专项产业招商推介活动，相关单位配合并积极参与各种对外招商推介活动。

第三章　项目的准入与洽谈

第十条　严把招商项目准入关，实行招商引资项目准入论证制度。所有进入江川的招商项目都必须经县招商引资项目论证咨询小组论证，重点选择投资强度大、亩产贡献大、土地集约率高、科技含量高、能耗排放小的“五好”项目，严控“两高一资”和淘汰类项目进入我县。

第十一条　县招商引资项目论证小组由县招商合作局、发改局、工信局、财政局、国土局、林业局、住建局、环保局、安监局、农业局、国税局、地税局、旅游发展局、市场监督管理局、县政府法制办、电力公司及行业主管部门和意向落地单位组成，项目论证采用联席会议方式进行，同时邀请人大、政协参会，指导项目论证工作。

第十二条　项目引进单位在与投资方达成初步意向后，应协助投资方编写项目建议书，及时报送县招商局组织准入论证，同时提供项目建议书或可行性研究报告（以下统称项目建议书）、投资方资信证明。

第十三条　投资方提交的项目建议书必须包含项目概况、初步选址、环保与节能减排措施、建设规模、投资估算、资金筹措、建设周期及市场分析等基本要素。资信证明主要包含投资者基本情况、上年度产值、纳税证明等。

第十四条　县招商合作局在收到投资方提交的项目建议书、业主资信证明后，根据项目实际情况决定论证方式，并根据项目投资规模出具论证意见或预审意见，上报县招商引资工作委员会综合评定。

第十五条　需要实地考察的项目在考察结束后，县招商合作局在收齐各单位意见形成项目论证意见或预审意见，上报县招商引资工作委员会并反馈投资方和相关单位。

第十六条　招商引资项目洽谈实行首问责任制。各责任单位与投资方达成初步意向后，及时上报县招商引资工作委员会，同时负责组织投资方与意向落地单位进行跟踪洽谈，并将结果及时反馈县招商合作局。全县性的重大项目由县招商合作局报请县招商引资工作委员会成立专项招商小组进行洽谈。

第四章　项目的落地和签约

第十七条　招商项目用地实行统筹安排。国土局、园区及乡镇（街道）须在每季度初将现有用于招商的存量土地和当前用地拓展计划上报分管招商工作的县领导及县招商合作局，保障招商项目用地信息畅通，为县招商引资工作委员会提供科学的决策依据。

第十八条　招商引资项目均实行联席会商落地制度。招商引资项目论证通过后，由招商委员会副组长召集相关单位召开项目落地联席会议，分管副县长，人大、政协分管领导参加，根据产业布局和集约用地原则，确定项目具体落地区块。

第十九条　招商项目实行履约保证制度，履约保证金按项目总投资一定的比例缴纳。项目履约保证金实行专户管理，业主缴纳的履约保证金统一存入指定的商业银行，由县招商合作局统一管理。

第二十条　投资方与落地方要严格按照项目评估体系、准入条件、容积率、投资强度等履约条件认真履行，投资方应在规定时间内向财政专户打入履约保证金，确保用地按时招拍挂。

第五章　项目的推进和管理

第二十一条　加强项目推进，严格按计划实施项目推进工作。投资方在项目签约后，按照合同约定编制项目报批、开工、建设、投产进度计划，报县招商合作局备案。

第二十二条　明确招商项目跟踪服务的责任，积极帮助项目业主办理相关手续，协调相关事宜，加快项目推进工作，使项目快速、规范地建成投产。

第二十三条　项目的落地单位和主要引进单位须指定专人跟踪引进项目，切实提高项目履约率、资金到位率，及时向县招商合作局上报相关推进情况和资信凭证。县招商绩效考核办要建立招商项目实际到位资金定期核实制度，分季度对全县招商引资项目的到位资金进行实地核实。

第二十四条　县委、县政府督查室，县招商绩效考核办对项目推进情况实行全程跟踪督查。对推进慢的项目要责成落地单位和项目业主提出整改意见，加快项目建设进度，提高项目履约率。对整改不到位的项目由县委、县政府督查室，县绩效考核办会同相关单位对业主进行约谈，对拒不整改的项目报请招商引资工作委员会处置。

第六章　项目的履约验收与政策兑现

第二十五条　项目建成后，投资方应在规定时限内向县招商引资工作委员会提请项目履约验收，验收项目是否达到合同约定的亩均税收、投资强度、容积率等技术经济指标。验收通过后，方可按规定退回履约保证金。

第二十六条　未达到验收内容和要求的项目，责令项目单位即时进行整改完善。对违反协议或违约的项目，则按国家相关法规，及投资项目协议条款，根据项目投资状况，对项目用地面积、土地价格等内容进行有针对性的调整和相应的处理和处罚。

第二十七条　履约保证金退回工作由招商局负责，没收的履约保证金纳入县财政统筹安排用于招商引资工作。

第二十八条　对符合享受优惠政策的项目，企业于次年1月20日前向所在地主管部门（乡镇〈街道〉、园区）自行申报，由所在地主管部门进行初审，报县招商引资工作委员会办公室审定，经县政府批准后兑现。享受政策优惠的企业必须是在我县工商登记、依法纳税、帐证健全，并按规定缴纳社会保险费。

第七章　项目清退

第二十九条　县委督查室、县政府督查室、县招商绩效考核办、县招商引资工作委员会会同相关职能部门定期不定期地对投资方履行合同情况进行检查。对不履行投资合同的，应督促投资方尽快按合同履约；对履约率低且整改不到位的项目，督促项目投资方清点资产并配合县政府依法收回用地。

第三十条　签约项目有下列情况之一，自动列入清退对象：自土地交付之日起，超过两年仍未动工建设的；已动工建设两年，但建设的面积不足供地面积三分之一且实际投资额占总投资额不足25%的；未经批准，中止建设连续满两年的；签订框架投资协议后，一年内无实质性进展且不具备开工条件的；符合与县政府签订的投资合同约定启动退出机制条件的；法律、行政法规规定的其他情形。

第三十一条　项目清退工作在县招商引资委员会指导下，具体由落地单位负责实施，引进单位配合。对严重违约的项目，应追究投资方相应的违约责任。

第三十二条　本办法自发文之日起试行，由江川县招商引资工作委员会负责解释。

中共江川县委办公室 江川县人民政府办公室 印发《江川县村（社区）干部管理办法（试行）》的通知

江办发〔2015〕92号

各乡镇党委、政府，大街街道党工委、办事处，县委和县级国家机关各部、委、办、局，各人民团体和企事业单位：

《江川县村（社区）干部管理办法（试行）》已经十二届县委第80次常委会议研究同意，现印发给你们，请认真遵照执行。

中共江川县委办公室
江川县人民政府办公室
2015年12月29日

江川县村（社区）干部管理办法（试行）

第一章 总 则

第一条 为进一步规范村（社区）干部管理，加强以村级党组织为核心的基层组织建设，建立全面科学的村（社区）干部管理机制，逐步实现基层组织工作规范化、村民自治法制化、民主监督程序化，根据《中国共产党农村基层组织工作条例》《中央组织部关于加强农村基层干部队伍建设的意见》《云南省实施〈中华人民共和国村民委员会组织法〉办法》《中华人民共和国城市居民委员会组织法》和《农村基层干部廉洁履行职责若干规定（试行）》等有关法律法规，结合我县实际，制定本办法。

第二条 本办法适用于全县村（社区）“两委”干部、村（居）民小组干部（以下简称村组干部）。

第二章 管理权限

第三条 乡镇（街道）党（工）委对村级党组织起直接领导作用，乡镇政府（街道办事处）对村（居）民委员会起指导作用。各乡镇（街道）要加强村级组织建设，推进基层民主进程，把党的路线方针政策落实到基层；要加强村级干部队伍建设，负责村级干部的选拔、培养、教育、培训和考核，对不称职的村级干部依法依章进行免职或罢免；村级组织换届时，要确保换届工作及时依法、依规进行。

第四条 县属有关部门要加强对村级组织建设工作的指导，各司其职，各负其责，齐抓共管，促进村级自治工作的落实。

1.县委组织部负责牵头抓总。加强对村级党组织建设的指导，做好村级班子建设的宏观规划；对村组干部编制职数情况进行规划；加强和指导村级党组织换届选举工作；支持村组活动场所建设；按照省、市、县委的要求，牵头组织对村组干部进行培训，加强对村级干部的考核指导。

2.县纪委（监察局）负责对村（居）民监督委员会进行指导。对“三资”管理、村务公开、党务公开、财务公开的实施情况进行监督；对党员干部的失职、渎职等行为按程序和权限进行查处，并进行跟踪监督。

3.县民政局负责指导落实村（居）民自治政策。加强对自治管理工作的督促检查；加强对民主管理等工作的指导检查；加强和指导村（居）民委员会换届选举工作；支持村组活动场所建设。

4.县财政局负责及时足额划拨在职村组干部岗位补贴。

5.县农业局负责村组财务公开工作的业务指导；负责村级财务审计工作，加强对组级财务审计的指导。

6.县干教委负责依托县、乡镇（街道）党（职）校做好村组干部教育培训工作。

7.其它相关职能部门按法律规定及部门职能做好相关工作。

第三章 选拔任用

第五条 村组干部的选拔任用。坚持任人唯贤、群众公认、注重实绩、公开、平等、民主、择优的原则，依照《中国共产党农村基层组织工作条例》《云南省实施〈中华人民共和国村民委员会组织法〉办法》《中华人民共和国城市居民委员会组织法》的有关规定进行。

第六条 村组干部注重从党员、农村致富能手、复退军人、高中以上学历毕业生中选拔。没有合适党总支（支部）书记人选，以及个别情况比较复杂的问题村，可以从机关事业单位中择优选派。

第七条 村组干部的岗位设置和人员配备，应按照精简高效、加强服务、密切联系群众的原则确定。具体职数由县委确定，不得随意增减干部职数，具体人员分工配备由乡镇（街道）党（工）委、政府（办事处）根据村级实际情况或多数村（居）民意见决定。

第八条 以乡镇（街道）为单位，建立一支高素质的村组后备干部队伍。选拔政治坚定、办事公道、文化水平高、热心为群众办事、有带领群众致富能力的优秀青年，通过定期培训、专人帮带、实践锻炼、聘用等形式，促其工作能力提升。

第四章 工作制度

第九条 领导制度。村级实行党总支（支部）领导下的集体领导分工负责制，凡涉及村级的重大事务要按照“五议两公开”的程序决策实施。

第十条 会议制度。村组干部每月至少召开一次村组干部工作会，通报情况、研究工作。村（居）务会议一般每季度召开一次以上，必要时可随时召开。召开会议必须有记录，并严格做好会议考勤工作。

第十一条 工作日制度。建立严格的办公制度，合理安排时间，方便群众办事，并建立出勤登记和夜晚轮流值班制度。节假日、汛期和护林防火期村组干部必须保持24小时通讯畅通。乡镇（街道）要建立督查制度，认真对村组干部值日值班工作情况进行督查，对私自脱岗、离岗的村组干部要严肃处理，每季度向县委组织部上报督查情况。县委组织部将不定期对坐班、驻村情况进行抽查，并根据抽查情况进行通报。

第十二条 办事制度。坚持特事特办、急事急办原则，属于村组干部职权范围的，要在5个工作日内答复意见或给予办理；超出职权范围难以解决的，必须在10个工作日内及时向上级报告。如遇重大事件、突发事件或群体性上访和老上访户上访，要及时赶赴现场处理，并及时向乡镇（街道）党（工）委、政府（办事处）汇报。

第十三条 请销假及外出报告制度。村（社区）主要干部因事因病不能正常到岗的，要向乡镇（街道）党（工）委请假，其他干部要向村（社区）主要领导请假，事后要及时销假。村级主要领导外出的，需经乡镇（街道）主要领导审批同意。其他干部有事外出，2天以内的，向村主要领导请假；3天（含3天）以上的，经村主要领导审批同意后，由乡镇（街道）联系领导审批。

第十四条 任职承诺制度及年度工作目标责任制度。村级换届选举后，书记、主任分别对党员和村（居）民进行公开承诺，接受群众监督。村级“两委”根据与乡镇（街道）签订的目标管理责任书，每年年初要分别制定工作目标计划。乡镇（街道）坚持季度检查、年终考评，年终考评结果与岗位绩效奖励挂钩。

第十五条 议事制度。健全完善村（居）民代表会、“五议两公开”等制度。凡涉及村（居）民群众切身利益的大事，要按照“五议两公开”进行讨论决定，自觉接受审查和监督。重大资金使用、重大资产处置、重大项目建设、重大活动开展等村级重大事项应当实行事前、事中、事后公开。

第十六条 考评制度。采取平时考核、年底考核和年终述职评议方式进行。平时考核，是指乡镇（街道）对被考核村级干部在日常工作中履行职责等情况的阶段评价，重点考核村级干部履行岗位职责、完成日常工作任务、阶段工作目标情况以及出勤情况。年底考核由乡镇（街道）依据签订的责任书完成情况进行。述职评议原则上在年终进行，应结合村级干部年度工作目标考核、党风廉政建设责任制考核等进行。乡镇（街道）也可根据工作实际，在年中组织开展一次评议活动。通过乡镇（街道）党（工）委考评，定出优秀、称职、基本称职、不称职等档次并进行奖惩。

第十七条 财务管理及监督审计制度。严格执行收支两条线制度，禁止坐收坐支；严禁公款私用、公款吃请、公款送礼、公费旅游等行为。由乡镇（街道）农村经济管理中心定期或不定期对村组财务进行审计，审计发现问题的，追究有关人员责任；发现问题且较为严重的，按规定移交有关部门处理。对离任村组干部实行离任审计制度。

第十八条 “三资”及工程项目管理制度。村集体资金对外投资，集体资产、资源拍卖、转让或租赁、承包等，须由村（居）“两委”联席会议研究提出方案，提交村（居）民（代表）会议讨论通过，并依法办理和完善相关手续。村（社区）干部不得私自占用集体资产、资源，如违反规定处置集体资金、资产、资源的，按相关规定进行处理。村（社区）各类公益事业工程建设项目以及集体资产、资源承包经营或租赁项目，均须实行公开招议标承包，依法签订书面合同。签订合同，须经村（社区）党组织、村（居）民委员会联席会议集体研究，由村（居）民委员会履行法律手续。村（居）委会应及时对工程或项目建设进度、质量进行监督检查验收。村（社区）干部及直系亲属不得承包、干预和插手本村工程建设。

第十九条 工作问责制度。村组干部不履行或不正确履行职责的，由乡镇（街道）纪（工）委（监察室）进行责任追究；涉及违纪违法的，移交司法机关依法处理。

第二十条 学习培训制度。按照统筹规划、分级负责、分层培训的原则，适时组织村组干部进行培训，鼓励村组干部参加农干院、党校等培训，村组干部每月至少集中学习一次，每次学习时间不少于半天，汲取各类专业知识，不断提高干部的履职能力和领导水平。同时，要利用微信公众号、网络、基层综合服务平台等现代媒体定期发布党建工作信息，加强党员干部教育管理。

第二十一条 村组干部惩处制度。村组干部中有下列情形之一的，视情节轻重，给予通报批评、诫勉教育、离岗教育、免职或依法罢免，构成犯罪的，移交司法机关处理。

1.散布有损党和政府声誉的言论，组织或者参加非法组织，组织或聚众闹事、煽动群众集体上访的；2.本人及近亲属违反计划生育、土地管理政策的；3.不胜任岗位，缺乏事业心、责任心，履职不到位或从事其他职业，不能正常履职或擅自离岗不履职的；4.对群众反映的合理诉求，属于本人分管、能够解决而久拖不决，造成严重后果的；5.对上级安排的各项工作，推诿、抵触、拒绝甚至起反作用，致使任务不能按时、按质完成的；6.弄虚作假，欺骗上级和群众的；7.贪污、盗窃、行贿、受贿或者利用职权为自己和他人谋取私利的；8.挥霍公款，浪费集体财物的；9.侵犯群众利益，损害政府和人民群众关系的；10.借用、挪用公款公物，截留救灾救济款物、化肥、农药等生产资料供应指标的；11.在集体调工、集体经营项目承包、宅基地审批、超生罚款收缴等方面偏亲厚友的；12.参与或者支持色情、吸毒、迷信、赌博等活动的；13.违反社会公德，造成不良影响的；14.无原则纠纷，班子推诿扯皮、内耗严重，或内部发生打架斗殴、滋事，造成不良影响的；15.违反“三资”管理及其它管理规定，造成违规事实的；16.年终民主评议不合格或综合目标考核未确定档次的；17.被司法机关刑事、行政处罚的；18.有其它违反党规党纪、法律法规规定行为的。

诫勉教育为期一至三个月，诫勉教育对象和时限由村级党组织研究提交乡镇（街道）党（工）委决定。由乡镇（街道）党（工）委指派专人与诫勉对象谈话，同时向诫勉对象和所在村级党组织发送诫勉通知书。村级党组织接到诫勉通知后，要在党员大会和村（居）民代表会议上进行通报。诫勉对象要在3日内写出整改计划，制定整改措施。诫勉期满后，要对诫勉对象进行考察。经考察，问题已改正的，解除诫勉。受诫勉的干部，诫勉期间取消50%的补贴。

离岗教育为期三至六个月，离岗教育对象和时限由村级党组织研究提交乡镇（街道）党（工）委决定。离岗教育期间，离岗对象不享受补贴，年内不享受任何奖金。为不影响村组正常工作的开展，村组干部离岗教育期间，乡镇（街道）党（工）委或村级党组织可以明确其他干部临时负责其分管工作。

经诫勉、离岗教育期满仍未改正的，属党组织成员的予以免职，依法当选的干部劝其辞职，劝而不辞的依法罢免。

第五章　激励保障

第二十二条　村级干部激励保障坚持精神鼓励和物质奖励并举的原则。

第二十三条　优秀村级干部可优先推荐为党代表、人大代表、政协委员候选人，非中共党员的优秀村级干部优先推荐发展加入党组织。

第二十四条　健全村组干部待遇保障制度。加大村（社区）经费转移支付力度，逐步提高待遇报酬。探索实行村组干部新型农村养老保险和意外保险制度。

第二十五条　村组干部岗位补贴发放。村组干部岗位补贴为“基础岗位补贴+考核奖励补贴+集体经济考核创收奖励”。其中基础岗位补贴和考核奖励补贴分别由县委组织部、县财政局、县民政局审批，并由县财政局据实拨付（下达）乡镇（街道）。基础岗位补贴的三分之一和考核奖励补贴纳入年度考核奖励，集体经营性收入必须经“五议两公开”和乡镇（街道）党（工）委、政府（办事处）同意，但最高发放标准每人每月不得超出1000元。

第二十六条　离任补偿。区别对待不同原因离任的村级干部，按照任职一年补助相应岗位一个月岗位基础补贴的标准进行离任补偿。因违纪违法而离任的，不给予离任补偿。

第二十七条　各级组织要从政治上、工作上、生活上关心、爱护、支持村组干部，注意倾听他们的呼声，帮助解决实际困难和问题。对打击报复村组干部的案件，要严肃查处；对因公造成村组干部经济损失的，村组可视情况给予适当补偿。

第六章　附　则

第二十八条　村（居）民监督委员会成员参照本规定实施。

第二十九条　本规定由县纪委、县委组织部、县民政局负责解释。

第三十条　本规定自发文之日起执行，由乡镇（街道）党（工）委负责实施。

第三十一条　乡镇（街道）党（工）委要按照本规定，结合实际，就加强村级干部管理，制定相应的实施细则，报县纪委、县委组织部、县民政局备案。

中共江川县委办公室
江川县人民政府办公室
关于印发《江川县撤县设区工作方案》的通知（节选）

江办发〔2015〕93号

各乡镇党委、政府，大街街道党工委、办事处，县委和县级国家机关各部委办局，各人民团体和企事业单位：

《江川县撤县设区工作方案》已经县委、县政府同意，现印发给你们，请认真贯彻执行。

中共江川县委办公室
江川县人民政府办公室
2015年12月30日

江川县撤县设区工作方案

为稳步推进江川县撤县设区工作，确保江川县向江川区平稳过渡，经县委、县政府研究，特制定本方案。

一、组织领导

为切实加强对我县撤县设区工作的领导，确保撤县设区各项工作顺利开展，成立江川县撤县设区工作领导小组。领导小组成员名单如下：

政　委：马文龙　县委书记
组　长：王志华　县委副书记、代理县长
副组长：石　伟　县委副书记、统战部部长
孔　江　县委副书记、县新农村驻村帮扶工作队总队长
龚桂存　县人大常委会党组书记
罗跃岗　县政协主席
李学祥　县委常委、纪委书记
陈琎寿　县委常委、政法委书记
林　清　县委常委、组织部部长
张文彬　县委常委、县政府常务副县长
曾宪涛　县委常委、人武部政委
邓春元　县委常委、县委办主任
李志刚　县委常委、县政府副县长
牛旺林　县政府副县长、公安局局长
王　波　县政府副县长
杨军苹　县政府副县长
普朝鹏　县政府副县长
周福荣　县政府副县长
郑子云　县人民法院院长
资云坤　县人民检察院检察长

各乡镇党委书记、乡镇长，大街街道党工委书记、办事处主任。

江川县撤县设区工作领导小组下设办公室在县委办，并设15个工作组（办）。

（一）办公室

主　任：邓春元

副主任：赵琦、潘兴发、王春华、陈乔华、赵鹏、龚钲、周新、晏春

职　责：负责撤县设区工作日常事务。负责研究制定撤县设区工作方案，负责起草、修改和把关、上报、印发撤县设区涉及的有关材料；负责做好撤县设区相关会议、仪式的统筹协调工作，准备领导讲话稿、主持词等文字材料；负责协调做好垂直管理部门的相关撤县设区工作；负责做好撤县设区总结、立卷归档工作及领导交办的其它事项。

（二）综合协调工作组

组　长：石　伟

副组长：牛旺林、王　波

职　责：负责综合协调、处理撤县设区工作的重要事项，指导做好撤县设区的相关工作。

（三）机构设置及干部人事工作组

组　长：林　清

副组长：龚桂存、罗跃岗、郑子云、资云坤、张文红

职　责：负责按程序上报党委、人大、政府、政协、法院、检察院、公安局撤县设区有关事项及新印章的请示；负责撤县设区有关干部任命事宜；负责县委委员、人大代表、政协委员、纪委委员等相应过渡事宜；负责各乡镇（街道）、各部门机构更名事宜。

（四）纪检监察系统撤县设区工作组

组　长：李学祥

副组长：郭　华

职　责：负责撤县设区全县纪检监察系统机构更名、印章启用等相关工作

（五）宣传报道工作组

组　长：石　伟

副组长：周福荣、李红有、周瑜

职　责：负责江川县撤县设区的宣传报道工作，做好相关活动的筹备，安排协调媒体做好活动期间各项采访报道活动，做好撤县设区工作的舆论引导，营造良好舆论氛围，做好资料收集工作。

（六）政策研究工作组

组　长：石　伟

副组长：牛旺林、王　波

职　责：负责研究、起草撤县设区后相关经济社会发展的政策，并积极向上级相关部门争取政策支持。

（七）环境整治工作组

组　长：李志刚

副组长：周新、李菊

各乡镇党委书记、乡镇长，大街街道党工委书记、办事处主任

职　责：负责做好全县环境卫生综合整治工作，做好绿化管养工作，做好城市管理工作，为撤县设区创造良好的环境。

（八）县人武部撤县设区工作组

组　长：曾宪涛

副组长：何　麟

职　责：负责撤县设区人武部有关干部人事问题和机构更名、印章启用等相关工作。

（九）社会稳定工作组

组　长：陈琎寿

副组长：牛旺林

职　责：加大社会治安综合治理力度，抽调警力和人员负责撤县设区期间及相关活动的交通疏导、信访接待和安全保卫工作。

（十）安全生产及供电通讯保障工作组

组　长：普朝鹏

副组长：马常有、罗征洋、杨辉、许广、陈加致

职　责：强化安全生产监管，确保全县安全生产，制定供电、通讯保障应急方案，确保撤县设区及相关活动期间供电正常、通讯畅通。

（十一）医疗及食品卫生组

组　长：杨军苹

副组长：候小青、罗玉华、李江华

职　责：负责做好撤县设区及相关活动期间的医务卫生服务工作，以及食宿地点的食品卫生监督工作。

（十二）后勤保障组

组　长：张文彬

副组长：赵琦、李保平

职　责：负责撤县设区的后勤保障等相关工作。下设资金预算组、公牌印鉴制作组、会议服务组。

1.资金预算组（责任人：李保平）

负责编制撤县设区各项工作的经费预算，吃透政策，做好向上对接工作，争取市财政及时划拨下达各项筹备工作经费，做好资金监管和结算工作。

2.公牌印鉴制作组（责任人：李佳强、黄良、张荣华、张江明）

负责区委、区人大、区政府、区政协、区纪委，安化乡、雄关乡、县属各部门以及各社区（党委、党组）、省、市垂直管理部门公牌、印鉴的制作和更

换，负责电子印章的制作和更换，参与后勤保障其它工作。

3.会议服务组（责任人：赵琦、张曦、陈乔华、张润斌）

负责撤县设区相关活动的会场布置、会议服务及整个筹备期间的后勤保障工作。

（十三）镇改街道组

组　长：石　伟

副组长：牛旺林

职　责：负责江城、前卫、九溪、路居四镇撤销镇建制、设立街道办事处工作；待省政府批复后，负责将新设街道辖区内的平坝村委会上报市政府进行撤村建社区；获批后，负责制作公牌印鉴，对新设立的街道、社区进行挂牌授印；负责做好撤镇设街道、撤村建社区立卷归档及领导交办的其他事项。

（十四）证件证照更换组

组　长：牛旺林

副组长：吴正顶、黄良、李菊、顾绍勇、李江华、罗玉华、薛永龙、李鸿

职　责：用一年多的时间，完成辖区内单位组织机构代码证、事业单位法人证书、单位房产证、单位土地使用证等以及公民个人身份证、户口簿、驾驶证、行车证、土地使用证、房产证、医保证、退休证、税务登记证、营业执照、社团登记证、民办非企业登记证等各种证件和证照变更工作（除结婚证、离婚证、毕业证、出生证、荣誉证等外）；负责协调换证所需的经费预算、划拨、使用等工作。

（十五）督查组

组　长：李学祥

副组长：郭华、史伟、张曦

职　责：负责对撤县设区工作部署落实情况进行督查，确保工作按期推进、圆满完成。

二、工作步骤

根据工作时限要求，各项筹备工作从2016年1月1日开始正式启动，分五个阶段进行：

第一阶段（1月1日—1月15日）：成立撤县设区工作领导小组，制定和完善撤县设区相关工作方案，上报撤县设区有关事项的请示及方案，完成各项文字材料准备工作。

第二阶段（1月16日—2月5日）：待市委批复同意后，各工作组上报机构变更、干部人事过渡等方面的请示，以及其他需要上级各职能部门明确的事项请示。

第三阶段（2月6日—2月20日）：开展县属单位和部门的机构变更、干部人事过渡等方面的工作，准备撤县设区大会及授牌授印仪式工作；对各工作组的工作落实情况进行全面检查，对存在的问题提出意见，及时整改完善；待市委批复及相关人事任免批复后，县委、县人大、县政府、县政协、县纪委分别召开会议，研究通过撤销江川县设立玉溪市江川区的事项。

第四阶段（2月下旬）：召开玉溪市江川县撤县设区暨江川区发展大会，举行区级机关授牌授印仪式。

第五阶段（3月1日—3月10日）：总结，立卷归档。

三、撤县设区活动安排

为切实做好江川县撤县设区的相关工作，深入推进江川区的开发建设工作，决定召开玉溪市江川县撤县设区暨江川区发展大会。

（一）召开玉溪市江川县撤县设区暨江川区发展大会。

（二）玉溪市江川区委、区人大常委会、区政府、区政协、区纪委授牌授印仪式。

四、工作要求

（一）高度重视、提高认识。撤县设区筹备工作，是当前全县的首要任务和头等大事，时间紧、任务重，各级各部门要站在讲政治的高度，充分认识做好筹备工作的重要性，切实增强责任感和紧迫感，全力以赴抓好各项工作任务的落实。

（二）精心组织、周密部署。由于撤县设区筹备工作时间紧、议程也安排得比较紧凑，各有关部门要按照分工安排，进一步细化工作方案，把每一项任务、每项措施逐一落实到岗、到人、到位，并明确完成目标及时限要求，确保万无一失。

（三）各司其职、密切配合。各工作组要按照分工不分家的原则，切实加强沟通衔接，形成工作合力，要在做好自己份内工作的同时，积极主动配合其它工作组开展好工作。若遇重大紧急情况，要及时请示汇报，协调处理。

（四）加强管理、文明服务。从筹备工作开始，各工作组要注意收集整理资料和图片，加强痕迹和人员管理，并注意做好相关保密工作，切实把各项工作做实、做细、做全，确保不出任何问题。

图书在版编目（CIP）数据

江川年鉴·2016 / 玉溪市江川区人民政府区志编纂委员会办公室编.
—芒市：德宏民族出版社，2016.12
ISBN 978-7-5558-0491-8

Ⅰ.Ⅰ.①江… Ⅱ.①江… Ⅲ.①江川县—2016—年鉴
Ⅳ.①Z527.44

中国版本图书馆 CIP 数据核字（2016）第 179447 号

书　　名　江川年鉴·2016
作　　者　玉溪市江川区人民政府区志编纂委员会办公室

出版·发行	德宏民族出版社	责任编辑	排　英
社　　址	云南省德宏州芒市勇罕街1号	责任校对	赵　湘
邮　　编	678400	装帧设计	徐凡清
总编室电话	0692-2124877	排　　版	李维冉　朱晓虹
汉文编室	0692-2111881	封面供稿	业保华
电子邮件	dmpress@163.com	发行部电话	0692-2112886
印　刷　厂	昆明鹰达印刷有限公司	民文编室	0692-2113131
		网　　址	www.dmpress.cn
开　　本	889×1194mm　大16开	版　　次	2016年12月第1版
印　　张	29.75	印　　次	2016年12月第1次
字　　数	1000千字	印　　数	1-1000册
书　　号	ISBN 978-7-5558-0491-8/Z·416	定　　价	150.00元

如出现印刷、装订错误，请与承印厂联系调换事宜。印刷厂联系电话：0871-63646096